**图书在版编目（CIP）数据**

常山年鉴．2016/常山县地方志编纂委员会编．—北京：方志出版社，2017.7

ISBN 978-7-5144-2458-4

Ⅰ．①常… Ⅱ．①常… Ⅲ．①常山县—2016—年鉴 Ⅳ．①Z525.54

中国版本图书馆CIP数据核字（2017）第171371号

**常山年鉴（2016）**

**编　　者**：常山县地方志编纂委员会
**责任编辑**：齐　笑

**出 版 人**：冀祥德
**出 版 者**：方志出版社
地址　北京市朝阳区潘家园东里9号（国家方志馆4层）
邮编　100021
网址　http：//www.fzph.org
**发　　行**：方志出版社发行中心
电话（010）67110500
**经　　销**：各地新华书店
**印　　刷**：江西宜春资料印务有限公司

**开　　本**：889×1194　1/16
**印　　张**：30.375
**字　　数**：729千字
**版　　次**：2017年7月第1版　2017年7月第1次印刷
**印　　数**：001～800册

ISBN 978-7-5144-2458-4　定价：280.00元

# 常山年鉴

## 【2016】

常山县地方志编纂委员会 编

十里长风 （杨靖 摄）

方志出版社
Publishing House of Local Records

## 常山县地方志编纂委员会

主　　任　周向军

副 主 任　王郁松　郑金仙

委　　员　姜雪峰　章大勇　陈　岗　王春国

　　　　　王玉娟　郭永平　毕建国　徐平平

　　　　　姜光明　陈齐礼　郑忠东　李　军

　　　　　徐　敏　汪启红　徐士平　李德生

　　　　　洪永海　祝慧虹　徐良其

办公室主任　毕建国

办公室副主任　徐金堂

## 《常山年鉴》编辑部

主　　编（按任职先后为序）

　　　　黄仙寿　毕建国

副 主 编　饶贤福　徐金堂　林小明　徐　青

执行主编　徐金堂

编　　辑　姚义迁

英文翻译　王建军

编　　务　兰飞飞　吴晓莹　郑严倩璇

# 《常山年鉴（2016）》编辑说明

1.《常山年鉴》是中共常山县委、常山县人民政府主办，常山县地方志编纂委员会组织编纂的年度资料性文献。自2005年起，逐年编辑出版。

2.《常山年鉴（2016）》以马克思列宁主义、毛泽东思想、邓小平理论、“三个代表”重要思想、科学发展观为指导，贯彻落实习近平总书记系列重要讲话精神和治国理政新理论新思想新战略，运用辩证唯物主义和历史唯物主义立场、观点和方法，全面真实地记载上一年度常山县行政区域自然、政治、经济、文化、社会方面的情况和社会发展的历史进程，为社会各界人士和中外投资者了解、研究、建设常山，提供丰富翔实的地情资料；也为续修《常山县志》积累资料。

3.《常山年鉴（2016）》记载时限从2015年1月1日至12月31日，一般不作历史追溯。

4.《常山年鉴（2016）》按分类法编排，主体内容分为类目、分目（部分分目下设副分目或附“小资料”）、条目三个层次，分别用不同的字号和字体表示。类目标题标于书眉；分目单设一行；条目为年鉴基本记述单位，其标题用黑体5号字加【】标示。卷首设“目录”“图照”“特载”“专记”“大事记”“县情概览”；卷中设“县委”“县人大”“县政府”“县政协”“民主党派·工商联”“社会团体”“法治”“武装”“工业”“农业·林业·水利”“贸易”“通信”“交通”“城乡建设与管理”“国土资源·环境保护”“综合管理与监督”“财政·税务”“金融·保险”“人力资源与社会保障”“教育”“科技·气象”“文化·旅游”“卫生·体育”“社会生活”“乡镇(街道)”25个类目；卷末设“组织机构及负责人名录”“荣誉录”“重要文件目录”“艺文”“国民经济若干统计资料”“索引”。

5.《常山年鉴（2016）》以县级机关各部门、各乡镇（街道）及有关驻常山的省部属单位为基本记述主体，以事物性质分类，设类目。类目设计和编排次序根据年鉴基本体例和行业归类特点设置，与具体部门单位行政级别无关。

6.《常山年鉴（2016）》所刊载的内容、照片和图表数据，均由全县各机关部门、企事业单位、乡镇（街道）和驻常省部委、地市属单位提供；所用统计资料由县统计局提供。稿件由各单位指定人员撰写，单位初稿由年鉴编辑初审，再发回各撰稿单位修订、校对、审核后定稿；最后由常山年鉴编辑汇编总纂，经编委会审查、出版社审核而成，具有权威性。撰稿人和摄影者分别统一署名于条目和照片之后的（）内。因统计口径等原因，有关部门所用个别数据与“统计资料”中的数据不尽一致，引用时以县统计局《常山县国民经济与社会发展统计公报》为准，并参照《常山统计年鉴（2016）》。

7.《常山年鉴（2016）》采用中国法定计量单位，面积单位稍有例外：区域面积单位沿用“平方公里”；耕地、山林、园地等面积单位名称一般按习惯用“亩”字，少数用“公顷”。

8.《常山年鉴（2016）》“荣誉录”，收录2015年1—12月公布，由常山县委、县政府、市级（含部门）、省级（含部门）、国家级（含部门）命名、表彰、颁发的荣誉称号。

9.《常山年鉴（2016）》配有双重检索系统，书前刊有中文详细目录和英文要目，书后配有索引，索引采用主题分析法，按主题词首字汉语拼音字母顺序排列。

2015年7月22日，省委副书记、省长李强（前左二）到常山黄塘村调研美丽乡村建设
（县政府办供图）

2015年3月11日至12日，省委常委、常务副省长袁家军（左二）到常山调研
（黄红霞 摄）

2015年12月10日，省人大常委会党组书记、副主任茅临生(中)率省、市视察核查组到常山开展贫困人口脱贫视察核查工作　（吴可嘉　摄）

2015年10月22日，副省长黄旭明（前左二）在常山县赏石小镇（青石镇）调研　（黄红霞　摄）

2015年10月9日至10日，省政协副主席、党组副书记王建满（左二）到常山城东新区、中国观赏石博览园、宇华景观园等地，调研城市建设及赏石小镇建设、规划等情况（黄红霞 摄）

2015年11月8日，省政协副主席陈艳华（左一）先后到金川街道徐村村、城东新区项目现场、中国观赏石博览园等地考察美丽乡村、城市建设及重点项目建设情况（吴可嘉 摄）

2015年12月10日，省政协副主席吴晶（左四）到常山中国观赏石博览园、宇华景观园、招贤镇集镇、金川社区等地调研，考察赏石小镇建设规划、“一路一镇”集中整治工作成效、侨界空巢老人服务中心运行等情况　（黄红霞　摄）

2015年7月2日，省十一届人大常委会副主任徐宏俊（前中）到常山县徐村村考察，金华市人大常委会主任黄锦朝（前右）、县委书记王良春（前左）陪同　（黄红霞　摄）

2015年5月19日，省委副秘书长、省农办主任章文彪（右三）到常山调研历史文化古村保护与城市新区建设工作 (金灵丽 摄)

2015年9月10日，省委政法委副书记、省综治办主任刘树枝（左二）率调研组到常山，对常山县平安综治工作开展调研 （郑月红 摄）

2015年5月5日，省文化厅厅长金兴盛（前左）到常山紫港社区调研基层宣传思想文化工作　　（黄红霞　摄）

2015年5月14日，省林业厅厅长林云举（前左一）到常山调研油茶基地和主导产业示范区建设、油茶深加工、油茶大宗商品交易情况　　（金灵丽　摄）

2015年6月24日，省农业厅厅长史济锡（左一）到常山调研农业工作　（黄红霞　摄）

2015年12月5日，省妇联主席劳红武（右二）到常山调研服务型基层妇联组织建设工作（吴可嘉　摄）

2015年8月14日，省农办副主任高启华（前中）率省美丽乡村创建先进县核准组在新昌乡黄塘村检查工作　（黄红霞　摄）

2015年9月8日，省发改委副主任、能源局局长吴胜丰（右二）到常山考察能源工作　（黄红霞　摄）

2015年9月16日，省发改委副主任、省特色小镇规划建设工作联席会议办公室常务副主任翁建荣（左二）到常山考察特色小镇建设情况（黄红霞 摄）

2015年9月17日，省环保厅副厅长方敏（女，中）到常山调研环保工作（伍小亮 摄）

2015年3月4日，市委书记陈新（中）到常山调研大抓基层组织年活动 （金灵丽　摄）

2015年8月4日，衢州市委副书记、市长杜世源（右一）到常山（康京电子有限公司）调研经济工作 （黄红霞　摄）

2015年6月8日至9日，县委书记王良春（前左三）率领县党政代表团赴慈溪市考察城市和中心镇建设、工业平台拓展等工作 （金灵丽　摄）

2015年8月25日，县委副书记、县长毛建国（左三）督查重点项目建设，调研社会福利院滨江花园项目 （汪芳　摄）

2015年12月4日，县人大常委会徐建华（中）巡视指导常山县第二个国家宪法日暨全国法制宣传日法律咨询活动 （李俊秋 摄）

8月25日，县政协主席林红汉（前左二）视察“一路一镇”整治情况 （县政协办供稿）

2015年11月17日，2015年衢州市“婺剧进校园”活动现场会节目展演在常山举行

（黄红霞　摄）

2015年8月5日，全省整建制统防统治与绿色防控融合推进暨晚稻病虫害防控现场会在常山举行（黄红霞 摄）

2015年9月30日，大桥头乡“一乡一节”暨濛桥竹漂开漂庆典举行 （黄红霞 摄）

2015年10月21日，2015浙江（常山）油茶文化节在新昌乡黄塘村举行　　（黄红霞　摄）

副省长黄旭明宣布开幕

省林业厅厅长林云举致辞

县委书记王良春致辞

县委副书记、县长毛建国主持

2015年10月28日，常山县重点招商项目集中签约仪式举行，8个重点招商项目集中签约，总投资56.6亿元（黄红霞　摄）

2015年11月5日至6日，省"清三河"达标县（市、区）现场复核组到常山，对常山县"清三河"达标县创建工作进行现场复核　（黄红霞　摄）

# 电　商　节

美丽乡村建设　　　　（黄红霞　摄）

# 目　录

## 常山县人民代表大会

## 常山县人民政府



## 政协常山县委员会



## 民主党派·工商联



## 社会团体

# 法　　治

## 武　装

## 工　业



## 农业·林业·水利

## 贸　易



## 通　信

## 交　通



## 城乡建设与管理

## 国土资源·环境保护

## 综合管理与监督



## 财政·税务

## 金融·保险

## 人力资源与社会保障



## 教　育

## 科学技术·气象



## 文化·旅游

## 卫生·体育

## 社会生活



## 乡镇（街道）

## 组织机构及负责人名录

## 荣 誉 录



## 重要文件目录



## 国民经济若干统计资料



## 艺 文



## 索 引

# Contents

## Special Reports



## Special Accounts



## Memorabilia



## Survey of Changshan County



## Changshan County Committee of the Communist Party of China

## Changshan County People's Congress



## Changshan County People's Government



## Chinese People's Political Consultative Conference of Changshan County



## Democratic Party and Association of Industry and Commerce



## Non – government Organizations



## Political and Legislative Affairs



## Armed forces

## Industry



## Agriculture · Foresty · Water conservancy



## Trade



## Communication



## Traffic



## Urban and Rural Construction and Administration



## Territorial resources, Environmental Protection and Meteorology

## Integrated Management and Supervision



## Government Finance and Taxation



## Finance and Insurance



## Manpower Resource and Social Security

## Education



## Sciences and Technology and Weather



## Culture · Tourism



## Hygiene and Physical Culture



## Social Life



## Villages and Towns



## List of Organizations and Persons in charge

## Honor Roll



## Directory of Important Documents



## Economic Statistics

## Literature and Art



## Index

# 特　　载

## 乘势而为　提速前行<br>奋力开启深化“三大战略”新征程

### ——在县委十二届八次全体（扩大）会议上的报告

王良春

（2015 年 1 月 8 日）

这次会议的主要任务是：认真贯彻落实党的十八届三中、四中全会以及省、市委全会精神，回顾总结 2014 年工作，研究部署 2015 年各项任务，动员全县上下振奋精神、坚定信心，乘势而为、提速前行，全面深化“实力工业、休闲城市、美丽乡村”三大战略，为加快追赶跨越而努力奋斗。

下面，我代表县委常委会向全会报告工作。

**一、2014 年工作回顾**

2014 年，面对复杂多变的环境、艰巨繁重的任务，全县上下始终保持奋力追赶的精神状态，紧紧围绕“三大战略”，牢牢把握打基础、谋机遇、破难题、促转型、惠民生五大“攻城”战术，精准施策、克难攻坚，各项工作取得新突破、形成新局面。

一年来，我们打基础、利长远，发展后劲得到新增强。坚持“功成不必在我”，蹄疾步稳，狠练内功，积淀蓄力。推动平台融合发展。大力推进园区功能提升，绿色产业集聚区“两纵五横”道路框架拉开，新都园区雨污分流工程全面完成，辉埠新区商贸综合体开工建设，常辉线改造基本完成。加快城东新区开发，常山大桥、外港大道一期正式通车，城市综合体、滨江公园等一批功能性项目落地开工。理顺现代农业园区管理体制，编制县域现代农业布局规划，因地制宜发展农业平台，现代农业综合区通过省级验收。加快重点项目建设。采取政策调整、集中攻坚等措施，有效破解项目征迁难题。全面实行集中交办、分段管理、全程服务等机制，推动在建项目提速，九景衢铁路、杭新景高速、独流入海工程常山段、48 省道延伸线等一批项目快速推进，浙能热电联产、南洋精工等项目建成。激发体制机制活力。创新实施县级领导“领衔领创领办”和单列考核机制，以上率下，领衔项目、领创产业、领办任务，带头上一线、抓攻坚，“火车头”效应充分发挥。全面推行密集督查、动态排名、全程督办等督考机制，推动重点工作落实。夯实农村发展基础。深入开展工程建设领域不法行为专项整治，处理村干部违规参与工程建设案件4起。加强村级“三资”管理，探索“村级工程集体建”模式，有效化解矛盾、厘清关系，规范农村发展秩序。

一年来，我们抓机遇、重跟进，城乡融合显现新形态。坚持“机遇就是生产力”，主动对接，借势借力，善作善成。变赋予为机遇，以“五水共治”“三改一拆”行动为契机，统筹城乡建设，补齐农业农村欠账，县域生态环境全面提升。提前完成“清三河”任务，全面完成农村生活污水治理年度目标，创新推广“五料分类法”“网格化管理”等模式，提高农村垃圾收集处理水平。深入开展“无违建”三级联创，完成拆违69.9万平方米、“三改”275.7万平方米，全县所有行政村达到“无违建示范村”创建标准。创新开展“墙·院”整治行动，在全市率先完成广告牌整治。借大势争机遇，主动对接四省边际国家级生态文化旅游示范区和衢州国家休闲区，加快休闲城市规划建设，坚持山水为魂，突出运动休闲，着眼精品高端，完成城东新区滨江一期控规，编制绿核区块景观、水系等专项规划，启动景区绿道建设，三衢湖省级旅游度假区即将获批。立县情谋机遇，立足四省边际、浙赣首站区位优势，谋划省际边界绿色农产品集散区和生态文化旅游集散地，争创发展新优势。立足全域景区化目标，按照“先定事后定钱、动态竞争、事后监管”原则，整合涉农资金项目，集中力量打造精美线路和精品节点，4条美丽乡村风景线建设深入推进，徐村、弄坞、彤弓山、砚瓦山等一批特色村培育成效明显。

一年来，我们强改革、破难题，发展信心有了新提振。坚持“向改革要活力”，聚焦问题，强化举措，率先突破。着力破解教育卫生改革难题，下定决心推进教育综合改革，常山一中“教师重组、管理重构”顺利推进，成功引进杭州育才创办常山育才中学，萧山银河集团托管县第一小学初见成效，常一中迁建项目动工建设，全社会对教育发展充满信心和期待。县人民医院与省妇保院紧密型合作收效显著，出台民营医疗机构发展扶持政策，社会办医迈出坚实步伐。着力破解经济主体活力不足难题，大力开展“百名局长帮百企”活动，实施“一企一策”精准服务，加强企业二次创业引导和新生代企业家培育，强化政企互动。开发区管委会“退城入园”，各部门派出机构、人员、授权全面到位，“部门围着园区转、园区围着企业转、平台围着项目转”的格局全面形成。着力破解精准招商难题，变革招商体制和方式，创新开展“点将招商”“驻点招商”，引进亿元以上项目22个，哲丰新材料、晟源太阳能等一批10亿元级项目落户常山，招商引资质量和成效明显提升。

一年来，我们谋全局、促转型，产业经济构筑新格局。坚持“转型才有出路”，下定决心，组拳出击，稳中求进。以“实力”引领工业转型，整合提升轴承产业，推动银田化纤等纺织企业兼并重组，“蓝天三衢”生态治理工程被列为全省首批传统块状行业“腾笼换鸟”试点，关停化工生产线10条，传统产业转型步伐加快。玉马机械与中国农机院合作，建立收获机械关键零部件研发中心，巴菲尔无氰碱铜技术研发推广不断深化，康京电子钕铁硼磁性材料生产线即将投用，科技推动转型成效初显。三季度后，工业经济主要指标增长态势良好。加快发展信息经济，捷姆轴承、德讯达电子成功列入省“机器换人”百项示范项目，建立常山电子商务网及孵化园。深入开展低效闲置工业用地专项整治，盘活存量建设用地700亩，消化批而未供土地2052亩。以“休闲”引领三产转型，着眼提升主城区休闲功能，编制服务业空间布局规划。大力推进休闲项目建设，浙西世贸商城主体结顶，中商广场项目加快推进，中国观赏石博览园全面开工，赛得健康产业园一期完成主体建设。提升三衢石林景区休闲体验功能，启动白菊花尖景区创AAAA工作，奇石馆创AAA通过市级验收，打造长风—三衢省级农家乐精品区块，休闲经济发展步伐加快。以“三宝”引领农业转型，制定实施胡柚、油茶、食用菌三宝“振兴计划”，大力推进产品研发、品牌整合、市场营销，天子果葡糖浆、恒寿堂等深加工项目建成投产，胡柚、山茶油进入浙江（舟山）大宗商品交易所，胡柚切片有望纳入省中药炮制规范目录。加大标准化基地建设力度，新建胡柚精品园7500亩，改造提升油茶基地1.5万亩，食用菌企业技改升级加快，新增猴头菇等菌类栽培200万袋。大力发展有机农业，新增有机农产品14个。

一年来，我们惠民生、保平安，社会和谐彰显新面貌。坚持“群众呼声是第一信号”，主动回应，持续发力，普惠民生。加强城市建设管理，石崆寺二期、东淤一期和渡口、桑园老小区改造有序推进，定阳北路街景改造提升基本完成，大排档、零担菜市场建成投用，采用PPP模式启动城市污水处理厂二期建设。城市管理市场化运作成效明显，城区交通治堵力度不断加大，城市秩序和形象进一步改善。加快群众增收步伐。积极推进就业创业，大力发展来料加工业、家庭农场和以农家乐为主的乡村休闲旅游业，扎实推进农村产权制度改革，群众收入渠道不断拓宽。2014年全县城镇居民人均可支配收入、农村居民人均可支配收入分别增长10%、11%。深化平安常山建设，创新社会治理，完善立体化治安防控体系，加强重点安全领域排查整治，加大违法犯罪行为和邪教组织打击力度。推行农村信访件分项专管机制，强化非访处置，有效化解矛盾纠纷，社会大局保持和谐稳定，有望实现省级平安县“十连冠”。

一年来，我们践宗旨、转作风，干事创业形成新氛围。坚持“党建第一责任”，聚焦四风，狠抓整改，践行宗旨。以“韧准狠”劲头破除“四风”，把整治“四风”顽疾作为党的群众路线教育实践活动的突破口，深入推进“八项专项整治”和“六项集中行动”，全县清退办公用房975处5569平方米，县级文件、会议数量同比分别下降21%、12.8%，“三公”经费下降37.5%，开展“四风”等问题立项监督47次，问责124人，其中党政纪处分16人，免职4人，年度考核不称职（不合格）12人。以“钉钉子”精神抓实整改。对照“两方案一计划”，县委常委班子整改到位29项。针对审批效能、项目推进、产业提升等存在的突出问题，实行分项挂牌整治，累计整治28项。全面开展十大整改行动，亮剑重点领域，深化减员增效，抓实四项清理，进一步提升整改成效。加强长效管理，制定实施制度109项。以“好干部”标准选人管人。出台规范干部行为的具体意见，创新干部积分考核和末位管理办法，推行“机关干部工作日志”制度，开展“周末自主选训”，切实加强干部日常教育管理。坚持“凭实绩用干部、按岗位配干部”，注重在一线培养锻炼、选拔任用“三型”干部，强化重实绩、重一线、重基层的选人用人导向。加强村干部职业化管理，通过开展实绩比选，5名村居“好干部”进入乡镇领导班子。同时，加强对人大、政府、政协工作的领导，推进统一战线、人民武装、党史档案、外事、侨务、对台、民族宗教、工青妇、老干部等工作，形成凝心聚力促发展的崭新局面。

同志们，回顾2014年，成绩来之不易。这是全县上下团结拼搏干出来的、只争朝夕拼出来的、开拓创新闯出来的。借此机会，我代表县委，向为常山发展做出贡献的广大干部群众和社会各界人士，表示衷心的感谢并致以崇高的敬意！

**二、科学研判形势，明确新一年工作目标要求**

当前，全球经济仍处在深度调整期，总体复苏疲弱态势难有明显改观。我国经济发展进入新常态，发展速度由高速向中高速换挡，产业结构调整“去产能化”趋势明显，发展动力由依赖低成本劳动力转向更多依靠人力资本质量和技术进步。这是一个附着新考量、蕴藏新机遇、催生新动力的崭新时期。同时，随着各个领域改革的纵深推进，特别是新预算法的实施，必将带来发展模式的重大变革。我们必须审时度势，谋定后动，精准发力，在适应新常态中应对压力、发挥优势。

要清醒认识新常态下面临的四大压力：一是空间挤压的压力。市域范围，无论是交通条件、发展基础等方面，人优于我。省与省之间，赣北地区提出“掉头向东”发展战略，与我比拼、竞争激烈。二是基础薄弱的压力。无论是工业经济、城市建设，还是农业农村、社会事业等都相对滞后，历史欠账较多，亟待改善和加强。招商引资总体质量不高、项目推进不快，发展后劲不足。三是政策差异的压力。同为钱江源头地区，我们享受的是普惠政策，缺乏“含金量”更高的特别扶持，无形中增加了发展的压力。同时，随着省里明确生态屏障地区的发展新定位，我县面临的土地、能耗、环境等要素制约将进一步趋紧。四是预期过高的压力。从“十二五”规划目标中期评估看，尽管总体情况良好，但GDP、固定资产投资、二三次产业增加值等指标差距较大，实现规划预期任务艰巨。

新常态下，我们更具备四大新优势：一是路径选择、发展构架进一步明确。经过一年多的探索实践，绿色发展理念和“奋力追赶、科学跨越”目标要求深入人心，“三大战略”形成高度共识，“战术手法”日趋成熟，符合常山实际的发展路径、发展构架全面形成，切实解决了方向摇摆、定位模糊的问题。二是主体活力、干事激情进一步激发。通过强化政企互动，企业主体危机意识、发展意识不断增强，强实体、谋转型的愿望更为迫切，二次创业、联合重组、自主创新的氛围日趋浓厚。在“目标明确、责任到位、保障科学”一体化组织运行体系推动下，广大干部勇于担当、勇挑责任，干在前、冲在前，在干事创业中提升了真本事，在攻坚克难中锤炼了硬作风，在恪守规矩中树立了新形象。通过夯实基层基础，加强村级领头人队伍培育，农村基层涌现出一大批“敢干事、能干事、干成事”的村干部。三是率先突破、示范效应进一步显现。在推进“三大战略”的过程中，一些关键领域、重点工作率先突破，一批10亿元级的大项目引进落地，哲丰新材料创造项目报批的“常山速度”，巴菲尔化学产品研发破解国际性技术难题，教育综合改革影响深远，美丽乡村建设亮点纷呈，等等。这些先试性、示范性工作在全县树立了标杆，不断释放出激励引领的“正能量”。四是生态优势、物流条件进一步再造。随着生态经济成为重要的新增长点，生态环境成为重要的竞争力，蓝天净水成为重要的发展要素，我县生态环境和资源禀赋的优势进一步凸显，特别是四省边际国家级生态文化旅游示范区建设、杭长高铁开通等，必将为常山新一轮发展提供新机遇，再造新优势。

根据当前形势和我县实际，2015年全县

工作的指导思想是：认真贯彻十八届三中、四中全会、中央经济工作会议以及省市委全会精神，围绕“奋力追赶、科学跨越”目标要求，坚持转型发展、转换手法、转变作风，着力推进实力工业转型增效、休闲城市塑型提质、美丽乡村争先出彩、社会建设惠民安民、党的建设强基固本“五大工程”，乘势而为、提速前行，奋力开启深化“三大战略”新征程。

2015年，全县工作的总体思路是：“适应新常态、抓好一三五”。

“一”，就是明确一个总要求，即“乘势而为、提速前行”。

要在选准路径、积蓄力量，率先突破、全面起航的基础上，发挥优势，抢抓机遇，创新举措，乘势而为、提速前行，全力奔跑起来，在战略实施上有新境界，在工作落实上有高标准，在追赶跨越上有加速度。

“三”，就是把握“三转”主基调，即“转型发展、转换手法、转变作风”。

转型发展：就是要实现“三大战略”的阶段性跨越，工业要从园区级水平跨入产业集聚区建设，城市要从“内河时代”跨入“常山江时代”，农业农村要从建设美丽乡村跨入经营美丽经济。转换手法：就是在发展方向、定位明确以后，合理安排时序、引导多元参与、注重资源整合，提高战略实施的科学性和实效性。转变作风：就是要形成恪守规矩、迸发血性、精准服务的作风，“一颗心”为发展、“一个调”抓落实、“一股劲”求突破。

“五”，就是着眼五大主抓手，即“实力工业转型增效工程、休闲城市塑型提质工程、美丽乡村争先出彩工程、社会建设惠民安民工程、党的建设强基固本工程”。

**三、2015年工作重点**

2015年，是全面深化“三大战略”、加快追赶跨越的关键之年，也是“十二五”收官、“十三五”谋划之年。做好新一年工作，要置身大局、统筹全局、着眼格局，把握好保护生态和加快发展的关系，把握好立足常山和放眼周边的关系，把握好抓一年和谋五年的关系，全面实施“五大工程”。

（一）“实力工业”转型增效工程。紧紧围绕打造“以生态为底线、科技为支撑、经济和社会效益为价值追求”的实力工业，突出转型主线、效益导向，激存量、优增量，着力构建工业发展新格局。

1. 坚推产业整合。把产业整合摆在首要位置，加强产业研究，实行分类指导，逐个整合整治，通过整合推动传统产业“机器换人”，通过整治促进落后产能“腾笼换鸟”，提升产业生态。按照“联合重组、引进龙头再重组”的思路，整合提升轴承、纺织、钙等产业，实现“推进一次大重组，形成一个大企业，培育一个大产业”，走出一条以企业整合为突破口，调整结构、延伸链条、激活动力之路。深化“蓝天三衢”生态治理工程，确保完成石灰石产业整治，淘汰落后产能、腾出空间能耗，走转型发展、绿色发展之路。

2. 精准招商引资。完善和创新招商机制，整合资源、集中力量，瞄准资本、技术集聚地，盯紧上市公司、大企业，全面实行专业抓目录、驻点抓信息、点将抓招引，开展精准招商。分产业组建专业队伍，研究产业、研究企业、研究产品，画好产业图和招商图。突出重点区域，开展组团式“驻点招商”，提升信息灵敏度。深化“点将招商”，坚持“一个项目、一套精英团队、一盯到底”，提升招商成效。坚持筑巢引凤，在推进辉埠新区、新都园区存量盘活、产业集聚的同时，按照产业精品园的标准建设集聚区，科学安排项目布局，备足熟地，配强要素，做美环境，吸引优质项目入园落地。

3. 共谋人才科技。主动适应技术进步和

人力资本质量竞争加剧的趋势，加强政企互动，共谋科技创新、人才集聚，着力打造创新驱动发展的新引擎。以企业为主体、市场为导向，加大政策引导力度，鼓励企业与高校、科研院所紧密协作，加强产品研发和工艺开发，培育拥有自主品牌和专利的科技型、创新型企业。搭建政企联动平台，积极承接研究成果，推动企业转化应用，改进技术，更新工艺。高度重视企业新产品、专利技术的推广，全力帮助巴菲尔、康京电子等企业推广应用研发成果。创设崇尚实业、勇争一流的良好环境，引导新生代、创新型企业家站得更高、看得更远、做得更好。深化“千人计划”，培养引进管理型、研发型、营销型高端人才，全面提升企业竞争力。推动“职教入园”，深化校企合作共建，满足企业实用技术人才需求。

（二）“休闲城市”塑型提质工程。紧扣休闲定位，精心规划，精品建设，精细管理，全力提能级、塑形象，以休闲城市建设推动全域景区化、引领新型城镇化。

1. 转化新机遇。当前，面对高铁、省级旅游度假区、四省边际国家级生态文化旅游示范区三大新机遇，必须紧抓不放，深入谋划，主动对接，以求转化。点燃一个引爆点。大力推进三衢湖省级旅游度假区建设，积极引进和开发高端项目，打造集“养生度假、商务休闲、水上运动”等功能于一体的休闲度假目的地。开辟一条新通道。以创造性的思维连接高铁，谋划推进常山江港航道开发，建设休闲体验综合水路，串联县域休闲区块，融入衢州休闲区。打造一批支撑点。对接四省边际生态文化旅游示范区，大力推进生态文化旅游和绿色农产品两个集散地规划建设。加快观赏石博览园建设和胡柚文化博览园招商，谋划建设油茶文化博览园，逐步完善三衢石林和金钉子景区体验功能，提升特色资源的文化含量和休闲品位。

2. 凸显新形象。坚持一江两岸同步、建设改造并举，统筹推进城市建设。合理安排城东新区开发时序，完成滨江一期路网建设；加快城市综合体、金融中心、常一中迁建等项目进度，启动新区休闲类项目建设，凸显城东新姿；抓好绿核片区基础配套和节点建设，加强项目谋划和招商，推进综合开发，着力打造城市休闲高地。突出“江景夜景、亮化美化”，注重整体协调，改造沿江小区，打造精品节点，全面提升老城沿江景观。围绕做美沿江水景夜景，实施精品亮化工程，提升慢行绿道和亲水平台，开发水上休闲项目，拓展城市休憩空间。

3. 打造新能级。把发展教育、卫生、文化作为提升城市能级的核心内容，坚持改革领路、宜民则民，以优质的城市公共服务吸引居住、留住消费，增强城市集聚力。纵深推进教育综合改革，加大布局调整力度，继续引进学校管理团队，推广先进治校理念，狠抓“校风、教风、学风”，提升教育教学质量。注重“提升水平、放大功能”，巩固深化医改成果，加强重点学科建设和人才引进，整合医疗资源，加快社会办医，推进医养结合，实现由单纯的医疗向养生养老服务拓展。深入挖掘常山历史传统、人文底蕴，着力培育引领人、激励人的主流文化，形成全社会共同的价值追求，彰显城市精神，提升城市内涵。

（三）“美丽乡村”争先出彩工程。以美丽经济引领美丽乡村建设，大力发展现代农业和乡村休闲旅游业，着力优环境、兴产业，增强农业农村发展活力。

1. 推进“两美”建设。以经营的理念抓农民增收。深化农村改革，赋予农村产权担保、抵押、融资等权能，推广集体资源资金“折价入股”等模式，促进资产资本化。深化“一村一品”培育和有机农产品认证，打造“拳头”农产品，提高农业效益。深入实施低收入农户收入倍增计划，加大农民就业创业帮扶力度，提高工资性、经营性收入。以城市的理念建设农村。按照“村庄景区化、农场景点化、民居节点化”的思路，在做美农村环境的同时，统筹推进特色文化、休闲元素、旅游要素融入，努力实现环境改善与经济效益双赢。以中心镇、中心村为重点，推动城市公共服务向农村延伸，改善农村居民生产生活条件，提高城乡统筹水平。

2. 振兴“常山三宝”。以工业的理念发展现代农业。深入实施胡柚、油茶、食用菌“三年振兴计划”，推动“三宝”走上产业化、科技化、品牌化、效益化之路。加强示范基地建设，打造国家级胡柚产业示范区、省级现代林业园区和秀珍菇等种养基地，改造提升一批千亩精品园。深化联合重组、股改上市，积极引进龙头型、配套型项目，延伸产业链，提高“三宝”企业竞争力。加强与科研机构协作，建立专家工作站、企业研发中心，抓住胡柚进入浙江省中药炮制规范目录等机遇，开发新产品，实现药品、保健品、生物制品等多元化发展。加强品牌研究、整合、营销，实行“一标志双商标”，启动常山胡柚申报世界农业遗产，打响“常山三宝”品牌。

3. 建成四条风景线。以全域景区化的理念抓精品。集中力量打造胡柚大道，对沿线村庄进行精品化改造，加强节点景观和配套设施建设，积极发展乡村休闲旅游，推动白菊花尖AAAA级景区创建，凸显“山水风光、柚香醉人”风采。按照“项目带动、产业支撑、文化融入”的思路，全面提升中国观赏石艺术长廊，加快观赏石博览园建设，高品位打造石文化示范带、特色产业小镇和石专业村。依托自然禀赋，提升乡村休闲旅游长廊，做好显山露水、农家美食、休闲体验“三篇”文章。注重“产村”联动、“产景”融合，大力发展景观化生态农业，谋划建设沿溪滨水绿道，打造“走进村庄、走进农场”的生态农业示范长廊。

（四）社会建设惠民安民工程。坚持问题导向，聚焦人民群众关心的热点难点问题，顺民意、解民忧，以惠民安民的实际成效回应社会关切。

1. 生态环境要攻坚见效。把保护生态环境作为最普惠的民生福祉，持续推进治水拆违，护美绿水青山。攻坚“五水共治”不松劲。坚持“水里问题岸上治”，出狠招整治工业污染源，从严控制农业面源污染，提升农村生活垃圾、生活污水收集处理水平，巩固“清三河”成果，确保一江清水出常山。加大水源地保护力度，统筹建设城乡供水设施，保证居民饮用水安全和企业生产用水需求。重视做好防洪、排涝、节水等工作。强推“三改一拆”不减力。始终保持拆违高压态势，全面推进“无违建乡镇”“无违建村”“无违建社区”创建，推动“三改一拆”重心向城市延伸，坚持“流域化、片区化、项目化”拆违理念，加快城中村、城郊村拆迁改造，拆出发展空间，改善人居环境。

2. 民生保障要持续发力。围绕“吃得放心”，狠抓食品安全。实施最严格的食品安全监管制度，严把产地环境关、标准生产关、产品准出关，构建从田头到餐桌的全程监管。加快食品检测中心建设，探索推进“智慧监管”，强化市场执法，切实保障食品安全。围绕“住得舒心”，促进农民集聚。着眼城镇联动发展，以县城为核心，球川、芳村等中心镇为节点，加快赵家坪、高山底等农民安置区建设，大力推进整村改造和农民上楼，注重要素资源向安置区集聚，妥善处理进城农民落户就业、社会保障、就医就学等问题，加快市民化进程。围绕“回得安心”，推动返乡就业创业。搭建政企联动的就业平台，制定鼓励全民创业的激励政策，落实城乡一体的市民待遇，破除返乡人员在社会保障、子女就学等方面的政策障碍，为寓外人员回归创造条件。建立寓外人员数据库和信息平台，完善沟通联络制度。

3. 法治常山要迈出步伐。把法治常山建设作为经济社会发展的重要保障，牢固树立法治思维、底线思维，既抓制度设计，又抓问题治理，全面推进依法行政、公正执法、全民守法。深入推进依法行政，加快行政体制改革，优化政府机构和职能设置，坚持职权法定，深化“四张清单一张网”建设，完善政府履职制度架构，推进简政放权。着眼提高司法公信力，坚持公平公正、严格执法，依法打击各类违法犯罪，严肃整治违法执法行为，消除司法不公，维护社会公平正义。推进社会治理创新，力争实现省级平安县“十一连冠”。坚持用法治思想引导社会舆论，用法治文化熏陶社会民众，增强法律服务的普惠性、便利性，把法律服务切实推进到“最后一公里”，浓厚全民尊法、信法、用法、护法的社会氛围。

（五）党的建设强基固本工程。把加强党的建设作为深化“三大战略”的根本保障，着力抓整改、强基础、转作风，不断提升党建科学化水平。

1. 坚持一抓到底、久久为功的长效整改。巩固扩大党的群众路线教育实践活动成果，狠抓“四风”问题整改。对照“两方案一计划”，加强重大问题整改，建立健全长效机制。以“六项集中行动”和“八项专项整治行动”为抓手，深入推进专项整治。完善挂牌销号、公示承诺、定期报告等制度，层层落实责任，加强专项检查，定期组织“回头看”，上下联动打好整改“歼灭战”。把解决“四风”问题与推动发展相结合，着力解决经济运行、群众生产生活、社会和谐稳定等方面存在的突出问题，提升整改成效。

2. 落实重心下移、大抓基层的党建责任。树立“抓好党建就是最大政绩”的理念，严格落实党建“第一责任”，坚持书记抓、抓书记，把每条战线、每个领域、每个环节的党建抓具体、抓深入。强化大抓基层的鲜明导向，部署工作倾向基层，督促检查盯住基层，考核评价突出基层，激发基层活力。大力推进基层基础建设，完善联系服务群众机制，探索为民服务新模式，打造“三民工程”升级版。重视基层减负工作，强化“四项保障”。深化软弱涣散基层组织整顿，推进两新组织党建标准化、规范化、科学化。加强村干部职业化管理，实施村级后备人才“千人计划”，建强村级班子。

3. 打造充满血性、恪守规矩的干部队伍。坚持“好干部”标准，强化“凭实绩用干部、按岗位配干部”用人导向，在攻坚一线锤炼干部，用大事难事检验干部，强化责任担当，提振干事激情，培养干部血性，形成“样样落实、天天坚持”的作风新常态。用好教育实践活动经验，严肃党内政治生活，定期组织党性体检，经常性开展批评与自我批评，贯彻“三严三实”要求，以发展的眼光、从严的标准制定制度，严管干部。加强反腐倡廉建设，深入开展党风廉政宣传教育，强化廉政风险防控和权力运行监督制约，以零容忍的态度惩治腐败，形成不敢腐、不能腐、不想腐的有效机制，营造恪守规矩、风清气正的干事创业氛围。

同志们，常山发展拥有的基础和面临的机遇，让人信心满怀，适应新常态、抓好一三五，我们重任在肩。让我们团结起来、担当起来、奔跑起来，乘势而为、提速前行，奋力开启“实力工业、休闲城市、美丽乡村”建设新征程！

# 政府工作报告

## ——在常山县第十五届人民代表大会第四次会议上

县长　毛建国

（2015年2月3日）

各位代表：

现在，我代表县人民政府向大会报告工作，请予审议，并请县政协委员和其他列席人员提出意见。

### 一、2014年工作回顾

2014年，县政府在县委的坚强领导和县人大、县政协的有力监督支持下，全面实施“实力工业、休闲城市、美丽乡村”发展战略，与全县人民齐心协力，创新破难，狠抓落实，县域经济在艰难中稳步前进，社会和谐稳定，各项事业取得新进展。全年实现地区生产总值112.3亿元，增长7%；财政总收入10.8亿元，其中公共财政预算收入7.2亿元，分别增长7.9%和10.5%；固定资产投资103亿元，增长15%；社会消费品零售总额49.3亿元，增长13%；外贸进出口总额1.8亿美元，增长22.7%；农村居民人均可支配收入13939元，城镇居民人均可支配收入25899元，分别增长11.4%和9.2%；为民办实事各项目标任务全面完成。

#### （一）全力应对经济下行压力，经济发展稳中有进

产业转型步伐加快。深入推进“蓝天三衢”生态治理工程和化工、造纸产业整治，制定钙产业提升发展三年行动方案，关停石灰立窑64孔、钙加工生产线140条、化工和造纸生产线15条，被列为全省首批传统块状行业“腾笼换鸟”省级试点。实施“重点企业双十培育”工程，银田化纤兼并重组有序推进，天子果糖、恒寿堂柚果项目建成投产，常林纸业、民盛纺织等技改提升进展顺利。新培育规上企业17家。启动“常山三宝”振兴计划，新建胡柚精品园7500亩、猴头菇基地3个，常山胡柚和山茶油进入浙江舟山大宗商品交易所上市交易，胡柚切片有望纳入省中药炮制规范目录。开展有机农产品培育认证，新增有机农产品14个。重视农业龙头企业培育，新增市级农业龙头企业6家。三衢湖省级旅游度假区获批，常山奇石馆创成国家AAA级旅游景区，全县游客人数和旅游收入分别增长25.8%和25.7%。建立常山电子商务网和电子商务孵化园，淘宝衢州馆常山频道投入运营。服务业项目加快建设，中商广场完成基础工程，浙西世贸商业城主体结顶，大正医药仓储配送中心建成使用。

项目建设稳步推进。强化项目前期工作，开展重点项目集中签约、开工活动，建立问题集中交办机制，实行项目分段管理，一批重大项目扎实推进。九景衢铁路、杭新景高速、48省道延伸线、独流入海常山段等项目建设进展较快，中国观赏石博览园、哲丰新材料等投资超10亿元的大项目开工建设。完成常辉公路改造。紫港大桥连接线建成通车。县级以上重点项目完成投资67.9亿元，12

个项目列入省重点和省重大产业项目。大力开展“点将驻点招商”，引进亿元以上项目22个。全年实际利用外资519万美元。集中开展重点项目谋划活动，211个项目列入县重点项目储备库。

企业帮扶扎实有效。深入开展“百名局长帮百企”活动，对重点企业实行“一对一”精准服务，帮助企业解决实际问题55个。全面落实企业奖补、减负政策，及时兑现奖补资金6449万元，为企业减负4572万元。实行应急专项资金委托运作管理，累计为企业提供应急周转资金9.1亿元。设立500万元小微企业“助保贷”基本助保金，推出“风险池”融资模式。建立企业资金链风险监测预警、帮扶化解、善后处置机制，创新推出“兴业通”融资模式，政银企合力破难，13家企业资金链风险得到有效处置。成立开发区行政服务分中心，部门向开发区派驻机构，服务水平不断提高。

要素保障更加有力。三大工业平台基础设施建设投入2.8亿元，新开发熟地1100亩。产业集聚区“两纵五横”道路框架拉开雏形，辉埠新区商贸综合体开工建设。省级现代农业综合区通过验收，新建粮食生产功能区1.4万亩。调整完善土地利用总体规划，全年完成土地报批2206亩，收储、出让土地1409亩和1977亩。出台提高工业用地综合效益政策，开展低效闲置工业用地专项整治，盘活低效闲置土地700亩，消化批而未供土地2052亩，腾退工业用地1229亩。垦造耕地5216亩，新建高标准基本农田2.3万亩。深入推进省金融创新示范县建设，深化政银企合作，银行对企业信贷支持力度进一步加大，全县贷款余额133亿元，增长26.6%。新引进1家仓储公司，新批2家中小企业担保公司，上海股权交易中心－常山中小企业孵化基地挂牌，18家企业在上海、浙江股权交易中心挂牌融资，实现直接融资余额达6亿元。全面推进“智汇常山”工程，引进各类人才82人。

（二）统筹城乡建设和环境整治，城乡面貌明显改观

城市建设加快推进。完成滨江一期控规、滨江景观带、铁路站前广场、主城区服务业空间布局、地下空间开发利用等规划编制，启动城市排水防涝、中心城区村庄改造等专项规划编制工作。城东新区滨江一期建设取得突破性进展，外港大道一期、常山大桥建成通车。总投资超20亿元的城东新区城市综合体开工建设，金融中心一期项目落地，滨江公园建设工程完成招标，城市建设向“常山江时代”大步迈进。石崆寺二期拆迁完成，东淤一期城中村改造有序推进。桑园单号、渡口东片等老小区改造、杭金衢高速公路常山出口景观提升工程、定阳北路街景改造工程全面完成。零担菜市场和大排档搬迁改造工程建成投用，柚香城、大东门农贸市场周边和大桥路告别“脏乱差”。持续开展城市治堵、占道经营整治，城区投用公共自行车300辆，市民出行更加便捷。成立城市管理委员会，建立健全县级、街道、社区三级管理体制，“数字城管”采集及交办系统正式启用，城市管理更加精细化、秩序化。

美丽乡村提质扩面。4条各具特色的美丽乡村风景线逐步成型，彤弓山、金源历史文化村落保护利用扎实推进，新增市级美丽乡村示范乡镇2个，市级精品村6个。大力开展“墙·院”整治，粉刷赤膊墙77万平方米，整治庭院2.3万平方米。切实抓好“四边三化”，黄衢南高速公路两侧绿化提升工程全面完成。大力推进农民集聚，球川、芳村安置区建设进展顺利，赵家坪安置区二期工程全面建成，规划高山底安置区，完成异地搬迁3672人。完成农村公路改造35千米、危桥改造5座。加强小型农田水利重点县建设，完成病险水库除险加固5座，新建

防洪堤9.7千米。积极促进农民增收，争取省级早稻订单9600吨，培训农村实用人才2035人，发放来料加工费4.5亿元，农家乐营业收入9943万元。

环境整治成效显著。深入开展“五水共治”，全面落实“河长制”责任，整治垃圾河46.6千米、黑臭河22.2千米，提前完成“清三河”任务，出境水水质稳定保持在三类以上。下决心整治南门溪，完成城区南门溪沿线污水截污纳管、工业园区雨污分流和污水泵站建设，建成南门溪水质自动监测站，南门溪两岸景观和水质明显改观。农村生活污水治理年度目标任务全面完成，城区新建污水管网15千米。农村垃圾集中处理实现全覆盖。305个山塘水库实现洁水养鱼。完成禁养区、重点河流沿线生猪养殖整规，关停转迁养殖场192个，削减生猪饲养量1.98万头。开展畜禽排泄物高效资源化工程研究，博文合众研究中心投入试运行。出台大气污染防治三年行动计划，实施大气污染治理项目4个，淘汰黄标车1034辆。强势推进“三改一拆”和“无违建县”创建，拆除违法建筑69.9万平方米，完成“三改”320.4万平方米，全县180个行政村全面完成“无违建示范村”创建，并通过市级验收。深化农民建房审批改革，稳妥解决农民建房历史遗留问题。开展非法采矿专项整治，保护矿山生态环境。

（三）注重保障和改善民生，社会大局和谐稳定

保障体系不断健全。高度重视民生事业，全年民生支出15.8亿元，增长13.4%。落实积极就业政策，新增城镇就业5307人，实现再就业1711人。县水库移民创业园来料加工基地建成投用。加大社保扩面力度，五大保险新增参保12431人。城乡居民基本医疗保险参保率达98.4%，发放城乡居民医疗保险金1.3亿元。大病医疗救助惠及2436人。调整完善征地补偿安置政策，被征地农民基本生活保障与城镇职工养老保险制度实现并轨。城乡低保标准分别提高到540元和389元。新建农村社区居家养老服务照料中心47个，完成辉埠、同弓、东案敬老院扩容改造，新增养老机构床位60张。加强住房保障，建成保障性住房243套，发放住房公积金贷款1.1亿元。完成后坊备用水厂改造提升，城区供水保障能力进一步提高。社会福利、残疾人、红十字、慈善等工作取得新成效。

社会事业加快发展。花大钱办教育，扎实开展省教育现代化县创建和教育布局调整，全年投入教育资金5.8亿元，增长26.7%。常一中迁建工程扎实推进。完成43所中小学校舍、田径场、食堂和饮用水改造。基本完成学生交通安全保障工程。推进学校精细化管理，强化教师队伍建设，设立教师“教育教学质量奖”。出台民营医疗机构发展扶持政策，精神康复医院推向市场招商。大桥头乡、东案乡卫生院迁建工程顺利推进。县人民医院与省妇保院紧密协作成效明显，妇产科入选省第四批县级医学龙头学科。开展县人民医院托管乡镇中心卫生院工作，基层医疗机构服务能力得到提升。完成文化融入城市建设规划评审。新建农村文化礼堂18个。《常山喝彩歌谣》入选国家级非物质文化遗产。成功承办第29届“三山”艺术节。广播电视有线网络“一省一网”整合扎实推进，农村有线电视数字化整体转换全面完成。展衣山全民健身公园建成投用。再生育网上审批全面推行。新成立赵家坪社区。妇女儿童、统计、档案、新闻、气象、科普、物价、工会、共青团、电大等社会事业取得新进展。

平安建设持续加强。加大矛盾调处力度，完善信访分类归口办理机制，进一步畅通信访渠道，及时就地解决群众合理诉求，重复访数量同比下降59.8%。完善应急管理体系，政府、市民齐心应对，妥善处置“9·3”

城区停水事件。着力完善立体化社会治安防控体系建设，建立健全涉企矛盾纠纷预警机制，大力打击工程领域违法犯罪活动，全县各类刑事案件发案率下降15.4%，破案率提高14.9%。全面落实安全生产责任制，扎实开展矿山、钙产业安全生产综合整治，实施重大隐患挂牌督办制度，全县安全生产形势稳定。食品药品监管体制改革完成，建立食品药品基层监管网络体系，新组建食品药品检验检测中心。柚香城农贸市场创省级“放心”农贸市场。民防应急指挥中心完成主体建设。国防动员、双拥、民族、宗教、外事、侨务、对台等工作进一步加强。

（四）加大改革和创新力度，发展活力不断增强

重点领域改革深入推进。大力开展教育综合改革，优化常山一中教师队伍，创新激励分配机制和教师流动机制。杭州育才中学来常合作办学，成立常山育才中学。引进“希望之光”专家团队入驻城关中学、城南中学，职业中专与依维柯汽车公司建立校企合作关系。深化国有公司体制改革，完成国有资本运营主体整合重组，实行国有公司“三资”集中管理、统一调剂，国有公司管理体制进一步完善，全年融资14.7亿元。运用PPP模式扩建天马污水处理厂。积极推进农村产权制度改革，全县农户土地承包经营权、农村宅基地、农户林地确权登记率分别达到100%、93.4%和98.3%，村经济合作社股份合作制改革稳步实施。林地经营权流转证发放试点工作积极推进。

“四单一网”建设取得实效。以“四单一网”建设为主抓手，打好政府简政放权“组合拳”，引领政府自身加快改革。浙江政务服务网常山平台实现全省同步上线运行，出台加快项目审批验收、企业办证及社会中介机构管理等系列办法，精简行政审批事项423项。权力清单完成编制并上网公布，削减权力事项2538项。公布部门责任清单。建立财政专项资金管理清单，整合财政专项资金37项。完成常山县企业投资项目核准目录（2014年本）梳理。

科技创新能力不断提升。4个项目列入国家级科技计划，3个项目列入省重大科技专项项目，2个项目列入省“机器换人”百项示范项目，争取各类科技项目补助资金1283万元。突出企业创新主体地位，玉马机械“中国农机院收获机械零部件研发中心”挂牌成立，捷姆轴承省级企业研究院积极筹建，巴菲尔无氰碱铜电镀液加快推广。新增国家高新技术企业5家、省科技型中小企业9家，全县28家规上企业新产品产值增长46.9%。深化“商标品牌”战略，新增国际注册商标1件。推进质量强县建设，新增市政府质量奖1个。获授权专利250件，增长80%。

（五）深入开展群众路线教育实践活动，行政效能持续提高

认真查摆“四风”方面存在的突出问题，制定切实可行的整改措施，即知即改。各级干部服务意识、责任意识、担当意识有效强化，文风会风有效改进，政府运行效率和服务水平进一步提升。自觉厉行节约，过紧日子的意识持续增强，“三公”经费削减30%且全部用于“五水共治”，清退办公用房975处5569平方米，并进行有效整合。认真执行县人大及其常委会决定，及时听取县人大代表、政协委员的意见和建议，157件人大代表议案建议、139件政协委员提案全部办结。积极推行政务公开，坚持重大事项公示和听证制度。强化依法行政，实施行政规范性文件“三统一”制度，清理政府规范性文件15件，受理行政复议案件7件。认真落实党风廉政建设责任制和廉政准则，严肃财经纪律，强化项目招投标监管、标后管理和审计监督，审计项目93个，核减政府投资

额3785万元。

各位代表！过去一年的成绩来之不易。这些成绩的取得，是上级党委、政府和县委正确领导的结果，是全县人民团结奋斗、克难攻坚的结果。在此，我代表县人民政府，向全县人民和驻常人民解放军、武警部队官兵和省部属单位，向给予政府工作大力支持的人大代表、政协委员，各民主党派、工商联和各人民团体及社会各界人士，致以崇高的敬意和衷心的感谢！

在肯定成绩的同时，我们也清醒地看到，政府工作还有不少差距和不足：GDP增速、城镇居民人均可支配收入增速分别低于年初预期目标2个、0.8个百分点；产业转型难度较大，部分企业经营困难，经济增长特别是工业经济企稳回升形势依然严峻；城乡规划和建设水平需进一步提高，城市宜居程度需进一步提升；教育、医疗、养老等民生事业发展与群众期望仍有一定差距；民生保障、项目配套等刚性支出增多，地方财政压力加大；一些政府工作人员担当意识、破难精神、执行能力有待进一步提升。对于上述问题，我们一定高度重视，采取更加有效的措施，努力加以解决。

**二、2015年工作任务**

2015年是全面深化改革的关键之年，也是“十二五”规划的收官之年和“十三五”规划的谋划编制之年。今年政府工作的总体要求是：全面贯彻党的十八届三中、四中全会和省、市、县委全会精神，以深化改革为动力，以法治建设为引领，主动适应经济发展新常态，围绕“奋力追赶、科学跨越”目标要求，深入实施“实力工业、休闲城市、美丽乡村”战略，在推进转型升级上求实效，在改善民生上出实招，在狠抓落实上下功夫，乘势而为，提速前行，全面推动经济持续健康发展与社会和谐稳定。

国民经济和社会发展的主要预期目标是：地区生产总值增长7.5%，一般公共预算收入增长8%，固定资产投资增长12%，社会消费品零售总额增长11%，外贸进出口总额增长8%，农村居民人均可支配收入增长10.5%，城镇居民人均可支配收入增长9.5%。

**（一）围绕质量和效益，全力稳增长促转型**

大力发展实力工业。研究制定产业发展规划，画出钙、农机、食品加工等产业的产业图、招商图。以“四换三名”为抓手，鼓励纺织、轴承等企业加大技改力度，促进产业向高附加值、高技术含量转变。深化“蓝天三衢”生态治理工程，完成石灰石产业整治，积极培育新型钙产业。大力推进农机、特种纸、食品加工等项目建设，加快形成新的经济增长点。认真落实大企业培育政策，协助龙头骨干企业编制发展规划，鼓励企业与国内外大企业、上市公司开展并购重组，力争新增规模企业10家、亿元企业2家，逐步形成龙头企业带动、规模企业支撑的发展格局。实施创新驱动发展战略，支持企业参与制定新产品国家标准、开展商标注册和品牌创建，发挥品牌、名牌的使用效益。鼓励企业开展产学研合作，加快无氰碱铜电镀液等新产品推广应用，促进科技成果产业化。力争新增高新技术企业5家、企业研发中心2家、专利示范企业2家。深化“百名局长帮百企”活动，大力培养经济型干部，在预警中精准服务，形成合力扶工的氛围。强化项目能耗和环保评审，深入实施排污权交易制度，落实企业节能减排主体责任，力争全面完成“十二五”节能减排目标任务。

大力发展生态农业。以工业化理念发展农业，制定农业产业空间布局规划，推动全区域、全产业链生态循环农业发展，提升农业产业化发展水平，促进农业持续增效、农民持续增收。坚持规模化生产，鼓励农民依法推进土地流转，新增流转土地和林地各5000亩。深入实施“常山三宝”振兴计划，推进精品基地建设，力争建设胡柚优质精品基地3000亩，实施油茶低产林改造1万亩，新建良种造林示范基地3000亩，种植食用菌突破1亿袋，重振“常山三宝”品牌。新建粮食生产功能区9500亩以上，保持粮食生产能力，确保粮食安全。坚持产业化发展，大力支持农业骨干企业做大做强，争取培育市级以上农业龙头企业4家。积极引进工商资本，发展精深加工型、休闲观光型、文化创意型等农业新型业态。坚持打生态有机牌，支持合作社、家庭农场开展无公害农产品、绿色食品、有机农产品培育认证，力争新认证有机农产品10个、培育精品家庭农场3家。创新产品销售模式，组织参加农业会展，拓展网络销售渠道，实现线上线下联合销售，突破农产品销售难题。

大力发展新型服务业。完成服务业空间发展专项规划编制，大力培育养生养老、现代物流、电子商务、专业市场等服务业，加快赛得健康产业园、新都物流中心等项目建设，建成中国观赏石博览园第一功能区。积极融入国家级生态文化旅游示范区建设，主动接轨“诗画浙江”品牌行动，加大三衢湖省级旅游度假区和胡柚文化博览园项目招商力度，争取项目成功落地。迎接高铁时代，大力发展乡村休闲旅游，以AAA级旅游景区标准打造若干个乡村旅游特色村，力争白菊花AAAA级旅游景区创建成功，打响生态休闲旅游品牌。大力发展电子商务，提升特色中国淘宝衢州馆常山频道，支持酷普、佳熙等电子商务企业发展，努力培育壮大第三方平台。

（二）围绕项目和要素，努力巩固向好态势

加强招商引资。坚持招商引资“一号工程”不动摇，完善招商工作机制，以主导产业和大项目考核为重点，进一步健全考评体系，激发招商热情。深化大项目县领导领衔制度，强化点将驻点招商，紧盯一批在谈意向项目，促进项目落地建设。大力开展以商招商，鼓励现有企业对外合作、合资，优化股权结构和法人治理结构，力争在引进央企国企、知名民营企业上有新突破。深化与慈溪山海协作，有针对性地组织招商推介活动，切实提高招商实效。健全招商项目落地协调、跟踪服务和信息共享机制，千方百计加快招商项目落地、建设、投产，力争引进亿元以上项目10个。

加快项目推进。完善项目管理、督查机制，继续开展“问题交办”“集中攻坚”等活动，加快项目建设步伐。全年安排农村生活污水治理、钱塘江治理常山段、常一中迁建、哲丰新材料、同景科技等119个重点项目建设，确保完成投资85亿元以上，其中工业投资29亿元以上。牢固树立项目经济理念，健全项目前期工作机制，力争320国道至江西双明公路、220千伏柚香输变电工程等一批重大前期项目转实施。紧扣国家、省政策资金投向和项目计划，谋划储备30个10亿元以上具有可操作性的大项目。加强农田水利、城乡供水、公路交通、教育卫生等领域的重大项目和竞争性项目争取，确保向上争取资金同比增长20%以上。

加大要素保障。完善工业平台产业布局规划，提升资源共享度，促进产业集中集聚。大力推进产城融合，实施工业园区道路、管网等基础配套改造提升，启动辉埠新区徐家塘片区建设，完成新区入口景观改造提升和商业综合体工程建设。高度重视产业集聚区城市设计，做好土地留空留白，为好项目预留发展空间。完成土地利用总体规划调整。抓好土地开发，垦造耕地4000亩，建成高标准基本农田1.2万亩。推进农村土地综合整治，争取城乡建设用地增减挂钩指标890亩。

深化金融创新示范县试点建设。设立民间融资服务中心，规范民间融资行为。发展“普惠金融”，引导金融机构加大企业还贷“无缝对接”力度，大力推行“二次抵押”。鼓励企业到股权交易中心挂牌，实现直接融资。充分发挥财政应急周转金作用，缓解企业资金周转难题。运用PPP、BOT等融资方式，拓宽政府性项目融资渠道。扎实推进“智汇常山”工程，加大人才引进和培养力度。

（三）围绕品质和生态，大力建设美丽常山

积极打造休闲城市。完成城区亮化、水系等专项规划编制，实施常山江右岸（金川大桥至富足山大桥）沿江景观提升工程，做美沿江水景夜景。加强城市规划区农民建房分类管理，实行公寓式安置。完成滨江一期东区块房屋拆迁。推进滨江一期路网、管网等基础设施建设，启动城东新区绿核区慢行系统建设。加快滨江公园、城东新区城市综合体、常一中迁建、金融中心一期等项目建设，形成城市建设新亮点，提升人气集聚力。积极推进沙洲片区等老小区综合改造。启动备用饮用水源规划，完善老城区供水、排污等功能设施，完成天马污水处理厂二期、城市森林公园一期等项目建设。推进石崆寺二期“三通一平”建设。完成东淤一期土地收储并开工建设。积极研判房地产市场走势，促进房地产业稳定健康发展。进一步规范城市管理，深化数字城管建设，持续抓好城区违法建筑、交通治堵、占道经营等专项整治，推进城区绿化、城市路灯、保洁市场化运行，为广大市民打造一个更有序、更洁净、更宜居的城市家园。

扎实建设美丽乡村。强化涉农资源资金整合，深入推进四条美丽乡村风景线建设，通过竞争性申报，着力培育若干个美丽乡村示范村，打造美丽乡村建设精品线路。继续实施彤弓山、金源等9个历史文化村落保护利用。促进乡镇差异化、特色化发展，重点培育2个风情小镇。推进球川、芳村农民集聚区建设，全年异地搬迁农民2000人以上。大力发展美丽经济，推动农、文、旅融合发展，引导乡村发展旅游、民宿、特色农家乐等产业，建设特色专业村10个。搭建县乡村三级电子商务服务网，力争完成130个村级电子商务服务布点，推动电子商务在农村加快发展。实施新一轮特扶项目，促进低收入农户增收和扶贫重点村加快发展，大力发展村级集体经济。深化农村赋权改革，全面完成农村宅基地确权登记发证和农村集体资产股份合作制改革，建成农村产权流转交易服务中心，赋予农民更多财产权利，增强农村经济内生动力和活力。

持续优化生态环境。严格执行新环保法规定，督促企业落实治污防污主体责任。大力开展大气污染防治，加强粉尘、扬尘治理，加快推进高污染燃料禁燃区建设，主城区实行高污染车辆限行，完成黄标车整治，打造“清新常山”。全面推进“五水共治”，保护好青山绿水，提升生态品牌优势。严格落实“河长制”，巩固垃圾河、黑臭河治理成效。启动71个村生活污水处理设施建设，加快4个集镇污水处理厂提标改造。开展选矿、涉矿企业专项整治，确保污水达标排放。全面推进生猪养殖整规，抓好规模化养殖场污染治理，生猪饲养量控制在一定范围以内。全面禁止河道采砂，推广使用矿制砂。实施水库山塘整治和生态化改造，严厉打击电鱼、毒鱼等非法捕捞行为。推广农村生产生活垃圾分类减量化处理，实现行政村全覆盖。持续推进“墙·院”整治。保持“违建必拆”的高压态势，巩固深化“无违建县”工作，抓好拆后土地利用，规范城乡建设秩序。开展智慧环保“零点执法行动”，严厉打击环境违法行为。强化夜间和节假日突击检查，从严从重打击偷采、盗采矿产行为。推进绿色矿山建设和废弃矿井治理，促进矿山生态环境良性循环。

（四）围绕平安和民生，提升群众幸福指数

加大惠民暖民工作力度。优化就业创业服务，扎实开展农民创业就业技能培训，培训农村实用人才2000人、转移就业1000人。继续扩大社会保险覆盖面，建立社会保险全民登记制度。健全社会救助体系，深化救助群体动态管理机制，适时提高城乡低保标准。实施重度残疾人专业托（安）养工程，新建1家省级小康·阳光庇护中心。推进保障房建设，完成4.6万平方米保障房建设。完成来料加工服务中心建设并投入使用。改善乡镇（街道）敬老院养老服务设施，新建农村社区居家养老服务照料中心40个以上。稳步发展红十字和慈善事业。维护妇女、未成年人合法权益。

全力推进社会事业发展。深化教育综合改革，全面实施基础教育提升计划，办好人民满意的教育。推动常山育才中学和杭州育才中学管理模式深度融合，创办常山育才小学、育才幼儿园，打响“常山育才”品牌。实施薄弱学校改善工程，推进省标准化学校创建。实施学前教育第二轮三年行动计划。出台加快职业教育发展政策。狠抓师资队伍素质提升，着力引进培育高层次教育人才。深化与省妇保院紧密型协作，加强与浙一医院协作办医。开展基层首诊、双向转诊、分级诊疗工作，合理引导居民就诊流向。推进社会力量办医，建设精神康复医院，谋划招商中医康复医院、口腔专科医院。创建省级慢性病综合防控示范县。实施文化融入城市、新农村、旅游工程，加快建设农村文化礼堂，支持越剧、激情广场月月唱等群众性文化活动开展。加快“兴农网”和农村应急广播体系建设。创建省级体育强县，举办县第五届全民体育运动会。继续做好民族宗教、对台、侨务、外事、计生、档案、新闻、气象、科普、电大等工作。

深化平安常山创建。建立“信访积案数据库”，深化“领导包案”制度，着力化解信访积案。重视初信初访办理，把矛盾消除在萌芽状态。探索实行110纠纷联调联处模式，扩大社会服务范围。积极推进社会治安防控体系建设，严厉打击各类违法犯罪行为。注重网络舆情研判引导，抢占网络舆论高地。严格落实安全生产责任制，推进安全生产标准化建设。全面排查和消除重点行业、重点领域安全隐患，坚决防止重特大事故发生。着力构建食品药品监管“三网六体系”，保障群众饮食用药安全。高度重视公共安全工作，加强应急救援体系建设，完善应急联动机制。健全防灾减灾救灾体系。加强国防动员和人民武装教育，认真抓好征兵、人民防空、民兵预备役等工作。

各位代表，2015年我们将继续安排一批群众急需、社会关注、惠及面广、共享度高的实事项目，让人民群众享受更多的改革发展成果：①中小学校舍设施改造提升及校园安全设施改造工程；②城乡居民电子健康档案工程；③农村生活污水治理工程；④城市慢行系统及公共自行车建设工程；⑤老小区改造及城市夜景改造提升工程；⑥电子商务进村工程；⑦常山县社会福利中心建设一期工程（金色年华养生公寓）；⑧低压线路及配变台区改造工程；⑨城市展示馆建设工程；⑩农村公路提升工程。

同时，今年也是“十三五”规划谋篇之年，我们将深入分析常山县情实际，加强在产业结构、空间布局、城乡统筹、社会事业、基础设施、生态建设、要素配置等方面的调研，科学谋划确定“十三五”经济社会发展目标、主要任务和重大举措，高质量、高标准完成“十三五”规划纲要及系列专项规划编制。围绕“十三五”规划编制，谋划和落实一批工业经济发展、旅游产业发展、城镇化建设等方面的大项目，优化项目投资强度、规模和投资结构；谋划一批综合养老、电子商务、教育医疗、文体设施等项目，持续推进民生改善。

三、加快政府自身转型

新常态、新任务，对政府工作提出了更高要求。我们将充分发扬“向东是大海”的敢为人先精神、“不破法规破常规”的改革创新精神、“人一之我十之”的攻坚克难精神和“众人拾柴火焰高”的团队合作精神，进一步加强政府自身建设，加快推动政府转型，努力建设务实、高效、法治、廉洁的政府，增强驾驭经济社会发展的能力和水平。

（一）强化改革意识，提高发展活力。深化要素配置市场化改革，推行水、电等资源要素差别化定价配置，推进用能权、排污权交易。实施工业企业亩均效益综合评价，推进闲置低效工业用地处置，提高土地综合利用效益。认真落实新《预算法》《地方政府性存量债务清理处置办法》等法律和政策，加快政府运行方式改革。做好土地文章，精心编制土地储备和出让计划，注重已储备土地的环境营造，科学有序出让城市土地。完善预算管理制度，健全政府预算体系，实现财政收支全口径预算，确保收支平衡。深化国资营运管理体系改革，继续推进各类资源资产注入国有公司工作，探索国有公司参与经营业务，着力培育3家经营性公司。坚持“宜民则民、政府托底”的理念，运用PPP、BOT等融资模式，吸引社会资本参与社会事业、基础设施等项目建设。加大存量行政类资产搬盘和处置力度，建立政府性资金集中调剂中心，保障政府性项目资金需求。

（二）强化法治意识，推进依法行政。坚持用法治思维作决策，健全依法决策机制，强化重大行政事项决策的合法性审查，重大政策出台前主动向县人大常委会报告，充分听取县政协、咨询委的建议，广泛征求社会各界意见。自觉接受人大及其常委会依法监督，积极支持政协民主监督，高质量办理人大代表议案建议和政协委员提案。坚持用法治方式抓落实，强化职权法定、职责履行，完成政府机构改革，优化政府机构设置、职能配置。大力开展“六五”普法，深化“四单一网”改革，做到法无授权不可为，规范行政处罚自由裁量权，进一步做好行政复议工作，依法维护群众合法权益；做到法定职责必须为，进一步激发广大干部勇当“战士”不当“绅士”，敢于担当、敢抓敢管，切实提高政府各级各部门落实能力和服务效率。

（三）强化廉洁意识，坚持勤政廉政。严格执行中央“八项规定”、省委“六个严禁”及县委的有关要求，认真落实党风廉政责任制，坚持用制度管权、按制度办事、靠制度管人，让行政权力在阳光下运行。巩固党的群众路线教育实践活动成果，继续推进“四风”问题整改落实，以教育实践活动的实际成效取信于民。充分发挥审计、监察等部门的监督作用，强化对工程建设、资金管理等重点领域的审计，加强对工程项目招投标监管，认真治理工程建设领域违法违纪行为。推进财政预算、决算公开。全面启动公务用车制度改革。继续压缩“三公经费”支出，切实降低行政成本，把有限的资金用在发展经济、改善民生上。

各位代表，百舸争流千帆竞发，奋勇当先时不我待！站在新的起点上，转型发展的责任和使命激励着我们，破冰前行的困难和挑战考验着我们，人民过上幸福生活的新期待鞭策着我们。让我们紧密团结在以习近平同志为总书记的党中央周围，在中共常山县委的坚强领导下，咬定目标、奋力前行，真抓实干、锐意进取，为建设“两美”常山而努力奋斗！

## 政府工作报告名词解释

1. PPP：通常被称为“公共私营合作制”，是政府与社会资本为了合作建设城市基础设施项目，或为提供公共产品或服务而建立的“全过程”合作关系，以授予特许经营权为基础，通过引入市场竞争和激励约束机制，发挥双方优势，提高公共产品或服务的质量和供给效率。

2. BOT：即“建设—经营—转让”，是指政府通过契约授予私营企业（包括外国企业）以一定期限的特许专营权，许可其融资建设和经营特定的公用基础设施，并准许其通过向用户收取费用或出售产品以清偿贷款，回收投资并赚取利润；特许权期限届满时，该基础设施无偿移交给政府。

3. “重点企业双十培育”工程：深化企业梯次培育，重点是培育能带动中小企业协同发展的大企业，力争通过3年左右的时间，培育行业龙头企业、成长型优势企业各10家以上。

4. “四单一网”：“四单”是指权力清单、责任清单、企业投资负面清单和财政专项资金管理清单，“一网”是指浙江政务服务网常山县平台。

5. 食品药品监管“三网六体系”：“三网”是指安全责任网、电子监管网、社会共治网，“六体系”是指监管执法体系、风险防控体系、技术支撑体系、应急处置体系、标准法规体系和社会监督体系。

6. 行政性规范文件“三统一”制度：根据省政府统一要求，对县级以上人民政府及其部门制发的行政规范性文件实行“统一登记、统一编号、统一发布”的“三统一”制度。

# 专　　记

## 智汇常山，近者悦远者来

### ——“十二五”全县人才工作综述

谷米与贤才，古称国之宝。常山县位于浙西山区，人才作为“第一资源”，更是推动县域经济社会长远发展的最可依赖的动力源。“十二五”以来，县委县政府高度重视人才工作，紧紧围绕经济社会发展目标，全力推进“人才强县”战略。通过大力实施“智汇常山”工程，增强“地域磁场”吸引力，坚持实施项目育人才、引进人才破瓶颈、创新机制优环境，为全县经济社会发展提供“智动力”。

**优布局，增强引才向心力**

2012年，常山在全市率先出台《关于实施“智汇常山工程”的若干意见》《常山县高层次人才公寓管理办法》等人才新政，完成12个政策配套实施办法；在财政困难的情况下，坚持每年投入1000万元专项经费用于人才发展，已发放人才专项资金补助760余万元。

畅通引才“绿色通道”。常山县启动了“十百千”人才引进计划，开通引才“绿色通道”，对重点人才采取县领导“一对一”招才，允许不受编制限制和专业技术职务结构比例限制，落实事业编制。人才家属按规定优先安置或推荐就业。

近年来，全县引进1名省“千人计划”人才、274名紧缺人才，其中硕士研究生77名、“985”“211”重点高校本科毕业生59名；柔性引进高校院所教授专家70余名。“围绕全县重点领域、重点行业，我们积极引进急需的紧缺人才。坚持‘不求所有、但求所用’的理念，实现了不拘形式引人才。”县委组织部相关负责人说。

**建平台，人才与产业“联姻”**

“人才支企”激活力。“这种轴承新品是我们工作站团队研发的结晶，也是我在业内47年的‘轴承人’追求的梦想。非常感谢陈蕴博院士团队及各级领导的关心和大力支持!”2015年8月28日，浙江环宇轴承有限公司董事长罗环山在展示新研发的螺杆压缩机转子专用轴承时，由衷地说出这番感激话。2013年，陈蕴博院士专家工作站作为常山首家院士专家工作站，与浙江环宇轴承有限公司紧密合作。2015年，获批省级院士专家工作站。陈院士专家团队帮助企业在螺杆压缩机转子专用轴承产品的研发制造方面取得巨大突破，实现了高精度、长寿命和高可靠性的目标，可替代同类进口的SKF轴承。该产品已成功应用于国内压缩机行业龙头企业——衢州开山集团的相关产品上，预计将新增销售额5000万元，实现利润1000万元。

“十二五”期间，常山县聘请15位轴承专家担任常山轴承特聘专家；与洛阳轴研所共建“一中心、两院、三站”，成立了常山轴承研究院；与河南科技大学建立人才培养战略合作关系，采取“组团招聘+共建实习基地+技术培养”的模式，建立常山轴承实习基地。围绕“常山三宝”振兴计划，培育农村实用人才，组建产业技术队伍。围绕常山石产业发展，推进观赏石博览园建设；与浙工大、衢职院等院校合作，成立石产业实训基地；聘请一批石工艺大师，建立民间工艺大师工作站，培养了100余名石产业景观设计与营销人才。

至2015年，常山县累计成功创建1家省级院士专家工作站、2家市级院士专家工作站、10家市级专家工作站、8家县级专家工作站，1家市级重点创新团队、7家县级重点创新团队。

**造氛围，本土人才进活力**

为激励优秀人才发挥作用，常山县评选表彰了五届54名拔尖人才、两届60名“三十佳人才”、首届97名“常山县百名优秀人才”。享受国务院特殊津贴的专家黄良水，通过研究创新，实现食用菌工厂化栽培、机械化生产，每年为企业节约人工费支出150多万元，使生产成本下降30%，“作为一名农技干部，要踏踏实实地帮助农民解决一些实际问题。每当看到菇农的钱包鼓起来，成就感便油然而生。”黄良水说。

常山县拔尖人才、“西瓜大王”徐金祥，从老家东案乡起步，带动农民种植小西瓜，打造响誉全国的常山“西瓜王国”；同弓乡特产员姜翔鹤从事农技工作整整28年，秉持科技富农理念，指导农民科学播种，引领乡亲走上致富路……这批散发着泥土芳香的“土博士”，帮助891户农户找到致富路。

常山县通过建立人才积分档案，以动态管理模式，对业务工作、帮带培养、创业创新、社会责任等方面有贡献的人才进行评分，优先晋级。至2015年，全县有2人入选省特级教师，8人入选省“151”人才培养工程，110人入选市“115”人才培养工程。此外，大力实施人才结对帮扶工程，让各类优秀人才与756名年轻人才结对帮带。

（方均良、赵 卉）

# 整出民心　整出同心　整出信心

## ——2015年常山县“一路一镇”集中整治行动综述

善谋者行远，实干者乃成。

这是一场以“最严的态度、最快的速度、最高的标准”为要求的攻坚！

这是一曲催人奋进、势如破竹、旧貌换新颜的凯歌！

这是一次“整出民心、整出同心、整出信心”的大捷！

**决策：点面结合撕开口子**

决策是行动的指南。

7月14日，全省“两路两侧”“四边三化”专项整治推进会召开，要求各地开展新一轮地毯式排查，拿出拔“钉子”、啃“硬骨头”的决心推进专项整治。

常山境内，路网交错，专项整治时间紧、任务重。按照省里统一部署，县委、县政府迅速行动，通过集中排查，联合发力，在两条高速公路、两条国道、一条省道和景区重要道路，对沿线广告牌、违建点、垃圾堆放点等进行整治。

专项整治牵动着县领导的心。县委书记王良春，县委副书记、县长毛建国等多次带队上路督查。

8月16日下午，周日，天空飘着细雨。心系“两路两侧”“四边三化”专项整治工作的县领导王良春、毛献明、顾建华放弃休息，率有关部门、乡镇负责人冒雨检查320国道整治工作。“要以最严的态度、最快的速度、最高的标准，全面推进‘四边三化’‘两路两侧’工作，着力提升县域环境品质。”县委书记王良春的话铿锵有力、掷地有声。

面对320国道青石至招贤段沿线乱搭乱建突出现象和招贤集镇脏乱差的情况，县领导心急如焚，如果不下决心加大力度，撕开口子，常山东大门形象短期内难以改观。

时间不等人。8月18日晚，县委常委（扩大）会议专题研究部署“四边三化”“两路两侧”整治工作，经过深入分析研究，会议决定把集中整治行动的突破口放在“一路一镇”，明确提出通过一个月的专项集中整治，全面改善320国道路域环境和招贤集镇镇容镇貌。

“一路”即320国道，是由赣入浙的交通要道，是浙江的门面；“一镇”便是招贤集镇，是常山的东大门。

一场没有硝烟的攻坚战由此拉开序幕。

现在看来，一个月前的那次连夜召开的专题部署会其实是“战前动员会”，既是号角，更是指令。

要夺取攻坚战的彻底胜利，光靠招贤、青石两个镇的干部是短期内无法实现的。因此，调兵遣将成为战前重要一环。8月21日，县里专门成立了“四边三化”工作领导小组，王良春、毛建国直接担任组长，顾建华任常务副组长，成员单位包括两办（县委办、县府办）、两部（组织部、宣传部）、公安、发改、交通、住建等机关部门负责人以及各乡镇（街道）书记。

与此同时，按照县里统一部署，从各部门抽调的300多名攻坚干部分成两个“作战纵队”，进驻招贤、青石，县妇联、团县委也适时组织了 200 名志愿者作为递补队员加入其中。

书记、县长亲自挂帅，部门、乡镇同心协力，“一路一镇”集中整治攻坚行动大有开战必胜、志在必得的气势。

王良春指出，“一路一镇”专项整治是检验各级各部门工作执行力、战斗力的“试金石”，要通过撕开“一路一镇”整治这个口子，推动全县“四边三化”“三改一拆”“五水共治”等重点工作，切实打好整治工作和美丽乡村建设的组合拳。

**行动：兵团作战　组合出拳**

决策已定，关键就在于行动，在于落实，在于破难攻坚。

有人把这次集中整治行动形象地比喻成“打了一场战役”。县委、县政府就是“司令部”，招贤、青石是两个重点“作战部”，下面的攻坚组是“突击队”，其他乡镇（街道）则是外围“兵团”。在战略上，重点突破，撕开口子；在战术上，以点带面，全线推进。

——严格标准，公平公正

“一把尺子量到底”“一碗水要端平”，到农村去开展群众工作，一个原则就是要做到公平公正。

制定标准，严格执行，成为此次“一路一镇”集中整治行动的重要“砝码”。直接参与标准制定的县交通局局长吴直丰告诉记者，这次 320 国道整治标准突出“拆、清、退、摆、美”五个方面，具体来讲：拆，就是拆除公路边可视范围违章建筑、主屋旁违章附房、企业工棚、墙体广告、广告牌、农作物棚架等；清，就是清理废旧轮胎、废旧物品、砂堆、砖堆等乱堆乱放物品及生活生产垃圾等；退，就是石材摆放、钢筋堆放必须距公路边沟外缘 6 米以上（溪口交警中队至朱家渡路段距边沟外缘 3 米以上），不具备条件退让的，可搬迁的要搬迁，不可搬迁的必须进行绿化遮挡，否则予以清除或取缔；摆，就是生产生活用品、景观石等摆放需距离公路边沟外缘 6 米以上，且要求摆放整齐；美，就是对庭院等进行改造，对沿线的官庄、大溪沿、招贤、九龙山、朱家渡等节点进行绿化提升。同时，招贤、青石集镇按照规划还专门制定了集镇整治建设提升标准。

为了让攻坚组干部掌握“标准”，招贤、青石分别召开工作组组长、攻坚干部、村干部多层面培训会，并专门印制了宣传单。

“标准”一个口子出，各攻坚组严格坚持，为之后的全线顺利推进、最后圆满完成整治任务创造了条件。

——舆论先行，宣传上门

“一路一镇”集中整治牵涉到沿线许多村民、商户，要让大家明白集中整治的意义、政策、标准，必须用最短时间宣传到位。

从 8 月 20 日开始，《今日常山》、县广电总台开始持续刊播《常山县人民政府关于开展 320 国道沿线暨招贤集镇集中整治行动的通告》；派驻招贤、青石的工作组干部按照镇里的部署，划分片区，包干到组，将“通告”“倡议书”等迅速送达沿线群众手中；县交通部门专门安排两辆宣传车巡回宣传整治政策……

短短几天时间，两个镇的数百名干部共走访农户、商户 1200 多户，发放宣传资料 3000 余份。

——转换手法，先难后易

“整个整治过程，我们按照先难后易的工作思路，拔‘钉子户’，啃‘硬骨头’，重点解决东大门、集镇东入口等重要节点脏乱差问题。”

这是招贤镇党委书记李德生 8 月 29 日的攻坚工作日记的一段内容。“先难后易”，拔“钉子户”，啃“硬骨头”，是这次整治行动转变工作手法的一大特点。

这场决战从推倒一段围墙拉开序幕。8 月 17 日，招贤镇根据县里安排，顺利拆除高埂村一位主职干部沿国道的违章围墙。“村干部的违章搭建也必须一拆到底!”这在招贤及更大区域内掀起不小的波浪。

8月23日至24日，经过前期上门宣传和排查，青石、招贤攻坚战先后打响，那一面面印着“四边三化”字样的彩旗就像阵地上的一面面红旗；那一台台挖机、吊机、铲车就像一部部战车奔驰在战场上。

“这次攻坚队伍可以说是兵强马壮，要取得胜利，必须把队伍组织好，最大限度发挥攻坚干部作用。”李德生说。

在招贤，攻坚组干部被分成两大组，采用“1+1”组合办法推进，一组专攻320国道沿线，一组专攻招贤集镇；在青石，攻坚组干部被分成四组，采用“1+3”组合举措，一组专攻320国道沿线，另外3组分别攻集镇、十里柚香街和048省道。

攻坚组均由两个镇的班子成员担任组长，县公安、交通、市场监管、综合执法等单位主要负责人亲临现场协助指导开展工作。

先难后易是此次攻坚行动的战术之一。招贤集镇建成已有20多年，大小整治不下10次，脏乱差面貌却一直没有大改观。为破解这一难题，攻坚组在镇长刘忻、镇人大主席张禄杰等班子成员的带领下连续开展工作。

集镇东入口有一家超市，面朝集镇主街，背靠320国道。整治前，商铺的北、南、东三面都搭有棚架，占地200多平方米，是集镇上最大的违建，不仅影响美观，还阻碍着过往车辆出行。整治行动开始，这里就成为群众瞩目的焦点。

“不要拆到天上去哦。”超市附近的一商户用方言说笑道。附近的群众说：“能把这家拆掉，我在地上倒爬3圈。”

风凉话传到了干部耳朵里，反而更坚定了干部的决心。

8月25日一早，镇里组织了20多名干部前往依法组织实施拆除，这边厢，干部拿着切割工具在棚顶拆除架子，那边厢，把刚拆下来的钢材等迅速搬运至一边。

随着“轰轰”声响起，超市的3个可移动棚架应声倒下。当初持怀疑态度的人信服地为攻坚干部点赞。

同样，在青石前沿阵地——320国道沿线，由镇宣传委员黄贤安、副镇长徐升率领的近百名攻坚干部兵分两组，以溪口村为起点，一组向朱家渡大桥方向挺进，一组向九龙山方向进发……

320国道青石段有70多户石材经营户将大量的景观石、千层石、青石板摆放在国道线边，这些石头杂乱无序，影响交通视线，属于此次整治的“大难题”。

“这些石头重的上百吨，轻的也有上百斤，人工是搬不动的。刚开始我们采取雇佣吊机作业，就是请工人帮我们起吊石头，一天一台吊机吊不了几块石头，这种‘磨洋工’的态度致使工作进度十分缓慢。”青石镇镇长陈雪良告诉记者，为破解这个难题，镇班子会议专题研究过几次，最后下决心转换手法，从8月29日起推出了“石头移位承包制”。即，镇里与吊机老板签订协议，由其负责在限定时间内完成石头搬移工作。

“石头移位承包制”办法推出后，工作效率明显提高。镇里雇佣了3台挖机、2台铲车、5台吊车同时上路作业，从早上6点多就开始工作，一直持续干到傍晚6点多休工。到9月8日，沿线70余处石头移位工作基本完成，比原计划提前了7天。

——阵前鼓舞，士气倍增

8月22日，攻坚战还处在前期宣传发动阶段，县领导王良春、顾建华就赶到前沿“阵地”，详细了解违建拆除、洁化、绿化等环境整治情况，认真听取相关单位负责人汇报工作进展、存在的问题以及下步工作打算。在这次督查中，县领导明确强调要增强信心，牢固树立打胜战决心。

8月27日下午，全县“四边三化”暨集镇整治现场推进会在招贤镇召开。王良春、毛建国等县领导参加。这次会议明确提出，要将“一路一镇”集中整治示范效应转化为全县“四边三化”、集镇整治的强劲推动力，打好“五水共治”“无违建县”创建转型升级组合拳。

县人大常委会、县政协分别组织部分人大代表、政协委员视察，并提出了视察意见。

行动开展以来，县领导在一线指导攻坚工作的次数不少于20次。

县四套班子领导阵前督战鼓劲，攻坚干部信心大增。

“一路一镇”集中整治“战火”开始在全县蔓延，三衢大地处处可见奔忙在“四边三化”工作中的干部身影。

**效果：势如破竹整出“三心”**

效果是检验行动是否成功的标准。

9月20日，派驻招贤、青石的300多名攻坚干部胜利凯旋。让我们来看看此次攻坚行动的战果。

招贤镇：集镇共拆除户外移动式灯箱、固定广告牌407个（块），拆除临时棚架170个，拆除附房13处，清理搬运货物3400多件，清运垃圾208车，清运砂石53车，处理占道经营行为225起。320国道沿线拆除工棚、围墙、违法建筑、广告牌132处（块）、共1.84万平方米，清理废旧物品、砂堆、杂草、生活生产垃圾等各类堆积物255处，退让石材、钢筋、砖头、遮阳棚82处，规范摆放生活用品、设备等86处，改造庭院67处，墙体外立面改造8处。从9月5日开始，历时15天的“跨江作战”，常河线沿线樊村、五里、大弄、泉目山、鲁士、象湖等6个村完成拆除整治任务，共拆除大型工棚、违法建筑、围墙、广告牌355处（块），清理砖堆、农作物棚架、小花坛、建筑废料、橘树等319处。

青石镇：320国道青石段累计完成整治任务2457处，其中拆除可视范围违章建筑、工棚等1136处，清理废旧物品、砂堆、砖堆等964处，退让石材、器具等91处，规范摆放店招牌等309处，进行破旧房屋修缮、赤膊墙粉刷、庭院改造等节点美化绿化47处。青石集镇累计完成整治任务595处，其中拆除工棚、雨棚等278处，清理杂物等153处，规范摆放店招牌等158处，进行庭院改造等美化6处。

这些战果的背后是全县上下协同作战、攻坚组的大量付出和招贤、青石两镇镇村干部的不懈努力。

——同心协力，攻坚克难

整治任务重，仅仅依靠镇村两级干部，力量不够。

“千斤重担大家挑，泰山压顶不弯腰。”县里一声令下，各个部门派出的攻坚人员来了。

交通部门的人来了，“那块石头还要往里挪一挪”，他们把“整治标准”下到每一个点，直到和攻坚组干部一起按要求做完工作才离开。

综合执法局的人来了，面对极少数不理解、不支持整治工作的违建主体，依法组织强制拆除。

市场监管局的干部也来了，他们对广告牌整治等给出了专业的指导性意见。

“从多部门抽调干部集中参与县里的一项重大行动，这在以往也有。但部门‘一把手’每天在一线指挥、督战，确实比较少见。”一位老新闻工作者下乡采访，看到此情此景很是感慨。

“县里的重大工作，也是我们的工作。”“娘子军”、青年志愿者也来了，整治现场处处可见他们的身影。

县里的主要新闻单位，利用职能优势，大张旗鼓、铺天盖地地宣传报道“一路一镇”整治战况，发挥了“开路效应”。

拆建并举，美化提升，也忙坏了那些规划设计人员。320 国道沿线农户庭院美化、招贤、青石集镇整治提升、街道两边的广告牌规范统一……所有这些都需要规划设计人员现场勘查后，加班加点赶制出规划方案。方案未获通过，不气馁，接着赶出第二个、第三个方案，直到各方满意为止。

整治期间，夕阳劝导队、青年志愿者等志愿服务队上门宣传整治相关政策，动员沿线、集镇群众签订“门前三包”责任书，开展环境卫生整治工作……

众人拾柴火焰高。攻坚组以不达目的不收兵的决心，将攻坚战不断推向高潮。

——民心所向，胜之所往

在集中整治中，处于“风暴漩涡”的招贤镇、青石镇却“风平浪静”。原因何在?因为此次整治是民生大事、民利所往，获得了民心，得到了支持。

招贤集镇上的一位老大姐对这次整治的四次“变脸”的情景，让攻坚组成员至今记忆犹新。8 月 21 日，当攻坚组来到这位 50 多岁的老大姐家里宣传整治时，老大姐是“满脸乌云”。她不屑地说，我门前养了几盆花，种了些黄秋葵和紫苏，你们要搬随时都可以，只要你们拆得下去。

第二天，集镇上面积 200 多平方米、关注度高，多年整治未拆除的一家超市的违章搭建被成功拆除。这天，攻坚组成员来做老大姐工作时，这位大姐的脸色是“阴转多云”了。

接连几天，招贤集镇上的几个“钉子户”被拔除后，这位老大姐的脸色“多云转晴”，和攻坚组成员拉起了家常，并主动拆掉、清理乱搭乱摆的物品。

之后，攻坚组成员路上碰到老大姐时，她完全是“灿烂晴天”的模样，老远就打招呼：“同志，来我家坐坐，倒杯茶喝喝。”

老大姐的四次“变脸”，正是民心的晴雨表。

同样，集中整治行动也引起青石镇民营企业的关注。9 月 1 日下午 4 时许，青石镇 10 多家民营企业的负责人来到镇政府会议室，与镇干部以及县交通、市场监管、综合执法等攻坚部门负责人一起共商 320 国道青石段节点景观打造认购事宜。

当天，大家你一言、我一句，围绕赏石小镇建言献策。10 多家民营企业当场捐款、认领节点景观建设合计款项 160 余万元。“看到这么多干部每天投身国道线、集镇的整治清理行动，作为一个外来投资者深受鼓舞。”“柚香谷”度假区项目业主——浙江恒银旅游发展股份有限公司董事长宋胤之表示，愿意捐款 20 万元用于集镇节点景观建设。

整治整出民心。让古县畈村村民感到欣慰的是拆了村口那堵围墙。该围墙为 2005 年中铁四局租用房子时所搭建的临时建筑，后被春生电子有限公司租用。围墙位于村道与 320 国道交叉口，阻挡了视线，导致这个路口交通事故频发。村两委干部多次找到房东翁某，提出拆除围墙，都被翁某以各种理由拒绝。8 月份，“一路一镇”集中整治行动开展以来，镇、村干部与攻坚组成员轮番上门宣传，做思想工作，最终翁某答应拆除。8 月 28 日下午，当挖掘机推倒围墙的一刹那，周边的村民拍手称赞。

“这次能啃下这块‘硬骨头’，最主要的原因是上级整治的决心大，干部的不懈努力，拆得公平公正。”该村党支部书记韩志平说。

——干出信心，扬起斗志

在顺利拆除最大违建后，招贤攻坚干部的信心大增，他们以破竹之势向集镇其他乱搭乱建发起“猛攻”，东入口另外两处较大违建也很快被拆除。

就这样，信心从无到有，从有到强。这信心来自公平公正、一拆到底的整治效应，这信心源于百姓对整治工作给予的殷切期望，这信心随着整治的深入推进而愈发坚定！

集中整治仅一个星期，招贤攻坚组就拆除了集镇户外移动式灯箱、固定广告牌 407 个（块），拆除临时棚架 170 个，拆除附房 13 处，清理搬运货物 3400 多件，清运垃圾 176 车，清运砂石 53 车，处理占道经营行为 225 起。

成功带来信心，信心激发干劲。

9 月 6 日，招贤、青石两镇攻坚组成员以最快的速度向常山港对岸挺进，两镇正式进入到“跨江作战”时代。

在招贤，樊村村、五里村开始整治，两村不少村民主动自拆。此时，樊村村隔壁的鲁士村村民“坐不住”了，向村两委及镇政府“主动请缨”，要求派遣攻坚组来村整治。前些年，鲁士村内一处约 500 平方米的公共场地硬生生地被乱搭建挤得只剩下了一半面积，村民怨声载道，却又无可奈何。“我见乡镇干部冒雨认真丈量国道边 3 米的标准距离时，相信这次整治是‘动真格’的，也是公正公平的。”鲁士村村民徐德旺说。

在青石，攻坚干部忙着在湖头、江家、阁底、山溪边等村开展政策处理工作，打算将原来近 6 米宽的水泥路往两边各拓宽 3 米，结合沿线绿化和“墙 · 院”整治等，着力打造一条风景优美、环境整洁的“十里柚香街”。

至此，招贤、青石“跨江作战”涉及的 10 多个村已经全部完成拆除清理任务，正在组织推进道路改造、庭院美化等工作。

整治整出了信心，信心激励着广大干部做好县里的其他中心工作。青石镇宣传委员黄贤安说，信心比黄金重要，只要大家心往一处想，劲往一处使，“无违建县”创建、“三改一拆”“五水共治”等中心工作，一定也能取得良好的成效。

**变化：环境面貌大改观，干部精气神大提振**

变化是体现效果的最直观表现。

放眼今日招贤、青石，新颜与旧貌形成鲜明对比。

320 国道沿线原来破旧不堪的房子被粉刷得雪白，路沿丛生的杂草被精美的花坛取代，沿线的石材摆放得整整齐齐；集镇上杂乱的雨棚、大小各异的广告牌全都消失不见，占道经营的流动摊贩也进了零担市场。

招贤镇官庄村与柯城区交界处，整治前公路一侧杂物随意堆放，集中整治后，村里利用旧砖块在原址上建起美丽的花坛。

高埂村、大溪沿村……拆除了乱搭建，造出了新景观。

变化最大的莫过于招贤集镇。“走在街上看不到天，开着车子过不了路。”这是曾经人们给集镇的“定义”。除了整治乱搭建，还得给流动摊贩一个“去处”，才能有效解决问题。短短几天内，招贤集镇零担菜场应运而生。9 月 1 日上午，流动摊贩正式入场经营，从此结束了“流浪生涯”。对于变化，最有话语权的还是当地村民和商贩。“现在的集镇看着‘清爽’多了！”“招贤集镇的天都变大了！”记者经常听到村民看了整治后的场面发出啧啧称赞。

同样，320 国道青石段景观节点建设也让人耳目一新。从 9 月 2 日开始，青石镇全面启动 5 处景观节点建设，有树木绿化、也有景观石风情营造。在集镇入口处的景观石经营户门前，原先乱堆乱放、杂乱无章的现象消失了，取而代之的是整齐美观、清爽大气的场景；在大塘后村路段，木质廊桥、精美凉亭、巍峨巨石巧妙布置，古典优雅的江南韵味隐隐散发……“我们的工作说来也简单，就是要为青石人民、全县人民打造好美路美镇。”镇党委书记刘升说。

“其实最大的变化当数干部工作作风的转变和精气神的提振！”村民的话一针见血。

郑敏敏、徐阳坤是一对夫妻，也是这次招贤攻坚组的成员，他们被大家幽默地称为

“夫妻联合行动小组”。他们全身心地扑在整治一线，却无暇顾及家中5岁幼女，而在整治一线度过“攻坚蜜月”。不管是夫妻攻坚组，还是中了暑始终不下“火线”的父子樊存龙和樊鑫磊，孩子尚在哺乳期的新妈妈，发着高烧仍坚持工作的干部，他们一心一意忙攻坚的工作作风，感染着其他干部，也感染着当地的村民和商户。

“根据镇里的安排，这一次我们计生工作人员没有参与到‘一路一镇’集中整治工作中，但攻坚组成员对整治工作的投入、干事的激情给我们很大触动。”青石镇计划生育办公室主任徐崇刚说，自今年4月份开始，全县开始进行计生工作排名，青石镇由于基数大、基础弱，排名一直靠后。

受到攻坚干部的感染后，青石计生干部同攻坚组一样，发扬“白加黑”“五加二”精神，放弃周末、假期休息时间，狠抓计生工作薄弱环节，自7月底至今，已征收历年社会抚养费200多万元，四项手术率、环孕检等也位列全县前列。

招贤镇的余世文、胡昌星、何桃树、王法荣等都是即将退休的干部，有着丰富的农村工作经验。这一个月来，他们从未好好休息过，始终与攻坚组一起，坚持在一线做村民的思想工作、丈量边线等。

这只是众多干部中的一个缩影……

我们相信，随着“一路一镇”整治“比较效应”和“引领效应”充分显现，三衢大地上的变化会更多，三衢大地会更美。

（徐良其、徐功富、朱爱良、揭雨兴、吴可嘉、陈蓉蓉）

# 正风肃纪见真章　清风正气满石城

## ——2014年常山县党风廉政建设和反腐败工作综述

过去的一年，全县纪检监察组织聚焦中心任务、强化监督执纪问责，认真落实“转职能、转方式、转作风”要求，严明纪律、严纠“四风”、严惩腐败，为全县经济社会发展营造了风清气正的良好环境。

### 层层传导压力　“主体责任”有效落实

一年来，县委始终站在“讲政治”的高度，牢牢抓住主体责任这个牛鼻子，带头全面履行，层层狠抓落实，逐级推动主体责任落地生根。县委常委会多次召开会议听取和研究党风廉政建设和反腐败工作，强化责任，传导压力。县委班子成员认真履行党风廉政建设“一岗双责”职责，主动抓好分管范围内的党风廉政建设。县纪委积极协助县委做好党风廉政建设任务分解落实，将全县党风廉政建设和反腐败工作任务细化分解为11大项、110小项，按照“谁分管、谁主抓”的原则，督促乡镇、部门党委（党组）认真履行主体责任。召开专题会议，分批次现场听取了所有乡镇（街道）和55个部门履行党风廉政建设主体责任汇报，并进行了现场质询评议。全县共有10名领导干部因履行主体责任不到位受到责任追究。

### 大力正风肃纪　干部作风持续向上

一年来，我们坚定不移地推进作风建设，狠抓中央八项规定精神落实，严格执行省委“六个严禁”和市委“八条禁令”。坚持一个节点一个节点抓作风，通过模拟办事、全程跟踪、体验式检查等多种方式不断加大常规检查和明察暗访力度，突出对公款吃喝、公款送礼、公车私用、酒局牌局等问题进行专项治理，及时发现和解决党员干部“四风”问题。全年共开展专项督查48次，问责83人，其中免职3人，按市委“八条禁令”给予年度考核不称职（不合格）16人，涉及副科级以上领导干部26人。在公务用车情况立项监督中，对22名“公油私加”人员和19名分管领导进行问责，退缴违规加油款项8万余元。深入推进“八项专项整治”和“六项集中行动”，全县清退办公用房975处，5569平方米。县级文件、会议数量同比分别下降21%、12.8%，全县“三公”经费同比下降40.7%。

### 突出案件查办　反腐斗争不断深入

一年来，我们始终聚焦主业主责，严肃查处党员干部违纪违法案件，严格做到“有腐必惩、有案必查、违纪必处”。全县纪检监察组织年度共受理群众信访举报365件（次），立案105件，同比增长47.9%，结案97件，同比增长22.8%，处分党员干部97人。检察机关立案侦查贪污贿赂犯罪3人。法院系统审结贪污贿赂案件4件。在案件查办过程中，严格按照“安全、优质、高效、协同”的思路，积极探索案件绩效管理等制度，确保了依纪依法、安全文明办案。实现了办案安全“零事故”、办案人员“零违纪”、办结案件“零申诉”，查办案件取得了良好的政治效果、社会效果和法纪效果。

### 坚持围绕中心　切实保障发展大局

一年来，我们紧紧围绕县委、县政府中

心工作，实施了“深化三大战略、建设两美常山”百日监督执纪行动，围绕“五水共治”、农村集体“三资”管理等重点工作开展立项监督。对“五水共治”中3个进度缓慢工程的项目负责人进行了提醒教育，并约谈相关行业主管部门主要领导；对农村集体“三资”管理情况进行了“地毯式”检查，发现问题142个，立案8件，给予党纪处分12人，问责46人，清退违规资金26万余元；对2012年以来中标价200万元以上的52个在建项目开展监督检查，给予19个问题项目的9家项目建设单位、2家行业主管部门通报批评，责令3家业主单位对5名派驻现场管理人员进行问责，7家建筑企业被停止来常招投标资格。

**坚持关口前移　源头预防不断拓展**

一年来，我们坚持将事后惩治与事先预防有机结合，在抓早、抓小上下功夫，不断强化源头治理。一方面，深入开展倡廉教育，先后组织廉政越剧《清简樊莹》在全县乡镇（街道）巡演20余场次，600多名党员干部进入监区接受廉政教育，200余名党员干部参加职务犯罪案件庭审旁听。不断加强党内监督，同下级党政主要负责人谈话78人次，领导干部任前廉政谈话268人次，诫勉谈话10人次，领导干部述职述廉498人次。另一方面，以12家示范单位为先导，全面推行廉政风险防控标准化建设。继续推行一把手“七不直接分管”制度，全县各单位共制定相应的配套制度352项。认真落实领导干部操办婚丧喜庆事宜报告制度，58名县管干部对申报情况进行签字背书。持续强化干部选拔任用工作监督，对85名提拔或转任重要岗位的干部进行廉洁鉴定。创新实施村级工程“集体建”模式，已完工的10个项目实际支出较预算价下降9.3%。不断加强村级财务管理，制定《常山县村级集体经济组织财务管理办法》，通过公开招聘为14个乡镇、街道配备了1名以上代理会计。严格实行村级公务“零招待”，探索推行村级事务招待“餐券制”和“双限额制”，有效控制村集体非生产性开支。

**聚焦主责主业　“三转”进程稳步推进**

一年来，在县委的强力支持下，县纪委主动谋篇布局，严格督导，稳步推进全县纪检监察组织“三转”进程。纪检监察组织大幅度削减参与的议事协调机构，数量从135个削减到12个，精简率达91%。在人员编制不变的情况下，按要求完成县纪委内设机构优化调整，增设2个纪检监察室，监督执纪人员力量占人员编制数的72.7%。深入推进乡镇、部门纪检监察组织“分工兼职”清理工作，特别是剥离乡镇（街道）纪（工）委书记分管的计划生育、“三改一拆”等6项工作，得到市纪委的充分肯定。

与此同时，我们以“群众路线教育实践活动”“纪检阳光信访深化年”“办案绩效管理年”等活动为载体，着力打造“五个纪检”。开展纪检干部轮岗实践锻炼，不断提升履职能力；实行县纪委常委分片联系乡镇、部门制度，加强对乡镇、部门纪检监察组织领导；持续加大教育培训力度，通过组织参加上级培训、周一夜学、干部讲堂等多种形式，全面强化纪检监察业务培训学习。严格落实内部监督与责任追究机制，不断加强纪检监察干部考核管理力度，以铁的纪律打造忠诚、干净、担当的纪检监察干部队伍。

（吕益中、詹　勐）

# 大 事 记

## 1月

**1月7日** 常山县领导干部述职述廉大会召开，县党政“一把手”作述职述德、述责述廉报告，其他党政班子领导作述责述廉报告。市委常委、市纪委书记陈欣作动员讲话。县委书记王良春主持会议。

2015年1月7日，县领导干部述职述廉大会

（金灵丽 摄）

**1月7日** 市政协副主席陈建良率市平安建设考核组到常山检查平安建设工作。

**1月8日** 县委十二届八次全体（扩大）会议召开。会议认真贯彻落实党的十八届三中、四中全会以及省、市委全会精神，回顾总结2014年工作，研究部署2015年各项任务，动员全县上下全面深化“实力工业、休闲城市、美丽乡村”三大战略，为加快追赶跨越而努力奋斗。提出2015年全县工作的总体思路：“适应新常态、抓好‘一三五’”。“一”，就是明确一个总要求，即“乘势而为、提速前行”；“三”，就是把握“三转”主基调，即“转型发展、转换手法、转变作风”；“五”，就是着眼五大主抓手，即“实力工业转型增效工程、休闲城市塑型提质工程、美丽乡村争先出彩工程、社会建设惠民安民工程、党的建设强基固本工程”。县委书记王良春作报告，县委副书记、县长毛建国主持，徐建华、林红汉等县四套班子领导参加。县委委员、候补委员；县纪委委员；不是县委委员的县级领导；担任过实职副处以上的党员离退休老干部；县人大各工委主任，政协各专委会主任；县纪委各室主任；各乡镇（街道）党（工）委书记、乡镇长（办事处主任）；县级机关各单位主要负责人；基层党代表，工业、农业、服务业企业代表等参加会议。各民主党派负责人应邀列席会议。

**1月8日** 省工商局和省商标协会新认证18个浙江省专业商标品牌基地，常山县的浙江省胡柚专业商标品牌基地名列其中。这是常山县获得的首个专业商标品牌基地，也是全省首个水果类专业商标品牌基地。

**1月9日** 上午11：06，在浙江舟山大宗商品交易所（简称“浙商所”），常山胡柚正式挂牌上市，这标志着常山胡柚从零售跨入大宗商品交易的新时期。县委书记王良春、县委副书记王郁松参加挂牌仪式。

**1月9日** 由浙江援藏指挥长、那曲地区常务副专员、衢州市委常委李华率队的西藏那曲地区考察团到常山考察旅游产业发展情况。县领导毛建国、徐建华等参加。

**1月9日** 常山籍科学家王建军参加全

国科学技术奖励大会，其参与研究的科研成果“水稻重要生理性状的调控机理与分子育种应用基础”获得2014年国家自然科学奖二等奖。

2015年1月12日至13日，中国机械工业联合会执行副会长杨学桐（左二）到常山考察指导农机产业园申报工作 （黄红霞 摄）

**1月13日** 省民政厅副厅长、省移民办主任廖卷清到常山调研水库移民创业致富工作。

**1月14日** 市对县综合考核及百个乡镇分类争先考核组到常山，对2014年常山县工作情况进行综合考核，并听取部分乡镇（街道）百个乡镇分类争先考核工作情况汇报。

**1月15日至16日** 衢州市公安局理论务虚会在常山召开。

**1月16日** 2015中国·常山三宝（杭州）推介会在杭州举行。省农业厅副厅长刘嫔珺讲话，县委副书记、县长毛建国致辞。省农业厅优质农产品推广中心主任陈百生，中国（舟山）大宗商品交易中心副主任王向群、浙江（舟山）大宗商品交易所总经理锁旭东等参加。

**1月16日** 上午11点多，一辆货车在G60常山收费站缴费时自燃，并引燃收费站。收费大棚及8个岗亭全部过火，其中7个岗亭被烧毁，收费站被迫临时关闭。21日下午3点，G60常山收费站恢复正常通行，根据G60常山出口的车流量情况，开通三进四出7个车道；仍有一条ETC车道需对设备精度进行细调，两处收费岛因油漆未干尚未使用。

**1月22日** 常山县公共自行车客服中心开始办理租车卡，地址在县城大桥路8号。16周岁以上70周岁以下，并且具有自行车熟练骑行能力的市民，持身份证到客服中心填写申请表格，交纳200元保证金、10元工本费、预充30元以上消费充值额，即可办理租车卡。市民租用公共自行车超过1个小时开始计费，1小时以上、2个小时以内（含）每次租用收费1元。2小时以上、3小时以内（含）每次租用在1元基础上加收2元，3小时以上每次租用收费在3元的基础上每小时加收3元且每天最高消费为24元（以上不足1小时的按1小时计）。

**1月23日** 慈溪市委书记卞吉安率领慈溪市党政考察团到常山考察山海协作产业园发展等工作。县委书记王良春，县委副书记、县长毛建国等参加。

**1月24日** 杭州市常山商会第二届一次会员大会举行。县委书记王良春，杭州市政府经合办副主任杨福颂分别讲话。县委副书记、县长毛建国宣读第二届理事会会长、常务副会长等名单，杭州市常山商会第一届理事会会长张鸿土等参加。邱娣兵当选为第二届理事会会长。

2015年1月24日，杭州市常山商会举行二届一次会员大会 （金灵丽 摄）

**1月26日** 常山县轴承行业协会召开2014年会。

**1月26日** 晚上第三届“最美衢州人”

十大年度人物颁奖典礼在衢州学院礼堂举行。常山的傅珍芳、王德中分获“最美衢州人”十大年度人物和十大年度人物提名奖。

**1月27日** 县委、县政府决定授予青石镇砚瓦山村和大塘后村、球川镇后弄村、同弓乡彤弓山村、金川街道徐村村、辉埠镇路里坑村、东案乡弄坞村和田蓬村、金川街道十里山村、招贤镇高埂村、白石镇小白石村、芳村镇下輶阁村12个行政村为“常山县首批美丽乡村”，授予芳村镇下輶阁村、新昌乡黄塘村两个行政村为农村改革工作先进村，授予青石镇江家村、芳村镇芳村村、球川镇后弄村、同弓乡关庄桥村4个行政村为振兴“常山三宝”先进村。

**1月28日** 省政府批复（浙政函〔2015〕8号）：同意设立常山三衢湖省级旅游度假区。常山三衢湖省级旅游度假区总规划面积22.94平方公里，四至范围为：东至紫港街道办事处狮东村，南至城市商业中心（建设中），西至常芳公路，北至辉埠镇达坞村。

**1月28日** 全县农村工作暨大抓基层组织建设大会召开。县委书记王良春讲话，县委副书记、县长毛建国主持，县领导徐建华、林红汉参加，县委副书记王郁松宣读表彰文件。

**1月29日** 常山县婺剧（戏剧）促进会成立。

**1月29日** 全省“出生医学证明”信息管理工作现场会在常山召开，部署推广常山在这项专业工作中所取得的经验和做法。

**1月29日** 至31日由省人大常委会环资工委副主任谭庆华率队的省“无违建县”考核验收组，通过听取汇报、组织座谈、查阅台账、明查暗访等形式，对常山县“无违建县”创建工作进行考核验收。副市长毛建民，县领导王良春、毛建国等参加。

**1月** 常山县首个交通气象站在黄衢南高速芳村收费站附近建成。

## 2月

**2月1日至4日** 政协第八届常山县委员会举行第四次会议。大会应出席委员194人，实到185人。县委书记王良春在闭幕式上讲话；县政协主席林红汉作工作报告；与会人员列席了常山县第十五届人民代表大会第四次会议，听取并讨论了县长毛建国所作的县政府工作报告以及会议其他报告。会上，范建新等7位委员围绕精准编制“十三五”规划、推进大健康产业发展、加强农产品质量安全监管等事关经济社会发展的问题作口头发言，19位委员作发言书面。县委、县政府高度重视，王良春书记对8篇大会发言材料作出重要批示，毛建国在听取委员发言后作了讲话。会议期间，政协委员和政协各参加单位，围绕县委“适应新常态、抓好一三五”决策部署，重点就关系全县经济社会发展全局的重大问题和人民群众普遍关心的热点难点问题，运用提案形式提出意见建议，收到以提案形式提出的意见建议146件。根据《政协常山县委员会提案工作条例》的规定，经提案委员会审定，符合立案条件的137件，经并案后初步审查立案120件，另9件提案转为委员来信处理。

**2月2日至5日** 县十五届人大四次会议在县城举行。会议听取并审议县政府工作报告、县人大常委会工作报告、县人民法院工作报告和县人民检察院工作报告，审议常山县2014年国民经济和社会发展计划执行情况及2015年国民经济和社会发展计划、常山县2014年财政预算执行情况及2015年财政预算，通过相关决议。县委书记王良春在闭幕式上讲话。大会应出席代表190人，实到181人。会议期间，收到代表10人以上联名提名的议案23件，根据地方组织法和代表法的有关规定及大会秘书长会议的报告，经大会主席团第五次会议研究，决定将将余国义等10位代表提出的《关于在新常态下加快发展“实力工业”的议案》、王玉姣等12位代表提出的《关于把青石镇打造成特色小镇的议案》两件议案列为正式议案，其他21件改作建议、批评和意见；此外，会议期间还收到代表建议、批评和意见80件。

**2月6日** 县十五届政府第七次全体（扩大）会议召开。会议认真贯彻落实党的十八届四中全会以及省、市全会精神，回顾总结2014年政府重点亮点工作，按照县委十二届八次全会和县“两会”部署要求，对《政府工作报告》确定的各项目标任务进行再明确、再部署，扎实推进2015年各项重点工作的落实。县委副书记、县长毛建国讲话。县政府全体领导班子成员出席。县人大常委会主任徐建华，县政协主席林红汉应邀出席。

**2月13日** 县委追授张辉良为常山县优秀共产党员。张辉良，男，汉族，1963年7月生，大桥头乡人，1995年2月加入中国共产党，1981年1月参加工作，生前任天马街道水利员。2015年2月9日，张辉良因长期积劳成疾，在办公室制作污水治理工程项目预算表时突发心肌梗塞，累倒在工作岗位上，终年52岁。

**2月17日** 县委、县政府研究决定：对县发改局、教育局、服务业办、农办、住建局（城管大队）、审计局、国土资源局、经济开发区管委会、城东新区管委会、消防大队、紫港街道、金川街道、辉埠镇、青石镇、芳村镇15个单位分别记集体三等功一次。

**2月25日** 全县机关干部大会召开。县委书记王良春讲话，县委副书记、县长毛建国主持，徐建华、林红汉等县四套班子领导参加，县委副书记王郁松通报2014年度乡镇（街道）、部门考核情况并宣读2014年度全县“招商能手、项目功臣、攻坚干将”表彰决定，县委常委、常务副县长夏建军宣读“集体三等功”表彰决定。会上，县领导为受表彰对象颁奖，县发改局、紫港街道、辉埠镇和县农办作表态发言。

2015年2月25日，全县机关干部大会

（金灵丽　摄）

**2月26日** 省人大常委会副主任袁荣祥到常山调研。市委常委、组织部部长陈玲玲，市人大常委会副主任傅炎康，县领导王良春、徐建华等参加。

**2月26日** 经浙江省疾病预防控制中心确认，常山县确诊1例H7N9流感病例，该患者为招贤镇人，男性，57岁。

**2月28日** 在全国精神文明建设工作表彰暨学雷锋志愿服务大会上，辉埠镇荣获“第四届全国文明村镇”称号。

## 3月

**3月4日** 市委书记陈新到常山调研大抓基层组织年活动。陈新深入东案乡田蓬村、弄坞村和芳村镇下猷阁村，调研农村基层党组织规范化标准化建设、深化拓展“三民工程”和“第一书记”工作法，以及美丽乡村建设、乡村休闲旅游发展等情况；随后召开座谈会，听取常山县大抓基层组织年活动工作情况汇报。陈新强调，把着力点落脚点放在促发展助增收上。市委常委、组织部部长陈玲玲，市委常委、秘书长李锋，县领导王良春、毛建国、王郁松等参加。

2015年3月4日，市委书记陈新（中）到常山调研大抓基层组织年活动　　（金灵丽　摄）

**3月6日**　2014年度常山“最美”女性颁奖典礼举行。张忠凤等5名女性获“最美婆婆”、徐兰芳等5名女性获“最美媳妇”、李静南等5名女性获“最美妻子”、丁荣兰等17名女性获“最美创业女性”、许桂花等10户家庭获“最美家庭”、陈金莲等12名女性获“最美女干部”荣誉称号。

**3月9日**　常山县“包村治水、万人治污、全民共治”大行动启动仪式在县城文峰广场举行。县委书记王良春宣布活动启动，县委副书记、县长毛建国主持，徐建华、林红汉等县四套班子领导参加，县委副书记王郁松作动员部署。“五水共治”联合执法队、青年志愿队、巾帼建功队、项目攻坚队、绿化造林队和包村小分队等上千名队员参加仪式。巾帼建功队、包村小分队代表分别做表态发言。仪式现场，县领导给“五水共治”5个专业队领队授旗。仪式结束后，各单位参会人员分赴规定区域开展行动。在这次活动中，全县将集中两个月的时间，全面开展“清洁河道、清洁家园”、重点污染源治理、采砂整治、水岸绿化彩化等六大专项行动，巩固好2014年的治水成果。

**3月10日**　省农业厅厅长史济锡到常山调研农业工作时强调，要把粮食安全放在首位，发挥常山生态优势，紧紧抓牢农村改革工作，走出一条生态循环农业的发展新路。县委副书记、县长毛建国参加。

**3月10日**　省政协副秘书长单志强率监督调研组到常山开展“四张清单一张网”（即权力清单、责任清单、负面清单、专项资金管理清单、政务服务网）改革措施专项集体民主监督调研。市政协副主席陈建良，县政协主席林红汉等参加。

**3月11日**　全县“实力工业”推进大会召开，动员全县上下加快工业经济转型升级，着力打造“以生态为底线、科技为支撑、经济和社会效益为价值追求”的“实力工业”，推动工业经济提速前行。

**3月11日至12日**　省委常委、常务副省长袁家军到常山调研。省政府副秘书长夏海伟，市委书记陈新，市委常委、秘书长李锋，县领导王良春、毛建国等参加。11日下午，袁家军到金川街道徐村村，察看新农村建设情况；到青石镇水南村及砚瓦山村、中国千万观赏石博览园、城东新区，考察重点项目建设和城市建设等情况。12日上午，袁家军到衢州巴菲尔化学有限公司，考察企业发展情况；到浙江天子股份有限公司、衢州绿色产业集聚区常山片区等地，考察企业发展、平台建设等情况。

2015年3月11日至12日，省委常委、常务副省长袁家军（前左三）到常山调研　（黄红霞　摄）

**3月11日**　省教育厅副厅长丁天乐率检查组到常山检查春季开学工作。

**3月13日**　省政府办公厅印发《浙江省扩大有效投资“411”重大项目建设行动计划2015年实施计划》的通知，其中常山县共列入单体项目11个（前期4个），位列衢州市各县（市、区）第三，总投资38.5亿元，2015年计划投资3.9亿元。新增项目9个，比2014年增加7个，位列衢州市各县（市、区）第二。

**3月14日** 常山县住房公积金制度管理情况公告：截至2014年12月31日，全县正常缴存住房公积金单位6661家，缴存职工13932人，缴存人数比2012年增长5.08%。其中，已有410家非公企业4065名职工正常缴存住房公积金。单位和职工个人住房公积金缴存比例为12%，个别困难企业的缴存比例为5%～11%。2014年归集住房公积金19721.01万元，比2013年增长6.14%。2014年发放住房贷款313户，发放贷款金额10531.1万元，收回贷款5773.36万元，年末贷款余额44380.4万元，年末无逾期贷款。2014年支取住房公积金14844.12万元，其中职工购建住房支取6074.53万元，职工退休支取1662.5万元，完全丧失劳动能力并与单位终止劳动关系支取569.17万元，偿还购房贷款提取6095.2万元，户口迁出支取266.46万元，房租及其他提取176.26万元。年末住房公积金使用率为95.12%。2014年住房公积金业务（利息）收入2228.97万元，业务支出1374.24万元。提取风险准备金512.84万元，累计提取风险准备金3652.54万元；提取城市廉租住房建设补充资金123.25万元，累计提取城市廉租住房建设补充资金636.43万元。

**3月20日** 全县“五水共治”“控源头防反弹”专项行动部署会召开。会议强调，对直排污染源、已反弹的污染源以及生猪养殖、小作坊等重点区域和关键环节要加大排查力度，不留死角和盲区，按要求建立污染源排查档案库；全面整治垃圾河、黑臭河，通过“包村治水、万人治污、全民共治”大行动，深入推进“五水共治”。

**3月20日** 总投资5000万元的常山县精神病专科医院建设工程开工。项目位于金川街道十五里村，总建筑面积1万平方米，设置床位100张。

**3月20日** 2015年常山县项目集中开工仪式举行。2015年，全县安排重点建设项目121个，总投资385.9亿元，计划投资85.8亿元。其中，新建项目61个，总投资104.2亿元，计划投资25.6亿元；续建项目60个，总投资281.7亿元，计划投资60.2亿元。

**3月22日** 何家乡月亮湾举行寻俗踏春之旅活动。上万名游客观看文艺演出、领略独具特色的民俗婚庆喝彩、十里长风的百亩油菜花海。

**3月23日** 中共常山县委党校2015年春季班开班仪式举行。此次春季班包括县管干部进修班、第十一期中青班、入党积极分子培训班、村主职干部素质提升主题班和青年网络志愿者培训班。

**3月24日** 全县宣传、统战工作会议召开。

**3月24日** 浙江石轴数控设备有限公司研发的项目——轴承磨削自动化装备控制系统的研究和开发项目成功入选，实现常山县信息服务业专项项目零的突破。

**3月25日至27日** 由省农办副主任严杰率队的省督查组到常山督查“五水共治”“三改一拆”工作。

**3月30日** 2015中国·常山胡柚（上海）推介会在上海建国宾馆举行。省政府驻上海办事处主任朱绍平出席推介会。省农科院食品科学研究所研究员、博士生导师陆胜民介绍胡柚保健功能。县委书记王良春致辞，县委副书记、县长毛建国主持推介会。县领导徐建华、林红汉、王郁松等参加推介会。推介会上，常山县恒寿堂柚果有限公司、上海拜肯生物科技有限公司等企业代表发言。上海拜肯生物科技有限公司与常山县大宝山柑桔专业合作社、上海欧尚超市与常山县恒寿堂柚果有限公司等签订合作意向书。来自全国各地的经销商、上海常山同乡会、上海常山商会、企业代表、常山县有关部门负责人等100余人参加推介会。会上，常山胡柚受到《人民日报》上海分社、新华社上海分社、上海电视台等20多家主流新闻（网络）媒体的高度关注。

**3月31日** 全省建设“平安浙江”工作电视电话会议召开，常山县连续10年获得“平安县”称号，平安创建在全省排名第21位，在衢州市排名第一。县领导王良春、徐建华、林红汉、王郁松等在常山分会场出席会议，县委副书记、县长毛建国在杭州主会场参加会议并代表常山接受表彰。

## 4月

**4月1日** 常山县与阿里巴巴集团签订关于农村淘宝项目的合作协议。县委书记王良春，县委副书记、县长毛建国，县委副书记王郁松等参加。

**4月1日至2日** 湖州市人大常委会副主任、安吉县委书记单锦炎率领安吉县考察团到常山考察。

**4月2日** 常山县创建省级慢性病综合防控示范县工作推进会召开。

**4月2日** 全县地方病防治暨春季血防工作会议召开。

**4月3日** 浙江中医药大学副校长张光霁一行到常山调研中药材种植、中医药产业发展等情况。

**4月7日** 金川街道召开全面推进服务型基层妇联组织建设动员大会，徐村村成为全市首个服务型基层妇联组织建设试点村。省妇联执委常委、组织联络部部长鲍冬芳，县委副书记王郁松参加动员大会。

**4月8日** 常山县“十三五”规划编制及项目谋划工作会议召开。市发改委主任项瑞良作辅导讲座。县委书记王良春主持并讲话，县委副书记、县长毛建国等参加会议。

**4月8日** 2015年度常山县国防教育委员会工作会议召开。

**4月9日** 全县生猪养殖整规攻坚行动推进会召开。

**4月9日** 全县打击整治传销工作专题会议召开。

**4月14日** 县人大常委会工作评议动员大会召开。县人大常委会主任徐建华作工作部署，县委副书记王郁松讲话。

**4月16日** 浙江省第三监狱举办系列活动纪念建监50周年，活动节目全部由民警们自编自导。

**4月16日** 全县环保工作会议召开，部署黄标车整治和全面清理违法违规建设项目环保专项行动等工作。

**4月17日** 全市创新农作制度项目实施现场会在常山县金仙农场召开。现场会上，省、市、县的农技专家开展了关于三叶青仿野生栽培技术，稻菌轮作、稻鸭共育技术，稻鳅共育模式技术等示范项目专业技术讲座。与会人员考察学习了金仙家庭农场的稻鳅共育模式。

**4月17日** 全县召开轻钙企业环境整治验收部署会，研究学习《常山县轻钙行业环境整治验收考核办法》，部署下一步验收考核工作。县政府党组成员王全参加。

**4月18日** 全县农村生活污水治理专题培训班在县农民学校举行。省农办社会发展处处长葛永明作《建设美丽乡村，打造浙江新农村建设金名片》专题讲座。

**4月21日** 市人大常委会副主任傅炎康、市政协副主席王建华率领市督查组到常山督查“五水共治”“三改一拆”“大干项目”三项重点工作。县领导王良春、王郁松等参加。

**4月22日** 浙江省棉纺织行业协会第六届五次常务理事（扩大）会议在常山县召开。县委书记王良春致辞，省经信委轻纺办副主任钟起沛讲话。省棉协理事长孙伟挺就近期国内外行业形势作分析报告，秘书长刘爱华作2014年度工作汇报。

**4月22日** 全县残疾人工作会议暨县残联第六届主席团第三次全体会议召开。

**4月23日** 早晨，东明湖公园，一批法国人在师傅王尚文（大成拳的传人）的引领下练习中国传统武术——大成拳（又叫意拳，源自形意拳）。

**4月23日** 《常山县美丽乡村建设总体规划（2015—2020年）》评审会召开。县委书记王良春讲话，县长毛建国参加，县委副书记王郁松主持。

**4月23日** 全县信息工作会议召开。

**4月24日** 常山县观赏石行业协会成立大会举行。中国观赏石协会、浙江省观赏石协会、安徽灵壁观赏石协会、广西柳州观赏石协会、山东临朐观赏石协会发贺词。大会表决通过《常山县观赏石行业协会章程》《常山县观赏石行业协会选举办法》，选举毛家虎为协会会长。

**4月26日** 2015常山柚花飘香文化旅游节在同弓乡太公山胡柚基地举行。副市长陈锦标宣布开幕，并与县委书记王良春一起为狮子点睛。县委副书记、县长毛建国致辞，县领导徐建华、林红汉等参加，县委副书记王郁松主持开幕式。

**4月28日** 全县计生工作暨生育服务证制度改革动员会召开。

**4月29日** 县委理论学习中心组（扩大）学习会召开，省高院行政审判第一庭庭长蒋中东就新修订的《中华人民共和国行政诉讼法》作专题讲座。

**4月30日** 常山县劳模志愿服务团成立。

**4月30日** 全县违法建筑防控工作会议召开。

**4月** 经省财政厅、省发改委、省建设厅等多部门联合评审，球川镇作为生态发展型中心镇，成功入选浙江省中心镇建设6个示范镇试点单位，成为衢州市首个省级生态发展型中心镇。

## 5月

**4月28日至5月3日** 第十一届中国国际动漫节在杭州市滨江区白马湖国际动漫会展中心举行。常山县首次参展，除舞台表演、互动参与等，还在中央电视台展台对面的浙江电视台少儿频道大屏幕上，滚动播放《胡柚娃之胡柚诞生记》和《胡柚娃之拜师学艺记》两部动画片。

**5月4日** "农信杯"2015年度常山县转型跨越青年"亮剑先锋"表彰仪式举行。严华明等6人获"攻坚先锋"，卢岷等6人获"服务先锋"，毛赛赛等6人获"创业先锋"，占锋等6人获"维稳先锋"，童旭等10人获"敬业先锋"荣誉称号。

**5月8日** 全县村党支部书记工作交流会召开。县委书记王良春讲话，县领导毛建国、徐建华、林红汉等参加，县委副书记王郁松主持。会上，金川街道徐村村、何家乡长风村、同弓乡中和村、白石镇小白石村等9个村的党支部书记就创建"金钉子"基层党组织、推进美丽乡村建设等方面进行了交流与探讨。会议通过县水利会商系统召开，主会场设在县水利局，各乡镇、街道设分会场。

**5月8日** 全市森林消防专家指导委员会会议在常山召开。

**5月8日** 全县建筑和房地产协会第四届四次会员大会召开。2014年，全县建筑业产值50.23亿元，比上年增19.6%；建筑业上缴税金 1.65 亿元，增长 81.2%；建筑业从业人员 2.3 万多人，增长 19.3%。

**5 月 11 日** 县老年人体育协会第六次代表大会召开。会议听取县老年体协第五届工作报告等，选举产生县老年体协第六届领导班子，王小平当选为主席。

**5 月 12 日** 国家旅游局与国家开发银行等 9 家银行共同遴选出 500 个旅游项目，编定《2015 全国优选旅游项目名录》（旅办发〔2015〕116 号），常山县中国观赏石博览园成为衢州市唯一入选的项目。

**5 月 12 日** 市人大常委会主任居亚平到常山调研村级集体经济发展工作。县领导毛建国、徐建华等参加。

**5 月 13 日** 县委政法暨平安信访工作会议召开。县委书记王良春讲话，县委副书记、县长毛建国主持，县委副书记王郁松部署工作任务。

**5 月 13 日** 省人大常委会委员、教科文卫委员会副主任委员吴天行带领省人大公共文化服务立法调研组一行，到常山开展《浙江省公共文化服务保障条例》立法调研。

**5 月 14 日** 省林业厅厅长林云举到常山芳村镇芳村村、新昌乡黄塘村、浙江东方茶业科技有限公司常山分公司、山茶油现货交易市场和浙江常发粮油食品有限公司，考查油茶基地和主导产业示范区建设、油茶深加工、油茶大宗商品交易等情况。随后召开座谈会，听取常山县油茶产业发展情况汇报，并与相关企业详细交流探讨当前油茶产业发展存在的问题以及破难解困的有效举措。县领导王良春、毛建国等分别陪同。

**5 月 19 日** 省委副秘书长、省农办主任章文彪到常山调研。

**5 月 19 日** 常辉公路改建工程通过竣工验收。

**5 月 19 日** 省粮食局党组书记、局长金汝斌到常山调研粮食工作。

**5 月 21 日** 省作协党组书记、副主席臧军率省作协采风团到常山，开展为期 4 天的以“绿水青山就是金山银山”为主题的采风活动。

**5 月 25 日** 浙江常山科润化学与“申万宏源”签约“新三板”签约仪式暨启动仪式举行。“科润化学”成立于 2009 年，注册资本 200 万元，致力于苯并三氮唑类紫外线吸收剂、受阻胺类光稳定剂及其复配产品等功能性材料的研发、生产、销售及技术服务。2014 年年末，公司总资产 1692 万元，销售收入 5100 万元。

**5 月 25 日** 县委人大工作会议召开。县委书记王良春、县人大常委会主任徐建华讲话，县委副书记、县长毛建国主持，县政协主席林红汉等参加。

**5 月 25 日** 全县政协工作会议召开。县委书记王良春讲话，县委副书记、县长毛建国主持，县领导徐建华、林红汉等参加。

**5 月 26 日** 全县农村公共安全工作会议召开。

**5 月 27 日** 县城市发展投资公司与浙江云拍档电子商务有限公司举行常山茂林电子商务产业园项目投资协议签订仪式。常山茂林电子商务产业园由江西茂林集团有限公司、浙江云拍档电子商务有限公司共同投资建设，主要将城东新区外港转盘周边已收储的部分厂房仓库，改造成电商孵化产业园。项目总用地 123.3 亩，总建筑面积 24616 平方米，总体投资规模约 2 亿元。

**5 月 28 日** 全县“三严三实”专题党课暨专题教育部署会召开。县委书记王良春上“三严三实”专题党课，毛建国、徐建华、林红汉等县四套班子领导参加。

**5 月 28 日** 由市教育局和市文广新局联合主办的“千支竹笛奏响中国梦”捐赠仪式在招贤小学举行。市委常委、宣传部部长诸葛慧艳，市人大常委会副主任童建中，县人大常委会主任徐建华等参加。

**5月28日** 全县农村淘宝项目首批合伙人培训会在县青少年宫举行，阿里巴巴农村淘宝项目首批10位合伙人参加。

**5月29日** 县（市、区）月度工作会议在常山召开。市委书记陈新主持会议并讲话，市委副书记、市长杜世源讲话，居亚平、俞流传、江汛波、诸葛慧艳、傅根友、赵建林、王建、陈欣、陈玲玲、李锋、朱建华、马梅芝、汤飞帆等市领导，王良春、毛建国等县四套班子领导以及其他县（市、区）委、政府主要负责人等参加会议。

**5月29日** “2015首届全民读书节暨常山书展”开幕，围绕“两美常山·精彩悦读”主题，举办书展、理论征文、“书香之家”评选、作家读书报告会等活动。

**5月29日** 全县移动通信基础设施建设推进会召开。

## 6月

**6月1日** 县委召开常委扩大会议，传达学习贯彻习近平总书记考察浙江时的重要讲话精神和省委书记夏宝龙在全省领导干部会议上、市委书记陈新在市委常委扩大会议上的讲话精神。王良春主持会议并讲话，毛建国、徐建华、林红汉、王郁松等县四套班子领导参加。

**6月4日** 浙江常山恒寿堂柚果有限公司举行“新三板”签约仪式。至此，常山已有“天子股份”“爱丽莎”“科润化学”3家企业签约“新三板”。

**6月4日** 全县安全生产工作会议召开。

**6月4日** 浙江省首次推荐申报国家重点生态功能区的县（市、区），常山县在评估中排名全省第10位，淳安县、开化县、江山市等11个县（市、区）也被省里首次推荐申报国家重点生态功能区。

**6月5日** 省档案局局长刘芸到常山调研档案工作。县委副书记王郁松参加。

**6月11日至12日** 全国义务教育发展基本均衡县国家督导检查组到常山督导评估义务教育均衡发展工作。

**6月14日** 县委召开常委（扩大）会议，传达学习省委十三届七次全体（扩大）会议精神，研究部署全县贯彻意见。县委书记王良春主持会议并讲话，县委副书记、县长毛建国传达，林红汉、王郁松等县四套班子领导参加。

**6月16日** 天马街道天马村被省环保厅命名为第五批浙江省生态文明教育基地，成为常山县第一家省级生态文明教育基地。

**6月17日** 常山迅鸿国际商城被浙江省工商局认定为四星级文明规范市场，衢州市共有5家四星级文明规范市场，迅鸿国际商城成为全市首家获此殊荣的县级星级市场。

**6月19日** 县委武装工作暨国防动员委员会全体会议召开。

**6月19日** 2015年全县防汛抢险救灾应急预案实战演练在何家乡钱塘村举行。

**6月23日** 在浙全国人大代表第三小组到常山调研，先后到宇华奇石馆、中国千万观赏石博览园，考察常山县赏石小镇建设情况；到佳熙电子商务孵化园、城东新区城市综合体等地，考察常山县电子商务发展和城市建设等情况。市人大常委会主任居亚平、副主任范根才，县领导王良春、徐建华等陪同。

**6月24日** 县委理论学习中心组（扩大）学习会召开。会议邀请省农业厅厅长史济锡作《经济新常态下农业发展的新思考》专题讲座，王良春主持并讲话，徐建华、王郁松等县四套班子领导参加。

**6月24日** 省农业厅厅长史济锡一行到常山调研农业工作。

**6月25日** 市人大常委会副主任傅炎康

率领市督查组到常山督查“五水共治”“三改一拆”“大干项目”三项重点工作。县委副书记王郁松参加。

**6月26日** 接中共衢州市委衢委干〔2015〕19号文件通知，市委决定：郑建华任中共常山县委常委。

**6月26日** 全市“党建带妇建服务型基层妇联组织建设”工作现场推进会在常山召开。省妇联副主席童丽君、县委副书记王郁松分别讲话。

**6月29日** 原县市场监督管理局和县质量技术监督局完成合并，组建成新的县市场监督管理局。新组建的县市场监管局整合了工商、质监、食品药品监管的机构和职责，统一负责全县工商行政管理、质量技术监督和食品药品安全等市场监管工作，同时承担县食品安全委员会的日常工作，加挂“常山县人民政府食品安全委员会办公室”牌子，承担全县食品安全综合协调职责。

**6月30日** 市委常委、宣传部部长诸葛慧艳率市“六五”普法检查验收组到常山检查。县领导毛建国、王郁松等参加。

**6月30日** 凌晨1时20分许，048省道延伸线常山县溪口至宋畈公路的控制性工程——青石特大桥主跨合龙。大桥长1251.5米，宽24.5米，总投资约1.1亿元。

**6月30日** 浙江百利盛金属制品有限公司办理人，从县行政服务中心市场监管窗口领到第一张“五证合一”（在一张营业执照上统一加载营业执照号、组织机构代码证号、税务登记证号、社会保险登记证号、统计登记证号）营业执照。

**6月30日** 县卫生局和县人口与计划生育局正式合并，成立县卫生和计划生育局。

**6月** 由省委宣传部指导，浙江电台音乐调频和浙江音乐家协会主办的“美丽浙江——2015浙江好歌曲大赛”决赛在杭州落幕。常山县选送的本土原创歌曲《常山胡柚》荣获大赛优胜奖，入选2015年“浙江好歌曲”15首，是衢州地区本土人士作曲的唯一获奖作品。

**6月** 常山赏石小镇（青石镇）被省人民政府列入37个第一批省级特色小镇创建名单。

## 7月

**7月1日** “一小时志愿者”志愿服务活动正式启动。由各乡镇(街道)、县机关单位、企事业单位在职党员(干部)组成的志愿者在太平洋大酒店、老人武部等4个路口和紫港、赵家坪2个社区开展文明劝导、晚间义务巡逻服务。

**7月2日** 金华市人大代表团到常山考察。省十一届人大常委会副主任徐宏俊,金华市人大常委会主任黄锦朝一行60余人参加。市人大常委会副主任占跃平,县领导王良春、徐建华、王郁松等分别陪同。

**7月2日** 市委常委、常务副市长赵建林率队到球川镇球川村便民服务中心调研村级便民服务中心建设。

**7月2日** 县公安局出入境管理大队大队长徐丹亚赶到县城关派出所,对非法居留境外人员潘某某(中文名)的男友俞某进行询问,这是常山拘留审查非法居留境外人员第一例案例。潘某某将被遣送出境。

**7月3日** 县人大常委会召开工作评议大会,评议县财政局、县水利局近三年工作。县人大常委会主任徐建华,县委副书记王郁松讲话。

**7月3日** 常山县列入2015年中央财政农田水利资金项目县。全县小农水项目县建设三年估算总投资10512万元,计划争取省级以上财政资金8094万元,县财政配套2100万元,群众自筹318万元。其中,2015—2017年的主要建设内容是:整治山塘75座,防渗衬砌灌溉渠道66千米,实施高效节水灌溉工程面积0.88万亩,排水渠改造10.6千米,农村河道清淤整治13.3千米。项目建设完成后,可年新增供水能力104万立方米,恢复和新增灌溉面积1.23万亩,改善灌溉面积3.18万亩,恢复、新增和改善排涝面积2.18万亩,新增节水能力176万立方米,年增加粮食生产能力379万公斤,年新增经济作物产值1006万元,年新增农业产值19533万元,受益人口9.61万人,农民年人均增收203元。

**7月7日** 县委书记王良春、县长毛建国率县党政代表团赴龙泉市学习考察中国青瓷小镇、龙泉青瓷文化创意基地、龙泉宝剑文化创意基地、人民广场和城市建设规划馆,参观市容市貌,并听取相关介绍,详细了解特色小镇和城市规划建设管理情况及做法经验。

**7月8日** 新昌乡新昌村的县传统榨油技艺展示馆正式开馆。

**7月9日** 2015年全县征兵工作会议召开。

**7月11日** 为期7天的常山县胡柚现货交易经纪人培训班在县农民学校开班,共有胡柚专业合作社、胡柚销售电商等常山胡柚产业链的55位从业人员参加。此次培训,学员们重点学习计算机基础知识、《常山胡柚上市交易方法解析与实例操作开户》等知识,并前往浙江舟山大宗交易所、宁波市象山县石浦镇等地学习参观。

**7月13日** 团县委举办2015年"两项计划"大学生志愿者欢迎仪式暨新老志愿者交流会,各用人服务单位、大学生志愿者、乡镇(街道)团委书记等40人参加。

**7月13日** 浙江省国土资源厅办公室(浙土资办〔2015〕58号)公布第一批百强矿山企业(共28家)名单,常山南方水泥有限公司和浙江紫晶矿业有限公司榜上有名。

**7月14日** 为期3天的全县行政村主职干部培训班开班。县委副书记、县长毛建国上"三严三实"专题党课。县委副书记王郁松主持。此次培训,主要进行党纪条规解读、乡村休闲旅游发展、加强法治意识推进法治建设、常山人文历史讲座、美丽乡村建设、预防职务犯罪等方面的知识培训。

**7月15日** 常山县与台湾光彩促进会商业地产委员会战略合作签约仪式在中商广场举行。台湾光彩促进会计划在中商广场投资建设"台湾主题商业广场"项目,致力打造一个配套设施完善,集时尚购物中心、台湾风情文化街、台湾小吃夜市、台湾名品、电影院线等为一体的城市综合体。

**7月15日** 5名上海高中生组成的"木芙蓉"公益团为芳村镇河边山村孩子们送上1000多本书籍,建起一家"木芙蓉图书馆"。

**7月16日** 省纪委第九纪检监察室主任尹乐平到常山调研作风建设和反腐败建设情况,到芳村镇下猷阁村、城东新区管委会走访,详细了解村级财务公开、信访案件办理、集体经济发展、干部考勤管理、廉政风险防控等情况。

**7月16日** 副市长汤飞帆到常山督查迎"国检"暨美丽公路创建工作。

**7月16日** 市人大常委会副主任范根才带领部分市人大代表到常山暗访"五水共治"工作。

**7月17日** 县委十二届九次暨县十五届政府第八次全体(扩大)会议召开。会议贯彻落实习近平总书记在浙江考察时的重要讲话精神和省、市委全会精神,动员全县上下抓住辉埠、球川、青石三镇建设重大机遇,巩固当前良好的发展态势,为实现"全年红"目标进一步提速前行。会议强调,要以战略全局眼光和强烈机遇意识加快三镇发展。要认清加快三镇发展的目标定位和重点举措,以系统规划为龙头,引领三镇发展提速;以产业提升为重点,推动三镇发展转型;以大干项目为抓手,强化三镇发展支撑;以手法创新为动力,激发三镇发展活力;以政策要素为依托,增强三镇发展保障。要顺时应势、抢抓机遇,以加快三镇发展为龙头，全面推进新一轮镇域经济大发展，把每个乡镇都建设成特色鲜明、业态丰富的"新增长点"，推动全县经济发展提速前行。会议强调，要深入践行"三严三实"，全面加强基层党组织和基层政权建设。突出建强"作战部"，全面提高乡镇（街道）调控力；着力打造"金钉子"，全面提高村（社区）党组织凝聚力；强化培养"战斗员"，全面提高基层执政骨干执行力；扎紧反腐"篱笆墙"，全面提高农村基层党风廉政保障力；精准运用"指挥棒"，全面提高大抓基层的工作合力。县委书记王良春作报告；县委副书记、县长毛建国主持会议并总结分析上半年经济运行情况，部署下半年重点工作；徐建华、林红汉、王郁松等县四套班子领导参加。县委委员、候补委员；县纪委委员；不是县委委员的县级领导；担任过实职副处以上的党员离退休老干部；县人大各工委主任，政协各专委会主任；县纪委各室主任；各乡镇（街道）党（工）委书记、乡镇长（办事处主任），辉埠镇、球川镇、青石镇班子成员；县级机关各单位主要负责人；基层党代表等参加会议。各民主党派负责人应邀列席会议。

**7月17日** 县委理论学习中心组（扩大）学习会召开，邀请省纪委第九纪检监察室主任尹乐平作题为《认真贯彻中央和省委部署，深入推进作风建设和反腐败工作》的专题讲座。县委书记王良春主持。

**7月17日** 市国防动员工作综合考评组到常山，检查指导国防动员工作。

**7月18日** 2015衢州亲水节之常山新昌滑草漂流文化旅游节在新昌乡黄塘村举行，数千名游客参加体验滑草、漂流等项目。

**7月20日** 全县深化基层"两网融合"（指"网格化管理、组团式服务"和浙江省平安建设信息系统的融合）工作现场推进会在紫港街道召开。

**7月22日** 常山县第十五届人民代表大会常务委员会第二十八次会议通过）决定任命：姜苏州、方荣为常山县人民政府副县长；决定接受：郑建华、邵丽丽因工作变动辞去常山县人民政府副县长职务的请求，并报常山县第十五届人民代表大会第五次会议备案。

**7月22日至23日** 省委副书记、省长李强到常山调研，先后考察常山芙蓉水库、黄塘村美丽乡村建设。李强指出，常山要立足生态优势，走出一条绿色发展、生态富民、科学跨越的路子。省政府副秘书长王纲和省级有关部门负责人，市、县领导陈新、杜世源、李锋、毛建国等参加调研。

**7月23日** 全市基层党校建设工作座谈会在常山召开。省委党校党建部主任郭亚丁作专题党课辅导。

**7月23日** 县梦之岛游乐湿地公园建设项目、县智能化养老基地建设项目入选省发改委第一批政府与社会资本合作（PPP）推介项目。

**7月23日** 紫港街道外港村麦坞山塘附近一工地发生塌方，导致现场两名操作人员被埋。经过连续不间断搜救，截至24日下午6点半，两名被埋人员已被搜寻到，但均不幸遇难。

**7月24日** 为期5天的全市油茶栽培管理技术培训班在常山落幕，培训由市农办和县农办主办。全市各县（市、区）的油茶种植培育大户、家庭农场主等60余人参加。

**7月26日** 常山县2015年度夏季人才劳务交流大会在县职业中专举行。据统计，此次交流会有3500多人次进场求职，其中370人现场达成就业意向。

**7月28日** 全县"无违建县"创建百日攻坚动员大会召开，部署"无违建县"创建百日攻坚行动和推进"四边三化"工作。

**7月28日** 全县整治非法盗采石煤专项行动部署会召开。

**7月28日** 县"军事日"活动开展。王良春、毛建国、徐建华、王郁松等县四套班子领导参加。

**7月29日** 省"五水共治"和环境保护

“督查+执法”行动督查组到常山督查执法。

**7月31日** 省财政厅下达中心镇示范试点批复，球川镇成为全省4个生态发展型试点的中心镇之一，获省财政示范试点补助资金4000万元。

**7月31日** 常山县再次被确定为财政支持农业生产全程社会化服务试点县，可获中央财政800万元的补助资金。

**7月31日** 经中国作家协会书记处会议审议批准，常山县作家协会主席连中福成为中国作协会员。连中福也成为常山县首位中国作协会员。连中福利用业余时间从事文学创作，先后出版文学作品集《甜蜜的记忆》《柚缘》等，创作长篇小说《三衢剿匪记》、纪实文学《蜜蜂有灵》等。有多篇作品在《解放军报》《浙江日报》《杭州日报》等报刊杂志发表或连载。

**7月** 省农业厅、省林业厅、省海洋与渔业局、省粮食局、省供销社联合发出通知，浙江欧凯板业有限公司被认定为第八批省级骨干农业龙头企业。该公司成立于2001年7月，是一家专业研发、生产和销售竹胶板的农业加工企业，产品客户包括郑州宇通、厦门金龙、中车集团等大型国有企业。至此，常山县拥有各级农业龙头企业169家，其中国家级1家、省级3家、市级34家、县级131家。

## 8月

**8月1日** 由县纪委、县委组织部和县委宣传部联合举办的全县“学党章、守纪律、讲规矩”廉政知识竞赛在县青少年活动中心举行。

**8月4日** 市委书记陈新到新昌乡黄塘村调研基层党建和农村经济发展等情况。陈新强调，要讲好“黄塘故事”、推广“黄塘模式”，做大做强基层党组织，做大做强农村特色经济，不断增强人民群众的获得感和幸福感。市委常委、秘书长李锋，县领导王良春、毛建国、王郁松等参加调研。

**8月4日** 市委副书记、市长杜世源到常山调研经济工作时强调，经济主体的质量决定一个地方经济运行的质量，要更加注重引领主体，找准政企协作的“兴奋点”，引领企业创出新空间。县领导王良春、毛建国等参加。

**8月5日** 全省整建制统防统治与绿色防控融合推进暨晚稻病虫害防控现场会在常山举行。会议总结交流全省病虫害专业化统防统治工作，分析面临的形势和任务，部署下一步工作。省农业厅厅长史济锡讲话，副市长朱建华、县委书记王良春致辞，常山县作典型发言。

**8月6日** 全市“创新社会治理、维护社会稳定”培训班在紫港街道举行。全市各乡镇（街道）的120位综治维稳分管领导参加培训。

**8月7日** 江西省吉安市副市长贺喜灿率代表团到常山考察农村淘宝工作。

**8月7日** 全县农村淘宝英雄会召开。

**8月7日** 常山县区域放射影像诊断中心揭牌成立。该诊断中心对全县各基层卫生院的CT（电子计算机断层扫描）、MRI（磁共振成像）、DR（直接数字化X射线摄影系统）等设备实施共建、共享、共管，方便患者在基层就医。

2015年8月7日，常山县区域放射影像诊断中心正式揭牌成立 （吴可嘉 摄）

**8月9日** 常山县首个居民科普健康馆在全国科普示范社区天马街道金川社区正式开放。该馆由县科协和金川社区筹资8万元建成，是一个集知识性、科学性和实用性于一体的健康科普知识教育基地。馆内的科普展板和保健设施涵盖人体知识、疾病预防、优生优育、科学保健、人与环境等6个方面。

**8月11日** 省人大常委会副主任程渭山率省督导组到常山督导信访工作。市人大常委会副主任范根才，县领导毛建国、徐建华等参加。

**8月11日** 常山县城东新区山地自行车赛道内环专业赛道建成。

**8月12日** 由县委宣传部、县农办和县旅游局主办的"2015'京东'杯常山农家乐特色菜烹饪大赛暨'十大碗'评比活动"在东方大酒店举行，全县14个乡镇（街道）的15支代表队和6家酒店代表队参赛。最后，"定阳猴头肴""茶油拌葛皮""野山葛炖野水鸭""一鸡两吃""柚乡妙仔排""芳村狗肉""养生三宝""山珍猴头""农家小溪鱼""荷塘甲鱼""群羊献瑞""苋菜煲"12个菜肴获"十大碗"称号。

**8月12日** 省交通运输厅党组成员、省公路管理局局长洪秀敏率队到常山S221省道砚瓦山段、中国千万观赏石博览园接待中心和320国道朱家渡大桥，实地了解美丽公路创建、石博园项目建设、路域环境整治及320国道常山段改建工程规划设计等情况，指导交通建设工作。

**8月12日** 芳村镇下猷阁村"阿里巴巴集团农村淘宝合伙人"的挂牌，下猷阁村农村淘宝服务站正式开业，这标志着常山县第二批25个淘宝村级服务站正式营业。

**8月14日** 省农办副主任高启华率省美丽乡村创建先进县核准组到东案乡田蓬村、弄坞村、高峰村，芳村镇下猷阁村，新昌乡新昌村、黄塘村等地，通过实地查看、查阅档案、农户座谈等方式，对常山县美丽乡村先进县创建工作进行全面检查核准。随后召开座谈会，听取相关情况汇报。

**8月18日** 晚上县委召开常委（扩大）会议，专题研究部署"四边三化""两路两侧"整治工作。

**8月19日** 浙江常山"柚香谷"度假区项目投资建设签约仪式举行。

**8月20日** 重庆市彭水自治县委副书记朱高云率党政代表团到常山考察农村淘宝工作。先后到芳村镇下猷阁村、新昌乡黄塘村农村淘宝服务点以及县级农村淘宝运营中心等地考察，深入了解常山县农村淘宝的建设、运营等情况。

**8月20日** 市政协副主席王建华率市委生态文明督导组到常山督查"五水共治""三改一拆""大干项目"三项重点工作。

**8月20日至21日** 全市宣传文化系统专题读书会在常山召开。

**8月21日** 市政协副主席欧阳建华率市督导组到常山督查平安和民生工作。

**8月21日** 杭州市常山商会捐资助学活动捐赠仪式在常山一中举行。

**8月21日至22日** 淘宝大学县长电商研修班在常山举办，53位来自全国各地的县委书记、县长及其他县领导齐聚常山，交流学习农村淘宝发展经验。县委书记王良春致辞，县委副书记、县长毛建国等参加，县委副书记王郁松做主题分享。

**8月25日** 全县招商引资专题会议召开。

**8月26日** 全县金融联席会议召开。

**8月27日** 全县"四边三化"暨集镇整治现场推进会在招贤镇召开。

**8月27日** 全县农村产权流转交易市场体系试验区建设推进会召开，正式启用全县农村产权交易服务中心，就推进农村产权流转交易市场体系试验区建设进行部署。

**8月28日** 全县轻钙企业整治推进会召开。

**8月31日** 浙江先导精密机械有限公司半导体制品投产仪式举行。县委书记王良春出席，县委副书记、县长毛建国致辞，县委常委、常务副县长夏建军，副县长姜苏州，Ferrotec集团中国区总裁贺贤汉参加。

**8月31日** 全市油茶产加销主体座谈会在常山召开。各县（市、区）政府分管领导、林业局相关负责人、油茶销售主体代表和油茶种植大户等参加会议。副市长朱建华参加。

**8月31日** 常山县义乌商会举行成立大会暨第一届会员大会。在义乌的常山籍工商界代表人士欢聚一堂，畅谈义乌与常山的区域合作前景，共谋抱团发展美好蓝图。

**8月** 县测绘与地理信息局采用实地调查与仪器探查两种方式，运用英国RD8000、瑞典RAMAC/GPR型探地雷达等高科技仪器，开展全县地下管线探测普查工作。主要探测主次干道两侧、带状区域内地形及地下管线数据，探测范围包括县城区内总长度约500千米、新都园区及绿色产业集聚区约280千米、辉埠园区约230千米。

**8月** 毕业于上海理工大学机电工程专业的江永红投入3.3万元，在东案乡弄坞村自家楼房（徐树香户）屋顶建起12块蓝色的太阳能面板（长1.64米、宽0.99米），功率为3千瓦的光伏小电站，成为常山县首家民用光伏发电站。

## 9月

**9月6日** 常山县人民政府与安能集团战略合作签约仪式举行。

**9月6日** 全县2015年定兵工作会议召开。

**9月8日** 省发改委副主任、能源局局长吴胜丰率相关处室负责人到常山考察能源工作。到球川镇馒头山村，考察同景新能源大型光伏项目；到紫港街道枧头村、辉埠新区、绿色产业集聚区，考察油气管道保护、哲丰燃煤热电联产项目推进及浙能电厂发展等情况。

2015年9月8日，省发改委副主任、能源局局长吴胜丰（右二）到常山考察能源工作

（黄红霞 摄）

**9月10日** 省委政法委副书记、省综治办主任刘树枝率调研组到常山，对常山县平安综治工作开展调研。

**9月11日** 常山县数字化城市管理信息系统建设工程通过省级专家组验收。

**9月11日** 全市残联“十大专项行动”工作现场会在常山召开。

**9月11日** 市人大常委会主任居亚平率部分市人大常委会委员到常山调研并开展接待人大代表活动。

**9月11日** 球川镇与慈溪市周巷镇友好结对仪式在球川镇政府举行。

**9月12日** 由浙江省新闻出版广电局组织开展的2015年度全省广播电视对农节目服务工程建设考核和对农节目政府奖评选工作在杭州结束，常山广电总台选送的电视对农节目《深山众筹创业》荣获浙江省广播电视政府奖一等奖。

**9月12日** 云南省西盟佤族自治县党政代表团到常山考察农村淘宝工作。

**9月14日** 市人大常委会副主任童建中率市委经济发展督导组，到常山县督导检查经济社会发展工作。

**9月15日** 全县"四边三化、两路两侧、无违建县创建、三改一拆"组合推进会召开。

**9月15日** 全市"五水共治"档案工作现场会在常山召开，分享交流"五水共治"档案建设管理经验，部署下一步工作。

**9月16日** 省发改委副主任、省特色小镇规划建设工作联席会议办公室常务副主任翁建荣率相关处室负责人到常山考察特色小镇建设情况。县委书记王良春，县人大常委会主任徐建华等参加。

2015年9月16日，省发改委副主任、省特色小镇规划建设工作联席会议办公室常务副主任翁建荣（左二）到常山考察特色小镇建设情况

（黄红霞 摄）

**9月16日** "常山县油茶产业示范县项目规划"以83.6分的高分，获得2015年林业产业类重点项目评审第一名，省财政安排1000万元的资金扶持。

**9月17日** 省环保厅党组副书记、副厅长方敏率队到常山调研环保工作。市委常委、常务副市长赵建林，市政府党组成员、市治水办专职副主任洪建新，县委副书记、县长毛建国等参加。

**9月17日** 全市生育服务审批"一张网"建设工作现场会在常山召开。副市长陈锦标讲话，省卫生计生委计生基层指导处处长潘祖光到会指导，常山县在会上介绍推行审批"一张网"、深化生育服务证制度改革的经验。

**9月17日** 浙江同景科技有限公司常山30MWP农光互补地面光伏电站项目入选2015年第一批省重点建设项目增补名单，至此全县2015年省重点建设项目总数增加到26个。

**9月17日** 衢州市第十八届全国推广普通话宣传周活动启动仪式在常山天马二小举行。

**9月20日** 湖南省江华县党政代表团到常山考察农村淘宝工作。

**9月20日** 常山县北京商会成立暨招商引资推介会在北京召开。县委书记王良春讲话，县委副书记、县长毛建国为商会授牌，北京衢州商会会长祝肖安等参加。北京三泰汽车内饰件有限公司董事长胡永平当选第一届商会会长。

**9月21日** 市委副书记、市长杜世源到常山检查"四边三化"工作，副市长汤飞帆等参加。

**9月22日** 省政协民宗委专职副主任赵宏率省政协第四民主监督调研组到常山开展"'五水共治'长效机制建设"民主监督。

**9月22日** "常山好人"王雪园获第四届浙江省道德模范暨"诚实守信模范"荣誉称号，是常山县第一个入选浙江省道德模范者。

**9月24日** 省督查组一行到常山招贤集镇、320国道青石段宇华景观点、048省道沿线和G60沿线，督查"四边三化"整治工作。

**9月24日** 环球嘉年华浙江（常山）大型游乐项目投资战略合作签约仪式举行。环球嘉年华是世界知名的娱乐品牌，是与迪斯尼主题公园、环球影城并驾齐驱的世界三大娱乐主题之一，也是世界上最大的巡回式移动式游乐场。环球嘉年华（北京）投资有限公司在常山的大型游乐项目，计划总投资35

亿元以上，占地300多亩，主要建设游乐场、矿山遗址公园等。

**9月25日** 全县“一路一镇”集中整治总结表彰大会召开。

**9月28日** 全县“三严三实”专题学习研讨会召开，县委书记王良春主持会议并讲话。

**9月30日** 浙江汇巨生物科技产业化项目签约仪式举行。

**9月** 浙江省2015年拟认定的高新技术企业公示结束，浙江环宇轴承有限公司、浙江鑫茂轴承有限公司、浙江时代计量科技有限公司、常山县双明轴承有限公司和浙江永合化工有限公司等5家企业名列其中。至此，常山县共培育国家高新技术企业17家。同时，常山雪峰钙产品被省科技厅认定为2015年省级高新技术企业研究开发中心。

**9月** 常山县在财政部2014年度全省县级财政管理绩效综合评价中获总得分92.9分，在全国1959个县中排名第176位，在全省排名第9位。其中，规范预算编制单项得分18分，并列排名全国首位。据了解，2014年度县级财政管理绩效综合评价主要从规范预算编制、优化收支结构、盘活存量资金、加强债务管理、控制供养人员5个方面进行考核；全国有1959个县（市）纳入考评，财政部对排名前200名的县予以通报表扬。

## 10月

**10月8日** 省委教育工委书记、省教育厅厅长刘希平率队到常山调研教育工作。

**10月10日** 中商广场招商大会暨联合品牌加盟中心成立大会举行，200多个知名品牌代表和20余名台商参加。

**10月14日** 省委第一巡视组巡视常山县工作动员会召开，省委第一巡视组副组长夏一鸣作动员讲话，省委巡视工作领导小组办公室副主任邱志明就配合做好巡视工作提出要求。衢州市委常委、市纪委书记陈欣出席动员会并讲话，县委书记王良春主持会议并作表态发言。

2015年10月14日，省委第一巡视组巡视常山县工作动员会召开 （黄红霞 摄）

**10月15日** 省人大常委会委员、财经委副主任委员陈继松赴金川街道人大代表联络站，接待省、县人大代表和群众，听取“转型升级十大组合拳”和“群众办事审批难事项”等方面的意见和建议。

**10月16日** 省民政厅联合媒体和长城影视股份有限公司组织摄制组到招贤镇、青石镇、三衢山拍摄“大地有名”地名文化纪录片，宣传常山的悠久历史文化和丰厚人文底蕴。

**10月17日** “清三河”达标县迎检工作推进会召开。

**10月19日至20日** 全县副县（处）级以上离退休干部读书会举行。

**10月20日** 市委常委、市委秘书长李锋到常山督查有关工作，到钱塘江治理工程常山县一期工程青石护岸项目现场，详细了解项目建设情况；到浙江永合化工有限公司，察看刷卡排污系统运行、污水池整改等相关情况。

**10月21日** “2015浙江（常山）油茶文化节”在新昌乡黄塘村举行。副省长黄旭明宣布开幕，省林业厅厅长林云举、县委书记王良春致辞，副市长朱建华参加，县委副书记、县长毛建国主持。

**10月21日** 市人大常委会副主任傅炎

康率市生态文明（三项工作）督导组到常山督查、指导“五水共治”“三改一拆”“两路两侧”“大干项目”等工作。

**10 月 22 日** 全省木本油料产业发展现场会在常山召开。副省长黄旭明讲话，省林业厅厅长林云举作工作报告，副市长朱建华致辞，县委副书记、县长毛建国作典型发言。

**10 月 22 日** 香港大公文交所与中国观赏石博览园举行中国观赏石产权交易业务合作签约仪式。香港大公文交所中华奇石亚洲区上市总代理、香港祈年湾文化艺术有限公司董事长王长河与世纪龙腾集团董事长包建军（代表中国观赏石博览园）签订合作协议。

**10 月 22 日** 全县禁毒工作会议召开。

**10 月 22 日** 数字常山地理空间框架建设项目通过浙江省测绘与地理信息局组织的专家组验收。

**10 月 23 日** 全市农口“互看互学”三季度工作例会在常山召开。市人大常委会副主任占跃平、市政协副主席王建华参加，副市长朱建华讲话，县委副书记、县长毛建国致辞，常山县在会上作交流发言。

**10 月 25 日** 衢州市首届大学生网络旅游节暨“千人游常山”活动在三衢石林景区举行。

**10 月 26 日** 县委常委（扩大）会议召开，传达学习省委常委扩大会议和市委常委扩大会议精神。县委书记王良春主持会议并讲话。县委副书记、县长毛建国传达省委常委扩大会议和市委常委扩大会议精神，徐建华、林红汉等县四套班子领导参加。

**10 月 28 日** 常山县重点招商项目集中签约仪式举行，8 个重点招商项目集中签约，总投资 56.6 亿元。

**10 月 28 日** 浙江天子股份有限公司获批通过协议转让的方式在全国中小企业股份转让系统挂牌公开转让，其证券简称为“天子股份”、证券代码为“834200”。这标志着常山县企业在新三板挂牌上市实现了“零”的突破。

**10 月 30 日** 常山县浙江沪鑫律师希望小学新校区落成典礼在金川街道湖东村新校址内举行。

**10 月 31 日** 衢州市首届原创村歌大赛在“中国村歌发祥地”江山市大陈乡大陈村举行。常山县选送的东案乡田蓬村村歌《田蓬恋歌》、金川街道徐村村村歌《沿着溪水到我家》获大赛金奖，青石镇砚瓦山村村歌《花石村的传说》获银奖。

**10 月** 常山县与钛和资本管理有限公司洽谈成立第一个产业子基金——钛和常山产业基金，基金规模 3 亿元，重点投向钙产业的上下游企业，包括石灰石矿业企业、碳酸钙生产企业及下游的相关新材料生产企业。常山县产业投资引导基金有限公司出资 3000 万元、金融机构配资 1.5 亿元左右作为优先级；钛和资本（常山）公司出资 2000 万元、以及募集剩余 1 亿元左右作为劣后级。基金首期到位资金 50%，期限为 4 + 2 年（投资期 2 年，退出期 2 年，未完成退出可延期 2 年），基金以有限合伙形式组建，委托钛和资本管理。

**10 月** 浙江石轴数控设备有限公司的“精密数控圆锥滚子轴承内圈凸度成形磨床 3MK2110T”和浙江三品轴承有限公司的“双层间歇式保护气氛球化退火炉（SPRT - 600 - 9/20T）”入选“2016 年度浙江省装备制造业首台（套）产品”。

## 11 月

**11 月 1 日** 即日起，调整被征地农民基本生活保障（补助）待遇起始标准（常人社〔2015〕155 号）：（一）调整被征地农民基本生活保障（补助）待遇起始标准：A 档标准由原来 540 元调整为 612 元；B 档标准由原来475元调整为538元；C档标准由原来324元调整为367元；D档标准由原来270元调整为306元。（二）对符合《常山县被征地农民基本生活保障实施办法》（常政发〔2015〕13号）第三章第八条规定的，男年满60周岁、女年满55周岁的已参保被征地农民，按照调整后的标准执行。

**11月1日** 即日起，全县最低月工资标准由1350元调整为1530元；非全日制工作的最低小时工资标准由10.9元调整为13.8元。

**11月1日** “2015首届‘常山三宝’杯千人环游骑行大会”以县文峰广场为起点，华东地区的近千名骑友参加。

**11月1日** 全县“清三河”达标县省级验收迎检工作会议召开，对迎检工作进行全面部署。

**11月3日** 2015年省级结对帮扶常山团组工作会议召开。

**11月3日** 省发改委公示“浙江省循环化改造示范试点园区名单”，浙江常山工业园区成功入围。该试点申报成功是常山县循环经济发展新的里程碑。

**11月5日** 农业部发布第2314号公告，常山县食用菌办公室申报的“常山猴头菇”产品符合国家农产品地理标志登记程序和条件，准予登记，并颁发中华人民共和国农产品地理标志登记证书。常山县的地理坐标为东经118°15′～118°45′，北纬28°46′～29°13′；质量控制技术规范编号为AGI2015－03－1750。

**11月5日至6日** 省“清三河”达标县（市、区）现场复核组到常山，对常山县“清三河”达标县创建工作进行现场复核。

**11月6日** 常山县首届电商节举行。44家淘宝知名品牌商家与常山县电商企业齐聚一堂，以“线下看货、网上下单”O2O模式，开启一场全民体验“盛宴”。

**11月8日** “绿色中国行——走进美丽常山暨2015中国·常山胡柚开采启动仪式”在同弓乡太公山胡柚基地举行。绿色财富论坛组委会主任，国家林业局原党组副书记、原副局长李育材讲话并授予常山县“绿色中国行”旗帜；省人大常委会副主任程渭山宣布仪式启动；省政协副主席陈艳华，省委宣传部常务副部长胡坚，市领导居亚平、江汛波，县四套班子领导出席；县委书记王良春致辞；县委副书记、县长毛建国主持。

**11月8日** 大型电视系列访谈节目“‘两山’路上看变迁——绿色中国十人谈”（常山篇）在常山县青少年宫举行。由绿色财富论坛组委会主任李育材，中国工程院院士、著名环境生态学家侯立安，国际绿色产业合作组织执行主席、绿色中国建设工程研究院院长胡石英，中国生态文明研究与促进会常务理事、绿色财富论坛组委会副主任兼秘书长、教授黎祖交，国务院发展研究中心农村经济研究部研究员张忠法，省委宣传部常务副部长胡坚，副市长马梅芝，绿色中国形象大使刘劲等8位领导专家组成的嘉宾团队，与县委书记王良春就“‘两山’思想的常山实践”进行了现场讨论。毛建国、王郁松等县四套班子领导参加，中央电视台主持人刘栋栋主持。节目结束后，李育材为常山县颁发“2015绿色中国行特别贡献奖”；李育材、胡石英、侯立安等8位领导专家被聘为“常山县人民政府生态顾问”。

**11月8日** 绿色中国行——走进美丽常山暨2015中国·常山胡柚开采启动仪式结束后，绿色财富论坛组委会主任，国家林业局原党组副书记、原副局长李育材一行在常山开展考察工作。王良春、毛建国、徐建华、林红汉等县四套班子领导陪同。考察组一行先后到金川街道徐村村、城东新区项目现场、中国观赏石博览园等地，实地察看、了解常山县的美丽乡村、城市建设及重点项目建设等情况。

**11月8日** 由全国绿化委员会、国家林业局、中国绿化基金会主办的大型系列主题公益活动“绿色中国行——走进美丽常山”公益晚会在常山一中上演。蒋大为、邱启明、李进、吕薇和乌兰图雅等文艺界知名人士及常山籍著名演员邓英、周珊等到场演唱，几千名观众到场观看。晚会现场，主办方领导和省、市、县领导共同为“绿色中国行推广大使”、“2015绿色中国公益大使”及“2015绿色中国特别贡献奖”获得者颁发荣誉证书。其中，“2011绿色中国行推广大使”邓英又获“2015绿色中国特别贡献奖”殊荣。

**11月9日** 天马街道归国华侨联合会成立，并举行首次归侨侨眷代表大会。这是常山县第一个乡镇（街道）级的归国华侨联合会。

**11月10日** 农业部发布第2314号公告，根据《农产品地理标志管理办法》规定，常山县食用菌办公室申请对“常山猴头菇”产品实施国家农产品地理标志登记保护，经过初审、专家评审和公示，符合农产品地理标志登记程序和条件，准予登记，依法实施保护。

**11月11日** 常山县举行地震应急演练。省地震局副局长赵冬参加。演练采用桌面推演方式，以模拟球川镇发生4.9级地震，部分房屋墙体倒塌，多人受伤，致使同弓、何家等乡镇受灾为背景。按照《常山县地震应急预案》要求，立即启动地震应急响应，召开县抗震救灾指挥部会议，根据预案和设定的应急响应程序，决策、协调、调度和指挥抢险救灾，县、乡（镇）、村联动，各部门协同应对地震灾害。此次演练分为地震发生，初期处置；抢险救灾，突发事件处置；恢复重建部署三个阶段。各参演单位就地震发生后的应急反应、紧急处置、协调联动等方面进行桌面推演，迅速有序地完成震情灾情信息、新闻管理和治安维护、交通运输保障、通讯保障、医疗救护等科目的应急演练。

**11月12日** 全县乡村休闲旅游互看互学现场推进会召开。

**11月12日** 副市长马梅芝率队到常山督查电子商务和重点商贸流通工作。

**11月12日** 省纪委第九纪检监察室主任尹乐平到常山调研党风廉政建设和反腐败工作。

**11月12日至13日** 省教育厅副巡视员、省督学方天禄率省督查组到常山督查基础教育重点县工作。

**11月12日至14日** 在“2015首届浙江国际健康产业博览会”上，常山县推出6个项目参会，其中浙江赛得健康产业园和笑山国际避暑养生休闲区二个项目成功签约。

**11月16日** 澳大利亚堪培拉大学国际部主任葛兰尼斯女士一行访问常山一中。双方举行合作办学见面会，葛兰尼斯女士详细了解常山一中的教学设施、师资情况、办学情况等，并介绍堪培拉大学的办学历史、规模及专业特色等。

**11月16日至17日** 全省美丽乡村和农村精神文明建设现场会在绍兴柯桥召开，常山县获“2015年度浙江省美丽乡村创建先进县”，受到大会表彰。

**11月17日** 2015年衢州市“婺剧进校园”活动现场会在常山举行。

**11月17日** 由市治水办、市委宣传部、市广电传媒集团主办的“好水如歌”全市百乡千村赛水赛歌总决赛在衢州学院举行，全市各县（市、区）8支队伍轮番登台献艺献技，不仅赛歌也赛起了各自的“治水”妙招。经过激烈角逐，常山县选送的歌曲《芙蓉湖》荣获银奖。

**11月18日** 2015年度浙江新农村建设带头人“金牛奖”评选活动正式启动。新昌乡黄塘村村支部书记廖红俊入围“金牛奖”提名奖。

**11月19日** 浙江省党校系统数字资源建设三级联动现场推进会在常山举办。

**11月23日** 根据《浙江省农业厅关于公布第二批省级农产品质量安全可追溯体系县名单的通知》，常山县入围第二批省级农产品质量安全可追溯体系县。

**11月23日** 全市特色小镇谋划培育建设推进现场会在常山召开。市委副书记、市长杜世源讲话，市委常委、常务副市长赵建林主持，市政府秘书长金明出席。县委书记王良春作“赏石小镇”建设和集镇建设管理情况汇报，县委副书记、县长毛建国等参加。

**11月23日** 县第五届全民运动会开幕式在体育馆举行。市体育局党组书记姜建勋讲话，县委书记王良春宣布开幕，县委副书记、县长毛建国致辞，徐建华、林红汉等县四套班子领导参加。46支代表团参加了开幕式。此届运动会开设田径、气排球、拔河、登山、羽毛球等16个比赛大项，共有621个代表队、10154名运动员参赛。

**11月23日至24日** 皖浙赣三省七县（市）政协第三十次工作交流会在常山县召开。江西省德兴市、婺源县、浮梁县，安徽省休宁县，浙江省淳安县、开化县的政协主席、副主席等40余人参加。

**11月24日** 浙江省卫生计生系统第三届十大“最美天使”评选结果揭晓，新桥卫生院医生张建平获得全省卫计系统十大“最美天使”荣誉。

**11月25日** 全市公安法治工作会议在常山召开。

**11月27日** 县委常委（扩大）会议召开，传达学习省委十三届八次全会精神。县委书记王良春主持会议并讲话。县委副书记、县长毛建国传达省委十三届八次全会精神，林红汉、王郁松等县四套班子领导参加。

**11月27日** 常山县寓杭商会联合走进常山投资考察暨项目签约仪式。杭州绿圳市政园林工程有限公司与芳村镇政府签订浙江绿圳花木谷项目。

**11月28日** 市委书记陈新带队到常山县招贤镇检查调研集镇建设管理工作。

## 12月

**12月5日** 省妇联主席劳红武一行到常山调研服务型基层妇联组织建设工作。县委副书记王郁松陪同。

**12月5日** 河南省民权县县委书记姬脉常率党政代表团一行到常山考察城市建设、农村淘宝、古法榨油技艺、民宿旅游、省级特色小镇创建等情况。王良春、毛建国、徐建华、林红汉等县四套班子领导参加。

**12月6日** 东华大学副校长，中国工程院院士教授、博导，中国纺织工程学会副理事长俞建勇带领专家团队，到常山纺织有限责任公司对接院士专家工作站工作。俞建勇院士团队实地考察公司车间，参加院士专家工作站揭牌仪式。

**12月8日** 温州市委常委、统战部部长施艾珠一行到常山考察特色小镇创建工作。市委常委、组织部部长陈玲玲，县委书记王良春等参加。

**12月9日** 市委副书记江汛波到常山调研农村改革工作。县委书记王良春、县委副书记王郁松等参加。

**12月9日** 省新闻出版广电局衢州现场办公会在常山县召开。

**12月10日** 省政协副主席吴晶一行到常山中国观赏石博览园、宇华景观园、招贤镇集镇、金川社区等地调研，考察赏石小镇建设规划、“一路一镇”集中整治工作成效、侨界空巢老人服务中心运行等情况。

**12月10日** 衢州市人民医院与球川镇

中心卫生院协作签约仪式举行。

**12月10日** 省人大常委会党组书记、副主任茅临生率省、市视察核查组到常山开展贫困人口脱贫视察核查工作。市委副书记、市长杜世源，市人大常委会主任居亚平，副市长朱建华参加，县领导王良春、毛建国、徐建华、王郁松等分别参加。

**12月11日** 公安部法制局局长孙茂利率队到常山调研法制工作。

**12月11日** 常山县突发性地质灾害应急演练在辉埠镇宋畈村举行。

**12月13日** 中国农机产业发展高峰论坛暨华东农机产业园授牌仪式在常山县举行。

**12月14日** 2015年度城乡最低生活保障标准确定为：城镇612元/人·月，农村459元/人·月。新标准从2015年11月1日起执行。

**12月15日** 市委常委、常务副市长赵建林率队到常山县督查《今日聚焦》曝光的“废弃矿山渗漏污水排入金源溪”问题的整改落实情况。

**12月15日** 全国“幸福之旅”旅游联合体组织上百家旅行社负责人到常山进行旅游踩线活动。

**12月15日** 浙江爱丽莎环保科技股份有限公司登陆新三板挂牌交易，证券简称“爱丽莎”，股票代码为834989。

**12月17日** 市人大常委会副主任占跃平率队到常山视察核查“年收入4600元以下”低收入农户脱贫情况。

**12月17日** 省妇联兼职副主席、省直机关工委副书记鲁维明率队到常山调研妇联工作。县委副书记王郁松陪同。

**12月18日** 2015年常山县重点项目集中开工仪式暨常山县农村信用合作联社营业大楼项目奠基仪式举行。县委书记王良春宣布9个重点项目集中开工，县领导毛建国、林红汉、王郁松等参加。

**12月18日** 全市森林消防应急预案实战演习及高压水泵技能比赛在金川街道上埠村举行，全市各县（市、区）的6支森林防火队参加比赛。

**12月21日** 县委十二届十次全体（扩大）会议召开。会议认真贯彻党的十八届五中全会、中央经济工作会议以及省、市委全会精神，回顾总结2015年工作，明确“十三五”时期常山县发展的目标任务，部署2016年重点工作，审议通过《中共常山县委关于制定常山县国民经济和社会发展第十三个五年规划的建议》。县委书记王良春作报告，县委副书记、县长毛建国主持，林红汉、王郁松等县四套班子领导参加。县委委员、候补委员；县纪委委员；不是县委委员的县级领导；担任过实职副处以上的党员离退休老干部；县人大各工委主任，政协各专委会主任；县纪委各室主任；各乡镇（街道）党（工）委书记、乡镇长（办事处主任）；县级机关各单位主要负责人；党代表等参加会议。各民主党派负责人应邀列席会议。

**12月23日** 民革常山县总支第二次全体党员会议召开。市政协副主席、民革市委会主委欧阳建华讲话。

**12月24日** 省考核组到常山考核2015年度“五水共治”工作及矿山渗漏污水整改落实情况。

**12月24日** 县政府研究，决定新认定浙江常山恒寿堂柚果有限公司、常山斯帝油茶开发有限公司、常山县天农食品有限公司、常山和禾农业发展有限公司、常山寨回首农业发展有限公司、浙江每日会农业开发有限公司、常山善能农业开发有限公司、常山县邹家农业开发有限公司、常山县龙腾石博园管理有限公司、浙江常山七里香苗木有限公司、常山县中正人力资源有限公司11家农业企业为县级农业龙头企业。

**12月25日** 县委常委（扩大）会议召

开，传达学习中央经济工作会议和省委经济工作会议精神，研究部署贯彻意见。县委书记王良春主持会议并讲话，县委副书记、县长毛建国传达会议精神，徐建华、王郁松等县四套班子领导参加。

**12月26日** 九景衢铁路浙江段站前Ⅱ标工程架梁施工在常山枧头溪大桥正式启动。该标段自常山何家乡长风村起至衢州火车站止，总投资约18.69亿元，其中42.5千米为增建二线，其余为新建铁路。

**12月27日** 浙江环宇轴承有限公司（院士工作站）螺杆压缩机专用轴承科研成果发布会召开。省科协党组成员、组织人事部部长王忠民给环宇轴承省级院士专家工作站授牌。

**12月28日** 浙江围海控股集团有限公司与浙江富丽新材料有限公司合作项目签约仪式举行。

**12月28日** 全县政协委员培训班暨县政情通报会举行。市政协副主席陈建良受邀为政协委员进行培训。

**12月28日** 常山县赏石小镇（青石镇）、江南钙谷小镇（辉埠镇）、健康养生小镇（招贤镇）入选衢州市第一批市级特色小镇创建名单。

**12月29日** 民建常山县支部委员会成立大会召开，选举产生民建常山支部第一届委员会（4名支委），章金平当选支部委员会主委。民建常山县支部委员会成为常山县第4个民主党派基层组织。

**12月31日** 全县各乡镇（街道）、部门的100余名县管领导干部在县财政局七楼会议室，参加由县纪委组织开展的“明准则、知条例、守纪律”知识测试。测试采取闭卷形式，实行单人单桌，测试主要内容是《中国共产党廉洁自律准则》《中国共产党纪律处分条例》知识。

2015年12月31日，县管领导干部参加“明准则、知条例、守纪律”知识测试 （宋 婷 摄）

**12月31日** 即日起执行阶梯水价。根据已出台的《常山县城市供水价格综合改革方案》，全县水价分类从原来的4类简化为居民生活用水、非居民生活用水和特种用水3类。方案明确对居民用水设立阶梯水价制度，“一户一表”居民生活用水以年度为计量缴费周期，每户每年生活用水量分三级，供水价格分级递增。第一级水量为240吨，供水价格为1.45元/吨；第二级为240吨至300吨，价格为2.18元/吨；第三级为300吨以上，价格为4.35元/吨。

**12月31日** 2015年省级示范性家庭农场名单公布，常山县欣然家庭农场、乐海家庭农场、莺歌家庭农场、沈水良家庭农场名列其中。至此，全县省级示范性家庭农场总数为14家；全县经工商注册登记家庭农场有657家，总注册资本7.08亿元，注册商标名称34个，拥有无公害农产品36个，绿色食品23个，有机农产品29个。2015年，全县家庭农场年人均现金收入达3万元。

**12月31日** 省财政厅确定丽水、杭州、温州、海宁、诸暨、江山、常山、温岭、义乌、瑞安10个市县为浙江省政府和社会资本合作（PPP）示范市县。

**12月** 根据国家标准《旅游景区质量等级的划分与评定》和《旅游景区质量等级管理办法》，市旅游区（点）质量等级评定委员会批准何家乡黄岗山景区为国家 AAA 级旅游景区。至此，全县共有 AAAAA 级景区 1 家（三衢石林），AAA 级景区 2 家（黄岗山景区、常山奇石馆）。

2015 年，全县争取中央及省级资金 1.5 亿元，完成全社会水利建设投入 3 亿元，各项工作均提前完成年度目标，在全省各县（市、区）排名第 5，居全市首位。

2015 年，全县实施重点项目 121 个，总投资 385.94 亿元，年度计划投资 85.77 亿元，完成投资 86.08 亿元，占年度目标任务的 100.36%。其中，常山 · 浙西世贸商业城建设项目、辉埠新区燃煤热电联产项目、城市污水处理二期工程等 25 个省重点项目完成投资 28.32 亿元，占年度目标任务的 116.17%；城东新区滨江一期城市综合体建设工程、中商广场建设工程等 39 个市重点项目完成投资 45.46 亿元，占年度目标任务的 120.01%；37 个市重大前期项目转实施 16 个，完成投资 8.96 亿元。

# 县情概览

## 基本县情

常山位于浙江省西部，钱塘江源头，是全省的西大门。全县总面积1099平方公里，下辖3街道6镇5乡，180个行政村，人口34.2万人。主要有六个方面特点：

一座慢城。县域生态环境优良，森林覆盖率73.2%，常年空气质量保持在二级以上，出境水水质达到Ⅱ类水标准，是国家重点生态功能区、浙江省重要生态屏障，有“千里钱塘江、最美在常山”美誉。建设中的紫港国际慢城，位于县城郊区，坐拥31平方公里好山好水，城东新区、省级旅游度假区、慢城核心区、赏石小镇“四体合一”，慢生活、慢休闲、慢运动内涵丰富，“深呼吸、放下心、享轻松”主题鲜明，“何处心安、慢城常山”特质彰显，成为“全景常山、全域旅游、全时旺季”龙头核心。

十方通衢。区位独特，地处闽浙赣皖四省边际、北上南下大通道，史称“两浙首站”。境内交通体系完善，汇聚十大通道，杭金衢、黄衢南、杭新景三条高速贯穿全境，205国道、320国道、351国道三条国道和221省道纵横交错，沿江美丽公路快速便捷，九景衢铁路通车在即，常山港航道综合开发大幕即将拉开，黄金水道通江达海、前景广阔，县城距衢州机场、杭长高铁衢州站均半小时车程。

百亿产业。产业转型走出新路，轴承、纺织、建材“老三篇”在腾笼换鸟中凤凰涅槃，农机、新材料、生物医药“新三篇”在招大引强中快速崛起。轴承、农机、新材料、生物医药“四大百亿”产业、“四大基地”建设迈出坚实步伐。云耕小镇、钙谷小镇培育成型。三大工业平台基础设施完善、要素保障有力、产业集聚集群，“六最”环境全面营造，是投资兴业的活力高地。

千载古县。春秋时为越国姑篾之地，战国归楚，秦属太末县。东汉建安二十三年（218年）建县，始称定阳，迄今近1800年。境内古道古渡、古街古村不胜枚举，三十六天井记录百年故事，唐宋名刹香火犹盛，古塔古祠挺拔依然；尚书汪韶、贤相赵鼎施政有方，贤良王氏、清简樊莹名垂青史，铁面御史赵抃留迹赵公岩，理学大师朱熹赐名古镇球川，南宋诗人曾几《三衢道中》脍炙人口；民俗文化、民间技艺、特色美食等传承有序、享誉四方。熔古铸今，贤商文化发扬光大，“常山榜样”德润人心，“善良为本、良善为伍”成为社会风尚，是衢州“最美文化”发源地。

万亩金柚。绿水青山孕育“常山三宝”，是中国常山胡柚之乡、油茶之乡、食用菌之乡。胡柚种植面积达10万亩，年产14万吨，酵素、果葡糖浆等精深加工快速发展，胡柚青果切片登录药典，“健康水果”常山胡柚驰名全国，张德江誉之“水果之王”。常山油茶历史悠久，油茶三大“国字号”经济中心（油茶交易中心、价格指导中心、集散中心）和一个文化中心落户常山，成为全国油茶产业龙头。“常山猴头菇”通过国家农产品地理标志登记。

亿年奇石。地质形成达4.6亿年之久，有中国第一枚“金钉子”剖面，地质遗迹极具科考旅游价值，是国家地质公园。国家AAAA级景区“三衢石林”奇石遍布、鬼斧神工。矿石资源丰富，石灰石、萤石矿储量和品质均居全省首位，青石、花石品质优良，有华东地区最大的青石花石专业市场，建成中国观赏石博览园，“赏石小镇”为全省首批特色小镇，是“中国观赏石之乡”。

（县外宣办）

## 地形地貌

常山县境内地势南北高、中间低，由西向东倾斜。千里岗山脉自县境东北向县北延伸，怀玉山余脉绵亘于县西南。境内海拔1000米以上的山峰有40座，最高峰在东案乡白菊花尖海拔1390余米，最低点在招贤镇大溪沿村，海拔72米，最大高差1300多米。

全县地貌类型可划分中山、低山、丘陵、侵蚀岗地、河谷平原5种类型。中山主要分布于县东北部西岭脚—新桥一带，面积88.27平方公里，占全县总面积8.1%；低山分布于县域西北面的球川—何家—东鲁—新昌以西、芙蓉水库、芳村、金源以北地区和东南部的钳口一带，面积318.13平方公里，占全县总面积29%；剥蚀丘陵主要分布于中山与侵蚀岗地之间，面积409.4平方公里，占全县总面积37.2%；侵蚀堆积岗地主要分布于芳村南部和青石一带，面积216.6平方公里，占全县总面积19.7%；沿常山港两岸的河谷平原面积66.7平方公里，占全县总面积6%；全县山地丘陵面积约占总面积的3/4，属低山丘陵地貌类型。

河流面积约38平方公里。按地形和流向分为钱塘江水系和鄱阳湖水系。钱塘江水系最大支流为常山港，常山港历史上在明清时期称“金川”。鄱阳湖水系发源于玉山县紫坑岭和球川镇的蔑岭。球川溪因1984年千家排水库竣工大部分水量改往钱塘江水系。

（县国土局）

## 水 文

常山县内主要河流常山港为钱塘江的源头，上接开化县马金溪，下至衢州双港口，其中，在县域内的流程46.6千米，横贯东西，流域面积3176.1平方公里，最大年径流量可达43.74亿立方米，最大洪峰流量5800立方米/秒，易形成洪涝灾害。常山港在县内的支流有菱湖溪、芳村溪、龙绕溪、南门溪、马车溪、虹桥溪、里山溪、大坑溪、官塘溪等9条；县内的另一条主要溪流——球川溪流入江西，最终归入长江流域。县内水力资源十分丰富。

**2015年常山港月平均水位**

表1　（测站基面在85高程以上75.700米）　单位：米

| 1月 | 2月 | 3月 | 4月 | 5月 | 6月 | 7月 | 8月 | 9月 | 10月 | 11月 | 12月 | 年平均 |
|---|---|---|---|---|---|---|---|---|---|---|---|---|
| 2.02 | 2.10 | 2.37 | 2.42 | 2.54 | 3.40 | 2.55 | 2.40 | 2.18 | 2.31 | 2.61 | 2.29 | 2.43 |

最高水位在6月8日，为7.56米；最低水位在3月29日，为1.71米

（县水文站）

## 气　候

2015年，常山县阶段性气象灾害发生频繁，遭受连阴雨、强对流、寒潮、霾、雷电等极端天气气候事件，气象部门发布暴雨、雷电、高温、大雾、霾、寒潮、大风等各类预警信号59次。平均气温17.8℃，比常年偏高0.1℃；全县≥35℃高温日数15.0天，比常年偏少20.5天；年平均日照时数比常年明显偏少。总降水量为2608.4毫米，比常年偏多48.2%，破历史最多纪录。雨日181.0天，比历年偏多20.9天。年最大日降水量171.6毫米，出现在6月18日。年日照时数1370.1小时，比常年偏少20.8%，破历史最少纪录。

**气温**　年平均气温17.8℃，较常年偏高0.1℃，比上年低0.3℃。年极端最高气温37.6℃，出现在8月5日；年极端最低气温-3.0℃，出现在1月2日。

**降水**　年降水量2608.4毫米，比常年偏多848.0毫米，破历年最多纪录，比上年偏多594.2毫米；雨日181.0天，比常年偏多20.9天；比上年多23天。全年出现11次暴雨，分别5月14日、5月15日、6月9日、6月10日、6月14日、6月18日、7月1日、8月10日、8月21日、10月7日、11月8日，最大日降水量171.6毫米，出现在6月18日。

**日照**　年日照时数为1370.1小时，比常年偏少360.5小时，破历史最少纪录，比上年偏少369.2小时。

**2015年常山县气象要素**

表2

| 要素名称（单位） | 1月 | 2月 | 3月 | 4月 | 5月 | 6月 | 7月 | 8月 | 9月 | 10月 | 11月 | 12月 | 合计（平均） |
|---|---|---|---|---|---|---|---|---|---|---|---|---|---|
| 平均气温（℃） | 7.5 | 8.8 | 12.7 | 18.2 | 22.4 | 25.2 | 26.4 | 26.7 | 23.0 | 19.7 | 14.2 | 8.5 | 17.8 |
| 降雨量（毫米） | 51.6 | 155.6 | 136.7 | 131.0 | 344.3 | 589.7 | 250.9 | 218.6 | 84.6 | 244.6 | 260.0 | 137.3 | 2604.9 |
| 雨日（天） | 13 | 16 | 23 | 17 | 22 | 19 | 18 | 17 | 16 | 9 | 20 | 12 | 202 |
| 日照（小时） | 109.7 | 104.5 | 94.3 | 140.5 | 96.9 | 108.2 | 143.9 | 164.2 | 134.3 | 145.3 | 46.1 | 82.2 | 1370.1 |

**2015年常山县气象初终日**

表3

| 名　称 | 初　日 | 终　日 | 初终间日数 | 其　他 |
|---|---|---|---|---|
| 霜 | 2014.12.05 | 2015-02-10 | 68 | 年平均气压为999.7百帕<br>年平均相对湿度80%<br>年平均风速2.2米/秒 |
| 雪 | 2015.03.04 | 2015-03-04 | 1 | |
| 结冰 | 2014.12.05 | 2015-02-10 | 68 | |

**重要气候事件及其影响**

1. 霾：2015年霾日数较少，全县霾日数32天；时段集中，主要发生时段在1—2月。灰霾天气对人体健康尤其是呼吸系统疾病有一定影响。

2. 连阴雨：1月27日至2月4日，常山出现持续的连阴雨天气。由于前期天气持续晴好，气温异常偏高，降水和雨日数偏少，连阴雨带来的降水有效降低了森林火险气象等级。

2月20—28日，常山出现连阴雨时段。虽说“春雨贵如油”，但在雨水时节连续的降雨天气会农作物生长有一定影响，比如油菜、大小麦、蔬菜等田间农作物。2月下旬持续阴雨天气，也影响春茶的采摘和柑橘的销售。

2月20日至3月6日和4月3—10日，常山出现连阴雨。持续的阴雨天气导致油菜开花盛期推迟、茶叶采摘期推迟，同时影响设施大棚作物苗期生长和椪柑的销售及贮存。

5月14—18日、27—30日，常山出现2个时段的连阴雨。持续的阴雨天气影响油菜成熟期的光合作用，由于光照不足，使油菜中下层角果皮的光合作用大大降低。对小麦灌浆也会产生影响，导致籽粒不充实，产量降低，收获期会引起“烂麦场”。

7月1—8日，常山出现连阴雨，导致积温低、日照少并且均破历史同期最少纪录。主要影响早稻发育成熟。

8月7—11日、13—16日、20—23日，常山出现3个时段的连阴雨天气，不利于病虫害的防治，造成单季稻病虫害发生发展较严重。但后期天气晴好，对再生水稻收割影响不大。

9月3—6日、22—25日、9月28日至10月1日，常山出现3个时段的连阴雨，气温偏低、光照不足对单季稻和连作晚稻发育比较不利。

10月29日至11月1日，常山出现连阴雨天气，其中10月29日常山出现大到暴雨，常山站出现47.8毫米降水。

11月4—9日、11—14日、16—22日，常山出现3个时段的连阴雨，连续阴雨寡照的异常天气影响晚稻收晒和柑橘采摘。25日受强冷空气影响，天况转好，有利于加快秋收冬种的进度，减少连阴雨造成的损失。

12月22—25日，常山出现连阴雨天气，12月份连续阴雨寡照的异常天气，作物长时间缺乏光照，对设施农业影响特别大，草莓、油菜等田间农作物生长状况差，空气湿度大对柑橘贮藏十分不利。

3. 台风：2015年，台风对常山影响较少，仅出现两次台风影响天气。8月8—10日，受强台风“苏迪罗”外围云系影响，全县面雨量81.4毫米，县城降水量84.5毫米。全县普遍出现6～8级大风。9月28—30日，受第21号台风“杜鹃”外围影响，常山出现一次小雨天气过程。两次台风都没造成明显灾情，对高温有所缓解。

4. 暴雨：2015年，全县平均暴雨日数为11天，比常年偏多5.1天。除梅汛期外，主要暴雨过程及影响如下：

受强降水云团影响，8月10日常山出现暴雨天气。县城降水量63.1毫米，最大降水量出现在詹村92.6毫米，有9个乡镇自动站雨量超50毫米。

受雷雨云团影响，8月20日下午常山出现强雷电，县城出现中雨，个别乡镇出现短时暴雨，最大出现在湖头村32.7毫米。

受强降水云团影响，10月7日常山出现大暴雨，县城降水量127.4毫米，最大出现在大塘后村143.1毫米，有7个乡镇自动站雨量超100毫米。

受强降水云团影响，11月8日常山出现暴雨天气。全县面雨量67.3毫米，县城本站降水量72.7毫米，最大降水量出现在五里亭村78.6毫米，乡镇自动站雨量均超50毫米。

5. 强对流：2015年，常山县强对流天气频发，局地出现较大的短时集中强降水，并伴有短时大风等灾害天气。

5月14日白天，常山普遍出现强雷电和短时强降水，08时至20时县城本站31.6毫米，有2个乡镇站点降水量在50毫米以上，最大出现在詹村51.7毫米。

受雷雨云团影响，5月15日中午开始常山出现强雷电和短时强降水，芙蓉站出现8级以上雷雨大风，08时至20时县城降水量51.7毫米，有5个乡镇站点降水量在50毫米以上，其中最大降水量出现在官庄桥村70.0毫米。

6. 雷电：据县气象局雷电防御管理办公室对雷灾情况的不完全统计，2015年全县受理雷击事故报告6起，其中5起事故发生在农村，雷击事故发生率占83.33%；企业1起，主要发生在5月、6月。全县发生雷击引起人员伤亡事故1起，死亡1人（6月15日16时00分常山县金家畈村发生雷灾事故，村民周某某正在田间插秧被雷击，当场死亡），建（构）筑物受损5起，办公电子电器设备受损1件，家用电子电器设备受损20余件。造成直接经济损失30万余元。

2015年，全县发生地闪2515次，比上年减少72.09%。全县地闪平均密度为2.3次/平方公里。雷暴天气主要集中在4—8月；其中6月份相对比其他月份多，发生地闪834次，比上年6月份减少564次，较上年雷暴最密集的7月份减少2956次。全县范围有5次以上地闪的雷暴日56天，比上年少8天；有1次以上地闪的雷暴日78天，比上年少20天。从分布看，高地闪区域为球川、城区，雷闪次数均超过300次，其中城区为737次。

7. 梅雨：2015年6月7日常山入梅，比常年略早（常年6月10日），7月12日出梅，比常年略晚（常年7月10日），梅期35天，比常年偏多5天。汛期期间有两次明显的降水过程，分别出现在6月7—9日和17—18日。其他以阵雨或雷阵雨天气过程为主。县城梅雨量722.5毫米，全县平均雨量726.8毫米。全县各乡镇站点累积雨量均超过500毫米，12个乡镇累积雨量超过700毫米，最大出现在生态园875.1毫米。

梅雨期间，县气象局发布6次暴雨蓝色预警信号、3次暴雨黄色预警信号和1次雷电黄色预警信号；县国土资源局和县气象局联合发布7个地质灾害气象风险预报（警）三级（黄色）。

据县防汛办统计，6月7—9日和17—18日连续强降雨过程中，县内14个乡镇（街道）全部受灾，全县受灾人口7.212万人，倒塌房屋74间，直接经济损失5976万元，其中农林牧渔业直接经济损失3569万元，工业交通运输业直接经济损失201万元，水利设施直接经济损失1026万元。转移人员599人。

8. 大雾：2015年，常山县出现大雾日数38天，比常年明显偏多20天。

1月份，常山气象台发布大雾黄色预警信号和大雾橙色预警信号各1次。1月9日，早上常山出现能见度均小于200米的大雾，有些路段的能见度非常低，且由于大雾均出现在早晨，给市民出行带来不便。

2月份，常山气象台发布大雾橙色预警信号1次。2月4日，受冷空气影响，常山出现能见度小于200米的浓雾天气。

3月份，常山气象台发布大雾黄色预警信号和大雾橙色预警信号各1次。受前期降水影响，3月2日早晨，常山出现能见度小于500米的大雾，对城市交通造成一定影响。

12月，常山县雨水较多，天气寒冷造成雨雾现象；22—23日，常山出现能见度小于500米的大雾天气。县气象台于22日15时发布大雾黄色预警信号。持续大雾天气给人们的出行带来不便。

9. 冷空气：11 月 24 日夜至 25 日，受强冷空气影响，常山出现小雨天气及明显降温，日平均气温的过程降温幅度达 10.1℃；27 日早晨，常山最低气温 1.2℃，有 10 个乡镇自动站最低气温在零度以下，其中极端最低气温出现在詹村，为 -1.5℃。县气象台于 24 日 18 时整发布寒潮蓝色预警信号。

10. 寒潮：4 月 7—9 日，常山出现寒潮天气，降温幅度达历史最强，从前期月初日平均气温 26.6℃直降至 8.6℃，油菜开花后出现空壳，粮食遭受冻害，早稻播种进度受到影响，秧苗遭受冻害。从农业部门了解到，早稻栽插进度比 2014 年下降。

（何　超）

# 人　口

2015 年年末，全县户籍人口总户数为 111497 户，比上年增加 2780 户，总人口（不含服现役人员）为 342038 人，平均每户 3.7 人。其中，男性 177262 人，女性 164776 人，分别占总人口的 51.8% 和 48.2%，性别比为 107.6（女 =100）。总人口比上年增加 1002 人，年增长 0.3%，增幅比上年下降 0.4 个百分点。

全县办理出生登记 4098 人，比上年减少 735 人；出生率 12.0‰，比上年下降 2.2 个千分点。死亡 1982 人，比上年减少 618 人；死亡率 5.8‰，比上年下降 1.8 个千分点；其中，男性死亡 1206 人，女性死亡 776 人。人口自然增长率 6.2‰，比上年下降 1.6 个千分点。全县城镇人口 105552 人，乡村人口 236486 人，分别占总人口的 30.9% 和 69.1%。18 岁以下的为 64813 人，占总人口的 18.9%；18 岁至 34 岁的为 71807 人，占总人口的 21.0%；35 岁至 59 岁的为 143252 人，占总人口的 41.9%；60 岁以上的为 62166 人，占总人口的 18.2%。

（以上均为公安年报口径）

（占慧臻）

# 国民经济和社会发展

2015 年，全县上下紧紧围绕“实力工业、休闲城市、美丽乡村”发展战略，抢抓机遇，勇对挑战，务实奋进，经济社会提速前行势头强劲，国民经济总体运行平稳，多项社会事业取得新的进步。

**生产总值**

2015 年全县实现生产总值 1088038 万元，按可比价格计算，比上年增长 7.6%。其中，第一产业增加值 79306 万元，增长 2.2%；第二产业增加值 532195 万元，增长 5.7%；第三产业增加值 476536 万元，增长 10.7%。三次产业增加值结构由上年的 7.2∶51.1∶41.7 调整为 7.3∶48.9∶43.8，第三产业占比稳步提升，产业结构进一步优化。全县人均生产总值按户籍人口计算为 31857 元，折 5115 美元，比上年增长 7.1%。

**农业**

2015 年，全县深入挖掘粮食生产潜能，新建粮食生产功能区 1.0 万亩，创建部级万亩早稻示范片 1 个、省级千亩早稻示范片 2 个、千亩晚稻示范片 4 个。成立常山胡柚专家工作站，启动常山胡柚申报“中国重要农业文化遗产”工作。常山胡柚片纳入“浙江省中药炮制规范”目录。推进现代生态循环农业建设，创建现代生态循环农业示范区 2 个、示范主体 20 个。推进休闲观光农业建设，新增全国休闲农业与乡村旅游四星级示范点2个、省级休闲农业与乡村旅游示范点1个、市级休闲观光农业示范点4个。全县农产品电子商务交易额达1.5亿元。实现农林牧渔业总产值123984万元，比上年增长1.8%。

全县农作物播种面积20542公顷，其中，粮食播种面积11105公顷，油料播种面积4005公顷，蔬菜种植面积3712公顷，果用瓜种植面积565公顷（粮食、油菜籽播种面积取粮食生产统计监测调查，其他经济作物取全面报表）。粮食作物总产量69756吨，比上年下降1.2%；油料产量7503吨，增长0.9%；蔬菜产量90474吨，增长4.9%；果用瓜产量18440吨，增长15.0%。柑橘总产量149365吨，比上年增长9.2%，其中常山胡柚产量110261吨，增长5.8%；茶叶产量207吨，增长63.0%；蚕茧产量41吨，增长20.6%。肉类总产量12824吨，下降14.1%，其中猪肉9149吨，下降23.3%；鸡鸭鹅蛋产量2728吨，增长47.5%。生猪年末存栏5.2万头，比上年下降45.2%，其中能繁殖的母猪为0.5万头，下降41.8%；肥猪年内出栏数为12.7万头，下降26.9%；家禽年末存栏159.3万只，增长14.9%；家禽年内出栏321.1万只，增长23.7%。水产品总产量5612吨，增长3.1%。

**工业**

2015年，全县实现工业总产值1469543万元（修订后数据），比上年增长0.5%，其中主营业务收入2000万元以上（即规模以上）工业企业118家，完成产值1036043万元；规模以下工业完成产值433500万元（修订后数据）。全部工业完成增加值424722万元，按可比价格计算，比上年增长5.2%。

主营业务收入超亿元工业企业有23家，比上年减少2家，超5亿元的企业有1家。亿元企业实现主营业务收入589164万元，占全部规上工业的59.9%。规模以上工业轻重工业之比为31.1：68.9，其中轻工业完成产值322698万元；重工业完成产值713346万元。规上工业完成销售产值961436万元，下降0.2%，产销率92.8%，比上年提高0.7个百分点。完成工业出口交货值60073万元，下降5.5%，完成新产品产值158356万元，增长2.5%。

在规模以上工业中，水泥产量455.9万吨，比上年增长7.3%，其中散装水泥243.8万吨，增长21.6%；水泥熟料440.4万吨，下降4.4%；纱4.5万吨，下降21.0%；轴承2932万套，下降22.8%；铜材2214吨，下降41.4%；机制纸及纸板4.6万吨，下降40.0%；精制食用植物油1017吨，增长1.3%；服装38万件，下降6.7%；钢材3951吨，下降34.0%；改装汽车396辆，下降42.6%；半导体分立器件1227万只，增长1.7%；印制电路板37.8万平方米，增长15.8%；互感器1166台，下降8.1%；金属切削机床59台，下降74.5%。

全县规模以上工业企业实现利税46825万元，增长26.3%，其中实现利润16524万元，增长16.4%。

**建筑业**

2015年，全县建筑业实现总产值465255万元，增长2.7%。建筑业实现增加值107473万元，按可比价格计算，比上年增长7.7%。全县有资质建筑业企业27家，其中具有一级资质企业2家、二级资质企业5家、三级资质企业20家。

**固定资产投资和房地产业**

2015年，全县完成固定资产投资1175637万元，比上年增长14.1%。其中第一产业完成投资112565万元，增长55.2%；第二产业完成投资508015万元，增长9.9%；第三产业完成投资555057万元，增长12.1%。完成工业投资508015万元，增长9.9%，其中制造业完成投资435140万元，增长25.3%。分行业来看，皮革毛皮羽毛（绒）及其制品业、木材加工及木竹藤棕草制品业、家具制造业、化学原料及化学制品制造业、非金属矿制品业、专用设备制造业、电气机械及器材制造业、计算机通信和其他电子设备制造业等8个行业的投资增速超过50%。造纸及纸制品业、医药制造业等5个行业比上年下降。

全县完成基础设施投资395064万元，比上年增长2.2%。其中水利、环境和公共设施管理投资266416万元，增长8.8%；电力、燃气及水的生产供应业投资54605万元，下降33.3%；交通运输、仓储和邮政业投资35277万元，增长40.2%；教育设施投资19896万元，增长107.4%；体育设施投资12000万元，下降44.7%；新增卫生设施投资6870万元。

全县完成房地产开发投资92131万元，比上年下降11.2%。房屋施工面积692078平方米，下降0.8%；销售面积137319平方米，增长55.0%，其中住宅销售116402平方米，增长55.0%。商品房实际销售额94497万元，增长44.8%，其中住宅82850万元，增长48.5%。

全县121个县重点项目累计完成投资86.1亿元，完成年度计划的100.4%，其中25个省重点项目完成投资28.3亿元，完成年度计划的116.2%，39个市重点项目完成投资45.5亿元，完成年度计划的120.0%。九景衢铁路、杭新景高速公路、48省道延伸线、独流入海常山段、哲丰新材料等一批重点项目积极推进，205国道改造提升示范工程、浙能天然气热电联产等项目建成。新增汇巨生物科技超10亿元项目。

**国内贸易**

2015年，全县实现社会消费品零售总额547736万元，比上年增长11.2%。其中限额以上批发零售业实现消费品零售额57551万元，增长24.0%。按销售单位所在地分，城镇55808万元，增长24.8%；乡村1743万元，增长4.1%。按消费形态分，餐饮收入5842万元，下降8.1%；商品零售51709万元，增长29.1%。按类值分，粮油食品、饮料烟酒类增长29.5%，日用品类增长94.6%，书报杂志类增长9.7%，家用电器和音像器材类增长30.2%，中西药品类增长169.1%，石油及制品类下降39.8%。成交额超亿元的商品交易市场有4个，摊位数609个，实现成交额7.5亿元。

**对外经济**

2015年，全县自营进出口资质企业190家，新增获权企业16家；自营进出口实绩企业70家，新增进出口实绩企业15家。实现外贸进出口总额21319万美元，增长18.1%，其中出口21217万美元，增长19.1%。新批外商投资企业1家，实际利用外资560万美元。

**交通、邮电和旅游业**

2015年，全县完成交通运输和邮政业增加值37471万元，比上年增长10.1%。各种运输完成公路货物运输量946万吨，公路客运量482万人次。全县民用汽车拥有量22030辆，其中载客汽车18120辆、载货汽车3349辆。私人汽车拥有量19294辆；摩托车拥有量28713辆。年末，县境内国家高速公路2条、国道2条（其中1条为国道主干线）、省道1条、县道22条、乡道34条、村道355条，公路总里程为1017.8千米，公路网密度为92.8千米/百平方公里。其中，高速公路72.757千米（G60沪昆高速即地方名称为杭金衢高速41.625千米、G3京台高速即地方名称黄衢南高速31.132千米），一般国道63.453千米（G205山深线23.49千米、G320沪瑞线39.963千米），省道S221江溪线8.63千米。国省道干线占公路总里程的14.2%。县道公路257.6千米，占公路总里程的25.3%；乡道公路168.1千米，占公路总里程的16.5%；村道公路447.0千米，占公路总里程的43.9%。

全县电信业务收入1.8亿元，比上年增长18.4%。年末，城乡固定电话用户3.7万户，下降17.5%；年末移动电话用户29.6万户，增长4.3%，国际互联网用户5.5万户，增长12.8%。

旅游业快速发展。省政府同意批复设立三衢湖省级旅游度假区；青石镇赏石小镇成功列入浙江省第一批特色小镇创建名单；中国观赏石博览园被国家旅游局评为2015年全国500强优选旅游项目；中国观赏石博览园、每日会被评为全国休闲农业与乡村旅游示范园区（企业）；黄塘村被评定为全省休闲农业与乡村旅游示范点。全县接待景点旅游者人数453111人，增长15.4%，景点旅游门票收入737.8万元，增长14.9%。

**财政和金融**

2015年，全县实现财政总收入124550万元，比上年增长9.9%，其中公共财政预算收入86833万元，增长12.3%；上划中央"四税"收入37717万元，增长4.8%。实现税收收入114269万元，增长10.4%。其中，地税收入61422万元，增长16.1%；国税税收收入52847万元，增长4.4%。全年公共财政预算支出284053万元，增长27.6%。其中民生支出216896万元，增长30.6%。

年末，金融机构本外币存款余额1641724万元，其中人民币存款余额1640656万元，增长9.9%。在各项存款中，住户存款余额872302万元。金融机构本外币贷款余额1434795万元，其中人民币贷款余额1433318万元，增长7.8%。

**教育和科学技术**

2015年，全县中小学校有43所，其中高级中学3所、完全中学1所（民办）、职业高中1所、普通初中10所、培智学校1所、小学27所，另有教学点13个（含新昌乡泮源1个无学生的教学点）；有持证幼儿园101所，其中部门和集体办幼儿园9所、民办幼儿园92所。全县有中小学生32485人，其中普通高中4180人、职业高中在校生1779人、普通初中8701人、小学17747人、培智学校78人。在园幼儿10626人。小学适龄儿童入学率、初中入学率均为100%，小学、初中巩固率达100%。初中毕业生升高中段比例为96.4%，九年义务教育完成率100%，"三残"少儿入学率为99.7%，职校毕业生就业率100%。十五年教育普及率为97.7%，小学英语普及率100%。全县有教育部门办在职教职工2234人，其中高中363人、初中655人（含借用）、小学1109人（含特殊教育学校14人）、幼儿园32人，其他人员75人；离退休1177人。有民办学校教职工1010人，其中民办幼儿园教职工766人。

全县申报国家火炬和国家星火计划各1项、省科技惠民计划项目1项、省公益性研究项目3项、省重点研发项目2项、2016年省科技型中小企业扶持专项资金（种子基金）项目1项、省市科技扶贫专项项目22项、市指导性科技项目20项。争取上级到位科技经费890.2万元。全县申请专利628件，其中发明专利42件，实用新型专利229件，外观设计专利357件；授权专利428件，其中发明专利18件，实用新型专利156件，外观设计专利254件。申请量和授权量分别比上年增长109%和71%，提前超额完成"八倍增"发明专利授权量任务。推荐并获得省级新产品立项5项。

**文化、卫生和体育**

2015年，全县开展送戏下乡106场，送书下乡13300册，送电影下乡3200场，送展览讲座下乡12场，开展廉政越剧《清简樊莹》大戏派送下乡演出42场。为全县68家重点农家书屋补充更新9792册图书和816本

期刊杂志。组织到县外“文化走亲”6场。文艺作品荣获省级比赛金奖4个，银奖1个，铜奖3个；市级比赛金奖7个，银奖8个

年末，全县有广播电台1座，广播综合人口覆盖率98.6%。电视台1座，电视综合人口覆盖率98.4%。有文物保护单位57家。公共图书馆图书藏书量176千册。

全县有各级各类医疗机构272家，其中县人民医院、县中医医院、县妇幼保健计划生育服务中心（县妇保院）各1家，乡镇（中心）卫生院14家，民营医院2家（贞元医院、民康医院），其他医疗机构1家（省三监医院），村卫生室（社区卫生服务站、卫生院分院）203家，有乡村医生178名（不包括在村卫生室执业的执业助理及以上人员），个体诊所32家（其中7家中医诊所），厂矿医务室17家。各级各类医疗机构共有床位数791张，执业（助理）医师数657人，每千常住人口医生数2.7人；执业护士数537人，每千常住人口注册护士数2.2人。各类专业技术人员1039人，其中正高级16人，占1.5%；副高级83人，占8.0%；中级327人，占31.4%；助理级319人，占30.7%。

县级公立医院业务总收入3.1亿元，比上年增长11.4%；门诊人次52.6万人次，增长1.3%；住院人次2.7万人次，增长7.3%。乡镇卫生院和一体化管理村卫生室100%使用基本药物，县级公立医院基本药物使用率为50.0%，比上年提高24.0个百分点，抗生素使用率乡镇卫生院32.0%，下降3.0个百分点。县级公立医院住院病人出入院符合率为96.0%，提高1.0个百分点；出院病人疾病治愈率62.4%，提高1.2个百分点。全县体检人数达10.1万人次。

全县举办篮球赛、钓鱼比赛等大小赛事30余项。其中，举办“常山三宝”杯千人骑行游常山活动，首次实现县体育、旅游部门联合承办比赛项目。承办的浙江省太极拳冠军赛，是常山第一次举办高规格的武术赛事。承办浙江省青少年乒乓球冠军赛、常山县“第五届全民运动会”。已建县级阳光体育训练基地2所。

**社会保障**

2015年，全县职工基本养老保险和城乡居民社会养老保险参保人数206678人，新增5210人；职工基本医疗保险和城乡居民基本医疗保险参保人数311124人，新增1239人；工伤保险参保人数36787人，新增869人；生育保险参保人数26732人，新增852人；被征地人员参保人数27591人；社会保障卡持卡人数310659人。失业保险新净增参保1069人。城镇登记失业率控制在2.99%以内。

全县有10009人纳入城乡最低生活保障，年支出低保金约2660万元。城镇低保由原来540元/人·月提高到612元/人·月，农村低保由原来389元/人·月提高到459元/人·月。资助13650名城乡低保、“五保”、重度残疾人参加城乡居民医疗保险，资助金额314万元。

**资源、环境**

2015年，常山港流域地表水质100%符合水功能区要求，出境水质达标率100%，饮用水源地水质100%符合要求，区域环境噪声符合55分贝的要求。城区环境空气有效监测天数345天，优良天数合计302天，优良率87.5%，比上年提高5.7个百分点。PM2.5均值为45微克/立方米，同比下降18.2%。通过化工、造纸行业整治和实施“蓝天三衢”生态治理工程，每年削减二氧化硫1.6万吨、氮氧化物4800吨、粉尘1万吨、化学需氧量500吨、氨氮20吨，按照排污权有偿使用费征收标准，并结合当前的交易价格计算，每年削减的污染物替代总量价值达15亿元以上。

全县完成春季绿化造林1.4万亩，实施

市重点项目黄衢南高速沿线的山体绿化提升工程650亩，彩色健康森林建设1000亩；建设林业休闲养生区1个、林业休闲观光区1个、森林人家2个、建设森林古道1条；完成森林村庄建设19个，其中省级森林村庄1个、市级森林村庄10个、县级森林村庄8个，平原绿化面积2450多亩；完成申报12万亩公益林。全县垦造耕地涉及省级以上公益林地面积23.5公顷，造林复绿工作全部完成；完成森林提质4.05万亩。全县森林覆盖率为73.2%。

**城市建设**

至2015年年底，中心城市建成区面积19.93平方公里；供水总量1189万吨，售水量1040万吨；城市生活垃圾处理率达100%，县城平均污水处理率为90.0%。建成区绿地率为34.3%，建成区绿地覆盖率为39.8%，人均公园绿地面积为12.5平方米。

（占慧臻）

## 精神文明建设

**【2015年度榜样人物评选】** 2015年，县文明办开展“中商广场杯”2015年度榜样人物评选活动。按照“专场推荐、年度总评”的工作步骤，在球川镇、芳村镇、青石镇、天马街道、紫港街道开展5场乡镇专场评选。县公安局、卫计局等单位组织开展了“最美公安干警”“最美卫计人”等行业专场评选。活动共有170多名候选人参加，表彰“身边好人”50名，推选21名候选人参加敬业奉献、孝老爱亲、诚实守信、助人为乐、见义勇为5个类别的年度榜样人物评选，最终评选出10名年度榜样人物、11名年度榜样人物提名奖。

1月19日，“金华银行杯”2014常山县年度榜样人物颁奖盛典 （金灵丽 摄）

**【宣传“治水老黄牛”先进事迹】** 2015年2月9日，天马街道水利员张辉良因突发心肌梗塞，倒在了办公桌上。张辉良拼到最后一刻的消息感动了三衢大地，为更好地弘扬社会主义核心价值观，放大“好人常山”的最美效应，县文明办因势利导，精心组织，扎实开展“治水老黄牛”张辉良事迹宣传报道。通过召开座谈会、学习会和开展网上留言、讨论等形式对张辉良的精神进行学习讨论，并把学习活动与社会主义核心价值观主题实践活动结合起来，迅速在全社会掀起了学习宣传“治水老黄牛”张辉良先进事迹的热潮。中国网、光明网、凤凰网、腾讯网、网易、浙江新闻网、《浙江日报》、浙江卫视、浙江之声、《衢州日报》、衢州电视台等媒体对张辉良事迹进行了深入的挖掘和全方位、多角度、多层次的报道，浙江日报刊发《甘为治水献一生——追记常山县天马街道水利员张辉良》，《钱江晚报》刊发《离过年还有8天，带病工作的他却猝死在办公室》，《衢州日报》刊发《常山水利员张辉良倒在了工作岗位上》等。

**【文明倡导行动】** 2015年，县文明办在全县各机关部门开展“半壶”行动，通过电视、报纸、网络、微信等县内媒体，向全县发出倡议：上班打开水只灌半壶，引导干部群众文明用水。联合交警大队在城区主要路段开展“非机动车集中整治行动”，非机动车对十字路口闯红灯、非法占用机动车道、逆行等行为进行专项整治。活动持续一个月时间，共投入警力300多人次，发动志愿者参与1000多人次。在农村广泛开展“好婆媳”“好邻居”“文明家庭”“洁美家庭”等农村典型评选活动，发挥身边榜样人物的辐射作用，形成“崇尚好人、争做好人”的浓厚氛围和良好风尚。

**【文明乡镇创建活动】** 以农村集镇建设为突破口，重点加强文明乡镇创建工作。2015年5月，县文明办牵头开展集镇环境整治工作调研，联合农办、市场监管局等单位，深入辉埠、球川、青石、东案、同弓5个乡镇实地走访、座谈、调研，完成了《关于我县集镇建设的调查与思考》调研文章。积极参与“一路一镇”集中整治行动，指导天马街道、金川街道、球川镇、招贤镇、新昌乡开展文明创建工作，并成功创建市级文明单位。

**【志愿服务活动】** 2015年，县文明办持续开展“一小时志愿服务”活动，组织全县4000多名在职党员参加劝导，重点对占道经营、车辆无序停放、行人乱穿马路等影响城市文明形象的行为进行劝导。组织“邻里守望”志愿服务队关爱空巢老人，文峰社区组织16名志愿者为25户空巢老人开展上门贴对联、包饺子等服务；麦田计划以留守儿童为重点服务对象，联合20名返乡大学生深入球川镇、同弓乡等乡镇，为105位留守儿童开展作业辅导和心理咨询；县阳光义工队联合团县委、交警大队等单位连续5年开展“情满平安路祥和中国年”志愿服务，春节期间共为近万名返乡农民工提供开水、方便面、手机充电等服务。通过奖励、帮扶，鼓励更多有专长的志愿者提供多样化、便利化、个性化的服务，全力打造特色品牌化志愿服务队伍，营造“人人为我、我为人人”的良好社会风尚。

**【未成年人教育主题活动】** 2015年，县文明办牵头，联合新闻中心、金川街道一同开展“爸妈的乡愁·我的水稻田”农事体验活动，在常山新闻网微信平台征集了10户家庭，自驾前往金川街道十五里田畈体验插秧。邀请2012年度榜样何水清现场讲解水稻知识、指导插秧技术。开展好人进校园、警营活动。组织浙江省道德模范王雪园和傅珍芳、王德中等“最美衢州人”和常山年度榜样徐良英、郑怡、曾甜甜等20多人深入天马一小、天马二小、招贤小学和消防大队开展选举活动10多场。

**【拓展教育基地】** 2015年，县文明办有效依托爱国主义教育基地、乡村学校少年宫、社区未成年人活动中心等场所，开展形式多样的主题教育活动。组织近200名学生在东明湖革命烈士纪念墓，开展“缅怀革命先烈，争做最美青少年”革命烈士祭奠活动；青石小学开展“胡柚娃过新年”健身操比赛、招贤小学开展“柚都石城我的家”科普展示活动等，通过组织寓教于乐、特色鲜明的活动。推荐国家地质公园申报省级爱国主义教育基地，推荐三衢石林、球川镇血泪坑申报市级爱国主义教育基地，通过申报创建，丰富爱国主义教育基地内涵，完善教育基地的社会服务功能，提升教育基地整体水平。

**【整治校园周边环境】** 2015年，县文明办以净化网络、网游、荧屏为重点，继续加大监管力度，先后开展5次学校周边网吧突击检查活动，严厉查处违规接纳未成年人的行为和无证经营的“黑网吧”。开展“文明办网、文明上网”活动，发挥网络文明传播志愿者队伍作用，切实优化健康网络文化。加强校园和谐文化建设，鼓励建设特色校园文化，开展安全和谐校园、文明校园创建，净化校园周边环境，积极营造有利于未成年人健康成长的良好社会文化环境。

（县文明办）

## 乡镇（街道）和村居概况

2015年度，县域面积1099.07平方公里，全县辖3街道6镇5乡，180个行政村，12个社区（居委会），总人口33.4万人。

**常山县乡镇（街道）基本情况及行政村、社区名称（2015年）**

**表4**

| 乡镇（街道）名称、概况 | 行政村、社区（居委会）名称 |
|---|---|
| 天马街道办事处（区域面积75.50平方公里，辖12个行政村，6个社区居委会，常住人口约5.82万人） | 东方红、南前坊、西峰、北屏山、常年青、蒲塘、东港、周塘、天马、五联、天安、和平/屏山社区、金川社区、东明社区、定阳社区、文峰社区、渡口社区 |
| 紫港街道办事处（区域面积41.30平方公里，辖10个行政村，1个渔业大队，1个社区居委会，约1.54万人） | 富足山、外港、后坊、枧头、大弄口、狮子口、狮东、姜家堡、孔家弄、渣濑湾/渔业大队、紫港社区 |
| 金川街道办事处（区域面积57.50平方公里，辖14个行政村，1个社区居委会，常住人口约1.90万人） | 常桥、新建、五里亭、十里山、新都、蒋家、十五里、胡家淤、朱家坞、湖东、徐村、上埠、上蒋、金川弄/赵家坪社区 |
| 辉埠镇（区域面积127.10平方公里，辖17个行政村，1个居委会，常住人口约3.17万人） | 大埂、山背、鸭坞、石姆岭、辉埠、东乡、童家、久泰弄、宋畈、达坞、路里坑、彭川、双溪口、桐村、黄坞岭、才里、东鲁/辉埠居委会 |
| 招贤镇（区域面积69.80平方公里，辖18个行政村，常住人口约3.19万人） | 官庄、高埂、大溪沿、游林、古县畈、古县、招贤、汪家淤、渔溪口、纱帽山、溪上、泉目山、大弄、五里、樊村、鲁士、山底、象湖 |
| 青石镇（区域面积78.70平方公里，辖18个行政村，1个渔业大队，常住人口约3.35万人） | 山溪边、湖头、虹桥、阁底、塘边、山头、江家、新站、马车、水南、飞碓、澄塘、砚瓦山、和尚、弄溪口、大塘后、九龙山、桥亭/溪口渔业大队 |
| 芳村镇（区域面积148.70平方公里，辖20个行政村，1个社区居委会，常住人口约2.57万人） | 泮坑、园区新村、芳村、洁湖、河边山、上猷阁、下猷阁、猷阁口、大处、前进、石塘、芙蓉湖、修书、井河、东源、横山路、新桥、前姜、东岗、前塘/水阁亭居委会 |
| 白石镇（区域面积46.20平方公里，辖7个行政村，1个社区居委会，常住人口约0.95万人） | 十八里、曹会关、白石、小白石、草坪、新塘岭、聚宝/白石街居委会 |
| 球川镇（区域面积129.50平方公里，辖20个行政村，1个社区居委会，常住人口约3.57万人） | 后弄、芙蓉、红旗岗、东山、西村、杨家、球川、东坑、王家、三溪、吴家、上安、馒头山、沙安、黄泥畈、九都、棋盘山、常周、龙绕、新店/龙头街居委会 |
| 何家乡（区域面积56.90平方公里，辖8个行政村，常住人口约1.30万人） | 何家、樊家、江源、江湾、钱塘、长风、黄冈、双安 |
| 东案乡（区域面积68.80平方公里，辖10个行政村，常住人口约1.39万人） | 高峰、金源、呈东、弄坞、田蓬、前库、朝阳、东案、白马、万安 |
| 大桥头乡（区域面积49.90平方公里，辖8个行政村，常住人口约1.43万人） | 浮河、客弄、友好、新村、大桥、樟山、莲塘、濛桥 |
| 新昌乡（区域面积110.60平方公里，辖10个行政村，常住人口约1.31万人） | 新昌、对坑、黄塘、岩前、鳝铬、郭塘、达塘、茶源、泰安、西源 |
| 同弓乡（区域面积38.50平方公里，辖8个行政村，常住人口约1.07万人） | 彤弓山、同心、关庄桥、山边、金川源、湖石头、中和、胡村 |

## 2015 年常山县乡镇街道基本情况汇总（一）

**表 5**

| 项目（单位） | 天马街道 | 紫港街道 | 金川街道 | 辉埠镇 | 招贤镇 | 青石镇 | 芳村镇 | 白石镇 | 球川镇 | 何家乡 | 同弓乡 | 大桥头乡 | 东案乡 | 新昌乡 | 全县合计 |
|---|---|---|---|---|---|---|---|---|---|---|---|---|---|---|---|
| 社区（居委会）数（个） | 6 | 1 | 1 | 1 | 0 | 0 | 1 | 1 | 1 | 0 | 0 | 0 | 0 | 0 | 12 |
| 村委会（个） | 12 | 10 | 14 | 17 | 18 | 18 | 20 | 7 | 20 | 8 | 8 | 8 | 10 | 10 | 180 |
| 区域面积（平方公里） | 75. 50 | 41. 30 | 57. 50 | 127. 10 | 69. 80 | 78. 70 | 148. 70 | 46. 20 | 129. 50 | 56. 90 | 38. 50 | 49. 90 | 68. 80 | 110. 60 | 1099 |
| 常住户数（户） | 19270 | 5473 | 6318 | 9998 | 9670 | 10324 | 7861 | 3225 | 10812 | 3907 | 3528 | 4184 | 4336 | 4805 | 103721 |
| 常住人口（人） | 58192 | 15457 | 19025 | 31689 | 31852 | 33464 | 25710 | 9473 | 35657 | 12977 | 10651 | 14287 | 13897 | 13050 | 325381 |
| 户籍人口（人） | 49549 | 15215 | 20444 | 34852 | 34547 | 35821 | 28629 | 10382 | 39261 | 13642 | 11448 | 15424 | 15466 | 17486 | 342166 |
| 农业户籍人口（人） | 15235 | 12901 | 19622 | 34138 | 33741 | 34429 | 27850 | 10100 | 37652 | 13642 | 11166 | 15231 | 15159 | 17124 | 298030 |
| 耕地面积（公顷） | 587 | 568 | 1010 | 1394 | 957 | 1284 | 760 | 627 | 1974 | 623 | 745 | 513 | 502 | 416 | 11960 |
| 耕地流转面积（公顷） | 255 | 270 | 395 | 785 | 430 | 397 | 405 | 363 | 1308 | 399 | 514 | 324 | 332 | 240 | 6147 |
| 小学（所） | 4 | 2 | 4 | 2 | 2 | 2 | 3 | 1 | 2 | 1 | 1 | 1 | 2 | 1 | 28 |
| 小学专任教师（人） | 248 | 42 | 188 | 81 | 87 | 102 | 65 | 27 | 93 | 38 | 30 | 32 | 38 | 40 | 1111 |
| 小学在校生（人） | 3475 | 520 | 2606 | 1398 | 1463 | 1560 | 1208 | 490 | 1916 | 599 | 620 | 542 | 520 | 521 | 17438 |
| 幼儿园（托儿所）（所、个） | 19 | 10 | 9 | 13 | 7 | 11 | 12 | 2 | 7 | 2 | 4 | 2 | 6 | 14 | 118 |
| 医疗卫生机构（所） | 6 | 0 | 2 | 2 | 1 | 1 | 2 | 1 | 1 | 1 | 1 | 1 | 1 | 1 | 21 |
| 床位数（张） | 805 | 0 | 20 | 8 | 30 | 8 | 58 | 11 | 30 | 8 | 5 | 5 | 11 | 5 | 1004 |
| 执业（助理）医师（人） | 480 | 0 | 714 | 12 | 16 | 10 | 56 | 10 | 14 | 23 | 10 | 7 | 16 | 6 | 667 |
| 农村医保参保（人） | 18499 | 10253 | 14328 | 24704 | 24612 | 27504 | 22710 | 7533 | 28184 | 11960 | 9983 | 10894 | 11236 | 14396 | 236799 |
| 农村社保参保（人） | 2521 | 5025 | 4803 | 11351 | 6928 | 11127 | 8110 | 4240 | 7710 | 5103 | 5620 | 275 | 6036 | 5451 | 84300 |
| 农村最低生活保障（人） | 1214 | 569 | 382 | 895 | 775 | 1050 | 706 | 315 | 1343 | 357 | 330 | 382 | 506 | 496 | 9320 |
| 公共财政收入（万元） | 1909 | 769 | 887 | 21843 | 986 | 3325 | 1519 | 732 | 1401 | 796 | 906 | 330 | 510 | 725 | 33638 |
| 公共财政支出（万元） | 1464 | 1196 | 1260 | 4040 | 986 | 1234 | 1313 | 732 | 1263 | 796 | 775 | 646 | 510 | 663 | 16878 |
| 企业实交税金（万元） | 841 | 311 | 149 | 10040 | 318 | 1502 | 240 | 197 | 581 | 348 | 433 | 123 | 83 | 62 | 15228 |
| 工业企业单位（个） | 35 | 60 | 255 | 243 | 103 | 151 | 47 | 26 | 72 | 34 | 21 | 69 | 85 | 11 | 1212 |

## 2015 年常山县乡镇街道基本情况汇总（二）

**表 6**

| 项目（单位） | 天马街道 | 紫港街道 | 金川街道 | 辉埠镇 | 招贤镇 | 青石镇 | 芳村镇 | 白石镇 | 球川镇 | 何家乡 | 同弓乡 | 大桥头乡 | 东案乡 | 新昌乡 | 全县合计 |
|---|---|---|---|---|---|---|---|---|---|---|---|---|---|---|---|
| 第一产业从业人员（人） | 2948 | 2432 | 3510 | 6445 | 6255 | 7910 | 6884 | 2305 | 7032 | 3038 | 2102 | 3094 | 3747 | 4096 | 61798 |
| 第二产业从业人员（人） | 17987 | 5278 | 7194 | 11638 | 3800 | 6978 | 6230 | 1827 | 7669 | 3209 | 2843 | 2190 | 1338 | 1925 | 80106 |
| 第三产业从业人员（人） | 15610 | 1936 | 2247 | 4587 | 12400 | 5490 | 4013 | 1765 | 7982 | 1636 | 1855 | 3975 | 3310 | 3087 | 69803 |
| 外来从业人员（人） | 8819 | 306 | 295 | 1481 | 200 | 195 | 115 | 158 | 320 | 61 | 57 | 31 | 10 | 0 | 12048 |
| 农民合作社（个） | 52 | 51 | 111 | 121 | 99 | 217 | 108 | 70 | 135 | 62 | 66 | 79 | 161 | 93 | 1425 |
| 农民合作社成员（户） | 2837 | 3357 | 1543 | 760 | 1072 | 1100 | 5121 | 3100 | 4390 | 2936 | 1053 | 2100 | 2526 | 1220 | 33115 |
| 年末总户数（户） | 19270 | 5426 | 7233 | 10647 | 10739 | 10699 | 9071 | 3441 | 11542 | 4315 | 3607 | 4853 | 4953 | 5701 | 111497 |
| 年末总人口（人） | 49548 | 15215 | 20444 | 34852 | 34547 | 35821 | 28629 | 10382 | 39261 | 13642 | 11448 | 15232 | 15721 | 17296 | 342038 |
| 年末总人口中男性（人） | 25525 | 7640 | 10014 | 18029 | 18052 | 18789 | 14948 | 5371 | 20432 | 7093 | 5923 | 8051 | 8265 | 9130 | 177262 |
| 年末总人口中女性（人） | 24023 | 7575 | 10430 | 16823 | 16495 | 17032 | 13681 | 5011 | 18829 | 6549 | 5525 | 7181 | 7456 | 8166 | 164776 |
| 非农业人口（人） | 41322 | 10051 | 17192 | 6284 | 4290 | 1392 | 7060 | 3595 | 14366 | 0 | 0 | 0 | 0 | 0 | 105552 |
| 出生数（人） | 468 | 194 | 240 | 443 | 452 | 534 | 312 | 144 | 483 | 129 | 130 | 173 | 208 | 188 | 4098 |
| 出生率（‰） | 14.36 | 12.83 | 15.73 | 12.74 | 13.10 | 14.97 | 10.90 | 13.89 | 12.32 | 9.46 | 11.39 | 11.37 | 13.29 | 10.87 | 12.00 |
| 死亡数（人） | 325 | 80 | 106 | 188 | 202 | 203 | 200 | 55 | 197 | 95 | 56 | 82 | 81 | 112 | 1982 |
| 自然增长数（人） | 143 | 114 | 134 | 255 | 250 | 331 | 112 | 89 | 286 | 34 | 74 | 91 | 127 | 76 | 2116 |
| 自然增长率（‰） | 4.39 | 7.54 | 8.78 | 7.33 | 7.24 | 9.28 | 3.91 | 8.59 | 7.29 | 2.49 | 6.49 | 5.98 | 8.12 | 4.39 | 6.20 |
| 农村户数（户） | 5302 | 4320 | 6318 | 9990 | 9650 | 10324 | 7861 | 3225 | 10103 | 3907 | 3260 | 4184 | 4346 | 4805 | 87595 |
| 农村人口（人） | 15086 | 12901 | 19025 | 31539 | 30852 | 32464 | 25710 | 9473 | 35139 | 12977 | 10651 | 14287 | 13897 | 13050 | 277051 |
| 农村人口中男性（人） | 7762 | 6494 | 9315 | 16438 | 16309 | 17086 | 13874 | 4891 | 18482 | 6894 | 5460 | 7295 | 7393 | 6844 | 144537 |
| 农村劳动力资源（人） | 10189 | 8561 | 12421 | 21728 | 21366 | 21424 | 17912 | 6219 | 24001 | 8468 | 6759 | 9790 | 9269 | 8555 | 186662 |
| 农村劳动力资源男（人） | 5314 | 4386 | 6370 | 11824 | 11449 | 11669 | 9621 | 3243 | 13093 | 4550 | 3497 | 5144 | 4994 | 4592 | 99728 |
| 工业企业总产值（万元） | 61829 | 50568 | 493458 | 554874 | 52569 | 64736 | 21829 | 15277 | 61834 | 14877 | 5752 | 28352 | 40265 | 9435 | 1475655 |
| 消费品零售总额（万元） | 140530 | 27079 | 40727 | 45877 | 46382 | 49744 | 38088 | 14333 | 50446 | 20741 | 15222 | 19587 | 18696 | 17740 | 545192 |

# 中国共产党常山县委员会

## 综　述

【概况】 2015年，是收官“十二五”、谋篇“十三五”的重要一年。一年来，县委常委会团结带领全县上下，坚持打基础、抓机遇、破难题，突出转思路、转手法、转作风，各项工作取得新进展新突破，经济社会发展提速前行态势强劲。

工业转型基础夯实。坚持整治倒逼、外引带动，“蓝天三衢”生态治理持续深化，“新华环保”签约落地，钛和产业基金入资金雄公司，钙产业转型实现新进展。深入推进整合重组，成立泰安公司全面整合矿山资源，常纺公司、康京电子、万谷电子等成功引进合作企业，轴承、纺织等行业重组工作扎实推进。积极引导企业创新，巴菲尔无氰碱铜电镀示范线实现稳定运行，捷姆轴承、民盛纺织技改项目建成投用。实施精准帮扶，化解两链风险，助推企业上市，天子股份、爱丽莎环保科技成功登陆“新三板”。深入实施腾笼换鸟，清理园区闲置厂房8万平方米，先导精密机械、金禾丰等一批新项目落户。中国华东农机产业园揭牌成立。着力提升平台能级，绿色产业集聚区“二纵六横”道路框架基本成型，新都园区省级循环化改造示范园区建设稳步推进，辉埠新区重要节点景观建成，物流、金融、商贸等功能配套逐步完善。

城市能级突破瓶颈。全力推动城市跨江发展，城东新区东方综合体、信用联社大楼、新常山一中、滨江公园等功能性项目加快推进。扎实开展老城提标改造，城区环岛、东明湖等绿道高标准建成投用，老小区改造、污水管网配套、森林公园建设有序推进。加快构建综合交通体系，320国道“跨江改道”、港航道开发、常河线等项目立项，九景衢铁路和杭新景高速常山段、48省道延伸线建设快速推进。着力提升城市服务功能，深化教育卫生综合改革，顺利通过国家义务教育发展基本均衡县评审，“育才摇篮”培育成效明显，育才中学教学质量综合考评跃居全市第四，全县中考排名全市前10%人数实现翻番；县人民医院与上级医疗机构紧密型协作进一步深化，中医院、妇保院单设，第三人民医院基本竣工，县内就诊率提升5%。大力发展城市经济，成功引进光大金融城项目，国内零担物流巨头安能集团落户运营，赏石小镇提速建设，中国观赏石博览园、柚香谷度假区等一批高端休闲项目扎实推进。

美丽经济亮点纷呈。加快振兴“常山三宝”，胡柚酵素、胡柚茶、果葡糖浆等精深加工规模不断扩大，“拜肯模式”示范效应逐步显现，胡柚小青果切片纳入《浙江省中药炮制规范目录》，常山山茶油全面确立全省龙头地位，“常山猴头菇”通过国家农产品地理标志登记。大力发展乡村休闲旅游，三清绿道、十里长风、百年柚谷、艺石时空四条美丽乡村风景线基本建成，每日会、常青泉和白菊花尖片区等精品休闲项目、重点休闲区块集聚效应显现，徐村、田蓬、长风等一批特色村率先突破，民宿经济全面兴起。充分激发村级主体活力，积极推广土地折价、资金入股等公司化运作模式，推动农村资产资源效益化，涌现出“黄塘故事”“下畎阁模式”等一大批美丽经济发展样本。

环境治理重点突破。紧盯“大禹鼎”，全面深化“五水共治”，强力推进“清三河”，加快城乡污水处理设施提标改造，完成71个村农村生活污水处理设施建设，创新推广农村垃圾处理“2分+”模式，全力打好生猪整规、河道采砂关停攻坚战，筑牢源头污染防线，出境水质基本保持Ⅱ类水标准。统筹推进治土治气，积极推广肥药双控和绿色防控技术，全面完成黄标车整治。坚持一拆到底、拆改结合、拆用并举，实施“无违建”三级联创，全县14个乡镇（街道）、188个行政村（社区）通过市县预验收。放大“一路一镇”效应，强力推进“四边三化”“两路两侧”整治和集镇功能提升，大力实施集镇道路“白改黑”、线缆“上改下”和沿街外立面改造，“镇不如村”局面逐步扭转。

民生平安不断改善。全面开展“百村奔富美、万户保增收”行动，创新部门包村、干部结对等帮扶机制，实施精准扶贫，人均收入4600元以下贫困现象全面消除，预计2015年全县城镇居民人均可支配收入、农村居民人均可支配收入同比分别增长8.5%、10%。扎实推进机关事业单位养老保险制度改革，参保覆盖面不断扩大。创新社会治理，开展“双网融合”试点等基层社会治理信息化建设，全面推广社会稳定风险评估机制，健全社会治安立体防控体系，成功创建省级“无邪教县”，社会大局和谐稳定，实现省级平安县“十一连评”。

党的建设全面加强。以省委巡视为契机，全面强化政治纪律、组织纪律和作风建设。深入开展“三严三实”专题教育，以上率下、同频共振，从严查摆和整改不严不实问题。加强干部综合分析研判，完善干部“上、下、管”制度，推动人岗相适。严格落实“三张清单”，重构党建责任、目标、重心、力量，合力大抓基层。全面推进“金钉子”基层党组织创建，激发村级发展活力，狠抓村干部队伍建设，大力选树和推广廖红俊式的好支书，处置“三不”村干部97人次，农村风气大为改善。加强反腐倡廉建设，强化党委主体责任和“第一责任人”责任，全面落实“一岗双责”。强化纪委监督责任，完成派驻机构全覆盖，加大监督执纪问责力度，今年以来受理纪检监察信访举报491件，立案158件，给予党政纪处分162人，其中乡科级干部16人，正科级干部4人；强化责任追究，问责129人。

（郑　霞）

## 纪检工作

**【概况】** 2015年，县纪委以“廉节清风”专项行动为载体，紧盯重要时间节点，强化正风肃纪工作。严肃查处违规公款吃喝、违规收送礼品礼金、违规发放津补贴、违规出入娱乐会所和公款旅游、公车私用等顶风违纪和隐形“四风”问题。全县开展“四风”等问题专项督查行动56次，发现问题75个，下发党风政风专项督查通报26期。查处违反中央“八项规定”精神问题13起，处理31人，其中给予党政纪处分14人。出台规范公款存放办法，实行竞争性存放2.98亿元。开展办公用房清理整改工作专项督查，督促各单位认真整改。扎紧制度笼子，狠抓建章立制，修订完善《一把手“七不直接分管”实施办法》《机关单位及其工作人员问责办法》等多项制度。受理来信来访491件，办结480件，实名举报件办结满意率达到91%。

召开反腐败协调小组会议5次，县委组织部、公安局、检察院、法院、审计局等成员单位共向县纪委移送案件线索76条，全县纪检监察组织共立案177件，比上年增长68.6%；结案178件，增长83.5%；给予党纪政纪处分178人，向司法机关移送案件11件。查处乡科级干部18人（含非领导职务4人），其中正科级干部6人（含主任科员3人）。加强涉案款物管理，对近五年全县纪检监察组织办理的108件涉款（物）案件进行全面排查梳理。开设“581”廉洁自律专用账户，全年缴存违规资金19.83万元。对领导包案信访件实行常态化管理，对疑难复杂信访件由县纪委常委一包到底，直接参与调查。全年包案化解疑难信访件6件，群众满意率100%。

11月30日，县委办公室印发《关于加强县纪委派驻机构建设的实施方案》，推进纪律检查体制改革，共设立21个纪检组，其中单独派驻4个，综合派驻17个，实现派驻纪检机构全覆盖，切实加强对县直机关单位领导班子及其成员的监督，落实党风廉政建设主体责任和监督责任，推进全县党风廉政建设和反腐败工作。

▲“581”廉洁自律专用账户：为进一步加强党风廉政建设，促进廉洁自律规定的贯彻落实，5月14日，县纪委监察局下发《关于进一步做好廉洁自律专用账户有关工作的通知》，在县信用联社设立廉政账户，户名：中共常山县纪律检查委员会廉洁自律专户，账号：201000137799170000581。

**【县纪委十二届六次全会】** 县纪委十二届六次全体（扩大）会议于2015年1月27日召开。县委常委、纪委书记周群丽作题为《保持政治定力推进从严治党不断深化党风廉政建设和反腐败斗争》的工作报告，会议深入学习贯彻了党的十八大、十八届历次全会精神和习近平总书记系列重要讲话精神，回顾总结全县2015年纪律检查工作，研究部署2016年工作任务。

**【开展“监督执纪问责年”活动】** 2015年，县纪委围绕县委、县政府中心工作，开展“监督执纪问责年”活动，对“两美”示范乡镇创建、“清三河”达标县创建、农村建房批后监管等工作开展立项监督11项，下发通报18期，处理28人。开展政府投资项目监督检查，发现问题45个，下发监察建议书17份，整改问题36个。乡镇（街道）、部门纪检监察组织结合工作实际，开展农村“三资”管理、工程项目建设等立项监督179项，发现并纠正问题426个。

**【推进农村基层党风廉政建设】** 2015年，县纪委着力解决基层侵害群众利益的突出问题，深入整治刁难群众、吃拿卡要、与民争利等不正之风，严肃查处发生在农村“三资”管理、土地补偿款、强农惠农资金等领域的违纪行为。开展涉农、涉企价格和收费检查，为42家企业发放“创业绿卡”。建立民生诉求、信访反映和意见建议“三本台账”，收集意见建议122条，协调解决涉及群众利益的问题36个。集中开展村级财务届中检查，围绕村级财务票据，村级行政公务“零招待”，村干部报酬、外出考察学习及报刊订阅等非生产性开支展开立项督查，范围包括全县所有180个行政村。开展“村监会履职能力提升年”活动，开展农村“三资”管理、村级组织印章管理等立项监督，发挥村监会作用。

**【落实两个责任】** 2015年，县纪委积极协助县委履行好主体责任，当好参谋助手。县委出台《关于进一步落实党风廉政建设党委主体责任和纪委监督责任的实施意见》，县纪委督促指导各单位结合实际逐级建立责任清单，形成落实党委主体责任的工作支撑。县委与84个乡镇（街道）、部门签订《党风廉政建设责任书》，层层抓好责任落实。深化党委（党组）履行主体责任报告工作，重点报告主要负责同志履行“第一责任人”职责和廉洁自律情况。14个乡镇（街道）党（工）委主要负责人均按要求向县纪委当面报告，并接受质询评议。县直部门党委（党组）均向县纪委进行书面报告，其中接受当面评议和质询57个，现场质询评议达81.4%。严格落实“一案双查”，强化责任追究，共问责129人，其中追究领导责任12人。对24起典型案例进行点名道姓公开通报，警示作用更加明显。

▲两个责任：是指落实党风廉政建设责任制，党委负主体责任，纪委负监督责任，制定实施切实可行的责任追究制度。

▲一案双查：是指在查处党员干部违纪违法案件时，既要查清当事人的违纪事实和应负的责任，又要查清发案地区、部门领导班子和领导干部应承担的责任，对不履行或不正确履行党风廉政建设主体责任和监督责任的领导班子和领导干部实施责任追究。

**【抓实廉政教育建设】** 2015年，县纪委组织开展“学党章、守纪律、讲规矩”教育活动和新修订的《中国共产党廉洁自律准则》《中国共产党纪律处分条例》的学习贯彻，开展全县廉政知识竞赛、“清风画廉”廉政漫画巡展、廉政越剧《清简樊莹》巡演、职务犯罪案件庭审旁听等活动，全县1.9万名党员干部参与。深化领导干部廉政谈话、任前廉政法规知识测试等制度。县纪委同下级党政主要负责人谈话98人次，85名新提任县管领导干部及新进纪检监察干部参加任前测试。2015年，在《中国纪检报》《反腐败导刊》等中央、省、市、县级媒体上刊发腐败案件警示文章等稿件82篇，县委书记王良春及县委常委、纪委书记周群丽的署名文章先后在《中国纪检报》上发表。

**【开展“纪检监察干部能力提升年”活动】** 2015年，县纪委开展“纪检监察干部能力提升年”活动，组织纪检监察干部外出培训105人、顶岗培训9人，举办专题业务讲座12期，参加培训纪检监察干部500余人次。建立首批60人后备纪检监察干部人才库，从系统外充实优秀干部19人。巩固深化“三转”成果，落实纪检干部专职专用，确保力量聚焦主责主业。加强纪检监察干部工作日志管理，建立乡镇、部门监督协作区和县纪委常委联系片区工作制度。制定《纪检干部管理办法》、《纪检监察组织绩效考核办法》和编印《基层纪检监察组织工作手册》等，加强考核管理和业务指导。对纪检监察干部个人年度考核予以单列，其中县管纪检监察干部个人年度考核的建议等次由县纪委商县委组织部按规定比例提出，报县委审定，其他纪检监察干部由县纪委商有关单位按规定确定。

（卢敏偈）

## 县委办公室（政研室、保密办、督查考核办）

**【概况】** 2015年，县委办公室（以下简称“县委办”）紧扣县委中心工作和工作重点，履行“参谋助手、信息反馈、督促检查、综合协调”的职责，正确处理“内与外”“上与下”“大与小”“急与缓”等各方面关系，加强与市委办公室的业务联系，及时了解市委、市委办公室工作重点和动态，为县委工作决策提供超前服务。按照县委总体工作部署，协助县委领导做好与县上几大班子、县级部门单位和乡镇间协调工作，使各方面关系更加和谐，工作步调协调统一。将加强学习作为提高队伍整体素质和能力的重要手段，结合“三严三实”要求，开展以强化服务意识、转变工作作风、狠抓工作落实等方面的教育，开展“周末包村”“走亲连心”活动，在全体干部中倡导“为民、务实、清廉”的优良作风，弘扬埋头苦干、乐于奉献、勇于创新的敬业精神，实现工作紧扣中心、决策贴近实际、协调体现重点、服务面向社会，为县委当好参谋，为领导当好助手。完善日常工作制度，对各科室的职责任务、目标要求进行量化分解，责任到人，始终保持县委办有序运转。完善机关干部联系乡镇（街道）、部门制度，及时收集和汇总所联系单位工作情况和对县委的意见建议，进行梳理、总结，提供给县领导参阅。强化干部培养，主动给干部出难题、压担子，以老带新，促进年轻干部成长进步。

**【政研工作】** 紧扣中心工作和民生关切，有目的、有重点地深入开展调查研究。安排县级领导重点调研课题24项，编发《常山政研》13期，上报省、市重大政研信息4篇，被采用2篇。撰写《关于深化教育综合改革的若干问题和建议》《关于常山县集镇建设的调查和建议》《中共常山县委关于制定常山县国民经济和社会发展第十三个五年规划的建议》等调查报告，为县委领导把握形势、科学决策提供精准的参考。

**【文字综合】** 紧扣“短、实、新”的文风要求，召开专题会议整顿文风，明确务实、精炼、高效的文字工作导向和人人动笔的工作要求。健全综合文稿写作机制，规范材料起草修改相关流程，各科室干部共同参与重要文稿起草，定期不定期召开文稿点评会，互相交流，共同提高。保质保量完成县委全委会、全县机关干部大会、“一路一镇”表彰大会等重要会议报告、材料和省、市领导到常山调研汇报材料的起草工作，完成200余篇重要材料的撰写工作。

**【信息服务】** 挖掘信息素材，上报各类信息705篇，被省《工作情况交流》《中办专件》等刊物采用78篇，被市《衢州信息（工作动态）》采用37篇；获省、市、县各级领导批示60条，其中《常山县“治水英雄”用生命谱写最美之歌》信息被省委副书记王辉忠批示肯定。注重发挥信息的参谋助手作用，编发《常山信息》普刊43期、增刊50期、业务通讯12期、《领导参阅》15期、《每日要情》87期。认真做好信访维稳类信息预判，确保在规定时间内准确及时上报。全年处理紧急信息58起，其中上报4起。

**【宣传报道】** 围绕“实力工业、休闲城市、美丽乡村”三大战略，高度关注“蓝天三衢”“黄塘故事”“一路一镇”等重点工作，精心组织采访和宣传报道工作。在市级以上党报、党刊上刊发稿件212篇，其中《浙江日报》62篇（头版6篇），《衢州日报》150篇（头版头条6篇）。完成《浙江日报》《今日浙江》《衢州日报》等主流媒体专版10余个。同时，加强与省、市新闻媒体的沟通和交流，更好地宣传和推介常山，及时消除影响常山发展形象的负面报道，共接待省市领导、媒体记者到常山调研、采风等活动240多人次。

**【统筹改革】** 根据上级工作部署，着力加强统筹谋划，健全工作机制，在重点领域和关键环节的改革项目上下功夫、出实招，围绕经济体制、民主法治、公共事业、农业农村、党的建设5大领域，梳理出33项重点突破的改革项目，明确以项目化形式引领推进全县深化改革工作的落实。其中，继续深化、延展实施的项目4项,取得省级以上试点项目3项。至年底,33个项目基本完成改革任务。

**【督查工作】** 坚持把促进县委重大决策部署的高效落实作为督查的立脚点与出发点，超前谋划督查计划，梳理督查事项，实行定期与不定期相结合，督查工作的计划性得到增强；坚持把督查工作挺在前面，以督查的高压姿态，确保阶段重点工作快速推进，督查工作权威性不断提高；坚持问题导向，狠抓问题整改落实，督查工作的实效性有力提升。开展各类督查178次，发督查通报92期，下发督查事项交办单50份，获县委、县政府主要领导批示22次。同时，围绕“突出个性、精准考核”要求，完善考核应对机制，创新考核项目内容，增强过程监测力度，考核的指挥棒作用有效发挥。

**【会务接待】** 强化服务意识，做好办文办会和接待工作。精简会议文件，严格控制数量，提高质量，做到及时、准确、高效、到位，努力实现行文办会的科学化、制度化、规范化。组织筹办各类会议250余场，编发文件274个。严格接待标准，完善规范接待程序，新出台《关于进一步规范和完善我县党政机关公务接待和津补贴发放管理工作的通知》，既保证接待工作不超标准，又保证周到圆满完成接待任务。全年接待省、市领导到常山视察240余次，其中11月份完成“绿色中国行——走进美丽常山暨2015中国·常山胡柚开采启动仪式”的接待工作。

**【机要保密】** 坚持“机要无小事，有事是大事”原则，严格落实各项规章制度，执行24小时值班，做到全方位、全天候服务，确保密码通信畅通。持续做好保密工作，明确各单位分管领导和保密员，层层落实党政领导干部保密工作责任制。同时，加强视频会议保障工作，接收视频会议50场次，其中中央4场、省级40场。

（郑　霞）

## 组织工作

**【概况】** 2015年，全县组织工作以党的十八大和十八届四中、五中全会精神为指导，紧扣中心、服务大局，突出全面从严治党主线，强化思想理论武装，大力推进好班长好班子好梯队建设，健全选人用人机制，从严监督管理干部，树立大抓基层导向，深化两新党建工作，培养集聚高层次人才，为加快实现奋力追赶、科学跨越目标提供坚强组织保障。至年底，全县有县管干部496人，其中部门333人，乡镇（街道）163人；女干部70人，党外干部19人，80后干部41人。有基层党（工）委36个，党组39个，党总支38个，党支部744个，党员19607人，其中行政村党员10677人。

**【开展“三严三实”专题教育】** 2015年，县委组织部牵头组织实施“三严三实”专题教育。坚持从严从实，突出问题导向，集中开展专题学习研讨。县委全委会率先垂范，县处级党员领导干部带头上好党课。在全县党员干部中开展“学党章、守纪律、讲规矩”教育活动。总结宣传“治水老黄牛”张辉良先进事迹，推选8名最美乡镇干部，学习宣传“好支书”群体。坚持边学边查边改，累计查改不严不实问题109个，开展基层干部损害群众利益问题专项整治，先后开展明查暗访55次、查处问题56起、处理19人。

**【打造“三好”干部队伍】** 2015年，县委组织部坚持凭实绩选干部、按岗位配干部，注重综合比选，运用各类考核结果，及时把敢于担当、实绩突出的“狮子型”干部选拔到关键岗位上，配强“好班长”。全年新选拔任用乡镇、部门“一把手”5人。着眼换届结构配备和整体功能建设，完善领导班子和领导干部分析研判机制，配备一批“忠诚度、担当度、干净度”高的干部，调整2名不适宜担任现职领导干部，建设“好班子”。推行实战选才，围绕推进“五水共治”“四边三化”“三改一拆”、招商引资等重点工作，共选派87名干部一线攻坚，发现、培养、储备一批后备干部，保障“好梯队”。

**【规范选人用人】** 2015年，县委组织部对照省、市选人用人专项检查反馈意见，制订《关于落实省委选人用人专项检查反馈意见整改方案》，细化六大类16项整改内容，明确整改时限和责任。抓好配套制度建设，制定《关于规范干部动议工作的意见》《常山县干部调配工作流程及注意事项》等，落实干部选拔任用工作方案预审制度，从严规范选人用人工作。

**【从严监督管理干部】** 2015年，县委组织部依托干部信息管理系统，健全干部监督信息电子档案。加大对领导干部个人有关事项、重大事项的抽查核实力度，抽查67人，抽查比例达13.48%，向15名领导干部发出函询书。开展干部涉法涉诉问题专项查核，对503名县管领导干部及其配偶、2883名其他干部涉法涉诉问题进行专项查核。严肃纠正领导干部在企业、社会团体兼职和违规取酬问题，全年共完成兼职清理27人次，完成违规兼职取酬清退5人次，清退金额41.58万元。召开干部预警联席会议，收集汇总预警信息，强化干部预警扣分管理，26名县管领导干部被预警扣分。

**【推进干部专业化能力建设】** 2015年，县委组织部选派23名干部组成8个招商组赴北上广等地驻点招商。组建招商服务团队，选派30名干部到经济技术开发区、服务业办、辉埠镇、招商局等四个单位参与服务招商引资工作。抽调34名干部到“五四三”系列组合拳以及企业破产重组、新三版上市挂牌等工作组中锻炼提升。举办两期县管领导干部进修班、第十一期中青年干部培训班等主体班次开展系统培训。做好省、市中青班，市管干部培训班，乡镇书记班等省、市相关培训班学员选调工作。抓好“周末自主选训”活动，举办26期培训干部7325人次。注重生态指导员的日常管理，举办专题培训班，开展生态指导员履职情况专项督查。

**【实施农村党建“金钉子”工程】** 2015年，县委组织部开展“金钉子”党组织争创工程，制定《关于在大抓基层组织年活动中实施“金钉子”工程的意见》，配套出台创建考评办法。实施“领头雁”工程，每季召开村级组织互看互学活动，每月开展村主职干部“擂台赛”活动。成立专项督导组，实行“一季一督查”。把争创“金钉子”党组织列为乡镇书记“项目清单”，作为基层党建述职评议的必述内容。通过考评，天马村、徐村村、路里坑村、长风村、田蓬村、弄坞村、下猷阁村、黄塘村、后弄村、中和村10个村级党组织被评为第一批“金钉子”党组织。

**【试点运行“三民工程”e掌通】** 2015年，县委组织部在全市率先试点运行“三民工程”e掌通APP客户端。该系统包括党建动态、三民工程、驻村随访、工作考勤、干部日志、通讯录、信息发布、掌上便民等八大模块。驻村干部在手机上可以随时调阅辖区村“民事沟通、民事服务、民情档案”数据，也可以根据走访入户情况，实时更新提交“民情、户情、事情”信息。实现干部下村定位考勤、领导工作定向交办、任务完成定时记录，构建督办民情沟通、更新民情档案、代办民生服务的信息化流程。全县14个乡镇（街道）的干部均安装使用“三民工程”e掌通APP客户端，为民服务更精准。

**【启动基层党建“整乡推进、整县提升”试点工作】** 2015年，县委组织部选取白石镇作为基层党建“整乡推进、整县提升”工作试点，结合浙江省基层党建工作20条经验，制定实施党建规范化建设常山标准。探索完善农村党组织“党建+”模式，实现“一村一景”。

**【承办全市基层党建第三季度互看互学现场观摩会】** 2015年，县委组织部承办全市基层党建第三季度互看互学现场观摩会，经济开发区党群服务中心、威诗朗照明有限公司、金川街道徐村村作为现场观摩点接受检验。

**【加强党员管理】** 2015年，县委组织部全面推行发展党员信息管理系统，推广农村党员“考实积分”管理制度，实行党员“先锋指数”考评，落实党员管理“十条红线”，畅通党员能进能出渠道。

**【夯实党代表工作基础】** 2015年，县委组织部完善乡镇党代会年会制，设置年会项目。建立健全代表旁听基层党委会议、督办提（议）案等制度。依托党代表工作室常态化实施党代表活动“五项制度”，加大代表培训力度。强化日常管理，发放代表活动手册，建立代表先锋承诺、网格调研、定期沟通、领办实事等制度。

**【打造“两新”组织“和合共同体”】** 2015年，县委组织部以推进“六融六共”和合共同体创建为抓手，全面推进“两新”组织党组织“五五标准”评价体系。巩固“两新”组织红色阵地，整合各类资金250万元，在经济技术开发区建成700余平方米的党群服务中心。引入“党建+”工作理念，开发“企情通”系统，建立应用平台和智能手机APP系统。开展覆盖检修，撤销非公有制企业党组织4个，新建非公有制企业党组织4个，其中单建党支部3个、联合党支部1个。

**【加强人才工作统筹协调】** 2015年，县委组织部总结评估人才发展“十二五”规划实施情况，编制县人才发展“十三五”规划，编印《招才引智·智汇常山》宣传手册中英文版，出台《关于进一步落实人才子女入学工作的通知》等。开展全县重点人才资源和寓外人才信息调查，收集信息597条。调整人才工作考核重点指标，实行人才领导小组成员单位和非成员单位考核“双轨”制。

**【集聚高端紧缺人才】** 2015年，县委组织部做好国家和省“千人计划”人才的申报工作。常山时代计量科技有限公司梁晓鹏博士进入省千答辩，常山县万谷电子科技有限公司俞波博士入选第八批省“千人计划”创新长期人才，常山县万谷电子科技有限公司徐龙云博士入选第十二批国家“千人计划”外专人才。分批次组织教育、卫生、广电等29家企事业单位赴四川、云南、贵州、安徽等地高校引进紧缺急需人才51人。发放人才专项资金补助502.5万元。

**【搭建人才支撑平台】** 2015年，县委组织部整合在杭部分高校及研究所的高级技术人员资源，筹建中小企业公共服务平台。对专家工作站和重点创新团队实行跟踪管理、绩效评估，完成6家市级专家工作站年度考核验收，新建5家本土专家工作站。浙江环宇轴承有限公司院士专家工作站被认定为第六批

“浙江省院士专家工作站”。常山纺织有限公司俞建勇院士专家工作站被认定为市级院士专家工作站。

【推进本土人才队伍建设】 2015 年，县委组织部实施百名企业家素质提升工程，开设浙江大学经典工商管理总裁研修班，培训总裁班学员及相关企业高管 150 人次，结业取证 45 人。实施“百千万”农村实用人才培育工程，从常山“三宝”等种养殖大户和专业合作社负责人、农业龙头企业主中挑选 100 名农村实用人才带头人和 1000 名农业产业技术人才人选，采取“传帮带”等培训模式，培养 10000 名骨干专业农民，培训“三宝”人才 1380 人次。启动“蓝领精英”培育计划，与职业教育学校、本土企业、行业协会等联合组建“高技能人才培养联盟”，开展“订单班”“基地实训”等人才合作培养模式，开展青年人才技能培训 650 多人次。

【加强大学生村官队伍建设】 2015 年，县委组织部推行“两述职四评定”量化积分考核办法。推荐 5 名大学生村官参加中组部、农业部创业培训班和省电子商务培训班。完成第 10 批大学生村官选聘工作，新选聘大学生村官 10 人，其中择优选聘 2 人、公开选聘 5 人、“两项计划”志愿者 3 人。面向大学生村官公开招聘乡镇（街道）事业单位工作人员 1 人。开展“互看互学互评互比”工作竞赛。

（胡　斌）

## 编制管理

【概况】 常山县机构编制委员会办公室（简称县编委办）位于县文峰东路 40 号（金华银行 6 楼），内设 3 个职能科室：综合科（监督检查科）、行政机构编制科（行政管理体制改革科）、事业机构编制科。下设两个事业单位：事业单位登记管理局（参公）、实名制管理办公室。

2015 年，县编委办做好实名制系统运行和信息维护工作，开展用编计划、核准单申请、人员进编备案等编制业务网上办理工作，拓展实名制管理业务网上办理范围；结合“数据质量提升月”活动，分步开展基础信息维护工作，做到机构编制统计工作更准确，更新更及时。规范事业单位登记管理，完成全县事业单位登记档案的数字化工作。对常山县公立医院实施事业编制备案制对事业编制进行差异化控编减编，实现“严控总量、盘活存量、增减平衡”。从严审批部门编外用工。制订《常山县人民政府职能转变和机构改革方案》和有关单位“三定”框架方案，明确“三定”工作的范围、内容框架、工作程序和进度安排。做好县级各部门和乡镇（街道）权力清单后续调整和培训指导工作，推进各项权力全面上网。制订《常山县综合行政执法改革工作实施方案》，确定改革重点领域。完成不动产登记职责整合工作和县纪检监察派驻体制改革涉及的有关机构编制工作。结合“五水共治”“清三河”“大抓基层”集中蹲点调研等活动，助力金川街道上埠村美丽乡村建设；按照“金钉子”基层党组织的相关要求，开展“大抓基层”蹲点调研活动，主动配合街道抓好上埠村各项规章制度的完善和规范化运行，围绕村级“三资”管理、村务监督运行等方面的薄弱环节，对村两委干部和党员开展专题教育培训；协助上埠村建立村卫生保洁机制；借助上埠村“一周一集中”办事平台，参与接访活动 20 余次；上埠村家庭人均年收入 4600 元以下的贫困户全部脱贫。

【做好权力清单后续工作】 2015 年，县编委办深化权力清单制度，做好比对规范工作，协助县级各部门做好行政权力基本目录建设和事项的信息梳理，向各相关部门征求修改意见16条。开展乡镇（街道）权力清单前期准备工作，对全县14个乡镇（街道）下发权力清单（征求意见稿），收集各项调整意见16条。协助开展行政权力事项上浙江政务服务网运行准备工作，组织开展业务培训，指导各部门、乡镇（街道）对事项信息进行确认，推进各项权力全面上网。

**【谋划综合行政执法改革工作】** 2015年，县编委办制订《常山县综合行政执法改革工作实施方案》，确定改革重点领域。在省里确定21个方面全部或部分的行政处罚权及相关行政监督检查、行政强制权的基础上，研究适合常山县实际的、可列入综合行政执法范围的事项，确定22个领域（含犬类管理）的有关行政处罚事项，按照“总体设计，分步实施，成熟一项划转一项”的原则，拟订分三年时间逐步划转到位的方案。

**【完成不动产登记职责整合工作】** 2015年，县编委办在县国土局地籍管理科增挂不动产登记科牌子，设置为不动产登记管理机构；组建不动产登记中心为具体登记经办机构；明确不动产交易与登记界限划分、争议纠纷调处、不动产登记档案管理等职责边界划分和相关编制及人员调整。

**【完成县纪检监察派驻机构编制工作】** 2015年，县编委办根据县纪委设立的21个派驻纪检组，完成各派驻机构人员编制和领导职数的核定，助力常山纪检监察派驻体制改革工作在规定时限内完成。

**【事业单位规范登记和档案数字化】** 常山县2014年度事业单位年检工作于2015年元旦后开始，至3月底结束，县编委办共完成125家事业单位的年检工作，年检率98%。2015年，全县事业单位设立登记1家、变更登记23家。县编委办对事业单位登记管理工作做到严格把关、严肃纪律；同时，按照“材料齐全、内容完整、专人管理、存档规范”的要求，对全县事业单位登记档案进行统一整理，并完成档案数字化工作。

**【创新机构编制管理方式控编减编】** 2015年，县编委办对全县公立医院实施事业编制备案制，加强对事业编制总量和结构的管理。结合常山实际和部门单位情况进行差异化控编减编，19家事业单位共精简编制数94名，并按要求上缴省编委办统一管理。对于因工作需要，确需增加编制的，一般以内部调剂为主，实现“严控总量、盘活存量、增减平衡”的用编原则。

**【控制编外用工总量】** 2015年，县编委办受理部门申报机构编制事项30余项，就相关事项与各部门认真对接调研，逐个提出初步意见，为县编制委员会集体研究和决策夯实基础；对于部门提交的编外用工需求计划，从严审批，明确编外用工的使用原则，即属于人员补缺和新建机构的原则同意其使用编外用工，其他编外用工需求的原则上要求以劳务外包的形式解决。

（樊寒宜）

## 宣传工作

**【概况】** 2015年，全县宣传思想战线认真学习宣传党的十八大及党的十八届三中、四中、五中全会和习近平总书记系列重要讲话精神，深入贯彻科学发展观，围绕全面深化“三大战略”、建设“两美”常山的战略部署，加强舆论引导，聚集发展合力，为推进常山经济社会发展提供重要的理论指导、精神动力、舆论支持和文化条件。在市级以上党报党刊上刊发稿件249篇，其中《浙江日报》发稿75篇（含头版7篇），《衢州日报》发稿170余篇（含）头版头条16篇。推出“一路一镇”特别报道和“以‘三最’打赢‘一路一镇’集中整治攻坚战”专栏，采写相关报道450篇，在省、市级媒体中推出专版（专题）20余个。撰写内参《将环境改善力度和财政扶持力度挂钩》，获得省委书记夏宝龙和两位副省长的批示。胡柚娃进军第十一届国际动漫节。举办绿色中国行——走进美丽常山暨2015中国·常山胡柚开采启动仪式。挖掘贤商文化，评选常山县首届“乡贤才俊”22人，并在全县新春企业团拜会上进行了表彰。形势政策宣讲团成员在机关单位、乡镇（街道）、村（社区）、学校等层面共宣讲80余次，各乡镇（街道）开展最美微宣讲10多场，直接受众人数2000余人。全县文化礼堂开展“民进书画家走进文化礼堂”“微宣讲进礼堂”“文艺大篷车进礼堂”等文化活动80余次。辉埠镇作为农村文化礼堂建设先进典型在全市农村文化礼堂现场会上作经验交流。文艺类图书《蜜蜂有灵》、动画电影《胡柚娃之胡柚诞生记》、原创戏剧《清简樊莹》3部作品获“南孔奖”。全县社科人才增至24人，其中连中福、王有军分别荣获第二届衢州市文艺精品“南孔奖”和文化人才“香樟奖”。开展新一轮县级文明单位评选，加强对各级文明单位的管理指导，强化文明单位的社会责任感。深化“好人常山”建设，王雪园荣获“浙江省道德模范”荣誉称号，张辉良、汪小明、张启良3人获“最美衢州人”称号。

**【学习型党组织建设】** 2015年，县委宣传部发挥县委理论中心组学习的龙头作用，做好基层党委（组）理论中心组学习的指导工作，按季度下发乡镇、街道、部门党委（党工委、党组）理论学习中心组学习意见，保证学习有方向、有内容、有效果。以“三严三实”专题教育活动为契机，引导各级党组织创新制度和载体，推进基层党校规范化建设。同时，以评促建，推荐优秀单位参加市级先进基层党校评选。芳村镇基层党校被授予“全省示范性基层党校”称号。

**【形势政策宣传教育活动】** 2015年，县委宣传部在全县开展党的十八大和十八届三中、四中、五中全会精神宣讲，邀请相关部门主要领导组建县级宣讲团，宣讲团成员在机关单位、乡镇（街道）、村（社区）、学校等层面宣讲80余次，确保形势政策教育进村入户，深入群众。以“打造绿水青山、建设美丽常山”为主题开展全县微型党课比赛。县委宣传部荣获衢州市第三届微型党课大赛组织奖。开展最美微宣讲走进文化礼堂活动，各乡镇（街道）已开展最美微宣讲10多场，直接受众人数2000余人。

**【社科理论知识普及】** 2015年，县委宣传部紧扣县委、县政府的重大战略决策和中心工作，认真谋划应用对策研究课题，发挥好智囊团作用。以地方民俗名人研究为重点，以“弘扬地方人文、展示古典魅力”为主题，分四个专题开展县域人文历史挖掘，增强科学性和系统性。通过多方挖掘整理，形成一批比较有深度的地方名人、名居、民俗的研究成果。开展“书香之家”评选活动，关注居民群众的文化素养，倡导“全民阅读、终身学习”的人文氛围，评选出“书香之家”10户。调整充实全县社科人才库建设，人才库储备人才24人，其中连中福、王有军分别获第二届衢州市文艺精品“南孔奖”和文化人才“香樟奖”。

**【中心工作宣传报道】** 2015年，县委宣传部围绕县委、县政府深化“三大战略”、推进“五大工程”工作部署，按照对标提标、精准精细、抓早抓实的工作要求，突出重点，唱响主旋律，打好宣传主动仗。开设“寻访最美护河”“振兴‘常山三宝’、发展现代农业”、包村治水等专题专栏，通过开展高密度、有深度、全方位的宣传报道中心工作的开展情况和典型经验，使“常山三宝”、农村淘宝、乡村休闲旅游、“五水共治”“无违建县”创建等中心工作宣传入脑入心。其中，在全县“一路一镇”及石灰钙生产整治行动中，新闻单位集中聚焦“一路一镇”、石灰钙整治工作，分别推出“一路一镇”特别报道和“以‘三最’打赢‘一路一镇’集中整治攻坚战”专栏，采写相关报道450篇，在省、市级媒体中推出专版（专题）20余个。

**【对外宣传取得新突破】** 2015年，县外宣办着重开展“常山三宝”推介会（杭州）和常山胡柚推介会（上海）宣传报道，邀请近20家中央级和上海、浙江主流新闻网络媒体参加推介会，确保常山胡柚品牌宣传的广泛性和权威性。以“常山十变”为主题策划宣传报道常山县“三大战略”实施阶段性成果，同时，借助《浙江日报》内参平台，撰写内参《将环境改善力度和财政扶持力度挂钩》，获得省委书记夏宝龙和两名副省长的批示。胡柚娃进军第十一届国际动漫节，胡柚娃动漫形象在浙江广电集团展厅登台亮相，主动向游客推介胡柚娃动漫形象及常山胡柚品牌，借此机会推介常山胡柚品牌和常山城市形象。举办“绿色中国行——走进美丽常山暨2015中国·常山胡柚开采启动仪式”，开展电视访谈节目“两山”路上看变迁以及举办公益晚会。据统计，2015年常山在市级以上党报党刊上刊发稿件249篇，其中《浙江日报》发稿75篇，头版7篇；《衢州日报》发稿170余篇，头版头条16篇。

**【网络宣传监督管理能力有提高】** 2015年，县委宣传部强化网络宣传监督管理，提高互联网管控能力，成立县委网络安全和信息化领导小组。妥善做好“5·14”何家乡洪水事件、常山官员因炒股亏损失联、涉常山打人视频等事件的网络舆情监看和舆论引导工作。其中，针对涉常山县打人视频网上负面舆情处置工作，得到了省委宣传部副部长、省网信办主任来颖杰和市委常委、宣传部部长诸葛慧艳的批示肯定。做好涉常舆情收集研判工作，完善舆情应急预案，强化新时期宣传思想文化阵地建设。

**【文艺精品创作】** 2015年，全县宣传文化战线围绕县委、县政府的中心工作，创作歌曲《常山三宝》，编制排舞版、轻音乐版等，编排“常山三宝”的排舞舞蹈。原创越剧《琼奴苕郎》在衢州学院首映，市、县领导到场观看并给予赞誉。文艺类图书《蜜蜂有灵》、动画电影《胡柚娃之胡柚诞生记》、原创戏剧《清简樊莹》等3部作品荣获“南孔奖”；县社科联主席王有军荣获衢州市第二届文化人才“香樟奖”。主办“我们都是常山人”全县排舞大赛、“美丽徐村我的家”乡村实景文艺专场演出、“常山县村歌大赛”“常山记忆·老照片展”等形式多样、内容丰富、具有常山情怀的文化活动。

**【“好人常山”建设】** 2015年，县委宣传部抢抓关键时机，宣传“治水老黄牛”张辉良先进事迹，放大“好人常山”的最美效应，多层面开展张辉良先进事迹宣传报道。注重好人帮扶，健全完善好人关爱保障机制。贯彻《浙江省道德模范评选和待遇若干规定》，动员全社会爱心力量参与，广泛开展“好人博爱一日捐”活动，筹集到“常山好人关爱基金”87万余元。开展“中商广场杯”2015年度榜样人物评选活动，形成“崇尚好人、争做好人”的浓厚氛围和良好风尚，为全面深化“三大战略”，加快“两美”常山建设提供强有力的精神力量和道德支撑。王雪园荣获“浙江省道德模范”荣誉称号，张辉良、汪小明、张启良3人获“最美衢州人”称号。

天马街道文峰社区王雪园（后排右七）被授予浙江省道德模范称号　　（江　杰　供图）

【爱国主义教育基地建设】 2015年，县委宣传部依托爱国主义教育基地、乡村学校少年宫、社区未成年人活动中心等场所，开展形式多样的主题教育活动。推荐国家地质公园申报省级爱国主义教育基地，推荐三衢石林、球川镇血泪坑申报市级爱国主义教育基地，丰富爱国主义教育基地内涵。

（张正浩）

## 常山县新闻中心

【概况】 2015年，常山县新闻中心（以下简称县新闻中心）以县委提出的“乘势而为、提速前行”指针为契机，以深化“作风效能提升年、媒体品牌建设年”活动为载体，围绕中心，服务大局，全力实施“134工程”（一个新媒体平台建设，报刊网三项改版工作，作风效能、业务素质、新闻质量、媒体品牌四大提升工程），以问题为导向，以实绩为标杆，做强传统媒体，做大新兴媒体，提升主流媒体影响力，为深化“实力工业、休闲城市、美丽乡村”发展战略营造浓厚的舆论氛围。《今日常山》全年出版248期；《常山通讯》全年出版6期，均上传有网络数字刊。县新闻中心制定140多个新闻报道策划方案，推出“乘势而为提速前行——深化‘三大战略’推进‘五大工程’”“‘一路一镇’集中整治特别报道”等15个重大主题报道，完成“常山十变”“我县三镇奔跑起来”等50余个重点工作专版报道。组织开展“新春送福送红包”“父母的乡愁·我的水稻田”等线上线下互动活动；组建微信公众号矩阵，形成《今日常山》数字报、《常山通讯》数字刊、官方微博、《今日常山》手机移动客户端、官方微信公众号（常山新闻网、常山发布）矩阵等新媒体布局。完成《今日常山》从2004年创办至2011年12月报纸的数字化任务。《今日常山》全部数字化，有助于纸质报纸信息完整保存、方便查找，全方位适应手机客户端新媒体阅读。常山支站（常山新闻网）获浙江在线2015支站优秀新闻专题最佳创新奖；常山新闻网获衢州市首届微信内容大赛优秀奖；县新闻中心被复评为衢州市文明单位、全民国防教育工作先进单位，荣获“一路一镇”集中整治行动先进集体；县新闻中心团支部获衢州市五四红旗团支部（总支）荣誉称号；县新闻中心1位职工被评为2014年度常山县“榜样人物”。有16件作品分别荣获浙江省县（市、区）域报好新闻奖、浙江网络新闻奖、衢州新闻奖。其中，网络新闻专题《众志成城应对停水危机》获2014年度浙江网络新闻奖一等奖；《东案美丽风景“搬”上蛋壳》等7篇作品获衢州新闻奖，名列6个县（市、区）前茅；《物联网助力大棚种植》《高埂村：微信助力便民服务》等8件作品分别获浙江省县市区域报好新闻奖一、二、三等奖，在6个县（市、区）中排名第一。至年底，县新闻中心共有工作人员32人，其中非在编8人。

**【采编系统外网启用】** 2015年4月，常山新闻网专线安装完成，开通图片服务器、采编系统外网功能，单位内部采编系统实现远程访问。5月，调整并完善常山新闻网外网对接，调整了相关流程、开通数字报功能、更改新媒体工作流程，使外网访问单位内部采编系统更加流畅、安全。

**【常山新闻网图库正式运营】** 2015年7月，针对网站、微信图片数量不足、质量不高、同质化明显、同一张图片重复使用等问题，县新闻中心建成常山新闻网图库系统服务器，并投入使用。图库系统主要存储记者、通讯员拍摄的图片，内容涵盖时政、风景、事件、人物等，按照“时间—地点（关键词）—版面—作者—题目”命名规则，设置文件关键词，提高了查找效率。

**【《常山去哪儿玩》专题获浙江在线最佳创新奖】** 2015年11月，浙江在线开展“创新思维·互联精彩——2015年支站优秀专题评选活动”，常山新闻网选送的《常山去哪儿玩》专题荣获最佳创新奖。该专题内容上，立足常山地方特色的休闲旅游好去处，结合季节特点，善于运用网络容量大、时效快等特色，主题突出、内容丰富、图片精致，多角度、多层次展现美丽常山；设计上，勇于创新，采用全页面切换，将不同季节整合到一个页面上，通过两侧“春、夏、秋、冬”按键，实现四季轮换的效果，特色鲜明；呈现上，组织框架有序，色彩搭配和谐，重点突出，设计精美。整体融指导性、典型性、服务性、趣味性于一体，反映常山时代精神，体现网络传播特色，社会反响较好。

**【常山国防教育频道上线】** 2015年10月，常山新闻网联合县民防办开设常山国防教育频道。该频道下设国防法规、组织架构、国防常识、常山儿女风采、红色影视、动态新闻、图片新闻等7个板块；表现形式多样，不仅有文字介绍、图片展示，还有动态影视；在题材选取上，兼顾常山儿女和县外军人风采，富有国防教育正能量。

（揭雨兴、李 闽）

## 统战工作

**【概况】** 2015年，中共常山县委统战部（以下简称“县委统战部”）组织全县统战系统单位干部、统一战线成员原原本本学习中央、省委统战工作会议精神，学习贯彻《中国共产党统一战线工作条例》（试行）和省委统战工作《细则》，把学习贯彻会议精神与做好统战工作紧密结合，深入查摆常山统战工作中需要研究解决的问题。县委常委会专题听取县委统战部关于省委统战工作会议精神以及常山贯彻落实工作建议的汇报。加强乡镇（街道）的统战工作，明确乡镇（街道）党（工）委副书记分管乡镇（街道）统战工作。县委统战部注重与市委统战部、各民主党派市委会的沟通，协助各民主党派做好换届及届中调整人事安排，在搞好新老交替的基础上顺利实现政治交接；加强民主党派班子建设，专门就民主党派领导班子成员候选人有关情况征求县纪委意见。助推浙（常）商回归工作，组建成立北京、上海、义乌3个异地商会。组织开展“爱我家乡·振兴常山”为主题的企业家新春联谊会、寓杭商会联合走进常山投资考察暨项目签约等活动，有效引导寓外常山籍善商回报家乡，促成安能物流集团将众卡运力供应链项目落户常山。

是年，常山县委统战部服务小微企业融资工作，获得省委统战部表彰肯定，并且入围“全国统战工作实践创新成果”；在全市统战工作综合考核中，实现争先进位，常山排名第三。

【举办县民主党派和无党派代表人士暨统战干部培训班】 9月12日至16日，县委统战部通过县社会主义学院与浙江大学培训中心合作，在县社会主义学院和浙江大学紫金港校区，联合举办常山县民主党派、无党派代表人士暨统战干部培训班，邀请浙江大学、省委党校知名专家教授及省、市统战部门领导，为42名民主党派、无党派代表人士和统战干部授课，凝聚共识，切实提升广大民主党派、无党派人士、统战干部的责任意识和能力水平。

【召开民主党派和无党派干部从政履职座谈会】 2015年10月22日，县委统战部召开民主党派、无党派干部从政履职座谈会，组织民主党派、无党派干部代表汇报履职情况，交流经验、反思不足，引导广大民主党派、无党派干部立足岗位职责，主动担当、奋发有为、严格自律。同时，要求各相关部门和民主党派共同配合做好民主党派、无党派干部工作，为民主党派、无党派干部发挥作用创造条件。

【重视民主党派和无党派干部的安排使用】 2015年，县委统战部加强与组织部门联系，举荐优秀民主党派、无党派干部进行多岗位实践锻炼，注重民主党派、无党派干部实职安排工作。其中，1名后备干部走上领导岗位，1名科级干部交流重用，民主党派、无党派干部力量进一步增强。

【联合开展“同心·惠民”社会服务活动】 2015年10月31日，县委统战部组织县各民主党派和知联会部分成员，到球川镇馒头山村开展“同心·惠民”联合社会服务活动。县民革、民盟、民建、农工党和无党派知识分子联谊会及知联卫生分会分布在各线的专家、成员，分成医疗卫生组、法律咨询组、教育咨询、农技咨询组和农村政策宣传组，重点为馒头山村群众提供法律、教育、农技咨询和义诊，开展“五水共治”“三改一拆”和农民信贷政策宣传等社会服务活动。参加活动的成员，利用自身专业和资源优势，为群众提供便利。

【浙联会妇委会到常山考察】 2015年11月2日至8日，浙联会理事、浙联会妇委会副主席、香港衢州同乡会常务副会长、香港常山同乡会会长谢慧仙，浙联会妇委会副主席陈月容等一行6人，到常山县及衢州其他县（市、区）考察。考察团一行人先后到常山三衢石林、梅树底、黄冈山，开化县、龙游县、江山市、衢江区，实地考察各地依据自然资源，开发特色旅游、建设特色小镇、发展民宿经济及现代农业建设等项目。衢州市委统战部常务副部长曾越河，常山县领导林红汉、郑建华及各县（市、区）委统战部领导分别陪同考察。

【邀请寓杭商会负责人到常考察投资项目】 2015年11月27日，县委统战部邀请江苏、福建、湖南、安徽和福建泉州及浙江湖州、舟山等省市50家寓杭商会负责人，到常山实地考察招商引资政策及重点招商项目。50多位企业家实地考察了常山工业发展平台、特色产业、特色小镇。总投资1.7亿元的浙江绿圳花木谷项目签约落户常山芳村镇。

【引导异地商会反哺家乡】 2015年，县委统战部协助杭州常山商会成立助学基金，从此每年向常山县教育局捐款20万元，用于奖励优秀教师、品学兼优学生和贫困学生。8月21日，在常山一中举办“回馈家乡·助力梦想”捐赠仪式，现场将20万元奖励资助给优秀教师、优秀学生及贫困生。端午节期间，杭州常山商会开展“情系家乡·关爱老人”主题慰问活动，为常山县21个敬老院1091名老人送上端午节慰问品。县委统战部组织异地商会会员回乡开展为“一路一镇”捐资出力、救助患白血病儿童义捐等活动。

**【引进工商资本助推少数民族村发展】** 2015年，县委统战部牵头引进塞得健康产业园区项目落户招贤镇泉目山少数民族村，协调推动该公司与泉目山等少数民族村在扶贫开发项目上开展合作，借助工商资本助推少数民族村加快发展。至年底，该项目已投资2亿元，为泉目山、官庄、高埂等3个少数民族村的村民解决300多个就业岗位。鼓励、支持少数民族村集体投资养老养生产业，变“输血型”扶持为“造血型”扶持。

**【民建常山县支部委员会成立】** 2015年12月29日下午，常山县召开中国民主建国会常山县支部委员会（简称“民建常山支部”）成立大会，选举产生民建常山支部第一届委员会及其领导班子（支委四名，章金平当选支部委员会主委），并确定今后一个时期工作思路和奋斗目标。民建常山支部是常山县第4个民主党派基层组织，它的成立标志着常山民主政治建设迈上一个新的台阶。

民建常山县支部委员会成立大会

（李俊秋 摄）

**小资料：**

中国民主建国会（简称“民建”）于1945年12月16日由爱国的民族工商业者和有联系的知识分子发起，在重庆成立。创始人为黄炎培、胡厥文、章乃器、施复亮等。成员主要是爱国的民族工商企业家和与他们有联系的知识分子。民建成立后，积极参加中国的新民主主义革命斗争。1955年4月和1959年12月，民建先后召开第一、第二次全国代表大会，组织推动会员和所联系的民族工商业者学习并贯彻过渡时期的路线、方针、政策，进行自我教育，自我改造，积极参加社会主义建设，特别是在国家对资本主义工商业实现社会主义改造的过程中起了重要的配合作用。“文化大革命”期间，由于林彪、江青反革命集团的破坏，民建被迫停止活动。1978年中国共产党第十一届三中全会以后，民建恢复了活动。先后于1979年10月和1983年11月召开了第三、第四次全国代表大会，确定把工作重点转移到社会主义现代化建设的轨道上来。从此民建贯彻执行中国共产党和民主党派“长期共存、互相监督、肝胆相照、荣辱与共”的方针，以经济建设为中心，致力于完善和发展业已确立的中国共产党领导的多党合作和政治协商制度，继续参加国家政权，参与国家大政方针和国家领导人选的协商，参与国家事务的管理，参与国家方针、政策、法律、法规的制定和执行，并履行监督职责，为社会主义建设，为巩固和发展爱国统一战线、维护安定团结进行了大量的工作。民建1987年2月设立中央咨议委员会，作为中央委员会的咨询和参议机构，任期与中央委员会相同。地方组织的领导机关是地方各级代表大会和由它产生的委员会。基层组织是支部。1988年6月民建召开第五次全国代表大会，确定民建在社会主义初级阶段的政治纲领是：以建设有中国特色的社会主义的基本路线为指南，组织、团结会员和所联系的群众，发挥从事经济工作的特长，参加国事管理，进行政治协商和民主监督，开展社会服务活动，为把中国建设成为富强、民主、文明的社会主义现代化强国而奋斗。

民建在全国30个省、自治区、直辖市和大中城市都建立了组织，截至2011年12月底，共有地方组织372个，会员总数13万多人，大多数为经济界和其他方面的代表性人士。其中，有3284人担任各级人大代表、15978人担任各级政协委员、1250人担任县处级以上政府及司法领导职务，还有4344人担任各级特邀、特约职务。民建是主要由经济界人士组成的、具有政治联盟特点的、致力于建设中国特色社会主义事业的政党，是中华人民共和国现行政治体制内，执政党中国共产党所认可的八个民主党派之一，属于中华人民共和国的参政党。在现阶段的政治纲领是：高举中国特色社会主义伟大旗帜，认真学习中国特色社会主义理论体系，遵循社会主义初级阶段的基本路线，积极履行参政议政和民主监督职能，致力于发展社会生产力，促进社会主义经济、政治、文化和社会建设，为把我国建设成为富强民主文明和谐的社会主义现代化国家努力奋斗。

（巫春英）

## 民族宗教工作

**【概况】** 常山县属少数民族散杂居县，境内少数民族小聚居大散居。2015年，全县有18个少数民族（以畲族为主），5个少数民族行政村，共有少数民族人口2035人，占全县总人口的0.88%。其中，畲族1385人，占少数民族人口的68%。

2015年，县民宗局围绕基础设施建设、农业开发性生产和畲族文化传承等方面，做好民族村发展项目的调查、规划、论证和筛选工作，为民族村包装4个项目，即招贤镇高埂民族村的道路建设项目、招贤镇泉目山民族村道路建设项目、何家乡璞石民族村清淤工程及渠道建设，普陀山佛协和招贤镇官庄民族村结对帮扶“五水共治”之改善农民饮用水项目，争取省民宗委项目扶持资金70万元。10月27日，承办全市少数民族来料加工现场推进会。春节前夕，开展“访民情、送温暖”活动，走访慰问25户少数民族困难群众，发放慰问金1.5万元以及2500元的实物，把党和政府的温暖送给少数民族困难群众，使他们能过上一个欢乐、祥和的节日。在金川社区做好城市少数民族管理试点工作，帮助少数民族群众解决实际困难。为县内外15名符合条件的少数民族考生办理加分审核手续。

2015年，全县依法登记的宗教团体有3个，即天主教爱国会、基督教三自爱国委员会（基督教协会）和佛教协会；依法登记的宗教活动场所有87处。县民宗局加强民间信仰事务管理，开展民间信仰活动场所登记，对全县民间信仰场所进行调查摸底，完成11处民间信仰场所的登记编号工作。执行宗教政策，做好“三改一拆”涉及宗教违法建筑处置，坚决制止新的涉及宗教活动场所的违法建筑。依法管理宗教事务，开展“和谐寺观教堂”创建活动，推动宗教场所管理规范、活动依法有序。有2处宗教活动场所通过省、市民宗部门的创建验收。年内，全县有40个宗教活动场所获得“和谐寺观教堂”称号。

**【完成县内各宗教团体换届选举工作】** 2015年，县民宗局做好常山县各宗教团体换届选举工作。4月17日，县佛教协会进行换届，王胜利当选会长，江谦荣、陈如美、钱金禄、释悟开、释悟悔、释方志当选副会长，胡舍水有当选秘书长。5月，县天主教爱国会进行换届选举，严萌芽当选会长，陈金仙、林群、郑小英、翟仁德当选副会长。11月，县基督教两会进行了换届，周一飞当选三自会主席，练月英当选协会会长。

【石崆寺修建工作】 2015年，县民宗局对石崆寺开发进行了深入的调查研究；召开有关座谈会，听取信教群众的意见和建议；邀请专家进行论证，制定石崆寺修建方案和石崆寺旅游景区建设意见，对石崆寺开发规划设计进行修改完善。总计投入200万元。把石崆寺建成常山县的一大旅游景点。石崆寺寮房于5月份结顶；2014年12月竣工的大雄宝殿主体装饰工作也在进行中。

（张晓蕾）

## 侨务工作

【概况】 2015年年末，常山籍海外华侨华人有2453人，其中华侨2122人、华人331人。分布在世界39个国家和地区，主要集中在美国、日本、加拿大、新加坡、澳大利亚、英国等。港澳同胞889人。归侨、侨眷、海外留学人员家属3224人（含港澳同胞眷属），归国留学人员150多人，海外留学人员60多人。政治上有地位、经济上有实力、学术上有造诣、社会上有影响的海外“四有”重点人士70多人。加强联络联谊，凝聚侨心侨力。县政协召开对口协商会议，专题听取全县侨务工作的情况汇报。县侨办通过短信、电话、邮件等向海外侨胞传达传统节假日祝福和问候。6月5日，县侨联在县委党校召开四届三次全会暨县留联三届三次理事会，传达习近平总书记视察浙江时的重要讲话精神和省第九次归侨侨眷代表大会精神，总结侨联工作情况，部署下阶段工作任务。6月19至24日，县侨办组团赴香港开展联谊活动，出席香港常山同乡联谊会成立五周年庆典暨第二届理事会就职典礼，列席香港浙江省同乡会联合会庆祝香港回归祖国18周年暨第九届理事会就职典礼，拜访同乡会会长、副会长及有关乡贤，加深同乡之间的联系和感情。7月9日，衢州市政协副主席、市委统战部部长余广宇到浙江天子股份有限公司调研，并看望留学英国的海归徐琦。县侨办热情接待香港常山同乡会谢慧仙会长、美国OPTOVUE公司高级业务主管周茜渊、美国康涅迪克州科学设计公司高管徐以群、伊朗众建纸业股份公司占志明等回乡考察工作。做好侨属侨眷的来信来访接待工作，与天马街道、县城管大队、省三监协作，成功调处一起侨眷林某与邻居因违章搭建引起的邻里纠纷。指导社区利用传统节日开展丰富多彩的联谊活动，引导侨眷投身“五水共治”、环境整治等活动。9月23日，天马街道文峰社区精心组织一场以“和谐邻里·共度中秋”为主题的中秋文艺演出活动，邀请50多位社区侨属侨眷及居民共同参与。

是年，县侨联主席余金荣出席浙江省第九次归侨侨眷代表大会，并当选九届侨联委员。县总工会批复同意建立县侨办工会，余金荣任主席（任期2015年5月7日至2020年5月6日）。县侨联被评为2015年度全市侨联系统先进集体，信息宣传工作名列全市侨联系统第一名，并被评为一等奖；县侨办被市侨办评为2015年度全市外侨系统信息宣传工作先进单位，余金荣被评为全市侨联系统先进个人。美国侨眷林瑞望荣获常山县首届“书香之家”提名奖。

【服务侨企转型升级】 2015年，市、县侨办深入天子股份、皮尔轴承、捷姆轴承、双明轴承、宏图建筑、永和化工、群峰金属制造等侨资侨属企业开展调查研究，征求侨企对侨务部门的意见建议，向有关部门反映侨企的诉求，激励侨胞创业创新，促进企业转型升级。开展涉侨企业基层党组织建设情况调查。宣传侨企创业创新事迹，撰写《常山侨企应用物联网打造轴承行业标杆》在省侨联等网站刊登。浙江天子股份有限公司被认定为国家高新技术企业，并在全国中小企业股份转让系统挂牌，实现常山县新三板挂牌企业“零”的突破。捷姆轴承、双明轴承、宏图建筑、民盛纺织等6家侨资侨属企业获县长特别奖。

**【赴青田瑞安参观考察基层侨务工作】** 2015年4月22日至24日，县侨办领导带队赴青田县侨联、瑞安市侨办和侨联参观考察基层侨务工作，在青田县侨联领导的陪同下，实地参观考察了汤垟乡侨联大楼、华侨陈列室、侨界捐赠长廊、侨颐幸福院和仁庄镇侨联大楼、侨史馆以及青田进出口商品城；听取了瑞安市侨办和市侨联领导作的瑞安市情侨情的五大特点以及加强侨联基层组织建设，发挥基层侨联组织作用的经验介绍。

**【建立县首家侨界空巢老人服务中心】** 2015年，县侨办深入实施“归侨侨眷关爱工程”，建立完善困难侨眷和空巢老人信息库。春节走访慰问林瑞望、周文昌等15户侨眷。6月，在金川社区建立全县首家侨界空巢老人服务中心，为侨界空巢老人提供生活照料、精神慰藉、文化娱乐等为主要内容的就近便捷的居家养老服务。11月9日，市政协副主席、市侨联主席吕玉茹考察指导金川社区空巢老人服务中心工作，对金川社区空巢老人服务中心的做法表示赞赏。

**【吴晶到常山考察金川社区侨界空巢老人服务中心】** 2015年12月10日，中国侨联副主席、省政协副主席、省侨联主席吴晶在市、县有关领导的陪同下，到天马街道金川社区侨界空巢老人服务中心考察。吴晶详细了解金川社区侨资源和侨界空巢老人情况，认真翻阅中心老人们活动的资料台账，现场观看老人们的演奏排练，与老人们进行面对面的交流，强调做好侨界空巢老人服务工作，基础在国内，影响在海外，要把服务中心建设成为凝聚侨心侨力的重要抓手、发挥侨智侨爱的有效途径。

**【天马街道侨联成立】** 2015年11月9日，常山县天马街道召开街道侨联成立大会暨第一次归侨侨眷代表大会，47名侨界代表出席会议，选举产生第一届侨联委员会。吴美君当选主席，徐家友、江跃进、杨美雅当选副主席，徐彤当选秘书长。这是常山县首个街道基层侨联组织。衢州市政协副主席、市侨联主席吕玉茹到会祝贺，并为天马街道侨联授牌。县委常委、统战部部长郑建华、县委统战部副部长、县侨联主席余金荣、街道办事处主任何小建等出席大会并讲话。

**【指导社区创建侨务工作示范单位】** 2015年，县侨办以创建“侨法宣传角”“省级示范性基层侨联”等为载体，深入社区指导创建活动。指导文峰社区发挥“侨法宣传角”作用，开展创建全国社区侨务工作示范单位活动；金川社区制作侨法宣传展板，介绍侨务知识、绘制侨情分布图表，宣传普及侨务法规和侨务政策。

**【为抗战老战士老同志拍照留影】** 2015年，县侨联联合县民政局以“历史不曾忘记”为为主题，开展为抗战老战士老同志拍照留影活动，利用发放补助金和“中国人民抗日战争胜利70周年”纪念章的机会，逐一登门为全县37位抗战老兵拍照留影，同时填写“浙江抗战老战士老同志信息采集表”，做好登记入册工作，抢救性地保护浙江抗战历史档案。

**【健全常山籍海外人才信息档案】** 2015年，县侨办健全海外60名常山籍“四有”人才信息，完善70名归国留学人员档案，为县委常委、组织部部长吴利平随浙江省招才引智团赴美国波士顿、休斯敦开展“2015浙江省海外人才政策发布暨高层次人才洽谈会”提供两地7名常山籍博士的工作单位、联系方式等情况。

**【拓展侨务外宣】** 2015年，县侨办通过海外常山人QQ群、微信、邮件等平台，宣传常山引进海外高层次人才的具体政策；围绕常山籍“四有”人才和海归高层次人才，着重宣传国家“千人计划”青年人才徐贞仲博士、李楠博士，浙江省“151”人才第一层次培养人员、“钱江学者”特聘教授吴小锋博士，衢州市专家工作站“徐信工作站”徐信博士等在外创业创新成就。中国侨网、光明网、欧美人才网、浙江在线、浙江新闻网、浙江侨联网等宣传报道了他们的事迹。向华侨华人、留学人员介绍常山经济社会发展情况，送上节日问候。据不完全统计，中央、省、市等各级侨网刊登常山侨务信息80多条，其中省侨联网站刊登30条，《常山籍海归吴小锋博士入选浙江省151人才工程培养人员》《常山籍两名博士入选国家第十一批“千人计划”青年人才》《常山县侨联赴青田瑞安考察侨联工作》等信息被中国侨网、光明网、中国留学人才网、中国博士人才网、欧美人才网、知识人网、海角网、浙江人才工作网、浙江在线、浙江新闻网、浙江侨网、浙江侨联网、上海侨务网、中国·青田网等转载刊登。此外，免费为50名归侨侨眷订阅《浙江侨声报》《钱江侨音》等报纸杂志。

**小资料：**

**常山籍两博士入选国家**
**“千人计划”青年人才**

由浙江大学推荐的徐贞仲博士和由清华大学推荐的李楠博士入选第十一批国家“千人计划”青年人才项目。

徐贞仲，1974年出生于常山，2006年获中国科学院上海生命科学研究院神经生物学博士学位。毕业后应邀赴美先后在哈佛大学医学院和杜克大学医学中心开展研究工作，主要研究方向为急慢性疼痛的神经分子机制研究。发表原创学术论文26篇，担任10多种国际学术刊物的审稿人，是美国神经科学学会（SfN）和国际疼痛研究协会（IASP）会员。先后获得“哈佛华人生命科学年度杰出研究奖”和美国国立卫生研究院“探索与发展研究基金奖”；研究成果曾被美国国立卫生研究院（NIH）主任列为当年NIH四大基础研究进展之一。

李楠，1987年出生于常山，2009年赴美国南加州大学学习，2014年获土木工程专业博士学位。毕业后回清华大学从事工程管理信息化、室内空间情势感知和可持续城镇化研究工作。在国际著名期刊和国际会议上发表论文20多篇。是美国注册土木工程师（PE）和美国注册绿色建造师（LEEDAP）。

（余金荣）

## 对台工作

**【概况】** 2015年，县台办做好涉台宣传教育，利用走访、慰问、接待台属台胞等各种渠道，宣传中央对台工作的方针政策，介绍当前两岸关系的发展动态。编发《对台工作简报》，不定期地编印工作动态、信息，供有关单位和领导学习参考。利用赴台行前教育、常山籍学生赴台等时机进行涉台知识教育，讲解台湾问题的由来和我国政府对台湾问题的政策，让赴台人员掌握相关涉台的法律规范。利用走访、慰问、接待等各种渠道，宣传中央对台方针政策，向他们介绍当前两岸关系的发展动态，宣传党的对台方针、政策。开展台属台胞节日走访慰问活动，有代表性地走访慰问18户台胞、台属、大陆新娘等，向他们送上慰问品，表达党和政府对他们的关心。加强对台交流，5 月 10 日至 16 日，县台办派员参加衢州市赴台经贸交流参访活动，拜会浙江旅台同乡会、衢州旅台同乡会，看望屏东衢州南孔后裔，探望部分在台常山同乡，为在台常山同乡带去故乡人民的真诚祝福和亲切问候。加强与有关部门协调，认真做好台属的投诉、求助工作，县台办共受理各种信访件 5 起，全部办理完毕。

**【召开常山籍赴台就读学生座谈会】** 2015 年，县台办利用学生假期，分别于 2 月 9 日、8 月 12 日召开赴台学生座谈会。会上，学生们交流了在台学习和生活情况，县台办向与会学生介绍常山对台交流情况。

**【县台联会召开理事会议】** 2015 年 6 月 12 日，县台联会召开全体理事会议。县台办向台联会理事通报对台工作开展情况；根据工作需要，此次理事会议增选县台办詹伟为县台联会理事兼秘书长。

**【高雄市体育代表团到常山观光考察】** 2015 年 8 月 22 日，高雄市体育会围棋委员会主任委员连立坚一行 14 人到衢州参加衢州市第二届“三衢杯”业余围棋团体巡回对抗赛。比赛结束后，连立坚一行到常山观光考察，分别参观了三衢山、金钉子等景区。

（詹　伟）

## 党校工作

**【概况】** 2015 年，中共常山县委党校（以下简称“县委党校”）举办县管领导干部进修班、全县副县（处）级以上离退休干部读书会和全县初任公务员培训班等主体班次 20 期，参训学员 1865 人，承办各类培训班 11 期，1083 人次；围绕“大抓基层组织年”活动，在文峰社区、东明社区等建立“党校讲坛”，共举办社区“党校讲坛”16 期，培训人数 900 多人次；配合做好“周末自主选训”活动后勤服务和活动主持等工作，共举办 25 期，约 6500 人次受训；开展党的十八届四中全会、五中全会精神主题宣讲活动 7 期，450 余人次受训；举办流动党校 30 期，受训人员 2000 多人次。采用菜单式、研讨式、体验式等多元教学方式，把党的十八届四中全会精神、五中全会精神、习近平总书记系列讲话精神和当时的重点、热点、难点问题纳入干部教育培训内容，开展送教下乡。县委党校教师被纳入衢州市委党校党的十八届五中全会精神理论宣讲组，为全县各有关部门、乡（镇）和学校宣讲党的十八届五中全会精神。县委党校已基本形成以“一主四课堂”（主体班次、周末课堂、网络课堂、现场课堂和流动课堂）为格局的新培训模式。

县委党校发挥作为党的哲学社会科学的创新型智库作用，围绕县委、县政府中心工作，开展课题申报和调研，《从分权到制衡：解决“一把手”现象的可行路径——常山实施“一把手”“七不直接分管”的实践思考》《政治一致性下的地方相机治理——从常山“五水共治”看地方治理体系的构建》和《农村文化礼堂建设与农村公共文化空间重构的研究》等 3 项课题荣获浙江省党校系统中特理论体系研究中心第十七批规划课题立项；申报立项衢州市党校系统市（县、市、区）情研究中心第八批规划课题 9 个。县委党校教师在各类期刊杂志发表论文或调研文章 11 篇，其中省级 2 篇；向省委党校、市委党校报送舆情信息 24 篇，其中《浙江党校通讯》（第一期、第八期）刊发 2 篇、浙江省委党校网站采用 2 篇；向县委办公室报送党务信息 46 篇，《常山信息》采用 4 篇。

是年，县委党校荣获全省党校系统 2014—2015 年度优秀科研工作组织奖评选活动的科研工作进步奖，是全市唯一获得此荣誉的县级党校。《重塑农村基层党组织政治优势的构想与建议——以常山县“金钉子”党建工作为例》获2015年度浙江省党校系统优秀调研成果三等奖。

**【“流动党校”“送教下乡”】** 2015年，县委党校完善“流动党校”职能，开展“送教下乡”活动，把课堂搬到基层，把知识送到基层。“流动党校”根据基层培训需求调研情况，确定基层党组织建设、党章学习、中国文化传统、群众路线教育等方面的专题，列出“培训菜单”，供基层选择。全年完成送教服务30期，受训人员2000多人次。

**【开展社区“党校讲坛”活动】** 2015年，县委党校按照“眼线下移、阵地下移”的思路，把党校课堂搬到社区，探索和丰富党校教育内涵，全面提供菜单式选课，涵盖党课、十八届四中全会精神宣讲、经济、时事政治、管理等课程，方便基层党组织按需选择，有针对性地开展教育。全年开展社区“党校讲坛”16期，培训人数900多人次。

**【县管领导干部春季进修班】** 2015年，县委组织部、县委党校联合举办2015年县管领导干部春季培训班，50名县管领导干部参加培训。培训分为三个阶段：第一阶段在县委党校学习，时间为3月23日至3月25日；第二阶段在湖南大学学习，时间为3月29日至4月3日；第三阶段为自主学习、撰写调研报告，时间至5月上旬。培训内容包括马克思主义中国化的最新成果、当前经济形势、党风廉政建设、党性修养、法治建设、审计与地方经济管理等。

**【全县信访干部业务培训班】** 2015年5月18—19日，县委党校、县信访局联合举办全县信访干部业务培训班，全县各乡镇（街道）、县级机关有关部门信访干部共60余人参加培训。培训重点学习信访实践工作，如事项复查复核与督查督办工作、规范来访事项的办理、规范群众来信的办理、省网上平台操作应用等。

**【工会干部培训班】** 2015年6月24—26日，县总工会和县委党校联合举办2015年度工会干部培训班，全县各乡镇（街道）工会主席、经济开发区总工会主席，住建、交通、卫生、教育、文广新、金融系统工委主任、部分重点企业工会主席共90人参加培训。培训内容涵盖《中华人民共和国工会法》《中华人民共和国劳动法》相关内容解读，企业文化的塑造与提升，推进依法治国、建设法制中国讲座，赴开化华康制药有限公司进行对标学习等。

**【选聘大学生村官岗前培训班】** 2015年8月31日—9月1日，县人才办、县人力资源和社会保障局、县委党校联合举办选聘大学生村官岗前培训班，新选聘大学生村官和在岗大学生村官共60人参加。培训内容包括“三镇”建设、新媒体写作及应用、心理健康疏导、新农村建设、基层组织工作专题、村官政策解读、村官培养等，并采取专家授课、经验交流等形式进行。

**【党外代表人士暨统战干部培训班】** 2015年9月14—18日，县委统战部、县社会主义学院联合举办常山县党外代表人士暨统战干部培训班，部分党外代表人士和统战干部共44人参加培训。此次培训旨在提高党外人士参政议政能力、加强统战工作，培训内容包括习近平总书记“四个全面”战略布局、中央统战工作会议精神和《中国共产党统一战线工作条例（试行）》解读、统一战线与基层协商民主、互联网+与中国经济新常态、法治建设、领导干部修养等。

【县管领导干部转型发展专题研修班】 2015年9—10月，县委组织部、县委党校联合举办县管领导干部转型发展专题研修班，45名县管领导干部参加培训。培训分为三个阶段：第一阶段在县委党校学习，时间为9月16日至9月18日；第二阶段在浙江大学学习，时间为9月20日至9月25日；第三阶段为自主学习、撰写调研报告，时间至10月底。培训内容包括马克思主义中国化的最新成果、当前经济形势、党风廉政建设、党性修养、法治建设、产业转型升级、审计与地方经济管理、规划建设、乡村旅游等。

【全县基层妇女干部培训班】 2015年9月23日，县委党校、县妇联联合举办第二十三期全县基层妇女干部培训班，各行政村妇代会主任、社区妇联主席，乡镇（街道）妇联主席、副主席，部门妇委会主任共200人参加培训。主要内容有：传达中央群团工作会议精神、部署推进“一体两翼”工作、“垃圾分类”工作培训等。

【第七期初任公务员培训班】 2015年11月24日至12月9日，县委组织部、县人力资源和社会保障局和县行政学校联合举办第六期初任公务员培训班，62名新录用公务员参加培训。培训内容为：中国特色社会主义理论、公务员法、公务员修养、公共管理、依法行政、公文写作、经济发展形势等。

（蓝　琦）

## 机关党务工作

【概况】 截至2015年年底，县直机关工委辖机关党组织155个，其中党委1个、党总支17个、直属党支部108个、党委建制机关党支部28个。2015年，县直机关工委批准建立4个机关党（总）支部，撤销1个党支部，指导3个直属党总支部、23个直属党支部进行换届选举和班子成员增补。按照“坚持标准、保证质量、改善结构、慎重发展”的方针，规范党员发展程序，发展新党员31人，办理预备党员转正34人。落实“三项清单”，推进机关党建工作规范化；编制“三项手册”，推进机关党建工作制度化；举办三期培训班，强化党员培训教育和管理；落实好保存共建“美丽乡村”项目，抓好“满意不满意单位”评选活动等，机关党的政治、思想、组织、作风、制度建设和反腐倡廉工作取得新的成效，为全面深化“三大战略”、加快追赶跨越提供强大动力和坚强保障。

【建立机关党建“三项清单”】 2015年，县直机关工委针对一些单位对机关党建工作重要性认识不足、职责不清、任务不明的情况，建立了“三项清单”，推进机关党建工作规范化。一是部门党组（党委）书记抓党建工作责任（任务）清单，计18项责任项目和具体任务；二是机关党组织书记抓机关党建工作责任（任务）清单，计15项责任项目和具体任务；三是部门抓机关党建绩效清单。“三项清单”使机关党建工作职责、任务、考评一目了然，既是机关党建工作的“责任书”，又是机关党建工作的“明白单”，有效解决了机关党建工作“由谁抓、抓什么、怎么抓”的问题。

【举办机关党员干部培训班】 2015年，县直机关工委举办入党积极分子、新党员和机关党务干部等3个培训班。3月，60名入党积极分子参加为期5天的教育培训，从党员干部作风建设、党的基本知识等方面进行系统的培训，并赴江西上饶集中营现场教学，让入党积极分子接受爱国主义和革命传统教育。针对新党员、年轻党员群体党员意识不强、缺乏党性锻炼等问题，组织近5年发展的机关党员集中两天时间进行培训，组织他们赴开化党史教育基地现场观摩。此外，还举办为期两天的机关党务干部培训，提高他们的政治素质、责任担当和业务水平，增强党务干部队伍活力。

**【编制机关党建“三项手册”】** 2015年，县直机关工委针对机关党务工作者存在工作不规范、业务不精等突出问题，编制《学习习近平同志关于机关党建重要论述》《常山县机关党建工作手册》和《常山县机关党建工作制度》“三项手册”，推进机关党建工作制度化。机关党务干部人手一册，利用“周一夜学”等平台，加强在机关党务工作者队伍和机关党员队伍中的学习贯彻。

**【把好党员组织管理“三个关口”】** 2015年，县直机关工委严把发展党员“入口”关，按照党员发展“提质减量”的要求，加强对党员发展工作的领导，坚持保证质量，把好规划审批关，严格发展程序，发展党员31人，办理党员转正34人。严把党员“教育”关，开设“空中党课”16期，教育党员35124人次，对党风廉政建设、党的十八届五中全会等内容进行培训；创建常山机关党建网站和机关党建微信平台，让党员干部24小时在线接受党课教育，24小时参与社区“微心愿”“微义工”服务。严把党员“评议”关，严格党员组织生活制度，落实好民主评议制度，完善党员退出机制，处置不合格党员，对1名长期炒股、不参加组织生活、6个月以上不缴纳党费的不合格机关党员予以除名。

**【开展包村共建美丽乡村工作】** 2015年，县直机关工委利用走访、座谈等形式，多次到“包村”（新都村），组织村民进行“五水共治”共建生态家园等重点工作的宣传，联合村两委会共同开展“五水共治”清洁家园集中活动，扶持新都村“五水共治”工作经费3万元。

**【“满意不满意机关单位”评选】** 2015年，县直机关工委开展2015年度县级机关“满意不满意单位”评选活动，组织县级领导、“两代表一委员”、民主党派代表、乡镇（街道）领导班子成员和综合部门有关领导代表、县级机关部门主要负责人、离退休干部代表、党风廉政监督员、经济主体代表、行政村（社区）两委主要负责人等，对98个县级机关部门单位开展满意度评议。评议结果除9个评议工作单位不定满意度等级外，共评出满意单位13个、比较满意单位31个、基本满意单位43个，不满意单位2个。及时向各参评单位反馈原始书面意见，并组织各单位针对原始书面意见开展限期整改，共计150件次。

（周　莹）

## 老干部工作

**【概述】** 2015年年末，全县有离休干部109人。其中中共党员70人，易地安置5人，代管4人（国税4人）。抗战时期入伍的12人，其中抗战前期1人、抗战后期11人；解放战争时期入伍的97人。享受县处级待遇的36人，科级待遇的73人。无固定收入的遗孀有84户（红军1户、抗战时期14户、解放战争时期69户）。全县离休干部平均年龄87.1岁。其中79岁~85岁的33人，86岁（含）以上的76人（其中90岁以上的22人）；最高龄98岁。身体尚好，能参加活动的34人，占31.19%；生活不能自理的32人，占29.36%。全县有担任副处级以上实职退休干部26人（兼职8人），其中随子女居住县外

3人、身体状况欠佳6人。

落实老干部政治待遇。县委老干部局坚持政治理论学习制度。将每月30日确定为离休干部学习日；不定期组织副处实职以上退休干部集中学习。为各离退休干部订阅《浙江老年报》《半月谈》等学习资料，局阅览室订有上百种报纸杂志并常年为老干部开放。坚持县领导向老干部通报情况制度。10月19日至20日，举办全县副县（处）级以上离退休干部读书会，县委书记王良春出席并讲话，就老干部们关心的全县经济社会发展有关情况、“十三五”工作思路等进行通报。邀请县财政局主要领导向离休干部及副处实职以上退休干部通报常山县财政工作情况。坚持例会征求意见制度。7月14日，县委书记王良春主持召开老干部座谈会，就《县委十二届九次暨县十五届政府第八次全体（扩大）会议报告》（征求意见稿）广泛征求意见和建议，10余位副处实职以上退休干部参加会议。年初，县委副书记、县长毛建国主持召开《政府工作报告》老干部征求意见座谈会。4月底，组织部分离休干部、副处实职以上退休干部到东案乡参观考察“胡柚大道”建设、新农村建设情况。5月中旬，组织副处实职以上退休干部一行22人赴龙游参观考察工业园区“五水共治”贺田模式。9月10日，组织40多名离退休老干部代表到320国道青石段和招贤段，实地察看常山“一路一镇”整治情况。

落实老干部生活待遇。县委老干部局进一步完善离休干部“三个机制”成果、保障“两费”按时发放，严格执行预发离休干部医药费8000元/人·年和离休干部住院床位费报销标准制度。元旦、春节等重大节日期间，协助县四套班子走访慰问副处实职以上离退休干部；分组走访慰问老领导、长期患病、生活困难离休干部、生活困难遗属共123人，发放慰问金10.36万元。5月中旬、6月上旬分别到山东胶南、杭州、嘉兴、诸暨、金华走访慰问易地安置的老干部。加强老干部医疗保健工作，坚持住院看望制度，累计探望老干部90余人次。6月2日至4日，组织全县100多名老干部年度体检。8月24日至30日，组织部分离休干部、副处实职以上退休干部60余人赴开化疗休养。及时妥善处理离退休干部的来信来访，帮助解决老干部的实际困难，宣传政策、化解情绪，使老干部心气和顺、安享晚年。

县老年活动中心巩固“满意家园”创建成果。坚持以人为本、全面开放，日均接待老同志200多人次。以“天天有活动、月月有安排、季季有赛事”合理安排各类活动。5月19日至22日，联合县人力资源和社会保障局开展全县第十九届离退休干部（工人）趣味运动会，2160余人次参赛，平均年龄73岁，其中年龄最长者98岁高龄，参赛人数、比赛规模创新高。在重阳节等节日，举办老干部游园会等休闲娱乐活动。

县老年大学巩固“全省教学管理先进单位”创建成果。开设书画类、保健类、文史类、技能类、艺术类五大专业、19门课程，设置25个班，在校学生900多人。发挥“两个阵地”教、学、乐、为作用，围绕抗战胜利70周年主题，结合地方实际编排小品选送参加全省老干部纪念抗日战争70周年文艺会演，组织举办“纪念抗战胜利70周年”暨老年大学第23届学员毕业汇报演出，部分抗战时期入伍的离休干部、副处退休干部以及参加过抗战的老英雄、老战士参加。举办老干部书画摄影作品展，展示老同志的爱国热情和文艺才华。

**【创新老干部服务管理举措】** 2015年，常山县委老干部局建立住院联系探望常态化机制，创新老干部首次住院给予慰问金管理办法。建立上门送学制度，针对离休干部年事已高、行动不便等情况，变组织“动态活动为主”为“动态与静态相结合”，变“集体学习为主”为“集体和个性化送学相结合”。加强对社区“四就近”服务工作指导，文峰社区创建情况得到省市领导肯定，《浙江老年报》9月30日二版头条以《一图来导航民情全在心》为题对常山县社区“四就近”工作进行报道。12月3日，省委老干部局机关党委专职副书记盛旺到常山开展走基层调研活动，听取县老干部工作开展情况，对常山县创新服务管理举措、加强对住院老干部的关心等工作表示充分肯定。

（宁 竞）

## 关心下一代工作

**【概述】** 2015年，县关工委和下属各级基层关工委发挥“五老”的优势和作用，在青少年中开展以社会主义核心价值体系为重点的学习、宣传、教育工作，坚持为青少年的健康成长办实事、做好事。加强青少年思想道德教育，开展清明文明祭扫、“国旗下青春誓言”、感恩教育、纪念新中国成立66周年和建党94周年、“缅怀英烈·圆梦中华”暨纪念抗战胜利70周年主题教育等系列活动。“六一”期间，各级关工委走访慰问部分小学及幼儿园，送上慰问金及各种节日礼物价值达5万多元，亲切看望慰问少年儿童，并与孩子们一起庆祝节日。开展帮困助学工作，“福彩牵手·助圆大学梦”活动，资助12名贫困大学新生每人一只箱包和5000元；浙大总裁班联谊会的17位爱心企业家为100名结对贫困学生送上爱心助学金和学习用品；9家“爱心品牌”家具建材企业开展“希望工程圆梦助学”行动，为芳村、招贤等乡镇14名贫困学生送上每人1000元助学金；县市场监管局关工委和食品行业信用促进会党支部的代表们为结对村——辉埠镇山背、达坞两村的7名家庭困难学生送达每人2000元的助学金。为庆祝新中国成立66周年和建党94周年，在“七一”“十一”期间，结合讲党史、国史等，在广大青少年中开展“三爱”教育活动，追思革命先烈的丰功伟绩，弘扬革命精神，加强青少年思想道德建设，构建社会主义核心价值体系，激发广大师生的爱国热情，增强认知美丑、明辨是非的能力和祖国自豪感。各学校关工委结合学校实际制定系列活动方案，精心组织实施，调动广大青少年参与教育活动的主动性和积极性。

**【清明文明祭扫活动】** 2015年，全县各相关学校关工委依托常山县革命烈士纪念碑、芳村红军烈士纪念碑、新昌红军烈士纪念碑、东案红军烈士纪念碑、球川血泪坑、大桥头浮河惨案纪念广场、白石黄武章烈士墓等爱国主义教育基地，就近开展集中祭扫活动。通过邀请老同志讲革命故事、在烈士纪念碑庄严宣誓、向烈士献花等形式，重温革命先烈流血的历史，体会革命先烈的浩然正气。依托网络平台开展网上祭英烈活动，在“常山共青团”网站开辟网络祭祀平台，引导团员青年通过“民族魂”“血铸中华”等爱国主义公益网站进行缅怀革命先烈、发表祭奠感言，了解中国革命史和英雄不屈奋斗史，坚定共产主义理想信念，弘扬爱国主义优良传统，帮助青少年树立正确的社会主义荣辱观和缅怀观。组织共青团员、少先队员举办清明主题团队会，讲述黄继光、邱少云等革命先烈的感人事迹，围绕清明节等重要传统节日的由来、发展进行探讨、交流，宣传普及文明祭扫知识，教育引导广大未成年人从小养成文明健康新风尚。

**【“国旗下青春誓言”活动】** 2015年5月4日，县关工委与团县委联合举办“国旗下青春誓言升旗仪式”。县直各部门单位团员青年、天马中学师生、县武警中队官兵计 300 多人参加此次活动。升旗仪式上，团员青年聆听了由县关工委爱国主义报告团老同志讲述常山解放故事，大家齐唱了《没有共产党就没有新中国》；佩戴团徽的团员青年，右手握拳高举过肩，面对着鲜红的国旗和团旗，庄重地宣誓：“高举旗帜跟党走，创业创新做贡献，与伟大祖国共奋进，与柚都石城同成长”。

**【中小学生感恩教育】** 2015 年，县关工委在全县中小学生中开展以“洗一次感恩脚、做一次感恩饭、写一篇感恩作文，开展一次感恩教育演讲、帮助他人做一件感恩事”为内容的感恩教育；联合县教育局、邮政局在母亲节前夕开展“关爱学子·感恩母亲”公益活动，号召全县所有中小学生为母亲写一封信，表达对母亲的爱，引导青少年常怀感恩之心，常做善意之举，增强了青少年的爱心和社会责任感。东案小学学生王小英在作文中写道：给妈妈洗脚，发现妈妈的脚底有很厚的茧，妈妈太累了，我真想马上长大帮帮妈妈。

**【纪念抗战胜利 70 周年主题教育】** 2015 年，是中国人民抗日战争暨反法西斯战争胜利 70 周年。县关工委及时下发《关于在青少年中开展“缅怀英烈、圆梦中华”纪念抗日战争和世界反法西斯战争胜利 70 周年主题教育活动的通知》，对整个活动进行部署。各关工委组织发动广大青少年参加由中国文明网主办的“网上祭先烈”互动平台，进行网上祭奠、发表祭奠感言；参加“祭先烈网上征文活动”。召开抗日战争老战士“缅怀英烈”座谈会，缅怀战友英烈，坚定对党的忠诚信念。在重要节日，组织志愿者以农村、社区为重点，围绕空巢老人、留守儿童、困难职工、残疾人等群体，开展志愿服务活动。在全县青少年中开展“缅怀英烈·圆梦中华”读书活动，开展诵读、演讲比赛等主题教育活动。县关工委编发“世界反法西斯和中国抗日战争”宣讲资料，供各基层关工委宣讲。组织青少年到衢州细菌战纪念馆展室和县内抗战爱国主义教育基地等实地参观学习。县经信局、教育局等关工委编印《纪念中国人民抗日战争暨反法西斯战争胜利 70 周年学习参考资料》小册子，分发到各基层站、所、学校，用于宣讲。天马、大桥头、球川等街道、乡镇关工委组织宣讲团深入到各社区、行政村等开展抗战胜利 70 周年历史意义等宣讲活动。东案、新昌、芳村、球川、青石等乡镇关工委，组织学生到抗日爱国主义教育基地开展教育活动。9 月 3 日前，组织志愿者到各纪念园地开展环境卫生整治，为抗战烈士扫墓。各关工委在 9 月 3 日抗战胜利纪念日前后，组织学生到爱国主义教育基地开展以“缅怀革命先烈、继承革命传统”为主题的祭扫烈士陵园活动。

**【举办红色暑假系列活动】** 2015 年，全县各基层关工委依托社区活动室、农村文化礼堂、家长学校等，组织青少年学生义务开展各种兴趣活动和安全、防火防毒等知识培训，丰富红色暑假活动内容。文峰社区关工委连续 12 年开办红色暑假班，从最初的 10 余学生发展到 50 余学生，从三四名教师发展到 20 多名教师，内容有口语交际、拉丁舞、英语、书法等，培训的质量和数量不断提高。东明社区关工委和林业局关工委组织学生开展了参观消防演练、学唱红歌和爱国主义教育；金川社区关工委除邀请镇关工委爱国主义报告团作报告教育外，还多次组织青少年学生登门聆听 98 岁高龄的上饶集中营幸存者邹鼎山讲红色故事。大桥头乡关工委与小学生们一起以讲故事的方式，进行抗日救国历史教育；东案小学关工委开展以“珍爱生命，预防溺水远离危险”为主题的防溺水宣誓暨签名活动。

（王红平）

## 信访工作

【概况】 2015年，县信访局深入开展“法治信访、阳光信访、精准信访”，坚持“法定途径优先”原则，全县信访工作总体平稳有序。及时与各乡镇（街道）、部门签订信访工作目标管理责任书，压实事权单位责任。高度重视初信初访工作。采取多形式培训提升信访干部业务水平，规范信访事项办理。举办两次全县信访干部短期集中培训班；业务科室不定期实施针对性“一对一”面授；每周常态化“周五信访事项交办会”。坚持完善每月21日县领导接访和每月10日县领导下访约访活动，安排县级领导在信访局定期接待群众10次，30名县级领导参与接待，接待来访群众292件计474人次，每位县领导到联系乡镇（街道）下访约访接待群众12次。规范信访督查流程，建立“三色”督查机制，建立督查项目库，梳理入库项目152件，其中红色管理34件、橙色管理4件、黄色管理114件。开展多层面督查并通报，电话催办115件次，书面督办8件次，专件专督40件次。3次以县信访联席办名义发文通报信访事项办理中的不严不实问题，通报14家单位的18件信访事项。县委督考办、县信访局联合到全县14个乡镇（街道）实地督查，纠正不严不实问题5个。做好群众满意度评价，有6件群众评价不满意件全部纳入督查。2015年，全县群众来信来访874件，比上年下降9.6%。其中，群众到县上访466件计1286人次，件次下降15.0%、人次下降12.9%；来信408件，下降0.3%。到市上访22件计257人次，件次下降37.1%，人次上升221.3%；赴省上访39件计56人次，件次持平，人次下降15.2%；实际进京12件计26人次，件次持平，人次下降25.7%。进京非访1件1人次，件次下降50%、人次下降66.7%。

【领导带头督查化解信访积案】 常山县将信访督查作为一项书记工程，定期听取汇报，研究解决突出问题。县委书记王良春批示“对积案进行梳理、近期集中处理一批”。县“两办”发文《关于践行“三严三实”要求县级领导带头督查开展信访积案集中化解行动的通知》（常委办〔2015〕43号），梳理出的33件信访疑难积案，分别由33名县领导督查。2015年，化解信访疑难积案7件，实体处理到位的有2件。

【“依法信访”主题宣传月活动】 2015年5月，县信访局以《信访条例》修订实施10周年为契机，围绕“依法信访共筑和谐”的主题开展“六进”宣传活动。通过悬挂横幅、电子屏幕滚动播放标语，村居张贴宣传画册等形式，发放张贴宣传资料5000多份，编印发放《信访工作规范化操作指南》400册，在县电视台、户外大型LED、县青少年宫播放信访动画短片，并开展现场咨询，县信访局通过移动平台、乡镇（街道）利用农民信箱等发送宣传短信，多形式营造良好的“依法信访”宣传氛围。活动的相关微博信息被省信访局官方微博、衢州市新闻办公室官方微博采用。选送征文作品3篇被省《信访与民情》选登。

【重点敏感时期信访工作】 2015年，为全面做好全国两会、“9·3”阅兵、党的十八届五中全会、第二届世界互联网大会、省两会和市两会等重点敏感时期的劝返工作，县信访局成立专项工作组，确保信息预警、排查化解、稳控工作比较到位，全面完成各个阶段任务，实现“重点人员进京少，无非正常上访、无集体去京上访、无群体性事件、无安全劝返责任事件”的“一少四无”工作目标。

（曾晓燕）

## 档案工作

【概况】 2015年，县档案局接待档案查阅利用者5400人次，提供档案资料7800多卷次，提供异地查档6例。同时，开展“预约查档”服务，通过预约在非工作日提供紧急查档服务。完成包含48类民生档案的《常山县首批重点民生档案查阅指南》的编辑工作，并印制3000册，向出席县两会的代表、委员和全县乡镇（街道）、机关单位免费赠送。全省“出生医学证明”信息管理工作现场会在常山召开。完成县人武部、县司法局等单位民生档案和县委宣传部、县民宗局、县城管大队等14个单位2003—2013年度室藏文书档案的接收工作。在全市率先开展数字档案室测评工作。对全县80家单位开展档案执法检查和档案年检工作；其中4家省级重点项目档案高标准顺利通过市档案局执法检查；及时做好并全面完成3家机构改革单位和7个社区以及县妇保院、县粮食局、供销社等17家单位文书档案的移交、归档、保存工作。档案宣传工作取得新成效，县档案局有30余篇业务信息在省、市、县报刊或档案网站上发表；县档案馆举办、协办各类展览5次，吸引观众一万多人次。县档案局先后荣获“全省档案工作先进集体”“全市档案工作宣传报道一等奖”“市文明单位”等称号。

【档案业务创新出典型】 2015年1月，全省“出生医学证明”信息管理工作现场会在常山召开。省档案局、省卫生计生委的领导和专家对常山县在“出生医学证明”信息管理工作中的做法表示肯定，认为“常山工作法”有创新、有特色，符合全国“出生医学证明”信息管理工作会议精神，值得推广。6月，省档案局局长刘芸到常山调研数字档案馆工作，对常山县数字档案馆建设取得的成效表示肯定。9月，全市“五水共治”档案工作现场会在常山召开，通过经验介绍、现场观摩，相关工作得到省、市档案部门领导的一致肯定。

【多途径接收各种档案】 2015年，县档案馆接收县人武部、县司法局等单位民生档案22771卷，接收县委宣传部、县民宗局、县城管大队等14个单位2003—2013年度室藏文书档案800余卷。4月，县档案馆在《今日常山》、档案网站发布公告，多途径公开向社会征集珍贵照片档案，征集内容包括党政领导活动、地方名人、重要会议、风俗民情、城市历史、记录本单位主要职能活动和重要工作成果等，至年底，共征集到县宗教局、县水利局等单位提供的照片档案2000多张。开展全县机构改革单位档案移交工作，完成原县计生局、县粮食局等机构改革单位档案接收工作。

【数字档案馆建设有序推进】 2015年，县档案局以利用需求为导向，对利用频繁的民生档案和到期移交进馆的文书档案进行全文扫描，把相关数据导入管理系统，提供快捷服务。全年扫描246.6万多页，输入条目31.1万多条，整理上架2.7万多卷。“常山档案信息网”及时更新档案新闻、档案业务知识、最新文件和政府公开信息等内容，为群众查阅档案资料和政府公开信息提供便捷通道。在全市率先开展数字档案室测评工作，至年底，全县通过示范数字档案室测评3家、规范数字档案室4家、数字档案室13家，列全市之首。

**【档案安全检查更规范】** 2015年，县档案局按照《浙江省省直单位纸质档案数字化实施细则》的要求，对扫描的案卷、导入条目、挂接件进行抽检，对发现的问题进行记录，及时督促加工小组进行整改处理；按照年度工作要求，对档案库房155个全宗的新增档案进行清点，确保档案目录与实物一致，做到移交清单、档案目录与档案实体相符。

（兰飞飞）

## 党史工作

**【概况】** 2015年，县委党史研究室及时撰写贯彻全省第九次党史工作会议精神督查汇报材料，并向县委汇报；指导芳村镇横山路村两委会完成“中共西源区委地下联络点（乐丰桥）旧址保护项目”建设工作，并完成项目验收工作。向上申报革命遗址保护项目资金，共争取2015年度省专项补助经费6万元。完成《常山县人大常委会的建立及其活动》《常山县人民代表大会制度的恢复》党史专题的编写，《日军在常山实施细菌战综述》专题研究文稿的修改工作。完成《中共常山县委文件选编》（1978年12月至1984年4月）、《中共常山县委文件选编》（1984年4月至1987年2月）的编校、内部出版准印证的办理，定稿的审校、出版工作。按月完成2015年常山县党史大事记的采编工作。对“球川红色纪念馆”初步设计方案进行审核、把关，并提出具体修改意见，“球川红色纪念馆”于年底前建成开放。

**【党史宣传教育活动有新载体】** 2015年，县委党史研究室面向全县机关、学校、社区和农村文化礼堂发放《三衢星火》700册、《抗日战争在浙江——纪念中国人民抗日战争暨世界反法西斯战争胜利70周年图集》30套。8月29日，常山登山队一行40人走进天马街道天马村龙潭，探访“燕山暴动”暨“闽浙赣三省边区游击司令部”遗址，县委党史研究室负责人随行实地讲解“燕山暴动”革命故事，向登山队员进行地方党史教育。通过《今日常山》《常山通讯》《常山党史信息网》“浙江在线·柚都石城·常山登山论坛”等媒体刊登常山党史知识，开展党史宣传教育活动。

（兰飞飞）

## 地方志工作

**【概况】** 2015年，县地方志编纂委员会办公室（以下简称“县方志办”）完成《常山年鉴（2014）》出版发行工作。《常山年鉴（2015）》的编纂工作有序推进。1月初，县方志办向全县发出通知，对《常山年鉴（2015）》的编纂工作进行具体部署。编发《地方志工作简报》8期，及时刊发《常山年鉴》编纂工作动态；刊发“大事记”“荣誉录”，面向全县各乡镇、街道和县级机关征求意见。至年底，《常山年鉴（2015）》初稿编辑修改已完成；重要图片的征集整理、目录中译英工作也已完成；各单位承编的文稿经一个月多的核对，多数单位的审定稿已报至县方志办。

**【《常山年鉴（2014）》出版发行】** 2015年10月，《常山年鉴（2014）》由方志出版社公开出版，主编黄仙寿，精装16开本，78.3万字，印数1000册，定价280元。全鉴由卷首、百科、卷尾三部分组成，百科按类目、分目、条目三个层次框架编排。卷首设彩页、特载、专记、大事记、县情概览，百科设中共常山县委员会、常山县人民代表大会、常山县人民政府、政协常山县委员会、民主党派·工商联、群众团体、法治、武装、工业、农业·林业·水利、贸易、通信、交通、城乡建设与管理、国土资源·环境保护、综合管理与监督、财政·税务、金融·保险、人力资源与社会保障、教育、科学技术·气象、文化·旅游、卫生·体育、社会生活、乡镇（街道）共25个类目、176个分目（副分目）、1215个条目、76张数据表、66张随文插图，卷尾设组织机构及负责人名录、荣誉录、重要文件目录、艺文、国民经济若干统计资料、附录、索引等。《常山年鉴（2014）》记载时限从2013年1月1日至12月31日，以《地方志工作条例》为指导，采用现代规范书面语体文，行文力求简洁、准确、朴实、流畅。入鉴资料由县内各部门、乡镇和在常山的省部属单位提供，经编辑部编辑加工并经各单位审核后定稿，所采用数据以县统计局提供为准，旨在全面、系统地记载常山县经济和社会发展的进程，为各级党政机关和社会各界人士了解、研究、建设常山，提供翔实的地情资料，也为将来续修地方志积累详尽的基础资料。

（兰飞飞）

# 常山县人民代表大会

## 综　述

2015年，县人大常委会贯彻落实中共中央、省委《关于加强县乡人大工作和建设的若干意见》及省、市、县委人大工作会议精神，把党的领导贯穿于人大依法履职全过程，把握工作定位，服务发展大局，把县委的主张和决策转化为全县人民的意志和共同意愿；发挥地方国家权力机关作用，深化“实力工业、休闲城市、美丽乡村”战略和推动常山民主法治建设；召开常委会会议8次，主任会议13次，听取和审议“一府两院”工作报告15个，依法行使好重大事项决定权，对县政府提请的《关于提请审议批准2015年地方政府债务限额议案》《2014年县本级财政决算报告》《2015年财政预算收支调整方案报告》等事项进行审议并依法作出决议决定11个，保障全县经济社会持续健康发展。坚持党管干部和依法任免统一，任免国家机关工作人员56人次；深化法律知识考试、任前见面、颁发任命书、任职宣誓、履职报告制度，完善宪法宣誓操作程序与办法，23名新任“一府两院”国家工作人员进行任职宣誓，94名受任人员书面提交年度履职报告，常委会专题会议听取其中10人述职并进行测评，增强选举和任命人员对宪法、法律和权力的敬畏之心。组织代表视察16次。主任会议听取政府专项工作报告12个。完成对县财政局、水利局的工作评议。维护司法公正，新任命人民陪审员20人。

助推经济发展。主任会议多次听取“十三五”规划编制情况报告，各工委、代表小组对18个重点专项规划编制开展专题调研等活动，建言献策，提出40余条具有科学性、针对性的编制意见建议。主任专题会议听取《关于常山县国民经济和社会发展第十三个五年规划纲要（初稿）》汇报，常委会听取和初审《“十三五”规划纲要（草案）》，推进“十三五”规划编制落实工作。专项视察常山县“三镇建设”“浙商回归”“创新驱动”“四换三名”、企业网店、农村淘宝工作情况。跟踪监督石灰窑整治关停、矿山开采等情况。关注房地产业健康发展，视察房地产建设情况。专题调研市场主体升级及小微企业成长情况，开展民间资本运行情况调研，助力企业生产经营稳步发展。听取和审议政府性投资重点项目安排情况、城东新区建设情况，组织视察中国观赏石博览园建设工程等重点项目建设推进情况，专题听取九景衢铁路建设情况报告。常委会领导多次深入赏石小镇等领衔项目、领创产业现场，主动跟踪服务、协调难题和督促落实，省特色小镇创建有序推进；常山猴头菇通过国家农产品地理标志登记。听取和审议国民经济和社会发展计划执行情况报告。推进全口径预算，13个县级部门和2个政府专项的细化预算草案提交人代会审查。听取和审议财政预算执行情况报告，依法审查批准2015年财政预算调整方案。认真审批县政府 2014 年财政决算报告，听取和审议 2014 年度预算执行和其他财政收支审计报告，促进审计发现的问题整改落实。

推进民生改善。推行县政府为民办实事项目代表票拟机制，持续跟踪监督食品安全审议意见落实情况。主任会议专题听取全民健身工作情况报告，提出完善健身设施、发展体育经济等建议。听取优抚工作情况报告，提出要重视研究破解特殊优抚对象帮扶问题等建议。听取第二轮学前教育计划制定与实施情况报告，组织代表对常山一中迁建项目进行视察，持续推进教育事业发展。

推进改革深入。听取县政府职能转变和机构改革方案、新预算法推进实施情况报告，促进“一府两院”适应新常态，加快职能转变、创新体制机制。重视行政审批制度改革，提出加大简政放权、加强中介机构管理、推进网络服务平台建设等建议。持续关注教育改革，听取教育综合改革情况报告，提出深化改革创新、破解改革难题等建议。

推进城乡环境优化。实地视察生态公益林、四条景观大道建设情况，推进特色乡村风景线建设。组织代表视察“一路一镇”整治情况，利用代表联络站等载体，发挥人大代表作用，凝聚全县上下共同支持和推动整治的强大正能量，推进“一路一镇”旧貌换新颜。组织开展“已治理河流”监督“一月一暗访”10 次，交办意见建议 10 条，推动城乡环境持续改善。

推进依法治县进程。组织大气污染防治相关法律法规贯彻实施情况执法检查，召开专题询问会就大气环境质量等 10 个问题进行“面对面”询问。与省、市联动开展食品安全执法检查审议意见落实情况跟踪检查、国防建设相关法律法规执法检查，推进相关法律法规在常山的贯彻实施。与省、市联动开展深化司法监督工作，成立两个调研组深入调研，收到意见建议 90 余条，并专题研究交办；同时，注重跟踪监督，专题听取县公检法司机关深化司法监督工作整改落实情况报告。开展“百名代表听百案”“百名代表评公诉”活动，200 余人次旁听了 10 件案件庭审，促进审判、执行、公诉效能提升。听取关于审判执行工作服务企业发展情况报告，提出深化府院联动，妥善处置涉企矛盾等建议。听取关于民事行政检察工作情况报告，提出拓展申诉案源、畅通申诉渠道等建议。重视群众信访，常委会领导定期参与接访、协调联动、跟踪督办信访事项，推动信访工作规范化、制度化；全年受理人民群众来信 28 件，接待来访 16 人次，按时完成全国人大常委会交办信访件 1 件，省、市人大常委会交办信访件 4 件，解决重点信访事项 1 件，有效促进社会矛盾化解。

发挥代表主体作用。常山县第十五届人民代表大会第四次会议后，共辞补县人大代表 9 人次。深化代表联络站建设。召开专题研讨会交流工作经验，“墟日接待”“警调合一”等特色模式受到省、市人大肯定。探索人大代表网上联络站，组织代表进行网上接待，逐步实现“线上线下”融合，拓宽民意反映渠道。2015 年，14 个联络站落实四级人大代表进站活动 925 人次、接待群众 1354 人次、群众反映问题 565 个，已经解决或者基本解决的问题 464 个。丰富代表履职活动。辞补县人大代表 9 人次。首次推行代表参与常委会活动“菜单式”服务，提高代表履职的针对性。开展“查找基层群众办事审批难”“转型升级十大组合拳落实情况”主题监督活动，收集意见建议 120 余条，及时梳理、分类交办，有效推进相关工作深入实施。组织全县 810 名各级人大代表，分 180 组，对 5833 户 15095 名贫困人口开展脱贫视察核查活动，并逐户建立电子档案，受到群众和省、市领导的充分肯定。加强议案建议督办。

深化政府领导领办重点建议、常委会领导领衔督办、上门督办机制，听取和审议县政府关于十五届人大四次会议议案建议办理情况报告，114件议案建议全部办结，问题全部或部分解决率从前两年的11.3%提高到2015年年底的35%。提高疑难建议办理补助资金使用效益，3件与群众利益密切相关的建议得到解决。

加强常委会自身建设。专题学习党的十八届四中、五中全会，各级人代会以及省、市、县委重要会议精神。坚持会前学法制度，学习《浙江省社会救助条例》等7部法律，提高常委会组成人员和机关干部的政治素质和履职能力。坚持制度建设促优，推进机关建设制度化、法制化、规范化，推进“三严三实”专题教育活动，开展结对帮扶活动，抓实抓好机关作风和效能建设。坚持常委会领导分片联系、指导乡镇（街道）人大工作。邀请乡镇人大主席、副主席，街道人大工委主任、副主任列席常委会，完善乡镇（街道）人大工作季度例会，上下联动开展代表主题活动和有关视察检查活动。组织乡镇（街道）人大专职干部31人次参加全国、省、市人大专题培训，开展乡镇（街道）人大创新工作评比等活动，提升全县基层人大工作水平。指导乡镇人大召开好人代会和主席团会议，促进乡镇人大工作的规范化、制度化。县人大常委会注重宣传交流，在市以上报刊网站等主流媒体发表各类宣传稿件210余篇，常山县人大常委会办公室被评为全省人大信息工作先进单位；配合全国、省、市人大及其常委会在常山开展的执法检查、调研、视察等有关工作16次；主动接受上级人大常委会的工作指导和监督，加强同省、市人大和兄弟县（市、区）人大的联系与交流，组织参加全市人大主任研讨会、兄弟省县（市、区）人大联席会议，学习先进经验与做法，提高人大工作水平。

## 重要会议

**【县第十五届人民代表大会第四次会议】** 2015年2月3日至5日，常山县第十五届人民代表大会第四次会议在县城举行。会议听取并审议县政府工作报告、县人大常委会工作报告、县人民法院工作报告和县人民检察院工作报告，审议常山县2014年国民经济和社会发展计划执行情况及2015年国民经济和社会发展计划、常山县2014年财政预算执行情况及2015年财政预算，通过相关决议。县委书记王良春在闭幕式上讲话。大会应出席代表190人，实到185人。会议期间，代表们围绕常山经济社会发展积极建言献策，提出议案建议共103件。会议根据县十五届人大四次会议选举办法，采用无记名投票方式，选举章大勇、李珍、邹赛为县人大常务委员会委员。

**【县第十五届人大常委会会议】** 2015年1月15日，县十五届人大常委会举行第二十五次会议，会议听取和审议县人民政府《关于我县2014年预算执行情况和2015年预算草案的报告》《关于我县2015年政府性投资项目安排情况的报告》和《关于我县2015年度重点项目安排情况的说明》；听取并审议通过县十五届人大常委会代表资格审查委员会《关于宋明亮等代表资格的审查报告》；听取县十五届人大四次会议筹备工作情况的报告；讨论并通过《常山县第十五届人民代表大会第四次会议列席人员名单》、县十五届人大四次会议预备会议日程、各代表组成人员名单和县人大常委会2015年主要工作安排等事项；讨论提出县十五届人大四次会议有关事项的建议；听取《浙江省社会救助条例》法律辅导。

3月26日，县十五届人大常委会举行第

二十六次会议，会议表决通过县人民检察院提交的有关人事任免事项；听取和审议县人民政府《关于城东新区建设情况的报告》；听取《中华人民共和国城乡规划法》法律辅导。

5月27日，县十五届人大常委会举行第二十七次会议，会议表决通过县人大常委会主任会议、县人民法院提交的有关人事任免事项，作出《关于接受陈平忠请求辞去常山县第十五届人民代表大会代表职务的决议》；听取和审议县人民政府《关于我县行政审批制度改革情况的报告》和《关于我县大气污染防治相关法律法规贯彻实施情况的报告》；听取县人大常委会调研组作的《关于我县行政审批制度改革情况的调查报告》和《关于我县大气污染防治相关法律法规贯彻实施情况的执法检查报告》；听取《中华人民共和国大气污染防治法》《浙江省大气污染防治条例》法律辅导。

7月22日，县十五届人大常委会举行第二十八次会议，会议表决通过县人民政府、县人民法院和县人民检察院提交的有关人事任免事项。会议听取和审议《关于要求许可对犯罪嫌疑人张舍土采取强制措施的请示》，并作出《关于许可对常山县第十五届人民代表大会代表张舍土依法采取强制措施的决定》。会议听取和审议县人民政府《关于我县2015年1—6月国民经济和社会发展计划执行情况的报告》《关于我县2014年财政决算的报告》《关于我县2015年1—6月财政预算执行情况的报告》和《关于我县2014年财政预算执行和其他财政收支的审计报告》，作出《关于批准常山县2014年财政决算的决议》。听取《中华人民共和国审计法》法律辅导。

9月30日，县十四届人大常委会举行第二十九次会议，会议表决通过县人大常委会主任会议、县人民政府、县人民法院、县人民检察院提交的有关人事任免事项；听取和审议县人民政府《关于县十五届人大四次会议议案建议办理情况的报告》《关于我县教育综合改革情况的报告》；听取县人民政府《关于常山县环境功能区划相关情况报告的说明》；听取《中华人民共和国职业教育法》学习辅导。

11月20日，县十五届人大常委会举行第三十次会议，会议表决通过县人大常委会主任会议提交的有关人事任免事项；听取和审议县人民政府《关于要求许可对县第十五届人民代表大会代表郑建平采取强制措施的报告》，作出《关于许可对县第十五届人民代表大会代表郑建平依法采取强制措施的决定》；听取县人民法院、县人民检察院、县公安局、县司法局分别所作的《关于落实县人大常委会深化司法监督工作整改情况的报告》；讨论通过《常山县第十五届人大常委会代表资格审查委员会关于代表资格的审查报告》；听取《中华人民共和国行政诉讼法》学习辅导。

12月25日，县十五届人大常委会举行第三十一次会议，会议表决通过县人大常委会、县人民政府、县人民检察院提交的有关人事任免事项，作出《关于接受姚礼发请求辞去常山县第十五届人民代表大会代表职务的决议》；听取和审议县人民政府《关于我县2016年重点项目安排情况的报告》《关于〈常山县国民经济和社会发展第十三个五年规划纲要〉（送审稿）框架的汇报》《关于我县2015年预算执行情况和2016年预算草案的报告》《关于常山县2015年财政预算调整方案的报告》和《关于提请审议批准常山县2015年地方政府债务限额议案的说明》，作出《关于批准常山县2015年财政预算调整的决议》和《关于批准常山县2015年地方政府债务限额的决议》；初审了县人大常委会、县人民政府、县人民法院、县人民检察院工作报告（送审稿）；讨论作出关于召开常山县第十五届人民代表大会第五次会议的决定。

## 重要活动

**【开展大气污染防治相关法律法规贯彻实施情况执法检查】** 2015年，县人大常委会组织大气污染防治相关法律法规贯彻实施情况执法检查，召开专题询问会就大气环境质量等10个问题进行“面对面”询问。县政府通过高耗能高污染产业专项整治、加大企业创新奖励扶持、强化环境违法行为查处等举措，推动大气污染防治工作。与省、市联动开展食品安全执法检查审议意见落实情况跟踪检查、国防建设相关法律法规执法检查，推进相关法律法规在全县的贯彻实施。同时，开展立法需求调研，围绕城乡建设与管理、环境保护等方面提出立法建议7条。

**【对县财政局、水利局进行工作评议】** 2015年，县人大常委会依法对县财政局、水利局进行工作评议，常委会广泛征集被评单位、人大代表、服务对象意见建议，调查收集、梳理反馈意见100余条。专题听取被评单位工作报告和评议组工作评议调查报告，并进行满意度测评。县财政局、水利局做到边评边改，解决资金拨付时限较长、基层防汛避灾能力不够等问题，提升依法行政能力和水平。推行政府组成部门年度主要工作完成情况书面报告制度，开展规范性文件备案审查工作，接收登记审查县政府报送规范性文件21份。

**【首次推行代表参与常委会活动“菜单式”服务】** 开展代表专题培训，首次推行代表参与常委会活动“菜单式”服务，由代表自行选择关注的议题，2015年邀请基层县人大代表35人次列席常委会会议，68人次参加常委会视察、执法检查等活动，提高代表履职针对性。

（宁　歆）

**小资料：人大代表优秀议案**

### 关于把青石镇打造成<br>“柚香石都”特色小镇的建议

王玉姣

**一、情况介绍**

省十二届人大三次会议的政府工作报告指出，要积极推进与周边省市的合作交流，促进浙皖闽赣交界地区生态环境保护和文化旅游发展；切实加强农业农村工作，促进城乡统筹发展；鼓励和支持衢州、丽水等浙西南山区走生态富民之路。这是常山县抓好美丽乡村建设和实现农业农村跨越式发展的一个很好契机。

**二、问题分析**

分析浙江省特色小镇创建标准，就常山而言，青石镇通过努力最有希望达到。青石有石产业、常山胡柚祖宗树、常山索面重要加工地、国家地质公园组成部分等，做好这几篇综合文章，有望打造省级特色镇。

**三、意见建议**

（一）请专家策划，高起点谋划。

（二）出台优惠政策，相关的系列政策。

（三）合力打造。举全县之力，打造特色小镇。做好石产业文章；做好胡柚产业文章；做好贡面系列文章；做好国家地质公园、石文化旅游文章等。

### 关于在新常态下<br>加快发展“实力工业”的议案

余国义

工业作为国民经济的支柱以及发展实体经济的主战场，是经济结构调整和产业转型升级的主心骨，在经济新常态下，工业经济步入速度更加稳健、结构更加合理、动力更加多元、路径更加生态的状态。

**一、新常态下工业经济发展特征**

1. 工业增速进入中速增长区间。改革开放以来，全国工业始终保持快速增长，年均增速达 11.2%。随着总量规模的不断扩大，国际环境的日趋复杂和要素资源的日益趋紧，工业增速下降已成必然趋势。工业从 10% 以上的高速增长降至 7% 左右的中速增长区间，是工业步入新常态的显著特征。

2. 工业结构呈现传统产业和新兴产业协调发展格局。在工业步入新常态后，产业结构调整和优化仍将持续，传统产业和新兴产业所具有的不同特征和对各级各类人力资源的需求，要求我们在产业选择上传统与新兴并重，不可偏废其一。

3. 工业增长动力转向高投资效率和多元消费结构。在工业新常态中，投资规模的影响力度会明显减弱，取而代之的是通过投资效率的大幅提高和消费结构的不断升级来贡献新的增长动力，包括信息消费、健康消费、文化消费等新增长点将层出不穷。

4. 工业发展路径更加生态可持续。在工业新常态中，常山县的工业发展路径必将朝着生态环保的可持续方向发展，不仅实现绿色发展，而且更加注重依靠人才和技术的贡献，提高产业附加值，构筑新的竞争优势。

**二、常山工业发展存在主要问题**

当前，常山的工业经济总体为“弱势工业”。主要表现为：

1. 增长后劲不足。“十二五”期间，常山工业经济低速增长，部分产业企业严重萎缩。2014 年，常山县工业产销持续下滑，111 家规模以上工业企业中有 41 家企业产值比 2013 年下降，全部工业增加值增长 7.9%，创 1996 年来新低。2014 年，常山县规模以上工业企业数仅占全市的 11.1%，分别比江山、龙游、衢江少 182 家、97 家和 10 家。

2. 结构素质较差。主要表现为“低小散弱乱差”，表现为产业层次低，产品附加值低，创新能力弱。从 2013 年工业强县综合评价排名来看，常山县在全省 90 个地区中排在 89 位；2014 年产值下降的 41 家企业中，80% 的企业从开工开始从没有技改过，65% 的企业产品仍是老产品，75% 的企业主文化水平在初中及以下，45% 的企业是原改制企业，企业主平均年龄在 52 岁。2014 年，常山规模以上企业平均为 8755 万元，只有衢州市的 58.3%，全省的 50.5%。

3. 投资效率偏低。“十二五”期间，常山县实施工业项目 765 个，投资 254 亿元。2014 年底建成投产后升为规模以上企业的仅有 36 家，仅占投资项目个数的 4.7%。2014 年工业投资严重下滑，比 2013 年下降 3.7%；同时，2014 年常山规模以上工业企业实现利润总额 4.1 亿元，分别比江山、龙游、衢江、开化少 18.2 亿、7.7 亿、4.5 亿和 2.1 亿元。

4. 能耗压力较大。常山县工业产业结构偏重，主导产业以高能耗为主，水泥、钙类、金属加工及造纸等都属高能耗行业。2014 年，常山县消耗能源 132 万吨标煤，其中工业为 105 万吨，占 79.5%，万元工业增加值综合能耗为 2.2 吨标煤/万元，万元 GDP 能耗为 1.25 吨标煤，都为衢州市各县（市、区）最高，分别高于全省平均水平 1.3 吨、0.73 吨标煤。

**三、在新常态下实现加快发展“实力工业”的对策建议**

所谓实力工业，就是能充分体现产业的融合力、集聚力、带动力，企业的生存力、内生力、贡献力，产品的创新力、竞争力、开拓力，环境的服务力、促进力、保障力，进而壮大工业经济综合实力。在经济新常态下，常山县要围绕打造“以生态为底线、科技为支撑、经济和社会效益为价值追求”的实力工业，在增强工业增长稳定性、持续性的同时，加快经济结构调整步伐，实施资源转换战略，着力构建工业发展新格局，实现“弱势工业”向“实力工业”的转变。

（一）加快产业结构调整，促进工业经济转型升级。一是推动资源型产业链条向高端攀升。以现有龙头企业为主体，排出为其配套的上下游项目，进行针对性招商选资，重点突出浙商企业招引，在土地规划和信贷支持上予以倾斜。结合“农业三宝”引导绿色食品招引培育龙头企业；绿色纺织完善印染环节，做大纺织产业规模；绿色矿产资源发展精细钙产品；绿色板材发展家具等终端产品；绿色生态资源发展保健养生产业等，推动制造业向产业链高端领域和高附加值环节攀升，实现资源优势变产业优势，力争“十三五”内实现科学的专业化分工与配套合作，提升产业整体竞争力。二是加快传统产业改造升级。在继续做大轴承、纺织、钙类、食品加工等传统产业规模的同时，引导企业加大科技投入，提升产品科技含量。三是做大新兴产业规模总量。设立新兴产业集聚发展扶持专项基金，加大新兴产业项目土地指标、融资、用工等要素保障，重点发展新能源、新材料、信息技术和软件、节能环保、高端装备制造、生物技术和新医药等新兴产业。

（二）实施培大扶强战略，打造骨干型龙头企业。一是实施大企业大集团培育工程。确定大企业（集团）年度培育目标，引导各类要素、各种资源、各项政策向列入培育的企业集中。同时，引入战略管理咨询机构，对企业发展进行全方位“会诊”，加快培育一批拥有自主知识产权和知名品牌、主业突出、核心竞争力强、带动力大的龙头骨干型工业大企业（集团）。二是实施“百企升级”工程。对全县所有规模企业按区域分类，安排乡镇、部门负责人挂钩帮扶，为企业提供“一对一”全方位服务。实行企业问题分级会办制度，及时解决企业发展难题。三是实施规模企业“工业再造”工程。利用三年时间，通过排摸筛选对排定有能力扩大再生产的规模企业，实行“一企一策”量身定做扶持政策。

（三）提高企业创新能力，增强发展内生动力。一是大力推行科技创新券。充分发挥科技创新券引导作用，积极推动企业加大科技研发投入，加强企业技术中心、工程研究中心等研发机构建设；二是加快打造常山品牌群体。实施品牌发展战略，提升产品市场竞争力，提高产品附加值和产品美誉度，加快形成常山品牌群体；三是全面推进企业“两化融合”。以“数字企业”创建为抓手，加快推动信息技术全面应用，促进信息化与工业化深度融合，提高企业信息化水平。四是大力推动企业管理创新。通过组织企业家进名校、进名企学习考察活动以及建立企业家俱乐部等方式，加强本土企业家管理能力培训，着力培育企业家创新思维，增强创新管理意识，加快建立现代企业制度。

（四）加快特色产业发展，做大做强特色园区。一是纺织产业园。积极承接纺织产业转移，做大园区规模。充分发挥银田化纤等骨干企业引领辐射作用，鼓励企业走配套发展之路；加强印染环节和公共技术服务平台建设，提升我县绿色纺织产业发展配套能力。二是轴承产业园。围绕轴承锻件、车加工等环节开展招商选资，延伸完善轴承产业链条，发挥轴承产业创新中心作用，加大轴承产品、设备自主研发力度。三是食品产业园。依托现有的天子果业、柚都生物、恒寿堂、自然食品等加快胡柚产业发展，将我县胡柚产业打造成为省级乃至国家级的特色产业。坚持外引内培，加快形成绿色食品产业集聚，做大产业规模，提升产业层次。四是农机产业园。依托中国农机研究院和玉马机械，加快农机产业发展，加快形成华东地区农机产品集散地、研发中心。

（县人大常委会办公室供稿）

# 常山县人民政府

## 综　述

2015年，全县实现地区生产总值111.3亿元，比上年增长7.8%；财政总收入12.5亿元，增长9.9%，其中公共财政预算收入8.7亿元，增长12.3%；外贸进出口总额2.1亿美元，增长18.1%；农村居民人均可支配收入15333元，城镇居民人均可支配收入28126元，分别增长10%和8.6%。

工业转型步伐加快。全县实现工业增加值42.5亿元，增长5.2%。工业总产值147.9亿元，增长1.3%，其中规模以上工业总产值104.6亿元。新增规上工业企业2家，万元GDP能耗下降5.9%。天子股份、爱丽莎环保科技“新三板”挂牌上市，引进战略合作企业12家。巴菲尔无氰碱铜电镀示范线稳定运行，环宇轴承省级院士专家工作站获批，中国华东农机产业园成立。持续推进“蓝天三衢”生态治理，81孔石灰立窑、142条石灰钙生产线全部关停，新华环保项目签约，矿山整合有序推进。加快推进国有企业改革，基本完成城投公司、泰安矿业公司改革。设立全市首个政府性3亿元产业发展引导基金，建立钛和常山产业基金并战略投资金雄公司。深化“百名局长帮百企”活动，成立企业风险防控帮扶小组，落实企业奖补资金5146万元，减轻企业税负6192万元，累计提供应急专项资金30.5亿元，促进企业稳定发展。

农业发展提质增效。第一产业增加值7.9亿元，比上年增长1.7%，新建粮食生产功能区1万亩，创建现代生态循环农业示范区2个。胡柚小青果切片纳入“浙江省中药炮制规范”目录，引进上海拜肯公司组建御宝胡柚专业合作社联合社，举办“绿色中国——行走进美丽常山暨2015中国常山胡柚开采启动仪式”。推进山茶油品牌整合，“常山山茶油”统一包装投入使用。建设油茶旅游观光精品园和“千亩茶花观光区”，承办全省木本油料产业发展现场会。常山猴头菇荣获国家农产品地理标志登记保护。新增绿色食品3个，无公害农产品5个，签订有机食品认证合同15个。

服务业蓬勃发展。实现第三产业增加值50.1亿元，比上年增长12.1%，社会消费品零售总额54.8亿元，增长11.2%。与阿里巴巴合作成为全国首批农村淘宝项目试点县，并首创农村电商建设规范和评定标准，全县109个农村淘宝服务点交易额达1500多万元。引进3家电商园，浙西电商城项目签约，茂林电商园落户城东新区。大力发展以高端民宿为重点乡村休闲旅游，成立三衢湖省级旅游度假区管委会，启动白菊花AAAA级景区创建工作，赛得健康产业园、常青泉养生养老基地建设有序推进，黄塘、黄岗山创AAA级景区。

项目建设扎实推进。全年完成固定资产投

资117.6亿元、增长14.1%，121个重点项目完成投资86.1亿元、增长26.9%，完成工业投资50.8亿元，其中技改投资24.0亿元、增长82.4%。育才小学、金融中心一期开工建设，常山一中迁建、48省道延伸线、独流入海常山段、哲丰新材料等项目有序推进，外港大道、九景衢铁路征迁基本完成。成立PPP投资管理中心，推出17个PPP模式项目招商，被评为浙江省政府和社会资本合作示范县。先后招商签约柚香谷度假区、光大金融城、安能物流、新华环保、海特克液压等一批重点产业项目，全年实到市外资金39.3亿元，实际利用外资560万美元。强化要素保障，垦造耕地5656亩，争取建设用地指标3499亩，产业集聚区1324亩用地指标获批。重视向上争取，新增省重点项目9个，省重大产业项目2个，争取各类补助资金24亿元，增长8.6%。球川镇列入国家级中心镇建设示范试点，赏石小镇列入全省首批特色小镇创建名单，工业园区入选省循环化改造示范试点园区。

城乡发展亮点纷呈。先后完成“一城三镇”概念规划、三衢湖省级旅游度假区总体规划、城区亮化规划、排涝专项规划、城市标志雕塑设计方案等。滨江一期基础设施、滨江公园（路）、城东新区城市综合体等项目有序推进，形成了城市建设新亮点。东明湖公园绿道、城区沿江沿溪绿道、城东新区绿核片山地型绿道建成，新增城市慢行绿道14.1公里。新建17个公共自行车站点，新增机动车停车位1152个。推进特色小镇建设，赏石小镇龙头项目观赏石博览园一期主体结顶，江南钙谷小镇、健康养生小镇列入市级特色小镇名单。强势推进集镇整治，拆除违法建筑、乱搭乱建1736处，清理规范乱堆乱放、违规广告牌4395处，推进“六个一”工程，集镇容貌焕然一新。成功探索土地折价、资源入股等农村改革新模式，涌现了黄塘、下畈阁等一批美丽经济样本。四条美丽乡村风景线基本建成，完成1.3万幢“墙·院”整治，徐村、田蓬、长风等一批特色美丽乡村打出品牌，成功创建省级美丽乡村先进县。

生态环境不断优化。统筹推进“五水共治”“三改一拆”“四边三化”专项整治。严格落实“河长制”，全面推广农村生活垃圾“2分+”分类模式，完成71个村农村污水处理设施建设，退养生猪10.6万头，全面禁止河道采砂，强力整治化工、石材加工、选矿场等行业，出境水质基本保持Ⅱ类水标准，成功创建省级“清三河”达标县。大力推进“四边三化”，以“一路一镇”集中整治为突破口，全面推进“四边三化”“两路两侧”整治，320国道和招贤、青石集镇旧貌换新颜，成为全市整治样板。强势推进“三改一拆”，全县完成“三改”面积115.76万平方米，拆除违法建筑3404宗88.6万平方米，入选全省首批基本无违建县。全面实施大气污染防治行动计划，PM2.5平均浓度下降17%，淘汰黄标车943辆。

社会民生和谐稳定。全县民生事业财政支出增长30.6%，民生支出占财政支出的比重达75%。新增城镇就业3375人，实现再就业1439人。实施精准扶贫，全面消除家庭人均收入4600元以下贫困现象。职工最低工资月标准平均提高13.3%，城乡居民低保标准分别提高13.3%和18%。切实加强社会保障，新增被征地农民参保2710人，启动社会福利中心项目建设，实施重度残疾人专业托（安）养工程，新增公租房、廉住房保障家庭1221户。积极发展社会事业，顺利通过国家义务教育发展基本均衡县验收。创办常山育才小学、育才幼儿园，逐步打响“常山育才”品牌。优化城区医疗配置资源，重设中医院，整合妇保院和计生指导站，完成精神康复医院主体工程。新建22个农村文化礼堂。180个行政村应急广播全覆盖。严格落实安全生产责任制，安全生产事故起数比上年下降4.5%。

**【常山县成为全国首批、浙西首个农村淘宝项目试点县】** 2015年，常山县政府大力发展农村电子商务，将发展农村电子商务列入年度十大为民办实事项目之一。设立500万元专项发展资金，启动1000多人规模的农村电商骨干培训，制定以“常山三宝”（常山胡柚、山茶油、猴头菇）为核心的农业振兴一揽子计划，打造农村淘宝的“常山模式”，常山县成为全国首批12个之一、浙西首个开展农村淘宝项目的试点县。

**【常山县获评“浙江省政府和社会资本合作示范县”】** 2015年，常山县推广运用政府和社会资本合作（PPP）模式，首批推出PPP项目17个，计划总投资87亿元，实施天马污水处理厂、公共自行车项目2个，签约落地社会治安视频监控系统、钙产业共料共气共热一体化项目2个，政企“双赢”成效明显，获评“浙江省政府和社会资本合作示范县”，成为全省10个获此殊荣的市、县中唯一一个县级单位。

## 县政府常务会议

**【县政府第38次常务会议】** 2015年4月17日召开。会议由县长毛建国主持。会议的主要议题是：学习国务院第三次廉政工作会议精神；研究《关于加快推进企业上市挂牌工作的意见》（送审稿）、《常山县发展学前教育第二轮三年行动计划（2014—2016年）》（送审稿）、《常山县小型农田水利工程建设与管理体制改革实施方案》（送审稿）、《常山县黄标车淘汰工作实施方案》（送审稿）、《关于进一步推进我县PPP模式试点项目工作的相关建议》（送审稿）；听取《关于常山县城市规划建设用地红线范围内农村集体土地上违法建筑征收处理意见的汇报》（送审稿）、《关于未批先征失地农民参加基本生活保障等有关问题的汇报》（送审稿）。

**【县政府第39次常务会议】** 2015年5月17日召开。会议由县长毛建国主持。会议的主要议题是：研究《常山县产业投资引导基金管理办法》（送审稿）、《常山县泰安矿产经营有限责任公司改革实施方案》（送审稿）、《关于利用城东新区旧厂房改建电子商务产业园的汇报》（送审稿）、研究《关于预算稳定调节基金安排建议的报告》（送审稿）、《关于加快民宿（农家乐）产业发展的若干意见》（送审稿）、《关于设立常山县中医医院并与天马中心卫生院合署的汇报》（送审稿）；听取县总工会相关工作汇报。

**【县政府第40次常务会议】** 2015年6月18日召开。会议由县长毛建国主持。会议的主要议题是：开展“三严三实”专题学习；研究《美丽集镇建设三年行动（2015—2017年）计划实施方案》（送审稿）、《常山县城市禁建区范围内农民住房困难户安置办法》（送审稿）、《常山县环境功能区划》（送审稿）、《关于进一步促进企业兼并重组的实施意见》（送审稿）。

**【县政府第41次常务会议】** 2015年7月6日召开。会议由县长毛建国主持。会议的主要议题是：研究《辉埠经济强镇发展三年行动计划（2015—2017年）》（送审稿）、《球川中心镇建设示范试点三年行动计划（2015—2017年）》（送审稿）、《常山赏石小镇创建三年行动计划（2015—2017年）》（送审稿）、《关于推进三镇开发建设的若干政策意见》（送审稿）、《关于常山县行政事业单位房地产集中管理工作方案》（送审稿）、《关于推进财政支农体制机制改革的实施意见和常山县财政支农体制机制改革三年行动计划》（送审稿）、《常山县石灰石矿破碎企业（生产线）专项整治工作实施方案》（送审稿）、《关于促进农机产业化发展的若干政策意见（送审稿）。

**【县政府第42次常务会议】** 2015年7月27日召开。会议由县长毛建国主持。会议的主要议题是：研究常山县政府领导分工；研究《常山县“五个一批”工作考核实施方案》（送审稿）、《常山县淘汰改造分散高污染燃料锅（窑）炉实施方案（2015—2017年）和财政补助资金实施细则》（送审稿）、《常山县工业企业资源要素市场化配置改革总体方案》（送审稿）、《关于调整完善土地整治有关政策的通知》（送审稿）。

**【县政府第43次常务会议】** 2015年9月16日召开。会议由县长毛建国主持。会议的主要议题是：研究《常山县农村生活污水治理工程第三方竣工验收办法》（送审稿）、《常山县农村生活污水长效管理办法（试行）》（送审稿）、《关于进一步促进全县工业经济发展的若干意见》（送审稿）、《推进石灰钙加工生产线（雷磨机）淘汰意见》（送审稿）、《宋畈片区环境整治提升方案》（送审稿）、《关于收购塔山、盛长矿山的补偿意见》（送审稿）、《关于设立钛和常山产业基金的报告》（送审稿）。

**【县政府第44次常务会议】** 2015年12月18日召开。会议由县长毛建国主持。会议的主要议题是：研究《2016年重点项目计划》（送审稿）、《2016年政府工作报告》（送审稿）、《关于常山县2015年财政预算调整方案的报告》（送审稿）、《关于常山县2015年地方政府债务限额的说明》（送审稿）、《关于常山县2016年预算编制情况》（送审稿）、《常山县工业企业欠薪垫付专项周转金管理使用办法》（送审稿）。

**【县政府第45次常务会议】** 2015年12月21日召开。会议由县长建国主持。会议的主要议题是：研究《常山县国民经济和社会发展第十三个五年规划纲要》（送审稿）。

## 政府办公室

**【概况】** 2015年，县政府办公室办理国务院及其办公厅文件161件、省政府及其办公厅文件354件、市政府及办公室文件145件、县政府及办公室文件253件、乡镇及县直各部门主送件1000余件；打印各类文电、领导讲话、汇报材料等100万余字，复印3.6万张。做好保密和印鉴管理、资料订阅与管理。编发《常山政务》5期、《政务参阅》14期、《常山政务增刊》58期、《要情快报》79期。被国务院办公厅采用信息2条、省政府办公厅采用信息22篇、市政府办公室采用信息33篇，获省、市政府领导批示8条次；政务信息工作考核排名位居全市首位，并获全省二等奖。承办县十五届人大四次会议提交的议案建议18件，县政协八届四次会议提交的提案36件、办结率均为100%。撰写综合文字材料90余万字，组织起草全县性重要会议上的县政府领导讲话材料，完成向省、市领导到常山视察调研工作时的汇报材料，协助县政府领导把关修改在全局性工作会议上的讲话材料以及其他综合文字材料。健全办公室党组理论学习中心组和全体干部职工的学习制度、计划与安排，坚持开展每周集体学习活动；协助党支部开展党务工作；办理全体干部职工调资补贴工作；抓好县政府办公室机关的党风廉政建设；组织职工参加经常性捐助和联系乡镇困难户；做好退休职工的慰问工作。

（王　威）

## 政府咨询工作

**【概况】** 2015年，常山县人民政府咨询委员会（以下简称“县咨询委”）以“十三五”规划的编制和欠发达县摘帽后如何加快发展建言献策作为工作重点，组织专家、各级委员建言献策，发挥咨询委员咨询研究的热情，增强咨询活动的针对性和有效性。围绕常山经济社会发展全局的重要问题，完成7篇咨询报告，供县委、县政府领导决策参考。这7篇报告的题目是：《我县设立政府产业基金的若干思考》《我县中小企业上市挂牌的现状及建议》《全省欠发达县摘帽后我县经济社会发展对策与思考》《发展我县中药材产业的思考》《健全我县公立医疗机构编制备案制的思考和建议》《“绿水青山就是金山银山”在常山的实践——生态资源转化为发展资本的思路、做法和路径》《关于我县工业企业兼并重组的思考和对策研究》。其中，4篇咨询调研报告获县领导的批示，3篇报告中部分建议被采纳并当年进行转化。《我县设立政府产业基金的若干思考》提交后，县长毛建国作出批示，5月20日，县政府出台《常山县产业投资引导基金管理办法》，设立规模为3亿元的衢州市首个政府产业发展基金；《我县中小企业上市挂牌的现状及建议》提交后，县委书记王良春、县长毛建国相继作出批示，抽调专门人员组建班子，分头抓落实，11月、12月常山天子股份（股票代码834200）与爱丽莎（股票代码834989）先后在“新三板”挂牌上市，天子股份成为浙江省首个国家级农业龙头企业在新三版挂牌上市的企业；《健全我县公立医疗机构编制备案制的思考和建议》提交后，县领导批示后经县编委会研究，核定县级三所公立医院事业编制报备员额共372人，缓解了制约县公立医院发展的人员编制问题。同时，县政府出台《关于进一步加强卫生人才队伍建设的若干意见》文件，紧抓卫生人才引进、培养、管理、激励等环节，坚持引进与培养并举、管理与激励并重，着重提高卫生人才队伍的整体素质，推动卫生事业人才队伍全面、协调、可持续发展。此外，《“绿水青山就是金山银山”在常山的实践——生态资源转化为发展资本的思路、做法和路径》咨询调研报告，作为市县联动课题，经市咨询委汇总后上报市委、市政府主要领导参阅。

**【征求特邀委员建议】** 2015年，县咨询委在广泛收集2004—2014年全省26个欠发达县的有关经济数据基础上，编辑《近期常山社会经济发展数据比较》；结合省发规院编制的《常山县“十三五”经济社会发展基本思路研究（意见征求稿）》，于6月中旬分别赴杭州、衢州两地将材料送给特邀委员，请他们对常山社会经济发展以及常山县“十三五”规划提出建议和意见。整理、编制《常山咨询》3期，送县四套班子主要领导参阅。将整理、汇编的建议、意见在县政府召开的“十三五”规划编制工作汇报会上进行反馈，很多有建设性、可操作性、前瞻性的建议被县政府采纳。

**【开展市县联动课题调研】** 2015年，为共同完成市咨询委开展《绿水青山转化为金山银山的实践路径研究》的联动课题，县咨询委专门研究成立课题小组，开展课题调研。7月9日，由市咨询委主任黄会荣带队一行五人到常山对该课题进行调研及座谈。调研组实地考察新昌乡黄塘村、芳村镇下猷阁村、东案乡田蓬村，并召开有县政府分管领导，部分乡镇党委书记，县农办、县发改局等部门分管领导参加的座谈会。会上，有关乡镇、部门汇报了各自在践行“绿水青山就是金山银山”的具体做法及经验，并提出意见和建议。县咨询委课题组于11月16日完成课题报告，并上报市咨询委。

（杨　登）

## 机关事务管理

【概况】 2015年，县机关事务管理局围绕县委、县政府“实力工业、休闲城市、美丽乡村”战略，在上级领导和部门的指导下，以落实党风廉政建设责任制为统领，不断加强队伍建设，以做好重大公务活动接待、提升会务后勤服务质量、强化公务车辆行驶管理、筑牢保卫和消防安全屏障、推进公共机构节能建设、抓实办公用房调剂和管理为主要抓手，全力提高机关后勤服务保障水平。先后完成县“两会”、省委巡视组，以及“常山三宝”杭州推介会、油茶文化节、“绿色中国行——走进美丽常山”等重要公务接待和重大活动的后勤保障工作，全年共接待来宾370余批次，计2230人次。统筹协调县办公用房管理，建立办公用房标准化长效管理机制，着力开展县级机关单位办公用房清理整改督查“回头看”工作，巩固办公用房清理成果。积极开展“公共机构节能宣传周”系列活动和节水宣传“三进”活动，扩大节能宣传影响力，助力“五水共治”。有序推进公务用车改革前期准备工作，严格执行公务用车定点加油、定点修车制度，促进驾驶员和车辆管理规范，全年无安全责任事故发生，共出车1.5万余台次，安全行驶65万千米。实行24小时不间断定时巡逻防控，加大安全保卫工作力度，并定期开展政府大院消防安全培训和消防安全演练；协助公安、信访局等单位，做好信访群众疏导工作，维护机关大院的信访秩序，注重安保工作全面化管理；重新调整政府机关大院义务消防员，助推平安常山建设。进一步加强对县各类重要会议的保障，不定期组织会务服务人员进行培训学习，提高会务服务标准，并加大对会务设备设施的更新改造，提高会务服务效能，顺利完成全县378场会务保障。

截至年底，县机关事务管理局有在岗干部职工65人，其中局机关25人、机关后勤服务中心11人、合同制职工29人。

【统筹协调机关单位办公用房管理】 2015年，县机关事务管理局牵头完成县级机关单位办公用房清理整改督查工作。开展“公共机构节能宣传周”系列活动，大楼内会议室及部分照明灯改造为使用节能灯，每年可节约电费约5万元。指导创建节水示范单位，并通过节水示范单位验收。

（刘汉强）

# 政协常山县委员会

## 综　述

2015年，政协常山县委员会围绕常山改革创新、加快发展、改善民生、维护稳定等重大问题，通过提交提案、大会发言、小组讨论及与县委、县政府领导面对面交流等形式进行整体协商。围绕全县经济社会发展各领域的突出问题，谋实招、献实策，为破解难题献计出力，召开主席会议9次。在全体会议、常委会议、主席会议协商的基础上，主动加强同政府职能部门的沟通联系，先后围绕食品安全监管、政府项目审计、电子商务发展、文物保护工作、城市污水处理厂建设等热点、难点问题开展专委会对口协商活动16次，为有关部门完善政策、改进工作建言献策。

完善协商办理制度，出台《政协提案交叉事项联动协商办理实施办法》；深化民主评议提案办理工作，组织由县政协领导带队、各专委会牵头、所有提案委员参加的评议小组7个，对123件提案的办理工作全面进行评议，首次实现提案民主评议全覆盖。

参与省、市政协开展的“三级政协联动、万名委员同行、助推‘五水共治’长效机制建设”专项集体民主监督活动，由在常山的省、市、县200余名政协委员组成16个民主监督小组，对全县开展监督活动80余次；各委员小组开展各项调研活动30余次，发现各类问题130余个，提出意见建议150多条。在履职过程中收集社会各界的意见建议，向上级政协组织和县委、县政府报送60余条社情民意信息，其中《发展亲水经打造钱塘江千里风情水岸》《对全面加强我省基层党组织和基层政权建设的建议》2篇信息被省政协综合采用，专报省委、省政府决策参考。

联系委员常态化，听取委员对政协工作的意见建议，帮助委员解决实际困难，走访基层委员150余人次，收集各类信息200余条。加强与上级政协、兄弟县（市、区）政协的联系和交流，组织市政协委员开展跨区域视察，接待外地政协到常山考察，承办皖浙赣三省七县（市）政协第三十次工作交流会。开展常山古道、“天南地北常山人”资料征集和最美常山港人文调研，编印出版《情怀常山港》一书，助推常山风土人情和历史文化研究；配合省政协做好“浙江百名新乡贤”事迹材料收集，选出5名候选人参加评选。

坚持政协工作与党政中心工作同轴运转、同向推进，常委会领导班子成员投身经济建设和社会发展第一线，加强思想建设、委员管理和机关建设，主动适应发展新常态、改革新要求，不断解放思想、开拓创新，在履职中体现特色、增强实效。

**【县政协八届四次会议】** 2015年2月1日至4日，政协第八届常山县委员会第四次会议在县城举行。194位县政协委员参加会议，在常山的省、市政协委员，历届离退休县政协副主席、秘书长，县人大常委会各工委主任，各乡镇（街道）、县级机关各单位的主要领导以及不是委员的乡镇政协工作联络员列席会议。会议听取和审议县政协主席林红汉作的县政协常委会工作报告、副主席陈国珠代表政协第八届常山县委员会常务委员会作的县政协提案工作报告，同时听取县委书记王良春代表中共常山县委所作的讲话。与会人员列席了常山县第十五届人民代表大会第四次会议，听取并讨论县长毛建国所作的《政府工作报告》，听取并讨论其他报告。会上，7位委员围绕精准编制“十三五”规划、推进大健康产业发展、加强农产品质量安全监管等事关经济社会发展的问题作口头发言，书面交流19位委员的发言。县委、县政府高度重视，王良春对8篇大会发言材料作出重要批示，毛建国听取委员发言并作重要讲话。

**【县政协常委会议】** 2015年，县政协召开常委会议6次，分别为：

2月4日，县政协召开八届常委会第十六次会议，听取各委员小组对政府工作报告、政协常委会工作报告、提案工作报告等报告的讨论情况汇报，审议通过县政协八届四次会议决议（草案），审议通过县政协八届四次会议提案审查情况报告（草案）。

3月25日，县政协召开八届常委会第十七次会议，专题视察协商城东新区开发建设工作，实地视察梦之岛、滨江一期、东方城市综合体等项目现场，了解项目开发建设情况；在随后的座谈会上，听取城东新区管委会相关工作汇报，并分组开展协商讨论；林红汉在会上针对常山新常态下宏观形势发生的变化以及城市开发建设情况方面作重要讲话。

4月9日，县政协召开八届常委会第十八次会议，会议协商讨论《政协常山县委员会关于开展“‘五水共治’长效机制建设”专项集体民主监督活动的实施方案》；表决通过有关人事事项。

6月29日，县政协召开八届常委会第十九次会议，专题协商常山县“十三五”规划编制工作。与会人员围绕县委书记王良春的重要讲话精神、县政协课题组《关于对常山县“十三五“规划编制工作的调研报告》以及县发改局作《关于常山县“十三五”规划编制工作开展情况》的报告开展讨论；会议表决通过有关人事事项。

9月24日，县政协召开八届常委会第二十次会议，会议听取县政协各评议组反馈的对县政协八届四次会议提案办理工作的评议意见、被评议单位代表作的关于县政协八届四次会议来提案办理情况的报告，县政协常委对提案承办部门的提案办理工作进行了测评；会议表决通过有关人事事项。

12月25日，县政协召开八届常委会第二十一次会议，协商讨论《常山县国民经济和社会发展“十三五”规划纲要》和《政府工作报告（征求意见稿）》《政协第八届常山县委员会常务委员会工作报告（讨论稿）》《政协第八届常山县委员会常务委员会关于八届四次会议以来提案工作情况的报告（讨论稿）》；审议通过关于召开县政协八届五次会议的有关事项；表决通过有关人事事项。

**【县政协主席会议】** 2015年，县政协召开主席会议9次，分别为：

2月3日，县政协召开八届三十八次主席会议，审议提出县政协八届常委会第十六次会议有关事项。

3月5日，县政协召开八届三十九次主席会议，专题协商“四张清单一张网”改革工作，传达学习中共中央《关于加强社会主义协商民主建设的意见》，研究召开县政协八届常委会第十七次会议的有关事项。

4月7日，县政协召开八届四十次主席会议，专题讨论“五水共治”民主监督方案及有关委员调整事项。

4月22日，县政协召开八届四十一次主席会议，专题视察协商常山县产业平台建设工作，研究确定县政协八届四次会议重点提案，研究通过《县政协提案办理协商实施办法》。

6月17日，县政协召开八届四十二次主席会议，听取“十三五”规划编制课题调研情况汇报，研究召开县政协八届常委会第十九次会议的有关事项，协商讨论有关人事事项。

7月24日，县政协召开八届四十三次主席会议，专题视察协商“蓝天三衢”生态治理工作，研究确定《2015年度提案办理工作民主评议实施方案》。

9月17日，召开县政协八届四十四次主席会议，协商讨论县政协三季度常委会调研报告、县政协提案办理工作民主评议意见，研究确定召开县政协三季度常委会有关事项及研究讨论有关人事事项。

10月29日，县政协召开八届四十五次主席会议，审议通过有关人事事项；传达县“两会”筹备组会议有关精神。

12月16日，县政协召开八届四十六次主席会议，初审《政协第八届常山县委员会常务委员会工作报告（讨论稿）》《提案工作情况的报告（讨论稿）》，协商讨论召开县政协八届五次会议有关材料、研究确定县政协八届四次会议优秀提案名单、研究确定县政协2016年常委会议、主席会议、对口协商会议和委员视察主题及协商讨论县政协八届常委会第二十一次会议协商议题。

**【政协专题视察】** 2015年，县政协组织专题视察3次，分别为：

1月20日，组织部分政协委员分两组开展八届四次会议会前视察，主要视察常山县中国观赏石博览园、048省道特大桥工程、常山一中迁建项目的建设情况及乡村休闲旅游长廊、绿色产业集聚区平台建设等。

8月25日，组织部分政协委员对常山县320国道青石—招贤段和招贤集镇“一路一镇”整治工作开展专题视察。

9月9日，组织部分政协委员对常山县320国道招贤—青石—白石路段以及招贤集镇等地“一路一镇”整治工作再次开展专题视察。

**【政协对口协商】** 2015年，开展专委会对口协商活动16次，分别为：

1月14日，县政协召开对口协商会议，专题协商常山小区物业管理工作。

2月13日，由县政协港澳台侨委员会牵头，召开县政协对口协商会议，专题听取常山台（侨）情通报。

3月18日，由县政协文史资料委员会牵头，召开县政协对口协商会议，专题协商常山文物保护工作。

4月29日，由县政协教育文化卫生体育委员会牵头，召开县政协对口协商会议，专题协商常山老城区卫生机构转型升级工作。

4月30日，由县政协提案委员会牵头，召开县政协对口协商会议，专题协商常山千万学生饮食放心工程实施情况。

5月14日，由县政协委员工作委员会牵头，召开县政协对口协商会议，专题协商常山劳动仲裁工作。

5月22日，由县政协社会法制和民族宗教委员会牵头，组织召开县政协对口协商会议，专题协商常山县警调中心建设情况。

7月7日，由县政协提案委员会牵头，组织召开县政协对口协商会议，专题视察协商常山县电子商务发展情况。

7月23日，由县政协农业农村和人口资源环境委员会牵头，组织召开县政协对口协商会议，专题视察协商生态农业示范长廊建设情况。

8月28日，由县政协经济科技委员会牵

头，组织召开县政协对口协商会议，视察协商天马污水处理厂改扩建及运行维护情况。

9月11日，由县政协文史资料委员会牵头，组织召开县政协对口协商会议，视察协商沿江（溪、山）慢行道建设工作。

10月22日，由县政协委员工作委员会牵头，召开县政协对口协商会议，专题协商常山县政府项目审计工作。

11月13日，由县政协港澳台侨委员会牵头，组织召开县政协对口协商会议，视察协商三衢湖省级旅游度假区建设工作。

11月19日，由县政协社会法制和民族宗教委员会牵头，组织召开县政协对口协商会议，视察协商常山社区矫正人员管理工作。

11月20日，县政协教育文化卫生体育委员会牵头，组织召开县政协对口协商会议，视察协商常山教育综合改革工作。

12月16日，由县政协农业农村和人口资源环境委员会牵头，组织召开县政协对口协商会议，视察协商常山畜禽废弃物资源化利用工作。

**【首次实现提案民主评议全覆盖】** 2015年2月初，县政协八届四次会议收到以提案形式提出的意见建议154件，经提案审查符合立案条件的145件，经并案后立案123件，另9件作委员来信处理。同时，围绕县委、县政府工作大局和人民群众普遍关注的热点问题，遴选出《关于实施精准引导、促进技改提升的建议》等3件提案作为重点提案，分别由分管副县长领办、政协领导督办，确保重点提案的办理落实到实处。探索行之有效的督办方式，深化民主评议提案办理工作，组织7个由县政协领导带队、各专委会牵头、所有提案委员参加的评议小组，对123件提案的办理工作全面进行评议，首次实现提案民主评议全覆盖。至年底，立案的123件提案已全部办理答复完毕。

**【县政协领导领创产业】** 2015年，县政协常委会领导班子成员主动投身经济建设和社会发展第一线，领创产业发展，常山胡柚在浙商所上市交易；胡柚枳壳成功申报浙江省中药炮制规范目录。由县政协领导领创的纺织产业、水饮料产业稳步推进，三清绿道、十里长风两条风景线风貌显现。

**县政协八届四次会议优秀提案**

**表7**

| 提案号 | 提案人 | 提案主题 |
| --- | --- | --- |
| 008 | 农工党常山支部 | 关于建设国家级木本油料重点县的建议 |
| 009 | 县科协 | 关于发展休闲农业和乡村旅游的几点建议 |
| 034 | 程旭峰 | 关于推进发展养老服务体系建设的建议 |
| 072 | 何华平 | 关于成立困难企业帮扶专业团队的建议 |
| 075 | 范建新 | 关于实施精准引导、促进技改提升的建议 |
| 078 | 汪宸卿 | 关于理顺和加强城区公用路灯建设与管理的建议 |
| 106 | 毛朝霞 | 关于加强我县文物保护工作的建议 |
| 109 | 谢诚 | 关于加快工业园区生活性配套设施建设的建议 |

（熊爱华、徐晓菡）

**小资料：政协优秀提案**

**关于发展休闲农业和乡村旅游的几点建议**

发展休闲农业对推进常山县农业发展方式转变、优化调整农业和农村产业结构、促进农民就业增收、建设社会主义新农村、扩大内需以及统筹城乡发展具有重要的作用。针对休闲农业与乡村旅游存在的困难和各种现实问题，切实贯彻农业部、国家旅游局共推休闲农业与乡村旅游的框架协议，积极探索发展休闲农业与乡村旅游的新路子，实现科学规划，稳步推进、以农为本，惠及城乡、规范管理，提升水平、生态优先，环境友好、乡村为基础，地域适宜、突出文化，深化品味的目标，显得尤为重要。

党中央、国务院高度重视休闲农业的发展，在2007年就下发的《国务院关于加快发展旅游业的意见》和2010年中央1号文件中都对发展休闲农业提出了具体要求，指明了方向。2014年浙江省人民政府出台了《关于加快培育旅游业成为万亿产业的实施意见》。《意见》部署促进浙江省旅游打造万亿产业，提出到2017年，全省年接待游客量达到6.5亿人次，年均增长10%，全省城乡居民人均出游4.5次，力争旅游产业总收入达到1万亿元，产业增加值占地区生产总值的比重提高到6.7%的目标。并提出要推

进乡村旅游转型升级。推进农旅融合，创新经营管理模式，培育旅游新业态。

休闲农业是以促进农民就业增收和新农村建设为主要目标，横跨一、二、三产业，融合生产、生活和生态，把农业、农产品加工业和农村服务业紧密连结的一种新型农业产业形态。它源于农业，建在农村，惠及农民，融通城乡，服务社会，发展休闲农业是一举多效、利国利民的一项事业。据研究测算，休闲农业每增加1个就业机会，就能带动整个产业链增加5个就业机会。一个一年接待10万人次的休闲农庄，可实现营业收入1000万元，直接和间接安置300名农民就业，可带动1000户农民家庭增收。加快发展休闲农业既是常山县经济社会现实发展的客观需要，也是新时期加快解决“三农”问题的必然选择。

常山县休闲农业与乡村旅游发展存在的主要问题和对策：

推进休闲农业快速发展，常山县确实面临很多困难和问题。从产业内部看，主要存在布局不合理、管理水平不高、人员素质较低、基础设施较差、投资结构不合理等问题。从外部环境看，主要存在思想认识不统一、行业管理和规划引导不到位、政策扶持滞后，业主融资贷款难、社会负担重等问题。这些困难和问题已经成为制约休闲农业发展的瓶颈。目前，各乡镇已建成的休闲农业园区，还存在着突出自己的乡村特色不足，而是互相模仿，重复建设，千篇一律、贪大求全，包罗万象等弊端。

针对休闲农业与乡村旅游存在的困难和各种现实问题，切实贯彻农业部、国家旅游局共推休闲农业与乡村旅游的框架协议，积极探索发展休闲农业与乡村旅游的新路子，特提出如下对策。

1. 科学规划，稳步推进。发展休闲农业要与当地经济社会发展相适应，要把休闲农业作为一个产业纳入新农村建设整体规划、纳入到农业产业发展规划来谋划，有重点、有步骤地推进，引导适宜发展的乡镇有序发展，避免各地一哄而上，低水平盲目发展。鼓励利用荒山、荒坡、荒滩、垃圾场、废弃矿山、可以开发利用的石漠化土地等发展休闲农业，避免滥占耕地。在发展中，要通过科学规划，合理引导，做到开发与保护相结合，生产、生活、生态相统一，实现可持续发展。

2. 以农为本，惠及城乡。发展休闲农业不能脱离农业、农村、农民，要坚持以促进

农民就地就业和增收为目标，紧紧围绕农业生产过程、农民劳动生活和农村风情风貌开发休闲产品，突出自然生态，体现乡土气息，大力培育特色休闲农业产业，在带动农业农村经济发展的同时，为城乡消费者创造良好的休闲环境。

3. 规范管理，提升水平。发展休闲农业要高度重视饮食卫生、公共安全、服务标准、环境保护等公共利益，要通过制定标准、加强管理、培育品牌、引导行业自律等多种方式，规范休闲农业的发展。

4. 生态优先，环境友好。休闲农业不仅要发挥农业的经济功能，更重要的是发挥生态功能，为城乡居民提供优质生活环境。包括农田、菜园、果园、林地、草坪、花园等，都可防治污染，创造绿色景观，保持清新、宁静的生活环境。建设上以生态学原理为依据，充分利用绿色植物吸收有害气体、释放氧气、杀菌、滞尘、减噪等特点，使具有不同生态特点的植物各得其所。因地制宜地构建多树种、多结构、多功能的复层绿色生态构架，形成稳定的生态系统，保证园区的优质生态效益。如山东省莱芜市房干村原是个贫穷小山村。从治山治水到封山育林保护环境，再到发展休闲农业与生态旅游，足足艰苦奋斗了20多个春秋。制定一系列保护生态环境的制度，为防止大气污染，全村实现了电气化，告别了煤、气炉灶，全村民实现了戒烟。还成立了生态保护研究中心。如今全村，特别是主要休闲景区——九龙大峡谷，处处溪水潺潺、瀑布相连、林草繁茂、空气清新、景色宜人。被德国环保专家帕特博士誉为“绿色天堂”，环保部誉为“生态农业好，中华第一村。”

5. 乡村为基础，地域适宜。休闲农业与乡村旅游选址要根据新农村建设背景，结合当地景观模式，充分挖掘乡村自然、人文资源，打造形式优美、内涵丰富，符合新农村建设的特色景观，最大限度满足游客的心理和活动要求。

6. 突出文化，提升品位。休闲农业发展既要考虑乡村风土人情，民族习惯，民俗文化，又要照顾游客需要，来源农村生活又要高于生活，提高审美兴趣和文化档次。体现乡村艺术和文化气息，彰显个性，传承文化。陶冶游客身心，使之乘兴而来，满载而归。有的园区就妥善解决了“五头”，有看头、玩头、吃头、买头、想头。使园区常年红火，长盛不衰。

（常山县科协）

# 民主党派·工商联

## 综 述

2015年，中国国民党革命委员会常山县总支委员会（简称“民革常山总支”）有党员23人，分两个支部（第一支部12人、第二支部11人），总支主委郑金仙。总支成员担任县级机关单位中层以上干部的有15人，占68.2%，其中县（处）级领导干部1人，科级领导干部3人；具有高级职称的共6人，占26.1%。根据党员所在单位分，教育行业的有4人，卫生行业的有2人，企业界的有2人，政府机关的有8人，离退休党员7人。民革常山总支组织支部党员到县富山纺织有限公司、县公路管理局、县人民医院、芳村镇等单位开展学习调研。开展70岁以上老党员“夏日送清凉”“重阳送温暖”活动和“新年送祝福”活动。做好祖统联谊工作，党员严作华、毛在贤、朱渭山等利用通信、通话、互寄贺年卡的方式与台湾朋友和亲属进行交流，宣传常山县经济社会发展带来的巨大变化，为促进两岸交流、祖国统一大业发挥作用。林木青获评浙江省五一劳动奖章、衢州市十大女杰提名奖（衢州市三八红旗手）、浙江省征兵工作先进个人；符和根获评县招商能手；曾令兵的“为常山企业家喝彩”获全国彩词征集大赛一等奖、连环画《樊莹的故事》获省第三届统战系统廉政书画展优秀作品奖。

2015年，中国民主同盟常山县总支委员会（简称“民盟常山总支”）完善社情民意搜集，撰写议案、提案工作机制；开展“一支部一调研、一盟员一建议”活动，题为《加强水资源生态管理着力打造浙西生态屏障》的县政协大会发言材料获得中共常山县委书记王良春的批示；参加“五水共治”专项民主监督和各类检查、监督、评议活动，发挥民主党派监督的职能作用。坚持逢年过节关心慰问老盟员，及时看望、慰问患病的盟员，表达盟组织对盟员的诚挚问候和良好的祝愿。实行走访盟员制度，安排一定的时间或结合工作实际，深入盟员所在单位或家中进行座谈和访问，了解盟员的工作和生活情况，听取盟员意见、建议，做好协调关系、理顺情绪、增进团结、鼓舞士气的工作。坚持为老盟员订一份《浙江老年报》，丰富老盟员的业余生活。利用盟员中优秀教师的优势，加强常山县民盟文化补习班建设；利用部分盟员的专业知识策划并组织常山县第一中学校园植物挂牌活动。组织盟员给社区居民维护家庭电脑，提升盟组织的社会影响力。至年底，民盟常山县总支共有29位盟员，其中教育界12人、医药卫生界1人、文化艺术界2人、经济界8人、政府部门5人，罗诚剑任总支主委。下设两个支部（教育支部13人，郑俊民任支部主委；综合支部16人，陈青寿任支部主委）。盟员中，有1人为市人大代表、4人为市政协委员、1人为县人大代表、8人为县政协委员；担任处级实职的2人，科级实职的2人，各业务单位中层职务的6人。

2015年，中国农工民主党常山县支部委员会（简称农工党常山支部）有党员28人，主任委员谢雨生，副主任委员汪卫东、何水清，委员陈江；有市政协委员2人、市人大代表1人、县政协委员5人。全年组织党员开展践行中国特色社会主义核心价值观的活动，履行参政党的参政议政职能，向市人大提交议案建议意见1件、市政协提案2件、县政协提案6件。其中，以支部名义提交政协提案2件，获评优秀提案1件，在县政协大会上发言1件。多形式开展学习教育活动，全体党员深入农村、企业、部门了解实情，通过交流、座谈、培训、自学、义诊等形式，学习和传达农工党省、市委会的文件精神，深入调查基层民情，促进党员自身素质的提高。组织党员深入基层开展调研，撰写出一批较高质量的调研文章，农工党支部撰写的《关于建设国家级木本油料重点县的建议》的调研文章被列为县“两会”重点提案，受到农工党衢州市委会、政协常山县委员会和常山县委统战部的肯定。医卫系统党员发挥专业特长优势，多次参与送医下乡活动。

2015年，常山县工商业联合会（以下简称“县工商联”）辖招贤、芳村、球川、青石4个基层商会和杭州市、深圳市、义乌市、北京市、上海市等5个异地常山商会，业务指导常山县钙产品工业协会、常山县纺织服装行业协会、常山县轴承行业协会、常山县餐饮协会、常山县物流协会、常山县永康商会等组织。新发展会员8个，共有会员512个；编发《常山工商联》刊物3期。以“请进来、走出去”的方式多层面组织非公有制经济人士外出学习考察、专家讲座等教育培训活动。邀请全国知名金融投资专家、华集基金创始合伙人曾文虎教授为全县非公有制经济人士主讲报告；举办“县域经济发展与房产市场形势剖析”论坛等。

发挥工商联在非公有制经济人士参与政治和社会事务中的主渠道作用，推动非公有制经济人士参与社会主义民主政治，反映非公有制经济人士的愿望与诉求。开展“服务企业”活动，在解决劳资纠纷、融资问题、房产权证、招工用工问题等多方面服务帮助。在县两会期间，县工商联组织工商联界的人大代表、政协委员向县两会提交提案建议42件，其中工商联提出的《行业、协会商会承接政府职能转移的几点建议》被县政协评选为优秀提案，并在县政协大会上发言。

县工商联牵线开展“同心送温暖”“常商助学”活动。2015年5月，杭州常山商会代表为18岁尿毒症少年徐某送上2.8万元善款和慰问品。7月，杭州常山商会组织工作人员到白石镇草坪村，详细了解小祺祺病情及医疗困境，并送上4.15万元善款。8月21日，杭州常山商会捐资助学活动捐赠仪式在常山一中举行，为10名优秀教师、7名优秀学生颁奖，并对30名贫困学生进行资助，爱心款合计20万元。

县工商联向全县非公有制经济人士发出倡议，组织105家民营企业开展“百企联百村”活动，实施对接项目135个。广大非公有制经济人士踊跃捐钱捐物，其中直接捐到工商联企业25家，捐款金额92.21万元；直接捐款到乡镇（街道）、村的有56家企业，捐款金额72.7万元；2家企业捐160万元水泥。同时，向省工商联争取“浙商义行天下乡村行”项目，为青石镇6个行政村争取到资金100万元。

**【民革参政议政】** 2015年，民革常山总支鼓励党员针对群众关心的热点、难点问题，搜集社情民意，撰写调研文章。完成的提案、议案有《关于建立全省工业“一盘棋”工作机制，加快欠发达地方发展的建议》《关于要求加大对常山县中医药事业建设帮扶力度的建议》《关于解决两会期间交通拥挤状况的建议》《奋发有为，提高常山工业投入产出率》《关于探拷拓印散佚野外碑石融入城东新区文化园的建议》《关于如何进一步促进民营融资性担保机构健康发展的提案》《关于加强我县自来水水质管理，保障饮用水安全的建议》《关于将公路事业单位自收自支转为全额拨款的建议》《强化产业支撑，打造美丽经济》《谋划“智慧交通”，亮丽“休闲城市”》，其中《谋划“智慧交通”，亮丽“休闲城市”》作为县政协八届五次会议大会发言材料，《奋发有为，提高常山工业投入产出率》和《强化产业支撑打造美丽经济》作为县政协八届五次会议大会书面发言材料。

**【民革服务社会扶贫帮困】** 2015年，民革常山总支按照“量力而行、注重实效”的原则，发动党员参与社区服务和扶贫帮困等慈善活动，符和根与10多位贫困学生结对帮扶，资助“希望工程”和孤寡老人关爱项目等；孙衣云组织市级名师、县级名师和学科带头人开展送教下乡，帮扶培养农村教师；林木青、程旭峰利用休息时间开展“送医下乡”“送医进社区”活动；黄荣杭多次走进社区、学校，帮助社区、学校将图书编排分类，指导他们建立规范的图书馆和阅览室；王顺利参加县青少年宫组织的指导少儿画画活动、“美丽乡村”美墙画画行动等；曾令兵向湖北省“辛亥革命纪念馆”捐赠实物5件，并获纪念证书，多次参加县里组织的各项大型公益活动。

**【民盟完善参政议政工作机制】** 2015年，民盟常山总支完善由全体盟员参与，宣传委员负责社情民意的搜集，盟员中的人大代表、政协委员负责参政议政材料、议案、提案的撰写和提交的工作机制。罗诚剑提出的《关于探索建立衢州市青少年农业教育实践基地的建议》获衢州市政协优秀提案。开展“一支部一调研、一盟员一建议”活动，向县政协提交提案7篇，向市政协提交提案4篇，其中《科学使用石灰石资源助力生态经济发展》和《加强水资源生态管理着力打造浙西生态屏障》两篇提案在常山县政协第八届四次全会上作大会发言；撰写“社情民意”6份。参加县政协“五水共治”专项民主监督，有4位盟员被聘为有关部门的民主监督员，参加聘请部门开展的各类检查、监督、评议活动，发挥民主党派监督的职能作用。

**【民盟完善参政议政档案管理制度】** 2015年，民盟常山总支规定盟员中的人大代表、政协委员在市、县“两会”后须及时以书面形式向民盟常山总支汇报参政议政情况，递交参政议政材料，以做好资料收集整理，完善民盟常山总支参政议政工作档案管理。

**【组建3家异地常山商会】** 2015年8月31日，在义乌成立常山商会、举行第一届会员大会，县委常委、统战部部长郑建华参加。9月20日，在北京成立常山商会，并举行招商引资推介会，县委书记王良春讲话，县委副书记、县长毛建国为商会授牌，县委常委、常务副县长夏建军推荐招商引资项目，县委常委、统战部部长郑建华主持大会。10月25日，在上海成立常山商会，并举行招商引资推介会，县领导王良春、夏建军、郑建华参加。

**【杭州市常山商会换届产生第二届理事会】** 2015年1月24日，杭州市常山商会第二届一次会员大会在杭州市召开。会议选举并产生杭州市常山商会第二届理事会领导班子成员，选举邱娣兵为第二届理事会会长，举行了新老会长交接仪式。

**【非公有制经济组织党建工作】** 2015 年，县工商联加强和推进非公有制企业党组织和党的工作“两个覆盖”工作，规范协会党建工作。对有党员而没有建立党支部的会员企业，实行联建形式建立党支部，开展党的活动。配合、协助县委组织部以指导员形式开展会员企业党建工作。县餐饮协会是市级联建单位，协会党支部开展“五水共治”捐赠钱物、与贫困大学生结对助学、到农村慰问老党员老干部等形式多样的活动，向“党建强、发展强”先进社会组织党组织靠拢，推进理想信念教育。

（黄爱珍、郑俊民、樊淑敏、陈芝兰）

# 社会团体

## 常山县总工会

**【概述】** 2015年，全县有工会组织829个（单独建会787个，联合工会42个），工会会员58572人，农民工33371人。其中，产业工会2个，局工会6个，乡镇（街道）工会14个（镇总工会3个），经济技术开发区总工会1个，区域性、行业性工会3个，覆盖小企业2935家；实行职代会厂务公开企业711家。

县总工会组织党员干部深入基层、深入一线、深入企业，了解企业生产经营情况，有针对性地帮扶企业破解生产困境转型升级。履行部门“包村”职责，参与“五水共治”、生猪整治、“无违建”创建、计划生育等工作，帮助“包村”挖掘特色亮点，发展民宿经济等。履行“河长制”联系部门职责，对何家乡石门溪的河道卫生进行多次清理、巡查督查，保持河道的整洁卫生。以九景衢铁路工程常山段、县农村生活污水治理建设工程、美丽乡村建设工程等一批重点项目为依托，以“六比六赛”为主要内容，在广大职工中开展重点项目立功竞赛活动，打造“精品工程”“示范工程”，推进“两美”常山建设。发挥劳模和先进典型的示范引领作用，结合劳模职业特点和个人特长，建立“五水共治”、企业技术攻关、农业技术指导、重点项目建设、“一米阳光”5支劳模服务队，开展技术创新、服务美丽乡村、服务项目建设等活动。到青石镇、招贤镇参加“四边三化”大行动，助力“三镇”建设。开展“劳动最伟大、劳动最光荣”学习实践活动，用劳模精神鼓舞广大职工，鼓励职工学习劳模、争当劳模。林木青获浙江省“五一”劳动奖章，刘羽、朱硕俊获衢州市“五一”劳动奖章，程鸿星获衢州市重点项目立功竞赛先进个人。

推进法治工会建设，展现发展和谐劳动关系新作为。工会组织帮助企业培训工资集体协商指导员，推行工资平等协商和集体合同签订制度。2015年，全县签订集体合同189份，100%实现已建工会工资集体协议续签；在三品轴承和餐饮行业开展工资集体协商示范点建设。开展“创建劳动关系和谐企业”活动，全县80%的企业按照“常山县劳动关系和谐企业创建标准”制定实施方案，有10家企业被推荐为“衢州市第四批劳动关系和谐企业”受到表彰。完善劳动保护机制，开展工间操推广培训、慢性病防治等工作，提高广大干部职工身体素质和身心健康。开展“安康杯”劳动竞赛，以“安康杯”竞赛和安全生产月为载体，在危险化学品、道路交通、建筑施工等高危行业领域和外来务工人员聚集劳动密集型行业开展“安康杯”专项竞赛活动，实施劳动分级保护管理，提高职工的安全意识和防范意识。健全普法宣传教育机制，开展《中华人民共和国工会法》《中华人民共和国劳动法》“两法”宣传月活动，向职工发放宣传手册2000多本，组织广大基层工会干部开展“两法”知识竞赛。

完善救助帮扶服务的长效机制。深入实施

"四季关爱"行动，做实贫困职工生活补助、金秋助学、大病补助和职工疗休养等工作，做到一般困难机制帮、突出困难重点帮、突发困难及时帮，满足职工群众的多层次需求。2015年，县总工会为20户患"尿毒症"病患职工和家庭发放救助资金9万元，为205户困难帮扶职工发放救助款25多万元。开展以"送清凉、送健康、送安全、送法律"为内容的"四送"活动，为高温作业的一线职工、"五水共治"工地、石博览园项目建设工地等省、市、县重点项目施工工地的300多名职工送上3万多元的水果、矿泉水等清凉物资。开展困难职工子女"金秋助学"活动，对22名金秋助学对象发放助学金6.25万元。"两节"期间走访慰问城镇困难居民、企业困难职工、贫困劳模和各类贫困对象643户，发放慰问金、慰问物资70余万元。开展职工医疗互助保障工作，2015年共受理职工医疗互助报销人数237人次，报销金额26万余元，其中最高报销金额达1.18万元，有效减轻职工医疗负担。

**【开展基层工会组织建设年活动】** 2015年，县总工会开展建会入会情况普查，做实工会数据库，重点抓好各中小企业建会工作。新建基层工会组织35家，其中农村新经济组织工会2家，村联合工会1家，发展会员2706人。554家单建工会建立职代会制度，职代会和厂务公开制度实行率达100%。开展"六有"基层工会建设，338家基层工会基本达到"六有"标准；524家基层工会开展职工之家建设活动，占实际建会总数的85%。县农村信用合作联社工会被评为"全国模范职工之家"。小白石村联合工会被评为全国工会"职工书屋"示范点建设单位，7家基层工会被评为市级职工书屋，1家企业工会被评为市级农民工文化家园。完善工会费征收模式，保证工会费征缴额度有序增长。向上级工会争取资金199万元，名列全市第一；加大对基层工会的经费补助和倾斜力度，共向基层工会补助资金60万元。指导各级工会依规有序做好工会经费收支的管理，保障干部职工按规定享有正常的福利待遇。

**【举办全县第二届职工职业技能大赛】** 2015年，全县160余名选手参加维修电工、计算机操作员、汽车维修工等项目的职业技能比拼；县教育系统工会、卫生系统工会举办系统内部技能大比武；县总工会组队参加市总工会组织的数控车工等技能竞赛。举办"七大员"、建筑师、会计师、电焊工等职业培训，提升职工素质。县总工会职校及各职工培训基地开办各类培训班约50期，培训职工2600多人。

**【举办首届全县青年职工联谊会】** 2015年，县总工会举办首届"工会搭桥牵手结缘"全县青年职工联谊会，全县50多家机关企事业单位的130名青年职工参加了活动，为大龄青年交友搭建平台，有9对大龄青年职工当场达成牵手意向。

**【丰富职工文体生活】** 2015年，县总工会制定出台《常山县职工疗休养实施细则》，规范职工疗休养活动。全县各机关企事业单位共安排3925名职工疗休养。开展"工会与您同行"送杂志活动、向治水老黄牛——张辉良学习活动、与县篮球协会联合举办迎"五一"全县职工篮球比赛、承办全民运动会"拔河"项目比赛、指导教育工会举办祖国颂"雄狮杯"教职工大合唱比赛等，不断丰富职工业余生活。

（杨叶根）

## 共青团常山县委员会

**【概况】** 2015年，共青团常山县委员会（以下简称“团县委”）机关下设青少部和办公室；设有下属事业单位1个，即县青少年活动中心。至年底，全县共有团支部752个；团县委直属团（工）委67个，其中乡镇11个、街道3个，机关部门和企业团组织41个，学校团组织10个；下属专职团干部65人，其中本科及本科以上学历54人、大专以上学历11人，团干部平均年龄25.6岁。全县8周岁～35周岁户籍青少年12.03万人，其中团员33102人、少先队员19867人。新发展团员3752人，新加入党组织的团员有102人。新组建非公有制企业团组织16个。

青少年思想道德建设。团县委以重大节日和纪念日为契机，开展各类青少年乐于参与、便于参与的主题活动。3月，举行“传承雷锋精神汇聚青春能量”主题活动月活动，在全社会倡导“奉献、友爱、互助、进步”的时代精神。举办“我学习我践行”社会主义核心价值观主题教育实践活动，组织150余名学生集中观看社会主义核心价值观宣传片及爱国影片，营造人人践行社会主义核心价值观、人人传递正能量的良好氛围。7月，联合常山县青少年活动中心举办“寻找最美家乡桥”采风活动，锻炼孩子们的采风能力，激发他们爱自然、爱家乡、爱文化的美好情感。举办以治安防范、消防安全、交通安全、网络文明、防灾避险等为内容的青少年自护保护教育活动，推广“流动少年宫”“素质拓展训练营”“自护夏令营”等青少年教育实践项目。

青少年校外教育活动。团县委整合资源，投资6万元建成县、乡、村三级青少年综合服务中心，为广大青少年提供各类公益性、综合性服务，团组织对广大青少年的吸引和凝聚显著加强。县青少年活动中心增设乒乓球、声乐等新项目，设有综合实践基地，面向青少年、农民工子女等群体开展流动少年宫、主题教育、生命安全教育、青少年文化等公益活动60多次，参加各类培训活动的青少年达5036人次。

少年先锋队活动。县青少年宫在县青少年活动中心举办迎新春汇报演出，280多名少先队员参加晚会演出。2月，团县委、县少年宫联合开展以“关爱留守儿童让爱不再遥远”为主题的“迟到的家长会”，组织丰富的亲子活动，增进亲子间的感情交流。7月，举办太阳岛素质拓展公益夏令营，培养孩子们的生存和竞争意识，体现团队合作的重要性。8月，加强对青少年法制宣传教育，增强未成年人的法制观念及自我保护意识，举办主题为“走进法院感受阳关司法”活动。

青年志愿服务行动。团县委联合县人力资源和社会保障局、县公安局交警大队、县卫生局、常山阳光义工队等组织以“暖冬行动”为主题的大型春运系列服务活动，招募200多名青年志愿者，为1100多位过境民工提供服务。3月5日，组织广大团员青年到同弓乡开展“浓浓夕阳情·爱暖老人心”学雷锋志愿服务活动，用实际行动传承雷锋精神，给初春的老人送去真挚的慰问。4月，组织40余名志愿者，到金川街道蒋家村开展“十百千·常青治污”大行动，弘扬“奉献、友爱、互助、进步”的志愿精神，助力五水共治。5月，组织近20名团员青年前往芳村、辉埠等地开展“心手相牵，共享阳光”为主题的助残活动，志愿者们带上慰问品和爱心基金，给他们以真挚的鼓励，增强残疾人自尊、自信、自立、自强的信念。7月，团县委组织20多名志愿者深入挂联村，冒着烈日开展“夏日大扫除”志愿活动，对蒋家村的河道、池塘、卫生死角进行彻底清理；联合县家具建材青年志愿者开展贫困生慰问活动，为贫困学生送上助学金。12月，团县委组织30余名志愿者，在县城及附近开展以“青春志愿行共筑好人城——‘12·5’国际志愿者日”为主题的志愿服务活动。

2015年，团县委被共青团浙江省委员会授予共青团帮扶农村青年电商创业工作示范县；被县政府授予2013—2014年度全县禁毒工作先进集体。胡蕾被授予2013—2014年度全县禁毒工作先进个人、“一路一镇”集中整治行动攻坚标兵等荣誉。

**【打造农村淘宝“3.0模式”】** 2015年4月，县委、县政府在团县委设立农村淘宝项目领导小组办公室，团县委全力打造农村淘宝“3.0模式”，从县级运营中心的选点、装修，到“村淘”合伙人的招募、培育，村级站点的选址、建设，再到制定中国首部县级农村电商建设标准和村淘“4+1”工作手册，探索建立对各“农村淘宝”合伙人的量化考核机制。至年底，常山县建成106个村级服务站，举办合伙人招募会4期，吸引近200名青年回乡创业，农村淘宝平台累计完成订单7.8万余单，交易额1400多万元，多项成绩刷新全国纪录，获马云点赞。5月，团县委举办“农信杯”2015年常山县转型跨越青年“亮剑先锋”评选活动，从全县86名候选人中评选出34名“亮剑先锋”，在“五四”青年节予以表彰，营造青年电商创业的浓厚氛围。同月，常山县农村淘宝项目第一期合伙人招商会在县党校举行，经过笔试和面试，20名第一批试点村合伙人从126名候选对象中脱颖而出，进行重点培养。7月，团县委书记邹赛一行到金川、同弓、何家等地为期3天实地走访，考察农村青年创业工作，重点考察第二批农村淘宝村级服务站选点工作，最终确定30个农村淘宝实施村。11月，团县委在常山东方大酒店举行2015年常山县电子商务专项培训班，特邀常山县电商先锋余家富、省电商研究院研究员郑正勤为160名青年授课。12月，团县委书记、农村淘宝领导工作小组办公室主任邹赛带领全县50名优秀村淘合伙人赴江苏省泗洪县考察学习农村淘宝的成功经验及先进做法。

**【统筹全县青少年助学工作】** 2015年，团县委联合县慈善总会、县教育局、县总工会等单位，首次尝试将大学新生和中小学生的助学工作同步进行的方式，促进青少年成长成才。全县1021名学生获资助，其中大学生261人（含历年结对延续资助24人）、中学生271人、小学生489人；资助总额200.9万元，其中资助大学生112.3万元、中学生51.3万元、小学生37.3万元。全县农村低保户和城镇困难家庭基本得到资助，其中每位学生获助学金在1000元~5000元之间。

**【向上争取青少年发展资金205万元】** 2015年，团县委瞄准“青少年活动中心补助资金”“助学活动募集资金”、希望小学资金募集等争取渠道，共向上争取资金205万元，其中22.5万元用于筹建常山县浙江沪鑫律师希望小学。

（胡　蕾、江晓丹）

## 常山县妇女联合会

**【概况】** 2015年，常山县妇女联合会（以下简称“县妇联”）争取衢州市基层组织建设试点落地常山，以金川街道为试点单位，探索创建“双网四助”模式。6月26日，全市基层妇联组织建设现场推进会在常山召开。县妇联在“全省加强和改进基层妇联组织建设工作研讨会”和“全市群团工作会议”上作典型经验交流；省妇联主席、副主席先后到常山调研，并书面批示，肯定常山县的做法。1月20日，常山县女企业家协会成立，全县57名优秀创业女性成为首批会员。发挥广大妇女在“五水共治”中的主力军作用，探索农村垃圾分类“二分+”模式，全县110

个村通过市级验收。开展“正家风·美常山”活动，评选出57名县级各类“最美女性”；2户家庭获评省级“最美家庭”；征集1200多条家风家训。6名女性获评省市“巾帼建功标兵”“十大女杰”等荣誉；19个单位(窗口)被授予“巾帼文明岗”，其中省级2个、市级4个、县级13个。在来料加工业发展方面，以发展电商、“抱团提质”为导向，引导来料加工经纪人转型升级。关爱贫困妇女儿童，救助30余名困境妇女儿童；组织3300多名农村妇女免费“两癌”筛查；举办7场专题知识讲座，惠及2400多名农村妇女。聘请专职法律顾问入驻“婚调委”，构建以党政领导重视、“家暴委”牵头协调、部门联盟防控、县乡村三级联动的维权格局。开展年底大走访活动，为232名困境妇女儿童送上慰问金和物品，共计19万余元。

2015年1月20日，常山县女企业家协会成立大会暨一届一次理事会会议　　（金灵丽　摄）

中国工商银行常山支行营业部被认定为2014年浙江省巾帼文明岗；常山县教育局曾令华的家风家训“孝才是命运，舍方能得到，容才算智慧；静才是修炼，谦方能受福，控才能自由”被评为浙江省机关干部百条好家训；东案乡弄坞村陈荣莲家庭、天马街道金川社区刘梅英家庭、大桥乡莲塘村吴连福家庭等3户家庭被授予省级绿色家庭荣誉称号；球川镇党委书记李莉被授予浙江省三八红旗手荣誉称号。

**【县妇联十四届四次执委（扩大）会议】** 2015年2月12日，县妇联召开十四届四次执委（扩大）会议，县委副书记王郁松到会并讲话，县妇联执委、常委，各乡镇（街道）妇联主席，机关事业单位妇委会主任等70余人参加会议。会议回顾总结2014年全县妇女工作，部署2015年工作任务，补选县妇联执委3人、县妇联常委3人，通报表彰2014年度妇联系统获得省、市荣誉的先进单位和个人。

**【全市首个服务型基层妇联组织建设试点】** 2015年，常山县金川街道妇联以衢州市首个服务型基层妇联组织建设试点为契机，探索以三维立体网格为框架，对妇女群众提供“菜单式”服务的“双网四助”模式，即“网上网下双网联动”，实现助创业发展、助家庭建设、助素养提升、助维权帮困，将妇联组织触角以有形的网格和无形的网络伸向基层妇女群众，打通联系和服务妇女群众的“最后一公里”。该模式以传统行政区域设置为基础，细分若干“巾帼网格”，并将各类女性社会组织交错扎根其中；同时，拓展“网上”阵地，建立近千个妇联工作微信群和群众微信群，实现基层妇联组织与妇女群众“实时呼叫+实时响应”“实时求助+实时服务”的扁平化互动，激活基层妇联组织“末梢神经”。

**【引领妇女创业创富】** 2015年，县妇联在服务大局中抢抓新机遇、开拓新思路，多层面、宽领域、全方位提振妇女发展自信心，引领广大妇女建功创富。逐步引导来料加工经纪人协会由政府主导向协会自治转变，由各副会长牵头负责相关行业的市场对接和订单调剂，推进行业“抱团”发展。全年培育经纪人334人，加工人员3.5万多人；其中，80多家转型企业，105家发展电商；发放加工费4.5亿元，对农村居民人均可支配收入的贡献率达10.4%。

【引领妇女建设“两美常山”】 2015年，县妇联以农村垃圾治理为切入点，引导妇女群众发挥“五水共治”主力军作用。以“洁美主妇”和“洁美家庭”创评为支撑，重点定位常山县“四条风景线”，推进“巾帼洁美示范村”创建，为“美丽经济”腾飞添砖加瓦。开展垃圾分类检查、指导和环境卫生评比，据县妇联抽查，全县妇女群众对垃圾分类的知晓率达90%；全县110个垃圾分类实施村全部达标。各乡镇（街道）、村妇联组织在实践中探索出一些新机制，如大桥头乡妇联的“生态存折”、芳村镇妇联的“星级评定”、紫港街道妇联的“双自模式”等。在农村开展“创美丽家庭建生态家园”主题宣传活动，在城市开展“创美丽小区建休闲城市”主题宣传活动。此外，还开展“小手牵大手、治水齐步走”等系列“治水宣传进校园”活动；通过县女企业家协会、县来料加工协会开展“女商助治水”活动。

【开展庆三八“最美”系列活动】 2015年3月6日，县妇联举行“农信杯”庆“三八”常山“最美”女性颁奖典礼，共表彰“最美”女性54名，其中，“最美婆婆”“最美媳妇”“最美妻子”各5名，“最美创业女性”17人、“最美家庭”10户、“最美女干部”12人。3月7日，借助县委组织部周末选训平台，举办“两性沟通与家庭事业双优平衡”讲座。3月9日，在县文峰广场举行常山县“包村治水、万人治污、全民共治”启动仪式，县妇联带领巾帼建功队五十余人参加活动，并在现场作了表态发言。3月10日，县妇联联合政法委、公、检、法、司、卫生等多个部门到城乡设场开展“建设法治中国·巾帼在行动”三八维权周活动。开展寻找“最美家庭”“送法到家·平安幸福”庭审观摩等活动。

（巫正霞）

# 常山县科学技术协会

【概况】 2015年，常山县科学技术协会（以下简称“县科协”）下属自然科学、社会科学和交叉学科学会（协会、研究会）30个，企业科协5个，乡镇（街道）科协14个。

全民科学素质工作有序开展。县科学素质工作领导小组及其办公室成员因人事变动及时调整，年度工作任务进行明确细化。8月21日至22日，县科协组织人员配合市调查队，进入全县16个点村、社区的280户开展抽样调查，完成2015年衢州市公民科学素质抽样调查工作任务。5月中旬，开展“创新创业·科技惠民”主题科技（科普）活动周系列活动：全县小西瓜实用技术培训班，名医专家社区义诊，“应急避险、空气质量、低碳节能、食品安全、健康生活”主题科普宣传，科普大篷车进校园（招贤小学），科技（科普）进农村到社区，常山县特色水果栽培技术培训班等。10月14日，县科协和县教育局邀请“中国科学院老科学家科普演讲团”的3位科学家到常山作科普报告，全县5所学校的1020名学生到报告会现场听报告。配合县气象局、教育局等单位为招贤小学（市科普教育基地）送去气象观测仪器和设备，成立全县首个红领巾气象站。

9月21日至25日，县科协开展以“万众创新拥抱智慧生活”为主题的全国科普日活动。常山县2015年全国科普日启动仪式暨科普进社区仪式在金川街道办事处赵家坪社区举行，县科协、科技局、市场监管局、安监局、消防大队、卫计局、老科协、赵家坪社区等单位参加。主要活动有文艺演出、展板展览、科普知识抢答、义诊义疗、科普咨询、发放科普书籍等，主要内容为应急避险、空气质量、低碳节能、食品安全、健康生活等科普系列宣传，现场参与人数达1000多人。结合“周末选训”，县科协主要领导开讲“提升全民科学素质、促进人的全面发展”专题讲座，230多名干部参加听课。到辉埠镇桐村村开展科普下乡活动，通过展板展览、科普知识宣传、义诊义疗、科普咨询、发放科普书籍等形式，帮助农民解决生产生活中的实际问题。对55名2014—2015年度常山县科技示范户进行表彰和培训。利用电视、广播、电子显示屏、网站及报刊开展科普系列专题报道，突出报道主要科技新成就以及与人民群众生活关系密切的热点问题科普知识。

开展中国科协会员日活动。12月17日，县科协干部会同县老科协、衢化医院到招贤镇鲁士村开展送医（B超、心电图、血压检查）、送科技下乡活动，深受村民欢迎。在中国科协会员日召开县政协科技组全体委员座谈会，组织学习省委“十三五”规划建议精神，征求对常山县“十三五”规划的意见和科协工作的建议。

县科协开通“常山科普”宣传微信平台，利用农技110短信平台和县政府网站等载体，宣传预防H7N9流感科普知识、中东呼吸综合征最常见的临床表现及预防知识、移动信号发射台（基站）的天线发射电磁辐射知识。向县两会提交《关于发展休闲农业和乡村旅游的建议》的提案。协助县人才办开展人才宣传月活动；完成“十二五”期间全县农村实用人才工作总结，起草《常山县“十三五”农村实用人才的规划（草案）》。举办“五水共治·绿水青山”春节摄影书法展。开展“包村治水、万人治污，全民共治”活动，向县级各学（协）会广大科技工作者发出“美丽家园，从我做起”倡议书。

县级学（协）会活动广泛开展。县青少年科技教育协会牵头组织科普特色学校创建活动；组织师生参加各项科技竞赛，在衢州市第十一届青少年科技创新大赛中，常山县8件作品参展，多人获奖；在全市“五水共治”科普小达人竞赛中，常山县23人获奖，其中第一小学朱佩琪同学荣获全市唯一一个一等奖，并应邀参加现场颁奖大会；在衢州市2015年科普情景剧创作大赛上，常山县有2人获奖。常山县第一小学、招贤小学、天马二小等成为科普活跃校园。县预防医学会举办全县妇幼保健业务技能竞赛。县护理学会多次邀请省、市知名专家到常山授课交流，选派多名会员参加国家、省、市级学术交流90余次，学会会员在市级以上杂志发表的论文15篇；组织学会人员到街心公园、敬老院、社区、乡镇等地为广大市民义诊、健康咨询指导、发放宣传资料等。县财税学会组织、举办财税改革专题培训会等。

**【成功申报常山县首家省级院士专家工作站】** 2015年，县科协协助浙江环宇轴承有限公司成功申报常山首家省级院士专家工作站，争取到省财政补助资金50万元。省科协党组成员、组织人事部部长王忠民受省人才办委托到常山授匾，县委副书记、县长毛建国致辞，县委常委、宣传部部长苏新祥参加。衢州市科协副主席吴郑洁宣读省级院士工作站认定文件，中国通用机械协会压缩机分会、洛阳轴承研究所、客户代表（开山集团）等发言。举办省级院士工作站轴承科研成果开发专家鉴定暨新产品发布会，中国轴承协会秘书长周宇等30余位行业专家，相关乡镇（街道），县经信局、科技局等相关部门负责人及全国各地70余家企业代表参加发布会。

**【协助成立郑树森院士专家工作站】** 2015年1月15日，常山县人民医院郑树森院士专家工作站和浙江大学附属第一医院与常山县人民医院建立协作医院签约揭牌仪式在常山县人民医院揭牌。衢州市卫生局局长陈根成，浙江大学一院党委书记薛金增，县委书记王良春，县委副书记、县长毛建国，县委常委、组织部部长吴利平等领导出席签约揭牌仪式，副县长揭政东主持仪式。全县各医疗卫生单位负责人和县人民医院部分干部职工参加仪式。郑树森院士专家工作站重点在肿瘤外科、ICU、呼吸内科、消化内科等进行技术指导与帮扶，提升常山人民医院肝胆胰疾病的诊治水平。

**【新建纺织产业院士工作站】** 2015年，县科协对常山部分有意向建院士专家工作站的企业进行摸底。5月28日，县科协牵头协调有关部门和企业负责人赴上海东华大学与院士进行对接；10月，常山纺织有限公司建成纺织产业院士工作站；12月6日，浙江省常山纺织有限责任公司院士专家工作站举行揭牌仪式，东华大学副校长、教授、博士生导师，中国工程院院士，中国纺织工程学会副理事长俞建勇，县委常委、县委人才工作领导小组组长、县委组织部部长吴利平，县政协副主席谢雨生，衢州市科协副主席吴郑洁，衢州市院士专家服务中心主任柳堤，以及县委组织部、县科协、县经信局等部门领导出席揭牌仪式，并参加科技合作对接洽谈。

**【县级学（协）会考核奖励办法出台】** 2015年，县科协制定2015年度县级学（协）会工作考核奖励办法。经年终考评、考核，评选出财政税务学会等5个年度工作先进学（协）会，分别奖励8000元项目补助经费；评选出气象学会等4个学会工作创新奖，分别奖励5000元项目补助经费。

**【全面启动省级科普示范县创建工作】** 2015年5月，县委、县政府向省、市科协提交创建省级科普示范县的申请报告；同时，县“两办”印发《关于常山县创建省级科普示范县活动实施方案》的通知。科普设施建设进一步加强，通过政府招投标，投资近24万元，在67个行政村新建科普宣传栏，至年底，全县科普宣传栏总数达168个，覆盖率93.3%，超过创建省级科普示范县90%的目标要求。申报创建2015年常山县科普惠农项目，其中推荐申报省级优秀科普惠农带头人和省级优秀农村科普示范基地各1个；推荐申报市级优秀科普惠农带头人、市级优秀农村科普示范基地和市级优秀农村专业技术协会各1个；申报创建省级科普教育基地1个、市级科普教育基地3个；申报市级特色科普馆2个；申报创建市级2015年基层科普示范单位2个。经乡镇街道推荐，县、市科协逐级评选，省科协评审、批准，全县新增9户省级农村科技示范户（第九批）。开展农函大培训工作，选派6人参加省级科普惠农行动示范村负责人知识更新培训；组织开展市农函大分校常山教学点培训班3期，培训学员183人，其中高效果树栽培技术54人，西瓜栽培技术培训77人，稻鸭菌轮作技术52人，并荣获市科协优秀培训项目，分别获一等奖1万元、二等奖5000元、三等奖3000元的奖励；举办农函大常山县分校培训班2期，培训学员109人，通过县万名农民素质提升工程领导小组办公室组织的验收。此外，各乡镇（街道）农函大辅导站共组织各类技术培训1000多人次。开展农民技术职称评定工作，评出初级职称41人、中级职称14人、高级职称14人；其中，评定为高级职称者还获得县政府人才经费一次性奖励5000元、中级职称获奖励2000元。开展农村专业技术协会创建工作，大桥头乡和东案乡各建立1个农村专业技术协会。

**【新建常山县第一家社区科普馆】** 2015年6月，天马街道金川社区建成常山县第一家社区科普馆，展馆面积85平方米，展示区域分为健康长廊、科学的健康观、健康小诊所、健康热门话题等几个板块，投资额约10万元。展馆的主题是“科学·健康·生活”，旨在向社区公众传达健康生活的科学观念，帮助社区居民从科学的角度判断自身的健康状况，了解保持良好生活和饮食习惯的重要意义，以及不良习惯对一生健康的危害，从而形成科学的、全面的、系统的健康观和生活观。

（汪予雷）

## 常山县文学艺术界联合会

**【概况】** 2015年，常山县文学艺术界联合会有团体会员9个：作家协会、美术协会、书法协会、摄影协会、音乐协会、舞蹈协会、诗词学会、民间艺术协会、观赏石协会，个人会员606人。年度主要活动有：“缘藏·援藏”图片汇报展、元宵雅集笔会消费维权漫画大赛、全县“村歌”创作大赛、“聚焦爱情故里定格浪漫柚花”摄影大赛、“柚石之恋、绝美常山”全国摄影大赛、“创业梦·常山情”主题采风创作活动、常山记忆黑白摄影展等。

**【“缘藏·援藏”图片汇报展】** 2015年1月29日，“缘藏·援藏”图片汇报展在常山县进行。此次展览由常山县委宣传部、常山县文联主办，衢州市委常委、援藏指挥长李华，常山县委书记王良春，县委常委、宣传部部长苏新祥，常山县委常委余风等参观展览。

**【元宵雅集笔会】** 2015年3月5日，常山县文联在常山书画院举办元宵雅集笔会，常山县书法协会、美术协会30余名会员参加笔会。

**【消费维权漫画大赛】** 2015年3月27日，在县城街心公园举办“移动杯”消费维权漫画大赛启动仪式，此次比赛由县工商局、县文联举办，县美术协会承办，美术协会20余名会员参加此次活动。

**【常山县“村歌”创作大赛】** 2015年3月到9月，由常山县委宣传部、常山县文联主办，县音协承办，在全县乡镇文化礼堂建设村开展常山县“村歌”创作大赛活动，推动常山农村“两美”建设。比赛评出获奖作品14首，并制作获奖歌曲碟片发放各乡镇（街道）和相关村。

**【常山县观赏石行业协会成立】** 2015年，县文联对原石艺术协会进行调整重组，新成立常山县观赏石行业协会。4月24日，常山县观赏石行业协会成立大会在东方大酒店举行。市政协副主席欧阳建华到会祝贺并讲话，县领导徐建华、郑金仙出席，县委常委、宣传部部长苏新祥讲话。

**【“聚焦爱情故里定格浪漫柚花”摄影大赛】** 2015年4月26日，“聚焦爱情故里定格浪漫柚花”摄影大赛在同弓乡举行。邀请浙闽皖赣等地摄影家40多人到同弓乡太公山胡柚基地参加活动。此次活动由常山县文联主办、常山县摄影协会承办。

**【“柚石之恋绝美常山”全国摄影大赛】** 2015年，县文联承办“柚石之恋、绝美常山”全国摄影大赛，征稿时间4月26日至12月10日。此次全国摄影大赛由浙江省摄影家协会和常山县人民政府主办，面向全国摄影爱好者，征集反映常山乡村休闲旅游、“常山三宝”和四条乡村美丽风景线，文化遗产等方面内容。经评选，60余件优秀作品获奖。

【“创业梦·常山情”主题采风创作】 2015年4—8月，县文联联合县经济和信息化局开展“创业梦·常山情”主题采风创作活动，面向全社会开展创业征稿活动。经评选，优秀稿件汇编成《三衢山》创业特刊，发至各乡镇（街道）、县机关单位、相关企业及兄弟县（市、区）交流。

【“走进常山”奇石艺术摄影大赛】 2015年5月10日至7月10日，开展“走进常山”奇石艺术摄影大赛征稿活动，活动由常山县文联主办，常山县摄影协会协办、中国观赏石博览园筹建委员会承办。

【“浙江历史文化名人故乡行”采风活动】 2015年8月9—10日，县作协组织部分创作骨干到桐乡现代作家茅盾、画家丰子恺故居，举行“浙江文化名人故乡行”活动，这次活动是继2013年发起“浙江文化名人故乡行”以来的第三站。

【常山记忆黑白摄影展】 2015年9月11—18日，由县委宣传部、县文联等单位主办，县摄影协会承办的“常山记忆”黑白摄影展在常山县档案馆举办，展出许祯祥摄影的黑白老照片80余张。县委常委、宣传部部长苏新祥参加开幕式。

【“翰动三山”书法联展】 2015年10月8—12日，县文联组织县书法协会20余人到重庆市秀山县参加第五届“翰动三山”书法联展。此次联展活动由重庆市秀山县委宣传部、安徽省含山县委宣传部、浙江省常山县委宣传部主办，三个县的文联承办、三个县的书法协会协办。此次展览展出三个县的书法爱好者书写的以秀山古诗词为内容的书法作品100余幅，展览作品集同时发行。

（姚肖忆）

## 常山县残疾人联合会

【概况】 2015年，常山县残疾人联合会（以下简称“县残联”）学习贯彻《国务院关于加快推进残疾人小康进程的意见》精神，完善党委领导、政府负责的残疾人工作领导机制和各部门充分发挥作用的工作机制，残疾人工作及信访维权分别列入到县委、县政府年度考核和平安建设考核的重要内容，常山县残疾人托养中心建设列入县重点推进项目；县残工委印发《县政府残工委成员单位2015年度重点工作及任务分解》，确定残疾人小康实现程度90%的年度目标。对“十二五”规划提出的“十大小康·阳光助残行动”“十大残疾人服务能力建设工程”落实指标进行查漏补缺，确保高质量完成。3月20日，全市残联工作会议暨市残联第六届主席团第三次全体会议上，副县长揭政东作题为《强基础破难点创特色扎实推进残疾人事业发展》的典型发言。9月11日，衢州市残联“十大专项行动”现场会在常山召开，与会人员实地参观常山县残疾人电子商务创业就业园、白石镇草坪村残疾人来料加工基地、紫港街道狮子口村残协专职委员岗位、东案乡残联以及残疾人专职委员岗位，了解和交流常山县残联就业创业和基层组织建设取得的成效；现场会上，常山县残联就基层组织建设经验作专题介绍。

县残联联合相关部门出台残疾人机动轮椅车燃油补助、专职委员队伍建设、危旧房改造、无障碍设施进家庭、贫困精神病残疾人免费服药等系列配套政策。争取省级特扶资金56万元分别用于危旧房改造、无固定收入生活补贴、残疾人扶贫基地转型升级，全县残疾人受益面不断拓宽，受益力度不断加强。规范重残人员集中托养方式，集中托养和居家安养日间照料费用每人每年分别为1.5万元和0.6万元；为956名重度残疾人实施托（安）养，比2014年增加162人，其中集中托养224人、居家安养732人。完成45户残疾人的危旧房改造。落实18周岁~60周岁无固定收入残疾人生活补贴政策，严格把握残疾类别，及时调整实施对象死亡、户籍迁出及超过60周岁等不符合补助的对象，补贴对象增加至1599人，比2014年增加119人。为无固定收入补助对象缴纳大病医疗保险。与县卫计部门联合出台精神残疾人服用基本抗精神病药物费用全额保障政策。联合消防等部门开展残疾人小康·阳光庇护中心和康复中心消防安全检查，及时督促整改隐患，维护残疾人人身和财产安全。实施无障碍进家庭29户，残疾人机动车燃油补贴44户。

完成东案乡白马村市级居家照料中心、培智学校市级小康·阳光庇护中心建设，126名残疾人获庇护性照料。全县培育和申报省级残疾人扶贫基地1家、市级残疾人扶贫基地3家、市级残疾人就业基地1家、县级扶贫基地3家，辐射带动230户残疾人及残疾人家庭增收。落实浙江省残疾人爱心助残特殊救助对象34人。规范“残疾人证”办理，加强鉴定现场管控。开展“残疾人证”办理12期，共办证908本，累计换发证10902本。

组织筛选2012—2013年优秀稿件参加全市残疾人事业好新闻奖评选。《广场大型活动众人为爱搭把手，残疾少女园心愿》等19件作品分别获报刊类、电视类、广播类、摄影类、网络类和残联系统类二、三等奖和优秀奖。继续在县电视台开播手语新闻栏目、在广播电台开播残疾人专题节目，不断浓厚全社会扶残助残的氛围。开展“爱耳日”“爱眼日”“国际盲人节”“国际残疾人日”等残疾人节日活动。

残疾人符红利在全国第九届残疾人运动会暨第六届特殊奥林匹克运动会上获盲人足球团体第四名和个人优秀运动员称号。曾宣武在浙江省残疾人文化艺术周暨首届残疾人书画、摄影大赛中获一等奖。在衢州市“最美衢州人·最美助残人”评选中，县培智学校被授予“最美助残人”荣誉。东案乡田蓬村、县培智学校被命名为市级残疾人文化艺术、体育健身示范基地。陈齐君在“邮储银行杯”农村青年创业创富大赛上荣获二等奖。

**【残疾人基层专职委员队伍建设专项行动】** 2015年，县残联出台《关于印发乡镇（街道）、村（社区）两级残疾人专职委员队伍建设专项行动实施方案的通知》，在全市率先启动专职委员新一轮选聘工作。全县14个乡镇（街道）共15名残疾人专职委员聘用合同到期后，适时对专职委员进行评定和调整，有13位专职委员续聘，芳村镇、紫港街道专职委员因身体不适、阅历不强等原因予以解聘，空缺岗位分别在当地重新选聘1名听力残疾和1名肢残的亲友为专职委员。同时，对村级残协组织中部分不适宜担任专职委员的人员进行劝退解聘，全县180个行政村中有22个村重新聘请，22名残疾人新进村级专职委员队伍。加大乡镇（街道）、村（社区）残疾人组织管理，加强专职委员队伍培训和考核，乡镇（街道）专职委员待遇比上年提升150%；协调县人劳社保局出台《关于开发村级非全日制残疾人专职委员公益性岗位的通知》，村级专职委员每人每年给予1200元的补助，进一步规范管理、业务和保障，村级专职委员走访残疾人家庭做到每年至少1次，保障与残疾人的密切联系。

**【残疾人康复工程】** 2015年，县残联输送康复技术人员到省、市培训2人次；实施“助听、助明、助行”康复工程254人，其中白内障免费复明手术150例，免费配发助视器10台、助听器80台，免费安装普及型假肢14人，髋或膝关节置换术8人，配发助视器10副，开展盲人定向行走训练100人。实施残疾儿童抢救性康复项目，2名符合条件的贫困聋儿实施人工耳蜗手术、培训听力语言康复，脑瘫康复训练26人，智力康复训练22人，孤独症康复训练1人；实施肢体矫治手术1人，提供普及型辅助器具适配8人。与县培智学校合作，邀请特教老师到县康复中心每周开展三次爱心助教活动，加大对学龄前残疾儿童补偿性教育和功能康复训练。县康复医院主攻成人“三瘫一截”康复项目。县辅助器具服务中心为残疾人提供辅助器具服务327人次，其中免费配发各种辅助器具163件，配发彩票公益金项目辅助器具64件，并细心提供指导服务。

**【促进残疾人教育培训】** 2015年，县残联实施困难残疾儿童学前教育补助13人、免除高校在校生学费、住宿费2人，补助残疾学生或残疾人家庭子女助学金85人。选送1名肢体残疾人到浙江省特殊教育职业学院深造。在“常山县2015年春季人力资源交流大会”上推出残疾人求业岗位258个，80多名残疾人走上就业岗位。培训残疾人242人，其中举办全省残疾人新品特色红薯种植技术培训班、全市山地辣椒培训班各1期，培训残疾人91人；输送20名残疾人才参加上级举办的培训班；输送52名残疾人就业，其中按比例就业18人、集中就业13人。

**【支持残疾人创业就业】** 2015年，《常山县残疾人庇护产品专产专营和政府优先采购实施方案》（常政发〔2014〕68号）出台，并在县康复中心残疾人庇护产品展示厅展示。县残联与县地税局联合印发《关于开展对小微企业免征残疾人就业保障金的通知》，对全县195家符合条件企业3年内免征残保金。为24户城镇残疾人个体工商户和13户盲人按摩机构发放个人社会养老保险补助金7.69万元，对13家福利企业和2家超比例安置残疾人的工疗机构发放奖金5.1万元，对每个申报创建会议室的市级残疾人创业基地给予3万元资金补助。实施残疾人贷款贴息43户计24.18万元、低收入创业补助26户计7.8万元、残疾人扶贫基地补助16户计38.6万元。征收残保金545万元，比上年的478万元增长14%。

**【完成残疾人入户专项调查后续工作】** 全县入户调查应调10345人，入户调查率97.79%。数据原录差错率0.021%，复录差错率0.0023%，符合国家表质量标准，信息数据录入做到真实、可靠、完整，保密工作及时到位。同时，建立残疾人“集团彩云”组织服务网，信息服务联系触角延伸到村级残协。推行残疾人信息系统管理，利用信息平台发布残疾人防骗信息，有效遏制诈骗残疾人事件发生。

**【残疾人信访维权】** 2015年，县残联接待残疾人来信来访187人次，其中要求就业50人次、社会保障47人次、康复28人次、其他62人次。处理市残联转办信访件1件，县委领导转批件1件，受理残联网站7件，政府12345热线8件，回复结案率100%。开展维权“绿色通道”，援助47人次。

（王　诚）

## 常山县红十字会

**【概况】** 2015年，县委、县政府出台《关于进一步加快红十字事业发展的实施意见》

（常委〔2015〕12 号），为发展全县红十字会事业提供了政策依据。常山县红十字会弘扬“人道、博爱、奉献”的红十字精神，围绕解决弱势群体最关心、最直接、最突出的问题，着重抓好组织建设、救灾救助、救护培训以及人体器官捐献等工作。

开展博爱送万家活动。县红十字会共筹款物价值 5 万余元，为全县 70 户困难家庭、3 户遗体器官捐献者家庭送去慰问款物和新春祝福，其中市红十字会慰问 50 户，款物价值 1.8 万元。开展好金佰汇红十字博爱基金助学活动，共资助在校学生 60 名，发放助学金 6 万元。帮助申请上级助医博爱项目，4 名病患家庭申请获得上级红十字会助医项目救助金共计 1 万元。与县妇联共同为 10 名贫困儿童申请衢州市留守儿童博爱救助基金，每人获得 1000 元救助。

开展救护培训“五进”（进机关、农村、社区、学校、企业）活动。县红十字会为第三监狱干警和监狱伏刑犯人、县职业中专学生、全县初任公务员、县消防大队新兵以及机关干部、社区市民等各类人员开展救护培训 42 期，培训救护员 850 人，普及培训 2300 人。11 月，选派学校及医院各 1 名学员参加衢州市师资救护培训班，壮大常山救护师资力量。

参与紫港街道枧头村“五水共治 · 共建生态家园”行动。县红十字会机关全体干部多次到“包村”帮助开展农村卫生环境整治；开展党员干部结对户，经常性的上门走访慰问困难户，适时的给予慰问，合计已资助 11 户 8000 元。

推进造血干细胞捐献登记工作。全县造血干细胞捐献填表志愿人数 5 人，造血干细胞初筛人数 2 人，同意人数 1 人。年内未发生器官捐献。

是年，常山县红十字会机关编制 3 人，其中常务副会长 1 人，股级 1 人，科员 1 人；全县 14 个乡（镇、街道）均配设红十字会秘书长。

**【成立常山好人关爱基金】** 2015 年，县红十字会会同县文明办联合设立“常山好人关爱基金”，并向社会发出募捐倡议，共收到社会各界捐款 87 万元，救助好人支出 2.1 万元。基金主要用于对家庭贫困或遇大灾大难的常山好人给予帮扶，以褒奖常山县不断涌现的道德先进人物，推进“好人之城”建设。基金在理事会指导下实行专款、专账、专户管理，理事会成员由捐赠一定数额的企业和个人担任。

**【实施母婴平安项目】** 2015 年，常山县被省政府列入“母婴平安”项目衢州市唯一的实施地，共争取到省政府安排的项目资金 15 万元。该项目主要对贫困外来务工孕产妇进行救助。县红十字会通过在定点医院妇产科设置宣传牌、向县内企业发出项目申请对象征集函等形式，积极宣传“母婴平安”项目。

**【争取红十字总会失能养老项目】** 2015 年，县红十字会协助何家康寿敬老院完成项目资料上报工作，与中国红十字会总会事业发展中心签订《中央专项彩票公益金支持失能老人养老服务项目资助协议书》。该协议书约定，中国红十字会总会事业发展中心向何家康寿敬老院提供 20 万元物资支持。县红十字会定期对何家康寿敬老院走访调研，配合红十字总会对资助物资使用情况进行监督检查，确保资助物资实实在在地用于养老项目。

**【开展康恩贝前列康药品发放项目】** 2015 年，常山县被省红十字会列为“康恩贝健康之旅——老年病防治博爱行动”项目实施地，获药物补助 92 箱，总金额 32 万元。这是常山第二次被列入该项目的实施成员单位。该项目的救助对象为全县范围内部分困难家庭的老年病（前列腺疾病）患者，拟救助800人左右。根据前期调研结果，县红十字会会同县卫生局制定项目实施方案，并于年底前将药品发放到8个项目定点乡镇（街道）卫生院。项目实施期间，组织有关人员多次到相关卫生院进行调研，药品发放情况基本良好。

**【康心基金再进常山】** 2015年9月29日，县红十字会举办“康心基金再进常山”大型广场活动，为常山心脏病患者提供切实有效的帮助。通过前期电视、报纸的公告和宣传，活动当天共有110名各类心脏病患者接受义诊，并筛选出10多名适合手术的患者。

（许和俊）

# 法　　治

## 政法委（综治）

2015 年，常山县委政法委以服务常山经济社会发展为根本，以过硬队伍建设为保障，加强和创新社会治理。突出责任落实，把好牵头协调平安建设的总开关。层层签订综治、维稳、反邪教工作责任书，召开全县政法和平安建设工作会议、平安建设工作推进会、维护社会稳定工作会议等。全县各级部门单位一手抓经济报表、一手抓平安报表的自觉性进一步增强。建立健全暗访检查、模拟测评、月报月评、工作例会等制度，组织暗访检查 4 次，掌握情况，督促整改问题。加强教育培训，举办全县综治维稳干部培训班，对综治维稳反邪教以及平安创建等方面知识进行分类分层次学习，提高各级领导干部抓平安建设的能力和水平。

深入开展“百日维稳攻坚大会战”行动，集中力量做好重大敏感节点的维稳安保工作，以信息动态掌握为抓手，以风险隐患整治为基础，推进情报信息会商研判机制、涉稳问题“三张清单”办理机制，确保各级两会、“9 · 3”阅兵、党的十八届五中全会、第二届世界互联网大会期间的社会稳定，实现重点时段“零非访”，全年进京非访控制在 1 批 1 人次。围绕群众反映强烈的“两抢一盗”、电信诈骗、制假售假、食品安全等突出违法犯罪问题，开展专项打击整治行动。开展六大平安专项行动，加强对反恐怖、消防、校园、环保、交通、市场监管等领域的平安创建活动，整改消除一批安全隐患问题。制订《常山县危爆物品、寄递物流清理整顿和矛盾纠纷排查化解专项行动实施方案》，加强重点地区、行业安全管理防范，强化邮件快递“验视”“封箱”工作，预防危险品流通和极端事件。围绕“五水共治”“三改一拆”“四边三化”等重点工作，深入推进平安建设，在 8 月 20 日至 9 月 20 日开展的全县“一路一镇”集中整治工作中，抓实政法保障和乡镇（街道）矛盾纠纷排查化解工作，确保重点项目、重点工作无障碍推进，有效扭转了招贤镇信访落后的局面。审慎处理涉企矛盾纠纷，推进企业资金链风险防范和帮扶化解，法院完成一起企业主拒不支付劳动报酬案的审判工作。

健全完善矛盾纠纷大调解体系，开展社会风险隐患排查化解管控活动，以矛盾纠纷“大排查、大调处”活动为抓手，化解一般矛盾纠纷。2015 年，全县调处矛盾纠纷 5865 起，纠纷数量比上年下降 30%。推进社会稳定风险评估规范化建设，建立 100 多人组成的稳评专家库，开展稳评项目 40 余个，源头预防因项目建设引发重大不稳定因素。加强常山县道路交通事故处理中心规范化建设，在芳村镇、青石镇建立“警调对接”人民调解委员会，深化推进村级矛盾纠纷联调、百警第一书记工作法等机制办法，有效预防和减少交通事故领域和区域交叉的重大矛盾纠纷。推进进京

“非访”专项治理工作，加大进京“非访”考核力度，修订平安常山考核信访指标，加大扣分权重。从重从严加强对进京“非访”案件的审理，对长期策划煽动教唆他人越级上访的徐某某、刘某某等5人以扰乱社会公共秩序罪分别判处有期徒刑二年二个月及以下不等，有效遏制违法上访的嚣张气焰。加大对“非访”“闹访”“逢死必闹”和企业欠薪等问题的综合治理，加强对进京“非访”人员、重点信访对象和利益群体挑头人员的专案经营工作，加强情报收集、跟踪管控和固定证据，取得明显成效。加大“全能神”专项整治工作力度，推进无邪教“三级联创”工作，加强反邪教宣传，建立一批反邪教警示教育基地，成功创建省级无邪教县，跻身全省5个申报创建“全国无邪教创建示范县”的县（市、区）之一。常山县“全能神”教育转化工作经验在全省具有较高知名度，并在4月2日召开的全省教育转化工作交流会上作典型发型，其他反邪教工作也多次在省、市会议上作经验交流。加大传销打击整治力度，巩固“无传销县”创建成果。加强社会治安重点地区整治，有效解决天马街道三里滩、紫港街道富足山村、芳村镇、何家乡江源村4个县级治安重点区域和招贤镇等市级挂牌区域的热点问题。深化“护校安园”、学生防溺水等专项工作，从严管理全县民爆、剧毒化学物品等生产经营企业，减少各类社会危害。组织开展严重精神障碍患者专项排查，排查掌握肇事肇祸及倾向重性精神病人81人，全部落实管理责任。推进“陈尸”专项处置，成功解决在市殡仪馆中存放时间最长的常山“陈尸”难题。

深入推进村规民约（居民公约）制订修订工作。对村规民约（社区公约）制订修订实施过程中发现的问题及时进行查漏补缺，逐一整改完善，先后组织两次对全县188个村（社区）村规民约（社区公约）制订修订情况开展督查，形成督查通报。依托乡镇（街道）社会服务管理中心，成功建设14个乡镇（街道）社会治理综合指挥平台。推进村（社区）社会服务管理站（室）、规模企业综治工作室建设。深化推进“网格化管理、组团式服务”活动，结合浙江省平安建设信息系统，初步建成事件处理网上网下联动工作体系，发挥大数据、信息化的优势，实现基层社会的精准治理。制订社会治理信息采集“以奖代补”办法，有效促进网格员作用发挥。全县14个乡镇（街道）、188个村（社区）、52个部门开通终端账号，配备“平安通”手机376只，录入流转事件7696件，办结7659件，办结率99.52%。市委政法委组织全市“创新社会治理、维护社会稳定”培训班全体学员到紫港街道现场观摩学习。抓基层平安宣传，2015年累计推送平安宣传短信20余万条，印制发放《平安常山建设倡议书》12万份，举办各类讲座、培训和文艺演出30余场，在电视台开设开播“平安常山”专栏4期。

是年，常山县连续第11年荣获省“平安县”称号。县委610办分别被评为2013—2014年度全省、全市防范处理邪教工作先进集体；县委维稳办被评为2014年度全市平安建设暨综治维稳工作先进集体；县委政法委被评为2014年度全市政法宣传工作先进单位；2名机关干警获得市级荣誉表彰，5个单位或个人获得县级表彰。

**【保障“一路一镇”集中整治】** 2015年8月20日至9月20日，全县政法系统抽调89名政法干警参与“一路一镇”集中整治行动，坚持排查化解矛盾纠纷与打击违法犯罪相同步，全力保障拆除违法搭建、集镇环境整治等工作无障碍推进。其中，9月16日，全县政法系统助推“一路一镇”集中整治工作现场会在青石镇召开。县委常委、政法委书记甘土木，县委常委、县公安局局长毛献明，以及其他政法机关负责人参加。会议对政法系统保障中心工作、落实稳定措施、强化队伍建设等作出部署。

【重大交通事故预防】 2015 年，县委政法委认真吸取“3 · 12”较大以上道路交通事故教训，将道路交通安全管理纳入乡镇平安建设考核，建立“立体化监管、常态化排查、实时化突击、专职化宣传”模式，有效防止较大交通事故的再次发生，全县道路交通事故数、死亡人数和财产损失数分别下降 13.75%、10.35%、13.82%。

【两网融合推进平安常山建设】 2015 年，县政法委将“网格化管理、组团式服务”工作推进与“浙江省平安建设信息系统”推广应用相融合、相适应，简称“两网融合”（主要指网格和网络相融合）。根据全省“一张网”建设统一部署，全县重新划分网格 487 个，实行网格事务准入制度；同时，深化浙江省平安建设信息系统运用，由县政府设立社会治理信息采集“以奖代补”专项资金 30 万元，有效促进网格作用发挥。全县 14 个乡镇（街道）、188 个村（社区）、52 个部门开通平安建设信息系统终端账号，推广应用平安通手机终端 376 个，开通率 79.2%；录入流转事件 7696 件，办结 7659 件，办结率 99.52%。紫港街道作为全市“两网融合”工作的试点单位，受到市委政法委的充分肯定。

（丁远进）

## 政府法治工作

【概况】 2015 年，县政府法制机构在规范性文件管理、重大行政决策合法性审查、依法行政工作的组织和协调、行政管理权限下放、行政审批制度改革、行政执法监督、涉法信访、法制宣传、法制服务、涉法事务的处理以及行政争议的预防和化解等方面发挥作用，特别是在“三改一拆”“五水共治”“大气污染防治”“食品药品安全监管”“安全生产监管”等重点工作的推进过程中提供优质的法制服务，处理完毕县政府领导交办的涉法事务 20 多起。全面推行行政规范性文件“三统一”工作，县政府、各乡镇、各部门对涉及广大公民权利、义务、社会公共利益以及技术规范的行政规范性文件，实行公开征求意见和专家论证制度；同时，推进规范性文件合法性审查制度化、规范化建设，加大合法性审查力度。全年以县政府、县府办名义制发行政规范性文件 21 件。做好省市规章、规范性文件草案征求意见的反馈工作，反馈意见、建议 10 次。组织清理、废止已不适应的行政规范性文件，对 2011 年 1 月 1 日以后的县政府、县府办制发的规范性文件进行全面清理并公布废止文件目录，废止文件 20 件。

参与县领导信访接待，解答信访中的法律问题，及时依法处理县领导批转的信访件。提前介入县重点工作和中心工作，对涉法事务提出法律分析意见书，为领导决策做好参谋。参与各类纠纷的解决，起草法律文书、开展法制宣传、提出意见建议，确保正确、依法解决纠纷。

【行政复议和行政应诉】 2015 年，县政府法制机构贯彻落实《中华人民共和国行政复议法》和国务院《行政复议法实施条例》，加强行政复议工作。依法受理行政复议申请，保障行政相对人的救济权，受理行政复议申请 7 件，维持 3 件，终止 3 件，撤销 1 件。没有出现应受理而不受理的情况。创新行政复议工作方式，采取协调和调解等途径，妥善审理，严格把关，全面严格审查具体行政行为，做到案结事了，维护行政相对人合法权益。严格履行行政诉讼应诉相关职责，督促行政机关负责人依法出庭应诉并按规定提供证据，依法履行人民法院生效裁判。

【指导监督行政执法】 2015年，县政府法制机构发挥行政执法例会的平台作用，对行政强制措施、行政强制执行、房屋征收补偿、违法建筑处理、环保整治等进行指导。加强重大行政行为备案审查工作，审查上报备案的重大行政处罚案件105件。贯彻落实浙江省行政强制常用执法文书参考样式和重大行政强制案件备案制度。加强行政执法案卷评查工作，对环保、市场监管、林业等行政执法单位的80多卷行政许可、一般程序行政处罚和行政强制案卷进行评查。严格遵照《关于进一步落实行政执法责任制工作的通知》要求，探索深化行政执法责任制的工作机制，完善和落实相应的配套制度，调整行政执法责任制的相关内容，修订和完善行政执法责任制的实施方案，行政执法责任制实施情况良好。完成行政处罚决定网上公开工作任务，总计公开行政处罚结果信息2471条。加强司法建议处理和反馈工作，司法建议、检察建议的反馈率和整改率达100%。

【预防化解行政争议】 2015年，县政府法制机构深化完善行政调解工作机制，发挥10个专业委员会的设置，加强行政调解规范化建设。全面实施《政府与法院共同预防化解行政争议工作机制》，召开府院联席会议，加强行政复议、行政诉讼、行政执法的良性互动，形成行政和司法预防化解行政争议的合力。继续加强行政执法与刑事司法信息共享平台建设，行政执法与刑事司法互动机制全面形成。深化完善执法投诉举报处理机制，健全完善行政执法投诉举报制度，及时处理公民、法人和其他组织投诉举报案件，依法保护行政相对人合法权益，维护社会稳定。

【依法行政的培训、调研和考核工作】 2015年，县政府法制机构贯彻落实新修订的《中华人民共和国行政诉讼法》，做好新行政诉讼法应对工作。完善行政机关领导干部和工作人员学法制度，抓好对行政执法人员的法律知识培训工作，对新申领行政执法证人员进行综合法律知识培训，对行政执法人员进行依法行政和法律知识培训。开展依法行政调研工作，向上级法制部门报送各类法制信息50多篇。法治政府建设的评议考核工作继续纳入县委、县政府对乡镇、部门年度目标责任制考核。完善依法行政考核内容和评分细则，出台《2015年度乡镇部门法治政府建设工作考核内容和评分细则》，并对行政执法部门采取分类考核的办法，加大对乡镇、部门年度法治政府建设工作的考核力度。

（何欣欣）

## 公　　安

【概况】 2015年，常山县公安局内设机构27个，下辖城关、外港、城郊、招贤、新都、球川、芳村、大桥头等8个派出所；实有民警289人，干部2人，职工9人，协辅警343人。全县公安机关围绕县委、县政府“适应新常态、抓好一三五”的战略部署，以“党委政府满意、上级公安机关满意、人民群众满意、全体民警满意”的“四个满意”为总目标，全力抓好“作风教育提升年、基层基础建设提升年、执法规范提升年”“三个年”活动，做到纪律常抓不懈，服务紧贴中心，执法走在前列，基础做细做实，机制创新求变，完成了各项工作目标。立刑事案件1462起，破833起。抓获各类犯罪嫌疑人491人，逃犯111人。其中，刑拘296人，逮捕187人，取保候审318人，移送起诉461人。县公安局监所连续26年无安全事故。

坚持树立“全县中心工作推进到哪里、公安机关服务保障举措就跟进到哪里”的工作理念，以县委、县政府“四边三化”“一路一镇”“无违建县”创建、“五水共治”为中心工作，精准合理用好警力资源，妥善破解多项难题，确保维护社会稳定和服务经济社会工作有序推进。全年走访基层群众2000多名，收集种类情报信息386条，妥善化解不稳定因素26条。收集相关信息450余条，形成维稳专报18篇。出动警力3200多人次，教育训诫谈话124人，强行带离现场37人，治安拘留13人次。工作成绩多次获得县委书记、县长的指示肯定。

开展公安信访“抓源头、打基础、强机制、促规范”活动。根据地处浙江、江西、安徽、福建四省交界的特点，开展跨区域信访案件化解、集体访处置、重点信访人员稳控等区域合作，加强信访信息共享，提高工作效率，发挥区域合作机制的作用。健全完善非正常访处置工作规范，依法打击处理各种非访、闹访、异常访行为，全力做好“抓、打、强、促”活动冲刺阶段的各项工作。按照全国及全省《公安信访部门便民设备建设项目》的要求，提升信访基层基础工作水平，全县公安信访接待场所便民设备的配置完成率达100%。

开展“三严三实”纪律作风教育整顿活动。通过与重点对象谈心谈话，与全体中层领导和民警签订廉政风险承诺书，发放家属告知书，以及利用网络、短信等交流平台开展宣传，加强民警、协辅警遵纪守法、廉洁自律的意识教育，推动党风廉政建设和反腐败各项工作的落实，打造常山公安新形象。2015年发布信息128篇，召开行风监督员工作通报会，印发1000多封征求意见信，收集意见建议65条，组织全体民警参观廉政教育基地3次、观看专题教育片5次，开设专项教育行动专栏。

是年，全县公安系统有1个集体被国家禁毒委评为先进单位，1部微电影被公安部评为二等奖，1位民警被公安部评为先进个人，10个集体和个人荣获省部级荣誉，51个集体和个人获得地市级荣誉（其中25个集体和个人被市公安局荣记集体三等功），11个集体和个人获县级荣誉。1位民警被评选为全市十大“老黄牛式”民警。

**【探索建立“警民联调”新路子】** 2015年，县公安局针对常山县社会治安实际，科学整合资源，聚拢各级力量，在全县80%以上的社区和村（居）委会设立以社区民警和农村警务室民警牵头的警民联调联系点，完善柔性调处机制，形成县、乡镇、村（居）委会三级联调联动格局，有效缓解专业调解力量不足的压力，在探索建立专业化与社会化相结合的“警民联调”新路子上迈出了一大步。开展宣传教育30余次，发放宣传资料1.5万多份，走访摸排各类不稳定因素370余起，有效控制群体性械斗事件20余起，调解矛盾纠纷962起，成功率97.5%，因纠纷引发的案事件比上年下降89%。

**【开辟禁毒第二战场】** 2015年，县公安局在开展“百城禁毒会战”专项行动中，根据行动期间监管场所内涉毒人员多、涉毒面广，把监所安全保障和打击涉毒违法犯罪相结合，调配禁毒大队民警协助拘留所开展监管和帮教工作，做实“三个帮教”，即宣教、谈心、跟踪，促成战果转化，开辟涉毒违法犯罪打击、防控的第二战场，取得明显成效。对50余名吸毒人员进行帮教活动，收集涉毒违法犯罪线索24条。通过收集的线索破获2起涉毒刑事案件，抓获2名犯罪嫌疑人，缴获19.9克毒品，抓获16名吸毒人员，并依法对其中的4名吸毒人员作出强制隔离戒毒决定。

**【推行“百警包村·双联双提”活动】** 2015年，县公安局推出“百警包村·双联双提”主题实践活动，在“五水共治”“三改一拆”“四边三化”“一路一镇”等中心工作中，做实警力下沉、警务前移，加强公安机关与乡村（社区）的“双向联系”，化解矛盾纠纷，组织信息采集，做好群众工作，提升安全感，提升满意度，实现“发案少、秩序好、社会稳定、群众满意”的目标。全局有85名中层领导和85名民警进村担任“包村干部”，征求各类意见建议256条，发放安全防范手册2000多份，送证上门536张，掌握社情民意720条，结对帮扶困难群众200户，解决各类疑难问题987件，各类涉稳信息线索105条，排查化解矛盾纠纷78条，打击涉水犯罪案件3起。

**【护航“五水共治”工作成效显著】** 2015年，县公安局立足职能，全警聚力，严厉打处，强化联动，为“五水共治”清障护航。出动警力600余人次，各级河道警长共移交各类线索80余条，抽调20名精干警力组成9.8专案组，一举打掉非法采矿团伙4个，查实涉案犯罪嫌疑人20人，抓获14人，网上追逃6人，涉及非法采矿点8个，追缴赃款100余万元；排查化解矛盾100多起，破获污染水环境案件6起，采取刑事强制措施20人。以宣传县公安局护航“五水共治”工作为题材拍摄的河道警长微电影《巡·景》获公安部比赛二等奖序列第一名，报送建立“河道警长制”、护航“五水共治”的新闻稿荣获2014年度“衢州十大公安新闻”。

**【完成世界互联网大会期间安保工作】** 2015年，常山县公安局在世界互联网大会期间，对经常山界内开往杭州和桐乡的107辆大巴和1701名旅客逐车、逐人进行安检。在全县范围内组织开展“护城河1号”“护城河2号”统一行动，共出动警力580人次、其他治安力量90人，检查出租房屋548家、公共休闲娱乐场所120处、网吧48家、旅（宾）馆酒店92家，排查流动人口620人，盘查可疑人员130人、可疑车辆190辆，查处2起治安案件，抓获7名违法犯罪嫌疑人，破获3起刑事案件，清除11处消防隐患，排查掌握涉稳重点人员132人，其中非正常上访101人。

**【开展G20峰会安保筹备工作】** 2015年，县公安局以最高标准、最严要求、最实举措推进G20峰会安保筹备工作的开展。对精神病人管控实行“一人一档”；督促加油站散装汽油实行实名登记；严格做好流动人口、出租私房管理；对寄递业实行100%的开包检查验视等各项工作。加强排查和管控可能影响G20峰会安全的“人、地、物、事、网、车、场所”等治安管理要素，对重点单位、重点行业不断进行再布置、再检查、再落实。

**【警力前移谋划和谐医患关系】** 2015年，针对医患矛盾纠纷引发不稳定因素已成为维稳工作新的热点问题，县公安局会同重大医疗纠纷应急处置小组营造医疗纠纷“依法处置”的新生态，严格执行应急处置机制，明确指挥中心统一调度职能，其他单位各司其职，坚持警力前移，维护医患双方合法权益和医疗机构的正常秩序，确保社会和谐稳定。是年，全县医疗纠纷引发的信访、停尸、闹事等事件总体呈下降趋势，医疗纠纷的赔偿金额逐年下降，协助排查医患纠纷17起，协助化解医患纠纷19起，医患纠纷信息员16人，搜集患者不满意隐患苗头36条。

**【参与侦破“5·5”特大地下钱庄案】** 2015年，县公安局参与并成功侦破了全国“5·5”特大地下钱庄案件，打掉涉及全国30余个省、直辖市、自治区及港澳地区的地下钱庄犯罪团伙5个，抓获犯罪30人，涉案金额685亿元，冻结涉案资金1.8亿元。该案系我国破获的一起涉及澳门多层级、全链条的最大地下钱庄案，公安部专门下发贺电，原省委常委、公安厅厅长刘力伟两次对此案作出重要批示。

【常山公安媒体平台建设成效大】 2015年，县公安局通过开展策划警营宝宝活力秀、禁毒宣传月专刊、110宣传月进广场入校园、“年度榜样人物”推荐评选暨“最美警察”等一系列宣传活动，加强“浙江常山公安”微信微博影响力，在2015年全省公安政务微博微信影响力排行榜中，位列全省第26名，拥有6.4万名“粉丝”。以县公安局民警警营多彩生活为蓝本拍摄的节目在中央电视台社会与法频道《警官们的多彩生活》节目中播出，以县公安局河道警长为题材自编自导自演的微电影《巡·景2》顺利开拍。

【公安执法提档升级】 2015年，县公安局针对执法中存在的问题，探索符合常山公安实际的执法管理机制，坚持“执法是竞争力当中的核心”思想，抓思维转变、抓顽症根治、抓素质培训、抓内在潜力、抓环境营造，形成合力抓执法的良好氛围，提升执法规范化水平，形成具有常山特色的公安法治品牌。全年下发执法通报380期，发现整改各类问题1200多个。

【实行21时视频点评制度】 2015年，县公安局实行21时视频点评制度。每晚21时，由主班局领导通过视频会议的形式与各部门多方互通信息、现场商谈、快速部署，科学谋划，织密线上线下打防网，精准打击现行违法犯罪活动，保障全县社会大局稳定和经济平稳发展。自5月份起，共互通重大案事件62件，当场联动20余次。全县110总警情和有效刑事治安警情均实现下降，其中侵财性案件111起，环比下降5.13%；黄赌毒警情100起，环比下降42.5%。全县范围未发生一起重大案事件。

【刑事技术规范化建设】 2015年，县公安局注重刑事科学技术室规范化建设，完善现场统勘制度，加大刑事技术成果转化，实现“可勘现场全部到位、勘查质量全面提升、破案打击全力支撑”三大成效。累计勘查现场458起、痕迹提取率70%，采集指纹51份、DNA血样500多份，受理各类检验鉴定152起，出具鉴定书117份，通过刑事技术手段提供线索抓获违法犯罪嫌疑人11人，破获案件39起，刑事技术使用率为13.2%，比2014年上升2.9个百分点。

【推进反恐处突新常态机制建设】 2015年，县公安局针对当前反恐维稳严峻形势，结合常山实际，以维稳、打击、防控为重点，从加强组织保障、苗头预警、对象控制、现场处置等方面，探索反恐维稳工作的新机制、新战法，提升预防和处置突发事件的能力和水平。开展集中排查活动6次，排查出各类不稳定因素212起，化解矛盾纠纷195起，有效预防处置13批140余人次围堵党委、政府和其他行政机关的群体访、非正常访事件，妥善处置医闹纠纷、安全生产事故等各类突发事件9起。

【打造“警调衔接”升级版】 2015年，县公安局建立警调中心，选派县公安局相关业务部门的骨干与司法局招聘派驻警调室工作的调解员，共同制定警调中心工作规范和研究制定处置重大疑难的矛盾纠纷对策，打造警调衔接升级版，提高矛盾纠纷调处效能。调处各类矛盾纠纷435起，形成卷宗290本，通过会商调解矛盾纠纷85起，涉及信访事项

15 起，移送司法援助 42 起，调处金额 500 多万元，调处成功率 97%，群众满意率 96%。工作成效获省委政法委副书记刘树枝，市委常委、公安局局长王建等的高度肯定。

**【交通管理重点工作综合绩效突出】** 2015 年，县公安局交警大队围绕“治危、治堵”工作目标，运用与特巡警、城关派出所等警种的“三警合一”工作机制，明确职责任务分工，强化各类严重交通违法行为的查处。协调安监、交通、教育等相关部门，开展道路交通安全隐患、学生接送车排查整治，预防减少道路安全事故。查处交通违法 10 万多起，酒后驾驶 636 起，其中醉酒驾驶 96 起，分别增长 67.53%、5.3%、31.5%，查处数继续保持全省前列。道路交通事故实际死亡人数减少 10 人，比上年下降 18.2%。常山县在市政府城市治堵工作考核中名列全市第一，常山县交通管理重点工作综合绩效全市第一，因交通管理重点工作成绩突出被省公安厅通报表扬。

**【“百城禁毒会战”战果显著】** 2015 年，县公安局在公安部推进“百城禁毒会战”的行动中，成立专门工作班子，开展专案侦查，采取明察暗访方式，全力投入百城禁毒会战中，会战成效显著。通过“常山公安”微信公众号网络媒体和社交平台，向网民宣传禁毒图文资料，提高禁毒会战影响力和群众禁毒意识抵御能力。年内，共开展禁毒主题宣传活动 20 余次，发放图文宣传画册 5000 余份，破获涉毒案件 28 起，抓获涉毒犯罪嫌疑人 61 人，破获省目标案件 2 起，查处吸毒人员 265 人，强制戒毒 36 人。

**【借助政府热线处理信访】** 2015 年，县公安局树立“抓源头、打基础、强机制、促规范”理念，坚持维稳与维权并重，借助 12345 政府服务热线平台，分流信访事项，减少信访投诉，强化信访源头管控。结合 110 宣传日、“5·15”经侦宣传日、“6·26”禁毒宣传日，向群众宣传“12345”政府服务热线的功能，让群众逐渐形成：“有事找政府，就打‘12345’”的意识，实现“一站式”服务。年内共组织宣传活动 5 次，发放宣传资料 1800 多份，受理“12345”政府服务热线 86 件，涉及信访投诉类 28 件，占比 32.6%，信访事项受理比 2014 年下降 23.2%。

**【强化网络舆情引导工作】** 2015 年，县公安局舆情处置领导小组，挑选 10 名民警作为舆情导控员，研判网络涉警舆情的规律特点，分析网络舆情引导的重点难点，提升网络舆情引导的综合能力。以公安门户网站为龙头，建立 8 个网上派出所、16 个网上警务室和警务微博、QQ 群等，实行警务公关、信息输出、舆论引导，形成一级抓一级、层层抓落实的网络舆情引导格局。年内，在常山新闻网播出“最美公安”19 期，“平安法治常山”3 期，专题报道 35 期，营造了良好舆论氛围。处置本地网络舆情事件 46 起，查处网络谣言案件 8 起，开展舆情引导 38 次，发布引导帖文 180 余条，掌握网络舆论主动权，形成积极向上的主流舆论。

**【打防通讯(网络)诈骗犯罪专项行动】** 2015 年，县公安局开展打防通讯（网络）诈骗犯罪专项行动，按照“社会联动、综合治理、防范为主、打防结合”的方针，多渠道开展宣传，在宣传防范中严格执行进社区、进乡镇、进学校、进企业、进市场的“五进”工作制，采用构筑“防火墙”、畅通“绿色通道”等各项防范举措，推进案件快打、快破、快办。抓获通讯（网络）诈骗犯罪嫌疑人 11 人，发送防骗短信 2 万多人次，发布专版精品微信 8 条，发放防骗宣传资料、防骗手册等 1.2 万多份。对盗窃 QQ 冒充老师诈骗案件串并 27 起，成功在广西南宁市抓获取款犯罪嫌疑人 3 人。

**【实现交通事故“一站式”服务处理模式】** 2015 年，县公安局针对县域道路交通事故增加、办案民警工作量大、执法隐患多等问题，整合公、检、法、司、保险等部门力量，建成道路交通事故处理中心，提供行政调解、司法调解、人民调解与法律援助、价格定损、保险理赔“一站式”服务平台，与交通巡回法庭形成有机衔接，实现调解处理与审判处理有序移送，方便群众处理交通事故，对社会稳定起到有效的“减压阀”作用。登记涉案财物 1567 件，登记率 100%；依法实时及时处置 1449 件，处理率 92.5%，做到账账相符、账实相符；受理案件 5190 起，认定和调解处理 5034 起，结案率 97%，实现交通事故受理处理“零”投诉。

**【接处警工作成效好】** 2015 年，县公安局为提高接处警质量，健全完善接处警工作机制，以建章立制打造标准化、能力建设支撑规范化、监督回访促进精细化、核查研判服务实战化的“四化”举措，提升接处警工作实效，深化执法规范内涵，提高执法公信力和群众满意度。开展模拟报警 10 余次，通过 110 接处警快速响应直接抓获违法犯罪人员 27 人，化解处置群体性事件 40 余起，整改接处警问题数据 87 个，为群众提供救助服务 100 多人次。

（王宏军、汪　浩）

## ·消　　防

**【概况】** 2015 年，常山消防大队配备行政车辆 2 辆、执勤车辆 7 辆、战勤保障车 1 辆，有 45 名官兵。全县有 225 家消防安全重点单位建立三项备案报告制度和“四个能力”建设自查制度。通过对劳动密集型企业、涉老涉幼场所、易燃易爆及化学危险品场所等一系列重点行业企业单位的专项整治行动，排查出一大批存在突出火灾隐患的单位，责令限期完成整改；通过制定整改方案，日常跟踪督导，重点帮扶指导等形式，完成督促整改工作。推进农村志愿消防队伍建设，与各乡镇人民政府（街道办事处）沟通协调，为全县常住人口 3000 人以上的行政村配备三轮摩托车、手台泵、水枪水带等消防设施器材，提升农村地区火灾自防自救能力。全年检查单位 1329 家，发现火灾隐患 1096 处，整改隐患 1096 处，下发责令改正通知书 582 份，下发处罚决定书 58 份，责令“三停”13 家，罚款 238600 元；办理消防设计备案项目 71 个，抽查项目 30 个；验收备案项目 104 个，抽查项目 52 个。县消防中队接警 151 起，出动消防车辆 240 车次，出动消防官兵 1472 人次，抢救被困人员 126 人，疏散人员 0 人，抢救财产价值 379.9 万元。

**【“1·16”收费站火灾救援】** 2015 年 1 月 16 日上午 11 点 30 分左右，常山消防大队接到群众报警称：位于 G60 常山出口处一辆货车行驶至收费岗亭时突然起火，并引燃整座收费站建筑和多个岗亭。接到报警后，常山消防大队立即出动 5 辆消防车计 20 余名官兵迅速赶往现场实施处置。消防官兵到达事故现场后，经现场勘查，发现一辆大货车前半部分已经开始燃烧，火势正处于猛烈燃烧阶段，并向旁边迅速蔓延。指挥员立即下达作战命令：将现场消防官兵分为两组，一组出一支水枪，对货车起火部位发动全力进攻，先灭掉轮胎周边的明火，再对油箱周边进行冷却；另外一组对已着火的收费站建筑进行扑救，并防止火势进一步向周边蔓延。至中午 12 点半左右，车辆及收费站建筑明火被成功扑灭；货车已被完全烧毁；收费站8个岗亭有7个被烧毁，建筑主体损毁严重；事故未造成人员伤亡。

沪昆高速常山收费站火灾现场

【消防宣传教育工作】 2015年，常山消防大队联合县宣传、教育、文化等部门，以消防宣传“七进”活动为载体，深入农村、社区、学校和机关企事业单位普及消防常识，多形式、多渠道开展消防宣传教育活动。制作群众喜闻乐见的消防宣传手册、挂图，在商场市场、娱乐场所等人员密集场所落实消防宣传“三提示”，在社区、街道、公众聚集场所和消防安全重点单位张贴消防安全宣传标语、图画。主动联系各企业、单位、学校开展疏散逃生和灭火演练，提升群众逃生自救能力。每月播出广播节目《消防在线》，在常山信息港开设消防专栏，开设微博和微信公众平台“常山消防”，在户外大型LED屏和电影院影片播放前加播消防公益宣传片。县消防站、消防宣传教育培训基地对社会开放，组织社会各界人士参观、体验；每月坚持“两进三出”开放宣传活动，保持开放工作的常态化；消防站对外开放20次，总计1200多人次参观学习。完善消防志愿者行动工作机制，丰富宣传服务队、培训服务队、隐患排查队、抢险救援队等多种志愿者队伍形式，做好消防志愿者开展志愿服务所必须具备的消防安全知识和技能培训工作。

（施国通）

# 检　察

【概况】 2015年，县人民检察院（以下简称“县检察院”）围绕实施“三大战略”、推进“三镇建设”等县委重大决策部署，服务保障“五水共治”“四边三化”等专项工作，履行宪法和法律赋予的职责，加强法律监督工作。参与工程建设领域不法行为专项整治行动，受理单位和个人行贿犯罪档案查询116件次，为工程招标和政府采购净化行业环境。参与整顿和规范市场经济秩序，依法批捕诈骗、串通投标、非法经营等危害社会主义经济秩序犯罪24人，提起公诉48人；开展金融、知识产权专项检察活动，批准逮捕非法吸收公众存款、集资诈骗、生产销售伪劣产品等犯罪3人，提起公诉6人，强化对市场主体合法权益的平等保护。开展“杜绝冤假错案”大讨论活动，集中检查省委政法委关于防止冤假错案33项制度落实情况，查找剖析在司法理念、制度落实、能力素质等方面的薄弱环节和问题，强化法治思想共识和行动自觉性。开展“信仰法治、守护公正”主题教育实践活动，进一步凝聚检察职业精神。邀请“浙检英模大讲堂”宣讲团成员来院开展宣讲，弘扬先进典型精神，组织学习政法干警违法违纪典型案例通报，引导检察人员筑牢拒腐防变思想道德防线。

2015年，县检察院荣获全市检察信息工作先进集体，被县委、县政府授予“一路一镇”集中整治先进集体，被县政府授予2013—2014年度禁毒工作先进集体，县检察院党总支被县直机关工委授予“群众路线教育实践活动先进机关党组织和‘双进制’服务社区先进机关党组织”称号。县检察院政治处、公诉科、监所科被市人民检察院授予“集体三等功”，县检察院民事行政检察科被市委政法委评为全市政法系统十佳执法为民基层政法单位，2 件案例分别被省人民检察院评为全省检察机关精品民行监督案件和“三个效果”有机统一优秀案例，1 起案件被评为全市检察机关“精品案例”，1 个事例被评为全市检察机关“服务保障全面深化改革”典型事例，结合常山县农业、粮食系统的窝案教训提出的预防检察建议被市检察院评为“预防职务犯罪优秀检察建议”。徐华仙被市政法委评为全市政法系统“十佳服务群众”雷锋式政法干警，陈利东、刘润华分别被市检察院评为2014 年全市检察信息工作先进个人和全市检察宣传先进个人，曾榴榴被市检察院评为2015 年全市检察宣传先进个人，王志红、徐志飞合著的论文在全市检察系统“全面深化改革与检察工作”研讨会上获优秀作品二等奖，徐华仙著写的论文在全市检察系统“全面深化改革与检察工作”研讨会上获优秀作品三等奖。

**【批捕起诉】** 2015 年，县检察院认真履行审查逮捕、审查起诉职能，受理移送审查逮捕案件 148 件 192 人，比上年增长 4.9% 和 4%。其中，公安机关撤捕 4 人，经审查决定批准逮捕 156 人，作出不逮捕决定 32 人，不捕率为 17%；受理移送审查起诉案件 370 件 476 人，分别增长 19.4% 和 8.9%，经审查决定提起公诉 378 人，有罪判决率为 100%；作出不起诉决定 38 人。主动回应人民群众平安需求，健全常态化打击机制，依法逮捕“两抢一盗”“黄赌毒”等犯罪 85 人，提起公诉 153 人，加大对公共秩序、公共安全犯罪打击力度，依法逮捕寻衅滋事、聚众斗殴、交通肇事、危险驾驶等犯罪 39 人，提起公诉 174 人。加强对非法上访等涉众犯罪力度，对 5 名非法上访人员以涉嫌嫌聚众扰乱社会秩序罪提起公诉。运用附条件不起诉、刑事和解、不批准逮捕双向说理等工作机制，把化解矛盾贯穿与执法办案工作始终。促成因交通肇事、危险驾驶等引起的轻微刑事案件当事人和解 9 件。推行未成年人刑事案件专人办理工作模式，对 8 名未成年人依法作出不逮捕、不起诉决定；对 13 名未成年人落实犯罪记录封存制度，所办未成年人犯罪案件实现法律援助、听取律师意见、成年人在场，调查全覆盖，强化未成年人案前、案后帮教工作。

**【惩防职务犯罪】** 2015 年，县检察院查办贪污贿赂犯罪 9 件 10 人，包括正科级领导干部 1 人、副科级领导干部 2 人，查办渎职侵权犯罪 1 件 1 人，立案查办 3 名村干部贪污林区道路特扶补助资金案件，重点查办县粮食局原局长杨某、县粮食收储公司原总经理黄某等贪污、受贿、滥用职权窝案。工作中，注重发挥县委反腐败协调小组作用，加强与纪检监察机关协作配合，联合出台有关规范协作配合意见，明确办案标准和衔接程序，坚持依法办案、分工履职。推进预防职务犯罪工作，开展“百场典型案件剖析会”和“百个重大项目专项预防”活动，重点就县农业、粮食系统窝案开展同步预防，结合农业、粮食系统的窝案教训开展专项预防调查，及时向案发单位发出预防检察建议，撰写专项调查报告，提出系统预防对策，促成县粮食局创新性出台《常山县现代农业专项资金项目管理办法》，并对其他 4 项内部管理制度进行修订完善，得到县委主要领导的肯定。延伸预防宣传阵线，与县纪委、法院联合建立自侦案件庭审旁听沟通协调机制，积极开设预防职务犯罪课堂，利用周末自主选训、全县村两委干部轮训、公诉案件庭审等平台开设预防职务犯罪课堂，先后有 2000 余名干部、职工接受预防教育，构筑预防职务犯罪思想防线。

**【诉讼监督】** 2015 年，县检察院加强对侦查机关立案、侦查活动的监督，依法监督侦查机关立案1件、撤案3件，追诉漏罪4件、漏犯2人，纠正侦查机关不规范行为11件次；全面贯彻落实证据裁判规则，对公安机关移送的3起案件中，以引诱、伪造等方式获取的证据材料作为非法证据予以排除，并基于案件情况作出相应决定。加强对审判活动的监督，办理刑事抗诉案件1件并得到法院改判，受理民事申诉案件2件，审查民事审判执行案件6件，1起案件经市检察院提请抗诉得以改判，加强对审判活动的适时监督，建立健全检察人员旁听民事、行政案件庭审活动工作机制，对2起民事案件开展庭审监督活动，并对近几年办理的涉及财产执行民事申诉案件开展回访监督，维护司法权威。加强对刑罚执行和监管活动的监督，全面落实减刑、假释、暂予监外执行案件逐案逐人审查制度，对其中2件减刑、假释不当案件提出监督意见并予采纳。加强财产刑执行监督工作，监督罪犯履行财产刑义务8件8人。开展羁押必要性审查工作，对7人提出变更强制措施建议，均被采纳。开展社区矫正专项检察活动，对司法行政部门落实监管措施不到位情形提出检察建议5份，并监督一司法所所长因错误解矫渎职违纪行为被行政记过处分。加强监管场所安全防范检察工作，规范提押工作程序，化解1起在押人员打人事件，监督一监管场所工勤人员因违规违纪被予以辞退处理，维护在押人员合法权益。

【加强民生权益保障】 2015年，县检察院完善“12309”举报电话、网上信访、群众来信、来访“四位一体”诉求表达和查询服务体系建设，落实检察长接待日制度，健全承办督办机制，受理各类信访案件85件次，做到件件有反馈，件件有落实。加强劳资纠纷等涉众刑事犯罪打击力度，依法办理2件企业主拒不支付劳动报酬犯罪案件，维护群众合法诉求权利。主动回应社会舆论，深入公安交警部门就扣押违法车辆管理费用开展专项检察监督，及时纠正执法部门不规范管理违法车辆行为。

【加强生态文明司法保护】 2015年，县检察院在环保领域推进综合法律监督探索，服务保障“五水共治”工作。依法逮捕盗伐滥伐林木、非法采矿等违法犯罪嫌疑人5人，依法提起公诉5人，依法办理1起村干部参与串通招投标案件，办理环保领域行政执法检察监督案件7件，监督环保部门对4家企业（个人）作出2.6万~3万元不等罚款的处罚决定以及相应的整改措施，并就环保执法不规范行为提出监督建议，与县环保部门确立案件提前介入、案情通报、联席会议等制度，构建环保检察长效机制。参与县委、县政府开展“四边三化”整治工作，抽调12名干警组成工作小组投入到“一路一镇”专项整治攻坚战，指派3名干警为生态指导员，定期到联系村开展宣传、动员、监督工作，积极为党委、政府提供专业法律意见，有力推动工作开展。

【开展规范司法行为专项整治工作】 2015年，以检察机关开展规范司法行为专项整治工作为契机，深刻查摆问题，突出解决自侦案件律师会见难、涉案财物管理不规范等热点难点，狠抓整改落实。主动向司法行政部门、律师事务所征求有关工作意见、建议，达成自侦办案有关律师会见工作的共识。对自侦办案区进行升级改造，设置律师会见场所，在案件管理中心开通律师会见网上预约热线，增设律师阅卷室，添置速拍仪等设备，方便律师办案，全年所办的自侦案件均能满足律师会见要求。强化检察机关与纪检监察在查办案件中的规范协作配合，明确办案标准和程序衔接，坚持依法办案、分工履职。加强对办案全过程的监督，依托统一业务应用系统，对办理的案件进行全程、同步、实时、动态监控与跟踪，加强对初查、立案、适用强制措施、审查批捕、审查起诉等办案环节的监督，实现线上线下同步监督。强化侦监、公诉、刑事执行、控告、侦查等部门之间的监督制约，建立健全内部流转和监督制约机制，重点就扣押、冻结款物不规范问题制定《扣押、冻结涉案款物管理暂行规定》，对各办案环节中涉及扣押、冻结款物事项建立明细，以规范化建设推进执法办案转型升级。加强和改进与人大代表、政协委员的联络工作，主动向县人大常委会就近年来民事行政检察工作作专题报告。开展“百名代表、百名委员评公诉”“公诉听庭评议”“检察开放日”活动开展现场评议、监督检察工作，主动接受市县人大常委会调研组以及组织人大、政协有关部门、政法机关来院开展监督座谈，征求规范司法工作意见、建议，并就落实县人大常委会深化司法监督问题整改工作向县常委会作出报告，并组织200余名人大代表、政协委员视察检察机关自侦办案区、检察服务大厅建设。推进人民监督员制度改革，主动配合人民监督员改选工作，结合案件办理情况，6名人民监督员先后对5起拟撤案、不起诉案件启动人民监督员程序开展评议监督。

（谢维光）

## 法　院

**【概况】** 2015年，县法院围绕“努力让人民群众在每一个司法案件中感受到公平正义”的目标，坚持司法为民、公正司法，履行宪法和法律赋予的职责，为推进“实力工业、休闲城市、美丽乡村”战略提供良好的司法服务。受理各类案件6979件，办结6536件，比上年分别上升17.9%和16.6%。一线法官人均办案226件，当事人服判息诉率达94.6%。发挥法律优势，参与“一路一镇”“五水共治”“三改一拆”等中心工作。通过评估法律风险、提供法律咨询，服务县重点工程建设、重点项目推进。依法妥善处理城市化进程中的拆迁、拆违等涉案纠纷，办结相关案件10件。密切关注经济发展、社会管理中出现的新情况、新问题，建言献策，发送司法建议9篇，被采纳7件。注重未成年人权益保护，县法院刑庭被省高院推荐为6家创建“全国青少年维权岗”的单位之一。

**【宽严相济惩治各类犯罪】** 2015年，县法院受理刑事案件302件，审结290件，比上年分别上升2.7%和1.4%。依法严惩危害社会治安的犯罪，审结盗窃案件77件107人、故意伤害案件20件24人、毒品案件18件23人。参与反腐败斗争，审结挪用公款案件1件。依法惩处村干部犯罪，6名村干部因犯非国家工作人员受贿罪，被依法追究刑事责任。打击交通肇事、醉驾等犯罪，交通巡回法庭以危险驾驶罪判处罪犯84人，以交通肇事罪判处罪犯28人。依法打击违法上访行为，以聚众扰乱社会秩序罪分别判处5人有期徒刑二年二个月及以下不等刑期。参与社会治理，审结相关案件6件，5名缓刑犯因违反管理规定被收监执行，1人因患严重精神疾病被依法决定强制治疗。坚持依法从宽，对108名具有从轻情节的初犯、偶犯等判处缓刑。尊重被告人人格尊严，严格落实被告人不穿囚服出庭的规定。强化司法人权保障，为50名无钱请律师、可能被判处三年以上有期徒刑的被告人，通知法律援助律师出庭辩护。

**【调判结合化解社会矛盾】** 2015年，县法院坚持调解优先、调判结合，促进案结事了，民商事案件调撤率达70%。对不宜调解、调解不成的案件，及时依法作出裁判，当庭裁判率85.5%。高效化解矛盾纠纷，运用小额诉讼程序审结案件127件，平均审理天数11.3天。推进繁简分流，简易程序适用率为88.1%，居全省法院第二。加强刑事附带民事案件调解工作，使35件刑附民案件的被害人，获得259万元的经济赔偿。

**【涉案民生保障】** 2015年，县法院受理民事案件3755件，审结3466件，比上年分别上升34.5%和32.2%。依法保护妇女、儿童、老人等弱势群体的合法权益，审结婚姻家庭、继承、相邻关系纠纷等案件485件。重视涉案民生的司法保护，审结道路交通事故、劳动争议等案件408件。维护市场交易秩序，审结买卖、承揽、租赁等合同纠纷案件394件。

**【审判促进依法行政】** 2015年，县法院受理行政案件36件，审结34件，比上年分别上升125%和142.9%。受理非诉行政执行案件164件，全部审查结案，准予执行率达98.8%。加强协调工作，促使行政争议实质性化解，经法院协调促成和解撤诉的占29%。推进行政机关负责人出庭应诉工作，县公安局、县社保局、大桥头乡政府行政首长出庭应诉相关案件。深化司法与行政的良性互动，配合综合行政执法局、市场监管局等部门为320余人次讲授新《中华人民共和国行政诉讼法》。

**【胜诉者权益保障】** 2015年，县法院合计受理执行案件2709件，执结2571件，执行到位金额9697万元。发挥网上“点对点”执行机制的作用，建立跨省异地执行协作机制，加强对被执行人及其存款、车辆、房地产的查控，不断压缩被执行人转移隐匿财产、逃避执行的空间。累计查询到存款1580万元，冻结1440万元，查询到房产362处，查询到车辆415辆。落实24小时执行备勤机制，借助公安协控机制，控制法院决定拘留的被执行人43人。综合运用征信网站、官方微信、LED显示屏等平台，曝光失信黑名单381例。加大企业欠薪案件执行力度，多次开展专项执行，为141人兑付工资190余万元；以拒不支付劳动报酬罪判处罪犯1人，追回拖欠工资10.1万元。配合计划生育“百日攻坚”专项活动，组织执行干警160余人次，征收社会抚养费750余万元。

**【服务经济发展】** 2015年，县法院主动开展走访，实地了解企业的司法需求，帮扶化解法律风险。与相关部门加强信息互通共享，密切关注生产异常企业，提前预警，赢得工作主动。推进府院联动，建立会商机制，对出险、濒危企业进行针对性诊断，提高帮扶解困的实效性。出台暂行规定，方便6家被查封冻结企业办理银行转贷3000余万元。争取人员经费支持，组建破产审判合议庭，探索破产审判的专业化、简易化和精细化。坚持“甄别分类、有扶有破”的差异化原则，帮扶有市场前景的企业调解纠纷、维持生产、渡过难关；对确无帮扶价值的“僵尸企业”，通过引导破产、执破衔接，盘活存量资产，引导有序退出市场。审结破产案件4件。盘活工业用地194.3亩、工业厂房4.3万平方米，化解不良资产4951万元。

**【防范化解金融风险】** 2015年，县法院妥善处理金融纠纷案件，关注民间借贷纠纷发展态势，召开新闻发布会，介绍案件审理情况，解读民间借贷案件处理的司法解释。保护合法借贷行为，防范非法集资和高利借贷，审结民间借贷案件1073件，标的额达3.92亿元，分别上升51.6%和112.4%。保护合法金融债权，防范逃废金融债务行为，审结金融借款案件297件，结案标的额达4.09亿元，分别上升30.8%和313.1%。为维护交易稳定，营造诚实守信的市场环境，办结实现担保物权案件21件，涉案金额6332万元。

【深化“刑民一体”审判模式】 2015年，交通巡回法庭继续深化“刑民一体”审判模式，受理案件455件，审结425件，分别上升20.4%和18.7%，其中审结刑事案件112件、民事案件313件。

【完善立案大厅便民服务功能】 2015年，县法院全面改造诉讼服务中心，将诉讼服务中心作为司法便民的重要平台，进行全面改造升级。整合立案、导诉、缴费、材料收转、“12368”司法热线等服务，完善硬件设施，拓宽便民功能，改封闭式为开放式、分散型为集约型，为当事人提供一站式便捷服务。严格实施立案登记制，加强诉讼引导和法律释明，对依法应当受理的案件做到有案必立、有诉必理。5月1日至12月31日，登记立案4397件，增长26.4%，当场登记立案率达99.8%。

【提升基层司法水平】 2015年，县法院出台专门规定，严格落实法庭直接立案、驻庭办公、夜间值班等制度。增加法庭人员，强化内部管理，提升基层司法能力。红旗岗、芳村两个人民法庭年内受理案件1126件，审结1071件，同比分别上升24.8%和24.7%。红旗岗法庭立足辖区特点，重点加强商事审判工作，服务企业发展，在新都工业园区设立巡回审判点；主动与江西玉山法院的两个人民法庭加强交流，开展委托送达、调查取证等工作，形成互动式、常态化的司法协作机制。

【推进“互联网+审判”工作】 2015年，县法院加强信息化建设，完成机房和11个高清数字法庭改造。稳步推进庭审记录改革，以录音录像记录方式开庭审理案件497件。加强法制宣传，在县级以上媒体发表稿件174篇。重视自媒体运用，通过法院门户网站、官方微博、微信发布信息2205条，畅通民意沟通渠道，扩大法院工作效果。推行网上案款缴退费系统改革，确保一案一账号。加强档案电子化扫描，推进档案远程借阅和自助查询，被省高院评为“电子档案一级达标”单位，创建“浙江省示范数字档案室”。加强网络司法拍卖工作，拍卖拍品42件，成交22件，成交率52.4%，成交额3520万元，为当事人节约佣金176万元。探索网拍车辆违章记录处理机制，提高网拍成功率。

（张闰芳）

## 司法行政

【概况】 2015年，常山县司法行政系统发挥司法行政法律服务、法律保障和法制宣传职能作用，引导法律服务机构主动为九景衢铁路建设、东淤一期拆迁、“三改一拆”和“五水共治”等重点项目、重点工作提供优质法律服务；开展“人民调解化解矛盾纠纷专项攻坚活动”，完善人民调解、行政调解、司法调解相互衔接配合的大调解工作体系；加强对社区矫正和刑释人员的管理服务，严防重新犯罪；完成全国人大关于特赦部分罪犯的决定的相关工作；开展“拖欠农民工工资”和“工伤职工帮扶”专项行动；抓好乡镇法律援助工作站的规范化建设；开展“五水共治”“三改一拆”“四边三化”和“送法进校园”等专项法制宣传活动；完成省级“示范数字档案室”的创建工作，2月，省档案局公布常山县司法局档案室为省“示范数字档案室”。常山县顺利通过省、市“六五”普法总结考核验收。

县司法行政系统成立法律服务团，为县重点工作提供法律服务。参与和协助办理涉及政府中心工作、重点工程的公证案件8起，现场监督9次，涉及金额400多万元，解答群众咨询1.5万余人次，化解矛盾纠纷120件；为“三改一拆”“五水共治”等工作提供法律风险评估23次，发现法律风险3处，出具法律意见书2件，帮助解决法律问题12件。向企业发放法律服务卡，设立法律咨询电话；为民营企业经营管理人员开展劳动法和合同法等法制讲座2次，开展了企业法律知识问答活动5期，帮助企业修订公司文件、审查合同协议100余件，解决各类问题近40个；为顾问企业开展法律体检49次，对法律体检中发现的30个问题，分别提出改进意见和建议。开通普法短信平台服务，以一问一答形式向企业主发送普法手机短信，发送普法手机短信1万余条。

完善大调解工作体系，调解纠纷化解矛盾。在行政机关和行业部门及企业单位成立15个行业性人民调解委员会，健全行业性专业人民调解组织工作机制。县医调会受理医疗纠纷18件，调解成功16件，其中重大涉亡案件7件，患方要求赔偿金额294万元，经调解实际赔付金额86万元。继续推进“警调对接”人民调解工作机制的建设，在芳村镇建立“驻点制”人民调解工作室，化解治安民事类纠纷，防止矛盾激化。在全县“四边三化”工作期间，组织基层司法所和基层调委会的骨干力量，集中开展专项矛盾纠纷排查化解工作，排查出民间纠纷400件，成功调处368件，调解成功率92%。全县发生纠纷5865起，调处成功5831起，调处成功率99%。

加强对社区矫正管理服务，严防脱漏管和重新犯罪。县司法局结合县人大常委会司法监督，深入开展社区矫正清理清查专项行动，重点对2011年1月1日以来的9个执法环节进行排查，通过专项行动，发现社区服刑人员外出数量较多、档案制作不完善、信息录入不完全等问题及时进行整改。2015年，全县新接收矫正对象174人，解矫285人，累计接收矫正对象2112人，期满解矫1793人；年底有在册矫正对象319人，其中缓刑259人、假释54人、暂予监外执行6人；累计警告处罚44人次，撤销缓刑13人，撤销假释1人，提请治安处罚1人次；无脱、漏管和再犯新罪；办理社区矫正审前社会调查案件225件。

加强刑释人员管理，加快其融入社会。2015年，全县回籍归正人员共419人；五年内累计回籍的归正人员2038人，帮教率99.6%，安置率99.2%；已建10家安置帮教基地，累计安置13人；归正人员重新犯罪的有15人，重新犯罪率为0.74%。

完善法律援助工作制度，维护弱势群体合法权益。做好县法律援助中心和“148”法律援助热线的日常接待工作，贯彻“能援尽援”原则，把微笑服务贯穿到法律援助的全过程。投资20余万元对司法局一楼进行装修，建立规范的接待大厅，配备懂专业知识的接待人员，提升窗口接待质量；制定“148”法律援助热线24小时值班制度，落实首问责任制，实现10年接待零投诉。2015年，县法律援助中心接待来电来访群众1645人次，其中来电622人次、来访1023人次，办理法律援助案件808件，其中刑事100件、民事案件708件，涉及金额1720万元，有效维护了当事人的合法权益。开展法律顾问进乡村（社区）活动。全县16名法律服务人员担任180个行政村和8个社区法律顾问，实现村（社区）聘请法律顾问全覆盖。

县司法局围绕“五水共治”“三改一拆”“四边三化”等中心工作开展法制宣传，发挥法治宣传的作用。开通常山县普法手机报、村民每月学法简报、普法微信等形式，开展相关法律法规的学习宣传；组织16名普法讲师团和法律工作者深乡（镇）村、厂矿企业和百姓家中，宣讲有关法律法规，引导群众积极配合和支持各类专项活动，开展送法下乡12次，发放法治宣传资料3万余份；开展“平安和谐“和“外出务工返乡人员”法制宣传教育专题活动，组织部分律师走访县内20多家中小企业，针对春节前夕劳资纠纷多特点，宣传劳动和合同法等法律法规，保护企业主和职工合法权益。同时，采用印发宣传册、发放宣传单、赠送宣传品、出动宣传车、举办现场咨询等方式，开展外出务工返乡人员专题法制集中宣传活动，赠送普法宣传资料4000余册、普法宣传品1500份。

全县律师承办各类案件693件，其中刑事辩护及代理139件、民事诉讼代理522件、非诉讼代理1件、行政诉讼代理31件，担任常年法律顾问173家，业务收费248.36万元；基层法律工作者代理各类诉讼97件，担任常年法律顾问206家，提供法律咨询2000余人次；公证处共办理各类公证606件，其中经济类12件、民事类594件（为企业证据保全、委托等公证90件）。

是年，县司法局获2014年度司法行政工作综合考评优胜单位、创新项目、推进项目奖和第四届青少年“法在心中”主题教育活动优秀组织奖；李青被省司法厅评为2014年度全省执法工作先进个人、市司法局授予个人三等功、市委政法委授予十佳带兵执法一线指挥员；刘晓敏获市司法局个人嘉奖；李恋红获市委政法委十佳服务群众“雷锋式”政法干警，王瑛获市委政法委十佳勤勉敬业“老黄牛式”政法干警；季树雁和陈正发被县“两办”评为“一路一镇”集中整治行动攻坚标兵。

**【芳村司法所被命名为四星级司法所】** 2015年，芳村司法所加强了队伍建设，完善了工作制度，统一了司法所标识，规范了司法所的业务档案，增配电脑等办公设备，经省司法厅考核验收，被命名为四星级规范化司法所。这是继青石和招贤司法所之后，常山县的第3个星级规范化司法所。

**【5名调调解员入选省人民调解员智库】** 2015年10月，常山县司法局组织开展“人民调解协议书和优秀人民调解员”评比活动，对全县各乡镇（街道）、村（居）调委会、行业调解委员会的调解卷宗进行认真评比，对优秀规范的卷宗组织观摩学习，对发现的问题进行总结点评，有效地推动调解档案的规范化。同时，对全县724名调解员进行认真评比，最终确定推荐5名优秀人民调解员，加入全省人民调解员智库。

**【完成特赦部分罪犯的工作】** 2015年，县司法局按照上级司法行政部门的部署，成立特赦工作领导小组和特赦工作评审委员会。组织各司法所开展两次摸底排查、调查取证，排查出11名基本符合特赦条件的社区服刑人员。其中，1名符合2类特赦条件的社区服刑人员予以排除；10名符合4类特赦条件的社区服刑人员中，经衢州市中级人民法院裁定予以特赦的有7人，正常解矫的1人，经公安机关调查认为现实危险性高而未上报法院进行裁决的有1人，因违反监管规定被裁定撤销缓刑1人。

**【社区矫正指挥中心建成并投入使用】** 2015年，县司法局投资45万元建设社区矫正指挥中心，于6月建成并投入使用，可以使用“指纹+面部”考勤系统对矫正人员随时实行考勤，发挥“技防”优势，每日组织司法所进行信息化核查，执法大队安排工作人员进行督查，并对督查情况进行每日通报。有4位社区服刑人员因为一年内违反信息化核查规定3次以上而受到警告处罚；有多位社区服刑人员被司法所利用“技防”手段查出不假外出，从而被给予警告处罚。

【司法援助解决“拖欠农民工工资”问题】2015年，县司法局成立农民工讨薪工作领导小组，开通农民工讨薪绿色通道。凡提出讨薪要求的一律不审查经济条件，实行窗口当时受理，领导当时审批，案件当时指派，律师当时介入的“四当时”工作制度。讨薪专项行动中，共接待欠薪及劳动纠纷农民工426人次，受理欠薪及劳动纠纷案件426件，办结426件，受援人数426人次，为农民工讨回工资及劳动纠纷款项1380余万元。特别是遇到群体性的案件，特事特办，简化手续，先援助，后补办手续，并做到及时介入，全程监督，确保办案质量。

【工伤职工帮扶专项行动】 2015年，县司法局简化工伤职工申请法律援助的审批手续，对材料基本齐全的工伤职工申请法律援助，做到当时审查、当时指派。对行动不便的工伤职工实行上门服务。全年接待来电来访工伤职工34人次，受理工伤职工法律援助申请34起，办理法律援助案件34件，为工伤职工挽回经济损失224余万元。

【开展“送法进校园”活动】 2015年1月27日，县司法局、县教育局和县普治办联合在全县中小学校开展“法治进校园”宣传活动，45位法治副校长分赴各自所属学校开展法治讲座。刻录《中华人民共和国宪法》宣传视频60张，赠送给每所学校；组织广大学生观看《中华人民共和国宪法》宣传视频。活动期间，制作道路交通安全、禁毒、消防安全、未成年人保护法和反邪教方面的法治宣传图片18块，巡回到各学校开展展览，让青少年学生在课余时间及时阅读和了解相关的法律法规知识。

【通过省市“六五”普法总结考核验收】2015年4月初，县普法办制定全县“六五”普法工作检查验收方案，召开全县普治领导小组成员单位（扩大）会议，对常山县“六五”普法总结验收工作进行部署；举办全县“六五”普法联络员暨普法骨干培训班，指导各乡镇（街道）、部门开展自查工作。县普法领导小组成立“六五”普法考核验收组，5月6日由县人大常委会领导带队对乡镇（街道）、各机关单位进行全面的考核验收，对照考核标准进行查漏补缺。6月、7月，常山县分别通过市、省“六五”普法考核验收组的考核验收。

【整顿法律服务市场秩序】 2015年，常山县有个别社会人员以当事人亲戚名义代理法律事务，扰乱法律服务市场，败坏律师和法律工作者形象，县司法局与县法院、劳动仲裁机构进行沟通协调，约定对有涉嫌“黑律师”“土律师”代理的案件，法院和劳动仲裁机构不予受理。将“黑律师”“土律师”挡在法律服务业“围墙”外。实行律师、法律服务工作者统一接受委托、统一收取费用等制度；制定律师、法律工作者提供乡村（社区）法律顾问服务考核办法并严格考核奖惩，规范从业人员的职业道德和执业行为；对群众投诉律师及法律工作者的问题设立专门的投诉处理登记表，建立工作制度和违纪违规查处机制，此后未接到群众对律师及法律工作者的投诉。

（王　瑛）

## 浙江省第三监狱

【概况】 2015年，浙江省第三监狱（以下简称省三监）举办党委理论中心组学习会9期，学习党的十八届四中、五中全会精神以及习近平系列重要讲话精神，开展“三严三实”专题教育活动和“两严”专项教育活动；结合建监50周年，举办一台晚会、拍摄一部微电影、建成一个陈列馆、编印一本画册“四个一”活动，弘扬红旗岗文化，激发广大民警职工想干一番事业的工作热情。开展“佩戴党徽，亮明身份”主题活动，激励广大党员的工作热情。推进“党员之家”的规范建设，新建4个“党员之家”，党委书记带头上党课，其他班子成员分别到挂钩科室和基层单位上党课。制定《浙江省第三监狱党员发展工作细则》，严把发展党员“入口关”“教育关”“考核关”，推进竞争性党员发展工作机制。实施智能化建设，加强安全隐患整治、标准化建设与管理，强化安全生产。认真贯彻落实司法部安全生产35条规定，推行五监区“人物联号、定区限流”管理模式，推进安全生产标准化和劳动现场管理规范化工作。实行无刀化管理，推进罪犯伙房安全管理。投入300余万元在二监区全面推行西装精品生产，带动产品转型升级。常态化推进安全生产隐患大排查大整治工作，排处安全生产隐患109处。至年底，省三监持续实现19年1个月无罪犯脱逃，15年3个月无罪犯自杀身亡，15年10个月无重大安全生产事故。

**【实施智能化建设】** 2015年，省三监完成教育专网一期建设，亲情电话改造升级、监舍罪犯人脸识别、劳动现场罪犯人数和劳动工具清点条形码识别、定点定车位监控、押犯车辆4G车载监控、车间大门声控报警、围墙周界红外智能报警等系统的部署应用。

**【加强安全整治与管理】** 2015年，省三监开展安全隐患大排查大整治活动，完成围墙整治设计方案、大门整治列入“十三五”规划、完成过渡期封闭式仓储物流区建设，推进“三整治”工作；对省监狱局检查出来的19项问题落实整改到位。开展“文明监舍达标竞赛活动”评比和“三清三化”专项整治，统一改造罪犯晾衣间，统一安装窗台外晒衣架，新建83.1平方米的垃圾中转站，建立“清单化”物品存放制度，推行“去纸板化”和“标识化”定置管理，实现开账物品存放“塑料筐化”，有效提升生活卫生管理水平。抓精细化管理，完成从三级管理到二级管理制度立、改、废工作，废止39份文件，修改制订33份文件；建立“考核回访机制”，深化罪犯日常考核奖惩工作；开展老病残监区“瘦身”行动，强化对老病残罪犯的管理。

**【科学研判狱情】** 2015年，省三监开展“两违”专项行动，严格落实每日监狱犯情分析汇报会制度，做到犯情不过夜；严格每月监狱领导深入挂钩监区开展犯情分析会制度，加大对基层监区犯情分析研判的指导力度；严格落实每月监狱狱情分析会制度，深化狱情收集、研判、处置机制；严格对民警“四知道”“无册点名”“个别教育”等基本功的考核，强化民警对犯情的掌控力度。多渠道采集犯情8000余条，开展各类清查56次，清缴出各类违规品113件。

**【健全社会化医疗机制】** 2015年，省三监深化罪犯疾病“三级预警”机制，与省、市、县大医院、常山局卫生防疫站、常山县红十字会开展医疗协作，常态化开展远程会诊、进监门诊，现场培训。全年开展远程会诊24人次，进监门诊12次，参与门诊专家36人次，就诊病犯348人次，培训312人次，有308名罪犯获得常山县红十字会颁发的“应急救护合格证书”，降低罪犯病亡率。

【深化特色教育】　2015年，省三监推进“三证”教育，有100人参加“双证”初中班学习、228人“双证”高中班学习并按期毕业。推进思想道教育社会认证工作，有350人参加认证考试，合格率为92%。推进心理健康教育，投入26万元完善监狱心理健康指导中心硬件建设，坚持每周一节健康教育视频课、每月一堂面授课、每季一次主题活动，普及心理健康教育。打造监区文化品牌，确立“旗帜引领，放飞梦想”为主题的“旗”文化作为监区文化品牌，开展“一周一文”“一周一歌”“一周一乐”“你我动起来，快乐星期天”“一假日一主题”的假日文化活动。开展社会亲情帮教活动。开展第二届“百警助百囚圆百梦”活动，化解罪犯心中的疑难杂症；开展“温暖2015”亲情帮教系列活动，举办6场大型亲情帮教活动，总计233名罪犯的444名亲属走进高墙与亲人团聚，增进罪犯与亲人的感情，增强罪犯改造信心。全年确立顽危犯29人，转化率为82.7%。

4月16日，浙江省第三监狱举办系列活动纪念建监50周年，活动节目全部由民警们自编自导

（郑月红　摄）

【改善后勤保障】　2015年，省三监完成监狱中长期发展规划和“十三五”发展规划的编制工作，绘制“1+4”发展蓝图；复垦百亩闲置土地，按标准重建防洪大坝，对民警职工食堂进行扩建；建设停车棚，使监管区环境更加整洁优美。

（郑东标）

# 武　　装

## 人民武装

【概述】 2015年，县人武部以“三严三实”教育整顿和整风整改为重心，加强领导班子建设。以深入学习贯彻习近平主席系列重要讲话和全军政治工作会议精神为主线，强化党员领导干部对全军、军区政治工作尤其是习近平主席系列重要讲话新思想新观点新论断的理解把握，借助军区“新古田会议精神大讲堂”和省军区“红船大讲堂”分专题解读精髓要义。贯彻全面彻底肃清郭徐案件毒瘤影响的政治要求，开展“新一代革命军人样子”大讨论活动，召开“明是非、定立场、划界限”专题民主生活会，彻底肃清影响。深化党管武装工作，组织召开县委武装工作暨国动委全体会议，邀请南京陆军指挥学院教授宣讲国防安全形势，点名乡（镇、街道）党（工）委书记作党管武装述职。依据省国动委“一个纲要”“八个规范”和后备力量建设要求，抓紧抓实战时动员准备，突出抓好战时国防动员指挥体系修订完善，落实党管武装工作制度，深化全民国防教育，夯实后备力量建设基础，推动军民深度融合发展。在市国动委综合考评中，常山县荣获全市第二名。以自身军事能力、政治工作、后勤保障三方面的综合建设为切入口，发挥县国防动员委员会的力量，以强军目标为统揽，打基础谋发展，抓训练提能力，组织完成军事训练、民兵整组、兵员征集等大项工作，推进军事斗争准备向纵深进击，确保大规模作战能力如期形成，并顺利通过市级检查考评组的考评检查。

联合县委组织部下发《关于在全县民兵队伍中开展“红旗党支部”创建活动的实施意见》，将相关部门关键岗位后备干部编入县属民兵应急连党支部，把民兵基层党组织建设列入全县基层党组织建设统一谋划和指导，纳入创建“金钉子”基层党组织活动当中，落实组织生活制度，加强民兵基层组织建设。会同县委宣传部，启动“烽火记忆·寻访抗战老兵”公益活动，走近抗战老兵，邀请抗战老兵走进人武部，深入驻地警营讲述抗战历史，追溯革命往事。清明节、烈士纪念日，组织机关干部职工和全体专武干部，祭扫革命烈士纪念碑，在感悟革命先辈遗志和重温入党誓词中锤炼党性，强化责任担当。

抓紧备战工作，细化战备“三室三库”建设，完善战备基础设施和装备器材配备，常态落实日常战备制度。完成信息化建设升级改造（光端机更换和高清会议系统的升级改造）。以大规模作战暨人民武装动员准备检验评估为契机，投入资金，为指挥机关和应急连添置配备通信、“三防”、工程战备物资及应急救援器材等。完善军地情报信息互通机制，成立由军地相关单位组成的军地情报信息互通协作领导小组，确保军地双方及时准确掌握辖区内突发事件的情报信息，快准稳妥处置突发事件。以实战化标准抓训练，突出抓好专武干部、民兵应急队伍、专业保障分队和民兵技术骨干训练，提高后备力量遂行任务能力。先后组织民兵连长训练、专武干部训练以及公路护路分队、重要目标警戒分队、科技支前保障分队、情报侦察分队、县属应急连等民兵队伍训练，采取定期训练和临机拉动的方式，聚力提高民兵战备值班分队快速反应和应急处突能力。开展“争当有血性民兵”比武竞赛活动，理清指挥程序，磨合民兵队伍，提高训练质量，检验实战保障。科技支前保障分队参加省军区和省科动办战役装备保障力量实案化演练，人员编组、课目设置、组织程序、训练效益等方面都受到省军区机关的好评。在抓好民兵整组“三个落实”的基础上，着眼战斗队、工作队、宣传队、专业队“四队合一”建设目标，依托交通、人防等行业系统和辖区高精尖企业，拓展新型动员力量编组领域，重点编实重要目标防卫、支援保障、预编预备役人员等参战支前力量，确保专业对口率和退伍军人比例分别达标。

2015年，在市里组织“法制武装”创建活动中，常山县着重对“依法教育”搞好摸索先行，围绕“中国梦强军梦我的梦”主题，坚持“政府主导、军民融合、创新发展”思路，加强组织领导，落实法定责任，依法综合施策，构建具有常山特色依法教育体系，形成各级领导作表率、相关部门和机构齐合力、广大群众共参与的良好教育格局。制定年度《国防教育工作实施意见》等规定，明确各级抓国防教育的职责，指定成员单位国防教育联系人，建立完善常态化军地联合办公、工作督查通报等办公制度，确保国防教育层层有人抓、级级有人管、事事有人干。将国防教育列入党管武装目标管理考核，对各部门年度国防教育工作尤其是规定内容和动作，列单式细化考评内容，确保兑现见底，硬性标准。强化检查监督机制，定期召开国防教育委员会工作和成员单位联络员会议，讲评工作，点出问题，明确要求。结合征兵和全民国防教育日时机，突出主题，深入街道、学校、企业宣传《中华人民共和国兵役法》等国防法规，依托国防教育宣讲团开展国防形势宣讲，设立国防教育宣传一条街，推进国防教育公益广告进公交出租站台，使国防教育进村入巷、进学生群体、进百姓家庭。在《今日常山》报刊发“国防之窗”专版，在政府门户网站设立教育网页，开设教育微博，开通“常山国防教育”公众微信，扩大传播面。组织摄制《国防教育公益宣传片》，建好国防教育流动基地，立体播发国防教育公益广告和“常山儿女建功军营光荣榜”，提升军人军属的“光荣指数”。组织县管领导干部观摩国防教育流动基地展板，观看国防教育公益宣传片，点名乡（镇、街道）党（工）委书记党管武装述职，强化各级领导干部抓好新形势下党管武装工作的责任感使命感。结合纪念中国人民抗日战争胜利70周年之际，组织抗战主题征文，开展寻访抗战老兵活动。以青少年学生为基本教育对象，把国防教育列入学校教学计划，进入文化课程教学，进入社会实践活动。开设国防教育讲座，持续开展“我的战斗故事”进校园活动，深化“军人荣誉墙”建设成果，驻常消防大队、武警中队坚持开放营院，组织中小学生进警营，让中小学生的爱国主义丰碑在心中高高耸立。

以实现单位内部和谐安全发展为目标，严守安全管理底线不放松。注重抓好经常性的教育，严格安全隐患排查，抓好“四反”保密工作，按《中国人民解放军内务条令》和规章制度规范一日生活和工作秩序，突出加强“八个小时以外”的管理，真正使各项安全管理制度落实在末端。

制定乡（镇）、企业、学校和社区《双拥（国教）工作规范》，将双拥工作推向高潮。组织慰问小组，慰问全县部分抗战老兵、对越自卫反击战退役士兵特困家庭、退伍伤残老兵、有困难的现役军人家庭，为全县101名现役军官家庭送上“光荣之家”牌匾。结合“寻找身边的榜样”评选活动，挖掘宣扬拥军典型，评选表彰“拥军企业”“拥军企业家”。

是年，县人武部分别被省军区、市军分区表彰为军事训练先进单位和后勤管理先进单位，县人武部部长宋明亮、后勤科科长赵伟通分别被省军区表彰为安全管理先进个人和优秀参谋。

民兵应急连防爆分队训练

（徐成水　摄）

**【民兵组织整顿】** 2015年2—4月，县人武部对全县基干民兵任务结构与组合进行调整，对各专业分队所担负的任务进行细化组合，确保编为所用和担负任务相结合；对全县退伍军人和地方专业对口人员进行人、名、册系统核对，确保各专业分队技术力量编成。同时，按照基层战备规范化要求，对各行政村民兵连干部配实、配强，民兵干部进村“两委”率达100%。在民兵队伍中开展“爱军精武、爱岗敬业、爱民模范”活动，延伸开展“践行强军目标、做新一代国防后备军”和“共筑强国强军梦，争做新一代民兵”主题教育；在训练间隙教唱《民兵之歌》，开展入队宣誓，举行颁发民兵干部证、民兵应急分队队员证仪式等活动，增强民兵的使命感、责任感和光荣感。扩大“红旗党支部”创建范围，加大党对基层民兵党组织建设的组织和领导力度。将县属民兵应急连现地点验与15公里拉练活动相结合，在烈士纪念碑前组织入队宣誓；开展“争当有血性革命军人（民兵）”活动，区分专武干部和应急分队骨干，组织基础课目比武竞赛，挖掘培养训练中的典型和“小教头”，提升民兵组织的战斗力。

**【军事训练掀热潮】** 2015年，县人武部紧抓首长机关训练，开展“日做一题、周标一图、月写一文”基本功训练，强化基本业务技能，在年底军分区组织的干部考核中取得总评第二的好成绩。4月，组织县属民兵应急连在战术背景下，全员全装徒步15公里拉练，摔打部队，磨练意志，提升训练效果。在常山县民兵训练基地组织全县乡镇专武干部和民兵连长进行业务系统集训，提升他们在征兵、应急抢险、森林防火等方面的业务能力。5月20日至6月8日，分别组织民兵应急连公路护路分队、重要目标警戒分队、防暴维稳分队、水上应急救援分队进行专业训练，提升民兵应急力量的遂行任务能力。

**【参加战役战备演练】** 2015年10月12日，县人武部车辆装备保障分队按照浙江省军区命令，开赴台州参加省军区组织的战役装备保障力量实案化演练。在演练过程中全体队员不辱使命，按时按节点到达集结地域，按要求完成所有操练科目，受到省军区副司令员周少锋和机关人员的一致好评。

**【车辆支前保障点挂牌】** 2015年，县人武部坚持“平时服务、战时应战、军民融合、双惠互利”的原则，结合担负的车辆装备支前保障任务，采取力量预编、设备预征、器材预储等方法，在G60常山服务区建成车辆装备保障节点一个，并通过省军区装备部工作组的检查验收和挂牌。

**【遂行应急抢险任务】** 2015 年，县人武部发挥民兵组织的应急作用，出动民兵 700 多人次，在全县范围内扑灭山火 10 余起，打捞救助被洪水被困群众 3 人，持续执行搜索失踪群众任务 10 天。

**【率先试点运用全国征兵信息化管理系统】** 2015 年，县人武部针对常山地处山区，适龄青年外出打工多，地区无高校的实际，按照“全年抓宣传、前期抓摸底、中期抓应征、后期抓管理”的工作思路，严格落实省、市征兵工作相关要求，在全市率先试点运用全国征兵信息化管理系统，坚持“公开、公平、公正”的原则，突出廉洁征兵政策规定，严把体检关和政审关，做到把身体好、思想红、文化高的适龄青年输送到部队，高标准完成征兵工作。

（陈思佳）

## 人民武警

**【概况】** 中国人民武装警察部队衢州支队一大队由一大队部、一大队三中队、常山县中队、江山市中队、开化县中队组成，主要担负浙江省第三监狱和常山、江山、开化三个县市看守所的外围武装警戒任务。2015 年，该大队官兵以“听党指挥、能打胜仗、作风优良”为目标，按照实战化训练要求，全面提升部队建设，践行军委主席习近平提出的“有灵魂、有本事、有血性、有品德”要求，注重课堂教育与配合活动相结合，深入开展“强军故事会”“学习身边典型”、祭扫烈士墓等活动，培育“四有”新一代革命军人活动有成效。借助“9·3”大阅兵、烈士公祭等大型活动契机，采取邀请地方抗战老兵进课堂等形式，深入搞好思想政治教育。

2015 年，常山县中队落实“整体建设、全面规范、勤训结合、确保安全”新思路，突出执勤方案演练、专勤专训、防爆枪操作使用、心理素质等训练，确保执勤安全。严格执行训练“八落实”标准，把训练成绩作为选改士官、立功入党、拟任骨干的重要条件，积极营造训练有为、训练有功的良好氛围，提高官兵参训热情。针对反恐怖斗争日趋激烈的现状，持续加强应急班针对性训练，强化快速装填子弹、应急处置训练和防车撞、爆炸、刀砍等演练，注重完善执勤和抢险救灾等方案，经常性组织演练，确保遇到任务，随时拉得出，能打赢。围绕“新一代革命军人样子是什么、为什么要树立新一代革命军人样子、怎样立好新一代革命军人样子”，开展“新一代革命军人样子”大讨论活动，引导官兵深刻认识坚持“四有”标准、践行“四有”要求的重大意义，准确把握新一代革命军人应当具备的理想抱负、素质本领、精神特质和道德情操。按照“重法治、正规范、抓养成、防重点”的思路，坚持法治化、规范化、内涵化发展。制定《中队行政管理实施细则》，严格落实“五表”，抓好《条令条例》等规章制度学习。认真抓好“四个样子”，抓好语言文明、抓好行为文明、抓好礼节礼貌、抓好礼仪教育、抓好严格训练这些具体事项，刚性落实制度，加强舆论监督，注重管训结合，精细规范官兵养成。深入搞好“暑期百日安全大竞赛”，突出内部关系管控，每月为战士过集体生日，推出“忆初心、思感恩，有爱大声说出来”主题晚会，激发“以部队为家，为祖国站岗”热情。常山县中队连续 21 年被浙江省总队评为基层建设“先进中队”，5 次被评为标兵中队。

【后勤保障】 2015年，常山县中队以保中心保生活为根本，强化后勤综合保障。选送炊保人员到地方大酒店学习礼仪和炊事技能，定期收集官兵对伙食的意见建议，丰富伙食调剂。认真落实伙食管理制度，严格过秤验收、实物留验。突出经费管理，军人委员会每月查账，党支部委员会严格审议大项开支，叫响“中队是我家，建设靠大家”口号，有效发挥“四小工”（电工、木工、泥瓦工、水暖工）作用，立足自身搞好生活设施简单维护、维修，年节约经费2万多元。

【拥政爱民】 2015年，常山县中队围绕武警部队中心任务和地方需求，开展以维护稳定、抢险救灾、扶贫帮困、双拥共建、社会公益建设为主要内容的拥政爱民工作。邀请常山县民政局、常山人民医院领导和专家到中队授课，参加民政部门组织的国家公祭日祭奠烈士活动。为常山一中、育才中学、城关中学等学校军训学生2000多人次，义务献血10余人次，与省三监、县公安局、驻地政府等共建单位开展体育比赛和文艺晚会。及时修订完善《抢险救灾方案》并加强演练，时刻做好抢险救灾准备。

【参与第二届世界互联网大会安保工作】 2015年12月16日至18日，第二届世界互联网大会在嘉兴乌镇召开。武警衢州支队一大队各中队抽派官兵，携带枪支，担负互联网大会现场外围安全保卫任务。受领任务官兵克服时间跨度长、天气寒冷、保障不充分的困难，顽强奋斗、连续奋战，圆满完成任务，受到上级和地方政府的一致肯定。

【监门哨改建】 2015年，常山县中队严格落实武警总部和公安部“湖北会议”精神，学习借鉴《湖北省看守所监门建设标准及管控措施》，按照“一队一案”的要求，投入80余万元，在县看守所监门哨安装新式哨位集成箱、人脸识别系统和落实AB门封闭通视联动、应急小组夜间前置备勤、物流门联管联控等要求，防逃治逃机制进一步完善，安全系数得到进一步提升。

（陶海云）

## 人民防空

【概况】 2015年，常山县民防应急指挥中心建设项目在2014年完成项目一期主体结顶验收的基础上，抓好大楼小配套装潢和指挥通信设备安装施工，建设任务全面完成。推进地下空间开发，做好人防结建工程的建设和管理工作。组织开展人防依法行政专项检查活动，人防教育基地、人口疏散基地建设工作顺利开展。为5个社区购置60个应急包，配齐应急救援装备，巩固和完善常山县基层人防规范化建设，基层民防规范化建设实现全覆盖。依托节假日做好人防宣传教育工作，完成社区、学校人口疏散演练及医疗救护专业队集训。经县政府同意，在“5·12全国防灾减灾日”和“9·18国耻日”，分别组织防空防灾警报试鸣、赵家坪社区300多名居民和县职业中专1500多名师生进行人口疏散演练活动，从区别防空防灾警报类型、疏散准备、楼道逃生、集结隐蔽等方面让社区居民和学校师生进行实战体验，锻炼社区干部职工、学校教师的组织能力和人防系统组织指挥的保障能力。派出一名指挥通信岗位的工作人员到衢州市人防办参加“浙江金盾-15”系列演习，完成参演任务。配备专职人员对指挥通信设备进行日常维护，指挥平台系统完好率达98%；做好人防单边短波电台每周三与市人防办的联通工作，出联率100%，连通率超过95%；年内新增2台警报器，安装于常山县金川街道赵家坪社区；

每月第一周对已有布点的警报器进行维护、调整，扩大警报鸣响覆盖率，警报器的完好率和鸣响率均达100%。8月24日至28日参加市人防办组织的跨浙、闽、赣、皖四省人防机动指挥通信跨区域演训，历时5天，行程1000公里，人防机动应急通信业务能力有新的提高。

**【协调人防结建工程项目审批和建设管理】** 2015年，县人防办主动协调，做好各结建项目的人防工程审批工作，并对项目筹备、实施过程中的各个环节进行跟踪服务。审批结建工程4个、在建工程7个，面积约2.4万平方米，竣工验收防空地下室面积达标，足额收取人防易地建设费。新开工的东方广场城市综合体项目，应建防空地下室面积2万多平方米，具有互联互通的特点，含区域电站及治安和抢险抢修两个人防专业队工程，在衢州市范围内尚属首例。

**【人防教育和人口疏散基地建设】** 2015年，县人防办与县教育局决定，在新昌乡中心小学建设人防教育基地，确定教育基地的规模、类型，购置设备、制作宣传教育展板等；同时，抓好招贤小学、天马一小的人防教育工作。此外，与常山县泓影山庄人口疏散基地签订合作使用协议书，并完成挂牌工作。

**【完成人防医疗救护专业队集训】** 2015年，县人防办联合常山县人民医院开展为期一个月的人防医疗救护专业队集训。10月14日，县人防医疗救护专业队开训动员会在县人民医院召开。根据训练对象担负的任务和工作实际，设置相应的训练内容，严格按照方案施训，突出新知识、新理论、新装备、新技能训练。11月16日，组织人防医疗救护专业队成员进行实战演练考核，并邀请衢州市人防办领导及兄弟县（市、区）同行观摩指导。

**【开展人防依法行政专项检查活动】** 2015年8月和11月，县人防办分别在全县范围内开展为期3天的人防工程安全专项大检查。检查内容包括在人防工程内是否存在存储易燃易爆化学物品、消防设施是否齐全、用电线路是否有损坏、安全出口通道是否通畅、在建人防工程安全施工问题等方面。经查发现，全县人防工程运行情况总体良好，存在的主要问题是在部分人防工程内堆放少量纸箱、泡沫等易燃物品。针对检查中发现的问题，要求管理单位进行及时整改，以保证人防设备以及整个人防工程的安全。

**【多途径进行人防知识教育】** 2015年，在“3·1”国际民防日、“5·12”防灾减灾日和“9·18”国耻日期间，县人防办在县城各个社区举行民防知识图片展，向广大市民发放《居民防空防灾手册》《人防知识问答》等宣传资料共6000余册；组织市民进行现场民防知识问答，发放纪念品800余份。依托常山县广电总台，结合城区主要路口、市民广场的LED电子屏滚动播放宣传内容，宣传人防工作。在《今日常山》刊登《勿忘“9·18”国耻日关心人民防空建设》专题。“七一”期间，与赵家坪社区联合开展“人防杯·庆祝建党94周年红歌赛”活动，将人防知识问答融入红歌比赛，让市民在娱乐中学习人防知识。学校开学伊始，向城区4所中学及1所乡镇小学赠送新版《人民防空与防灾》教材共3000册。

（周　蕾）

# 工　业

## 经济和信息化

【概述】 2015年，面对严峻的国内外经济形势和宏观环境，常山县主动适应经济发展新常态，围绕实力工业转型增效的建设目标，积极推进“五个一批”“十大专项”“百名局长帮百企”等活动，坚持稳增长、调结构、促转型并重，全县工业和信息化工作平稳推进。

全县完成工业总产值147.91亿元，比上年增长1.3%；完成增加值42.47亿元，按可比价格计算，比上年增长5.2%。规模以上（主营业务收入2000万元以上）工业企业115家，完成产值104.56亿元，比上年下降0.6%；规模以下工业完成产值43.35亿元，比上年增长6.3%。全年规模以上工业完成销售产值963243万元，比上年下降3.1%；产销率92.1%，比上年下降2.4个百分点；完成工业出口交货值63570万元，比上年下降16.7%；完成新产品产值154463万元，比上年增长10.3%。全年规模以上工业企业实现利税37066万元，比上年下降46.5%，其中实现利润14198万元，比上年下降65.3%。主营业务收入超亿元工业企业达到24家，比上年减少1家，超5亿元的企业有1家，2亿~5亿元的有7家。亿元企业实现主营业务收入537471万元，占全部规上工业的58.6%。

全县完成工业投资508015万元，比上年增长9.9%，其中制造业完成投资435140万元，比上年增长25.3%。按照国民经济行业分类，皮革毛皮羽毛（绒）及其制品业、木材加工及木竹藤棕草制品业、家具制造业等8个行业的投资增速超过50%。造纸及纸制品业、医药制造业等5个行业比上年下降。

全县信息化发展水平指数达0.688，“两化”融合发展水平指数为62.84，比2014年提高4.57，位居衢州市第三名。加强信息技术在工业生产中的应用和渗透，怡海电子、江山虎水泥、卡罗莱纳纺织3家企业被认定为衢州市信息化示范企业。

【主导产业生产经营情况】 2015年，全县轴承、成套装备制造、金属加工、新材料及新能源等四大主导产业规模以上企业共60家，实现工业总产值433032.4万元，比上年增长2.6%；纺织、水泥建材、农产品加工、化工四大特色产业规模以上企业共40家，实现工业总产值434673.1万元，比上年下降6.1%。

**2015年常山县规模以上工业企业生产经营情况汇总**

**表8**

| 行　业 | 产值（万元） | | 销售收入（万元） | | 利润总额（万元） | | 利税总额（万元） | |
|---|---|---|---|---|---|---|---|---|
| | 累　计 | 增　减（%） | 累　计 | 增　减（%） | 累　计 | 增　减（%） | 累　计 | 增　减（%） |
| 轴承 | 136476 | -4.6 | 114712.2 | -12.6 | 467.6 | -44.9 | 3591.6 | -18.1 |
| 成套装备制造 | 37114 | -19.1 | 30678.1 | -30.5 | 3.1 | -99.6 | 1106.5 | -45.5 |
| 金属加工 | 120200 | 7.9 | 100561.5 | -4.6 | -1405.5 | 转亏1406.5 | -457.3 | 转亏935.1 |
| 新材料新能源 | 139242 | 14.3 | 112675.4 | 4.6 | 4265.8 | 19.9 | 6371.1 | 30.2 |
| 纺织 | 146480 | -12.8 | 131636.0 | -10.5 | 249.3 | -73.3 | 1895.4 | -39.3 |
| 水泥建材 | 1673801 | -9.8 | 161095.5 | -10.7 | 6130.9 | -78.1 | 13602 | -66.7 |
| 农产品加工 | 49254 | 35.5 | 42612.5 | 15.3 | 4557.7 | 29.8 | 5326.2 | 28.0 |
| 化工 | 71558 | -2.2 | 64614.6 | -4.8 | 420.1 | -52.6 | 1859.0 | -9.4 |
| 其他 | 177970 | 6.7 | 157966.4 | 5.2 | -491.3 | 转亏2971.9 | 3771.1 | -49.1 |
| 合计 | 1045606 | -0.6 | 916552.2 | -5.6 | 14197.7 | -65.3 | 37066.0 | -46.5 |

说明：此表数据为直报数据

**【工业生产略有下滑】** 2015年，常山县规模以上工业产值增速由一季度的7.6%、上半年的3.4%，回落到三季度的-2.9%、四季度的-0.6%，工业生产出现“降得快”的运行特征，下行压力明显。特别是进入7月份后，随着全省性的工业下滑，全县工业月度增速由6月份的-2.0%下滑至7、8、9月份的-10.6%、-18%和-11.2%。但总的来看，全县工业经济走势与全市基本一致，仍保持在合理区间内运行，且全年产值和增加值增速均高于全市平均水平，全市排名分别列第三和第二。从结构上看，农产品加工、新材料新能源、金属加工这三个产值增长的行业产值总额占规上工业产值总额的比例有所上升；其余五个产业随着产值的下滑，占比相应下降，其中，纺织、水泥、轴承产值占比分别下降1.7、1.4和1.1个百分点，拉动规模以上工业产值增长的作用有所减弱。从用电量上看，全县规模以上工业企业用电7.66亿千瓦时，比上年下降2.2%，用电量降幅的扩大从侧面反映出全县工业经济面临的下行压力并未缓解。

**【工业投资结构优化】** 2015年，常山县完成工业投资50.8亿元，比上年增长9.9%；实施重点工业技改项目119个，实现技改项目规模以上企业全覆盖，完成投资24亿元，比上年增长82.4%。其中，“机器换人”技改项目70个，占全部技改项目的58.8%，完成投资15.2亿元，占全年技改投资的63.3%；常山县轴承产业装备优化提升工程列入2015年“浙江省百企装备优化提升试点示范”。全县省级“双千工程”重点项目4个，完成投资3.71亿元；市重点项目40个，完成投资23.2亿元，增长4.5%。

**【工业创新能力有效提升】** 2015年，常山县规模以上工业完成新产品产值15.4亿元，新产品产值率达到14.8%，比上年提高1.5个百分点，工业企业产品结构进一步优化。新增市级以上技术（研发）中心2家，其中环宇轴承院士专家工作站被认定为第六批“浙江省院士专家工作站”，实现常山县省级院士专家工作站的“零突破”，协同开发螺杆压缩机专用轴承30多个型号。一批重大科技成果产业化项目有序推进，如巴菲尔化学无氰碱铜电镀液应用示范线建成投产、康京电子一次成型钕铁硼生产线一期建成投产等。

**【“五个一批”推进企业转型升级】** 2015年，常山县围绕“五个一批”建设，推进工业企业转型发展。9家企业启动行业重组计划，涉及重组企业总资产约17亿元；11家企业参与整合重组，引进战略合作企业2家，上述13家企业所涉及的资产约12.2亿元；破产（盘活）30家，其中厂房出租的企业10家，土地收储的企业8家，破产或资产转让的12家；引进哲丰新材料、新华环保等10家创新型企业，项目总投资额54.48亿元，通过创业引导基金，培育巴菲尔、玉马机械、科润化学、恒寿堂等28家在产品、工艺、技术、管理方面有一定创新的企业；新增完成股改企业4家，签约企业8家，天子股份、爱丽莎在新三板挂牌。

**【企业发展环境进一步优化】** 2015年，县经信局开展精准帮扶，进一步优化企业发展环境。牵线科研所与企业的技术交流对接，成功引进常山县首家专业服务机构，为企业提供“一站式、一条龙”服务。采取走出去、请进来等方式，通过浙大经典工商管理总裁研修班、浙大企业转型升级专题研修班等活动，组织企业参加省、市级培训14场次，培训企业管理人员150余人次。争取省级以上工业专项资金1000余万元，常山县被省经信委确定为“中小企业保证保险试点县”，轴承产业项目列入十个“浙江省百企装备优化提升试点示范工程”之一。向上争取能耗指标，破解要素制约，加快推进哲丰新材料等项目建设。加强运行监测分析，建立健全中小企业服务监测平台，重点对180家企业运行情况进行动态监测，准确掌握各企业动态、生产经营等情况。牵头做好“百名局长帮百企”工作，建立经信干部定期走企业制度，实地调查了解具体情况，重点研判行业运行趋势，帮助企业解决发展过程中的困难和问题。

（祝倩云）

## 经济技术开发区

**【概况】** 2015年，县经济开发区管委会（以下简称“开发区”）按照“工业平台从园区级向产业集聚区级跨越”的工作总要求，以“四个转型”（园区转型、产业转型、企业转型和服务转型）为抓手，深入推进实力工业转型增效。园区完成基础设施投资2亿元，占年度计划的136%；新开发熟地1100亩，年熟地保有量2590亩、完成目标任务259%；园区改造提升基本到位，完成创新东路路灯改造工程，实现园区全面亮化；完成鑫宏电镀污水预处理厂污水管建设，实现污水管网全面改造提升。产业集聚区Ⅰ期范围开发基本到位，“两纵六横”道路基本成型，给水、强弱电等市政设施全面到位，集聚区承接大项目能力显著增强。重点产业项目建设较快，46个在建项目累计完成固定资产投资22.3亿元，比上年增长12.7%；省、市、县重点项目全部按期推进，大项目带动明显，常林纸业项目完成投资1.27亿元，累计完成总投资的87%。园区实现工业产值64亿元，规模以上企业实现工业产值近50亿元；园区新增3家国家高新技术企业。园区企业上缴税收1.5亿元。县经济开发区管委会整体搬入园区办公，15个部门和19家中介服务机构进驻，形成“部门围绕园区转、园区围绕企业转、平台围绕项目转”的格局。

开发区谋划重点项目13个，完成年度目标任务的160%，9个项目列入县重大项目贮备库，其中10亿元以上项目3个、1亿元以上项目2个。在没有向上争取资金任务的情况下，主动自我加压，强化政策对接，2015年获上级奖补资金2000万元以上。

**【开发区重大招商富有成效】** 2015年，开发区一手抓产业招商、资源招商，一手抓精准帮扶，全面加快重大项目落地投产进度。建立重点项目领导班子“一对一”服务机制；组建招商队伍，增派1名班子成员负责宁波定点招商，新建2支招商队伍，接纳9名选派招商干部。开展产业招商和以商引商，推广“中国华东农机产业园”品牌，完成农机产业园招商手册编制。2月，常山县产业集聚区被中国工业机械联合会授予“中国华东农机产业园”称号；12月，举办“中国华东农机产业园”授牌仪式、农机产业高峰论坛和农机项目集中签约仪式。整合电镀、中医药和特种车等资源，开展有针对性的资源招商，引进20亿元以上项目1个、5亿元以上项目2个、1亿元以上项目6个、5000万元项目4个，完成目标任务的100%。为在建项目解决融资困难，欧益服饰、胤康食品等一批亿元大项目快速推进。实现招商到位资金9.69亿元，完成目标任务的107%。

**【园区企业挂牌上市实现突破】** 2015年，浙江天子股份有限公司和浙江爱丽莎装饰材料有限公司两家企业完成“新三板”挂牌，实现常山县上市企业“零”的突破。浙江常山科润化学有限公司、浙江常山德迅达电子科技有限公司等一批园区企业正在开展股份制改造和上市申报工作。

**【园区企业产业转型发展加快推进】** 2015年，浙江银田化纤有限公司等7家纺织企业兼并重组接近尾声；富盛控股集团与鸿运化学、爱丽莎与峰拓工贸等整合重组快速推进。康京电子以其自主研发的永磁材料生产工艺成功与行业龙头企业重组；经纬药业与国贸集团、富丽新材料与围海股份等战略重组快速推进。衢州市知识产权示范园区加快推进，先导精密等一批创新型企业不断发展壮大；巴菲尔化学自主研发的新型络合剂暨BF无氰碱铜电镀液让镀铜迈人“无氰时代”；南洋精工成为2016年杭州G20峰会自助餐具供应商；天子果糖项目成为企业“新三板”挂牌上市的核心基础和未来发展的主要增长点。开发区完成10万平方米闲置厂房排查及招商发布，引导嘉铭文体等一批企业破产拍卖，帮扶中肯齿轮等一批亿元项目盘活存量闲置低效企业资产。全年累计入园租赁厂房项目5个，收购企业闲置资产项目5个，总投资7.3亿元，累计盘活闲置厂房超过1万平方米。

**【平安园区建设有条不紊】** 2015年，开发区加强平安园区建设，加大矛盾纠纷调处力度，维护发展大局稳定。全年发送安全生产告知短信2万多条，悬挂宣传横幅320条，组织企业负责人全员培训200人次；开展安全生产检查260次，发现并整改一般隐患705个。与投产企业全面签订平安综治责任书，制定有完善的工作方案、安排有专项工作经费，分工明确、档案完整。建立“网格化”管理机制，开展重大项目风险评估工作，配强园区“巡逻队”，实现综治维稳动态监管。加强信访工作，健全工作体系，不定期研究部署信访工作，明确专职信访员，配套建设“全监控”标准信访接待室，受理并及时化解信访案件超过170起，完成上级交办信访件4件，未发生“非访”、越级上访事件。

（王　伟）

# 招商引资

【概况】 2015年，常山县招商局（常山县人民政府经济技术协作办公室）制定和完善《2015年常山县支持浙商创业创新工作暨招商引资考核办法》，完善“招商能手”等激励政策，推进招商引资工作。全县引进市外资金39.27亿元，完成考核目标的109%。其中新项目到位资金19.34亿元，结转到位资金19.93亿元；工业项目到位资金25.54亿元，亿元以上项目到位资金27.59亿元。浙商回归项目到位资金24.17亿元，完成考核目标的115%，其中新项目到位资金14.19亿元，结转到位资金9.98亿元，浙商回归新项目到位资金占51.2%。资本回归项目到位资金3.7亿元，完成考核目标的140%。山海协作承接省内发达地区产业转移项目到位资金15.1亿元，完成考核目标的116.15%；实施新签群众增收、社会事业和新农村建设项目14个，完成考核目标的140%，到位资金365万元，完成考核目标的365%；落实资金20万元以上开展山海协作劳动力技能培训，实现劳动力培训及转移600人次。依托各类展会平台实现扩销产品1亿元。浙商创业创新信息库建设补充完善313条；新增数据98条，其中浙商库50条、名人库48条。组织西村制冷设备有限公司等冷柜生产相关企业参加第十九届西洽会等展会活动，现场签订10多单订单，金额达200多万元；有1家企业向外发展了经销商；另有企业洽谈意向订单20余单，意向订单总额达1亿元。组织相关企业参加“义博会”，推进经济技术协作。

2015年，常山—慈溪山海协作产业园基础设施建设有序推进，新增基础设施投资3亿元，实际到位资金9亿元，固定资产投资12亿元。立足合作双方产业基础，发挥常山、慈溪两地的产业优势，研究确定把轴承、农机、绿色农产品深加工等产业作为园区合作招商的重点，开展产业协作交流5次、在谈合作企业18家、合作互访交流30多人次，引进产业项目2个，总投资2.6亿元，实际到位资金4100万元。按照省山海协作财政贴息资金工作的要求，助力浙江富丽新材料、浙江创建厨具、贵州黄平县腾飞商品仝、雄狮工贸、禄通轴承5家山海协作企业，做好省山海协作工程财政贴息资金项目和西部大开发专项贴息资金项目申报，申请省山海协作财政基础设施建设专项补助资金1900万元，申请财政贴息资金378.69万元、参与西部大开发财政贴息资金141.3万元，其中已到位省山海协作财政贴息资金125万元。与杭州市拱墅区及上城区、嵊州市等结对区（市）建立定期互访机制和工作机制，全年开展互访交流10次，参与考察走访30多人次。以项目为载体，推进山海协作“三农”经济项目发展，全年上报实施项目14个，到位帮扶资金365万元。结对地区通过送资金、送理念等帮扶活动，帮助结对村实施村庄整治、村庄绿化洁化、农民饮用水工程、老年文化活动室和文体活动场地等农村社会事业项目建设。

【创新招商引资工作机制】 2015年，县招商局围绕常山主导产业，开展产业项目的盯引工作，建立“1+2+10”领导联系盯引机制。县四套班子主要领导亲自带队开展项目对接盯引，突出县领导挂帅引领示范效应。北京、上海、深圳等8个驻点招商组在重点区域开展项目信息捕捉，涉企部门和县委常委挂联相关产业，11位县领导组织相关部门开展产业研究服务和项目谈判支持，形成“点、线、面”相结合的招商工作体系。全县引进10亿元以上项目3个，5亿元以上项目2个，1亿元以上项目13个，在谈项目20个。每季度开展“大干项目，干大项目”工作督评，有效推进重大招商项目出形象、出进度。县重点项目浙江哲丰纸业有限公司特种纸项目、巨泰城市综合体项目快速推进；石博览园项目10幢开盘交易、展示中心结顶；中商广场项目通过股权交易有效解决资金瓶颈；常山同景新能源有限公司完成项目主体一期建设，并网发电。

**【探索多元化招商】** 2015年，常山县招商局探索多元化招商取得成效。全国首个ppp合作模式下的污水处理厂改造项目投入运营。联合阿里巴巴公司引进农村淘宝模式，联合腾讯公司打造四省边际“互联网+”高地，服务常山产业优化升级及经济转型。招商重点转向盘活闲置土地厂房二次整合再招商，优良资产找上市企业并购注资，不良资产破产重组，传统产业整合提升。采取二次整合再招商的办法，天子公司成功上新三板挂牌；富丽新材料与围海股份战略合作；康晶电子、常纺公司等一批优秀企业注资；绿洲科技、旺顺铝业等正在盘活闲置资产。利用政府已收储的原民盛纺织、东风轴承和英杰塑料部分厂房，成功引进常山茂林电子商务产业园项目。建立规模为3亿元的常山县产业投资引导基金，出台《常山县产业投资引导基金管理办法》，明确该基金主要用于投资县政府重点扶持的工业主导产业、绿色农业、现代物流业、电子商务等产业，以及参与传统产业资产兼重组，政府与社会资本合作项目，采取阶段参股、跟进投资为主，直接股权投资为辅的方式进行投资；资金来源为县财政专项拨款。

**【创新招商发布招数】** 2015年，县招商局组织人员开展产业研究，编制《常山县产业招商地图》《常山县招商项目指南》，与2014年编印的《常山县招商政策指南》一起成为全县各界人士开展招商工作的必备工具资料。撰写“常山招商概况”，制作招商引资宣传片和视频；完善微信、招商官网的正常项目发布和共享链接，开发“智慧招商”，在首批PPP项目、闲置土地厂房、重点产业招商项目的发布中，收到良好效果。联合县广电总台，摄制多期“实力工业、休闲城市、美丽乡村”宣传片，以全方位、多途径、广视角的方式搭建招商平台。利用异地商会，举办投资推介会4次，请进来考察3批次计157人次；利用春节召开招商恳谈会，开展“浙商之春”慰问活动，发放省、市、县主要领导《慰问信》3万封，扩大亲商爱商的美誉度。在常山广播电台和电视台开设“杰出常商”系列报道，用正面典型激发常山人民大众创业，万众创新的激情，营造全民招商的良好氛围。

（王　明）

# 主要工业产业

## ·轴承产业

**【概况】** 2015年，23家规上企业实现工业总产值136476.5万元，比上年下降4.6%，整个行业两极分化现象严重。由于轴承钢价格大幅下跌（2015年轴承钢价格3000元/吨左右，比上年下降1500～2000元/吨），部分转型快、产品附加值较高的企业在产量下降的同时，仍能保持较高的利润率，如捷姆轴承有限公司、皮尔轴承有限公司利润均在1000万元以上。而转型慢、产品档次低的企业处于微利甚至亏算状态，亏损企业11家，亏算面为47.8%。

**【企业选介】** 常山县双明轴承有限公司成立于1995年，位于常山县辉埠新区，占地面积58亩，厂房面积2万多平方米，是一家专业从事轴承套圈锻造、车加工的企业。企业注重装备工艺提升和人才培养，提升产品质量，自主研发的“工程机械用圆锥滚子轴承套圈”成功列入2015年浙江省优秀工业新产品。2015年，实现产值9082万元，比上年增长17.4%。

## ·装备制造业

【概况】 2015年，7家规上企业实现工业总产值37114.1万元，比上年下降19.1%，降幅比年初扩大13.4个百分点，是8个主要行业中降幅最大的行业。中商汽车（华夏汽车）由于销售不畅、资金短缺等问题，陷入停产状态。石轴数控因资金链断裂，于8月份停产。两家液压机企业生产不稳定，订单不足，产值均下滑20%以上。

【企业选介】 浙江科升电力设备有限公司成立于2000年，位于常山县招贤镇工业区，占地面积14.7亩，主要生产油浸式、干式、氯氟化硫电压互感器铁芯及电抗器铁芯等四个系列产品，先后获得11项科技成果获得专利证书，是国家高新技术企业。2015年，实现工业总产值3895万元，比上年增长38.1%。

## ·新材料新能源产业

【概况】 2015年，14家规上企业实现工业总产值139241.7万元，比上年增长14.3%。8家电子制造企业实现产值比上年增长10.1%，其中康京电子无氧一次成型工艺生产钕铁硼磁性材料项目已顺利投产。3家高端钙产品生产企业累计实现产值比上年增长19%；其中金雄公司产值增长最快，2015年企业投入700多万元用于“互联网+”工程技术研发，成效显著。

【企业选介】 浙江常山县康京电子有限公司成立于1999年，位于常山工业园区，占地面积102亩，主要从事研发生产半导体致冷元器件，产品可用于医疗仪器、携带式冷藏箱、饮水机、石油仪器等。企业开发的钕铁硼磁性材料技术水平处国内领先，成功引进战略合作企业，组建成立的新公司——浙江康盈磁业有限公司，项目已顺利投产。2015年，实现工业总产值7085.7万元，比上年增长35%。

## ·金属加工业

【概况】 2015年，16家规上企业实现工业总产值120200.2万元，比上年增长7.9%。因主要原材料价格频繁波动，铜、铝价格分别下跌15%、8%左右，企业库存风险明显增大。1—12月，全县金属加工业实现利润－1406万元，是8个主要行业中唯一亏损的行业，企业亏损面达62.5%。

【企业选介】 浙江南洋精工酒店用品制造有限公司位于常山工业园区，占地面积98.99亩，主要生产中高档自助餐炉设备及咖啡鼎、红酒喷泉、巧克力喷泉机、电热快餐保温炉等多个系列餐饮酒店用品，65%以上产品供出口，销往美国、德国、意大利、澳大利亚及中东等40多个国家和地区。企业注重产品研发、质量管控，现有产品专利170余项，成功入围2016年杭州G20峰会自助餐具供应商。2015年，实现工业总产值5962.3万元。

## ·水泥建材产业

【概况】 2015年，6家规上企业实现工业总产值167380.7万元，比上年下降9.8%。水泥成品平均单价约170元/吨（不含税），比上年降低50元/吨左右，导致水泥行业利润大幅下滑，年利润比2014年下降78.1%。

**【企业选介】** 常山县南方水泥有限公司成立于 2003 年，位于辉埠新区，占地面积 755.72 亩，是中国建材旗下的南方水泥公司的下属公司，是浙江省内的最大的水泥熟料生产企业之一。公司的主导产品 42.5 号水泥具有强度高、用途广等优点。2015 年，企业实现工业总产值 82889.7 万元。

（祝倩云）

## ·矿山开采业

**【概况】** 2015 年，县国土资源局推进阳光矿政建设，完善净采矿权出让制度，制定实施采矿权人探矿权人信用信息管理制度，全面规范地矿管理工作，实现保护资源与保障发展相协调。全县实际在册矿山 49 个，处在省、市下达的年度采矿权总量控制指标以内；矿山从业人员 532 人，年产矿量 865.44 万吨，工业总产值 14335 万元。征收采矿权出让金 6956.59 万元，资源补偿费 330.65 万元，矿山生态环境治理备用金 592.61 万元。新设矿山建筑石料用矿山 1 个。2015 年 11 月，完成球川镇九都村毛竹山坪建筑用辉绿岩矿山出让。

**2015 年常山县矿产资源开发利用情况汇总**

**表 9**

| 序号 | 主矿产名 | 矿山数（家） | 从业人员（人） | 年产矿量（万吨） | 工业总产值（万元） | 利润总额（万元） |
|---|---|---|---|---|---|---|
| 1 | 钨矿 | 1 | 4 | 0 | 0 | 0 |
| 2 | 普通萤石 | 2 | 51 | 0 | 0 | 0 |
| 3 | 叶蜡石 | 7 | 35 | 0 | 0 | 0 |
| 4 | 方解石 | 2 | 11 | 0 | 0 | 0 |
| 5 | 水泥用灰岩 | 4 | 127 | 635.06 | 7830 | 1184.37 |
| 6 | 建筑石料用灰岩 | 1 | 12 | 28.82 | 519 | 65 |
| 7 | 制灰用石灰岩 | 4 | 74 | 105.84 | 2156 | 129 |
| 8 | 水泥配料用砂岩 | 2 | 20 | 64 | 680 | 30 |
| 9 | 砖瓦用页岩 | 6 | 49 | 12 | 1635 | 175 |
| 10 | 水泥配料用页岩 | 2 | 21 | 1.7 | 26 | 1 |
| 11 | 砖瓦用黏土 | 5 | 48 | 6.25 | 685 | 51.42 |
| 12 | 饰面用花岗岩 | 2 | 13 | 3 | 254 | 35 |
| 13 | 建筑用凝灰岩 | 5 | 26 | 6.49 | 150 | 45 |
| 14 | 饰面用大理岩 | 1 | 4 | 0 | 0 | 0 |
| 15 | 饰面用板岩 | 5 | 37 | 2.28 | 400 | 26 |
| 合计 | 49 | 532 | 865.44 | 14335 | 1741.79 | |

（黄家法、陆军峰）

## ·电力工业

【概况】 国网浙江常山县供电公司是国网浙江省电力公司直供直管的县级供电企业，下设9个职能部门、19个班所以及三家集体企业。2015年底，国网常山县供电公司在编职工230人，资产总额4.1亿元。常山电网拥有和在建220千伏变电所各1座，变电容量分别为33万千伏安和30万千伏安；110千伏变电所8座，变电容量60.3万千伏安，其中用户变2座、变电容量7万千伏安；35千伏变电所8座，主变容量11.7万千伏安，其中用户变2座、变电容量2.88万千伏安；10千伏配变2496台，68.6万千伏安（含用户）。拥有110千伏线路17条，长度207.74千米，其中用户2条、长度29.92千米；35千伏线路20条，长度222.3千米，其中用户6条，长度21.55千米；10千伏线路128条，长度1310.4千米。

2015年，全县完成电网投资8713万元。35千伏及以下线路开工56.93千米，投产131.32千米；变电容量开工46220千伏安，投产8520千伏安。新增农配网改造工程17个项目有序推进。大力整治超、过载配变和频繁跳闸线路，10千伏线路停电下降18.5%，配网不停电作业次数增长14.12%，减少停电6.17万户，多供电量403万千瓦时，整治低压用户2335户。实施新一轮农村电网改造升级工程，把服务地方社会经济发展作为加强电网建设的首要任务，紧贴地方发展脉搏，主动衔接政府部门。220千伏柚香变、九景衢铁路招贤220千伏牵引站如期开工；同景光伏发电项目按期投产；哲丰热电110千伏送出工程稳步推进；110千伏常山变整体迁建工程完成可研编制。

是年，国网常山县供电公司被省文明委评为“浙江省省级文明单位”。

浙江同景常山电站一期

（（黄红霞）

【服务中心工作和重点项目建设】 2015年，国网常山供电公司主动服务“五水共治”“美丽乡村建设”“石博园建设”“四边三化”等中心工作，累计投资1172万元，推进芳村、招贤、青石、红旗岗等中心镇主要街道和徐村、石博园“上改下”工程，新铺电缆和绝缘线路12.9千米，移杆30余基，拆除各类表箱200余只，新设标识300余块。完成全民健身活动、“绿色中国行——走进常山”等重大活动保供电11次。

**2015年全社会用电量、售电量指标完成情况**

**表10** 电量单位：千瓦时

| 全社会用电量 | 售电量 | 线损率 | 工业用电量 | 农业用电量 | 居民生活用电量 |
|---|---|---|---|---|---|
| 11.85亿 | 7.9亿 | 2.77% | 9.4亿 | 849.9万 | 1.4亿 |

（陈运鹏）

## ·其他主要产业

**【纺织产业概况】** 2015年，19家规上企业实现工业总产值146480.3万元，比上年下降12.8%，虽然利润下降73.3%，但已扭转了全行业亏损的状态。

**【农产品加工业概况】** 2015年，常山县农产品加工业规模以上企业2家，即浙江天子股份有限公司和浙江常发粮油食品有限公司，实现工业总产值49254.3万元，比上年增长35.5%。其中，浙江天子股份有限公司于2015年10月成功在新三板挂牌上市。

**【化工产业概况】** 2015年，13家规上企业实现工业总产值71557.8万元，比上年下降2.2%，降幅比上年收窄5.4个百分点，在2014年整治及淘汰产能的基础上，该行业景气度普遍较高。如科润化学通过对主导产品进行技术改进，产品市场认可度大幅提升。

（祝倩云）

# 农业·林业·水利

## 农业和农村工作

【概况】 2015年，县农业和农村工作办公室（以下简称县农办）践行“两山”（一山指绿水青山，代表良好的生态环境；另一山指金山银山，代表经济发展带来的物质财富）理论，以“美丽乡村争先”行动为工作主抓手，以“三大工程”建设为主载体，打基础、谋发展，破难题、促转型，成功创建“省级美丽乡村先进县”，奋力挤进省级农村生活污水治理先进县行列。打造“乡村公园”，升级“美丽乡村”，通过点、线的串连，打造富有生机和活力的民居风景线；完成4条美丽乡村风景线建设，整治沿线广告牌匾800余块，新增绿化面积4万多平方米，景观节点16个。以规划为龙头，高标准持续建成美丽乡村示范村10个，市级美丽乡村精品村7个，县级培育村8个，打造村庄节点33个，新建自行车骑行绿道1条。积极开展“墙·院”整治，打造无“赤膊墙”村150个，粉刷赤膊墙约489.1万平方米，共涉及13321幢。开展农村垃圾整治专项行动，引入市场机制，启动第三方验收和长效管理运维机制。坚持农旅结合、以旅富农，发展以高端民宿、农事体验、体育健康为重点的特色性乡旅产业，开展星级评定和品牌经营，创建三星级农家乐107户，农家乐综合体3个，市级集聚村3个，市级集聚点2个，新增民宿床位1247个，接待游客241万人次，经营收入12450万元。竹文化展示馆、无忧谷漂流2个项目签约落地，花果长廊、滑草草坪、油茶主题公园3个项目投入运营。建立“春漫常山·金花飘香”金花节、柚花飘香文化旅游节、新昌滑草漂流文化旅游节3项文化活动。启动智慧旅游、i－WiFi和农家乐3个APP平台建设推广。致力农民增收致富，全面清除贫困，以“百村奔富美、万户保增收”工程为载体，创新“三改一抓”扶贫方式；围绕产业扶贫、异地搬迁、创业就业，建立“一村一计一部门”和“一户一策一干部”帮扶机制，实施精准扶贫；全县特别扶持项目总投资约2.8亿元，占三年总投资的36%。扶贫项目总投资约2.1亿元。完成“年内基本消除家庭人均年收入4600元以下的贫困现象”的目标。复制推广“土地折价入股”“现金持股”等“抱团增收”模式，吸纳低收入农户参股入股，有效地提升农民财产性收入水平，实现增收渠道多元化。推进电商扶贫，实施电商扶贫“百万工程”，带动低收入农户增收。持续开展结对帮扶，累计争取低收入农户集中村扶贫项目338个，资金1360多万元。全县低收入农户家庭人均年收入增幅达21.8%，其中62%的以上的低收入农户家庭人均年收入超过8000元。推动农民素质培训向技能型提升，转移向组团型推进，就业向稳定型发展，学员培训后人均收入增长比未参训前提高6.3%。

是年，县农办被省农办评为2015年度全

省农办系统先进单位。

【创新“2分+”垃圾分类模式】 2015年，常山县结合“百万妇女学贺田”活动，将垃圾分类知识模式化、制度化，开展垃圾分类培训40余场1500多人次，发放垃圾桶14万只，建成垃圾资源化、减量化处理站点4个，提标改造垃圾中转站3个，分类行政村实现全覆盖。

农村淘宝新昌乡郭塘村服务站

（黄红霞 摄）

【常山县与阿里巴巴集团签订“农村淘宝”项目合作协议】 2015年，常山县与阿里巴巴集团签订“农村淘宝”项目合作协议，成为全国首批12个签订“农村淘宝”项目合作协议县之一、浙西首个农村淘宝项目试点县，实施电商扶贫“百万工程”。完成县级运营中心和106个村试点服务站建设，带动低收入农户1230余户。

【农民素质提升工程】 2015年，县农办实行分类、分级培训，组织培训班65期，培训3064人，其中农村实用人才培训2410人（新增实用人才215人），转移就业技能培训654人，全县投入培训资金270万元。其中电子商务培训122人，培训后62%的学员实现网上开店，带动当地农村青年200多人转移就业。已培训“胡柚师傅”572人，“油茶师傅”438人，“食用菌师傅”52人。

（胡梦晴）

## ·农业综合开发

【概况】 常山县农业综合开发办公室（以下简称县农发办）以项目建设为中心，以农业发展为目标，结合“五水共治”和农业“两区”建设，强化项目管理和机制创新，推进全县高标准农田建设、促进农业特色产业发展。遵照《浙江省农业综合开发资金和项目管理实施办法》，强化项目管理与财务管理的有机结合，确保项目和财务管理操作的规范性和可控性。完善项目资金筹集制度，由县财政局设立“农业综合开发财政资金专户”，县农发办设立“农业综合开发财政无偿资金报账专户”，保证县配套资金的筹集和及时入账。加强土地治理项目资金支付的管理，工程进度款和竣工决算严格按施工合同要求支付，并须提供经监理、乡镇和农发办工作人员签字盖章的各阶段在建工程明细表和进度表；科技推广费实行县级报账制，并要求项目单位对科技推广资金的使用范围作出详细说明，以保证报账凭证的真实性、合法性、有效性和完整性。规范产业化项目资金报账程序，产业化补助项目报账、贷款贴息项目报账须由县农发办和县财政局根据项目实施计划、建设进度及报账原始凭证进行审核，批准后才能拨付资金，保证资金使用的规范性和安全性。国家和省批复县农发办2015年度计划总投资7999万元，实施国家农业综合开发土地治理项目5个、国家农业综合开发产业化经营项目3个、“一县一特”项目1个。项目区基础设施建设，完成扩建、加固小型蓄排水工程12座，新修和维修拦河坝5座，新修和维修排灌站4座，衬砌渠道35.9千米，溪流护岸0.39千米，配套渠系建筑物567座，改良土壤0.18万亩，新建和扩建干道8.33千米，新建支路9.66千米，新建机耕路0.46千米。

通过2015年度以及上年结转项目的实施，全县新增和改善灌溉面积0.98万亩，新增和改善除涝面积0.58万亩，新增节水灌溉面积0.27万亩，年节约水量38.02万立方米，增加机耕面积0.48万亩，扶持农技服务站1个，优质农产品种植面积0.36万亩，新增粮食生产能力70.25万千克、油料5.05万千克，其他农作物9.7万千克；项目区直接受益农民年纯收入增加总额约179.57万元。

**【国家和省批准的开发任务】** 国家和省批复县农发办2015年度计划总投资7999万元。其中，中央和省财政资金5406万元，县财政资金954万元，自筹资金1639万元。实施国家农业综合开发土地治理项目5个，其中辉埠镇东乡村杨梅弄畈高标准农田建设项目总投资1512万元，土地治理开发任务0.9万亩；大畈小流域农业生态工程项目总投资1018万元，土地治理开发任务0.5万亩；埂田畈高标准农田建设项目总投资220万元，土地治理开发任务0.13万亩；东山畈高标准农田建设项目总投资1512万元，土地治理开发任务0.9万亩；江源畈高标准农田建设项目总投资504万元，土地治理开发任务0.3万亩。实施国家农业综合开发产业化经营项目3个。其中，产业化经营财政补助项目3个，分别是常山县年产2000吨绿色优质稻米建设项目，总投资210万元；常山县150亩优质水果组合栽培基地建设项目，总投资332万元；常山县100亩优质虾、蟹生态健康养殖示范基地项目，总投资255万元。实施国家“一县一特”农业综合开发项目1个，即常山县胡柚特色园（续建）项目，总投资2436万元。

**【国家农业综合开发项目建设情况】** 2015年，县农发办实施上年结转的农业综合开发土地治理项目暨彭川畈、洁湖畈、阁底畈、芙蓉湖畈、许源头畈等子项目工程，投入资金1235.22万元（财政资金完成1235.22万元）。完成2015年农业综合开发大畈、东乡杨梅弄畈、东山畈、埂田畈、江源畈项目的可研编制会审、工程测绘、工程设计、实施方案和计划报表编制工作。实施2015年农业综合开发大畈、东乡村杨梅弄畈、东山畈、埂田畈、江源畈项目，5个项目在建工程共投入资金963.93万元（东乡村杨梅弄畈398.89万元、大畈136.12万元、埂田畈37.36万元、东山畈325.44万元、江源畈66.12万元）；其中，财政资金完成963.93万元。完成常山县年产2000吨绿色优质稻米建设项目、常山县150亩优质水果组合栽培基地建设项目、常山县100亩优质虾、蟹生态健康养殖示范基地项目和常山县胡柚特色园（续建）项目建设任务，共投入资金2478万元，其中财政补助1166万元。

**【项目编报】** 县农发办完成2015年度农业综合开发土地治理项目大畈、东乡村杨梅弄畈、东山畈、埂田畈、江源畈项目的可行性研究报告编写，并通过省农发办会审。完成5个项目的工程测绘和设计工作，大畈项目计划总投资1018万元，其中中央财政资金424万元、省财政资金424万元、县配套资金170万元；东乡村杨梅弄畈项目计划总投资1512万元，其中中央财政资金630万元、省财政资金630万元、县配套资金252万元；东山畈项目计划总投资1512万元，其中中央财政资金630万元、省财政资金630万元、县配套资金252万元；埂田畈项目计划总投资220万元，其中中央财政资金84万元、省财政资金84万元、县配套资金34万元、村群自筹资金18万元；江源畈项目计划总投资504万元，其中中央财政资金210万元、省财政资金210万元、县配套资金84万元。完成常山县胡柚特色园（续建）项目暨浙江胤康食品有限公司年产1.5万吨速冻脱水胡柚及果蔬加工建设项目的实施方案与计划报表的编制工作，并通过省农发办评审，项目计划总投资2436万元，其中中央财政资金500万元、省财政资金500万元、县财政资金112万元、企业自筹资金1324万元。完成常山县冬仙粮食专业合作社年产2000吨绿色优质稻米基地、常山县和禾果蔬专业合作社150亩优质水果组合栽培基地和常山县悠然家禽专业合作社100亩优质虾蟹生态健康养殖示范基地等3个项目实施方案与计划报表的编制工作，并通过省农发办评审。常山县年产2000吨绿色优质稻米建设项目预计投资210万元，其中中央财政资金70万元、省财政资金56万元、县财政配套资金14万元、企业自筹70万元；常山县150亩优质水果组合栽培基地建设项目预计投资332万元，其中中央财政资金100万元、省财政资金80万元、县财政配套资金20万元、企业自筹132万元；常山县100亩优质虾蟹生态健康养殖示范基地项目预计投资255万元，其中中央财政资金80万元、省财政资金64万元、县财政配套资金16万元、企业自筹95万元。

（郭　锋）

## 农　业

【概述】 2015年，全县粮食播种面积16.66万亩，粮食总产量6.9万吨。水稻播种面积10.2万亩、单产521公斤，总产量5.32万吨。畜牧业总产值约2.49亿元，年生猪饲养量17.95万头，生猪出栏量12.5万头，年末生猪存栏量5.45万头，能繁母猪存栏量0.56万头，比上年下降31.71%。家禽存栏量182.5万羽，家禽出栏量310万羽，禽蛋产量3930吨；羊存栏量0.95万只；牛存栏量2390头。常山胡柚种植面积10.3万亩，产量12.68万吨，常山胡柚总产值4.5亿元，销售胡柚籽和青果片4750吨。食用菌栽培总量1.01亿袋（瓶），总产量4.23万吨，总产值2.86亿元。茶园面积10950亩，茶叶总产量238吨，产值1350万元。小水果总面积7920亩，投产面积5200亩，总产量6760吨，总产值4461万元。蔬菜播种面积5.21万亩，总产量8.06万吨，总产值1.58亿元。小西瓜播种面积10400亩，产量4.88万吨，总产值1.17亿元。

县农业局深入落实《“常山三宝”振兴发展计划》，用工业化、品牌化、科技化理念，加快常山胡柚、常山食用菌产业振兴发展。成立常山胡柚专家工作站，常山胡柚片以“衢枳壳”之名纳入“浙江省中药炮制规范”目录；组建常山御宝胡柚专业合作社联合社，建立拜肯技术零残留胡柚基地1180亩。“常山猴头菇”获国家农产品地理标志登记保护；“一种黑木耳菌棒野外发菌方法”获国家发明专利。深化生猪养殖污染专项整治，全县关停生猪养殖场365户，退养生猪10.57万头，拆除养殖建筑面积10.5万余平方米。完成89户规模养殖场生态化改造，配套生态消纳地3万亩，沼液利用量25.4万吨。推进化肥农药减量施用，全省整建制统防统治与绿色防控融合推进现场会在常山召开。推进休闲观光农业建设，新增全国休闲农业与乡村旅游四星级示范企业2家，创建市级休闲观光农业示范点4个。深化农村改革，完成180个村经济合作社股份制合作制改革，新增土地流转面积5306亩，累计流转面积91717亩，流转率58.69%。加大农业招商力度，出台《关于鼓励投资发展现代农业的若干政策意见》，新引进农业招商项目10个，总投资3.3亿元，实际到位资金1.73亿元。落实农机惠农政策资金540.1328万元，增长14%；发展先进适用机具244台套。组织主体参加农产品展示展销活动，

“森力”牌猴头菇荣获第十三届全国农交会金奖。加大“三品”认证力度，新增有机农产品19个、绿色食品4个、无公害农产品7个。

## · 粮油生产

**【概况】** 2015年，全县粮食播种面积16.66万亩；粮食总产量6.9万吨。水稻播种面积10.2万亩、单产521公斤，总产量5.32万吨。其中，早稻面积3.1万亩，平均单产503公斤，总产量1.56万吨；单季稻面积5.79万亩，平均单产541公斤，总产量3.13万吨；连作晚稻面积1.32万亩，平均单产480公斤，总产量0.63万吨。大小麦种植面积0.29万亩，单产175公斤，总产量0.05万吨。玉米种植面积2.08万亩，单产301公斤，总产量0.63万吨；大豆2.3万亩，单产133公斤，总产量0.31万吨。番薯0.99万亩，单产440公斤，总产量0.44万吨。夏收油菜5.7万亩，总产量0.71万吨。

**【新品种推广和高产示范片创建】** 2015年，县农业局大力推广高产、优质早稻品种准两优608和单季稻品种甬优12、甬优15、春优84，水稻良种覆盖率97%。实施高产创建早稻万亩片1个，面积1.06万亩，涉及2个乡镇3650户农户；省级千亩水稻高产创建示范片6个，总计6710亩，涉及6个乡镇，带动辐射周边面积5万亩，示范片内采用抛栽、精确定量栽培、测土配方施肥和病虫害综合防治技术，采用“早稻+再生稻”模式推广，平均亩产再生季达250公斤，增加粮食产量2500吨，每亩增加纯收入500元以上。

**【14个粮食生产功能区建设】** 2015年，全县已建粮食生产功能区14个，面积9505亩。建设区域主要分布于天马、辉埠、何家、芳村、新昌、球川、白石、同弓、金川9个乡镇（街道）的14个田畈。其中，天马街道湖田畈1450亩，辉埠镇东乡畈1500亩、黄坞岭畈900亩、达坞畈600亩，何家乡黄冈畈700亩、文图畈420亩，芳村镇金川畈300亩，新昌乡对坑口畈100亩，球川镇杨家畈1300亩、叶家畈320亩，白石镇十八里畈950亩，同弓乡古塘畈300亩，金川街道安山坝畈485亩、十里山道士庄畈180亩。

**【水稻产业提升项目建设】** 2015年，全县建成12个水稻育秧、烘干中心，其中育秧、烘干用房8750.88平方米，育秧温室10256.84平方米，购育秧硬盘12万只，建操作道550米，排水沟302米，晒场6553.37平方米，热风炉11台，购置烘干机24台，烘干机配套设备1套，播种流水线2条。建立水稻高产示范方14个，示范面积1万亩，培训300人次，推广新品种新技术0.6万亩，开展水稻生产新技术试验共5个。

## · 蔬菜瓜果

**【概况】** 2015年，全县蔬菜瓜果播种面积69930亩。其中，蔬菜55680亩，单产1599公斤/亩，总产量8.90万吨，总产值16772万元，总产值比上年增加1060万元，增长7%；西甜瓜面积14250亩，单产4624公斤/亩，总产量6.59万吨，总产值15910万元。受2—3月、5—7月连续阴雨的影响，蔬菜、西瓜生产遭受不同程度的损失，单产比上年减少，但因种植面积增加，总产量比上年略增。蔬菜瓜果价格喜人，总产值比上年有所增加。引进新建谷舞仁生蔬菜生产、新地西瓜集约化育苗等新型农业生产基地。新地西瓜集约化育苗项目建成后，年培育瓜果蔬菜苗生产能力达1亿株，有力地促进了常山县蔬菜瓜果产业进一步发展。球川镇上安畈瓜菜新品种展示示范基地，引进示范适合常山栽培的瓜菜新品种，推动全县蔬菜产量和质量的提高。山地蔬菜栽培面积23830亩，生产商品菜3.65万吨，产值9310万元。山地扁豆、四季豆、黄瓜、茄子、番茄、辣椒、冬瓜、包心菜以良好的产地生态环境、适当的上市季节受到消费者的普遍欢迎。球川上安、球川三溪、天马五联等一批设施蔬菜生产基地播种面积2880亩，单产4326公斤/亩，总产量12458吨，总产值2482万元。大棚西瓜播种面积13700亩，比上年稍减；总产量6.51万吨，减少0.16万吨；总产值14792万元，比上年增加532万元。

## ·经济特产

**【概况】** 常山水果主要以常山胡柚为主，梨、李、桃、杨梅、葡萄、枇杷、柿子、猕猴桃等小水果面积、产量均不大。2015年，全县小水果总面积7920亩，产量6760吨，产值4461万元。优化水果品种结构，辉埠镇大埂村引进与示范种植柑橘新品种“红肉蜜柚”，面积60亩。

茶园面积10950亩，总产量238吨，总产值1350万元。春茶早芽种3月15开采，鸠坑群体种3月20开采，茶叶开采时间与上年基本一致。由于雨水充足，气温回暖缓慢，春季茶叶采摘期相对延迟，茶叶品质好于往年。受礼品茶市场的影响，明前茶的价格和销量与上年基本持平。球川镇山岭茶叶基地从江西广丰茶叶生产主体引进常山县第一条红茶生产线，当年生产红茶15吨。

## ·常山胡柚

**【概况】** 2015年，常山胡柚产业稳步发展，全县常山胡柚面积10.3万亩，产量12.68万吨。《“常山三宝”产业振兴发展计划》深入落实，常山胡柚精准园和胡柚精品园建设力度加大，常山胡柚全程社会化服务全面实施，常山胡柚优质果比例进一步提高，优质果率达90%。开展浙江省特别扶持常山胡柚项目计划工作，精准基地实施面积1105亩，精品基地实施面积4558亩。常山县获浙江省胡柚专业商标品牌基地认定。常山县胡柚大企业合作建立高端胡柚品牌建设基地4000亩，专业电商平台2~3个，常山胡柚营销方式由传统的销售方法向电商化、全球化新型销售方式发展。

**【2015中国常山胡柚（上海）推介会】** 2015年3月30日，2015中国常山胡柚（上海）推介会在上海建国宾馆举行。省政府副秘书长、省政府驻上海办事处主任朱绍平出席推介。省农科院食品科学研究所研究员、博士生导师陆胜民介绍常山胡柚保健功能。县委书记王良春致辞，县委副书记、县长毛建国主持推介会。县领导徐建华、林红汉、王郁松、何健等参加推介会。全国各地的经销商、上海常山同乡会、上海常山商会、企业代表、常山县有关部门负责人等100余人参加推介会。常山胡柚及其深加工产品赢得8000多万元大单，其中上海拜肯生物科技有限公司与常山县大宝山柑橘专业合作社、常山欧尚超市与常山县恒寿堂柚果有限公司等签订合作意向书。

**【常山胡柚生产全程社会化服务试点项目】** 2015年，常山胡柚生产全程社会化服务试点项目是浙江省财政厅（浙财农〔2014〕200号文件）确定的农业服务试点项目。该项目是常山县农业重点工作内容之一和常山胡柚产业提升的重要措施，实施的主要内容是应用标准化技术、开展胡柚病虫害统防统治、增施有机肥、常山胡柚商品上市交易合作服务、培育新型服务主体和高端生态栽培管理技术全程服务。根据《浙江省财政厅关于拨付2014年开展农业生产全程社会化服务试点补助资金的通知》（浙财农〔2014〕259号文件）精神，县农业局、县财政局联合印发《关于下达常山胡柚生产全程社会化服务试点项目实施计划的通知》和《关于下达常山胡柚生产全程社会化服务试点项目补助资金的通知》（常财农〔2015〕85号），精心组织实施相关项目，项目总资金1000万元，至年底已使用476.78万元。

**【常山胡柚景观大道建设】** 2015年，常山胡柚景观大道建设项目重点启动第一段从常山狮子口到高速公路东案出口15.3千米的环境整治、节点打造，完善提升第二段东案乡为主的休闲旅游、民宿发展等项目建设。打造AAAA白菊花生态文化休闲旅游区、田蓬村休闲旅游文化综合开发项目、濛桥村竹筏漂流项目、高峰村无忧谷水上乐园项目、弄坞休闲山庄项目等。

**【胡柚片纳入“浙江省中药炮制规范”目录】** 2015年2月3日，“枳壳（衢）〔胡柚小青果〕申报《浙江省中药炮制规范》2015年版饮片增修订评审会”在常山举行。会议由浙江省市场监督管理局主办，省食品药品检验研究院、省中医药大学、省医学科学院、省中医院、省农业厅、省农科院等单位的专家在听取申报单位的汇报、审阅材料和现场质询后，一致同意胡柚片纳入“浙江省中药炮制规范”目录。2015年，全县收购胡柚籽1160吨、胡柚片3590吨（收购价分别按16元/公斤、13元/公斤计算，产值分别为1856万元、4667万元），带动农民增收6523万元。

**【绿色中国行——走进美丽常山】** 2015年11月8日，“绿色中国行——走进美丽常山暨2015中国·常山胡柚开采启动仪式”在同弓乡太公山胡柚基地举行。绿色财富论坛组委会主任，国家林业局原党组副书记、原副局长李育材讲话并授予常山县“绿色中国行”旗帜。省人大常委会副主任程渭山，省政协副主席陈艳华，省委宣传部常务副部长胡坚，衢州市领导居亚平、江汛波等出席仪式；常山县委书记王良春致辞，县委副书记、县长毛建国主持。启动仪式上，与会领导和嘉宾为“绿色中国公益明星胡柚采摘基地”揭牌。绿色中国形象大使刘劲携众公益明星上台宣读“公益明星助推绿色农林产品倡议书”。常山县委、县政府领导为“常山三宝”宣传推广大使颁发证书。常山胡柚采摘节系列活动持续1个月，举办文艺演出、柚王擂台赛、开秤仪式、网上采摘节、常山胡柚娃宣传推广月、胡柚地里乡愁浓等一系列主题活动。

## ·常山食用菌

**【概况】** 2015年，常山食用菌以周年化、园区化为特色，以秀珍菇、猴头菇、黑木耳为主导品种，稳步发展茶树菇、灵芝、竹荪、高温香菇等特色品种，重点推广猴头菇长袋层架式栽培。全县食用菌栽培总量1.01亿袋（瓶），产鲜菇4.23万吨，总产值2.86亿元。强化政策引导、技术指导等措施，发展建设食用菌基地。县天培菇业有限公司扩建茶树菇生产基地，县森力家庭农场扩建猴头菇生产基地，县利成家庭农场新建黑木耳菌棒场。新增县王轩家庭农场猴头菇示范基地、县樊忠田家庭农场竹荪示范基地、县盛源食用菌专业合作社高温香菇示范基地。县农业投资发展责任有限公司实施山区经济发展项目，新建设钢结构房6000平方米。

县天乐食用菌研究所合作承担的“秀珍菇新品种选育及其高效设施栽培技术研究”项目，获2015年浙江省科学技术进步奖二等奖（第二完成单位）；天乐食用菌研究所黄良水领衔发明的“一种黑木耳菌棒野外发菌方法”获国家发明专利，专利号ZL201410087863.7，这是常山县食用菌栽培类第一个发明专利。11月5日，县食用菌办公室申报的“常山猴头菇”国家农产品地理标志获登记保护。11月，森力家庭农场森力牌猴头菇荣获第十三届中国国际农产品交易会金奖。4月20日，中央电视台中文国际频道《远方的家·江河万里行》摄制组到森力家庭农场拍摄。12月9日，县食用菌行业协会组织改选，选举产生第四届协会会长、副会长、秘书长等。

**【省农业厅领导调研常山食用菌生产】** 2015年3月10日，省农业厅厅长史济锡到森力家庭农场调研猴头菇生产，县长毛建国、副县长何健等陪同。5月21日，省农业厅副厅长唐冬寿到县食用菌科技示范园区调研，副县长何健和县农业局主要领导等陪同。

**【常山猴头菇地理标志登记感官品质鉴评会召开】** 2015年4月8日，常山猴头菇地理标志登记感官品质鉴评会在杭州召开。浙江省农业科学院、浙江大学、省种植业管理局、省农业技术推广中心、衢州市农作物技术推广站的专家和省农产品质量安全中心以及衢州市、常山县农业局相关领导等参加会议。会上，常山县食用菌办公室负责人汇报了常山猴头菇的品质特色、产地环境、生产方式、人文历史、产品知名度和产业发展前景，并详细解答疑问。与会专家、领导对常山猴头菇质量控制技术规范进行审评，对猴头菇鲜品和干品的色、香、味、形等外在感官特性进行鉴评，并形成品质鉴评意见。专家组一致认为常山猴头菇符合产品的质量控制技术规范所规定的外在感官特性。

4月8日，常山猴头菇地理标志登记感官品质鉴评会在杭州召开 （黄良水 摄）

**【食用菌技术培训】** 2015年8月6—7日，县食用菌办公室组织食用菌相关业主在碧盛休闲食府参加食用菌职业技能提升培训。12月9日，县食用菌办公室与县农办在县职业中专联合举办食用菌实用技术培训班，食用菌业主、乡镇（街道）食用菌辅导员等40多人参加。5月27—29日，县农业局分管领导带领食用菌相关业主到福建古田考察学习。10月9—11日，县农业局分管领导带领食用菌工厂化业主到江苏灌南考察学习金针菇等工厂化生产。

## ·畜牧业

**【概况】** 2015年，全县畜牧业总产值2.49亿元，比上年下降1.19%。年生猪饲养量17.95万头，年末生猪存栏量5.45万头，下降31.88%；生猪出栏量12.5万头，下降26.47%；能繁母猪存栏量0.56万头，下降31.71%。家禽存栏量182.5万羽，增加0.83%；家禽出栏量310万羽，增加3.33%。禽蛋产量3930吨，增加0.77%。羊存栏量0.95万只，增加7.95%。牛存栏量2390头，增加0.84%。

重视重大动物疫病防控。全县使用禽流感疫苗216.93万毫升，使用牲畜口蹄疫疫苗61.56万毫升，使用猪瘟疫苗48.56万头份，使用猪高致病性蓝耳病疫苗10.16万头份，使用鸡新城疫疫苗85万羽份，免疫密度达到

100%。全年监采集各类畜禽血清5182份次，其中牛、羊O型口蹄疫抗体80份，羊亚I型口蹄疫抗体80份，羊小反刍兽疫抗体60份，猪O型口蹄疫抗体483份，猪瘟抗体480份，猪蓝耳病抗体80份，禽流感h5（RE－6、RE－7）抗体1565份，禽流感H7血清学检测1850份，新城疫抗体504份，抗体监测合格率都达省市要求以上。血吸虫（518份）、布病、奶牛结核病检测结果均为阴性，全年未发生一起重大动物疫情。全县主要农贸市场和养殖场开展禽流感H7血清学检测1850份，检测结果均符合标准要求。全县未发生禽类H7N9流感事件。

完善病死动物无害化处理体系。全县排泄物治理达标并通过验收的养殖场均已开启生猪保险与无害化处理联动模式，实现养殖户、保险公司、生态环境等多方共赢的局面。

**【聚力畜禽养殖污染治理】** 2015年，重点围绕村庄内、塘库外源及市"26条小流域"养殖场开展生猪关停退养，全县关停养殖场365户，退养生猪10.57万余头(年度目标9万头)，拆除违章养殖用房10.5万余平方米(年度目标8万平方米)，分别超过市委、市政府下达的目标要求17.44%和31.25%。生猪排泄物治理形成"大、中、小"三大循环模式，即规模猪场资源化利用"小循环"、同弓乡整乡制生态农业"中循环"和"三位一体"种养联动"大循环"。引进博文合众"畜禽排泄物高效资源化利用工程研究中心"项目；对全县100余户温氏养鸭场推广"厚垫料、发酵床、自动翻耙"生态化改造，实现鸭场排泄物资源化利用零排放；防复养污染反弹长效机制。按照一名联系干部、一个电子信息档案、一套污水处理模式、一本治理设施运行台账和一个监督举报电话"五个一"思路，建立防复养污染反弹长效监管机制。出台《常山县生猪整规网格化管理长效机制工作方案》，建立"县、乡、村、户"四层网格管理体系。

**【创建"花园式"美丽牧场】** 2015年，县农业局在全市率先提出创建"花园式"养殖新要求，出台《常山县创建"花园式"星级猪场评比细则》，开展"花园式"星级猪场评比，促进全县形成良好的养殖风气，长效维持治污成果。

**【动物卫生监督执法】** 2015年，县畜牧兽医局严格做好产地检疫、流通监管、屠宰检疫三环节动物卫生监督执法工作。定期开展检疫人员培训，明确责任、巩固技能。规范屠宰检疫、产地检疫、流通监管工作流程，严查"隔山开证"等违规行为。全县抽检盐酸克伦特罗4774份，莱克多巴胺4774份，沙丁胺醇2775份，结果均为阴性。推进动物可追溯体系建设，全县生猪耳标佩戴数为17.2万只，佩戴率达100%，每一头生猪都有"档案"可查。开展屠宰执法检查110余次，出动检查540余人次，检查经营户（包含屠宰场）2300余户次，查处2个案件，查扣非定点屠宰未经农业部门检疫检验猪肉共270余千克。常山县省际动物卫生检查站共检查出入境（县境）运载动物及产品车辆18689辆，查处3个案件，罚款2500元。

## ·农业产业化

**【概况】** 2015年，全县有农业产业化组织641个，其中国家级农业龙头企业1家（浙江天子股份有限公司）、省级农业龙头企业3家、市级农业龙头企业34家、县级农业龙头企业188家。获批全国休闲农业与乡村旅游四星级示范企业2家（浙江每日会农业开发有限公司、常山龙腾石博园管理公司）；获批省级休闲农业与乡村旅游示范点1个（浙江常山黄塘旅游景区有限公司）；获批市级休闲观光农业示范点4个（浙江每日会农业开发有限公司、常山县森力家庭农场、浙江常山黄塘旅游景区有限公司、常山寨回首农业发展有限公司）。

【名特优新农产品展示展销】 2015年10月7—10日，第十三届中国国际农产品交易会在福建省福州市海峡国际会展中心举行，浙江常发粮油是食品有限公司、浙江柚都生物科技有限公司、常山县大宝山农业发展有限公司、常山县森力家庭农场、常山县雪海果业专业合作社等5家企业参展，其中常山县森力家庭农场的“森力”牌猴头菇摘得国家级金奖。11月20—24日，浙江农业博览会在浙江新农都会展中心（萧山）和浙江农业展览馆（杭州和平会展中心）举行，常山县参展企业28家，展示展销常山胡柚、山茶油、猴头菇等系列产品，贡面、禽蛋产品100余种；其中，5家农业企业农产品获奖，常山县倚山久胡柚专业合作社生产的“倚山久”牌胡柚果脯、常山县江益农产品开发有限公司的“江一”牌胡柚获省级金奖，浙江常山宝新果蔬菌有限公司的猴头菇等3家企业获省级优质奖。常山县获评组织工作先进单位。

【发展农产品电子商务】 2015年，常山县成为农村淘宝试点县，亿家网和常山电子商务网等电子商务第三方平台的开业，全县农产品电子商务得到快速发展。截至年底，全县18家农业龙头企业在天猫、淘宝网上注册网店，销售以“常山三宝”为主的优势农产品。利卿果业专业合作社通过网上交易签订胡柚销售合同2个，计300吨；淘宝网店交易额20多万元。猴头菇在“安之食”“宝新猴头”等网店销售48万元。常山县村上电子商务有限公司在淘宝网尝试“葡萄”众筹活动，众筹成功并完成销售额51480元。全县农产品电子商务交易额1.5亿元。

## ·农业项目

【概况】 2015年，全县落实现代农业发展专项资金项目9个，累计总投资674.5万元；向上争取到位资金12952.76万元，比上年增加2932万元，增长29.26%；实际核定到位资金11192.76万元，比任务数多3993万元。决策农业项目34个，谋划重大农业项目13个，推进县重点建设项目5个，重点项目建设累计投入资金8.01亿元。完成《常山县“十三五”农业发展规划》编制、评审工作。

【省级现代农业发展专项资金建设项目】 2015年，县农业局完成现代农业发展专项资金（现代农业生产发展和生态循环农业发展）项目的论证、储备、公示及建设计划下达工作，累计总投资674.5万元，其中省级补助资金310万元。

【向上争取资金】 截至2015年12月20日，共计向上争取到位资金12952.76万元（比2014年10021.03万元增2932万元，增幅29.26%）。实际核定到位资金11192.76万元（比任务数高3993万元，比目标数增2410.76万元），其中政策性资金3152.4万元，非政策性资金8040.37万元。

【农业项目决策咨询】 2015年，县农业投资项目决策咨询服务协调小组办公室共决策重大农业项目34个，包括出具衢州常山设施农业分布式光伏发电建设项目的预审意见，项目协议总投资22.5亿元。

【农业重大项目谋划和建设工作】 2015年，县农业局（现代农业园区管委会）开展重大项目谋划工作，共谋划完成重大农业项目13个，入库项目12个，其中10亿元以上项目

3个、5亿~10亿元项目2个、1亿元以上项目6个、1亿元以下的项目1个。列入县重点建设项目5个，其中常山寨回首休闲观光生态园建设工程、浙西现代农业旅游休闲观光园建设项目列入2015年省重点建设项目，完成项目总投资8.01亿元，圆满完成县重点建设项目建设任务。

**【“十三五”规划编制工作】** 2015年，县农业局按照县“十三五”规划编制工作要求，牵头组织《“十三五”农业发展规划》编制工作。为确保规划编制的科学性、指导性和前瞻性，在广泛调研、深入论证、专家审查、集体讨论的基础上，完成《“十三五”农业发展规划》的编制，并开展《“十三五”农业发展规划》的评审工作。

## ·现代农业园区

**【概况】** 2015年，全县已建成现代农业园区产业区块6.8万亩，59个粮食生产功能区、4个主导产业示范区、18个特色农业精品园通过省级认定。综合区建设初见成效，基本建成核心区的和禾农业发展有限公司优质水果组合栽培基地、绿藤葡萄精品化栽培基地、天慈农业科技园、美青葡萄精品化栽培基地、沃田农业有限公司红心火龙果种植基地、常嵊香榧种苗基地，面积1000多亩的核心区形成以美人指提子、优质新品种葡萄为主栽品种，红心火龙果、红心猕猴桃、香榧、哈密瓜、爱媛38号蜜桔等名优新特水果为组合品种的现代农业产业园。综合区内全部采用大棚避雨、肥水滴灌、促成栽培等现代农业生产技术，作物长势喜人，丰收在望，采摘游已初具规模。核心区逐渐成为常山县又一个集休闲、观光、采摘的旅游新景点，休闲观光农业也被当地百姓所熟知，对周边农户起到很好的示范引导作用。县现代农业园区管委会突出“节会”招商和“政策”招商，奔赴杭州、义乌、金华等地宣传推介常山相关的政策、环境，引进青林家庭农场美人指葡萄基地、浙江每日会庄园有限公司等20余个项目。

**【园区入口景观项目建设】** 按照“布局合理、示范带动、观光休闲、别具一格”的农业景观规划原则，将“生产、生活、生态”三要素有机融合在一起，建设以太公山胡柚基地、现代农业园区等为节点的生态农业示范长廊，发展生态农业，带动周边村庄大力发展旅游观光、水果采摘游等，实现现代农业园区建设“产业化、景区化、生态化”。2015年，园区入口景观项目建设用地征用等政策处理和项目周边绿化工作已完成；柴家畈核心区观光长廊、绿化提子精品园内美人指大道建成。同时，县现代农业园区管委会采取措施，对园区内部环境，疏通渠道进行整治，补植道路景观苗木，设立园区内采摘游标识牌。

## ·农业执法

**【概况】** 2015年，县农业执法大队开展“放心农资下乡，保障春耕生产”活动及农资打假宣传。出动执法和科技人员52人次，发放各种宣传资料7000余份，张贴标语横幅8条，接待咨询群众4000余人次。利用电视、广播、农技110网络及信息平台、报刊等多种手段宣传农业部门农资打假工作部署和成效，每月定期在农技110网络平台上向全县农资经营户发送一条诚信经营、杜绝销售假劣农资等宣传短信，公开假劣农资投诉举报电话“12316”，依法受理农民的投诉举报。开展“绿剑”春季、夏季、秋季集中执法行动，出动执法人员289人次；检查种子经营户11家，种植户35家，农药、化肥经营户220家，养殖场13家，兽药饲料经营店27家，生产基地21家。对检查中发现的4起肥料经营违法行为进行立案查处。联合县畜牧局开展兽药、饲料专项执法检查活动，出动执法人员19人次，检查养殖场12家，饲料生产、经营店10家，未发现有违规违法行为。

【农业投入品及农产品质量安全监管】 2015年，县农业执法大队组织执法人员对全县的各大农资批发经营企业、养殖场、生产厂家进行质量监督抽检，完成省农业厅下达的60批次农业投入品抽检任务，并送省农业厅检测；完成省农业厅下达的农业投入品质量监督抽检任务。对2起化肥、4起种子不合格的案件进行立案查处，另有2起兽药案件移送至衢州市农业执法支队处理。

【维护农业生产安全和农民合法利益】 2015年，县农业执法大队重视农业生产事故处置工作，妥善处理农民有关水稻种子、农药质量等投诉10起；加大案件查处力度，打击违法农业投入品行为，查处各违法案件13起，涉案金额2.5万多元，罚没款2.4万多元；及时处置"12316"投诉举报及案件查处工作。

## ·农产品质量安全监管

【概况】 2015年，县农产品质量安全监督管理中心围绕省级农产品质量安全放心示范县创建，开展日常监管和监督抽检，推行标准化生产和农产品质量安全追溯体系建设，构建信用体系、社会共治等长效监管机制。发送农产品质量安全宣传信息5万余条次，悬挂宣传横幅100余条，张贴宣传标语1000余张，发放《关注农产品质量安全，共创农产品质量安全放心示范县——致广大市民的一封信》等宣传资料2万余份，签订农产品质量安全承诺书165家，约谈生产主体120余家，强化农产品生产主体的责任意识、诚信意识。继续实施县农产品质量安全检测中心项目，完成检测设备的招标采购工作。全县农作物种植标准化实施面积25.5万亩，农作物种植标准化生产程度达到61.3%；畜禽养殖标准化实施规模118.9万头/羽，畜禽标准化生产程度达到69.2%，农业标准化生产程度为64.46%。开展农产品质量安全专项整治行动，监督巡查农产品生产基地352家（次），省、市、县三级定量检测抽检农产品310批次，总体合格率99.5%，未发生重大农产品质量安全突发事件。

【农产品质量安全放心示范县创建】 2015年，省农业厅确定常山县为2015年省级农产品质量安全放心示范县创建单位。常山县人民政府出台《关于加强农产品质量安全监管工作的意见》，成立以分管副县长为组长、各有关单位分管副局长为成员的农产品质量安全工作领导小组，印发《常山县创建省级农产品质量安全放心示范县工作方案》，分解任务指标，层层落实责任。至年底，已基本符合创建标准。

【完善农产品追溯平台建设】 2015年，常山县农产品质量安全追溯平台和农产品公共追溯查询平台建成，全县124家规范化以上农业生产主体纳入主体信息库管理；62家建设二维码追溯系统，33家配备农药残留速测设备。通过省农业厅对常山县农产品质量安全追溯体系建设工作的验收。完善农产品质量安全信用体系，开展农产品质量安全信用等级评定；建立并有效运行农产品质量安全"黑名单"制度。

## ·土　肥

【概况】 2015年，常山县土肥工作以营建"肥沃、安全、健康"土壤环境工作目标，以提高耕地综合生产能力、促进粮食增产和农民增收为根本，以耕地质量建设与管理、测土配方施肥、“五水共治”“一控二减四基本”为抓手，落实各项土肥工作。截至年底，全县实施4.43万亩标准农田质量提升工程土壤培肥项目，其中通过项目评审达到一等田质量标准有8548亩；实施测土配方施肥面积42万亩；推广使用商品有机肥2.1万吨，全县商品有机肥生产企业2家；通过公开招投标采购并发放冬绿肥种子2万公斤，冬绿肥种植面积3.1万亩，其中50亩以上绿肥示范方35个，面积5282亩。全面禁止秸秆焚烧，提高秸秆综合利用水平，开展农业面源治理，推广化肥减量技术。全县化肥减量421吨（折纯量），农作物秸秆综合利用率88%。全县垦造耕地培肥项目80个，面积6790余亩。参与31个土地开发项目前期踏勘工作，面积4136.6亩，其中垦造水田项目9个，面积1497.4亩。配合县国土局完成全县永久基本农田和永久基本农田示范区划定工作，划定永久基本农田面积250395亩，基本农田示范区面积85605亩。全县设施农业用地审批项目27个，面积39879平方米。

## ·植保植检

**【概况】** 2015年，县农业部门坚持“预防为主，综合防治”的植保方针，贯彻落实“科学植保、公共植保、绿色植保”理念，开展农作物病虫害预测预报、农业植物检疫防疫、农村农田统一灭鼠、病虫害统防统治与绿色防控融合推进示范县建设等工作，有效控制农作物重大病虫害及植物疫情。坚持定点监测与面上普查相结合，落实“三日一查，五日一报，关键时期随查随报”的农作物病虫害预测预报工作制度，准确掌握病虫发生情况及发展趋势。发布《农作物病虫情报》12期，指导农户科学防控病虫害，确保重大病虫不大面积暴发成灾。全县主要农作物病虫草鼠害发生面积224.41万亩次，防治面积325.03万亩次，挽回粮食损失14.17万吨。以产地检疫和调运检疫为重点，以检疫执法为抓手，集中整治与常规检查相结合，推进农业植物检疫防疫工作。在抓好8个疫情监测点定点监测的同时，加强春秋两季重大农业植物疫情集中防控行动，将柑橘黄龙病（柑橘木虱）、黄瓜绿斑驳花叶病毒病、梨树疫病、甘薯茎腐病等植物疫情阻截于县门之外，未新增植物疫情。将已在常山县发生的加拿大一枝黄花、柑橘溃疡病控制在可防可控的范围之内。全县加拿大一枝黄花发生面积8.5亩，比上年减少2.3%；柑橘溃疡病发生面积280亩，减少60.7%。未出现重大植物疫情大面积扩散蔓延并严重影响农业生产的现象。

**【统防统治与绿色防控融合推进示范县建设】** 2015年，常山县被确定为6个整建制专业化统防统治与绿色防控融合试点县之一，采取统防统治与绿色防控融合推进的方式，组织实施农作物病虫害统防统治10.3万亩、绿色防控4.2万亩。融合示范区病虫防治次数比农民自防区减少1~2次；水稻示范区每亩减少农药用量40.2~76.5克（折纯，下同），胡柚示范区每亩减少农药用量74.5~95.2克。在金川街道十五里畈、同弓乡太公山建立千亩融合试点示范区，综合运用生态调控、理化诱控、生物防控和科学用药等环境友好型措施控制农作物病虫害，强化农药减量示范。3月16日，省农业厅召开全省植保检疫工作视频会议，常山县就农药减量工作作了典型发言。8月5日，省农业厅在常山召开全省整建制统防统治与绿色防控融合推进暨晚稻病虫害防控现场会，常山县就整建制融合试点工作做典型发言。

**【实施省粮油产业技术项目】** 2015年，县农业局在同弓乡赤阳江村建立百亩省级控药技术试验基地，集成应用太阳能杀虫灯、二化螟性诱捕器、田埂种花留草、科学用药等绿色防控技术及产品，提升病虫防控专业化水平，化学农药使用次数比农户常规防治减少1次，农药制剂用量减少92.07%（折纯用量减少71.09%）。

**【农药废弃包装物回收处置试点】** 2015年，县农业局开展农药废弃包装物回收处置试点，探索“政府扶持、市场主体（包括生产者、销售者和使用者）回收、专业机构集中处置”的工作机制，避免将农药废弃包装物随意丢弃于田间地头，减少对生态环境的污染。

**【春季农村农田统一灭鼠行动】** 2015年4月下旬至5月，县农业局开展农村农田统一灭鼠行动，印发《常山县2015年农村统一灭鼠行动方案》，组织做好鼠药发放、毒饵配制及投放工作；印发《灭鼠毒饵配制及使用须知》等资料6.5万余份，发放溴敌隆420瓶，配制毒饵（大米）21.21吨，灭鼠农田面积16.2万余亩，鼠害得到有效控制。

## ·村级集体经济管理

**【概况】** 2015年，县农业局制定出台《关于加强村级财务票据规范管理的实施意见》《关于明确乡镇（街道）代理会计职责和村级财务管理“十不准”规定的通知》等文件来强化和规范村级财务的监督与管理。结合常山县各行政村的经济发展情况制订《常山县村级集体经济发展三年行动规划（2015—2017年）》。8月31日在全省农经工作培训会上作题为《切实强化农村集体资产财务管理规范化建设》的典型发言。在同弓乡开展全省整乡推进的农村土地承包经营权确权登记颁证工作试点；土地确权登记颁证工作实行招投标，中标单位为山东省地质测绘院。

**【村级公益事业“一事一议”项目】** 截至2015年9月，全县行政村共申报项目387个，其中，352个项目获省级立项，省级财政奖补项目资金8826万元。“一事一议”项目涉及村道路拓宽硬化、桥梁、水渠、综合楼、老年活动中心、休闲场所、小型水利、饮用水、污水整治、“五水共治”等建设。

**【家庭农场建设】** 2015年，全县注册登记各类家庭农场657家，注册总资本7.077亿元，经营总面积约6.96万亩，涉及种植、养殖、综合三大类型。县农业局组织召开提升家庭农场发展讨论会，组织家庭农场协会内成员互看互学活动，学习典型示范农场和经营效益好的农场，树榜样，促发展；协同县农办举办3期业务知识培训班和外出学习考察，吸取他人经营之长，补上自己所有短板。创建了示范性家庭农场4家，市示范性家庭农场10家，县规范化家庭农场27家、示范性家庭农场10家。按照高起点规划、高标准建设、景观式打造的思路，整合相关涉农项目，结合常山三宝发展规划，对3家家庭农场给予项目支持，拓展了农业生产、生活功能。

**【村级物业经济】** 2015年，县农业局确定紫港街道狮东村村、新昌乡郭塘村、大桥头乡新村村、白石镇新塘岭村、球川镇球川村、金川街道徐村村、何家乡江源村等7个行政村为第四批发展村级物业经济扶持村，项目主要为来料加工厂房、电子商务楼展示中心、生产车间、新建生猪栏出租、游客集散中心、村滨水农家乐项目，游客接待中心及公共设施建设作为单独建设项目筹建。

## ·农村能源

**【概况】** 2015年，全县建成各类沼气池2280处（户），总容积3.53万立方米，年可处理人畜禽粪尿污水84.5万吨，年产沼气240.74万立方米，折合标煤1719吨，年产沼肥49.5万吨，供1.9万亩农田做有机肥使用。其中，户用沼气池1977处，总容积1.9万立方米；中小型沼气工程87处，总容积1.63万立方米；农村生活污水净化沼气池216处，总容积2.6196万立方米。建成农村沼气后续服务网点9个，覆盖沼气用户1977户；沼气集中供气项目可供气户数共890户；沼气年发电量8.8万千瓦时。新增太阳能热水器3500平方米。

全县新建醉美家庭农场沼气集中供气1处，新建十里山庄养殖场大中型沼气1处，新增沼气集中供气户数220户；有3个以鸭粪为原料的沼气集中供气试点。

在沼气集中供气点基础上配套畜禽排泄物资源化利用。全县累计新建处理池、厌氧池等2.1万立方米，铺设管网32万米，建成沼液墩1.2万个。以大公养殖场的“猪—沼—果（菜）”模式基础，创建“养殖场排泄物就地就近资源化利用模式”，该模式获得浙江省农业水环境治理暨现代生态循环农业大赛优秀奖。推广“大公模式”，完成新昌乡新昌村、永玲家庭农场、石坝家庭农场等排泄物资源化利用示范点。在永玲、石坝、醉美等3家家庭农场建设沼气物联网监控平台，实现沼气数据实时在线监控。

## ·农业机械化

**【概况】** 2015年，全县农机总动力13.1995万千瓦，比上年减少9.93%。全县机耕面积26.5436万亩，机播面积2.7533万亩，机收面积11.5123万亩。粮食作物耕种收综合机械化率为65.86%，比上年提高4.34个百分点，其中机耕面积11.9016万亩、机耕率94.67%，机播面积2.7533万亩、机播率21.9%，机收面积10.1854万亩、机收率81.02%。落实农机惠农政策资金540.13万元，其中农机购置补贴资金413.44万元、设施大棚补贴资金133.37万元、农业机械报废补偿（更新）资金8.6万元。发展先进适用机具244台套，其中轮式拖拉机11台、联合收割机19台、粮食烘干机26台、果蔬烘干机1台、水稻插秧机19台、育秧机械设备8套、手扶拖拉机5台、耕地机械116台、水果分级机械1台、增氧机1台、微灌设备30台、简易保鲜冷库4套279立方米。

**【设施建设】** 2015年，3个主体新增设施大棚4.18万平方米，其中玻璃温室0.27万平方米、连栋大棚1.56万平方米、单体大棚2.35万平方米；全县累计有设施农业大棚778.06万平方米，其中连栋温室22.21万平方米（含璃温室3166平方米）、钢架大棚143.54万平方米、简易大棚612.31万平方米。新建烘干中心11个，新增烘干机26台；全县累计有烘干中心33个，烘干机73台，烘干能力741吨/批，实际烘干粮食2.57万吨。新建育秧中心1个，新增育秧能力1000亩；全县累计有育秧中心16个，育秧能力4.15万亩/年，实际育秧2.75万亩。

**【农机安全管理】** 2015年，全县发生农机事故1起（甲方），伤1人，直接经济损失0.01万元，农机安全状况明显好转。14个乡镇（街道）均签订农机安全管理责任书，落实“谁经办，谁签字，谁负责”的岗位工作责任制。县农机管理部门召开2次农机驾驶操作人员参加的专题农机安全会议，举行农机事故处置演练。通过LED显示屏开展教育宣传；通过“农民信箱”发送短信1.5万条，发布农机化信息22条；推广《农村信息报》110份、《现代农机》杂志87份；教育培训农机从业人员4期224人次。引进安信农业保险公司，推进农机安全保险，71台农机（其中拖拉机19台、收割机40台、插秧机12台）首次参加保险，保费2.713万元，保额2185.3万元。开展农机打非治违、安全生产隐患排查治理和安全生产月等活动。组织20天执法检查、112人次隐患排查和进村入户宣传，查处违法违章55台次，排查治理安全隐患93个，登记外省籍拖拉机信息312台，发放宣传资料6200份。开展农机权力清单、责任清单梳理，办理拖拉机注册登记16台，联合收割机注册登记19台，驾驶证换证43本，其他牌证业务38个。免费检验农业机械307台，其中上道路拖拉机57台、农田作业拖拉机118台、收割机91台、插秧机41台。

（黄敏媛）

## 林　业

【概况】 2015年，县林业局围绕“实力工业、休闲城市、美丽乡村”发展战略，树立“绿水青山就是金山银山”理念，全面贯彻落实省委、省政府《五年绿化平原水乡十年建成森林浙江》精神，推进“生态林业、富民林业、休闲林业、人文林业和活力林业”五大工程建设，打造“森林常山”。完成春季绿化造林1.36万亩，实施市重点项目黄衢南高速沿线的山体绿化提升工程650亩，彩色健康森林建设1000亩。结合“三改一拆”“五水共治”，完成森林村庄建设19个，其中省级森林村庄1个、市级森林村庄10个、县级森林村庄8个，平原绿化面积2450多亩。完成申报12万亩公益林，全县352.449亩垦造耕地涉及省级以上公益林均完成造林复绿工作，完成森林提质4.05万亩。

实施优势产业建设。全县完成新品种造林2400亩，建设采穗圃184亩、苗圃137亩、示范林152亩。科技推广进村入户，山稻种植取得成功。建成香榧基地500亩；建立林下经济示范点4个。林业产业类重点项目“常山县油茶产业示范县项目规划”，获得2015年林业产业类重点项目评审第一名，获得省财政1000万元资金扶持。推进林业休闲建设，开展油茶旅游观光精品园建设，初步形成最美油茶林和系列休闲体验产品。建设林业休闲养生区1个、林业休闲观光区1个、森林人家2个、森林古道1条。

强化森林资源保护。县林业部门共查处严重破坏森林案件9起，办理林木采伐证244份。加强检疫，对全县300万株新品种油茶苗进行踏查检疫，在全县开展“绿剑”检疫执法专项行动，严防病原入侵。以“森林消防宣传月”活动为契机，开展“森林消防进校园、进社区”等一系列活动营造森林消防宣传的良好氛围。全年实现零森林火灾。

是年，县林业局被省林业局评为2014年“省绿化模范单位”、2011—2014年度“省森林消防工作先进单位”。

【深化林权制度改革】 2015年，全县流转林地32宗，面积8721亩，金额500万元；初始登记面积258亩，办理“林地经营权证”30本，面积5713亩。多种模式推进林权抵押贷款工作，办理林权抵押贷款22笔，2599万元，抵押面积11121亩，林权抵押贷款余额10692万元。深化“林地经营权流转证制度”和林业股份制合作改革试点，通过引入工商资本，全县已组建林地股份合作社3家，参股农户460户，涉及林农2000余人，登记面积1200亩，累计发放林权抵押贷款3.3亿元。

【油茶品牌整合】 2015年，常山县林业局经过广泛的商讨、研究、论证，确定“一标志、双商标”，即“常山山茶油”证明商标+企业注册商标+常山山茶油原产地域产品保护专用标志。推动龙头企业的联合重组，形成产业龙头，常发、山神、绿盛3家企业整合工作正在推进。山茶油挂牌舟山大宗商品交易所，并在金华市设立营销分公司，月成交额达 6.3 亿元，电子盘面交收 100 余吨山茶油。办好“一会一节一坛”：全省木本油料产业发展现场会、2015 浙江（常山）木本油料产业发展文化节、浙江省木本油料产业发展论坛于 10 月 21 日在常山举行，展示出油茶产业发展成果。

**【国有林场改革通过省级验收】** 2015 年 6 月底，国有林场改革通过省级验收。县林场创建于 1929 年，场部设在紫港街道外港村。2006 年 6 月县林场改制前，职工总人数 455 人，其中在职职工 253 人，退休人员 202 人。全场拥有黄冈等 12 个林区，总面积 4.2 万亩。截至 2015 年年底，林场总面积 4.0 万亩，实际经营面积 3.4 万亩代管山 0.6 万亩，森林覆盖率 90.7%。国家级和省级生态公益林 2.1 万亩，占经营面积比例 58.3%。离退休职工 288 人，离岗退养职工 24 人，在职职工 49 人，自谋职业 41 人。国有林场改革增挂“常山县国有生态公益林保护站”牌子，负责国有林建设与保护日常工作；管理公益林补偿资金；编制国有林森林经营方案，年度作业规划设计等。将常山县三衢林场道路、供电、用水和管护房等基础设施建设纳入山区经济发展有关建设规划，享受促进农业农村经济发展的各类支农惠农扶持奖励政策，进一步改善生产生活条件。

**【开展非法侵占林地清理排查专项行动】** 2015 春季，对种植的黑松、油茶、脐橙的地块，及时补植针阔树种，完成造林复绿工作；对未种植的地块，采用针阔混交方式造林，以达到公益林建设要求。及时开展自查自纠工作。对全县已完成的、正在实施的及规划实施的垦造耕地项目，进行全面排查。凡发现涉及公益林地的项目，对已完工的要求及时完成造林复绿，对正在实施的要求立即停工并完成造林复绿，尚未开工的项目不再实施。及时落实整改资金。整改用于造林复绿的资金，由县国土局负责落实，从造林资金和垦造耕地项目后续种植管护资金中列支。

**【完善林业项目绩效评价体系】** 2015 年，县林业局完善林业项目绩效评价体系，项目资金设立专户，设有会计资格的专人管理账务，严格按项目内容支出，未改变用途，账目清楚，县财政局、林业局加强项目资金的监督和审计，确保专款专用。组织自查自评采取上下互动、内业与外业、定性与定量相结合的方法，从资金申请、资金使用和财务资料规范等方面认真进行了核查，认真检查核对原始凭证账目。特别对实施项目进展、项目组织管理是否严密、实施方案是否可行、资金支出是否规范、管理制度是否健全、档案资料是否齐全、人员培训是否到位、建设效益是否明显进行核查。

**【中国·常山三宝（杭州）推介会举行】** 2015 年 1 月 16 日，在“2015 中国·常山三宝（杭州）推介会”上，浙江瑞利生物科技有限公司、常发粮油食品有限公司、杭州联华华商集团有限公司等企业发言。杭州联华华商集团有限公司与常山县大宝山胡柚专业合作社、浙江旺盛达商贸有限公司与常发粮油食品有限公司、杭州丰丛电子商务有限公司与豪锋农业开发有限公司分别进行签约，签约额共计 6164 万元。全国各地的经销商、杭州常山商会代表、企业代表、常山县有关部门负责人，以及新华社浙江分社、中新社浙江分社、《浙江日报》、浙江卫视等十几家新闻媒体等 130 余人参加推介会。

**【常山县油茶幼林首次套种山稻】** 油茶是常山县大力发展的高档油料作物，它从栽培到产出一般要七八年时间，这一阶段油茶苗株小，空隙大，适合套种增加收益。经过两年多的探索，2015年，县林业局从金华引进油茶幼林套种山稻有机栽培技术，引进400多千克山稻，分给6户油茶种植户套种。这是常山县首次在油茶幼林中试种山稻。

（王昆喜）

2015年年底，县油茶研究所的工作人员对位于十五里村的苗木基地进行油茶停止生长期普查

（宋 婷 摄）

## 水 利

**【概况】** 2015年，常山县打响“五水共治”水利治水攻坚战，以项目建设为引领，坚持建管并重，立足项目支撑，推进水利建设改革发展，提升依法治水能力。累计完成水利投资3亿元；向上争取资金1.5亿元；解决1万人口饮水安全问题；实施农村河道综合治理工程25千米；实现水产品产量5567吨，渔业经济总产出0.72亿元；完成5座水库除险加固，新建钱塘江干流常山港防洪堤4.6千米，完成山洪沟治理1.87千米。提前完成全县水利投资年度计划、“五水共治”水利年度计划，提前实现中央投资计划年度考核目标。

县水利局坚持工程措施和非工程措施两手抓，组织县、乡、村三级防汛检查，储备防汛物资、落实抢险船只，完善预案调度，做到“险库空库、病库限蓄”，做细做实防汛备汛。常山县降雨量2604.9毫米，创历史最高。成功防范二次常山港超警戒水位洪水和夏季台风侵袭，有效地化解流域洪水风险。发挥基层防汛体系作用，将梅雨洪涝灾害损失降到最低程度。6月19日，在常山港上游开展防汛抢险救灾应急预案专项演练。10月16日，常山县基层防汛防台体系规范化建设通过省级考核验收。11月20日，山洪灾害防治项目通过初步验收。

全县“一港四溪”和21条小流域全部深化三级河长制管理，落实“一河一策”。开发“五水共治”巡查监管系统。“清三河”对标创绩，实现城区河道保洁“全覆盖”，深化黑臭河、垃圾河整治提升5.1千米。11月5日至6日，通过省“清三河”达标县复核组现场复核。推进生态河道建设，将“五水共治”与“造景”相结合，提升河道综合功能。球川镇黄泥畈村龙绕溪原生态河道、东案乡田畈村金源溪生态治理河道成为美丽乡村风景线。“水清、河畅、岸绿、景美”，实现河道生态、防洪、景观的多赢。

采砂整治不放松。在全县范围发出全面禁止河道采砂的公告，加大巡查打击力度，水政执法11起，其中立案查处6起，阻止违规行为5起。

规范渔业行业秩序。对113个洁水渔业示范点进行规范提升，增殖放流650万尾，夏季开展渔业执法专项行动，渔业资源得到有效保护。派出巡查执法23车次、执法队员68人次，共发现16起非法捕捞行为，没收电捕渔具11套、网具9副。

**【完成水利工程投资3亿元】** 2015年，常山县新建钱塘江干流常山港防洪堤赵家坪堤、青石堤4.6千米，实施虹桥溪山洪沟治理1.87千米，完成农村河道综合整治25千米，渠道防渗衬砌65千米。完成青石镇木棉岭、白石镇荷花塘等5座水库除险加固工程，整治山塘10座；实施白石镇、同弓乡农村饮水安全提升工程；完成新增高效节水面积1500

亩，低丘红壤治理900亩，治理水土流失面积9.5平方公里。

【提升水资源管理水平】 2015年，县水利局在“三条红线”“四项制度”宏观政策引领下，强化水资源论证，规范取水许可，推行节约用水，加强水资源保护，推进监督考核。开展开展节水宣传活动和节水型单位创建工作，2家单位通过节水型单位创建考评。加强水资源费征缴力度，入国库水资源费332万元。严格取水许可制度，全县有取水户许可证43本，年内办理取水事项12件。加强实时监控系统的运行管理，对年度取水许可5万立方米以上用水户全部安装实时监控系统，浙江四通轴承有限公司、浙江东方茶业科技有限公司常山分公司计量设施、实时监控系统均已安装。

【水土保持监督】 2015年，常山县完成水土流失治理面积1050公顷，超额完成年度任务。其中，封禁治理695公顷，坡耕地治理57公顷，营造经材林86公顷，水保林143公顷，其他19公顷。完成金川片小流域治理50公顷。开展实施新修订实施的《中华人民共和国水土保持法》的专项执法检查活动，审批水土保持报告表2份，登记表14份，监测项目4个，验收项目3个，监督检查记录若干份，水土保持补偿费征收41万元；完成常山县天马坡面径流场监测数据采集分析上报及日常管理维护工作。

【完成水利发展“十三五”规划编制】 2015年，县水利局突出“山水林田湖是一个生命共同体”的理念，对接省水利厅，完成常山县水利事业发展“十三五”规划的编制工作。“十三五”规划中，计划水利工程总投资24亿元，谋划钱塘江常山港段治理二期、芳村溪流域综合治理工程、长风灌区节水改造、农村供水工程等重大水利项目。

（徐　鸿）

## ·中型水库管理

【概况】 2015年，县中型水库管理局完成芙蓉水库、千家排水库、狮子口水库注册登记。完成千家排水库护栏维修及绿化养护、红旗岗水库溢洪道重建、千红北干渠应急抢修及石壁坞渡槽维修；完成狮子口水库机电设备供电线路改造、大坝安全监测系统更新改造、坝区养护供水管道改造、鱼种场塘坝维修。芙蓉水库大坝通过一类坝安全鉴定。县中型水库管理局被评为县级治安安全先进单位。

【芙蓉水库有机鱼获评浙江省“网友最喜爱水产品”】 2015年1月23日至2月3日，浙江省海洋与渔业局、浙江省水产流通与加工协会联合举办“最受网民喜爱水产品”官方微信票选活动，全省11个地市遴选出18个最具地方特色优质水产品参与此次微信票选。“常山有机鱼”一路领跑其他17个产品，最终以超过1.31万得票数摘得桂冠，获评浙江省“明星水产品”。春节期间，省海洋与渔业局在官方微信平台《年夜饭》栏目推出常山有机鱼的多种烹饪方法，并且在2015年媒体宣传中优先给予推介。5月15日，芙蓉水库“鼎力合”牌有机鱼开网捕捞，此次捕捞量在1万公斤左右，基地统一批发价鳙鱼30元/公斤，鲢鱼16元/公斤。不足2.5公斤重的有机鱼继续放回水库养殖。

【芙蓉水库大坝通过一类坝安全鉴定】 2015年3月23—24日，芙蓉水库大坝安全鉴定会在常山召开。衢州市水利局党委委员、总工程师邵建良主持会议，省水利厅、省水库管理总站、省水利学会、省水利河口研究院、南京水科院、市水利局、市水文勘测站、县水利局、县中型水库管理局、县芙蓉水电开发有限公司等单位相关负责人及特邀专家参加会议。现场察看芙蓉水库大坝、听取并审议报告、研究成立大坝安全鉴定专家组并讨论大坝安全鉴定报告后，专家组一致同意芙蓉水库大坝为“一类”坝的鉴定结论，设施各项指标满足安全运行要求。会议就大坝安全鉴定中存在的一些细小问题提出整改意见。

芙蓉水库大坝安全鉴定会议现场

（商星星 摄）

**【依法打击饮用水源水库非法渔业活动】** 2015年5月10日，县水利（渔业）局、县环保局、县公安局、县广电总台、县中型水库管理局等部门联合在芙蓉水库、千家排水库开展打击电、毒、炸鱼等非法捕捞、非法垂钓渔业专项执法行动。

**【3座中型水库相继开闸溢洪】** 2015年6月上中旬，受梅雨季强降雨影响，千家排水库、狮子口水库、芙蓉水库库区突降暴雨，水库水位上涨迅猛。14日12：10，千家排水库水位达到汛限溢洪道开始溢流（下游红旗水库于10日17：15溢洪道开始溢流）；狮子口水库14日14：00开闸泄洪；芙蓉水库14日24：00开闸泄洪。

**【中型水库管理局谋划重大项目】** 2015年，县中型水库管理局开展重大项目谋划工作：(1)以芙蓉水库为核心，谋划《“常山印象”摄影基地》《芙蓉湖自然生态保护区建设工程》两个项目，打造常山首个专业级摄影基地，建设周边涉及文物、历史文化名镇(乡、村)及自然保护区、风景名胜区；(2)以千家排水库为核心，谋划《常山县千家排水库爱国主义教育基地》项目，展示千家排水库修建奋斗史、廉政主题教育、抗战史馆等爱国主义教育基地；(3)谋划《常山水资源综合利用工程》项目，建成一个系统性的水资源利用系统，提升水资源综合效益；(4)谋划《芙蓉水库、狮子口水库渠系联网工程》项目，利于形成整体水利灌溉、饮用系统。

**【常山县中型水库管理通过省水利厅考核】** 2015年4月开始，省水利厅组织对全省2014年度水利工程管理进行抽查考核，共考核水利工程管理单位29家，涉及水利工程32个，其中水库13座。通过实地考核检查和量化打分，全省28家水利工程管理单位确定为合格。据省水利厅《关于2014年度水利工程管理考核有关情况的通报》（浙水管〔2015〕38号）获悉，常山县中型水库2014年度水利工程管理以845分（满分1000分、700分为合格）总成绩通过省水利厅考核。

**【千家排水库养殖通过有机“双项认证”】** 2015年6月，千家排水库申请水产品、产地有机认证。7月，经上海谱尼测试技术有限公司检测，千家排水库水产品（鲢鱼、鳙鱼）生产、标识与销售、管理体系各项指标均符合GB/T19630－2011要求；10月10日，获中国质量认证中心“有机转换产品认证证书”（证书编号：001OP1500126）。这是继芙蓉水库后，常山县第二个水产养殖有机“双项认证”。

（商星星、王海松）

# 贸　易

## 国内商贸

**【概况】** 2015年，县商务局围绕各项目标任务，以完善商贸流通网络、扩大社会消费为主线，以实施商务惠农工程、加强市场监管为抓手，推进市场体系建设，整顿规范经营秩序，优化商贸流通环境，提升管理服务水平，较好的完成了全年各项工作任务，促进了全县商贸经济稳中向好。至年底，全县新增限额以上商贸企业7家，限额以上商贸企业累计有43家。

全县实现社会消费品零售总额54.77亿元，比上年增长11.2%，增速位列全市第三。散装水泥实际供应量241.76万吨，上升20.7个百分点；散装率52.97%，增长幅度提高5.5个百分点。全省首家集破碎、制砂、干混砂浆三位一体的生产企业蓝科建材有限公司年内投产。至此，全县共有商品混泥土企业4家，预拌砂浆企业1家。

组织对全县报废汽车回收拆解企业进行专项检查。对报废汽车回收拆解秩序混乱，违法回收报废汽车、出售报废汽车“五大总成”、出售报废整车和拼装汽车等进行专项整治，建立报废汽车管理长效机制，净化报废汽车市场。全年回收各类报废机动车524辆，其中回收淘汰黄标车496辆。

定期召开商场超市、加油站负责人安全生产会议，部署安全生产工作；建立健全安全生产工作长效机制，与商场超市、加油站签订《安全生产责任书》，细化任务，明确责任，形成安全生产人人有责的管理网络；适时开展安全生产检查，督促其建立健全各项安全管理制度，更新消防器具，完善安全设施。

**【常山县与阿里巴巴集团签订农村淘宝合作协议】** 2015年4月1日，常山县与阿里巴巴集团签订农村淘宝合作协议，成为阿里巴巴集团全国首批农村淘宝12个试点县之一，也是浙西地区首个农村淘宝试点县。全县有110个行政村设立了农村淘宝服务网点。县邮政部门以村邮站为主体建设邮政农村电子商务服务网点90个，常山信用联社在9个行政村设立农村电子商务服务网点。至此，常山县完成村级电子商务布点209个，合并重复服务点后，行政村覆盖率达71.7%。

**【盘活闲置厂房推进电商园建设】** 2015年，县商务局会同县城市发展投资有限责任公司共同推进城东旧厂房改建电商园项目。5月27日，与浙江云拍档电子商务有限公司签订合作协议，明确将城东新区东风轴承公司、民盛纺织公司的旧厂房用于改造建设常山茂林电子商务产业园。至年底，浙江茂林电子商务产业园已签订招商协议企业43家，入驻运营的有33家。浙江佳熙企业管理有限公司在讯鸿国际商城三楼建成建筑办公面积3800多平方米的电子商务孵化园，入驻企业20多家。浙江酷普电子商务有限公司在金朝阳市场一楼建成400平方米办公面积、2000平方米仓储面积的青年网商创业基地，入驻企业的10多家。9月，残疾人创业者陈齐君在新都工业园区利用闲置厂房创办大学生和残疾人就业创业的电子创业基地——常山县帮帮电子商务园，总建筑面积5000多平方米。

## 对外贸易

【概况】 2015年，县商务部门加大外贸政策宣传力度，做好出口企业孵化工作，鼓励具备条件的企业申请自营进出口备案登记，全县新增拥有自营进出口权企业16家；同时，摸排全县生产企业经营情况，加强服务和指导，及时解决制约企业进出口的相关瓶颈问题，使企业尽可能多的发展对外贸易，全县新增出口实绩企业15家。指导衢州市轴承产品对外贸易预警点开展工作，为相关企业在出口风险防范工作上提供优质服务。常山县轴承预警点在2015年省对外贸易预警点工作考核中获评优秀等次。全县累计进出口总额21319.20万美元，比上年增长18.1%；其中出口21216.86万美元，增长19.12%，完成市政府下达出口目标的105.62%，居全市并列第一。

【外贸业务的指导服务】 2015年，县商务局指导外贸企业申报资金补助。针对企业工作人员流动频繁的情况，定期开展项目申报培训。根据企业产品和经营状况，筛选出一批符合企业实际情况的境内外展会向企业予以推荐，并协助办理参展事宜。全年组织23家企业参加展会。简化审批流程，做到材料齐全当场审批，材料不全但不影响审批原则的，为企业开通“绿色通道”，给予先审批后补材料。

**2015年主要出口产品出口量**

表11

| 产品及企业 | 出口量 | 企业及产品 | 出口量 |
|---|---|---|---|
| 轴承产品小计 | | 玛莉莎工贸（铝锅） | 127万套 |
| 四通轴承 | 200万套 | 南洋精工（自助餐炉·和不锈钢食物盘） | 10万套 |
| 皮尔轴承 | 484万套 | 常山纺织 | 1015吨 |
| 捷姆轴承 | 400万套 | 海诚化工（化学产品） | 5000吨 |
| 环宇轴承 | 159.3万套 | 科润化学（紫外线吸收剂UV－P） | 262吨 |

**2015年出口产品分类**

表12

| 类　别 | 出口额（万美元） | 占全县出口总额（%） |
|---|---|---|
| 轴承类 | 3120 | 14.7 |
| 家具工艺品类 | 800 | 3.7 |

续表 12

| 类　　别 | 出口额（万美元） | 占全县出口总额（%） |
| --- | --- | --- |
| 化工类 | 3210 | 15. 1 |
| 农产品类 | 175 | 0. 8 |
| 纺织服装类 | 1026 | 4. 8 |
| 餐厨用具为代表的金属加工类 | 1974 | 9. 3 |
| 其他 | — | — |

## 2015 年自营出口业务统计

表 13　　单位：美元

| 企业名称 | 出口额 | 主要出口产品 | 主要出口国或地区 |
| --- | --- | --- | --- |
| 浙江四通进出口有限公司 | 53546 | 轴承 | 阿联酋、土耳其、保加利亚、白俄罗斯、南非 |
| 常山县海诚化工有限公司 | 21442235 | 染料中间体 | 印度 |
| 衢州聚科化工有限公司 | 18430 | 化学品 | 印度 |
| 常山县欧鹏进出口有限公司 | 1741287 | 轴承等 | 中东 |
| 常山商通汽车销售服务有限公司 | 47550 | 平板半挂车 | 刚果 |
| 常山县立凯进出口有限公司 | 699566 | 手套、围巾、帽子 | 美国、加拿大、德国、英国 |
| 浙江常山金丰工贸有限公司 | 44928 | 日用品 | 欧美、中东 |
| 衢州市泛远贸易有限公司 | 54768 | 日用品 | 欧美、中东 |
| 常山威科进出口有限公司 | 102832 | | |
| 衢州长航贸易有限公司 | 2476515 | 日用品 | 欧美、中东 |
| 常山沃瑞贸易有限公司 | 94890013 | 日用品 | 欧美、中东 |
| 浙江世嘉控股有限公司 | 248401 | 纯涤纶线 | 印度、巴基斯坦 |
| 浙江四通轴承有限公司 | 5407078 | 轴承 | 阿联酋、土耳其、保加利亚、白俄罗斯、南非 |
| 浙江捷姆轴承有限公司 | 10639852 | 圆锥滚子轴承 | 巴西、西班牙、意大利 |
| 常山县环宇轴承有限公司 | 3314868 | 轴承 | 俄罗斯、阿联酋、南非、新加坡 |
| 常山精诚轴承有限公司 | 64853 | 轴承 | 中东、南非、印度 |
| 浙江鑫茂轴承有限公司 | 51296 | 轴承 | 中东 |
| 常山县万方轴承有限公司 | 53874 | 轴承 | 中东 |
| 浙江省常山纺织有限责任公司 | 4449654 | 色纺纱线 | 孟加拉、印尼、越南、中国香港 |
| 浙江银田化纤有限公司 | 1714738 | 纯涤纶线 | 印度、巴基斯坦 |
| 浙江云泰纺织有限公司 | 805291 | 色纺纱 | 中国香港 |
| 浙江隽美纺织服饰有限公司 | 2068314 | 服装 | 丹麦、挪威、德国 |

续表 13

| 企业名称 | 出口额 | 主要出口产品 | 主要出口国或地区 |
|---|---|---|---|
| 浙江欧若服饰有限公司 | 26141 | 服装 | 巴西 |
| 浙江衢州常发粮油食品有限公司 | 45392 | 山茶油 | 英国美国 |
| 浙江天子果业有限公司 | 1601579 | 蜜橘 | 东南亚、加拿大 |
| 浙江开拓休闲家具用品有限公司 | 4961920 | 遮阳篷、油灯、花房、藤制家具 | 欧洲、美国、澳大利亚、俄罗斯等 |
| 衢州新鑫户外用品有限公司 | 48683 | 遮阳篷、油灯、花房、藤制家具 | 欧洲、美国、澳大利亚、俄罗斯等 |
| 常山县豆豆文体用品有限公司 | 1671180 | 无纺布制品 | 美国 |
| 浙江省常山县金旭工艺礼盒厂 | 36575 | 塑料首饰盒、人造皮革首饰陈列品 | 美国、阿联酋 |
| 常山县宏丰管件有限公司 | 1436654 | 塑料首饰盒、人造皮革首饰陈列品 | 美国、阿联酋 |
| 浙江傲克密管件有限公司 | 1065342 | 温度计、制冷器 | 澳大利亚 |
| 浙江玛莉莎工贸有限公司 | 10295404 | 铝锅 | 阿联酋、土耳其、沙特 |
| 浙江雄狮工贸有限公司 | 267537 | 保温杯 | 哥伦比亚、巴西 |
| 浙江宣博工贸有限公司 | 39219 | 铝锅 | 墨西哥 |
| 浙江创建厨具有限公司 | 2855418 | 铝制咖啡壶 | 意大利、美国、西班牙、阿尔及利亚、德国、法国 |
| 常山县紫阳铝业有限公司 | 10750 | 铜管件、阀门 | 美国、德国、墨西哥、泰国 |
| 浙江南洋精工酒店用品制造有限公司 | 3771509 | 自助餐炉、不锈钢食物盘等酒店用品 | 美国、欧洲、东南亚 |
| 常山县万谷电子科技有限公司 | 245717 | 温度计、制冷器 | 美国、日本、韩国、欧洲 |
| 浙江迈特电子有限公司 | 29590 | 制冷器 | 欧美 |
| 常山县米合电子有限公司 | 240512 | 镇流器、节能灯 | 孟加拉 |
| 浙江威诗朗照明有限公司 | 2612679 | 灯杆 | 沙特、巴基斯坦 |
| 衢州恒业卫生用品有限公司 | 71606 | 卫生巾 | 非洲 |
| 衢州博泰塑胶制品有限公司 | 172359 | PVC 软管、PVC 透明粒 | 美国、中东 |
| 浙江常山迈峰宠物用品有限公司 | 3312043 | “狗咬胶” | 欧美 |
| 衢州一片情纸业有限公司 | 62819 | 卫生巾、纸尿裤 | 南非 |
| 浙江爱丽莎装饰材料有限公司 | 1299265 | 墙纸 | 伊朗、迪拜、印度、中国台湾 |
| 衢州瑞宝亚克力有限公司 | 392524 | 亚克力板材 | 印度、加拿大、新加坡、伊朗、伊拉克 |
| 常山县凯多层压板有限公司 | 71661 | 覆铜板 | 印度、韩国 |
| 常山县恒发竹木制品有限公司 | 69079 | 实木衣架 | 韩国 |
| 浙江永合化工有限公司 | 53283 | 122 颜料红 | 越南、中国台湾 |
| 浙江常山科润化学有限公司 | 3206610 | 紫外线吸收剂 UVP | 美国、中国台湾 |

续表 13

| 企业名称 | 出口额 | 主要出口产品 | 主要出口国或地区 |
|---|---|---|---|
| 衢州特美舒鞋业有限公司 | 1155663 | 鞋子 | 英国、美国 |
| 飞浦防爆电器有限公司 | 48004 | 防爆荧光灯、接线箱 | 埃及、西班牙、南美洲 |
| 浙江常山施翔工贸有限公司 | 96106 | 节日服装 | 美国 |
| 浙江雪村制冷设备有限公司 | 30811 | 陈列柜 | 利比亚、美国 |
| 浙江常山硅峰电子有限公司 | 174860 | 硅片 | 日本、中国台湾 |
| 浙江乐豪新能源有限公司 | 15011 | 灯杆 | 中东 |
| 常山县鑫晖清洁用品有限公司 | 8640 | 清洁用品 | 中东 |
| 常山皮尔轴承有限公司 | 11615291 | 轴承 | 美国、德国、巴西 |
| 浙江盈特轴承有限公司 | 31140 | 轴承 | 阿联酋、日本 |
| 浙江常信精细化工有限公司 | 3366890 | MOCA | 日本、美国、巴西、秘鲁、韩国 |
| 浙江常山时庆化工有限公司 | 4021053 | MOCA | 日本、美国、巴西、秘鲁、韩国 |
| 常山三泰克思毛巾服装有限公司 | 14528 | 毛巾制品 | 加拿大 |
| 常山百花服饰有限公司 | 586267 | 购物袋（无纺布袋、牛津布袋、乱麻布袋） | 日本 |
| 浙江卡罗莱纳纺织有限公司 | 601100 | 纱线 | 中国香港 |

（张　帅）

## 供销合作

【概况】 2015 年，全县供销系统经营收入 11.6 亿元，比上年增长 24.7%；实现利润 39.43 万元，增长 15.23%；资产总额 8018.8 万元，增长 7.57%；基层社营业收入 12 万元，利润总额 1 万元。社本级资产空置率为零，资产占用费比提高 3.1%。全县有基层供销社 4 家，参股公司 2 家，代管公司 1 家，全资公司 1 家。

《常山县供销合作社联合社社有资产监督管理实施办法》由县政府办公室以“常政办发〔2015〕132 号”文件印发。常山县供销社本级固定资产全权委托常山县联农供销发展有限责任公司管理、运营，实现社有资产优化配置，达到保值增值的目的。12 月，常山县联农供销发展有限公司出资 20 万元与衢州市兴合资产经营公司、常山谷舞仁生农业发展有限公司共同组建衢州谷舞电子商务有限公司；浙农控股集团与新昌供销合作社签订帮扶结对协议书，落实帮扶资金 20 万元。县供销联社组织“常山三宝”等优质农产品参加“舌尖上衢州”上海推介展示活动，筹建上海农产品（网络）配送中心。

【基层组织建设】 2015 年，县供销联社新发展农民专业合作社 6 家（含专业合作社联合社 1 家），全系统累计 74 家；新建连锁配送中心 1 家，累计 4 家；新增 13 家连锁门店，总数 337 家；完成经营服务综合体 3 家，其中二类 1 家、三类 2 家；新增 25 家农村综合服务社，累计 78 家；完成培育市“715”示范专业合作社 2 家、省供销社示范性专业合作社 1 家。创建惠民工程示范点 3 个，其中农资服务（庄稼医院）示范点 1 个，水稻育秧、统防统治示范点 1 个，农产品（中药材）烘干、储藏示范点1个。

**【中药材产业发展】** 2015年，县供销联社指导创建药用植物示范园3个，以及中药材专业特色村1个。全县建成中药材单品、多品种植基地10多个，种植面积超1万亩。完成《常山县中药材产业发展规划（2016—2020年）》制定，并被列入“十三五”《常山县现代农业产业发展规划》；常山县因此被列入《浙江省中药材保护与发展规划（2015—2020年）》重点推进县之一。

**【电商平台建设】** 2015年，县供销联社在全县设立8家社区淘和58家农村电子商务服务站，外销农产品总额达1000多万元。搭建网上供销平台并举办农村电子商务工作暨“网上供销社”推进培训会，注册网店155家。依托佳熙电子商务“中心仓”平台，在上海发展农产品直销店1000多家，上架“常山三宝”“谷舞仁生”的绿色蔬菜等常山名优特农副产品270多种。

（黄雪风）

## 粮食购销

**【概况】** 2015年，全县粮食工作按照“抓粮食项目建设，促粮食结构调整，抓工作作风转变，促履职能力提高”的工作思路，围绕“创新、提升、加速、稳定、促进”五个重点，全面实现“粮食安全、粮农增收、粮企发展”三大目标。加强库存粮油质量管理和检查，加强粮食收购企业资格证办理和年检管理，粮食市场监督检查和监测预警工作运行正常；严格执行地方储备粮管理条例，县级储备管理实现规模、仓储、费用“三落实”，完成当年储备轮换和储备调拨任务。做好社会粮油统计基础工作，完成全县社会粮油购销平衡调查；争取省级粮食早稻订单，订单奖励资金助粮农增收420万元。开展城镇粮油供应网点经销、库存情况调查，粮食质量监测工作规范有序；定期和不定期开展质量、品质检测工作，为粮食安全体系建设提供科学数据和监管保障。开展创建省级星级粮库活动，常山县中心粮库保持“★★★”水平，“一符四无”粮仓维持100%，科学保粮率达90%，全年实现仓储安全无事故。开展“双拥”活动，提升军供服务水平。做好应急管理、抗灾防灾工作，做到“人员、物资、预案、措施”四到位，确保国家粮食和财产的安全。常山县级粮食储备从原8600吨新增至1.25万吨。

**【中心粮库项目建设工作】** 2015年，县粮食局会同县发改局申报“常山县中心粮库扩建改造项目”。该项目计划由县国有粮食收储公司自筹1150万元建设资金，拆除常山县中心粮库内报废的宿舍楼和部分车间、仓库，改建成4幢标准化粮仓，仓容量为1.3万吨（按小麦仓容）。截至2015年12月，已经完成该项目总工程量的60%。

**【推行种粮大户订单质押贷款】** 2015年，县粮食局采取早稻“预订单”形式，为种粮大户提供订单质押贷款。全县共发放大户粮食订单质押贷款50户，发放贷款819.72万元，比上年增加47.1%。县粮食收储公司发放粮食预购定金30户，发放金额104万元。同时，引进竞争机制，把订单质押贷款业务拓展到民营银行及其他国有储蓄银行，开展50亩~99亩种粮农户的订单质押贷款业务。

**【启动危仓老库改造项目】** 2015年，县粮食局加快危仓老库维修改造，提升科学保粮条件。计划用两年时间，投入544.54万元，对全县6个库点38个仓库以及附属设施进行维修改造。截至年底，争取到中央财政补助资金121万元，省财政补助资金56万元，完成对县中心粮库、狮子口、同弓、龙绕、钳口粮站的屋面大修、仓底地上笼通风系统的改造。

**2015年常山县粮食收储企业购销、费用及利润**

**表14**

| 项　　目 | 数量（吨） | 项　　目 | 金额（万元） |
|---|---|---|---|
| 收购总量 | 17556 | 各项补贴收入 | 850 |
| 其中：早稻订单 | 11158 | 费用支出 | 900 |
| 晚稻收购 | 4000 | 利润 | 114 |
| 订单外早稻 | 2398 | | |

（詹　汉）

## 烟草专卖

**【概况】** 2015年，常山县烟草专卖局（分公司）实现卷烟销售量10046箱，实现销售额3.6亿元，比上年增长4.8%；上缴国税181.61万元，地税443.9万元，实现税利1.03亿元。查处各类涉烟违法案件82起，卷烟3.67万条，案值508.12万元；5万元以上真烟案件35起。严控真烟外流工作，未发生被外省市查获5万元（20件）以上真烟外流案件。

县烟草专卖局（分公司）荣获全省优秀QC成果一等奖，通过省级文明单位复评，荣获“2014年度县长特别奖”“机关党的群众路线教育实践活动先进机关党组织”等称号，局办公室获“衢州市烟草系统2014年度安全保卫工作先进集体”称号。县烟草专卖局（分公司）职工中，获“全国烟草技术能手”“2014年《浙江烟草》优秀记者”“衢州市烟草系统2014年度安全保卫工作先进个人”“衢州市烟草系统2014年度安全文明驾驶员”“全县群众满意服务员”荣誉称号各1人。

**【企业管理】** 2015年，县烟草专卖局（分公司）推进芳村所（部）延伸项目，完成结顶、装修招投标。优化企业管理体系和对标工作，完成企业、部门、岗位三级目标管理的分解，实施目标每月动态管理和监督。编印《2015年工作指南》，基层部门负责人岗位人手一册。严格执行党组议事、行政议事规则，落实党组周一碰头会、每月行政办公会议常态化机制。开展芳村所（部）建设项目效能监察，确保规范、安全。落实办事公开民主管理制度，社会公开109条，机关公开124条。抓好安全生产工作，实现全年无事故。

**【烟草专卖队伍建设】** 2015年11月，县烟草专卖局（分公司）开展“三严三实”专题教育活动；结合“七一”建党主题，开展“学党章、守纪律、讲规矩”教育活动和新党员入党宣誓仪式，组织参观中共浙皖特委旧址，开展纪念抗日战争暨世界反法西斯战争胜利70周年系列活动，提高党员党性修养。加强党风廉政建设学习教育和责任制落实，签订《党风廉政建设责任书》，梳理廉情风险点，组织参观“清风画廉”廉政漫画巡展，提高廉政意识；开展各类廉政宣传教育活动17次；落实中央“八项规定”精神和行业相关制度要求，自觉开展办公用房清理，严格规范业务费用支出。聘任23名企业内训师，建立内训师队伍。推进“每周一练·全员大练兵”晨练训练活动，提高烟草专卖队伍综合素质。结合提税顺价工作和“一线工作法”，开展青年员工“走转促”活动，培养青年员工担当意识。开展羽毛球、篮球、登山、钓鱼等多个兴趣小组活动，参加全县运动会，凝聚团队士气。开展阳光助学、扶贫帮困和志愿活动，筹建捐赠13.5万元。

（吴　菁）

# 通　信

## 邮　政

【概况】 2015 年，中国邮政集团公司浙江省常山县分公司（简称“邮政常山分公司”）注重发展金融业务、寄递业务和农村电商，改善邮政服务质量，建立健全适应公司化运作的责任明确、执行有效的管理方法和管理制度。至年末，全县有邮政局所 8 处，邮政储蓄网点 10 处，空白乡邮政局所 6 处，信筒信箱 38 个，用户信报箱 1584 只，从业人员 129 人。固定资产净值 2689.82 万元，邮政生产用房 2732 平方米，非生产用房 12319 平方米，邮政生产用计算机 104 台，邮政邮运汽车 7 辆，邮运路线 30 条，其中乡邮 22 条、总长 1495 千米。承担普遍服务的义务，从常山出口的信件和物品可以递送世界各地，特快专递通达 200 多个国家和地区。全年完成邮政业务收入 1656 万元，比上年增长 3.74%，完成年计划的 94%。

邮政常山分公司主动服务全县党报发行“集订分送”工作，按时完成 2015 年度全县党报党刊征订计划。联合衢州市文广新局、常山一中开展全民阅读巡讲和图书赠阅活动，营造“爱读书、读好书、多读书”的良好氛围。组织网点员工开展金融知识安全培训，提高网点员工安全防范意识、合规意识，确保客户资金安全，合规操作，成功堵截电话诈骗事件、淘宝诈骗事件各 1 起。以 E 邮站建设列入浙江省政府为民办实事项目为契机，制定布点计划，主动对接县级各机关事业单位，落定选址，建成并投入运营站点 25 个。

2015 年，常山县邮政分公司被评为市级“治安安全先进单位”；溪口支局被授予 2014 年度市级青年文明号；投递员余世军获敬业奉献类“最美衢州身边好人”称号；徐志慧获评“2015 年常山县妇联系统优秀妇联干部”。

【公司管理体制改革】 2015 年 5 月 1 日，根据国家工商行政管理总局《关于做好中国邮政集团公司和中国邮政速递物流股份有限公司管理体制改革登记有关工作的通知》（办字〔2015〕31 号和国家财政部《关于中国邮政集团公司实施法人体制调整有关问题的复函》（财建函〔2015〕1 号）的相关规定，经县工商行政管理局核准，常山县邮政局更名为“中国邮政集团公司浙江省常山县分公司”。单位更名后，业务主体和法律关系不变，原签订的合作协议（合同）继续有效，原有合作关系和服务承诺保持不变。

【邮政储蓄】 2015 年，邮政常山分公司通过开展“真情大回馈，欢乐抓鸡蛋”策反他行资金、“网点周年庆”“迎中秋、庆国庆”双节营销活动，为广大城乡居民提供储蓄、汇兑、便民取款，各类便民缴费等基础金融服务和代理保险服务，并提供工资、社保、养老金，各类补贴等资金代发服务，构建起“延伸城乡金融服务最后一公里”的普惠金融平台，进一步服务于广大农村市场。至年末，储蓄余额 56897 万元，全年实现余额净增 5116 万元，比上年增长 184.81%.，实现代理保险标保 8311 万元。

**【集邮业务】** 2015 年，邮政常山分公司围绕父亲节、春节等重要节日，羊年生肖邮票发行、本命年消费等市场热点，开发生肖红包、《金猴送福》金钞，推出《感恩父亲》首发活动、首届“品珍赏邮”品鉴会及以纪念“抗战胜利 70 周年”为主题的集邮沙龙会，累计完成业务收入 108.10 万元，完成年计划的 102.96%。举办常山县第 21 届集邮夏令营活动，开展“中国梦——我的集邮梦”主题演讲比赛，丰富集邮协会会员的课外知识。

**【快递包裹】** 2015 年，邮政常山分公司开办快递包裹业务，组建快递包裹业务组，并起草同城配送合同，与联众超市、谢氏水果等 6 家客户签订合作协议。整合投递段道，将县城原 9 条道段整合为 6 条道段，农村及郊区邮路原 21 条邮路整合为 13 条邮路；将县内邮运与投递邮路相结合，有效提高投递效率，降低运营成本和对邮运质量的管控。利用支局、电商服务站、村邮站平台优势，与社会快递公司洽谈合作，承接社会快递公司的农村快递邮件，做好代投项目，做大做强寄递业务，确保快递包裹当日妥投率达 95%。

**【邮政电商平台建设】** 2015 年，邮政常山分公司以“邮乐网、邮掌柜、村邮站”为平台“走出去”，推广地方特色农产品。9 月，以常山农特产品为主打产品的“常山馆”正式落户邮乐网，对外开馆营业。打造线上线下一体化的农村电子商务平台，形成以邮掌柜、车险、分销、代收费、短信等为重点支撑，票务等为补充的业务结构模式。借助电子商务平台，帮助农户销售胡柚 8 万多公斤、贡面 1400 多公斤、山茶油 2000 多公斤；推出代购火车票、免费为村民网购等服务。

**【《乙未年》羊年邮票首发活动】** 2015 年 1 月，《乙未年》羊年邮票首发活动在邮政常山分公司集邮门市部举行，共出售羊票 864 枚，大版折 20 个、小版折 30 个，相关邮册 370 本，业务收入 7.4 万元。

**【常山邮政首届集邮品鉴会】** 2015 年，由邮政常山分公司主办的“品珍赏邮”品鉴会在常山国际大酒店举行，现场接待客户 100 余人，陈列展览 200 余款集邮藏品、《十二生肖》系列邮票、经典之作首轮“生肖猴票”等珍品，当场实现业务收入 25 万元。

**2015 年邮政常山分公司业务收入情况**
**表 15**

| 收入名称 | | 金额（万元） | 比上年增长（%） |
|---|---|---|---|
| 邮政业务总收入 | | 1656 | 3.74 |
| 其中 | 函件收入 | 88 | 38.83 |
| | 快递包裹 | 55 | -0.55 |
| | 汇兑收入 | 1 | -99.75 |
| | 报刊收入 | 182 | -15.11 |
| | 储蓄收入 | 961 | 9 |
| | 集邮收入 | 108 | 3.85 |
| | 分销业务 | 19 | -63.35 |
| | 信息业务 | 49 | -11.99 |
| | 机要通信 | 0 | -22.03 |
| | 其他收入 | 193 | 14.78 |

（周露婷）

## 电信　移动　联通

【概述】 2015年，中国电信股份有限公司常山分公司（简称“电信常山分公司”）围绕“移动”和“宽带”两条主线，聚焦“百兆中国、决战4G”战略，加快宽带提速步伐，坚持融合发展，以“天翼高清”“智慧家庭”等差异化产品做强大融合；加强经营基础管理，推进LTE网络工程建设。新增4G基站69个，累计在网4G基站数177个，在建4G基站数58个，基本实现城区覆盖转化为城区深度覆盖与农村大覆盖。新增主干链路扩容10条，确保各乡镇一级网络带宽供给；新增GPONOLT设备11台，实现全县所有村落全光网络到位。新开ONU设备100余套，新增传输100G波分设备，进一步提升承载网容限；新增IP－RANA类设备56套，有效保障4G站点网络承载。接入缆线总投资1765.75万元，其中接入缆线投资1502.7万元，C网投资263.05万元。完成主营业务收入4340万元，比上年增长0.61%，其中移动业务收入完成1811.5万元。

电信常山分公司聚焦行业应用、互联网＋，以微信公众号、E监控、天翼对讲、互联网＋应用为抓手，促进行业应用大发展。完成数字法庭、交警测速、卫生局监控等重要项目，完成教育视频监控项目、全县农家乐和民宿WIFI建设、农村淘宝、文化大礼堂等项目的建设和开通。网络实现全面转型，进一步推进光网络改造，退除在网的铜缆，退出传统的接入网和ADSL网络，打造常山全光网络，以大网之优势，确保客户通信质量与安全。成立应急通信保障领导小组及应急通信保障抢修队，配合县政府进行现场应急演练，彰显电信常山分公司在县政府应急保障中的作用和实力。电信常山分公司获2015年度衢州市“治安安全先进单位”。

2015年，移动常山分公司在职员工89人，固定资产超过2.7亿元；4G基站站点为385个，实现城区、高速公路（杭金衢、黄衢南）320国道、205国道、三衢石林风景区（AAAA级）全覆盖，行政村覆盖率达100%。家宽户籍覆盖率为96.46%；开展互联网主动优化，云链路带宽从300M扩容至600M。配合县政府完成节展会等大型活动通信保障84次。运营收入比上年增长12.7%；用户日通份额占比为85.9%。继续落实电话用户实名登记工作，开展“一证多号”监控和“异地销售非实名卡”监控，新增客户实名登记率100%。开展年度自有人员主题技能提升活动，对外呼、社会渠道等触点的业务服务综合能力实行季度评估，考核结果与各触点激励挂钩。对不知情定制、4G业务、互联网业务等热点问题重点监测，定期召开投诉听音会、服务质量联席会议，实现全触点满意感知率达到99%。是年，移动常山分公司被授予2014年浙江省创安成绩突出单位、2014年浙江省创建和谐劳动关系暨双爱先进企业。

2015年，中国联合网络通信有限公司常山县分公司（简称“联通常山分公司”）顺应移动互联网发展大潮，加大网络资源、成本资源和激励资源释放力度，以4G为引领，提升企业核心能力、促进规模效益发展。推进光纤网络和4G网络协同发展，推动高速低价全光宽带网络的快速实现。投资1200万元用于城市光纤网络改造和行政村移动网络覆盖，新增基站178个，室分楼宇28幢，完成光改小区15个；高速移动网络人口覆盖率从上年的72%提升至97%，行政村覆盖率从32%提升至100%；4G网络实现主城区、集镇、AAA级以上风景区连续覆盖，党政机关、医院、交通枢纽等重点场景的室内覆盖。运用通信信息技术，结合全县灾情和部队担负的使命任务，协助县人武部建立“县、乡（镇）、村”三级民兵情报信息网，为县人武部配备40部民兵情报系统终端。与县水利局采沙办合作，建设可视化监控点4个，实现对重点防盗采沙点24小时实时监控。是年，联通常山分公司获常山县治安先进单位、常山县数字城管先进单位荣誉称号。

**【移动业务转型】** 2015年，移动常山分公司创新开发“掌上农家乐”“移动农技110”应用，“掌上农家乐”累计上线28家三星级以上农家乐，日均活跃用户500人次；“移动农技110”注册用户3000人，在林业、水利、应急指挥等多行业得以应用。推广“千里眼”应用，助力全县“平安乡村”建设。

（刘长风、章国芳、樊雄飞）

# 交　通

## 综　述

2015年，全县5个交通重点建设项目，即杭新景高速公路常山段工程、48省道延伸线常山溪口至宋畈公路工程、淳安至江山公路常山新桥至横山路段（杭新景连接线）工程、320国道常山段二级公路改建一级公路（以下简称“二改一”）工程、常山县农村公路改造提升工程均完成年度计划；大桥头乡客运站完工；赵家坪公交首末站建设、205国道常山县服务站鲁里加油站建设等非重点项目进展顺利，开展工程项目标后履约检查。交通项目累计投资5.95亿元。向上争取048省道延伸线常山溪口至宋畈公路工程预补助资金2.1亿元，争取农发行贷款3亿元；争取320国道莫家至朱家渡段改线项目列入省重点建设项目，预计可增加投资约3亿元。

公路养护管理和保养质量逐步升级。320国道路面大中修工程投资2467万元，于9月底完成；投资1000万元，建成常河线“十里柚香街”。累计清扫路面4500千米，清理塌方110多立方米，清除路肩堆积物92多立方米，清除路肩白色污染210千米，整理路肩2.71万平方米，清理边沟28千米，修剪绿化42千米，机械除草2.64万平方米，化学除草82千米，绿化治虫32千米，桥梁检查126次，公路巡查32次，修补路面坑洞120平方米，铲高路肩3900平方米，乔木治虫32千米，行道树灭牙830株，刷新里程牌、百米桩、警示桩271根。2月12日，衢州市公路管理局（以下简称“市公路局”）印发《2014年普通国省道干线公路路面大中修工程（含预防性养护）竣工验收报告》：G320沪瑞线常山段灾毁恢复重建工程质量等级为合格，G320沪瑞线常山段预防性养护工程质量等级为优良；同日，市公路局印发《205国道浙江段改造示范工程环境保护和景观部分（交）竣工验收报告》，综合评定该项目为优良工程。3月3日，市公路局“衢市公路〔2015〕42号”文件公布，2013年国省道公路安保工程验收合格；6月3日，市公路局“衢市公路〔2015〕63号”文件公布，2014年国省道危病桥梁修复改造工程验收合格；10月14日，市公路局“衢市公路〔2015〕171号”文件公布，2014年国省道公路安全保障工程（S221（048省道）江溪线常山段边坡处治工程）验收合格。10月底，白石镇乡级农村公路管理站规范化创建经市公路局验收合格，2014年农村公路大中修工程经县交通局验收合格。

运输管理工作适应新常态。研究现代交通运输发展对平安建设和安全生产的新对策，加强安全生产宣传教育，突出交通建设项目施工、旅客运输、危险化学品运输、节庆假日等重点领域、重点时段的监管。组织安全生产大排查大整治，检查运输企业80多（家）次，下达整改通知书37份，定期回访检查，隐患整改率100%。开展“公路隧道安全隐患专项整治”活动，对县域内公路隧道、公路安全生命防护工程、普通国省道公路和农村公路进行全面排查，排查138.8千米310处隐患，处置投资2726万元，安全生产形势稳定好转。

开展交通运输行业行政执法评议考核工作，规范执法行为，深化交通法治建设，提升常山交通运输行业行政执法能力和水平。完成“六五”普法检查验收，组织执法人员培训，完成申领、换证、年审工作；落实《公路路政管理工作实施意见》，结合迎“国检”加强国道线巡查执法，2015年清理路面路肩堆积物和塌方物12273立方米，查处污染路面1407平方米，查处损坏行道树24起57株，查处损坏公路安全设施护栏板63起，查处损坏路肩、绿化花坛9起209.2平方米，拆除违建150多处约8000平方米，拆除非公路标志牌200余块，制止违章建筑26起，接收处理“96266”和“110”及群众来访、来电84起，纠正违章车辆258辆，行政处理案件241件，受理行政许可审批15件，发放《整改责任通知书》38份。常山县超限检测站检测车辆37505辆，发现违章车辆1351辆次，处罚1351辆；其中，对256辆超限（重）违章车辆进行卸载，卸载吨位8430.36吨，卸载率100%。全年超限率控制在3.3%左右。县运管所出动稽查人员4000多人次，排除各种安全隐患300多起，办结行政处罚案件399起，其中简易程序行政处罚案件119起，一般程序行政处罚案件280起（适用告知听证程序5起），备案53起；未发生一起行政复议和行政诉讼案件，无一起“三乱”行为发生。

落实“七不直接分管”及“三重一大集体决策”等制度。开展“五水共治”工作，先后3次组织干部职工整治龙潭溪对接段的环境卫生；支持和配合“五水共治”指导员所驻的浮河、客弄2个村开展环境卫生整治行动，资助资金11.6万元。受理各类来信来访和舆情抄告单53件，其中按时办结上级转送信访件12件；完成浙江省政府统一互动平台答复6件，完成“12345”县长信箱答复19件，完成舆情抄告单答复8件。完成东淤片老城改造6户拆迁工作。

是年，县交通运输局被市政府授予2014年度全市安全生产工作先进集体，获全市交通运输系统2014年度工作目标综合考评优秀奖、全市交通运输系统2014年度“平安交通”建设安全生产目标管理优秀单位、全县建设“平安常山”暨综合维稳工作先进集体。县交通工程质量安全监督站被省交通厅（浙交办〔2015〕214号）批准为合格单位。

## 公　路

**【概况】** 至2015年年底，全县境内有国家高速公路2条、国道2条、省道1条、县道22条、乡道34条、村道355条，公路通车总里程1017.771千米。其中，高速公路72.757千米（G60沪昆高速即地方名称为杭金衢高速41.625千米、G3京台高速即地方名称黄衢南高速31.132千米），一般国道63.453千米（G205山深线23.49千米、G320沪瑞线39.963千米），省道S221江溪线8.63千米，县道257.645千米，乡道168.115千米，村道447.044千米。国省道干线公路占公路总里程的14.23%，县道占公路总里程的25.32%，乡道占公路总里程的16.52%，村道占公路总里程的43.93%，公路通行政村率100%。公路密度为每100平方千米92.78千米。全县公路桥梁总长22942.45延米（计345座），每100千米拥有桥梁34.62座，其中互通式立交桥1808.92延米（计12座）；按跨径分，特大桥1263.18延米（1座），大桥12414.74延米（45座），中桥4426.2延米（80座），小桥4838.38延米（219座）。全县公路隧道总长24257.4延米（计28道），其中长隧道14398

延米（6 道）、中隧道 7133.4 延米（10 道）、短隧道 2726 延米（12 道）。全县从事公路旅客运输的单位（含个体联户）11 个，公路旅客营运车辆拥有量 286 辆（含出租车 54 辆 216 座），合计 6442 座位。其中，大型客车 53 辆 2461 座，中型客车 170 辆 3690 座。2015 年，全县完成旅客运输量 3858 万人次，旅客周转量 161877 万人千米；拥有营运货车 3591 辆 23912 吨位，完成货物运输量 4360 万吨，货物周转量 566201 万吨千米；道路客运线路 29 条日发班次 1159 个，其中省际线路 1 条日发班次 12 个、市际线路 11 条日发班次 39 个、县际线路 2 条日发班次 138 个、县境内线路 15 条日发班次 970 个。全县等级客运站 4 个，其中二级站 1 个、四级站 1 个、五级站 2 个。农村客运班线通行政村率 92.2%。客运出租汽车经营户 1 户，经营车辆 54 辆。全县机动车驾驶培训机构 5 个，从业人员 207 人，其中二级驾培机构 1 个、三级驾培机构 4 个；教练车 136 辆，教练员 158 人，培训驾驶员 5009 人次，教学场地（含租赁场地）5.98 万平方米。各类机动车维修企业 55 个，其中一类机动车维修企业 1 个、二类机动车维修企业 10 个、三类机动车维修业户 43 个、摩托车维修业户 1 个，维修各类车辆 36568 辆次；汽车综合性能检测站 1 个，检测车辆 6317 辆次。

**【杭新景高速公路常山段建设工程】** 2015 年，该项目完成投资 4.1 亿元，为年度计划任务的 103%。至年底，10 标段总体完成 96%，11 标段总体完成 93%，12 标段总体完成 98%，该工程累计完成投资 12 亿元，总体形象进度 80%。

**【048 省道延伸线常山溪口至宋畈公路工程】** 2015 年，该项目完成投资 8080 万元，因受土地、资金等因素制约整体进度为 50%。至年底，L1 标主体已完成；L2 标段总体完成 80%，其中路基挖方累计完成 94%，路基填方累计完成 82%，槠树底桥防撞护栏左、右幅完成现浇，仓坞桥完成 T 梁安装 30 片；L3 标段启动征迁工作。

**【淳安至江山公路常山新桥至横山路段】** 2015 年 1 月 15 日，市交通运输局《关于淳安至江山公路（常山新桥至横山路段 K0 + 000 米 ~ K3 + 820 米）施工图设计及预算》（衢市交〔2015〕7 号）批复，审核预算投资 3775 万元。至年底，该工程完成投资 3000 万元，形象进度 60%。其中，路基挖方累计完成 89%，路基填方累计完成 80%，浆砌挡土墙累计完成 85%，圆管涵累计完成 65%，盖板涵累计完成 92%。

**【320 国道常山段“二改一”示范工程】** 2015 年 1 月 26 日，县交通运输局向市交通局申请组织审查该项目的《工程可行性报告》。该项目争取到省发改厅、省交通运输厅批文，同意常山莫家至朱家渡段约 6 千米线位的改线计划。11 月 25 日，市交通运输局〔2015〕12 号会议纪要：（一）该项目是全省国省道“二改一”示范工程，涉及柯城区、常山县，考虑到项目主要在常山县范围，由常山县交通运输局负责牵头开展工可、水保、环评等项目前期工作，统一招投标；工可报告由常山县交通运输局牵头编制，初步设计、施工图按属地分开编制。（二）按属地原则，柯城区交通分局负责实施 320 国道柯城段，常山县交通运输局负责实施 320 国道常山段。该项目截至年底处于上报待批阶段。

**【2015 年全县农村公路改造提升目标全面完成】** 2015 年 4 月 13 日，省交通运输厅《关于落实 2015 年省政府民生实事扎实做好农村公路改造提升工作的实施意见》，下达给常

山县公路局、县农管中心、县运管所分别组织实施的项目有：县境内农村公路提升等级35千米，安保工程14千米，路面维修26千米，港湾式停靠站10个。至年底，常山县公路局、县农管中心全面完成所承担的农村公路等级提升、安保工程、路面维修项目任务，总投资3354.6万元，其中农村公路提升改善工程2007万元、安保工程242.6万元、路面维修（路面大中修）1105万元；同时，县运管所也全面完成所承担的港湾式停靠站建设任务，总投资15万元。

**【农村联网公路建设】** 2015年9月9日，市公路局《关于下达2015年农村联网公路建设计划》，安排常山县20条计21.1千米通村联网公路建设任务。县农管中心督促各有关乡镇（街道）倒排计划，抢抓进度，至年底全面完成建设任务，总投资1266万元。

**【重大交通项目谋划深入推进】** 2015年，县交通运输局重大项目谋划进展情况如下：衢州绿色产业集聚区常山何家至辉埠公路工程已完成工可方案，项目建议书于年底前上报省发改审批，项目估算投资5.3亿元；320国道常山至江西双明公路工程，分两期实施，白石镇中坊至球川镇红旗岗段工可方案已完成，红旗岗集镇段正在建设中（与320国道“二改一”工程中球线重合），红旗岗至江西双明已完成线位方案；常山县客运中心建设工程完成概念性方案；江山高铁站至常山铁路站快速通道建设工程完成初步线位方案；常山江航道开发工程前期工作由市交通运输局牵头，岸线利用和港区规划同步启动；杭金衢高速公路拓宽改建工程、G351项目已开展项目前期研究工作；《常山县综合交通运输发展“十三五”规划》文稿编制工作基本完成。

**【205国道常山服务站鲁里加油站建设项目】** 常山县交通发展投资有限责任公司（以下简称“常山交投公司”）为适应常山经济的快速发展，扩大企业规模，提升整体实力，2013年4月，与中国石化销售有限公司合资组建“常山县中石化交通油料经营有限公司”，常山交投公司占40%股份。2015年1月20日，常山交投公司以552万元竞拍价获得鲁里片区加油站地块的国有土地建设用地使用权（该地块位于205国道常山服务站内），并以该土地竞拍价增资常山县中石化交通油料经营有限公司。双方共同投资建设鲁里加油站建设项目，中石化常山支公司负责日常运营管理。至年底，鲁里加油站土地已划入常山县中石化交通油料经营有限公司，省商务厅的审批程序、初步设计及评审会、地质勘探、安全评估、环境评估等工作均已完成，施工图纸设计基本完成。

**【完成赵家坪公交首末站PPP模式建设方案】** 至2015年年底，县交通运输局完成常山县赵家坪公交首末站PPP项目实施初步方案。该项目列入2015年常山县非重点建设项目计划（政府性投资项目），总投资约700万元，其中土地出让金约460万元、建安费约200万元、其他费用约40万元。

**【320国道治超非现场执法点建设项目计划出台】** 2015年7月22日，市公路局下达计划，320国道465K+000米处，建设治超非现场执法点，双向四车道，建设点每个车道预算70万元，经费采取省补助和地方自筹相结合的办法，与320国道改建（二改一）工程同步实施。

**【实施6座桥梁桥面径流系统增设计划】** 2015年3月11日，市公路局下达《2015年普通国省道桥梁养护工程计划的通知》，常山县境内下界首大桥、石门坑桥、长风大桥、琚家大桥、朱家渡大桥、长圩大桥的桥梁桥面径流系统增设计划，由常山县公路局组织实施。该工程造价223万元，9月30日开标，11月20日开工，工期3个月。至年底，完成朱家渡大桥、琚家大桥、长风大桥和长圩大桥落管安装，以及琚家大桥缓冲池浇筑，完成工程量90万元，占总进度的40%，剩余缓冲池浇筑正在施工，因石门坑桥底部水位过高影响施工，调整施工320国道溪口桥。

**【迎国检“百日会战”行动】** 常山县交通运输局于2015年5月19日成立迎国检领导小组，7月2日制定开展迎国检“百日会战”行动方案，主要措施有：（1）推进320国道路面中修工程和S221美丽公路创建；（2）开展国省道公路应急处置工程；（3）实施桥头跳车、车辙专项整治工程；（4）开展以危病桥梁为重点的公路结构物安全隐患排查治理工作；（5）推进管理用房的站容站貌整治和养护机械设备主要外观标识统一标准化；（6）抓路域环境整治，巩固公路边“三化”和文明公路创建成果；（7）依法行政，加强路政管理和超限运输治理，深化科技治超，加快数字化公路建设；（8）强化规范化建设，对照迎国检评分标准和细则，查漏补缺，完善内业资料。至年底，迎国检“百日会战”行动计划全部完成。

**【G320沪瑞线官庄至朱家渡路段中修工程】** 该工程起点K457+029米～K477+895米段，全长17.866千米，路基宽度18米，路幅为行车道2×8米（含路缘带）+硬路肩2×0.7米+土路肩2×0.25米。主要实施路面病害处理，加铺纤维碎石封层计104493平方米，老路病害处理后加铺5厘米沥青混凝土，局部路基填筑泡沫混凝土，加固路基挡墙，长圩大桥修复桥台护坡和河岸挡墙，修复和完善大中修路段排水、标线、护栏等设施。2015年7月中旬动工，9月底完工。工程造价2467万元。

**【S221美丽公路创建工程】** 2015年4月16日，市公路局组织审查会议确定S221（048省道）美丽公路创建方案设计；7月21日，常山县交通运输局印发《S221（48省道）美丽公路创建实施方案》。S221（048省道）常山段全长8.63千米，起点K17+890米，终点K26+520米，技术等级为二级，路基宽度12米，路幅为行车道2×3.5米+硬路肩2×1.0米+土路肩2×1.5米。创建主要内容是，对全线路域环境进行整治和绿化提升，路面预防性养护，处置边沟垃圾淤塞，清理路肩种植物。县交通公路部门实施路面病害处理，加铺纤维碎石封层计64725平方米，修复和完善沿线桥涵、排水、标线、护栏等设施；同时，落实公交停靠站、公路文化、绿化景观建设、路域环境整治等工作。8月18日开工，10月底完成。工程总投资584万元。

**【抽调50人参与“一路一镇”整治】** 2015年8月中旬，县委、县政府部署开展320国道等公路沿线环境和招贤集镇、青石集镇的镇容镇貌集中整治行动，从8月20日至9月20日，为期一个月，从县法院、检察院、公安局、交通运输局、综合执法大队、市场监督管理局、供电局、司法局、环保局、住建局、规划局、宣传系统抽调200人（其中县交通运输系统抽调50人），分成两队进驻招贤镇、青石镇工作组，配合两镇干部开展集中整治工作。其间，县交通部门抽调人员放弃双休日，共走访农户、经营户2100余户，发放传单2000余份，出动车辆和挖掘机660余车次，拆除国道沿线各类违章建筑、企业工棚、非法广告牌等667处，拆除面积2.1万平方米，清理各类堆积物538处，石材、钢筋等堆放退让327处，规范生活生产设备摆放589处，庭院改造美化170处，基本达到全面拆除违法建筑物、构筑物，包括违法住宅、厂房、店铺、废品收购点、工棚、汽车修理点、围墙等，全面整治清理“脏、乱、差”问题。县交通运输局受到省政协领导和省公路局主要领导的批示肯定，7人受到县两办通报表彰。从9月20日至10月20日，县交通运输部门仍有20人留在工作组继续参与整治攻坚。

**【城区二期公共自行车服务项目建成】** 该项目列入2015年为民办实事项目，采取政府和社会资本合作的PPP模式进行。该项目新设自行车站点17个，新增公共自行车340辆，每个站点服务费用52450元/年，17个站点共计费用89.165万元/年，运营期限为9年（与一期经营期限同步）。2015年6月启动该项目建设，至12月31日建成并投入运行。一、二两期合计31个网点，自行车640辆，锁止器630个。市民累计办卡1484张，累计租车量104903次，单天最高租车量1139次。

**【完成108辆黄标车淘汰任务】** 黄标车（指污染物排放达不到“国I”标准的汽车和达不到“国III”标准的柴油车，不包括摩托车、低速货车、三轮车）淘汰工作列入2015年省、市为民办实事项目，根据县政府办《常山县黄标车淘汰工作实施方案》，县交通运输局承担黄标车淘汰107辆任务，为全县任务数量最多单位之一。2015年5月开始，县交通运输局从交通运输系统公车入手，淘汰黄标车11辆；再延伸到企业，成立专门工作组，展开调查摸底，经过细致梳理，共涉及51家单位企业；多次上门做工作，至年底，共完成108辆黄标车的淘汰工作。

**【道路危险货物运输安全整治】** 2015年8月18日，县交通运输局联合公安、质监、安监等部门对全县两家从事危险货物运输企业的资质情况、车辆技术状况、从业人员资格情况、危险货物车辆联网联控运行程序、制度落实情况、事故应急处置预案、危险货物源头企业状况、运输企业市场活动等方面进行全面排查。对县三源危化品运输公司个别车辆存在长期异地运输、二级维护脱检、企业运输车辆停车场地不规范等安全隐患，县交通运输部门即时发放整改通知书，没收异地车辆的营运证，重新核准停车场地。

**小资料：**

**320国道常山段“二改一”示范工程简介**

320国道航埠至朱家渡段：起点位于衢州市柯城区320国道航埠收费站西侧，沿320国道老线经招贤镇和青石镇，终点接已完成一级公路改建的320国道朱家渡至钳口段，线路全长约21.8千米，其中常山官庄至朱家渡段约18千米。

320国道钳口至草坪段：起点位于常山钳口新都大道与320国道Y形平面交叉口西侧，沿320国道老线途经白石镇，终点为浙赣省界草坪村，线路全长11.4千米。

320国道球川互通连接线：起点为中球线（X503县道）与320国道平交处，沿老中球线走向，终点为省第三监狱东侧中球线与红旗岗路交叉口，按12米路基宽度改建，全长4.01千米。

建设规模：320国道衢州柯城、常山段改建工程，主线全长33.176千米，全线大桥744.8米/2座，中小桥160米/6座，涵洞18道，平面交叉64处，港湾式停靠站56处，全线路基填方424976立方米，挖方310377立方米，拆迁建筑物20091平方米。球川互通连接线涵洞3道，平面交叉3处，路基填方16800立方米，挖方43267立方米，拆迁建筑物1682平方米，征用土地（含安置用地）82.5亩，总投资5313.16万元。

工程技术标准：主线采用交通运输部颁布的《公路工程技术标准》（JTGB01－2014）及《公路路线设计规范》（JTGD20－2006）规定的双向四车道一级公路标准，设计速度为80千米/小时，局部困难路段按60千米/小时控制，穿镇路段兼顾城市道路功能。

建设用地：主线需征用土地（含安置用地）888亩，支线需征用土地（含安置用地）82.5亩。

投资估算及资金筹措：该项目总估算建筑安装工程费59889.93万元，总投资9.5亿元，平均每千米造价2906.94万元。工程建设资金由省补助解决。计划建设工期24个月。

## 水路　铁路

【概况】 2015年，全县水路交通运输工作坚持做好行业管理和渡口安全管理工作，在“春运、汛期、农忙庙会、重要节假日”等重点时段突出现场的安全监管和巡查，利用“大排查大治整”“打非治违”等一系列活动，开展水上交通运输行业的监督、检查和指导工作。全年水路交通运输市场管理规范有序，行业形势稳定，渡口运输连续保持32年安全无事故。参与龙潭溪卫生宣传、环境整治、巡查督查等工作。投入资金为辖区内渡口设立垃圾公告牌，渡船配备垃圾桶，购置水上防污染设施，加强水上防污染应急处置能力建设。适时布置辖区安全生产管理任务，严格执行安全生产责任制和规章制度，突出重点时段、重点季节、重点对象的监管，加强现场巡查和现场值班，实施检查管理48天次、巡查120人次、检查船舶69艘次，禁止开航2处渡口（因缺持证渡工），消除水上交通安全事故隐患。加快渡口基础设施建设改造，完成象湖渡埠改造，更新溪东渡船1艘。对河道采砂船舶进行全面取缔。县港航所通过市、县文明委的复评，继续保持市级文明单位和县级文明行业的荣誉称号。

2015年，九景衢铁路浙江常山段工程进展顺利。浙江常山段全线有特大、大、中小桥设计57座，合计14855线米，开工56座；成桥自开工以来累计（以下简称“开累”）完成8343延米，完成设计的56.16%；钻孔桩设计3896根，开累完成34081根，完成设计的89.3%；承台设计553个，开累完成438个，完成设计的79.2%；墩台开累完成420个，完成设计的75.9%。预制梁设计1414片，开累完成244片，完成设计的17.2%。全线有隧道设计28座，合计32897.28线米，开工27座；成洞开累完成21938延米，完成设计的66.69%；开挖及支护开累完成23619延米，完成设计的71.8%；仰拱及填充开累完成21725延米，完成设计的66.04%；二衬混凝土开累完成20660延米，完成设计的62.8%。红线内用地设计数量2647亩，开累完成2601亩，完成设计98.28%。临时用地设计数量2385亩，开累完成1918.62亩，完成设计80.45%。房屋拆迁设计数量112745平方米，开累完成106745平方米，完成设计94.7%。此外，《九景衢铁路声屏障工程Ⅰ类变更设计》获铁路总公司批复同意；《九景衢铁路既有衢常铁路病害整治Ⅰ类变更设计》按铁路总公司鉴定中心的复函意见，修改完善变更设计后，按Ⅰ类变更重新上报铁路总公司；《九景衢铁路浙江段综合接地Ⅰ类变更设计》按鉴定中心复函意见，开展下步Ⅱ类变更设计审查。12月26日，九景衢铁路浙江常山段站前Ⅱ标工程架梁施工在常山县枧头溪大桥正式启动。至年底，九景衢铁路常山段工程完成投资近11.84亿元，常山站站房初步设计审查获铁路总公司批复，常山段征迁工作全面完成，包括近2700亩土地征收及177户房屋征迁拆除。

九景衢铁路常山站平面设计图

**【推进常山江航道开发前期工作】** 2015 年 2 月，省政府批复《钱塘江流域综合规划修编》，明确常山港规划航道等级为四级，6 月 10 日，市交通局组织召开常山江航运开发工程前期工作协调会，明确该项目由市交通局前期办牵头协调，市港航局负责具体相关前期工作，县交通运输局和衢江航运建设开发有限公司做配合，前期费用由市衢江航运建设开发有限公司垫付，待项目批复后，市本级和常山县按工程概算所占比例分摊，统一在项目上列支. 截至年底，该项目处于工可报告编制以及相关前置审批条件报告编制阶段。

（朱月亮、洪元清）

# 城乡建设与管理

## 综　述

2015年，常山县城乡规划建设管理工作围绕县委、县政府提出的“实力工业、休闲城市、美丽乡村”三大战略，坚持以规划引领城市发展，开展“一江两带”空间布局战略研究，明晰各区块功能定位。结合观赏石产业小镇，谋划“梦之岛”区块、绿核区块等开发项目，引进民间资本开发大型城市休闲旅游项目。启动老城区城市设计，研究商业和汽修、五金、废品收购等城市配套服务业的专项规划，引导配套服务业疏散出老城区。推进滨江一期开发，完成路网、管网等基础设施配套，加快滨江公园、城东新区城市综合体、金融大厦等项目建设，推进农民公寓式安置。完成常山江右岸（金川大桥至富足山大桥）沿江景观亮化提升工程，做美沿江水景夜景。落实国家促进房地产市场健康发展的政策措施，适时有序推出商住、仓储用地，发展房地产业。确立中心镇经营理念，注重集镇开发经营。坚持以现代城市管理理念引导城市发展。完善“数字城管”运行，推进“智慧城市”建设，促进信息化与城市管理的深入融合，抓好城区违法建筑、交通治堵、占道经营、户外广告等整治，提高城市管理效能。环卫保洁、绿化管理继续实行市场化运行。坚持“属地管理、重心下移”，强化社区、市民自治服务，分工科学、权责明确的管理机制初步形成。城市空间布局进一步优化，中心城市建成区面积达19.93平方公里。完善休闲城市规划体系，编制完成《“一城三镇”概念规划》《排涝专项规划》《中心城区重点区块节点亮化规划》《中心城区村庄改造规划》《城市标志雕塑设计方案及周边景观配套》等，启动《燃气专项规划》《县域村庄布点规划》《球川镇中心示范镇空间布局规划》《石硿寺地块城市设计》等规划编制工作。推进城东新区滨江路、滨江公园、城市综合体、金融中心一期等项目建设，新区新姿逐步展现，城市发展新格局初具雏形。推进沙洲片区等老小区综合改造，基本完成兰桂苑等旧住宅区改造提升，完成重点区块绿化提升，老城区供水、排污等功能设施不断完善；建成城区14.1千米慢行绿道，新增机动车停车位1152个，新投放公共自行车340辆，城区百姓的居住环境更加舒适、日常出行更加便捷。启动内河环境治理工程，内河水质明显改善。依法行政，严格按程序实施各类公建、工业及房地产项目的规划审批，完成全县农民建房审批任务。服务“五水共治”中心工作，完成2015年度招贤镇渔溪口村、汪家於村、大溪沿村、古县畈村、大弄村、纱帽山村等8个治理村的地形测绘和农村生活污水治理工程施工图设计和现场施工的指导服务。以“洁净集镇”为基本要求，开展美丽集镇建设，不少集镇面貌焕然一新。

（巫水源）

# 规划编制

**【概况】** 2015年，县城乡规划中心实施规划编制项目9项，完成《排涝专项规划》《中心城区重点区块节点亮化规划》《中心城区村庄改造规划》《城市标志雕塑设计方案及周边景观配套》《“一城三镇”概念规划》、火车站站前广场规划等规划的编制。启动《燃气专项规划》《县域村庄布点规划》《球川镇中心示范镇空间布局规划》《石硿寺地块城市设计》等规划编制工作。

1. 完成《常山县排水（雨水）防涝综合规划》的编制工作。防涝规划主要是在对中心城区水系、竖向、雨水管渠及泵站、管理、易涝点等现状分析的基础上，确定常山县中心城区防涝目标，根据防涝目标、结合基于模型分析的内涝风险评估结果，确定常山县中心城区内涝防治对策，并开展防涝管理规划、保障措施研究及近期建设规划，以保障本规划的顺利实施。

2. 《常山县中心城区重点区块、节点亮化规划》：中心城区重点区块、节点亮化规划围绕“五个一”开展：“一江”（常山江两岸）、“一山”（展依山—西峰山公园）、“一路”（定阳路）、“一入口”（后坊高速入口）、“一节点”（主雕节点），中心城区重点区块、节点亮化规划对进一步塑造常山县夜景形象，提高城市品质和档次，构建节能、生态、宜居的城市绿色照明系统具有积极的推动作用。

3. 完成《常山县中心城区村庄改造规划》的编制工作。合理确定中心城区27个行政村村庄改造模式、布点及策略，明确村庄改造的开发强度控制及风貌建设控制等，努力提升村庄整体品位，与城市开发同步进行、和谐发展，加快推进新型城市化进程。规划内容包括常山县中心城区村庄改造策略与技术指引规划研究和常山县中心城区村庄布点及三年行动计划研究。

4. 完成《九景衢铁路常山站站前广场及相关交通组织研究》的编制。常山火车站的站房规模为4000 ㎡，与城东新区城市设计建筑风格相协调。在站前交通组织方面，考虑到048省道的过境快速交通及站前广场大量交通流的实际，对048省道进行局部下穿改造，将过境交通剥离，同时对公交车、出租车、人行等交通方式进行合理的分析与处理，实现了站前交通组织的安全、便捷、快速。站前广场方案充分利用现状地形高差，使广场分为上下两层，较好地实现人车分流，同时也成为展示常山形象的一个窗口。在站前广场周边的核心区城市设计上，通过对建筑体量、布局、风貌、色彩等进行了引导性的控制，确保了火车站核心区开发的整体性与有序性。

5. 完成《常山县城市标志雕塑设计方案》和《常山城雕周边环境艺术方案设计》的编制。三个点位的城市雕塑设计植入了胡柚元素，方案将1号点打造为城市东入城口主名片形象，也是本次设计的视觉最高点，经过广大公众投票选取，确定“硕果”为1号点主雕方案；2号点为中轴，未来城市核心的次高点；3号点为满足市民休憩观景和普及常山原乡文化的亲民点。1、2、3号点以高到低，形成以点带面的综合视觉联动效应，打造出一条常山胡柚文化艺术长廊。

6. 完成“一城三镇”概念规划。通过开展常山县一城三镇空间战略研究，努力构建“一城三镇”的空间体系结构，明确三镇与中心城市发展的关系，进一步确定球川、辉埠、青石三镇的发展定位、发展方向、职能分工，形成区域一体化发展格局，同时指导球川、辉埠、青石三镇开展总规的修编与完善。

（郑　俏）

## 规划管理

【概况】 2015年，县城乡规划中心办理建设项目选址意见书331份，用地面积113.9万平方米；办理建设用地规划许可证206份，用地面积19.8万平方米；办理建设工程规划许可证151份，建筑面积70.3万平方米；办理乡村建设规划许可证202份，建筑面积5.59万平方米。完成金川街道办事处十五里村2号地块、县友华加油站地块、县周塘片区02－01－28地块二期、县第一小学西侧地块、县金川街道徐村村1号地块、县文创园一期（城东新区）等6宗土地的规划设计条件制定。

【规划管理】 完成县西城花园二期、紫荆花园住宅高层1－6#及会所、东方广场城市综合体A地块、新都物流中心二期、翡翠园二期、第三人民医院等房地产项目的方案审查和工程规划许可等。

【城区公共停车位建设】 2015年，县城乡规划中心完成县经纬·卧龙公馆（三期）、县成坤·紫荆花园（一期和二期）、浙西世贸商业城、县赵家坪A－12地块农房改造安置区工程（二期）、县突发公共事件应急救援体系工程等5个地下空间建设项目，总地下空间面积约6.07万平方米，其中地下车位面积约3.20万平方米，计782个停车位。老街改造增加路边停车位和增设公交车站点，完成定阳北路街景改造，增设路内停车位168个。打通外港大道（常山大桥路—文教路）的“断头路”，减轻金川大桥的交通压力，也方便了老城至城东新区的交通通行。在老城区改造中，对老小区室外空间进行梳理，尽量增设地面停车位，以解决老小区停车难问题。在城南三监宿舍片区、兰桂苑小区、柳泽塘进行综合改造中，共增设停车位38个；完成文峰广场东南侧停车场改造工程，增设公共停车位52个。加快自行车服务点建设，城南金佰汇广场西侧人行道、东明湖公园大门口、文峰广场南侧人行道、常山一中大门南侧人行道、国际大酒店停车场东侧人行道及城关中学运动场北侧人行道等14个自行车服务点投入使用，配置公共自行车280辆，有效缓解城区道路交通压力、大气污染，倡导“绿色出行、低碳生活”。

【违反建筑整治规划管理】 2015年，县城乡规划中心配合相关部门查处违法建设项目60件，认真研究违法性质，及时提出规划意见，对违法建设起到一定的遏制作用。结合规划工作进行巡查，积极参与整治、拆违工作，掌握违法建设发展动态，及时形成书面材料，提出相关建议向上级领导汇报，并按《常山县违法建筑分类处理指导意见》相关规定，做好处罚后的补办审批工作。

（郑文忠）

## 村镇建设

【概况】 2015年，全县各乡镇（不含3个街道）审批公建及工业项目选址38项、用地许可29项、工程许可28项、竣工规划核实19项；完成16个地块规划设计条件的制定；办理农村私人建房许可（乡村建设规划许可、工程许可）1517户，选址（用地）1311户，超额完成县政府下达的农民建房审批任务。

【资助农村危房改造】 2015年，全县有280户农村困难群众获得农村危房改造项目的资金救助，其中新建住房23户、改建住房43户、修缮房屋209户、置换住房3户、租用住房2户，发放救助资金210万元。

【指导美丽宜居示范村建设】 2015年，县城乡规划中心按照省美丽宜居示范村工程建设要求和验收标准，指导新昌乡黄塘村和辉埠镇东乡村示范村工程项目建设按时完成，并于12月份通过省级核查。其中，新昌乡黄塘村获评2015年美丽宜居示范村督查优秀村庄。同时，指导东案乡金源村、球川镇黄泥畈村有序推进示范项目建设。

（何 晟）

## 测绘地理信息

【概况】 2015年5月，由常山县人民政府谋划，县城乡规划中心（县测绘与地理信息局）负责实施的数字常山地理空间框架建设项目建成并通过预验收。10月22日，经省测绘与地理信息局组织验收合格，“天地图·常山”和公共服务平台的开通，标志着数字常山地理空间框架建设项目圆满完成。按计划启动常山县国家2000大地坐标系的转换工作。国家2000大地坐标系的转换是一项全国性的任务，它采用原点位于地球质量中心的坐标系统（简称“地心坐标系”）作为国家大地坐标系，有利于采用现代空间技术对坐标系进行维护和快速更新，测定高精度大地控制点三维坐标，并提高测图工作效率。拟定《常山县城市地下管线管理办法》，加强与探测单位的协作，强化探测作业管理，确保探测质量，至年底，地下管线普查工作基本完成。

【开展地理国情普查工作】 2015年，县测绘与地理信息局对地理国情普查“一区两率”（城市建成区、绿化率和绿化覆盖率）的数据进行仔细梳理，全面排查。至年底，已完成城市建成区的普查，完成绿化率和绿化覆盖率的复核工作，常山县地理国情普查的自选动作有序推进。

（郑佳俊）

小资料：

### 常山城市规划展示馆简介

常山城市规划展示馆（以下简称“展示馆”）是县政府2015年为民办实事项目之一。展示馆利用县爱国主义教育基地（即位于城关中学旁的县人防大楼辅楼）进行装修布展，项目投资总额800万元左右。

展示馆以城市规划展示为主，突显常山县城市总体规划布局，围绕“实力工业、休闲城市、美丽乡村”的城市发展目标，主要展示常山城市历史变迁、发展现状和规划远景。

展示馆共分4层，建筑面积约1000平方米，设18个展区。其中，一楼设序厅、常山印象区、发展战略与空间布局区、建设成就区、总体规划区等；二楼设生态旅游区、专项规划区、村镇规划区、规划公示区、互动问答区等；三楼设中心城市区、主模型沙盘区、城东新区（国际慢城）、互动设计区等；四楼设宣传影院、产业鸿姿区、远景展望区、美好寄语区。

展示馆各展区主要采用图文灯箱、展板、立体雕刻字、播放屏等常规手段展示，部分项目采用科技含量高、展示效果新奇的手段展示。如生态旅游展区内的虚拟VR漫游、幻影成像展项做到展示与互动娱乐一体；村镇规划区采用数字沙盘、红外感应系统、互动触摸查询屏、多通道融合投影等技术显得新奇现代；影院采用120度弧幕，航拍、动画制作等，确保效果。整个展馆设有众多互动项目，如互动设计、互动问答、拼接数码查询台、查询屏等，让参观者在互动中认识常山、了解规划。

（姚 江）

## 城 市 建 设

【概述】 2015年，县城老旧小区综合改造提升工程累计完成产值1350万元，其中完成渡口小区东片验收、三监宿舍区块综合改造、兰桂苑小区综合改造、柳泽塘片区局部综合改造，以及背街小巷综合改造Ⅰ标段等工作。县城市森林公园建设一期工程完成一期第一阶段因政策处理余下的200米游步道建设；完成一期第二阶段亭台楼阁的建设。县滨江南路景观提升工程，计划总投资2000万元，完成施工图设计，并于年底前完成工程建设招标工作。完成县城区道路亮化工程施工图设计。高品质的城市绿道网一期项目即东明湖绿道和城市环岛绿道建设全面完成，建成绿道10.58千米（不含城东新区山地自行车道3.5千米）。结合城区交通治堵，营造街头景观绿地，如青年路与白马路交叉口；将公共自行车选址与绿道网有机结合。城市园林绿化养护管理分三个标段，采用政府采购招标的方式，进行公开招投标。第一标段由杭州萧山园林集团有限公司中标，第二标段由江山艺景园林公司中标，第三标段由常山县园林绿化工程公司中标。至年底，县住建局新增接收城市公共绿地约100万平方米。天马桥维修加固工程（包括文峰桥、金川大桥、白马桥、蒲塘桥零星修复），通过邀请招标，由常山县顺成建筑有限公司中标，衢州市交通设计有限公司设计。

全县新开工建筑工程78个，比上年下降25%，其中房建52个、市政26个；建筑面积48.7万平方米，比上年下降30.6%；竣工项目58个，合格率100%，备案工程58个。全县有建筑施工企业51家，其中，一级总承包2家、二级总承包8家、三级总承包25家、专业承包企业9家、劳务企业7家；园林绿化企业12家；中介机构4家。全县建筑从业人员约2.32万人，建筑企业有职称的专业技术人员3100人，其中高级职称40人、中级职称500人；注册人员共有400人，其中一级建造师45人、二级建造师355人。全县施工企业共签订合同额62.24亿元，增长0.66%；完成建筑业总产值52.85亿元，增长6%，其中省外产值22.9亿元，增长10%。全县建筑业上缴税金1.91亿元，增长9%以上。

全县房地产开发共完成投资额92131万元，下降11.2%。商品房新开工面积16.53万平方米，共计批准预售商品房面积23.38万平方米，上升49.58%。办理商品房预售合同备案1992件，销售面积15.56万平方米，上升26.80%。

天马污水处理厂一期提标改造与二期扩建工程采用PPP融资模式进行建设和运维，浙江富春紫光环保股份有限公司与常山县水务发展投资公司以9：1的股份组建常山富春紫光污水处理有限公司建设天马污水二期，总投资4440万元，成为全国县级城市第一个采用PPP模式的项目。该工程已完工，并通过竣工验收，水质排放标准达到一级A标准，污水总处理能力达4万吨/日。县水务公司完成制水总量1561.68万吨，出厂水水质综合合格率100%；售水总量1094.47万吨；管网漏水率21.59%，产销差337.21万吨；水费回收率96.42%。完成工业销售产值1445万元，安装产值2190万元，利润总额－165万元（污水厂固定资产折旧900万元未计入），代收污水处理费702万元。完成污水处理量915万吨，化学需氧量削减量2668.3吨，氨氮削减量128.1吨；出水综合合格率99.9%，污水处理负荷率为124.4%，城市污水处理率90.02%；处置污泥3134吨，处置率100%。承接DN110以上管道安装工程54个；完成一户一表改装及新装1512户。

完善社会服务承诺制，设立民情热线，接受市民电话咨询、投诉有关市政、园林管理、养护等方面的问题，全年接受来信、来电咨询业务约16起。成立市政、园林应急维修小分队，做到随叫、随到、随修和高效服务，共处理道路“窨井盖”晚间抢修事件12起。加强城市亮化设施管理，维修各种景观灯、庭园灯、小区照明灯光源400盏。城区完成清理窨井淤泥4400只（次），疏通下水管道2600米，人行道修复1500平方米，修复破损路面约5800平方米，维修更换窨井盖板和雨水篦子300余个（套），完成道路挖掘行政审批52项。草坪修剪58万平方米、色块修剪25万平方米、修剪苗木3.4万余株（丛）、行道树整枝1.2万余株，种植莳令鲜花31万多株，常山城市绿化景观明显提升。

完成南门溪污水主干管检测清淤、主干管维修，工程总投资75万元。加强内河管理工作，安排人员进行全时段打捞内河漂浮物、开展杂草清理。全年打捞漂浮物20余吨，新增加浮岛面积1800平方米。

**【提高数字城管工作效率】** 2015年，县住建局通过QQ、微信平台配合城管部门开展“数字城管”工作，专门安排3名工作人员办理数字城管事项，做到分工明确、处理及时，实现第一时间发现问题、第一时间处理问题。全年接事项1717项，其中办结1247项、挂帐237项、待办233项，办结率从年初的4%提高至年底的72.63%。

**【完善城市防汛抗洪抢险机制】** 2015年，县住建局完善抗洪抢险责任制、工作预案、物质储备、设施检查维护制度，做到抗洪抢险领导小组24小时随时待命等待指挥；完善《市政园林管理处抗洪抢险工作预案》；配备编制袋1000条、救生衣30件、野外帐篷1顶、手电筒10把等防汛应急物资，并统一保管，统一调度。新建的桃园小区排涝泵站房安排值班人员1名，落实24小时不间段值班制，加强设施巡查管理。全年投入防汛机动抢险人员50人次，确保城市防汛安全。

**【常山县城市天然气利用工程】** 2015年，铺设滨江南路—石崆寺路、文峰东路—湖畔嘉苑、白龙路—定阳北路—朝阳路、新都园区等市政中压管道计9千米，新增配套小区6个。至年底，累计开发居民用户5050户、工业用户9户、公建用户4户。南门溪LNG临时瓶组站向紫荆花园小区和柏丽大酒店供气，久泰弄门站向辉埠园区内福瑞森工贸、百利盛金属等工业企业供气。全年完成气量销售237.93万立方米（管道气235.58万立方米，LNG2.35万立方米）。

## 园林与环境卫生

**【城市公园建设与养护】** 2015年，县住建局围绕森林城市建设和生态县建设，投入资金约180万元，完成常山县公园特色景观文化改造工程，主要包括：东明湖公园、塔山公园、文峰广场内的园林建筑小品修缮提升，修缮面积2500平方米以上；公园的亮化工程提升工作；文峰广场的公厕改造；打造东明湖健康主题公园。塔山公园调整绿化面积3500多平方米，补种植云南黄馨500多株、吉祥草1300多株，补种麦冬200平方米。使用各类优质化肥13吨、杀虫剂900多斤；修剪绿地草坪约9万平方米；修剪花坛、灌木5.5万平方米，乔木3.8万株；补植灌木1.5万株、乔木520株、草皮5340平方米；清运垃圾350多吨，填埋树枝树叶115多吨。

**【广场公园公共设施维修】** 2015年，县住建局投入11.5万多元对公共设施进行维修，共维修园内游步道523多平方米、广场铺砖210多平方米、照明设施维修1000多次、公厕设施维修210多次、健身设施维修20多次；更换照明设施2685多盏（件）、供水配件218件、护栏345米；新增垃圾筒65只

（其中东明湖公园更新垃圾筒35只），新增警示牌、指示牌65多块。

【公园森林防火】 2015年，县住建局在公园各主要登山入口处树立森林防火指示牌及悬挂防火标语，向周边单位派发森林防火倡议书，提高市民森林防火意识。储备充足的灭火器材，定期检查器材的完好使用性，对过期、失效部分消防器材及时更换。对保卫人员进行消防培训。坚持24小时巡逻制度，实行定点、定片、定人集中管理。定期对园区山顶及整个园区内人行道路两侧8米宽防火隔离带内的杂草、灌木进行翻铲，杂草一律全部除根，总长约5200米。全年没有发生大的火灾情况，也未发生重大安全事故。

【环境卫生管理】 2015年，县住建局加强环卫基础设施建设，完成城乡生活垃圾填埋场一期工程扫尾工程量的90%；基本完成星月湾区域垃圾中转站工程、城区公厕改造项目的前期工作。投资116万元采购新型环卫作业车辆3台；投资12万元采购工作车1辆；投资40万元，采购填埋场作业钢板20块、垃圾覆盖膜1万平方米，垃圾桶200只，垃圾集装箱1只，分类垃圾袋10万只。城区135万平方米主次道路保洁管理；清运处理城乡生活垃圾5.03万吨，其中城区生活垃圾2.32万吨、农村生活垃圾2.71万吨，城市生活垃圾无害化处理率100%。深化环卫作业机制改革，城区105.5万平方米主次道路保洁作业推向市场化运作，实行市场化经营、竞争性运作、绩效化考核，环卫工作逐步实现“管干分离”。强化环卫作业质量考核和环卫管理，城区主次道路的清扫保洁、垃圾收运、公厕保洁和洒水冲洗等方面的作业质量明显提高。城区主次道路清扫保洁率达100%，机扫率53%。城区公厕保洁作业实施定人、定岗、包质量管理，公厕设施设备完好，卫生整洁，清运处理粪便0.80万吨。城市生活垃圾采取定时清运和机动清运相结合方式，确保城区每天生活垃圾日产日清，垃圾收集清运实现密闭化、机械化。

## 建筑与房地产业

【建筑业概况】 2015年，全县有建筑施工企业51家，其中具有一级总承包2家、二级总承包8家、三级总承包25家、专业承包企业9家、劳务企业7家；园林绿化企业12家；中介机构4家。全县建筑从业人员约2.32万人，建筑企业有职称的专业技术人员约3100人，其中高级职称40人、中级职称500人。注册人员400人，其中一级建造师45人、二级建造师355人。全县施工企业签订合同额62.24亿元，比2014年增长0.66%；完成建筑业总产值52.85亿元，增长6%；省外产值22.9亿元，增长10%。全县建筑业上交税金1.91亿元，增长9%以上。县住建局根据两年行动方案，多次开展房屋质量大检查活动，建立“两书一牌”工程项目信息档案，召开总监专题会议，开展质量通病专项整治活动，规范行业管理，加强建设工程质量检测管理工作和见证取样送检制度，加强建设工程日常监督、检查，强化工程建设强制性标准执行情况的监督检查。受理房屋质量投诉25起，比上年下降24%。其中，受理浙江省政府统一互动平台件1起，受理市“12345”政府服务热线转办投诉件4起，受理县信访局转办投诉件2起，均在规定时间内办结，办结率100%。全县新开工建筑工程78个，比上年下降25%，其中房建52个、市政26个；建筑面积48.7万平方米，下降30.6%；竣工项目58个，合格率100%，备案工程58个。试验室完成常规试验项目18925组次，其中钢筋称重1311组、钢材力学1322组、焊接2244组、水泥251组、混凝土抗压10610组、混凝土抗折59组、混凝土抗渗247组、砂浆抗压995组、砖605组、混凝土砌块43组；SBS防水卷材试验40组、严密性管道试验34组、密内给水试验85组、绝缘、接地电阻286组、压实度224组、门窗三性检测25组、混凝土构件强度286组，砌体砂浆强度139组、现浇板厚度9组、钢筋保护层7组、混凝土回弹检测21组、混凝土钻芯检测13组、抗拔力试验69组。对在建工程共开展3次集中大检查，1次专项检查，1次间断性随机大检查，主要检查进场材料、施工、监理企业的质量行为、管理人员到岗情况、外墙屋面渗漏、建筑节能等，发现质量问题34起，发出整改通知单34份，全年没有发生重大工程质量事故。

从3月中旬开始，县住建局对“7·12”事故后重点整改加固的房屋，以及同期未列入整改加固的房屋进行为期半个月的排查工作，形成危旧房排查汇总表及汇报材料。对丰城区6个居民小区计137幢楼房进行三次变形（沉降）观测并出据报告，及时掌握房屋的动态沉降变形情况，确保房屋、居民生产生活安全运行。对全县167幢“7·12”同期危旧房屋初步建立“一楼一档”信息档案，理清房屋的真实情况，并为危旧房屋的安全鉴定、治理改造提供历史依据。

是年，常山县赵家坪A－07地块阳光名都29#楼被评为衢州市建设工程衢江杯奖（优质工程）。

**【房地产业概况】** 2015年，全县有房地产开发企业15家：常山安厦房地产有限公司、浙江谷茂房地产有限公司、浙江贝林房地产有限公司、浙江恒润房地产有限公司、衢州天地房地产开发有限公司、浙江常山万通房地产有限公司、常山嘉禾置业有限公司、常山成坤房地产有限公司、常山县经纬置业有限责任公司、常山嘉建房地产开发有限公司、浙江常山精密房地产有限公司、常山坤达实业有限公司、衢州鸿鼎置业有限公司、衢州冠科置业有限公司、浙江巨泰房地产开发有限公司。全县房地产开发完成投资额92131万元，比上年下降11.2%；商品房新开工面积16.53万平方米，批准预售商品房面积23.38万平方米，比上年上升49.58%；办理商品房预售合同备案1992件，新建商品房销售面积15.56万平方米，比上年上升26.80%；商品房交易均价7642元/平方米，上升7.14%。其中，住宅销售857套，销售面积12.17万平方米，上升33.74%；住宅均价7174元/平方米，上升1.66%；商业销售641套数，销售面积28457平方米，上升2.21%；商业均价12495元/平方米，上升36.98%。

全县办理房产登记14656件，建筑面积328.45万平方米。其中，初始登记3041件，建筑面积68.73万平方米；转移登记2678件，建筑面积30.78万平方米；变更登记102件，建筑面积27.31万平方米；他项权利登记5252件，建筑面积168.96万平方米；办理预告登记（含商品房抵押预告登记）共计3511件，建筑面积32.13万平方米。

实现直管公房模式从传统粗放型管理向规范、严谨、高效模式的转移，推进非住宅房屋市场化经营的步伐。2015年共对公房检查15人/次，维修公房331户，房屋大修加固5处。办理租赁许可409件/宗，收取租赁管理费用19100元（自2015年11月后已停止收费）。完成687户住房保障申请户资料的审核、汇总。

完善白蚁防治站内部制度，责职明确，管理规范。主动与建房户联系，了解工程内容及进度，及时编制施工方案，做到白蚁虫害防治与工程同步施工。将工程项目建房地址、建房单位、工作内容等用进度表方式明示，使工作开展情况一目了然，有效地杜绝漏防现象。做好回访复查，凡是在复查中发现蚁害的及时进行治理。2015年签订白蚁预防合同66份，预防房屋137幢，面积523705.20平方米。

【保障性安居工程建设】 2015年，全县新开工保障性安居工程292套，其中公共租赁住房218套、棚改安置房74套；基本建成670套，竣工483套，交付入住495套。县住建局实施的公共租赁住房项目开工率、基本建成率、竣工率、交付入住率分别为160%、174%、217%、133%。建设第六期保障房小配套工程、第七期保障房配套用房工程、第七期保障房小配套工程、第八期保障用房工程，完成年度总投资2900万元。完成2015年度671户城镇公共租赁住房申请审核及578户138.97万元的租赁补贴发放。完成2014年度229套城镇公共租赁住房摇号及配租工作。完成锦翠花园公租房前期物业管理服务采购工作。完成锦翠花园公租房二期装修工程招投标工作。配合市县审计部门完成2014年和2015年城镇保障性安居工程跟踪审计工作。开展住房保障“十三五”规划和城镇棚户区改造三年计划（2015—2017年）编制工作。开展保障性住房建设管理新模式考察调研，起草经济适用房上市交易管理办法形成初稿并召集县住房保障工作领导小组部门联席会议讨论。做好保障性安居工程阳光工程建设及信息公开。根据市住建局要求，完成《浙江通志》房地产业卷住房保障资料的编纂归集整理等工作。加强全县房地产开发企业管理，规范房地产开发企业资质管理行为，完成常山巨泰投资、龙腾石博园等企业房地产的新资质审核申报；完成衢州冠科置业、衢州鸿鼎置业、常山经纬置业、常山成坤房地产等企业房地产资质升级、延续的审核申报，做到上报的申报资料100%通过市级审核批准。

【小区物业管理】 2015年，全县从事物业管理的企业17家，即衢州可安物业管理有限公司、江山市贝林物业管理有限公司、常山县物业管理有限公司、常山五鑫物业管理有限公司、常山县贝林物业管理有限公司、常山县三衢物业管理有限公司、浙江博美物业服务有限公司、常山县茵春物业管理有限公司、衢州我爱我家物业管理有限公司、衢州长友物业管理有限公司、常山天发电力集体资产经营中心物业服务部、常山县睿泰物业管理有限公司、温州绿博物业服务有限公司、衢州市光标物业管理有限公司、金华铭德物业管理有限公司、云南会融物业管理有限公司、浙江天茂物业管理有限公司。其中，县内企业10家，县外企业7家；一级资质企业1家，二级资质企业1家，三级资质企业14家，暂定级资质企业1家。全县从事物业管理服务的单位除17家物业管理企业外，还有7个社区承担约120万平方米的老旧住宅小区卫生保洁。17家物业管理企业管理的面积约176万平方米。20万平方米以上住宅小区1个，10万平方米以上住宅小区2个，其余均为1万~10万平方米的住宅小区。敞开式住宅小区物业服务费6元~12元/月/户，封闭式住宅小区物业服务费0.4元~1.2元/平方米/月。全县物业管理服务收入706万元，平均收率65%。43%左右的物业管理企业经营亏损，从业人员345人。归集物业专项维修资金792.95万元，拨付使用物业专项维修资金280.6万元，归集物业保修金10元。

## 城乡供水

【概况】 2015年，全县完成制水总量1561.68万吨，出厂水水质综合合格率为100%；售水总量1094.47万吨；管网漏水率21.59%，产销差337.21万吨；水费回收率96.42%。完成工业销售产值1445万元，安装产值2190万元，利润总额-165万元（污水厂固定资产折旧900万元未计入），代收污水处理费702万元。完成污水处理量915万吨，化学需氧量削减量2668.3吨，氨氮削减量128.1吨；出水综合合格率99.9%，污水处理负荷率124.4%，城市污水处理率90.02%；共处置污泥3134吨，处置率100%。承接DN110以上管道安装工程54个；完成一户一表改装及新装1512户。总投资75万元的南门溪污水主干管检测清淤工程，已完成检测清淤，及主干管维修。

**【后坊水厂改造工程完工】** 该工程概算总投资1200万元。2015年，经县发改局审批同意，长3千米长的DN500输水干管作甩项处理，至年底，其他部分已全部完工，并完成工程审计，完成投资额约550万元。

**【主城区城市给排水地下管线信息化工程】** 2015年，县水务公司抽调4名业务骨干，负责维护和管理地下管线信息数据，实施主城区城市给排水地下管网信息管理工程，加强地下管线资料的档案信息化管理，对全县供水区域内所有管线进行了数据探测。该工程总投资300万元，需普查城市给水管网280千米，增设压力观测点14个。至年底，已建立基础数据管理平台（CS），完成管网数据建库及信息系统（BS版）建设和197.8千米城区供水管线的探测，惠及市民9.5万余人。完成总投资79.1万元。

**【供水管网新建、改造】** 2015年，县水务公司完成大桥乡农村饮用水、赵家坪A12农民安置房、久泰弄安置区、衢州绿色产业集聚区常山片区等给水工程的管道安装21.1千米，总投资1900万元；完成胜利街、兰桂苑、渡口片区等改造工程的管道安装12.5千米，总投资440万元。

**【管网管理工作】** 2015年，县水务公司出台《关于印发举报偷盗水、违章用水、破坏供水设施及报漏奖励暂行办法的通知》，鼓励广大市民和社会各界共同参与到打击盗用城市公共自来水、违章用水及破坏城市公共供水设施的行列中，进一步规范城市供水秩序，保障供水设施安全。全年安排管网巡查455次，完成各类用户报漏报修1171次，其中查漏432处，查出漏点232处，修理DN100以上管道101处，修理更换DN50以上阀门53处，为用户上门服务修理395次，查处违章用水6次，修理及时率100%。

**【阶梯水价调整到位】** 2015年11月6日，县物价局在常山县国际大酒店9楼会议室举行常山县城区居民生活用水价格改革方案听证会，共有15人参加。其中，消费者7人，经营者1人，专家、学者和政府部门及其他人员7人，听证会上共提出两套水价改革方案，与会人员结合常山县用水状况、新方案是否合理等情况，提出意见和建议。县政府出台的《城市供水价格综合改革方案》，自2015年12月31日起执行。

**【常山水务微信公众号号开通运行】** 2015年12月30日，“常山水务”微信公众号正式开通运行。常山水务公司借助移动通讯网络媒体，向3万多家用户提供供用水动态信息等，并定期发送县内外水行业新闻、箬岭水厂和千家排水厂的水质情况和停水预报等。用户可通过绑定水表，查询近期用水账目，接收当期用水账单，举报漏水、违章用水等。

【天马污水二期项目实行 PPP 模式】 2015 年，天马污水处理厂一期提标改造与二期扩建工程采用 PPP 融资模式进行建设和运维，浙江富春紫光环保股份有限公司与常山县水务发展投资公司以 9∶1 的股份共同组建常山富春紫光污水处理有限公司建设天马污水二期，总投资 4440 万元，成为全国县级城市第一个采用 PPP 模式的项目。该工程已完工，并通过竣工验收，水质排放标准达到一级 A 标准，污水总处理能力达到 4 万吨/日。

【污泥通过水泥窑无害处理】 2015 年，县水务公司为有效改变原填埋处理方式污染重且占用填埋空间的被动局面，派出业务骨干赴江山、东阳等周边城市考察学习寻求污泥无害处理方式。通过深入调研、论证和协商，县水务公司与常山南方水泥有限公司签订污泥处置协议，常山南方水泥公司以 195 元/吨的价格接收污泥，通过水泥窑协同处置模式处理污水厂产生的污泥。

（丁可盛）

## 住房公积金管理

【概况】 2015 年，全县共归集住房公积金 22375 万元，比 2014 年增长 13.45%，职工住房公积金余额 5.71 亿元。办理职工个人住房贷款 468 户，发放贷款 18880 万元，增长 79.3%，支持购房面积 42120 平方米。年末职工个人住房贷款余额 5.7 亿元，增长 28.65%，住房公积金金增值收益 1115 万元，增长 30.44%。新增 44 个单位 1531 名职工建立住房公积金制度。审核办理 188 个单位 2981 名职工的住房补贴，提取住房补贴 492 万元。审核确认 120 套房改房上市交易。

加大宣传力度，做大住房公积金总量。在常山电视台、县城中心广场 LED 大屏幕上开展住房公积金扩面主题宣传；向有关企业单位寄送政策法规宣传资料，督促企业单位办理缴存手续；组织工作人员到拟上新三板企业浙江天子股份有限公司、浙江恒寿堂有限公司等企业，上门宣讲住房公积金政策，指导企业按有关规定建立住房公积金制度；新增自由职业人员缴存，开设综合户，有 88 名职工以个人名义缴存公积金。年末缴存单位 675 家，正常缴存职工 14613 人。累计归集住房公积金 16.89 亿元，归集余额 5.71 亿元。

是年，常山县住房公积金分中心被衢州市中心评为 2015 年度信息报送和新闻报道工作先进集体一等奖，获县委、县政府 2015 年度乡镇（街道）部门工作目标考核二等奖、2015 年全县信访工作目标管理考核优秀部门奖。

【两次调整公积金贷款政策】 2015 年 2 月、11 月两次通过县政府办公室发文调整住房公积金贷款政策。将夫妻双方最高贷款额度由 70 万元提高到 80 万元，首套住房及改善型住房贷款的首付比例均降至 20%；未结清住房贷款的，首付款比例降为 30%。二手房的最高贷款比例为 70%。凡第二次及以上使用住房公积金贷款的，其贷款利率执行住房公积金基准利率的 1.1 倍。支持省内工作职工在常山购房贷款。办理公积金及住房补贴提取 8869 笔 1.67 亿元，增幅 12.8%。年末逾期贷款为零，住房公积金运作连续 9 年达到“零”逾期的管理目标。

【助力职工群众住房消费】 2015 年，县住房公积金分中心办理农民异地转移安置房贷款 18 户，贷款额 274 万元；非公企业职工家庭申请公积金贷款 156 户，贷款额 4749 万元。截至年末，累计办理经济适用房公积金贷款 145 户，贷款额 1361 万元；为 791 户非公企业职工家庭发放贷款 19396 万元。

【住房公积金数据库建设】 2015年5月，县住房公积金分中心启动公积金基础信息数据库建设，向各缴存单位下发《关于加强和完善住房公积金基础数据的通知》，核查历史数据存放介质，千方百计导出“陈光”“金天鹏”老系统的历史数据，清理公积金重复账号，同步开始整理和补录。11月，衢州市住房公积金基础信息数据库标准化建设现场会在常山召开。至年底，第一阶段工作任务基本完成。

【住房分配货币化改革】 2015年，根据县住房分配货币化有关规定，一次性住房补贴申报到位后，县住房公积金分中心继续办理正常职级晋升补贴和少数事业单位补报工作。共审核188个单位上报的2981名职工住房补贴计684万元，其中申报住房公积金补贴2750人；审核确认120套房改房上市交易。

（黄海彤）

## 城市综合管理

【概况】 2015年，常山县综合行政执法局（以下简称县综合执法局）开展“三改一拆”违法建设、市容市貌整治工作，依法规范户外广告管理，严格管控城市弃土外运，全面攻坚“一路一镇”工作，全年实现“零错案”，无一起行政复议案件、诉讼败诉案件，未发生暴力抗法事件。受理各类投诉219起。面向社会公开招考公务员6人。7月，根据“常委〔2015〕21号”文件，撤销常山县城市管理综合执法大队，建立常山县综合行政执法局，列为县政府组成部门；9月30日，县第十五届人民代表大会常务委员会第二十九次会议任命徐敏为县综合行政执法局局长。

县综合执法局对大埠头、柚乡城遗留修补摊、城区部分烤饼摊等影响城市环境的疑难杂症实施有效整治，基本消除“脏乱差”现象。坚持“疏堵结合”的原则，组织人员采取“错时上班”的方式，有针对性地实行日常监管；同时，加强基础设施建设，对柚香城市场周边零散修补行业及水果摊进行集中安置，完成柚香城西侧区域16处棚亭设置，共计192平方米，供生活困难的经营户设摊经营。在交警大队城区中队入口处、湖畔佳苑入口处、房管处西侧通道（死弄）、文峰东路环保局对面设置4处棚亭，通过建设规范的疏导点，优化城市管理基础，并规范化管理，有效解决城区流动摊贩占道经营问题。对马路夜市实行“错时管理”，延伸执法触角，确保定阳北路、文峰西路路段内无越门经营，无流动摊贩设摊经营，无乱扔乱堆垃圾现象；同时，将流动摊贩统一疏导至指定场所，打造城市管理“严管街”。

【“无违建县”创建绩效排名全市第一】 2015年，县创建办（与县综合执法局合署办公）突出“拆”字重点，坚持“以拆促创”，以连片成线推进为主要方式，深入推进存量违建处置；围绕“八先拆和一必拆”，对公路两侧乱搭乱建、重要节点通道违建实行即查即拆。常山县“无违建县”创建绩效排名全市第一。

【城市弃土外运联合整治】 2015年，县综合执法局按照“综合施策、属地管理、重点监控”的工作原则，与交警等部门定期、不定期开展联合执法，重点查处违规弃土外运、超载泄漏等扬尘污染行为，强化对重点时段、重点工地的监管力度，确保密闭化运输，保障良好的城市环境秩序；同时，促进各建筑公司及施工单位加强自我约束，保证每起弃土外运案件都能得到及时履行。共查处污染路面车辆20余次，抓拍违章弃土外运车辆269次，其中依法立案查处8件。全县有弃土外运车辆120余辆，其中在交警部门备案的有80余辆，“三无”车辆约40辆；经过整治，全县完成密闭加盖的车辆有31辆。

**【“一路一镇”路域整治工作】** 2015年，县综合执法局按照县委、县政府关于“一拆到底，整出特色，治出方略”的工作要求，调用精干力量冲在前头，兵分青石、招贤两路，以“铁腕之力”开展集镇占道经营、户外广告、棚架杆线、违法建筑整治。9月，县综合执法局被县委、县政府授予全县“一路一镇”集中整治行动先进集体，2名干部被授予攻坚干将称号，3名干部被授予攻坚标兵称号。

**【“数字城管”指挥中心平稳运行】** 2015年3月，县政府出台《关于印发常山县数字化城市管理系统运行工作实施意见的通知》，标志着以“数字城管”为平台的“大城管”网格化制度管理已基本形成。全年“数字城管”指挥中心接收信息采集员巡查上报案件9907件，立案派遣9780件，各专业部门应处置9780件，应结案9519件；实际结案数8779件，结案率92.23%。与2014年12月相比，2015年11月案件按期处置率和结案率分别提升1.9倍和1.2倍，各项数据均居全市各县（市、区）前列。

（王逸仙）

## 服务业建设规划

**【概况】** 2015年，县服务业办公室完成《常山县“十三五”服务业发展规划》编制；通过决策咨询服务业新项目24个，引进“众卡运力”“光大金融城”等大项目。实施县重点服务业项目15个，完成投资17.9亿元；其中，浙西世贸城通过竣工验收，中国观赏石博览园市场交易区基本建成。柚香城农贸市场被认定2014年度省放心农贸市场示范单位，大东门农贸市场通过省放心市场创建验收。常山赏石小镇跻身第一批浙江省特色小镇创建行列，规划面积3.06平方千米，计划总投资56亿元。周塘片区仓储物流基地新增落地项目1个——浙西食品（日用百货）配送中心，于4月29日出让土地14亩，12月初开工建设。新引进浙江光大股权产业投资管理有限公司、周福生珠宝投资有限公司、浙江佳联物流产业管理有限公司、常山运力供应链管理有限公司、常山赛得生物科技管理有限公司等5家“总部经济”企业，实现服务业“总部经济”招商的“零突破”。

**【引进“众卡运力”项目】** 该项目于2015年12月引进，计划总投资约7亿元，拟投资主体为常山众卡运力供应链管理有限公司，三期实施。一期：依托中国最大的公路零担运输加盟商安能集团，实施项目启动，拟购置运输车辆2000辆，为安能物流公司提供全国网点货物运输服务，双方已签订整体运输业务合同；二期：在满足安能集团运输的基础上，拟投资建设货物运输集散中心和车辆维修、改装、驾校等配套后勤基地，以满足项目车辆的配套服务，拟选地点为金川街道鲁里片区；三期：拟建设常山众卡运力供应链管理有限公司总部，建设项目总部大楼及相关配套服务，拟选地点为县城东新区。

**【引进“光大金融城”项目】** 该项目于2015年10月通过服务业项目决策咨询，计划总投资20亿元，规划总用地125亩，位于主城区中商广场等地块。项目主要内容包括基金公司、区域股权（或其他权益）交易中心、互联网金融公司、民间资本管理、融资中心、民间金融学院、金融博物馆等。

**【浙西世贸城项目通过竣工验收】** 浙西世贸

商城项目于2015年11月通过竣工验收。该项目位于常山县城南周塘片区定阳南路以西、二号路以南地块，规划用地总面积90.86亩，总建筑面积11.3万平方米，概算固定资产总投资约4亿元，于2013年5月挂牌出让，投资主体为上海恩浩投资集团有限公司（已更名为浙江新城世贸置业有限公司）。该项目拟建设成立足常山，面向浙、闽、赣、苏四省，以常山胡柚等农副产品（菜蔬、冷鲜除外）为主，小商品、办公、商店、餐饮等为辅的专业市场。

**【赏石小镇跻身第一批浙江省特色小镇】** 2015年6月，“浙特镇办〔2015〕2号”文件公布常山赏石小镇为第一批省级特色小镇创建名单。常山赏石小镇项目计划总投资69亿元，规划占地面积约3平方公里，其中建设用地约1平方公里；投资主体为常山龙腾石博园管理有限公司；主要由中国观赏石博览园、奇石加工园区、石林公园、奇石物流园、宇华景观园、油石园、石雕展示园、石文化产业带、底铺赏石商业街、赏石品柚旅游综合体、“柚香谷”度假山庄、石乡民宿旅游接待区、“石之城”水上乐园、石艺时空、赏石集镇提升工程、十里柚香街、赏石亲水生态景观带等17个项目组成。

**【中国观赏石博览园市场交易区基本建成】** 截至2015年12月底，中国常山观赏石博览园项目市场交易区基本建成，占地120亩，总建筑面积逾10万平方米，包括奇石交易大厅、奇石馆、观赏石博物馆等。中国常山观赏石博览园项目位于常山县青石镇水南村，规划总面积为70公顷，商业用地160余亩，建设期为土地交付日起三年内完成，项目总投资10亿元以上，其中一期投资约5.2亿元；拟建成集购石、观石、玩石功能于一身、集四星级石交易市场和AAAA级石文化休闲旅游为一体的旅游综合体。该项目以“一心、两带、三区”为规划框架（一心：观赏石景观区为核心；两带：320国道、48省道景观石展示；三区：旅游景观区、石市场及旅游配套区）。

**【柚香城农贸市场被认定省放心农贸市场示范单位】** 2015年1月26日，常山柚香城农贸市场被认定2014年度省放心农贸市场示范单位（浙市提〔2015〕1号）。柚香城农贸市场于1997年12月7日经常山县工商行政管理局名称登记设立，2008年1月1日重建后重新开业。该市场位于常山县天马镇清河街南端，占地面积2765.5平方米，营业面积（建筑面积）3200平方米，市场摊位数182个，2013年市场成交额1.8亿元，惠及县城城区及周边居民5万多人。该市场于2008年被省工商局评为三星级市场、2011年被省政府评为省级文明示范农贸市场。

**【大东门农贸市场通过省放心市场验收】** 2015年11月，常山大东门农贸市场通过省放心市场验收。大东门农贸市场于2010年5月18日经常山县工商行政管理局名称登记设立。该市场位于常山县天马街道天马路，占地面积2542平方米，营业面积（建筑面积）2542平方米，市场摊位数100个，2014年市场成交额1亿元，惠及县城城区及周边居民5万多人。2012年，大东门农贸市场先后被省工商局评为三星级市场、被省政府评为省级文明示范农贸市场。

**【浙西食品（日用百货）配送中心项目落地】** 2015年4月29日，浙西食品（日用百货）配送中心项目土地挂拍成功，成交价850万元。该项目位于常山县城南周塘片区大正医药仓储配送中心西侧，规划总用地面积9279平方米，主要建设仓储、中型冷库、商业用房、电子商务，以及相关配套用房和基础设施配套建设。

（吴玉川）

## 城东新区（城投公司）

**【概况】** 根据常委办〔2015〕40号文件《关于印发〈常山县城市投资运营有限责任公司改革实施方案〉的通知》，常山县城市投资运营有限责任公司（以下简称城投公司）为县国有资产投资运营有限责任公司全资子公司，由原常山县城市发展投资有限责任公司变更产生，是常山县从事第三产业的投资经营主体、融资载体和建设实体，具有独立的法人资格，实行城东新区管委会领导下的执行董事负责制。2015年，县城东新区管委会（城投公司）负责实施的政府投资类建设项目22个，年度总投资6.03亿元。其中，重点续建项目8个，年度计划投资3.02亿元；重点新建项目7个，年度计划投资2.43亿元；非重点项目7个，年度计划投资0.59亿元。截至年底，完成工程总投资约4.2亿元，融资到位8000万元。另外，安排代建项目1个，即常山一中迁建工程；安排重大前期项目9个；安排产业类（招商）项目3个，即常山县城市综合体建设工程、文博园一期建设工程、金融中心一期建设项目。扎实做好9个重大项目的前期准备工作。全年征收山林、土地779.77亩；征收房屋79户，面积约1.4万平方米。

**【外港大道建设工程继续推进】** 县城东新区外港大道新建工程为城市主干道工程，总用地面积197亩，规划宽度50米，设计时速40千米/小时，南起常山港大桥北侧桥头，北接048省道，全长1704.6米；沿线与狮子口路、规划道路（原朱富线）、纬三路、纬二路、纬一路、048省道平交。按照县城市规划和城东新区建设的目标要求，外港大道工程建设采用BT投资模式，2012年4月份签订BT合同，开始实施朱富线以南段建设工程。建设工程造价暂定人民币6350万元，BT投资人为浙江天荣鑫建设投资有限公司，项目施工单位为浙江中程建工集团，项目监理单位为浙江求是咨询监理工程有限公司。2014年12月，外港大道朱富线以南段完成竣工验收。2015年年底，外港大道朱富线以北段红线范围内的征收协议已全部签订。

**【基本完成滨江一期区块内征收】** 城东新区滨江一期建设项目，包括东、西两个区块基础设施配套工程，位于城郊外港，东起富足山大桥，南至常山港，西至石家槽自然村，北至朱富线，总面积约1平方千米。征用土地约1200多亩，其中林场700多亩、外港村180多亩、东方红村32亩、富足山村200多亩。征收房屋72户，其中个人住宅59户、企业10家、仓库3家。征收用地面积15.8万平方米，房屋总建筑面积3.98万平方米。至2015年年底，滨江一期区块内征收工作基本完成，东区块土石方完成85万立方米左右，西区块土石方完成286万立方米，夺煤路完成部分路基施工，经三、经四路雨污水管埋设和水稳层浇筑完成。

**【滨江路（滨江公园）建设工程】** 2015年3月，该项目正式开工。至年底，滨江公园、中央公园花岗岩铺贴分别完成35%和65%，人工河千层石完成80%，木栈道、廊桥产品已完成制作；滨江路路基碎石水稳层完成1500米，南北公园绿化种植土完成90%，完成部分乔木种植，路灯亮化完成60%。

**【赵家坪A12地块农房改造安置区工程】** 2015年，该工程一期503套房屋签订协议，完成480户安置房交付；二期于6月25日开始选房，8 月 19 日基本完成选房工作，共完成 364 户。小配套工程于 12 月完成竣工验收；三期工程土建和配套均已完成竣工验收，三期共计 330 套，已全部移交县住建局进行装修，作为公租房使用。

**【城中村改造项目】** 2015 年，石崆寺二期配套道路完成竣工验收，地块具备出让条件，“三通一平”基本完成。东淤片一期签订征收协议 73 户。

**【北屏山菜蓬安置房建设工程】** 该项目位于北屏山村菜蓬地块，北临天马路，南侧为北屏山村农民自建房，西靠县天主教堂，东临县城关中学。工程自 2013 年开始施工，至 2015 年 6 月，配套工程通过竣工验收，工程完工。建设成为 2 幢安置房，D1#号楼建筑面积为 6927.9 平方米，D2#号楼建筑面积为 7555 平方米，总建筑面积 14482.9 平方米。至 2015 年年底，已安置 7 套。

**【城东入城口富足山村安置房工程】** 该项目位于城东新区富足山村，西邻迅鸿国际商贸城，北靠朝阳东路，东、南两侧均为富足山村落。总用地总面积约 17.3 亩，建设 3 幢 6 层的住宅和沿街商业建筑，建筑总面积约 15700 平方米。至 2015 年，该项目土建部分和配套工程均已完工。

**【紫港中学北侧安置房工程项目前期到位】** 该项目位于中心城核心功能片枧头区块，地块南面为县紫港中学，北面为新改造的朱富线，东面为枧头溪和农田，西面为经四路。用地红线面积为 5447 平方米，总计建筑面积为 8195 平方米（不含储藏室面积），地下空间面积为 2623 平方米。拟建一层为配套用房，二层以上为住宅的安置房各一幢（安置房共 68 套，停车位 65 个）。至 2015 年年底，开工前的项目前期各项工作基本完成。

**【9 个重大前期项目扎实推进】** 2015 年，文峰西路延伸工程、县城东新区狮子口片区城中村改造工程完成项目受理；城东新区梦之岛游乐湿地公园项目、养老养生体育休闲基地建设工程、文博产业园二期建设工程实施方案正在论证；定阳北路延伸工程完成初步设计审批；朱富线城市化道路改造建设工程完成初步设计会审稿；火车站站前广场建设工程完成方案设计报批；城东新区商业中心区 A 地块建设工程完成土石方测绘及土石方招投标。

（黄婷婷）

# 国土资源·环境保护

## 国土资源

【概况】 2015年，全县耕地实有面积29.08万亩，基本农田、标准农田实有面积分别为25.04万亩、14.61万亩。组织开展永久性基本农田及示范区划定工作，拟划定永久基本农田示范区8.56万亩，划定方案已上报省政府审批。11月，全县土地利用总体规划调整完善成果在衢州市范围内率先通过省政府审批，2014—2020年规划新增建设用地指标22050亩，有效保障全县重点项目用地需求。县国土部门以全国土地日、世界地球日等主题宣传日为载体，采取送法下乡、开设咨询台等形式，开展国土资源法律法规政策的社会宣传工作。开展2014年度土地卫片执法监督检查工作，违法占用耕地比例为7.21%，实现“个位数、零问责”目标。全县向上争取各类新增建设用地指标3498.8亩，其中计划奖励指标1053亩，低丘缓坡试点区指标1310亩，九景衢铁路及安置区1108亩，220千伏柚香变14.3亩，辉埠镇邱家篷安置区“坡地村镇”试点13.5亩。保障无房户、危房户建房用地指标需求，全县农民建房专项新增建设用地指标176亩；完成农村建房审批3277户，其中无房户1145户、危房户2132户。完成“一乡一所”建设，调整6个中心所，重新设立11个国土所、3个国土分局，均已独立挂牌办公。

6月5日，世界环境日宣传活动 （伍小亮 摄）

是年，县国土资源局被县委、县政府记集体三等功一次，被县“两办”评为全县党委系统信息工作先进集体、政务信息工作先进单位、县信访工作目标管理考核优秀部门。吴素贞被评为常山县第二届“项目功臣”，江明被评为常山县第二届“攻坚干将”，徐雪梅被评为常山县党务系统信息工作先进个人、常山县政务信息工作先进个人。

【严格节约集约用地】 2015年，常山县落实最严格的节约用地制度，深入实施亩产倍增行动计划。加强项目批后监管，推进城镇低效用地再开发，完成开发区节约集约用地评价和城镇低效用地再开发规划成果编制并通过省国土厅验收备案。完成盘活存量用地868亩，城镇低效用地再开发158.67亩，消化批而未供土地2221亩，闲置土地率为零。

【推进“812”土地整治工程建设】 2015年，县国土资源局在全县落实“占优补优”耕地占补平衡新政策，垦造耕地县级验收116个，新增耕地面积5655.83亩；完成农村土地综合整治项目立项8个，总规模737.43亩；完成高标准基本农田项目建设面积1.15万亩。球川镇西村村及金川街道十五里村等2个项目总面积1469.18亩，成为全省“旱改水”耕地质量提升示范项目。

**【土地市场管理】** 2015年，全县完成供地33宗，面积362.48亩，出让金、划拨总价款8871.06万元，其中工业用地4宗、66.19亩，划拨供地20宗、199.4亩，经营性用地9宗、96.89亩。完成国有土地使用权二级市场交易731宗，土地面积19394.83平方米；其中日常交易642宗，划拨转出让交易89宗，共补缴土地出让金202万元。推进土地储备及融资平台建设，严格按照年度储备计划配合县城市建设投资有限责任公司完成土地收储136.62亩，协助各园区收购土地5宗、计69.12亩。

**【国土资源执法监察】** 2015年，县国土资源局联合安监、交通、公安等部门，集中力量开展打击非法采矿专项整治活动，开展非法采矿点巡查210余次，发现并制止矿产违法行为25起，其中证据保全17台挖掘机，对赖仕伟非法开采矿产资源案等4宗非法采矿案件进行行政处罚，配合公安对芳村修书非法盗采石煤案进行刑事立案查处。4月30日，全县违法建筑防控工作会议召开，结合“无违建县”创建活动，落实土地执法监管共同责任机制，巩固深化“无违建县”“三改一拆”工作成果，公开曝光国土资源违法案件5起。

**【矿产资源管理】** 2015年，县国土资源局推进阳光矿政建设，深入实施采矿权人信用信息管理制度，严格控制经营性采矿权数量49个，收缴各项规费合计7379.85万元。完成南方水泥有限公司辉埠石灰岩矿二期协议出让及球川镇九都毛竹山坪建筑用辉绿岩矿挂牌出让，开展城东地热勘探项目钻探前期准备工作，钻探进度1500米。重点加强矿山生态环境治理，开展矿山粉尘防治专项行动，实现全县50%在产矿山粉尘达标排放。完成2个县级绿色矿山建设及130个废弃矿井治理。东案乡金源叶蜡石、球川镇后弄村、紫港街道特畈村等4个项目成功列入省国土资源厅地矿治理盘子，获专项治理资金2219.08万元。

**【地质环境保护和灾害治理】** 2015年，县国土资源局完成青石镇周家坞村、新昌乡对坞村、大桥头乡莲塘村等3处避让搬迁15户计45人。对紫港街道外港村、青石镇桥亭村等6处地质灾害隐患点进行工程治理，减少威胁人数135人。完成农村山区地质灾害调查评价野外验收工作。组织2015年地质灾害培训及应急演练，累计发布地质灾害预警预报短信25次12500余条，出动地质灾害应急专家10次20人。全年未发生一起地质灾害责任性伤亡事故。

**【地籍管理】** 2015年，县国土资源局办理共土地使用权登记3499宗，其中国有土地使用权登记2404宗，面积194.85万平方米；集体土地使用权登记1095宗，面积11.04万平方米；办理查封登记68宗；抵押登记88宗，面积138.67万平方米，抵押金额13.86亿元。全县农村宅基地确权登记发证率93.32%。开展地籍档案清理工作，新录入未进系统的宗地属性9.8万余宗，清理地籍档案12.52万宗。

**【征地拆迁】** 2015年，县国土资源局落实征地拆迁“阳光工程”建设，指导杭新景高速公路、048省道改建、九景衢铁路、常一中迁移、石博览园地块、湖东市场地块、城东新区、第三医院等重点项目征迁工作，实际征地624.31亩。做好被征地农民基本生活保障，维护被征地农民合法权益，办理《常山县村集体被征土地审核表》《常山县村集体留地发展空间审批表》70份，涉及农业人口4803人；办理被征地村留地发展空间兑现政策9个村。

**【国土资源改革创新】** 2015年，县国土资源局开展进村申报受理、入户发证等便民措施推进便民办证服务工作，下村服务65次，累计开展上门服务500余户；主动协调，加快工作进度，制定全县不动产登记实施方案，牵头完成不动产登记职责、机构整合工作，推进不动产统一登记工作。

**【国土资源信访】** 2015年，县国土资源局严格落实领导信访接待日制度、风险评估制度、信息反馈信访答复制度等，开展矛盾纠纷大调解，维护群众权益和社会稳定。收到信访信及走访132件，已办结126件，办结率95.45%；正在办理6件。全县涉土涉矿初信初访及时受理率100%、一次性解决率95%、息诉息访率90%以上，全部按时办结。实现“零进京和零集体赴省上访”目标，无新增省国土资源厅挂牌的信访积案。

（徐晓萌、徐雪梅）

## ·矿产资源整治

**【概况】** 2015年，在县矿产资源整治领导小组的统一指挥下，县矿管办会同辉埠镇、经信、环保、市场监管、国土、安监、财政、交通等部门继续开展以整合矿山、淘汰石灰立窑、改善交通运输环境、加快产业转型升级、提升企业发展环境等为主要内容的“蓝天三衢”生态治理工程，推进矿产资源整治提升工作，优化生态环境。

合力完成石灰立窑、石灰钙生产线淘汰工作。县矿管办根据“蓝天三衢”生态治理工程三年计划，完成1孔立窑、2条石灰钙线的关停淘汰工作。牵头召开全县专题工作会议18次，制发会议纪要3份；牵头成立联合攻坚小组，组织现场宣传监督，协调各有关单位开展专项攻坚。督促轻钙企业完成环境整治验收工作，完成16家轻钙企业的整治验收。处理立窑整治中产生的信访，化解矛盾纠纷，引导群众理性表达诉求，做好立窑整治过程中上访对象心理疏导工作，共接待上访对象12批次、78人次，完成信访答复1件。常山县“蓝天三衢”生态治理工程三年计划累计完成83孔立窑、142条钙线的关停淘汰工作。

**【推进矿山整合提标】** 2015年，县矿管办继续配合开展大柴坞矿山重组工作，开展马鞍山矿山第二期出让工作，推进矿石生产供应，保障下游企业矿石需求。协同辉埠镇政府和县泰安矿产经营有限公司实施优矿优用、定向定量政策，规范矿石供应秩序。从常山县南方水泥有限公司、浙江中兴矿业有限公司分别调出50万吨、20万吨优质矿石，满足市场需求，实现优矿优用。加强石灰石矿山源头治理，督促各矿山建立监控、称重设施，规范开采加工秩序。定期巡查石灰石矿山，严厉打击石灰石矿盗采行为。

**【石灰石破碎加工企业整治】** 2015年，县矿管办成立石灰石破碎企业（生产线）整治工作领导小组，制订整治方案，全力开展整治工作。责令关停石灰企业附属破碎生产线5条、非法生产的石灰石矿破碎生产线2条；停产整治非煤矿山附属破碎生产线7条；重组5家持证合法破碎企业为1家，投资4000万元新建年产400万吨的大型先进破碎设备，已进入项目选址阶段；整改提升水泥企业附属破碎设备4台，开展6家轻钙企业附属破碎设备整治验收。

**【常辉线涉矿产品运输道路交通整治】** 2015年，县矿管办继续开展常辉线涉矿产品运输道路交通整治，健全长效管理机制，协调辉埠镇、县交通局、县交警大队等单位，开展现场联合执法4次，督促检查矿石外运工作。同时，实施涉矿车辆密闭装置改装工作，推行标准化运输，有效遏制涉矿产品运输“跑冒滴漏”现象。

（陈国俊）

## 环境保护

**【概况】** 2015年，县环保局以贯彻实施新修订的《中华人民共和国环境保护法》为契机，以守住发展和生态“两条底线”为原则，全面贯彻“实力工业、休闲城市、美丽乡村”发展战略，以改善环境质量为目标，以促进转型升级为重心，以推进机制创新为动力，统筹推进全县生态环保各项工作，有效提升城乡生态环境质量。以2014年度环境统计数据库为基础，按照标准划分县控企业名单，确定2015年县级环保重点监控企业45家，其中废水重点监控企业13家、废气重点监控企业20家、危废重点监控企业11家、集中式污水处理厂1家。按照市政府下达的2015年主要污染物减排任务（化学需氧量2%、氨氮3.3%、二氧化硫3.6%和氮氧化物4%），精心谋划减排项目，排定常林纸业造纸线关停、维谷养殖整治等减排项目13个。出动环境执法人员1300多人次，检查企业400多家次，立案查处65起，处罚金额132万元。依据《中华人民共和国环境保护法》配套措施，实施全省首例按日计罚案1件。积极落实排污申报制度改革，严格按照排污费征收全程信息化管理的工作要求，全面推行排污动态申报，确保排污费全面、及时、足额征收，全年征收1000多万元。修订《常山县化工园区环境污染事故应急预案》，完成15家重点企业各类应急预案制定工作并实行专家评审制度。配合参加1起地震事故应急演练（桌面推演）。妥善处置1起因生产引发的突发环境事件，1起因道路交通事故引发了环境事件，全县未发生重特大环境污染事故或因环保问题引发的群体性事件。全县淘汰943辆黄标车，超额完成2015年的目标任务（841辆），完成率112.13%。新增10套污染源自动在线监控系统和20套视频监控系统，并与市智慧环保平台实现联网，有效提升了环境监管智慧化水平。加大对芙蓉水库、千家排水库和常山港饮用水源保护区周边排查整治力度。投入30多万元，开展芙蓉水库饮用水源保护区隔离工程建设，进一步隔绝污染源，确保饮用水水源地安全。同时，开通进入保护区短信提醒业务，形成人人参与水源保护的良好氛围。接受各类环保来访来信来电投诉499（件）次，处理率100%，结案率100%，辖区内无因环境污染而造成群体性上访事件的发生。

是年，常山港流域地表水质100%符合水功能区要求；出境水质达标率100%；饮用水源地水质100%符合要求；区域环境噪声符合55分贝的要求；常山县城区环境空气有效监测天数345天，优良天数合计302天，优良率87.5%，高于全省平均值（85%）和全市平均值（87%），比2014年的优良天数（81.8%）增加了5.7%。PM2.5均值为45微克/立方米，比2014年（55微克/立方米）下降18.2%。全面完成“十二五”减排任务，有效腾出发展空间。天马街道天马村成功创建第五批浙江省生态文明教育基地，成为常山县首个省级生态文明教育基地。

**【成功创建省级“清三河”达标县】** 2015年，常山县全面落实河长制，扎实开展水环境综合整治，重点推进“三河”整治清理，成功创建省级“清三河”达标县。其中，马车溪的环境整治作为常山的“样板”得到了省、市领导的高度肯定，《浙江日报》也对马车溪的整治进行了专题报道。

**【环境质量自动监测系统】** 2015年，常山县第二个微型水质自动监测站龙绕溪水站建成并投入运行，这项工作走在全市乃至全省的前列，《浙江日报》《衢州日报》头版头条对这一工作进行了宣传报道。同时，为实时掌握常山县整体环境空气质量，县环保局在球川镇红旗岗建设1个环境空气质量自动监测站及负氧离子在线监测设施，完成自动监测站的工程招投标、土建装修等工作。

**【“蓝天三衢”生态治理工程】** 2015年，常山县关停淘汰石灰立窑83孔、石灰钙生产线142条、氢氧化钙生产线59条，此项工作得到副省长熊建平的批示肯定。同时，县环保局督促全县化工、轻钙等相关整治企业严格按要求完成各项整治任务，整治工作顺利通过市污染整治办的区域整治验收。

**【在全市率先推进排污权交易工作】** 2015年，常山县在全市率先推进排污权交易工作，扩大初始排污权有偿使用费征收范围。截至年底，全县共有化学需氧量等四个主要污染物指标计10326.5吨被申购，其中化学需氧量182.1吨、氨氮20.8吨、二氧化硫1057.4吨、氮氧化物9066.2吨，合计申购金额达1616万元，申购金额全市排名第二。

**【“第三方”环保监管】** 2015年，县环保局通过公开招标，将全县2个空气自动监测站和3个水质自动监测站委托给杭州绿洁水务有限公司运维托管，有效提高环境质量自动监测系统的管理水平，确保在线监测设备运行的稳定性。

**【环境监管网格化】** 2015年，常山县以各乡（镇）、街道、开发区为单位，划分为15个大网格，依法明确环境监管职责，实现环境监管全覆盖，提升环境保护工作效能。

**2015年常山港控制断面水质主要监测项目情况统计**

**表16** 单位：毫克/升

| 项　目 | 高锰酸盐指数 | | | | 氨　氮 | | | |
|---|---|---|---|---|---|---|---|---|
| 断　面 | 溪　东 | 枧　头 | 富足山 | 招　贤 | 溪　东 | 枧　头 | 富足山 | 招　贤 |
| 测值范围 | 1.0～1.9 | 1.0～2.5 | 0.7～3.0 | 1.2～2.0 | 0.044～0.176 | 0.050～0.490 | 0.059～0.964 | 0.048～0.260 |
| 年平均 | 1.3 | 1.52 | 1.8 | 1.5 | 0.115 | 0.164 | 0.234 | 0.160 |
| 年均水质情况 | Ⅱ类 | Ⅱ类 | Ⅱ类 | Ⅱ类 | Ⅱ类 | Ⅱ类 | Ⅱ类 | Ⅱ类 |
| 水功能区要求 | Ⅲ类 | Ⅱ类 | Ⅲ类 | Ⅲ类 | Ⅲ类 | Ⅱ类 | Ⅲ类 | Ⅲ类 |

**2015年常山县城区环境空气质量统计**

**表17** 单位：毫克/立方米

| 项　目 | 测值范围 | 平　均 |
|---|---|---|
| 二氧化硫 | 0.015～0.035 | 0.020 |
| 二氧化氮 | 0.020～0.052 | 0.033 |
| 可吸入颗粒物 | 0.051～0.124 | 0.079 |
| 一氧化碳 | 0.5～1.1 | 0.8 |
| 细颗粒物 | 0.026～0.080 | 0.045 |
| 臭氧 | 0.043～0.091 | 0.072 |

（蓝朱妍）

# 综合管理与监督

## 发展和改革

【概况】 2015年，县发展和改革局把握稳中求进、以进促稳的经济新常态总基调，坚持创新驱动、内生增长、绿色发展，开展重大项目全面督查，专项督查，梳理出10类68个难题，联合督考办发布《2015年重点建设项目要素保障难题破解交办事项》。全县新增省重点建设项目10个，排名全市第一。列入省2015年扩大有效投资“411”重大项目9个，排名全市第二；列入2015年省重大产业项目2个，其中紫晶矿业获省重大产业项目77亩用地指标奖励；列入省循环经济“991”行动计划2015年度重点支持和实施计划项目2个；列入2015年省重大工业项目计划5个。全县121个重点项目累计完成投资86.08亿元，完成年度计划的100.36%。其中，25个省重点项目完成投资28.32亿元，完成年度计划的116.17%；39个市重点项目完成投资45.46亿元，完成年度计划的120.01%。钱塘江治理工程常山段一期工程、杭新景高速公路常山段建设工程、浙江常林特种纸业有限公司半透明纸及特种湿涂布广告卡纸项目等大项目完成较好。实现生产总值111.3亿元，比上年增长7.8%；公共财政预算收入8.7亿元，增长12.3%；固定资产投资117.6亿元，增长14.1%；社会消费品零售总额54.8亿元，增长11.2%；外贸进出口总额2.1亿美元，增长18.1%；农民人均可支配收入15333元，增长10.0%；城镇居民人均可支配收入28126元，增长8.6%；人口自然增长率为6.2‰；城镇登记失业率控制在2.99%。

优化投资项目审批。对投资审批事项进行再清理，实现审批事项全部进驻行政服务中心。保留行政许可4项，调整26项，取消2项；保留非许可审批事项1项，调整13项，暂停1项，取消3项。审批事项较梳理前精简80%，行政许可事项承诺审批时限提速90%。2015年累计审批项目49个，总投资9.43亿元；核准项目1个，总投资0.81亿元；备案项目108个，总投资100.39亿元。

深入实施强镇扩权。围绕县委、县政府关于加快“三镇”建设的政策意见，梳理下放工程初步设计审批、政府投资项目审批等4类扩权事项，约占原行政许可事项的75%。

与省、市及周边县（市、区）同步开展公务用车改革工作。出台《常山县公务用车制度改革工作方案》，建立县车改工作领导小组及其“一办四组”办事机构，完成县级机关及参照公务员法管理的事业单位和乡镇涉及车改的相关统计工作，并建立数据库。

创新投融资体制改革。在城市基础设施建设、学校基础设施、保障房建设、康复养护、旅游等方面首批推出17个PPP模式建设项目库，计划总投资84.7亿元，引导鼓励民间资本参与政府投资项目的建设、运营。

**【常山县国民经济和社会发展第十三个五年规划编制】** 2015年，县发展和改革局全力推进常山县国民经济和社会发展第十三个五年规划（简称“十三五”规划）的编制工作。“十三五”规划的“基本思路研究”经4次大幅修改，有关重大课题多次向县四套班子汇报和修改完善。县委、县人大常委会、县政府、县政协多次召开专题会议听取“十三五”规划工作情况汇报。经征求各方面的意见，从32个专项规划中确定18个重点专项规划全力推进。吸收城乡和土地两大空间规划成果，注重加强生态文明建设，深度融合各专项规划，形成“一本规划”和“一张蓝图”；结合县委提出的《“十三五”规划建议》和县委全会工作报告，融合形成既承接上级“建议”精神，又体现常山实际和特色的“十三五”规划。安排“十三五”规划重大项目、重大工程210个，包括交通、城市基础设施、园区和功能区平台基础设施、现代服务业（旅游）、农林水（五水共治）、社会事业、能源、工业共八大类，总投资1347.49亿元，“十三五”期间计划投资960.27亿元。筛选出“十大基础设施工程”“十大农林水项目”“十大工业项目”“十大服务业项目”“十大民生事业项目”共“五个十大”重大专项项目。

**【争取特色小镇示范创建试点】** 2015年，县发展和改革局主动服务推进特色小镇建设，做实前期，跟踪对接，根据产业特色、申报要求、考核指标等内容完善项目方案。共谋划6个特色小镇，常山赏石小镇（青石镇）成功入列全省首批37个特色小镇创建名单，赏石小镇、江南钙谷小镇、健康养生小镇列入市级特色小镇创建名单。11月，全市特色小镇谋划培育建设推进现场会在常山召开。

**【争取省级园区循环化改造示范试点】** 2015年，县委、县政府成立常山县园区循环化改造推进工作领导小组。县发展和改革局完成《常山工业园区循环化改造示范试点实施方案》编制工作，筛选出循环经济类、园区基础设施类等循环化支撑项目34个，总投资43.62亿元。经省发改委和省财政厅组织的专家评审，浙江常山工业园区成功入选第三批浙江省循环化改造示范试点园区名单。年底，首批1190万元补助资金下达至县财政。

**【争取球川镇列入省级中心镇示范试点】** 2015年年初，县发展和改革局做好球川省级中心镇争取工作，引导县有关部门、球川镇主动与省发改委对口部门联系对接，推进“强镇扩权”。4月，经省财政厅、省发改委、省建设厅等多部门联合评审，球川镇作为生态发展型中心镇，成功入选浙江省中心镇建设6个示范镇试点单位，成为衢州市首个省级生态发展型中心镇。年底，4000万元中心镇专项资金下达至球川镇。同时，国家重点生态功能区申报工作有序推进，赴国家发改委对接4次，省发改委对接10次以上。

**【新能源产业发展】** 2015年，县发展和改革局开展常山县“十三五”能源专项规划编制工作，筛选、谋划30多个能源项目保障规划实施。推进“同景光伏”项目、辉埠燃煤热电联产和分布式光伏项目建设，主动上门服务，与相关部门协调，为项目指标、管道通行、方案评审等提供帮助。“同景光伏”项目完成投资3.02亿元，30MWP全部建成发电；辉埠燃煤热电联产和分布式光伏项目完成投资1.6亿元。建立健全油气管道安全保护长效管理机制，每季度至少开展一次以上专项检查，消除各类隐患点14处。编制《常山县清洁能源示范县实施方案》，制定出台《常山县分布式光伏招商管理办法》等政策文件。

（廖　颖）

## 行政审批服务

**【概况】** 2015年，县行政服务中心共办理事项10万余件，按期办结率100%，即办率76.2%，群众测评满意率99.8%。7月，全面推行企业登记“五证合一”；8月，出台《关于打造村级（社区）便民服务中心升级版的通知》；做好场地改造、相关设备配备、人员进驻等各项工作，县农村产权流转交易服务中心于8月28日正式投入运行。依托浙江政务服务网平台建立了常山县行政审批中介服务网；开通浙江政务服务网常山平台，实现行政审批网上“一站式”运行。

**【深化商事登记制度改革】** 2015年7月，县行政服务中心推行企业登记“五证合一”，由市场监管部门综合受理窗口一窗收件，质监、国税、地税、人力社保、统计等部门并联审批，由市场监管局统一核发加载注册号、组织机构代码证号、税务登记证号、社会保险登记证号和统计登记证号的营业执照。从10月1日起，推出“一照一码”，新设立企业、变更企业领取由工商部门发放的加载法人和其他组织统一社会信用代码的营业执照，无需再由工商、质检、税务三部门分别核发不同证照，在方便群众办事的同时大幅提高行政审批效率。

**【打造村级便民服务中心升级版】** 2015年8月，县委办公室印发《关于打造村级（社区）便民服务中心升级版的通知》（常委办〔2015〕73号），探索推行以农信联社为第三方机构参与的村级（社区）便民服务中心“政企社共建”模式，推进农信联社“好邻居·丰收小站”进驻村便民服务中心，整合资源，推进村级（社区）便民服务中心在服务环境、服务功能、服务方式、服务队伍等四个方面实现升级。全县188个行政村（社区）已建成70个示范型村、71个标准型以及47个普通型村级便民服务中心，超额完成市委、市政府下达的年度考核任务。

**【实现行政审批网上“一站式”运行】** 2015年，县行政服务中心做好权力运运行系统应用的业务培训和指导。全县31个县级部门的235项审批事项，可以通过浙江政务服务网常山平台进行网上申报直接办理审批或者对上报相关资料进行预审，承诺件时间提前率84.86%，审批提速83.5%。同时，依托乡、村两级便民服务中心，将行政权力运行系统向基层延伸，常山县人口计生再生育审批及办证进驻浙江政务服务网。

**【开通网络版“中介超市”】** 2015年，县行政服务中心依托浙江政务服务网平台建立常山县行政审批中介服务网，建立“公平、公开、规范、高效”中介服务平台，已有121家中介机构进驻，能提供24项前置中介服务，实行“项目单位自主委托、中介机构公平竞争、自主匹配择优推荐”的全新服务模式，项目业主可以通过中介服务网进行直接选择或发起竞价。截至年底，全县通过中介服务网发布并竞价成功的服务项目达14件，服务价格大幅降低，服务效率和服务质量大幅提升。

（郑小琴）

## 公共资源市场化配置监督管理

**【概况】** 2015年，常山县公共资源市场化配置监督管理办公室（简称县监管办）、县公共资源交易中心开展进场公共资源交易活动981次，交易金额8.9亿元。其中，建设工程项目招投标（含非公有制企业直接发包）298次，预算造价93240.7万元，中标价79803.0万元，降低造价13437.7万元，资金节约率14.4%；举行政府采购564标次，预算价6449.4万元，中标价4962.3万元，节约资金1487.1万元，资金节约率23.1%；国有土地拍卖24宗，起拍价1446.5万元，成交价3581.7万元，增加2135.2万元，增幅147.6%；国有资产拍租95宗，起拍价292.4万元，成交价341.1万元，增加48.7万元，增幅16.7%。

县监管办加强建设工程项目招投标监管。制订《常山县政府投资工程建设项目建设单位合同履约管理职责规定》(由县政府办印发)，明确业主单位对政府投资工程建设项目的施工、监理等主体执行工程建设法律法规和合同履行等情况进行检查和管理的职责；同时配套出台《施工项目业主管理手册》，将专业化的施工管理内容转化成简单的操作表格，便于业主对合同履约情况进行管理。县监管办会同相关行业行政主管部门，先后多次对全县范围内在建的中标价200万元以上的政府投资建设工程项目进行合同履约管理专项检查。针对存在问题，对违规企业和人员做到即查即处理，下发文件对2家违规企业给予记录不良行为并网上公告的处理；对7家违规企业分别给予取消其六个月至一年内进入常山县公共资源交易中心交易资格的处理；对7家施工企业、2家监理企业给予通报批评的处理；对20个存在问题的项目发出整改通知书；由行业主管部门对4家企业进行约谈；对部分总监及项目经理进行通报批评。

县监管办获“2015年全市公共资源市场化配置工作综合考核先进奖”。

**【利益导向引进优质施工企业】** 2015年，县监管办在总结原评标办法的出台背景、应用效果的基础上，对评标办法进行全面修订，房建及市政工程评标活动引入资信分，设立企业资质、财政贡献、守合同重信用、创优夺杯、受表彰情况、受处罚情况等6项评分依据，分值比例占3%，并实行动态管理。新的评标办法实行后，优质施工企业中标率明显上升，引导企业诚实守信、做大做强。

（唐必明）

## 物价管理

**【概况】** 2015年，县物价局贯彻落实全省价格工作会议，在社会民生和环境资源等领域全面推进价格改革，先后开展水价综合改革、民办教育收费改革、非居民用户天然气价格联动机制改革。根据《浙江省定价目录(2015版)》，对此前制定的商品和服务价格文件进行清理。停止行政事业性收费许可证核发及收费年度审验，建立并公布“常山县行政事业性收费单位清单”和“常山县行政事业性收费目录清单”。参与“智慧价格”建设，将312个涉及价费政策的文件全部编辑整理后上载至智慧价格文件库，将10大类涉及民生的重要商品或服务的具体价格标准制成表格公开发布。推进价格认证中心工作职能转型，价格认证中心于6月份正式停止对外承接中介评估，转为专司纪委监察、司法、行政机关执法活动涉及的需要进行价格确认的案件。强化价格行政执法，全年查办案件2件、受理价格举报和咨询件58件，其中价格举报件22件、咨询件36件。实行经济制裁总金额4.86万元，其中上缴国库4.84万元，退还用户0.02万元，办结率100%。推动价格公共服务常态化，简化涉案物品价格认定流程，为平安常山建设提供价格服务，全年受理涉案、涉税认定、咨询113件，标的金额1.2亿元。强化市场价格动态监测，对“菜篮子”“米袋子”“油瓶子”“气罐子”等民生商品价格进行监测预警，科学运用价格监测数据，及时提出预警建议。开展成本调查，为政府制定政策服务，完成存售粮、农资购买、种植意向、早籼稻、晚籼稻、油菜籽、生猪7项农产品成本调查和赵家坪第二期农房改造集中安置房、芳村镇农民安置住房开发成本、紫港中学教学、城市供水、城市污水5项商品和服务价格成本监审。

**【水价综合改革】** 2015年，常山县城市居民生活用水价格从1.10元/吨调整到1.45元/吨；“一户一表”用户按1：1.5：3的比例实行三档阶梯式水价；建立非居民生活用水差别水价制度和超计划累进加价制度。对超计划用水累进加价，用水超计划20%（含）以下部分，按执行水价的1倍缴纳；超计划20%以上、30%（含）以下部分，按执行水价的2倍缴纳；超计划30%以上部分，按执行水价的3倍缴纳的标准征收。

**【常山育才中学学费调整】** 2015年，常山育才中学的学费、住宿费基准价格为每学期4000元/生，学生公寓住宿费基准价格为每学期400元/生，允许学校在20%幅度内确定具体收费标准；常山育才小学的学费基准价格为2580元/生·学期，学校可在10%幅度内确定具体收费标准。

**【公办幼儿园收费调整】** 2015年，常山县公办幼儿园幼儿保教费收费标准调整为：省一级380元/人·月，省二级290元/人·月，省三级200元/人·月，准办园及以下110元/人·月。3周岁以下幼儿的保教费收费标准可按相应等级标准最高上浮10%；实行小班化教学试点的报经县价格、教育部门同意后，保教费可按相应等级标准最高上浮10%。

**【非居民用户天然气价格联动机制建立】** 2015年，县物价局规定，当上游天然气价格调整时，非居民用户天然气销售价格可作相应同向调整。具体联动计算公式为：非居民用管道天然气最高销售价格＝现行最高销售价格＋（计算期天然气到常山县门站价格－基期天然气到常山县门站价格）÷（1－输气管网损耗率）。其中，输气管网损耗率按实核定，上限为5%，近三年审定值为3%。联动机制建立后，已连续2次下调常山县非居民用管道天然气最高销售价格，从年初的每立方米4.71元降低到3.61元，下调幅度累计1.10元/立方米。

**【价格认证中心职能转型】** 2015年，县物价局根据《关于规范价格鉴证机构管理意见》（国清〔2000〕3号）规定，县价格认证中心逐步退出社会中介评估服务，自6月份起正式停止对外承接中介评估，专司纪委监察、司法、行政机关执法活动涉及的需要进行价格确认的案件。

**【全面清理价格文件】** 2015年，县物价局根据《浙江省定价目录》（2015年版）规定，对此前制定的商品和服务价格文件进行清理。自9月1日起，废止《常山县物价局关于调整民用爆炸物品配送服务费标准的批复》等9个有关商品和服务价格文件。

**【停止行政事业性收费许可证核发】** 2015年，县物价局全面停止行政事业性收费许可证核发及收费年度审验工作，建立并公布“常山县行政事业性收费单位清单”和“常山县行政事业性收费目录清单”，要求收费主管部门将本系统具体实施收费的单位名单在网站上向社会公布，对未进入网上公示名单的收费单位，被收费对象可以拒绝向其缴纳费用。

（徐先宏、郑书明）

## 审计工作

**【概况】** 2015年，县审计局完成审计及审计调查项目104个，查处管理不规范金额1.04

亿元，查处违规金额3668万元，移送案件线索6起，核减政府投资额3692万元。推动行业系统政策、法规“废改立”4项，推动县级层面、被审计事项的行业主管部门和被审单位体制、机制创新优化26项，推动解决“老大难”或历史遗留问题5项。

完成2014年度财政预算执行审计与全部政府性资金专项审计调查。重点关注财政存量资金规模和结构、财政专项资金使用绩效、财政政策措施落实和绩效情况，将传统审计与计算机审计、送达审计与抽查延伸相结合，实现从审计范围、计算机辅助、成果运用上的新突破。提出10余条审计建议，追回财政资金200万元，发挥公共财政资金“守护者”的作用。

建立健全审计成果利用机制，密切与纪检、监察、组织、人事、财政等部门的协调配合，资源共享，形成监督合力。完善与纪检监察部门的协作配合机制，定期召开查办案件协调会，将发现的违纪违规线索及时移送纪检监察机关，纪检监察机关及时审核受理及时反馈。全年通过审计发现问题60多项，移送案件线索6起，8名公职人员受到不同程度党纪、政纪处分。

出台《常山县审计局“积分制”绩效考核实施细则》，通过细化分值、量化考评、动态考核，作为年终个人评先定优的直接依据，深化“凭实绩论英雄”“以业绩排名次”的考核导向，实现审计队伍精细化管理。同时，注重审计干部能力培养，组织参加审计业务培训、高级会计师培训等各类培训10余次，以“内培外训”形式优化审计人员知识结构，提升职业素养。

**【首次聘用个人中介协审政府投资项目】** 2015年，县审计局首次聘用个人中介协审政府投资项目，修订完善中介考核管理办法，实现单位中介与个人中介的优势互补，使送审项目的审计周期平均缩短20天，审复误差率控制在3%之内，全年共完成政府投资项目结算审计96个，送审金额4.84亿元，审定金额4.47亿元，核减政府投资额3692万元，核减率7.7%。

**【建立整改问题清单和销号制度】** 2015年，县审计局建立整改“问题清单”和销号制度，从审计回访、整改督查、联合跟踪、整改问责入手，整改一项，销号一项。全面启动多部门参与的联合督促整改机制，将审计整改情况纳入到县党风廉政考核，着力推进审计整改，确保审计监督成效。全年完成对11个审计报告60多项问题的整改督查，整改率超过90%。

（方剑芸）

## 统计工作

**【概况】** 2015年，县统计局加强对经济社会重点热点难点问题的专题研究，定期开展经济发展形势调研活动，及时分析掌握经济运行中的新情况、新问题。季度经济分析报告为县委、县政府和有关部门正确分析判断形势提供重要依据，月度和专项分析及时对发现的新问题提出预警。提早准备将电商纳入统计平台，走在全省前列。开展“十二五”时期常山经济社会发展系列评价分析工作，对“十三五”时期主要经济指标进行测算、分析。完成反映转型升级、结构优化、投资困难、低收入情况等专项报告。完成49期《常山统计》简报，有4篇信息分析得到领导批示，4篇情况反映专刊及时为领导排忧解难；完成党政、综合、专业、舆情等各类信息100余条，其中被省统计局采用的有10条、被市统计局采用的有23条。在应对“26县”考核中，按月加载“26县一套表”数据平台，每月收集二类13个县的考核数据，做好排位趋势分析，提供县领导参阅。每月收集、整理市对县考核、“百个乡镇分类争先考核”等各类考核数据，及时掌握全市基本情况，并通过数据动态分析，提出对策建议，为县领导科学决策提供依据和参谋。着力破解统计执法环境不佳的问题，加强执法检查的计划性，制定年度统计稽查计划，将执法检查任务分解落实到3个检查小组，就工业、房地产、劳动工资、贸易、服务业、农业等专业对42家企事业单位进行稽查，100%完成市局下达的任务。

**【常规统计较好完成】** 2015年，县统计局较高质量地完成了全县工业、投资、商贸、城镇住户调查等专业月报和服务业、农业、农村住户调查、劳动工资、工业企业景气调查等专业季报工作；有序推进规模以下工业、粮食生产安全统计监测、“平安浙江”、劳动力调查、1%人口抽样调查等工作。

**【主动服务特色小镇监测】** 2015年，青石“赏石小镇”开建后，县统计局坚持主动作为，加强指导、协调，围绕当年固定资产投资任务，主导召开“赏石小镇”固定资产投资统计协调会，加强统计监测业务的研阅、学习，向县委、县政府参谋建议固定资产投资形势不容乐观等问题，受到“赏石小镇”领创领导（县人大常委会主任徐建华和常务副县长夏建军）的批示肯定。经常会同青石镇党政评分领导分析、谋划固定资产投资的时序，为青石“赏石小镇”完成年度的固定资产投资任务奠定了良好的基础。

**【恢复五大统计联席会议制度】** 2015年，县统计局全面恢复GDP核算、工业经济、固定资产投资、服务业和基本名录库等五大联席会议制度，注重与税务、发改、服务业办、经信、督考办等相关部门抓好数据信息共享，在数据共享中实现统计工作规范化。与县经济和信息化局初步形成“数据诉求—数据基础—数据分析—数据定型”的合作链条，统计数据的全面性和权威性有所增强。

**【借力提升专项调查水平】** 2015年，县统计局在消除4600现象、粮食种植面积监测等专项调查方面，调查结果与省、市统计部门共享，对常山县的工作查漏补缺。借力省统计局能源和产值数据质量核查，借助兄弟县（市、区）和市统计局的专业力量，对全县12家工业企业的统计台账进行一次全方位的辅导。在每月、每季度的数据定位争取上，业务科抓经常性对接，分管领导抓专项对接，主要领导抓重点对接已经成为常态。

**【加强统计人员业务培训】** 2015年，县统计局对局机关中层干部和专业岗位进行优化组合，有重点地开展业务工作点评，实行AB岗负责制，推行统计师带徒制度，抓好业务上的传承学习。组织所有中层干部参加山东大学业务培训。选送乡镇（街道）统计员到嘉兴学院进行统计业务培训。举办各类统计业务培训8期，近千人次受训。开展村辅调员的大走访、了解和检查工作。遴选工业企业台账先进单位和统计员，逐步形成规范的台账标准。

（占慧臻）

## 市场监督管理

**【概况】** 2015年6月29日，原常山县质量技术监督局归并至常山县市场监督管理局（以下简称县市场监管局），正式实现原常山县工商行政管理局、原常山县食品药品监督管理局、原常山县质量技术监督局“三局合一”并挂牌。7月初，县市场监管局机关综合科室实现集中办公。11月底，《关于常山县市场监督管理局主要职责内设机构和人员编制规定的通知》正式印发（常政办发

〔2015〕14号）；县市场监管局及时将药品、医疗器械、食品、餐饮等业务科室的日常监管职能逐步下移到基层所（分局）；将基层所（分局）年轻干部交流至局机关业务科室，通过交叉轮岗提升年轻干部业务能力。

2015年，县市场监管局围绕县委、县政府“美丽乡村、休闲城市、实力工业”战略，正确把握面临的新常态、新形势，以改革为突破口，以服务发展和强化监管为主线，全方位推进市场监管各项工作，在机构整合、优化服务助推经济转型升级、加强食药安全监管、商标品牌培育、“质量强县”建设、服务政府中心工作、服务民生实事工程、维护市场秩序稳定取得一系列成绩。规范市场经济秩序，以常山胡柚品牌、食品药品等行业为重点，开展“利剑”系列执法行动，立案查处各类违法违章案件59起，其中食品案件25起，药品案件5起，大要案15起，罚没款55万余元，侵权常山胡柚包装箱6800多只。拓宽消费维权网络，抓好消费维权基层网络建设，建立消费维权“绿色通道”，发展消费维权义工队伍，构建起社会化消费维权体系，调处一批重大疑难消费纠纷。对民生领域重点商品加大抽检力度，先后组织农资化肥、燃油质量等专项抽检。抽检重点商品44批次，受理消费申诉129起、举报43起，为消费者挽回经济损失8.9万元。开展无照整治，排摸各类无照经营户601户，规范办照298户，发限期整改通知246户、行政告诫书192份，口头告诫646次，立案查处4起，罚没款1.05万元，向相关单位抄告41份，引导办照545户。牢守特种设备安全底线，开展蓝剑3号特种设备专项执法行动，联合乡镇、经济技术开发区管委会检查企业40余家，发现一般隐患5项，发出安全监察指令书1份。开展电梯安全专项检查，将检查发现的问题以专报的形式向县政府报告，获县长毛建国的批示。

完善基层食品药品安全监管体系，开展基层食安办、食品安全协管员“轮训”；选派基层食品安全监管干部组成代表队参加全市基层食品安全工作实务知识竞赛，获竞赛第一名，并代表衢州市参加全省基层食品安全工作实务知识竞赛。整合原质量技术监督局质检所、原食品药品监督管理局食品药品检测中心以及县农业局农产品检测中心，组建县食品药品检验检测院。加强与省、市业务部门沟通对接，成功申报省食品药品监管局、省财政厅的县级检验检测资源整合以奖代补项目。保持食品药品违法行为高压严打态势，开展肉品、水产品食品安全“百日会战”等各类专项执法行动，立案查处各类食品案件12起，查处问题肉及肉制品、水产品及相关产品46千克，罚没款4万元。建立24家冷库经营单位档案，培训生产流通环节肉品及水产品经营户1000多人次。排查建档食品生产小作坊72户，监督抽检覆盖率达90%以上。按期完成柚香城与大东门快速检测室建设。

营造食品安全“社会共治”氛围，开通“柚乡食安”微信公众号，以“互联网+”新思维开展食品安全宣传，发布70余期微信推送信息，吸引关注人数超过1700人。与县教育局、《衢州晚报》小记者团合作，开展“食品安全进校园”系列活动，包括开放学校食堂、“柚乡食安”杯食品安全征文、书画比赛等多项内容，夯实校园食品安全监管基础。提升食品药品安全保障能力，全县学校大宗食品统一配送或者定点采购率93.9%，学校食堂量化分级A、B等级67.3%，饮用水城镇管网接入率94.7%，中小学生饮食安全知识知晓率85.8%以上；推进特大型、大型餐饮单位和学校食堂“阳光厨房”建设工程，完成“阳光厨房”创建10家。提升小药店管理水平，截至年底，全县有28家药店实施新版GSP认证。全面完成药械、保化抽样工作，其中药品监督性抽检100批次、评价性抽检50批次，医疗器械抽检3批次，保健食品抽检

15 批次，化妆品抽检 38 批次。

各基层所（分局）发挥“周一夜学”平台作用，由各业务科室牵头，轮流开展业务培训 30 余期。开展餐饮服务许可现场核查 267 家次，完成餐饮量化等级评定 809 家次，处置餐饮举报投诉 18 家次。

**【推进商事登记制度改革】** 2015 年，县市场监管局全面推行“五证合一、一照一码”改革，办理“五证合一、一照一码”营业执照 191 份，办理“多证联办”1379 户、“一址多照”13 户、“一照多址”1 户，办理前置改后置 966 户，涉及改置项目 1018 项。与全省同步推行企业简易程序注销登记，办理简易注销登记 4 户。建立“个转企”工作常态化、规范化和长效化机制，完成“个转企”43 户，其中公司 39 户，占 91%。指导 24 家企业在“新三板”、上海股权交易中心及浙江股权交易中心等资本市场平台上市挂牌。开通“绿色通道”，设立公司股权出质和动产抵押咨询服务窗口，安排专人提供政策辅导和注册服务，实现准入“零门槛”、服务“零距离”，办理股权出质 72 件，融资 5.5 亿元；动产抵押登记 108 件，融资 4.96 亿元。

**【培育商标品牌】** 2015 年，县市场监管局联合县农业局等部门申报“浙江省胡柚专业商标品牌基地”获认定，成为浙江省首批水果类的专业商标品牌基地。修订完善商标品牌梯级培育计划，编撰《常山县商标品牌发展专报》，为常山县商标品牌发展提供参考依据，先后获县长、分管副县长、市局分管副局长的批示肯定。截至年底，全县有注册商标 1298 件，比上年净增 120 件。

**【助推“质量强县”】** 2015 年，县市场监管局指导浙江富丽新材料有限公司申报市政府质量奖，指导县金雄有限公司、常山纺织有限责任公司申报县政府质量奖。组织常山烟草专卖局、常山供电局参加 2015 年衢州市 QC 质量成果发布会，均获二等奖。组织良友酒家、东茶科技公司申报市级先进质量管理孵化基地。将捷姆轴承、皮尔轴承等 10 家企业列入“浙江制造”重点企业的培育计划。实施标准化技术战略，开展《油茶栽培技术规程》《猴头菇生产技术规程》两个县地方标准的制订工作。

**【全力服务县委县政府中心工作】** 2015 年，县市场监管局抽调 40 名机关干部参与招贤镇、青石镇集中开展“一路一镇”“四边三化”攻坚行动，结合开展户外广告、农村菜市场提升等专项行动，排查发现无证无照经营户 89 户，拆除户外广告 258 块、店牌店招 161 块，引导 40 余家市场无照经营户办理营业执照，规范 113 家市场经营户的占道经营行为。县市场监管局被县委、县政府评为“一路一镇”工作“先进集体”，局主要领导和 5 名攻坚干部分获“攻坚干将”“攻坚标兵”荣誉称号。稳步推进定阳北路业态管理，抽调机关干部 130 余人次沿街实施常态化巡查，重点指导餐饮经营单位按照分级量化管理要求整改到位；成立老年劝导队对沿街不文明行为进行劝导，解决占道经营、路边自制中餐等问题 17 个，统一更换广告牌 15 块；与常山电视台合作推出“曝光台”专题栏目，定期曝光定阳北路沿街不文明经营行为。狠抓点将招商、驻点招商，加强与浙江中医药大学沟通对接，邀请浙江中医药大学常务副校长张光霁一行到常山调研中药材种植、中医药产业发展等情况，探讨落实战略合作协议项目；调整“驻点招商”工作人员，以杭州商会为依托，多方收集招商信息。落实部门“包村共建”工作，制定部门“包村共建”工作方案，局班子成员分组进村调研，召开驻村生态指导员、村干部和镇干部及村民代表等座谈会，开展联村结对帮扶等工作，结对帮扶困难户 6 户，为联系村发展出谋划策。

【严防死守“禽流感”防控】 2015年年初，县市场监管局面对“禽流感”防控工作的严峻挑战，加强城区农贸市场巡查，防止活禽再次进场交易，督促市场主办方按要求每日对市场进行消毒。针对常山县实际情况，组织干部160人次对球川“墟日”市场实行H7N9流感防控流动值勤。配合卫生、农业等部门，落实农贸市场休市、消毒等工作，严厉打击非法活禽交易，有效控制疫情传播扩散。

【护航胡柚片纳入中药炮制规范】 2015年，县市场监管局跟踪服务胡柚片纳入《浙江中药炮制规范》申报工作。组织省内专家在常山县召开胡柚片炮制规范专家咨询会，对胡柚片纳入中药炮制规范的合法性和科学性等内容进行研讨，提出意见和建议。提前布局胡柚片“入药”后规范管理工作，组织基层市场监管所（分局）摸底胡柚片收购点、收购商情况。至年底，胡柚片以“衢枳壳”名义纳入《浙江中药炮制规范》已完成公示。

【创建四星级市场和省级放心市场】 2015年，县市场监管局指导常山迅鸿国际商城创建浙江省四星级文明规范市场；常山迅鸿国际商城获省工商局认定，成为常山县首家四星级文明规范市场。重点培育中国·常山石博览园市场争创四星级市场。推进大东门农贸市场创建省级放心市场，定期召开市场管理者、举办方、责任人联席会议，对督查中发现问题进行通报并督促整改。

（李　翔）

## 安全生产监督与管理

【概况】 2015年，常山县始终把抓好安全生产作为一项重要工作，纳入重要议事日程，列入年度工作计划，多次召开会议听取安全生产工作情况汇报，分析安全生产形势，研究解决安全生产工作重大事项，深入一线进行督查。健全完善对乡镇（街道）、部门的安全生产考评体系，年初与全县58个部门、乡镇（街道）签订安全生产责任书；各部门、乡镇（街道）也根据管理权限，与下属企业、村签订安全生产责任书。加强对部门、乡镇（街道）安全生产工作过程监督，加大对日常基础性工作落实情况的督查。同时，对因工作不到位、措施不得力引发生产安全事故，严格实行安全生产“一票否决”制。做好各级应急预案的修订工作，提高应急预案的操作性和适用性。坚持“专兼结合，平战结合，整体联动”的原则，加强应急救援队伍建设，建好应急骨干队伍。

20145，全县共发生各类事故84起、比上年下降4.5%，死亡35人、与上年持平。其中，工矿商贸企业事故3起，死亡3人；道路交通事故81起、比上年增加1起，死亡32人（发生较大交通事故1起、死亡3人）、比上年增加3人。在全市安全生产目标责任制考核中获得良好等次。

【开展安全生产强执法百日行动】 2015年9月开始，县安监局将全县14个乡镇（街道）分成两个区域，编印了2000份“安全生产检查明白卡”，发放给各乡镇（街道）、部门和企业，由两名分管副局长各带一组执法人员，对重点行业和领域开展安全生产强执法百日行动，对所有工矿企业进行全面安全检查。此次行动中，全县各乡镇（街道）、部门共开展检查督查135次，出动1700余人次，检查督查企业970家次，排查一般隐患800处，重大隐患10处，停产整顿10家，关停2家，收缴罚款10万元。

【烟花爆竹经营安全专项治理】 2015年，县安监局制发专项治理行动方案，召开乡镇

（街道）专项整治动员会，明确整治步骤、措施和要求。乡镇（街道）安监站向零售户发放“两关闭、三严禁”告知书，动员零售户做好整治工作。选定3家开展烟花爆竹零售经营示范店创建，严格实行“六统一”（即统一门面、统一亮证、统一服饰、统一配送、统一堆放、统一消防）创建标准。创建工作年底完成。

**【有限空间安全作业专项整治】** 2015年，县安委办对全县有限空间安全作业专项整治工作共进行三次部署督查。通过培训、会议、印发文件标准、提供资料片等形式，提高部门、乡镇管理人员对有限空间的认识。县商务、民政等部门，芳村、辉埠等乡镇，加强组织领导，明确分工，落实排查责任。经全面排查，督促全县118家存在有限空间作业的企业建立一企一档，完善施工防控措施。将有限空间作业安全工作结合到全年的安全生产日常巡查和各项专项整治活动之中，督促企业落实有限空间作业安全管理的主体责任。

**【强化矿山安全生产重点县工作】** 2015年，常山县成立矿山重点县攻坚克难工作小组，推进矿山安全生产重点县工作。至年底，全县原在册金属、非金属矿山总数49家减少到26家，整顿关闭23家。县安监局对8家矿山企业的28条隐患下达限期整改指令书，矿山开采秩序、生态环境明显好转。

**【完成市级挂牌隐患点整改工作】** 2015年，全县有市级挂牌隐患点4处，分别为浙江玛莉莎工贸有限公司、常山南方水泥有限公司源口砂岩矿、朱富线K1+900~K2+200徐村村路段、320国道K457+200~400。县安委办联合相关责任单位帮助挂牌单位优选整改方案，加强对挂牌隐患的监督检查和跟踪督办，督促隐患单位落实整改措施，加快整改进度，并对隐患整改落实情况进行及时通报。截至年底，4处隐患点整改工作均已通过验收。

**【石灰制造业安全生产综合整治】** 2015年，常山县以“蓝天三衢”为抓手，深化石灰制造业安全生产综合整治，按照稳步推进、分步实施的原则，淘汰关闭一批，保留提升一批，转型发展一批。截至年底，全县共关停石灰立窑83孔，石灰钙加工生产线142条，石灰石破碎加工线7条，兼并石灰石破碎企业5家，完成其余钢窑和大型钙加工线的整改工作。

**【安全生产月活动】** 2015年，县安委办在配合完成省、市“安全生产月”各项活动的基础上，结合实际，组织开展了安全生产专题宣传、“6·16”安全生产咨询日、新《中华人民共和国安全生产法》宣贯、安全生产隐患大排查、“安康杯”知识竞赛、“金点子”征集等活动。其间，共发放有限空间及粉尘类挂图90套、主题宣传挂图20套、新《中华人民共和国安全生产法》2500本、安全手册3000本、环保袋1000只。

**【全员安全培训】** 2015年，县安委办加大对企业主要负责人、安全管理人员、特种作业人员的安全培训力度，督促企业加强以班组长、新工人、农民工为重点的安全教育培训，有效提升从业人员安全素质。督促指导企业开展“三级”安全教育培训，提高企业员工的安全生产意识和自防自救能力。开办矿山危化企业、特种作业、一般企业负责人及安全员培训9次，受训人员900余人。

（曹　斌）

# 财政·税务

## 财　　政

【概况】 2015 年，全县财政总收入 12.46 亿元，增长 9.9%。其中一般公共预算收入 8.68 亿元，增长 12.3%，占财政总收入的 69.7%；地税收入 7.15 亿元，增长 10.8%，占一般公共预算收入的 82.4%。全县一般公共预算支出 28.41 亿元，增长 27.6%。全年财政收支平衡。

县财政部门围绕“促进发展、保障民生、科学理财、加强监管”的理财原则，依法组织财政收入，编制税收计划，加强收入分析，监控重点企业，按月统计、按旬预测，把握组织收入主动权。开展营业税和印花税清理、土地增值税清算、企业所得税汇算清缴工作，对房产税和城镇土地使用税进行基础数据比对。规范个人所得税全员申报管理。加强资源税管理。完善存量房评税体系。发布欠税公告 6 期，强化欠税催报催缴。推进国税、地税联合征管。建立法院民事执行与地税税费征缴协作机制。协同国土、市场监管等部门推进“先税后证、五证合一、一照一码”登记制度改革。加强非税收入管理，推进非税收入网上统一公共支付平台建设，全县非税收入 1.53 亿元，增长 20.1%。

加强财政预算管理，优化财政支出结构，保障社会民生事业发展，深化“平安常山”建设。2015 年，全县民生类支出 21.69 亿元，增长 30.6%，占一般公共预算支出的 76.3%。落实各项强农惠农富农政策，探索资金预拨制度，对涉农项目补助资金采取“先预拨、后结算”的办法；新建村级公益事业一事一议财政奖补项目 70 个。加强城乡义务教育经费保障，加快薄弱学校改造，发展学前教育和职业教育，支持省教育现代化县创建和教育综合改革。加强农村文化礼堂、农家书屋、群众体育设施建设，推动实施文化融入工程。完善城乡居民最低生活保障制度，保障城乡居民基本养老，实施临时救助制度，开展精准扶贫，助力消除“4600 元以下”贫困现象。支持县级公立医院综合改革，推进中医院、公共卫生服务中心、乡镇卫生院等卫生设施建设，保障城乡居民基本医疗和基本公共卫生服务。加大生态环境保护资金投入力度，支持“五水共治”“清三河”“蓝天三衢”生态治理，助推矿产资源、黄标车整治。推动老城提标改造、城东新区建设、城区污水管网配套工程。

2015 年，常山县财政地税局在全县部门工作目标考核中蝉联一等奖第一名，荣获全县集体三等功。

【创新财政支持经济发展方式】 2015 年，县财政部门安排企业奖补资金 5146 万元，累计为企业提供应急专项资金 30.52 亿元。落实“营改增”等结构性减税和普遍性降费政策，减轻企业税负 6192 万元。设立产业投资引导基金，基金规模 3 亿元，重点扶持工业主导产业、绿色农业、现代物流、电子商务等特色优势产业发展，参与传统产业资产兼并重组等。成功引进钛和资本合作成立钛和常山产业基金入资县金雄公司，推进钙产业转型升级。设立PPP投资管理中心，推广“天马污水处理项目”PPP模式，建立路灯亮化、公路养护等17个PPP模式项目储备，计划总投资87亿元，获评全省PPP示范县。制定政府购买服务实施意见、管理办法和指导目录，成功运行保洁绿化、公共自行车、视频监控等项目，公共自行车和数字城管项目入选全省政府购买服务典型示范案例。

**【深化财政改革】** 2015年，县财政部门推进预算管理改革，健全全口径政府预算体系，编制一般公共预算、政府性基金预算、国有资本经营预算和社会保险基金预算4本预算。深化预算信息公开，继续试编权责发生制政府综合财务报告。县级财政管理绩效综合评价排名全国第176、全省第9。推进县级财政资金竞争性存放工作，累计存放招标金额2.60亿元，年收益比上年提高3.0%，获社会责任贡献金269万元。制定财政支农体制机制改革实施意见，推进农村综合改革。支持球川镇进行国家级中心镇建设示范试点。推广常山胡柚生产全程社会化服务“拜肯”模式。深化乡镇财政公共服务平台建设，推进村级公共设施运行管护试点工作。推进机关事业单位养老保险制度和工资制度改革。

**【加强财政监管】** 2015年，县财政部门着力规范地方政府性债务管理，实行债务限额管理和预算管理，做好地方政府债券置换存量债务工作，加强地方政府性债务监控。规范“三公”经费管理，从严控制预算追加，全面实施公务卡强制结算目录，加强“三公”经费等一般性支出管理，“三公”经费较上年下降11.4%。加强财政监督，开展财政专项资金和存量资金检查、绩效工资清查、会计信息质量监督工作。加强政府审核管理，提前介入政府投资项目立项、方案设计等前期环节，全年审核项目653个、资金8.06亿元，核减资金9811万元，核减率12.2%。加强政府采购管理，推进政府采购法实施条例的落实，将采购管理与预算管理相衔接，全年政府采购项目668个、资金5745万元，节约资金573万元，节约率9.1%。实行国有公司“三资”（资金、资产、资源）集中管理、统一调剂，基本完成泰安公司、城投公司改革。加强行政事业单位资产调控管理。

（冯　琳）

**2015年常山县一般公共预算收入执行情况**

表18　　　　单位：万元

| 项　　目 | 2015年调整预算数 | 2015年执行数 | 2014年执行数 | 完成调整预算(%) | 比上年(%) |
|---|---|---|---|---|---|
| **合　计** | **86600** | **86833** | **77294** | **100.27** | **12.34** |
| 一、税收收入 | 71300 | 71485 | 64518 | 100.26 | 10.80 |
| （一）主体税种收入 | 41500 | 42355 | 36446 | 102.06 | 16.21 |
| 1. 增值税25%部分（含改征增值税） | 10700 | 10720 | 9657 | 100.19 | 11.01 |
| 2. 营业税 | 22400 | 23234 | 16512 | 103.72 | 40.71 |
| 3. 企业所得税40%部分 | 6470 | 6457 | 8350 | 99.80 | -22.67 |
| 4. 个人所得税40%部分 | 1930 | 1944 | 1927 | 100.73 | 0.88 |

续表 18

| 项　　目 | 2015 年调　整预算数 | 2015 年执行数 | 2014 年执行数 | 完成调整预算（%） | 比上年（%） |
|---|---|---|---|---|---|
| （二）小税种收入 | 18350 | 17772 | 16148 | 96.85 | 10.06 |
| 1. 资源税 | 3300 | 3184 | 3307 | 96.48 | -3.72 |
| 2. 城市维护建设税 | 3250 | 3035 | 2937 | 93.38 | 3.34 |
| 3. 房产税 | 2400 | 2267 | 2100 | 94.46 | 7.95 |
| 4. 印花税 | 1100 | 1076 | 866 | 97.82 | 24.25 |
| 5. 城镇土地使用税 | 4000 | 4010 | 3533 | 100.25 | 13.50 |
| 6. 土地增值税 | 3650 | 3577 | 2922 | 98.00 | 22.42 |
| 7. 车船税 | 650 | 623 | 483 | 95.85 | 28.99 |
| （三）农业两税收入 | 11450 | 11358 | 11924 | 99.20 | -4.75 |
| 1. 耕地占用税 | 8200 | 8138 | 6068 | 99.24 | 34.11 |
| 2. 契税 | 3250 | 3220 | 5856 | 99.08 | -45.01 |
| 二、非税收入 | 15300 | 15348 | 12776 | 100.31 | 20.13 |
| （一）专项收入 | 9755 | 9356 | 8010 | 95.91 | 16.80 |
| 1. 排污费收入 | 855 | 866 | 1027 | 101.29 | -15.68 |
| 2. 教育费附加收入 | 1650 | 1640 | 1592 | 99.39 | 3.02 |
| 3. 地方教育费附加收入 | 1100 | 1093 | 1058 | 99.36 | 3.31 |
| 4. 残疾人就业保障金收入 | 520 | 518 | 454 | 99.62 | 14.10 |
| 5. 森林植被恢复费 | 730 | 730 | 535 | 100.00 | 36.45 |
| 6. 水利建设专项收入 | 1600 | 1494 | 1476 | 93.38 | 1.22 |
| 7. 国有土地使用权出让收入计提的教育资金 | — | — | 1139 | — | -100.00 |
| 8. 国有土地使用权出让收入计提的农田水利资金 | — | — | 729 | — | -100.00 |
| 9. 矿产资源专项收入 | 3300 | 3015 | — | 91.36 | — |
| （二）行政事业性收费收入 | 2100 | 2065 | 1119 | 98.33 | 84.54 |
| （三）罚没收入 | 3270 | 3754 | 3489 | 114.80 | 7.60 |
| （四）国有资源（资产）有偿使用收入 | 175 | 173 | 158 | 98.86 | 9.49 |

注：根据财政部规定，2015 年 11 项政府性基金转列一般公共预算，2014 年执行数相应调整。

**2015 年常山县一般公共预算支出执行情况**

表 19　　单位：万元

| 项　　目 | 2015 年调　整预算数 | 2015 年执行数 | 2014 年执行数 | 完成调整预算（%） | 比上年（%） |
|---|---|---|---|---|---|
| **合　计** | **284696** | **284053** | **222649** | **99.77** | **27.58** |
| 一、一般公共服务支出 | 31303 | 29804 | 26255 | 95.21 | 13.52 |
| 二、国防支出 | 221 | 146 | 466 | 66.06 | -68.67 |

**续表 19**

| 项目 | 2015 年调整预算数 | 2015 年执行数 | 2014 年执行数 | 完成调整预算(%) | 比上年(%) |
|---|---|---|---|---|---|
| 三、公共安全支出 | 13347 | 13344 | 12716 | 99.98 | 4.94 |
| 四、教育支出 | 46377 | 48640 | 41663 | 104.88 | 16.75 |
| 五、科学技术支出 | 9115 | 9109 | 6560 | 99.93 | 38.86 |
| 六、文化体育与传媒支出 | 6750 | 6663 | 5095 | 98.71 | 30.78 |
| 七、社会保障和就业支出 | 27053 | 25957 | 18571 | 95.95 | 39.77 |
| 八、医疗卫生与计划生育支出 | 31270 | 33178 | 25452 | 106.10 | 30.36 |
| 九、节能环保支出 | 5083 | 6148 | 5511 | 120.95 | 11.56 |
| 十、城乡社区支出 | 16074 | 16014 | 4477 | 99.63 | 257.69 |
| 十一、农林水支出 | 58497 | 57843 | 46048 | 98.88 | 25.61 |
| 十二、交通运输支出 | 12797 | 13599 | 17654 | 106.27 | -22.97 |
| 十三、资源勘探电力信息等支出 | 12264 | 8915 | 5665 | 72.69 | 57.37 |
| 十四、商业服务业等支出 | 3479 | 3437 | 1775 | 98.79 | 93.63 |
| 十五、金融支出 | 210 | 196 | 90 | 93.33 | 117.78 |
| 十六、国土资源气象等支出 | 3280 | 2946 | 987 | 89.82 | 198.48 |
| 十七、住房保障支出 | 4833 | 5419 | 2187 | 112.12 | 147.78 |
| 十八、粮油物质储备支出 | 1374 | 1345 | 805 | 97.89 | 67.08 |
| 十九、债务付息及发行费用支出 | 1304 | 1291 | 642 | 99.00 | 101.09 |
| 二十、其他支出 | 65 | 59 | 30 | 90.77 | 96.67 |

**2015 年常山县政府性基金预算收入执行情况**

**表 20** 单位：万元

| 项目 | 2015 年调整预算数 | 2015 年执行数 | 2014 年执行数 | 完成调整预算(%) | 比上年(%) |
|---|---|---|---|---|---|
| **合计** | **38325** | **37998** | **87513** | **99.15** | **-56.58** |
| 一、农网还贷资金收入 | — | — | — | — | — |
| 二、海南省高等级公路车辆通行附加费收入 | — | — | — | — | — |
| 三、港口建设费收入 | — | — | — | — | — |
| 四、散装水泥专项资金收入 | 310 | 321 | 194 | 103.55 | 65.46 |
| 五、新型墙体材料专项基金收入 | 120 | 110 | 58 | 91.67 | 89.66 |
| 六、旅游发展基金收入 | — | — | — | — | — |
| 七、新菜地开发建设基金收入 | — | — | — | — | — |
| 八、新增建设用地土地有偿使用费收入 | — | — | — | — | — |

**续表 20**

| 项　　目 | 2015 年调　整预算数 | 2015 年执行数 | 2014 年执行数 | 完成调整预算(%) | 比上年(%) |
|---|---|---|---|---|---|
| 九、南水北调工程基金收入 | — | — | — | — | — |
| 十、政府住房基金收入 | — | 807 | — | — | — |
| 十一、城市公用事业附加收入 | 343 | 163 | 300 | 47.52 | -45.67 |
| 十二、国有土地收益基金收入 | 780 | 716 | 1997 | 91.79 | -64.15 |
| 十三、农业土地开发资金收入 | 342 | 119 | 174 | 34.80 | -31.61 |
| 十四、国有土地使用权出让收入 | 27000 | 26819 | 79998 | 99.33 | -66.48 |
| 十五、大中型水库库区基金收入 | — | — | — | — | — |
| 十六、彩票公益金收入 | 420 | 403 | 268 | 95.95 | 50.37 |
| 十七、城市基础设施配套费收入 | 900 | 710 | 31 | 78.89 | 2190.32 |
| 十八、小型水库移民扶助基金收入 | — | — | — | — | — |
| 十九、国有重大水利工程建设基金收入 | — | — | — | — | — |
| 二十、车辆通行费 | — | — | — | — | — |
| 二十一、无线电频率占用费 | — | — | — | — | — |
| 二十二、水土保持补偿费收入 | 110 | 100 | — | 90.91 | — |
| 二十三、其他政府性基金收入 | 8000 | 7730 | 4493 | 96.63 | 72.05 |

## 2015 年常山县政府性基金预算支出执行情况

**表 21**　　单位：万元

| 项　　目 | 2015 年调　整预算数 | 2015 年执行数 | 2014 年执行数 | 完成调整预算(%) | 比上年(%) |
|---|---|---|---|---|---|
| **合　计** | **41425** | **39590** | **107931** | **95.57** | **-63.32** |
| 一、文化体育与传媒支出 | — | — | — | — | — |
| 国家电影事业发展专项资金支出 | — | — | — | — | — |
| 二、社会保障和就业支出 | 2100 | 1483 | 2302 | 70.62 | -35.58 |
| 大中型水库移民后期扶持基金支出 | 1500 | 951 | 1832 | 63.40 | -48.09 |
| 小型水库移民扶助基金支出 | 600 | 532 | 470 | 88.67 | 13.19 |
| 三、节能环保支出 | — | — | — | — | — |
| 可再生能源电价附加收入安排的支出 | — | — | — | — | — |
| 废弃电器电子产品处理基金支出 | — | — | — | — | — |
| 四、城乡社区支出 | 31843 | 32382 | 98262 | 101.69 | -67.05 |
| 政府住房基金支出 | — | — | — | — | — |
| 国有土地使用权出让收入安排的支出 | 26980 | 28252 | 86841 | 104.71 | -67.47 |

**续表 21**

| 项　　　　　　目 | 2015 年调整预算数 | 2015 年执行数 | 2014 年执行数 | 完成调整预算(%) | 比上年(%) |
|---|---|---|---|---|---|
| 城市公用事业附加安排的支出 | 363 | 234 | 220 | 64.46 | 6.36 |
| 国有土地收益基金支出 | 800 | 1210 | 3760 | 151.25 | -67.82 |
| 农业土地开发资金支出 | 250 | 203 | 1159 | 81.20 | -82.48 |
| 新增建设用地有偿使用费安排的支出 | 2500 | 1794 | 6282 | 71.76 | -71.44 |
| 城市基础设施配套费安排的支出 | 950 | 689 | — | 72.53 | — |
| 五、农林水支出 | 490 | 357 | 140 | 72.86 | 155.00 |
| 新菜地开发建设基金支出 | — | — | — | — | — |
| 大中型水库库区基金支出 | 450 | 317 | 140 | 70.44 | 126.43 |
| 三峡水库库区基金支出 | — | — | — | — | — |
| 南水北调工程基金支出 | — | — | — | — | — |
| 国家重大水利工程建设基金支出 | — | — | — | — | — |
| 水土保持补偿费安排的支出 | 40 | 40 | — | 100.00 | — |
| 六、交通运输支出 | — | — | — | — | — |
| 铁路运输 | — | — | — | — | — |
| 海南省高等级公路车辆通行附加费安排的支出 | — | — | — | — | — |
| 车辆通行费安排的支出 | — | — | — | — | — |
| 港口建设费安排的支出 | — | — | — | — | — |
| 铁路建设基金支出 | — | — | — | — | — |
| 船舶油污损害赔偿基金支出 | — | — | — | — | — |
| 民航发展基金支出 | — | — | — | — | — |
| 七、资源勘探信息等支出 | 250 | 242 | 229 | 96.80 | 5.68 |
| 工业和信息产业监管 | — | — | — | — | — |
| 散装水泥专项资金支出 | 150 | 142 | 154 | 94.67 | -7.79 |
| 新型墙体材料专项基金支出 | 100 | 100 | 75 | 100.00 | 33.33 |
| 农网还贷资金支出 | — | — | — | — | — |
| 电力改革预留资产变现收入安排的支出 | — | — | — | — | — |
| 八、商业服务业等支出 | — | — | — | — | — |
| 旅游发展基金支出 | — | — | — | — | — |
| 九、其他支出 | 6730 | 5114 | 6998 | 75.99 | -26.92 |
| 其他政府性基金支出 | 5430 | 4407 | 4737 | 81.16 | -6.97 |
| 彩票发行销售机构业务费安排的支出 | — | — | — | — | — |
| 彩票公益金安排的支出 | 1300 | 707 | 2261 | 54.38 | -68.73 |
| 十、债务发行费用支出 | 12 | 12 | — | 100.00 | — |
| 国有土地使用权出让金债务发行费用支出 | 12 | 12 | — | 100.00 | — |

## 2015 年常山县社会保险基金收入执行情况

**表 22**

单位：万元

| 项　　目 | 2015 年预算数 | 2015 年执行数 | 完成预算（%） | 比上年（%） |
|---|---|---|---|---|
| **全县社会保险基金收入合计** | **97481** | **103714** | **106.39** | **52.32** |
| 其中：保险费收入 | 77993 | 79164 | 101.50 | 67.99 |
| 财政补贴收入 | 17136 | 19976 | 116.57 | 22.01 |
| 其他社会保险基金收入 | 953 | 1788 | 187.64 | -15.70 |
| 一、基本养老保险基金收入 | 56570 | 60579 | 107.09 | 126.64 |
| 其中：保险费收入 | 55000 | 56884 | 103.42 | 146.99 |
| 财政补贴收入 | — | — | — | — |
| 其他基本养老保险基金收入 | 900 | 1728 | 191.98 | -13.04 |
| 二、失业保险基金收入 | 2083 | 1640 | 78.73 | -15.16 |
| 其中：保险费收入 | 1870 | 1455 | 77.81 | -17.19 |
| 财政补贴收入 | — | — | — | — |
| 其他失业保险基金收入 | 15 | — | — | — |
| 三、基本医疗保险基金收入 | 13290 | 13967 | 105.09 | 13.27 |
| 其中：保险费收入 | 12812 | 13419 | 104.74 | 14.52 |
| 财政补贴收入 | — | — | — | — |
| 其他基本医疗保险基金收入 | 38 | 60 | 158.89 | -55.03 |
| 四、工伤医疗保险基金收入 | 1603 | 1622 | 101.24 | 32.62 |
| 其中：保险费收入 | 1600 | 1620 | 101.26 | 32.64 |
| 财政补贴收入 | — | — | — | — |
| 其他工伤保险基金收入 | — | — | — | — |
| 五、生育保险基金收入 | 411 | 400 | 97.40 | -10.72 |
| 其中：保险费收入 | 370 | 358 | 96.82 | -11.98 |
| 财政补贴收入 | — | — | — | — |
| 其他生育保险基金收入 | — | — | — | — |
| 六、居民社会养老保险基金收入 | 7515 | 9024 | 120.09 | 15.93 |
| 其中：保险费收入 | 600 | 630 | 104.99 | 2.01 |
| 财政补贴收入 | 6903 | 8356 | 121.05 | 16.93 |
| 其他居民社会养老保险基金收入 | — | — | — | — |
| 七、居民基本医疗保险基金收入 | 16009 | 16481 | 102.94 | -6.57 |
| 其中：保险费收入 | 5741 | 4798 | 83.58 | -42.70 |
| 财政补贴收入 | 10234 | 11620 | 113.54 | 25.95 |
| 其他居民基本医疗保险基金收入 | — | — | — | — |
| （一）城镇居民基本医疗保险基金收入 | — | — | — | — |
| （二）新型农村合作医疗基金收入 | — | — | — | — |
| （三）城乡居民基本医疗保险基金收入 | 16009 | 16481 | 102.95 | -6.57 |

## 2015年常山县社会保险基金支出执行情况

**表23** 单位：万元

| 项目 | 2015年预算数 | 2015年执行数 | 完成预算（%） | 比上年（%） |
|---|---|---|---|---|
| **全县社会保险基金支出合计** | **82066** | **85792** | **104.54** | **38.76** |
| 其中：社会保险待遇支出 | 78699 | 82134 | 104.36 | 40.01 |
| 一、基本养老保险基金支出 | 43262 | 45933 | 106.17 | 71.18 |
| 其中：基本养老金支出 | 40852 | 43422 | 106.29 | 72.16 |
| 二、失业保险基金支出 | 1172 | 1261 | 107.63 | 38.27 |
| 其中：失业保险金支出 | 462 | 333 | 72.08 | -12.37 |
| 三、基本医疗保险基金支出 | 12353 | 12659 | 102.48 | 12.54 |
| 其中：基本医疗保险待遇支出 | 12153 | 12479 | 102.69 | 12.75 |
| 四、工伤医疗保险基金支出 | 1395 | 1390 | 99.65 | 3.69 |
| 其中：工伤保险待遇支出 | 1347 | 1350 | 100.23 | 3.31 |
| 五、生育保险基金支出 | 329 | 301 | 91.63 | 5.92 |
| 其中：生育保险待遇支出 | 329 | 301 | 91.57 | 5.92 |
| 六、居民社会养老保险基金支出 | 7556 | 8299 | 109.84 | 14.55 |
| 其中：基本养老金支出 | 7556 | 8299 | 109.84 | 14.56 |
| 七、居民基本医疗保险基金支出 | 16000 | 15949 | 99.68 | 14.20 |
| 其中：基本医疗保险待遇支出 | 16000 | 15949 | 99.68 | 21.22 |
| （一）城镇居民基本医疗保险基金支出 | — | — | — | — |
| （二）新型农村合作医疗基金支出 | — | — | — | — |
| （三）城乡居民基本医疗保险基金支出 | 16000 | 15949 | 99.68 | 21.22 |

## 2015年常山县社会保险基金预算结余

**表24** 单位：万元

| 项目 | 2015年预算数 | 2015年执行数 |
|---|---|---|
| 全省社会保险基金本年收支结余 | 15415 | 17922 |
| 一、基本养老保险基金本年收支结余 | 13308 | 14646 |
| 二、失业保险基金本年收支结余 | 911 | 379 |
| 三、基本医疗保险基金本年收支结余 | 937 | 1309 |
| 四、工伤保险基金本年收支结余 | 208 | 232 |
| 五、生育保险基金本年收支结余 | 82 | 99 |
| 六、居民社会养老保险基金本年收支结余 | -41 | 725 |

续表 24

| 项　　　　　　目 | 2015 年预算数 | 2015 年执行数 |
|---|---|---|
| 七、居民基本医疗保险基金本年收支结余 | 9 | 532 |
| （一）城镇居民基本医疗保险基金本年收支结余 | — | — |
| （二）新型农村合作医疗基金本年收支结余 | — | — |
| （三）城乡居民基本医疗保险基金本年收支结余 | 9 | 532 |

## 2015 年常山县国有资本经营预算收入执行情况

表 25　　　　单位：万元

| 项　　　　　　目 | 2015 年调整预算数 | 2015 年执行数 | 完成调整预算(%) | 比上年(%) |
|---|---|---|---|---|
| 一、全县收入 | 500 | 500 | 100.00 | — |
| （一）利润收入 | — | — | — | — |
| 电力企业利润收入 | — | — | — | — |
| 钢铁企业利润收入 | — | — | — | — |
| 运输企业利润收入 | — | — | — | — |
| 机械企业利润收入 | — | — | — | — |
| 投资服务企业利润收入 | — | — | — | — |
| 贸易企业利润收入 | — | — | — | — |
| 其他国有资本经营预算企业利润收入 | — | — | — | — |
| （二）股利、股息收入 | — | — | — | — |
| 国有控股公司股利、股息收入 | — | — | — | — |
| 国有参股公司股利、股息收入 | — | — | — | — |
| 其他国有资本经营预算企业股利、股息收入 | — | — | — | — |
| （三）产权转让收入 | 500 | 500 | 100.00 | — |
| 国有股权、股份转让收入 | 500 | 500 | 100.00 | — |
| 国有独资企业产权转让收入 | — | — | — | — |
| 其他国有资本经营预算企业产权转让收入 | — | — | — | — |
| （四）清算收入 | — | — | — | — |
| 国有独资企业清算收入 | — | — | — | — |
| 其他国有资本经营预算企业清算收入 | — | — | — | — |
| （五）其他国有资本经营收入 | — | — | — | — |
| 二、动用上年结余结转收入 | — | — | — | — |
| **收入合计** | **500** | **500** | **100.00** | |

**2015 年常山县国有资本经营预算支出执行情况**

**表 26** 单位：万元

| 项目 | 2015 年调整预算数 | 2015 年执行数 | 完成调整预算(%) | 比上年(%) |
|---|---|---|---|---|
| 一、全县支出 | 137 | 110 | 80.29 | — |
| （一）解决历史遗留问题及改革成本支出 | — | — | — | — |
| 国有企业办职教幼教补助支出 | — | — | — | — |
| 国有企业退休人员社会化管理补助支出 | — | — | — | — |
| 国有企业改革成本支出 | — | — | — | — |
| 其他解决历史遗留问题及改革成本支出 | — | — | — | — |
| （二）国有企业资本金注入 | — | — | — | — |
| 国有经济结构调整支出 | — | — | — | — |
| 公益性设施投资支出 | — | — | — | — |
| 前瞻性战略性产业发展支出 | — | — | — | — |
| 生态环境保护支出 | — | — | — | — |
| 支持科技进步支出 | — | — | — | — |
| 保障国家经济安全支出 | — | — | — | — |
| 对外投资合作支出 | — | — | — | — |
| 其他国有企业资本金注入 | — | — | — | — |
| （三）其他国有资本经营预算支出 | 137 | 110 | 80.29 | — |
| 二、调出资金 | — | — | — | — |
| 三、结转下年支出 | 363 | 390 | — | — |
| **合计** | **500** | **500** | **—** | **—** |

# 地方税务

**【概况】** 2015 年，县地税部门组织各项收入 14.11 亿元，比上年增长 45.8%。其中，地方税收收入 6.14 亿元，增长 16.1%。按月份分析，1—12 月地方税收收入累计增幅呈现稳步回升态势，累计增幅从年初的 -10.5% 逐步回升，到 9 月份累计增幅为正并加速增长；按税种分析，三大主税种均实现增长，营业税、企业所得税、个人所得税分别增长 39.8%、26.7%、0.9%，9 个地方小税种“两降七升”，除契税下降 45.0%、资源税下降 3.7% 外，其他税种均实现不同程度增长；按产业分析，第二产业税收入库 2.56 亿元、增长 12.5%，第三产业税收入库 3.57 亿元、增长 19.0%。其他收入 7.97 亿元，增长 81.4%。

县地税部门严守“依法治税”的红线和“收税不伤本”的底线，依法履行税收职能，严格依法征税，坚决遏制收“过头税”、越权减免税等违法行为。规范税收执法行为，落实税收执法权力清单制度，推进内控机制信息化建设，加大税收执法督察力度，完善权力监督制约机制，促进严格、规范、公正、文明执法。定期开展税收执法督察，自觉接受外部监督，落实问责制度。加强全社会税收法治观念，通过税收宣传月税法宣传、下企业税法宣讲等活动载体，增进纳税人税法遵从意识，落实纳税人信用等级管理。

县地税部门围绕“实力工业”目标，发挥税收职能作用，支持重点产业、龙头企业发展，提高“常山三宝”附加值，培育现代服务业，加快“电子商务”“农村淘宝”等产业发展，发展乡村休闲旅游，助推美丽经济。支持企业兼并重组，深入开展“蓝天三衢”生态环境专项整治行动，淘汰落后产能，倒逼转型升级；通过加大科技投入，助力创新驱动，振兴大众创业、万众创新，激活创新主体和企业发展信心。推进简政放权和审批流程再造，协同县国土、市场监管等部门推进“先税后证、五证合一、一照一码”登记制度改革。落实好小微企业、浙商创业创新、“四换三名”等税收优惠政策和结构性减税、普遍性降费政策，减轻企业税负6192万元，降低企业成本，支持实体经济发展。

县地税部门健全税收预测工作机制，加强月（季）度税源结构、税源增减、经济税负等方面的分析，动态监控重点企业（项目）纳税情况及发展态势，按月统计、按旬预测，把握组织收入主动权。深化轻钙等行业风险预警管理。开展营业税和印花税清理、土地增值税清算、企业所得税汇算清缴工作，对房产税和城镇土地使用税进行基础数据比对。规范个人所得税全员申报管理。加强资源税管理。完善存量房评税体系。发布欠税公告6期，强化欠税催报催缴。推进国地税联合征管。加强部门协作，深化信息管税。

常山县地税局在浙江地税纳税人满意度调查中排名全省第十二。

**【依法开展税务稽查】** 2015年，县地税部门开展税收专项检查，重点开展对房地产、建筑安装业、非学历教育培训行业、多年未查工业企业等领域的执法检查。开展市、县、部门联动检查，采取分别立案、共同取证、分别处理的检查方式，形成稽查执法合力，提高税务稽查质效。重视县石灰石矿破碎企业专项整治，及时与国税稽查召开联席会议，落实检查分工，联合下发《纳税情况通知书》。联合县国税部门开展税收违法“黑名单”联合惩戒工作。建立法院民事执行与地税税费政缴协作机制。开展案件复查、案件质量评比，保证税款、滞纳金和罚款及时足额入库，全年稽查查补收入371万元。

**【创新纳税服务】** 2015年，县地税部门以“便民办税春风行动”为载体，深化“六个一”联系和定期上门服务制度，重点走访税源企业，开展挂钩服务、跟踪服务等个性化服务，实现纳税服务“零距离”。开启“互联网+税收”模式，利用税收系统微博、微信等社交媒体，第一时间发布最新税收政策法规，扩宽税收宣传空间、时间。关注常山小微企业纳税服务需求，及时推送减免税优惠政策入小微企业，做好纳税服务激发小微企业创业创新动能。全面实施《国家税务局、地方税务局合作工作规范2.0版》，通过联合大厅办税服务、合作征收税款措施，推动纳税服务深度融合，有效解决纳税对象办税“两头跑”问题。

（冯　琳、李　希）

## 国家税务

**【概况】** 2015年，常山县国家税务局（简称县国税局）坚持“应收尽收，应退尽退，坚决不收过头税”的组织收入原则，完成税收收入52847万元，完成省局年度税收计划52680万元的100.32%。其中，增值税39197万元；企业所得税9711万元；消费税80万元；车辆购置税3859万元。构建税银互动体系，与银行合作推出“税贷通”“税易贷”服务，向守信企业优先提供无抵押信用贷款。落实税收优惠政策和小微企业所得税优惠政策，促进常山企业发展、推进企业创新升级、改善民生保障。全年办理各类减免退税8249万元。其中，办理出口退税5461万元，办理福利企业退税785万元，办理资源综合利用退税2058万元。落实贯彻落实财政部、国家税务总局的规定，做好对电池和涂料征收消费税工作。

是年，县国税局获国家级巾帼文明岗称号，省文明单位、省级青年文明号复评获通过，获评2014年度全市国税系统税收宣传工作先进集体。县国税稽查局获评市级满意基层站所，局机关党支部获评县级先进机关党组织，驻行政服务中心国税分中心以考核成绩第一名的佳绩被县行政服务中心授予“先进分中心”称号。

**【落实小微企业所得税优惠政策】** 2015年，县国税局通过宣传培训、上门辅导等形式，密切跟踪小微企业优惠政策享受情况，全县申报小微企业有2070户，其中盈利企业98户，享受优惠98户，政策受惠面100%。及时落实固定资产加速折旧政策，对政策落实情况进行跟踪调研，形成调研材料并通过市国税局通稿报送市政府，上报国办，受到国办领导批示。

**【推进纳税信用社会化应用】** 2015年，县国税局与县农信联社合作的“税贷通”为5户纳税人提供累计3958万元的免抵押贷款，解决就业人数263人。与建行常山支行合作的“税易贷”为2户纳税人提供累计400万元的免抵押贷款，解决就业人数25人。这一税银联动的工作经验上报县委、县政府后，受到县委书记王良春的肯定。

**【提升纳税服务水平】** 2015年，县国税局通过设立24小时值班专号、微信公众号、微信群，创办《柚都税苑》季刊等方式，打造多元化的常山国税服务热线平台，实现更好更快为纳税人提供政策咨询、办税指引、预约办税、延时办税等服务。“国税24小时”开通后共接听税务咨询352户次，回复率100%；收集和处理纳税人咨询求助402条，咨询求助解决率100%。县国科局报送的《国税24小时服务让企业办税无忧》一则信息受到县委常委、常务副县长夏建军的批示肯定。

**2015年度常山县国税主要税种征收情况**
**表27**

| 序号 | 税　　种 | 税额（万元） |
|---|---|---|
| 1 | 增值税 | 39197 |
| 2 | 消费税 | 80 |
| 3 | 企业所得税 | 9711 |
| 4 | 车辆购置税 | 3859 |
| 合　计 | | **52847** |

**2015年度常山县分经济类型国税征收情况**
**表28**

| 序号 | 企业类型 | 税额（万元） |
|---|---|---|
| 1 | 国有企业 | 4977 |
| 2 | 集体企业 | 7 |
| 3 | 股份合作企业 | 2204 |
| 4 | 股份公司 | 26292 |
| 5 | 私营企业 | 11540 |
| 6 | 外商投资企业 | 340 |
| 7 | 港澳台投资企业 | 3008 |
| 8 | 其它企业 | 340 |
| 9 | 个体经营 | 4139 |
| 合　计 | | **52847** |

（余　鑫）

# 金融·保险

## 银行业综述

2015年，全县金融机构以“三严三实”专题教育活动为契机，主动适应经济金融新常态，引导信贷结构调整，推进金融创新，提高服务经济主体的能力和水平，构建和谐金融生态环境。深化“普惠金融”活动，研究出台《金融支持常山经济转型升级指导意见》《常山县金融系统开展“金融三送”活动实施方案》《金融支持农村电子商务加快发展的指导意见》等一系列优惠扶持政策，优化信贷投向结构，拓宽融资担保渠道，努力满足实体经济资金需求，降低融资成本，推进县域实体经济转型发展。全县金融机构本外币各项存款余额164.17亿元，比上年增长9.89%；本外币各项贷款余额143.48亿元，增长7.81%。

支持县域实体经济发展。全县金融机构积极落实“一企一策”帮扶，实施利率定价优惠，推广“信贷工厂”模式，拓宽融资服务渠道，缓解企业“融资难贵慢”问题。通过小微企业融资协作洽谈会、银企对接会，积极搭建企业帮扶平台。组建小微企业资金风险池，创建融资服务平台，创新金融产品。通过“金融三送”活动，为各类融资主体量身定制“一户一策”供优惠利率、减免专项收费、量化让利条款等，让利超过0.2亿元。开展“e动城乡 智慧支付”主题宣传推广、“普惠金融 支付结算知识进校园”宣传等活动，扩大创建“普惠金融服务示范区”影响力。商业银行加大对小微企业信贷倾斜，全县小微企业贷款余额64.61亿元，比年初增长5.52%。村镇银行利用“常山商会小微企业融资合作社”，减少非理性互保联保带来的安全隐患，发放贷款50笔，金额0.61亿元。新推“石+3”石产业链贷款，采取银行+公司+经营户模式，为经营户提供融资服务，引导金融机构做大“兴业通”“惠贷通”等融资业务，推广应收账款融资平台，注册用户有84户，成交26笔，金额5.20亿元。助推小微企业“新三板”挂牌，常山天子果业、爱丽莎、科润化工、常山恒寿堂柚果已经完成“新三板”签约，其中常山天子果业、爱丽莎成功上市。

完善金融服务体系建设。村镇银行、小额贷款公司及时接入征信系统，小额贷款公司完成信用评级。制作征信宣传册，开展“6·14”信用记录关爱日宣传咨询活动，发放宣传资料2000多份。全面推进常山县普惠金融服务网络建设，让老百姓享受到“基础金融不出村、综合金融不出镇”的全方位立体化金融服务。全县已设立助农服务点276个，受理终端数量276台，发生业务33.87万笔，金额0.64亿元，方便群众的金融需求。两家地方法人机构推出“个人养老接力”贷款、“好邻居·百岁无忧”养老金贷款，帮助农户解决一次性缴纳基本养老保险费面临的小额资金缺口问题。发放398笔，金额0.16亿元。

【创新金融“支农”信贷模式】 2015年，常山县创新推出“公司+农户”“项目+农户”“产业化龙头企业+农户”“专业合作社+农户”等新型信贷模式，发放涉农贷款104.78亿元，比年初增长5.72%。开展助农服务点星级评定、手机支付示范区建设、金融服务示范村创建“三项”活动。全县有5家银行卡助农服务点通过验收，获评五星级助农服务点；申报手机支付应用示范区11个。完善支付手段，银行卡助农服务点276个，实现180个行政村全覆盖，服务点累计办理业务92.56万笔，金额1.44亿元。单位和个人网银支付交易181万笔，金额695.69亿元；手机支付客户逾15.07万户，金额达118.87亿元。存折换卡有序推进，借记卡发卡总数为存折总数的2.13倍。

**2015年常山县金融机构本外币存贷款余额**

**表29**

| 机构名称 | | 存款 | | 贷款 | |
|---|---|---|---|---|---|
| | | 年末余额（亿元） | 比年初增长（%） | 年末余额（亿元） | 比年初增长（%） |
| 全县金融机构 | | 164.17 | 9.89 | 143.48 | 7.81 |
| 其中 | 农发行 | 2.71 | 27.33 | 8.37 | 9.35 |
| | 工商银行 | 23.12 | 4.81 | 21.30 | -0.28 |
| | 农业银行 | 16.87 | 5.32 | 14.33 | 17.00 |
| | 中国银行 | 10.58 | -1.08 | 16.50 | 0.95 |
| | 建设银行 | 18.23 | 3.73 | 19.55 | 1.46 |
| | 农村信用社 | 61.15 | 19.91 | 40.98 | 9.12 |
| | 邮政储蓄 | 11.38 | 12.84 | 3.19 | 4.93 |
| | 村镇银行 | 7.89 | 17.66 | 9.38 | 13.26 |
| | 泰隆银行 | 4.61 | 3.72 | 4.89 | 53.03 |
| | 温州银行 | 3.32 | 36.34 | 3.14 | 17.03 |
| | 金华银行 | 2.30 | 45.35 | 1.84 | 27.07 |
| | 民泰银行 | 0.05 | — | 0.00 | — |

说明：民泰银行于2015年12月试营业

## 人行常山支行

【概况】 2015年，中国人民银行常山县支行（简称“人行常山支行”）贯彻落实全国金融工作会议精神，开展“普惠金融突破年”“基层组织建设年”活动，坚持以贯彻落实稳健货币政策为抓手，以支持服务实体经济发展为载体，提高履职能力，致力于地方经济健康平稳发展。广泛宣传“普惠金融服务示范区”创建活动，组织全县金融机构深入园区、农村，宣传信贷新产品、银行卡助农、网上银行、手机银行等新型便民产品，扩大创建

“普惠金融服务示范区”影响力。牵头全县金融机构开展“送金融服务、送金融产品、送金融知识”为活动内容的“金融三送”活动，推进“普惠金融服务示范区”创建。

开展“节能有道 节俭有德”为主题的节能宣传周活动和“低碳城市 宜居可持续”为主题的绿色出行活动，浓郁“从我做起 从现在做起 从身边点滴事情做起”的节能减排宣传活动氛围，致力于节能降耗目标全面实现。组织辖内金融机构参加县第五届全民运动会，有5人次取得前三名佳绩。组织辖区金融机构开展国库知识竞赛活动，选送的创意集体照被中国人民银行总行《人民银行经理国库30年纪念册》选用（系浙江省县级支行唯一被选用的单位）。

是年，人行常山支行荣获2014年度农村地区新型业务推广应用竞赛活动优秀单位、2015年度衢州市治安安全先进单位。

**【强化金融窗口指导】** 2015年，人行常山支行帮助金融机构科学应对存款利率浮动区间扩大，做好利率市场化准备工作，召开利率市场化“窗口指导”会议，确保利率市场化下县域金融稳定。结合县域实体经济，研究出台《金融支持常山经济转型升级指导意见》《常山县金融系统开展“金融三送”活动实施方案》《金融支持农村电子商务加快发展的指导意见》，进一步优化信贷投向结构，拓宽融资担保渠道，满足实体经济资金需求。

**【推进金融服务建设】** 2015年，人行常山支行强化柜面监督，加强与征收机关、国库经收处的走访沟通措施，及时处理国库收支业务处理过程中存在的不规范问题。同时对辖内经收处开展实地业务现场检查，不断提高国库工作质量和水平。做好经收处一户通、TIPS电子缴税联网系统申报运行上线工作，引导村镇银行成为浙江省首家开通一户通电子缴税联网系统上线的村镇银行。及时对接村镇银行、小额贷款公司接入征信系统相关工作，对接做好小额贷款公司信用评级。组织辖内银行业金融机构开展“6·14信用记录关爱日”宣传咨询活动，将企业征信查询所需材料电子清单化，方便客户准备资料，并一次性告知查询所缺资料，提高办事效率。同时，按照《国家发展与改革委员会关于中国人民银行征信中心服务费用标准有关问题的批复》，个人柜台自身信用查询费用由25元降至10元。组织举办征信从业资格考试，为2016年成立的民泰银行信贷业务开展提供便利，提升全辖征信从业人员业务素质。做好人民币日常假币收缴、鉴定及残损人民币鉴定兑换工作。收缴假币1581张，金额14.21万元；鉴定假币10笔，金额0.12万元；鉴定兑换残损人民币42笔，金额3.21万元。

**【落实党风廉政建设“两个责任”】** 2015年，人行常山支行制定《中国人民银行常山县支行党组履行党风廉政建设主体责任清单》《中国人民银行常山县支行党组主要负责人履行党风廉政建设责任清单》等责任清单，明确职责，强化落实，推进党风廉政建设工作。严明政治纪律和组织纪律，认真实施《中国人民银行常山县支行党组工作机制》。坚持党组季度专题研究党风廉政建设和反腐败工作会议制度，组织召开专题例会4次。建立《中国人民银行常山县支行纪检组履行党风廉政建设监督责任清单》，履行监督责任。修改完善党风廉政建设量化考核办法，加强党风廉政建设责任制监督，确保党风廉政建设和反腐败工作部署落实到位。

**【联合司法机关防范金融犯罪活动】** 2015年，人行常山支行与县公安局联合成立“常山县联合整治支付领域重大犯罪办公室”，联合整治人民币银行结算账户、票据、银行卡、电子支付等领域违法犯罪活动。通过联合举办一系列宣传活动，提高社会公众支付结算领域安全风险防范意识。与县检察院合作交流，及时通报新政策，了解金融领域犯罪、职务犯罪、反洗钱、贪污受贿等领域新动向、新变化，共同探讨有效预防犯罪措施，严防违法犯罪行为的发生，提升应对能力。

（樊小雄）

## 银监常山办事处

【概况】 2015 年，中国银行业监督管理委员会衢州监管分局常山办事处（简称“银监常山办事处”）按照管风险、管法人、管内控、提高透明度的要求，坚持金融服务县域实体经济不动摇，制发《关于进一步优化金融生态环境促进县域经济健康发展的意见》，优化辖内金融生态环境，帮扶困难企业，推行主办行和企业联合授信制度，维护好辖内金融秩序，严守监管底线，促进辖内经济金融的平稳健康发展。截至年底，全县金融机构各项人民币存款余额 164.07 亿元，比年初增加 14.75 亿元，增长 9.87%；各项贷款余额 143.33 亿元，比年初增加 10.38 亿元，增长 7.8%。

坚持推进县域银行业提升支农支小质效。鼓励辖内各银行推进信用贷款和还款方式创新，助推“助保贷”业务、小微企业“风险池”贷款担保项目等金融创新产品，服务实体经济。引进民泰银行常山小微企业专营支行，优化金融服务体系。督促常山农信联社延伸服务触角，投放助农 pos 机 227 台，有序推进融电子商务、金融服务、便民咨询等服务于一体的电商综合惠民平台——“好邻居·丰收小站”建设。指导银行业机构加强行业政策研判及县域产业结构调整风险防控，按县政府行业产业结构调整相关政策，逐步退出化工、石灰钙等产能过剩行业授信，对新兴产业、绿色金融发展给予充分信贷支持。

针对部分银行员工紧张的现状，银监常山办事处在充分征求相关银行意见的基础上，自 12 月 18 日起对城区部分网点试行双休日轮休制度，提高自助银行设备的利用率。完成信访交办件 1 起，接待群众来访 7 批次，认真做好解释协调工作。加强金融消费者权益保护，规范机构经营行为。11 月，银监常山办事处针对部分银行反映的保险公司停办小额保证保险贷款一事及时开展调查；12 月，建议县金融办牵头召开互联网金融规范发展部门协调会，重申不得非法集资、不得吸收公众存款的风险监管底线，促规范经营。

【稳步推进主办银行联合授信】 2015 年，银监常山办事处在常山试点推广企业授信总额联合管理制度，进一步防范过度授信、过度担保导致的企业“两链”风险，构建科学有效的信贷文化。对存量授信明确为 5000 万元（含）以上及授信银行 3 家（含）以上，新增授信明确为 500 万元（含）以上均要纳入管理。截至年底，成功签约 15 家企业，授信总额 13.7 亿元，对外担保总额 3.84 亿元。其中，单一授信 2 家，授信额 0.28 亿元，对外担保总额 0 元；联合授信 13 家，授信额 13.42 亿元，对外担保额 3.84 亿元。这一做法得到政府、银行、企业三方的好评和支持，并获县委书记王良春的批示肯定。

【加强法人机构日常监管工作】 2015 年，银监常山办事处采取“一行一策”措施，做好常山农信联社、常山联合村镇银行两家法人机构的日常监管工作。引导常山农信联社持续推进大额贷款压降、股权改革、不良抓降，打造标杆网点和金融便利店等重点工作。要求常山村镇银行关注流动性风险，坚持市场定位、做好做精支行网点，员工合规文化等重点工作。以“1104 报表”审核、审慎监管会谈、审计“三方会谈”等为主要手段，通过定期走访，及时、深入了解法人机构的经营情况以及风险状况，有针对性地提出监管意见。

**【开展各项专项排查活动】** 2015 年，银监常山办事处对辖内银行业开展“两加强两遏制”“清雷、排险、归源”、风险大排查、员工行为排查等一系列专项排查行动，促进辖内银行业机构合规经营。排查活动，发现问题 142 个，整改 122 起，处罚金额 80620 元，处罚 267 人次。其间，银监办事处督促辖内各银行以自查和整改作为加强内控管理、坚持合规经营、提高员工综合素质的新起点，进一步完善工作制度，加强内控管理和检查工作。

**【帮扶困难企业化解“两链”风险】** 2015 年，银监常山办事处参加政企银协调会 20 余次，要求辖内银行业机构依靠地方政府，银行之间通力合作，形成工作合力，切实做好“两链”风险化解，做好困难企业帮扶。同时，向县政府建言献策，维护银行的合法权益。先后 4 次牵头、组织召开银田化纤有限公司落实降息和贷款平移协调会。

（冯程程、王怡倩）

## 工行常山支行

**【概况】** 至 2015 年年末，中国工商银行股份有限公司常山支行（以下简称工行常山支行）各项本外币存款余额 23.12 亿元，比年初增加 1.06 亿元；余额四大国商行占比达 33.61%。年末各项本外币贷款余额 21.30 亿元，余额四大国商行占比达 29.71%。全年实现拨备前利润 9376 万元。

根据工行衢州市分行的统一部署，重新明确支行内设机构的部门设置、职能定位及人员编制，加快经营转型。将网点运营标准化改革作为提升网点竞争力的一项基础性工程，开展调研分析，认真制定网点运营标准化改革改革实施方案，因地制宜，多策并行。推进流程管理四大载体及绩效考核办法、员工综合能力评定、员工职业生涯设计等三大平台建设，实现“流程管事、绩效管人、机制管行”目标。成功办理全国首笔出口保理通业务、全市首笔期兑通产品业务和全市首笔期兑通产品业务。

工行常山支行在工行衢州分行 2015 年度个人金融业务综合评价中荣获一级支行排名第一，在工行衢州分行 2015 年度运行管理综合评价和网点运营标准化评价竞赛中均获县级支行排名第一；被衢州市公安局、衢州市社会管理综合治理委员会办公室评为 2014 年度“治安安全单位”；在浙江省分行 2015 年旺季业务竞赛活动中荣获“旺季业务竞赛先进县支行一等奖”。

**【办理全市首笔期兑通产品】** 2015 年 8 月 4 日，工行常山支行为常山县海诚化工有限责任公司成功办理全市首笔期兑通产品业务，金额 20 万美元，实现期兑通业务在衢州分行零的突破。期兑通是工行国际业务创新产品之一，企业可通过工行境外机构设置汇兑价格，到期后，当境外机构按照约定的汇兑价格，要求企业将在途资金汇往境外机构进行人民币离岸兑换时，企业最终可以按优于约定汇兑价格办理境外币种转换。当境外机构放弃按照约定汇兑价格办理境外币种转换业务，企业需办理一笔境外即期币种转换业务，并按优于市场即期汇兑价格办理交割。

【办理辖内首笔票据通业务】 2015年9月，工行常山支行为浙江捷姆轴承有限公司办理辖内首笔票聚通业务，将企业票据托收款按不同期限的定期存款利率计息，在为企业管好票据的同时也提高企业的收益。至年底，共为该企业回笼票据6笔，累计金额1000多万元，为该企业增加存款收益1%左右。

【办理全国首笔出口保理通业务】 2015年12月31日，工行常山支行为常山县海诚化工有限责任公司成功办理全国首笔出口保理通业务，金额4.2万美元，实现保理业务零的突破。出口保理通业务是指出口商和工行签订出口双保理业务协议，出运货物后向工行提出出口保理通业务办理申请。工行受让出口商享有的应收账款债权后，将该应收账款债权再转让给进口保理商，由进口保理商（含工行境外机构）基于受让的应收账款债权与工行共同为出口商提供本外币出口保理通款项、应收账款催收、应收账款管理和承担进口商信用风险等内容的综合性金融服务。该业务不仅扩大了企业融资渠道，降低融资成本，实现提前结汇，规避汇率风险，还起到加速企业资金周转、改善现金流、优化财务报表的作用。

【实施支行组织机构改革】 2015年，工行常山支行改原先“三部一室”（公司市场部、个人市场部、业务管理部、办公室）为“三部”（公司业务部、个人业务部、综合管理部）。7月初，将原先业务管理部和办公室的职能进行归并，人员进行整合，设为综合管理部。至年末，综合管理部人员较年初减少1人，充实到柜员岗位；中层管理人员由年初的12人减少到8人，充实到专业岗位。

【推进网点标准化运营改革】 2015年，工行常山支行依托网点运营管理平台，统筹实施网点岗位整合、人员结构调整、柜口布局优化、运营效率提升、管理机制建设等工作。至年末，工行常山支行下辖3家网点全部完成运营标准化改革，全辖网点当班柜员人日均工作量达132笔，撤销网点专职管库、后台等2个岗位，由柜员转岗至大堂经理、大堂协理及现场经理4人。7—12月，3家网点每月评级共获9个A、7个B、2个C，网点竞争力得到提升。

【全面推行流程管理】 2015年，工行常山支行推进流程管理工作，规范化构造端到端的卓越业务流程，提高组织业务绩效。重新制定年度绩效考核办法，以价值贡献、劳动强度、岗位承压三个基本思想为指导，采用先由支行考核到部门，再由部门考核到员工的二次考核分配模式，部门考核主要围绕核心效益、经营转型、风险管理、专业能力等指标，员工考评指标主要有核心指标、产品指标、管理指标等，综合管理部员工考核创新采用工作量指标，以工作模块科学切割及公开认领方式，体现后台员工多劳多得的考核分配思路。对岗位说明书、作业指导书、积分标准手册、员工发展手册进行修订。以岗位说明书去评价员工岗位履职过程，共制订82份岗位说明书，每份说明书有工作项目、工作流程、积分标准、检查方式、检查人、检查频率，并量化每项岗位工作事项，时间量化、目标量化、结果量化，实现可验证、可考核；以积分标准手册去衡量员工工作的结果，共制订产品积分、内控积分、学习积分、服务积分、流程管理积分等5类积分办法，并应用到绩效考核中去；以作业指导书规范业务运行流程，共实施6条作业指导书，如住房按揭、汽车分期、阵地营销、网点营销等；以员工发展手册去指导员工职业的发展，建立支行评先选优机制及员工职业发展机制。

（赵丽雅）

## 农行常山支行

**【概况】** 2015年，中国农业银行股份有限公司常山县支行(简称“农行常山支行”)机关设有综合管理部、风险管理部、公司业务部和个人金融部，营业机构有支行营业室、红旗街分理处、芳村分理处；在全县设有4个24小时自助银行，配备自动取款机(ATM)、存取款一体机、自助转账机等自助设备25台，布设惠农通服务点216个。

加强公私联动，抢抓源头性客户，成功营销常山县城市发展投资公司经济安置房、中国观赏石博览园、东方广场3个按揭项目，发放按揭贷款5000多万元，带动对公存款账户2000多万元；以“美丽乡村贷”为载体，为芳村镇政府量身制定“芳村桥头安置区”项目融资500万元；助推常山县农业龙头企业——天子股份公司首家成功登陆新三板。通过全员营销，促进中间业务稳定发展；拓展租金分期、现金分期、贵金属销售等新业务，增加中间业务的新渠道；做好理财产品组合营销，与证券、基金、保险等公司开展合作。在全部网点设置防范电信诈骗的提示牌，提高客户安全意识。

至年末，农行常山支行各项存款余额168693万元，比年初增加8526万元；各项贷款余额143311万元，比年初增加20829万元；实现拨备后利润3477万元；完成中间业务收入986万元。

**【推进“惠农通”业务】** 2015年，农行常山支行“惠农通”有效服务点216个，比上年增加25个，其中重点行政村有效服务点205个，乡镇覆盖率100%，有效服务点覆盖率100%，“惠农通”金融交易笔数100353笔，台均464.6笔；交易金额13302万元，台均交易61.6万，比上年分别提升131.89%和105.33%；“惠农通”在线率53.7%、购买惠农理财767万元。

**【创建“金融自治村”】** 2015年6月3日，东案乡高峰村首批4户村民发放小额贷款50万元，成为衢州市农行系统首例“农村金融自治”贷款。下半年，成功创建芳村镇下猷阁村“金融自治村”，同时营销该村集体企业基本账户，增加了源头性客户。据统计，通过成功创建“金融自治村”活动，农行常山支行发放农户贷款463万元，定利盈签约66户金额230万元，活利盈签约7户金额320万元，发放惠农卡76张，对公存款55万元。

**【“千家网点精准营销能力提升”行动】** 2015年，农行常山支行作为全市农行“千网行动”的第三站，于11月份开展为期两周的专项行动，新营销贷记卡823户，目标完成率357.83%；新签约“活利盈”245户，目标完成率275.28%；新营销基金定投33万元，目标完成率118.59%；新营销现金分期103万元，目标完成率112.03%；销售农银人寿期交保险103万元，目标完成率223.57%，网均34.33万元，位列全省第一。

（季雨根）

## 建行常山支行

**【概况】** 2015年年末，中国建设银行股份有限公司常山支行(简称“建行常山支行”)本外币一般性存款余额183319万元，比年初增加7248万元，新增四大国有商业银行占比28.74%，居第三。其中，对公存款余额121497万元，比年初增加2290万元，新增四大国有商业银行占比61.461%，居第三；储蓄存款余额61823万元，比年初增加4958万元，新增四大国有商业银行占比达23.06%，居第三。

2015年，建行常山支行一般性存款日均

余额172456万元，比上年增加8599万元，为衢州建行下属四个县支行中唯一实现正增长的支行；各项本外币贷款余额195467万元，比年初增加2813万元，新增四大国有商业银行占比11.39%，居第二，其中个人类贷款余额79524万元，比年初增加15523万元，新增四大国有商业银行占比54.82%，居第一，保持常山四大国有商业银行领先优势。实现中间业务净收入1690万元，计划完成率107.87%，四大国有商业银行占比23.07%，位居第二，比上年提升0.87%，其中对公中间业务净收入占比提升3.80%，四大国有商业银行占比提升情况较好，为衢州建行下属四个县支行和衢州建行大本级中唯一实现占比提升的支行。实现主营业务收入7580万元，计划完成率101.50%；税前利润3404万元，计划完成率97.20%，增幅75.55%，计划完成率和增幅均位列衢州建行系统内第一；实现经济增加986万元，增幅260.21%，列衢州建行系统内第一。在2015年度常山县县级机关满意满意单位评选结果中，建行常山支行荣获服务行业部门类满意单位，是常山四大国有商业银行唯一满意银行，

**【“税易贷”实现“零”的突破】** 2015年，建行常山支行契合小微企业关心关注的融资需求，创新信贷产品，解决小微企业融资瓶颈。与常山县国税局、财政（地税局）等加强合作，于5月完成“税易贷”平台搭建，获得优质纳税客户名单400余户。7月21日成功主办小微企业“税易贷”金融产品交流分析会，邀请县政府、金融办、人行、国税局、财政（地税局）等单位领导参加，为加强银、政、企合作打下良好的基础。截至年末，营销小微企业“税易贷”合格客户2户，发放小微企业“税易贷”客户1户，累计投放122万元，贷款余额24.60万元，填补了该项贷款的空白。

**【个人类贷款快速发展】** 2015年，建行常山支行抓住个人类业务受内外部影响较小的机遇，把拓展个人类贷款特别是房贷作为信贷业务的重要增长点，与优质房开公司和二手房中介密切合作关系，通过驻点服务、授牌、优化贷款流程和提高办贷效率等举措，抢占市场份额。年末，建行常山支行个人类贷款余额79524万元，比年初增加15523万元，新增当地四大国有商业银行占比达54.82%，居第一，其中房贷余额达6.84亿元，比年初增加20565万元，继续保持当地四大国有商业银行领先优势。

**【内部合规管控不断加强】** 2015年，建行常山支行开展加强内部管控遏制违规经营和违法犯罪专项自查整改和“回头看”工作。“清雷防险”专项活动有效推进，深入开展网点、自助银行和办公大楼安全隐患整改落实，完成各网点和自助银行“95533”电话安装工作，有效保证“95533”电话的正常使用。第四轮安全评估工作有序落实，员工行为集中排查工作不留死角。加大物防、技防投入，全年实现零案件、无重大风险事件、无重大违纪违规行为、无重大安全生产事故、无群体性事件。

（施唐荣）

## 中行常山支行

**【概况】** 2015年，中国银行股份有限公司常山县支行（简称“中行常山支行”）认真贯彻总行“担当社会责任，做最好的银行”的战略目标，帮扶困难企业化解“两链”风险，支持常山县地方经济建设。帮扶困难企业21户，贷款金额12290万元，主动降息15个百分点以上，让利金额超200万元；化解不良贷款1350万元。与中银证券保持密切联

系，发展“新三板”业务，推荐优质中小企业挂牌“新三板”及上市，首家推荐企业浙江爱丽莎装饰材料有限公司与中银证券签约，启动挂牌程序，12月3日获北交所审核通过（证券代码834989），同月14日挂牌上市。至年末，中行常山支行人民币各项存款余额105202万元，比上年减少1264万元；人民币各项贷款余额164672万元，比上年增加6971万元，增长4.42%；贷款客户数843户，比年初增加22户；存贷比为156.8%，为金融同业最高。实现本外币净利润4810万元，比上年增加810万元，增长20.25%，人均创造净利润达100万元。不良资产1256万元，不良率0.82%，不良率为县辖银行中最低。

叙做浙江省分行系统性重要客户浙江南方水泥有限公司授信总量10亿元，至年末已投放5.18亿元；成功叙做全省首家县级住房公积金中心贷款1亿元，至年末已投放3000万元；年末，正在叙做浙江省分行系统性重点系统客户仙鹤纸业项目贷款2亿元。

加强内控案防管理工作，注重员工异常行为排查，内控管理工作坚持疏与导相结合。注重过程管理，及时化解发生的问题，全行业务操作无重大差错，全年未发生安全保卫方面问题，全行员工无重大违规、违纪事件。

是年，中行常山支行党支部被浙江省分行评为先进基层党组织；中行常山支行被浙江省分行评为不良资产清收化解先进集体；中行常山支行营业部被评为2015年度衢州银行业平安金融创建十大“基层标杆网点”、衢州市银行业文明规范服务四星级营业网点。

（叶剑明、刘忠民）

## 邮储常山支行

【概况】 截至2015年年末，中国邮政储蓄银行常山县支行（简称“邮储常山支行”）在职员工46人；各类存款余额11.387亿元；新增发卡6799张，结存卡户数137701户；POS消费金额4787.66万元；代理理财业务25869.72万元；代理保险业务7428.51万元；代销基金10256.54万元；代理销售国债329.02万元；个人贷款累计发放19.86亿元，贷款结余31941.98万元。

2015年，邮储常山支行开展“三严三实”教育实践活动和廉洁廉政主题教育宣传，推进领导班子责任意识和素质建设及带动党员干部素质建设。制定推行支行员工正向激励管理办法，加强企业内部管理。创新金融服务，拓展邮政金融业务。组织员工健康体检与疗休养工作；开展群众性合理化建议活动，推进员工参与民主管理；举办“青春邮你”迎新春文艺会演及金融气排球、女工“三八”活动及其他多形式的员工工会活动，组织员工关爱慰问工作，完成支行（及营业部）“职工小家”建设，推进企业人文建设。

是年，邮储常山支行被衢州市公安局和衢州市社会治安综合治理委员会办公室授予“衢州市治安安全先进单位”称号；1名员工获评邮储银行浙江省分行优秀共产党员，1名员工被邮储银行浙江省分行授予“金雁奖”优秀柜员荣誉称号，1名员工被邮储银行衢州市分行推荐参加省分行“合规标兵”评选。

【邮储业务拓展】 2015年，邮储常山支行先后开展防电信诈骗预防集中宣传活动、金融统计执法检查活动、9月“爱我邮储　奋战金秋”集训营业务活动，召开房屋中介座谈会议。电子银行业务较快发展，个人网上银行新增5719户，结存32875户，累计账户类交易12.05万笔，交易金额16429.26万元；手机银行新增7608户，累计账户类交易2.6万笔，交易金额21888.21万元。至年底，邮储常山支行累计发放小额贷款31589.36万元、个人商务贷款151945.7万元、综合消费贷款14146.4万元；支持小微企业发展，累计放款小企业74510万元，贷款结余23257.2万元。邮储常山支行营业部自5月份、招贤镇支行自8月份开始窗口个人业务实行集中授权。

**【履行邮储社会责任】** 2015年，邮储常山支行挂钩联系青石镇新站村，实施、推进企业参与地方政府“五水共治”工作；与天马街道东明社区联合组织“清洁共建、金融服务进社区”主题活动；召开支行金融服务工作座谈会议，组织“金融知识普及月”活动；开展“金融知识进万家”宣传服务活动；深入青石镇新站村对贫困农户进行慰问家访。

**【邮储体制改革】** 2015年4月，邮储常山支行信贷档案集中上交市分行统一管理；6月，完成分钞室搬迁，由原邮政公司大楼南面邮件处理一楼移至靠东面的二楼，执行金融从业人员买卖股票内部报告制度；7月，完成“二改一”更证工作，原“中国邮政储蓄银行股份有限公司常山县新区支行”更名为“中国邮政储蓄银行股份有限公司常山县新区营业所”，全体从业人员签订“案防承诺书”，部门负责人以上管理人员签订“家庭助廉活动倡议书”；10月，从业人员签订“两个办法”知晓书；9、11月，两次开展优秀劳务工转合同制工作，5名员工用工形式由派遣制转为合同制；派遣制人员占比降为15.56%；当年离职1人，社会招聘2人。

（王柯文）

## 常山农信联社

**【概况】** 2015年，常山县农村信用合作联社（简称“常山农信联社”）内设12个职能部室，在职职工304人，营业网点26个，助农服务点227个。全年纳税总额4453.32万元，位居全县第二。至年末，各项存款余额61.15亿元，比年初增加10.15亿元，增长19.89%，占市场份额37.74%，比年初上升2.48个百分点，增量占全县银行业的68.81%。各项贷款余额43.42亿元，比年初增加5.87亿元，增幅15.62%，市场份额为29.77%，比年初上升1.51个百分点。户均贷款24.37万元，比年初下降3.7万元，其中个人户均贷款15.43万元，比年初下降0.14万元；企业户均贷款411.71万元，比年初下降64.55万元；资本充足率为12.56%，拨备覆盖率162.57%，除不良率外的其他主要监管指标均在“好银行”标准之上。实现财务总收入4.36亿元，比上年增加2047万元，增幅4.9%；实现利润总额8705万元，减少2050万元。

12月18日，常山农信联社营业大楼举行开工奠基仪式，县主要领导以及70多个部门主要负责人参加。对照《中国银行业营业网点文明规范服务评价标准（修订版）》10个模块、190个方面1000分的细则，制订3.0初级版实施方案，开展全员营销培训。开展“十佳综合柜员”“十佳客户经理”“十佳岗位标兵”“先进集体”等评选活动。

是年，常山农信联社被中华全国总工会授予“全国模范职工之家”称号。球川信用社成功创建衢州农信文明规范服务示范单位，新都信用社成功创建浙江农信系统文明规范服务示范单位。常山农信联社先后荣获“全国模范职工小家”“全省农信系统优胜单位”“全省农信系统信息工作先进集体”“浙江省工人先锋号”“全省十强支农支小单位”“全省网点转型单位”等荣誉称号，在2015年度县级机关“满意不满意单位”评选中，位列服务行业部门类第一，获县“满意单位”称号，且考评得分连续四年位居全县银行业金融机构首位。

【金融产品创新】 2015年，常山农信联社将传统的信贷关系、合同关系，转变为邻居关系，相继推出“好邻居·大学生关爱贷”“好邻居·网易贷”等10余款贷款产品和“好邻居·关爱存”“好邻居·众众乐”存款产品。围绕“常山三宝”“四条美丽乡村风景线”建设和民宿经济，创新推出“常山三宝产业链贷款”“好邻居·油茶贷”“好邻居·民宿农家乐贷款”等产品，从宽度和深度上满足百姓需求。“好邻居·红马甲”深入常山各个行政村和社区，开展大、中、小型活动计划92场次，搜集客户信息1800余户。“好邻居·金融夜校”在78个社区和行政村开课，参与员工400余人次，受益群众7000人次。

【拓展农村金融综合服务平台】 2015年，常山农信联社主动对接县委、县政府，争取到以第三方机构的形式参与全县村级（社区）便民服务中心升级版打造工程，将代办计生、社保、民政、农业、林业、国土、住建等行政服务类事项纳入“好邻居·丰收驿站”业务范围，上线丰收购、丰收家平台，与政府、电商、物流、商家等第三方开展跨界合作，打造出集政务、电商、金融、民生四位一体的农村金融综合服务平台——“好邻居·丰收驿站”100家，直达民生“最后一公里”。其中，16家“好邻居·丰收驿站”进驻村级（社区）便民服务中心。全年办理现金转账与各项缴费业务51759笔、5001.16万元，网上代购543笔、金额12.7万元，帮助村民销售农特产品2.3万元。

【多举措清收不良贷款】 2015年，常山农信联社完善《授信管理实施细则》，重新测算客户存量授信，对500万元以上贷款实行名单制管理，有效压降1000万元以上贷款。采用协调清收制、司法清收制、外包清收制、活动推进制、以帮化险制和不良追究制等方式，累计清收化解表内不良贷款433户1.24亿元，收回核销置换贷款562户本息629.37万元。推行高管领衔清收制度，73户5.56亿元大额不良贷款全部由高管认领清收并化解0.5亿元。加大贷款责任追究，对128人次经济处罚29.54万元，104人次责任赔款73.62万元。层层落实推进以“回归本源、文化立行”为主题的专项活动。

【合规管理与风险排查】 2015年，常山农信联社开展内部管控遏制违规经营和违法犯罪的专项检查、“清雷防险归源”专项行动、“两个加强、两个遏制”专项检查以及银行业风险排查工作。建立覆盖282余人的廉政及社会关系电子档案基础信息库，建档面达100%，向党风廉政和合规文化建设“大数据时代”迈出关键一步。发挥审计“啄木鸟”作用，做好理财及资金业务专项审计、大额贷款审计、财务费用审计、食堂审计、员工失范行为审计等工作项目，累计对159位责任人进行处罚。加强安保、消防检查、指导、监督力度，组织检查155次，处罚5人1.36万元。

【常山农信联社企业文化建设】 2015年，常山农信联社成立各类兴趣小组，组织“三八”妇女节亲子联谊活动、第七届职工趣味运动会、“走村踏青”等活动，增强文化“磁场”效应，增强员工的认同感和归宿感。建立分层走访机制，走访慰问生病住院、生活困难等员工9人。建立“红马甲”微信群，及时发布信息，传递正能量。“小苹果”代表队在县全民运动会排舞大赛、衢州农信系统和省农信联社运动会排舞项目上摘取三项桂冠。开展“百岁老人送温暖”“关爱常山好人·慈善一日捐”“邻居助残日”等活动，回馈社会，发扬新风尚。组织“爱心妈妈”与新桥小学贫困学子结对，每年为结对小学生送关爱，关注他们的教育成长。深入联系村——芳村镇横山路村和新桥村，参与“推进五水共治、共建生态家园”行动。

（李 翔、李琦婧）

## 农发行常山信贷组

【概况】 2015年，中国农业发展银行常山信贷组（简称“农发行常山信贷组”）以强化信贷管理、合规管理为基础，以提高风险管控能力为切入点，以合规操作、防控风险为导向，按照上级行“查问题、抓整改、强机制、利长远”的总体要求，结合常山实际，查摆自身薄弱环节，将存在的问题、历年内外部问题有效整改，有效提升信贷基础管理水平，促进信贷业务健康有效发展。截至年末，贷款余额83686.5万元，其中粮食贷款6695.5万元，比上年年末增加7158万元；存款余额27071万元，比年初增加5810万元；中间业务收入54.38万元。完成储备粮增储贷款512万元。发放粮食轮换贷款3239万元，省级储备粮贷款1890万元，县级储备粮贷款1901万元。收购储备粮1400万公斤。

（陈蓓红）

## 常山联合村镇银行

【概况】 2015年，浙江常山联合村镇银行股份有限公司（以下简称常山联合村镇银行）设有综合管理部、合规风险部、运营管理部3个管理部门和客户一部、客户三部两个业务部门，以及球川镇、芳村镇、青石镇、大桥头乡等4个乡（镇）支行；共有94名员工。开业五年累计发放贷款10774户，累计金额53.94亿元（含贴现）。截至2015年12月31日，各项存款余额7.89亿元，各项贷款余额9.38亿元，不良贷款率2.32%；各项资产总额10.33亿元，其中盈利性资产10.13亿，非赢利性资产2084.15万元，累计计提损失准备金4624.6万元；实现税前利润2686.59万元。流动性比例60.18%，符合银监部门的监管要求。资本充足率17.33%，其中核心资本充足率16.25%；贷款损失准备充足率155.6%。各项监管指标均达到或高于银监会的好银行标准，具备较强的抗风险能力。

常山联合村镇银行结合监管部门组织的“两加强、两遏制”、案件风险排查、平安风险隐患排查、排险清雷归源等多项活动，对全行历年的存贷款、同业、运管、财务、安保等各项业务进行全面自查，特别是对重要岗位、重要环节以及员工行为等进行深入摸底。通过自查，全面梳理常山联合村镇银行各项业务流程；通过追责、整改，有效提高内控管理水平、强化员工的合规风险意识。重新修订或制定《信贷风险责任制度》《信贷人员风险责任保证金管理办法》《不良贷款责任追究管理办法》等，提高员工合规操作的自觉性和主动性。制订2015年度内部审计工作方案，建立、完善《内部审计工作规程》等制度，对全行业务活动实行动态监测，共完成3项中层及员工离岗离职专项审计、2次员工行为排查以及各类排查活动的责任追究及认定工作。完善流动性风险体系建设。初步建立流动性风险管理框架，落实岗位职责，按月发布流动性监测报告，按季完成流动性压力测试。加强流动性监测，尝试发挥监测月报对各项业务的指导作用，统筹资产和负债业务的均衡发展，提升流动性风险的防控和管理能力。积极应对存款保险新政，存款监测常态化。多次组织员工学习存款保险制度；按条线、按层级成立存款保险专项监测小组，持续开展存款监测，及时掌握动态；制订《存款保险条例实施工作方案》和应急处置预案等，确保平稳过渡。有序推进会计规范化等级考评工作，制定会计规范化等级管理办法、等级考核标准及考评工作方案等，考评小组每月召开分析会，通过全员讨论的方式使会计规范化等级工作深入人心，逐步完善和健全达标体系。实行会计主管委派制，采用培训、学习、定期例会、参与会计检辅等方式，加强会计主管队伍建设。结合会计规范化考评，制定会计检辅年度工作计划，按月设立检查辅导重点，对全行的会计业务开展全面检辅。同时，发挥事后监督的后督机制，及时发现临柜操作中不规范现象，提高柜员整体业务素质，有效防范柜面潜在风险。

**【创新信贷产品】** 2015 年，常山联合村镇银行相继推出创新信贷产品“石 +3”、小额贷款卡、租赁贷、购机乐等，支持一批有市场、有潜力的小微企业信贷需求。助力青石镇农民发展石产业，推出“石 +3”贷款产品，采用“银行 + 公司 + 经营户”模式为当地石经营户提供融资服务，有效缓解石经营户“两链”风险。服务季节性、临时性资金需求的农户和个体工商户，成功推出小额贷款卡业务，实现客户在柜台、网银、自助设备上的自主申贷和还贷，做到“一次授信、循环使用、随借随还”。创新租赁贷、购机乐等信贷产品，对小、散客户进行调查研究，准确定位，与其他金融机构实现错位竞争，取得良好成效。截至年末，常山联合村镇银行共发放“石 +3”贷款 8 笔，计 790 万元；发放小额贷款卡 565 张，授信金额 5754.4 万元，贷款余额 3754.6 万元；发放租赁贷 6 笔，计 78 万元；发放“购机乐”贷款 14 笔，计 6.5 万元。

**【践行普惠金融】** 2015 年，常山联合村镇银行分别在芳村、球川、青石、天马街道赵家坪社区设了 4 个“普惠金融服务站”，进一步丰富和拓宽普惠金融服务站的内涵和外延，形成“普惠站 +”的服务模式。联手常山金佰汇超市在普惠站开展“家家送”服务，通过超市的购物平台帮助周边农户代购商品，满足广大农村居民多层次、多元化的服务需求，创建“贴心银行”。同时，建立奖惩分明的激励机制，让客户经理走进农村、深入农户，把金融服务送到农户，提高村干部及村民对常山联合村镇银行的认同度。截至 12 月 31 日，常山联合村镇银行员工共走访行政村 57 个、社区 8 个，走访农户（居民户）9000 多户，其中建立信息档案的农户占 70% 以上。

（璜　晶）

## 泰隆银行常山支行

**【概况】** 2015 年，浙江泰隆商业银行衢州常山支行（以下简称泰隆银行常山支行）坚持“立足社区、服务‘三农’”的宗旨，致力于开发农村市场，实施“小额、流动、分散”的经营方针，强化对“三农”的支持，改善城乡的金融服务，推出适合农村经济环境的信贷产品，如乐农贷、易农贷等。根据总行和分行运营管理部创建标杆网点建设的要求，启动创建标杆网点工作，从业务知识、业务技能、实务操作以及加强风险防范意识等各个方面对柜面人员进行培训，提升柜面服务水平，为广大客户提供更加满意、更加贴心的金融服务。截至 12 月 31 日，泰隆银行常山支行各项存款余额 46055 万元，较年初增加 1650 万元，贷款余额 48892 万元，较年初增加 16943 万元，存贷比 106.16%。泰隆银行常山支行将小微贷款批量作业与“信用村”结合起来推进，深耕农村市场，细作农村金融，加快信用评定工作，加大信贷支农力度，开展送金融知识下乡和送电影下乡活动，支持新农村建设。

是年，泰隆银行常山支行被衢州市公安局、常山县公安局分别授予“治安安全先进单位”称号。

（黄志军）

## 温州银行常山支行

**【概况】** 截至2015年年底，温州银行股份有限公司衢州常山小微企业专营支行（简称“温州银行常山支行”）存贷款总量7.14亿元，其中，存款余额3.13亿元，各项贷款余额4.01亿元。

温州银行常山支行坚持“助力小微，服务三农”的经营理念及中小微企业主办银行的市场定位，注重金融产品创新和支持地方经济发展，以“小、快、灵、好”为经营特色，打造零售业务精品银行。推行“金鹿普惠贷”“理财产品质押贷款”“银行承兑汇票质押置换”“无缝续贷”及“应急专项资金续借”等创新业务，简化贷款业务流程、服务手续，累计为小微企业贷款13.64亿元，办理银行承兑汇票7.56亿元；累计办理“无缝续贷”业务22笔，应急专项资金续借业务65笔，累计发放贷款金额1.42亿元，有效降低中小企业客户的融资成本。同时，通过网点转型升级、服务竞赛、主动减费让利等措施，改善服务环境，增加服务项目，提高服务水平，用优质服务吸引客户、留住客户。

温州银行常山支行热心公益事业，累计向常山县慈善总会及常山县农村和农业工作办公室捐款859150元，用于支持“五水共治”“美丽乡村”建设等项目；参与县教育局组织的爱心捐书活动，为偏远山区学生送学习用品。

2015年度，温州银行常山支行被温州银行总行评为“先进集体”，被市、县公安局分别授予“治安安全先进单位”荣誉称号，被团县委评为“青年文明号”。

（王建兵）

## 金华银行常山支行

**【概况】** 2015年年末，金华银行衢州常山小微企业专营支行（简称“金华银行常山支行”）各项存款余额23003万元，各项贷款余额18422万元，代理理财5589万元，代销基金2061万元，实现小微企业贷款“增速、增量、增户”三个不低于目标。坚持小微专营定位，扩大对各类园区、市场、商圈等小微企业和市民的金融支持，累计发放小微企业贷款93户17939万元；优化信贷结构，推进“普惠金融”支农功能，支持城乡个体户、农户经营创业，为个人客户提供1995万元资金支持。

是年，金华银行常山支行被衢州市公安局和衢州市社会管理综合治理委员会办公室评为“衢州市治安安全先进单位”，获衢州市银行业文明规范服务三星级称号，获常山县“巾帼文明岗”称号，获衢州市分行信息报道优胜单位；3名员工被衢州市分行评为优秀员工；4名员工获总行“无差错柜员”荣誉。金华银行常山支行代表队在全县国库知识竞赛中获得第一名。

**【创新金融产品】** 2015年，金华银行常山支行推进金融创新，加大支持小微和“三农”力度，积极推动小微企业“循环贷”“简易贷”业务，持续做强“四百”等信贷主要特色产品，新增担保机构合作，加大各类权利质押、林权抵押产品宣传力度等，积极扶持实体经济发展，简化贷款手续，丰富业务结构和服务手段。年末，共投放“四百”贷款金额2280万元，办理简易贷100万元，办理设备抵押200万元，为个转企的企业提供了在建工程抵押融资。同时创新服务渠道，扩展服务范围，开办金管家和双龙盈等业务，开办非税收入手机缴费代理业务，推进电子银行、微信银行等现代服务手段应用。

【基础管理与风险防控】 2015 年，金华银行常山支行强化内控管理机制建设，严格各项业务的监督检查，强化规章制度的培训学习。推进案件防控管理工作日常化、精细化和规范化，提升案件防范水平，保持“零案件”。以各项创建工作为指导，夯实基础管理，提升服务水平，推进风险防控和安保工作，加强声誉风险管理和客户网络安全教育提示。

【开展社会公益活动】 2015 年，金华银行常山支行以人民银行常山支行金融“三送”为契机，结合“E 动城乡 智慧支付”电子银行和金融安全防范教育活动，深入社区、街道宣传，推广金融知识。与县卫计局联合开展“金华银行爱心健康公益活动”，多次会同县卫生系统专家及省名医走进东案乡、前库村、程村开展义诊及金融服务活动，搭建 6 个“金华银行爱心体检站”，为群众提供自助体检等便民服务；与共青团常山县委员会联合开展“金华银行禁毒防艾公益行动”，进校园、进社区开展禁毒防艾公益宣传与金融知识普及活动。

（宋　岚）

## 人保财险常山支公司

【概况】 2015 年，中国人民财产保险股份有限公司常山支公司（简称“人保财险常山支公司”）围绕省公司“实施品质战略，建设价值强司，为打造人保财险升级版而努力奋斗”的战略要求，加强经营管理，创新特色服务，优化队伍建设，推进对标管理，注重效益优先，建设合规文化，推动以客户为中心的转型升级，构建高效的经营管理机制，实现跨越发展。截至 12 月 31 日，人保财险常山支公司实现签单保费 6821 万元，比上年增长 12.32%，其中车险签单保费 4800 万元，增长 11.91%，非车险保费 1241 万元，增长 12.15%；支付各类赔款 3528 万元，综合成本率 86.97 %，实现承保利润 784.08 万元。

（谢泽睿）

## 人寿寿险常山支公司

【概况】 2015 年，中国人寿保险股份有限公司常山县支公司（简称“人寿寿险常山支公司”）在编员工 23 人，劳务派遣人员 2 人，代理制人员 407 人；设有综合部、客户服务部、个险销售部、团体业务部、银行保险部等 5 个职能部门。在芳村、招贤、青石、球川 4 个乡镇分设营销服务部。经营范围涵盖寿险、人身意外险、健康险、年金等人身保险的全部领域，具有完善的展业、服务、理赔等管理系统和一支高素质的专业管理团队。人寿寿险常山支公司客服中心制定考核办法，加强新实务培训，提升全员操作技能，强化考核体系；通过视频培训、现场辅导、自学演练等形式，全面推行综合柜员制，实行计件工资制；推广 E 宝账，提升电子作业。加强个险队伍建设，推广新人育成体系；加强导师队伍建设，提升主管的自主发展和自我经营能力；打造业务高手队伍，提升队伍综合技能；强化营管干部管理，提升专业技能，加快后备人才培养；打造团险渠道三农主管队伍，引导自主销售能力；在新员工、中层干部、领导班子成员中分层次开展新契约、保全以及理赔等专业培训，提高客户服务能力和服务品质。人寿寿险常山支公司全年实现保费收入 8400.16 万元（含集团公司保费），比上年增长 9.19%；市场份额为 57.28%，下降 3.37 个百分点；为近 7 万人次提供各种保险保障服务，支付满期金及赔款 2568.36 万元，其中在校学生 660 人次获赔 211.75 万元、农村小额保险参保人员 175 人次获赔55.61万元；发生699笔保单质押借款，为保户提供借款金额1968万元。

是年，人寿寿险常山支公司陈青被浙江省分公司授予"2015年巾帼建国标兵"称号。

（丁　琪）

## 太保财险常山支公司

【概况】 2015年，中国太平洋财产保险股份有限公司常山支公司（简称"太保财险常山支公司"）坚持依法合规经营，加强内部管控和外部监管，构建常态化客户增值服务模式，开展统一性和个性化相结合的增值服务项目，将"代办年检、微信关注"等打造成公司最具竞争力的服务产品。强化客户投诉管理，推动服务监督管理流程，推行定期服务通报分析会制度，实现对主要服务表现指标的常态化监控和对标管理。创新理赔服务操作形式，满足客户需要的精准化服务、人性化的关爱与帮助。通过移动查勘定损系统、"微理赔"服务等新技术手段的应用，加大对各理赔环节的考核力度，缩短理赔周期，提高理赔服务效率，提升客服水平。太保财险常山支公司实现保费收入1350万元，比上年增长2.36%；支付各类赔款1100万元，增长28%；当年实现承保利润45万元。

（徐　俊）

# 人力资源和社会保障

## 综　述

2015年，全县协议引进各类人才330余人，其中硕士研究生31人，较往年有较大幅度的增加；实施引智项目5个；共有396人取得各类专业技术资格，其中取得高级职称85人、中级职称153人、初级职称158人。组织开展企业职称社会化评审四批次，取得各类专业技术资格453人，其中初级职称220人、中级职称233人；办理初定职称208人。全县党政机关招考录用公务员（含参公）67人，其中公务员43人（含乡镇机关15人、村干部2人）、参公24人；部分事业单位统一招考录用工作人员220人，其中教育系统111人、卫生系统44人、其他事业单位65人；选聘大学生村官10人；国有企业招考14人；安置军转干部2人、随调家属2人。全县城镇新增就业4225人，其中城镇失业人员实现再就业1770人（包括帮助就业困难人员实现再就业541人）；创业培训120人；公益性岗位进村率达100%；城镇登记失业率2.99%。

全县养老、医疗、工伤、生育、失业五大保险参保人数分别为206678人、311124人、36787人、26732人、22989人，年内分别增加5210人、1239人、869人、852人、1069人；社会保障卡持卡人数31.1万人。减免社会保险费600多万元，支持企业稳岗补贴178.5万元。全县企业退休（职）人员的养老金人均增加240元；城乡居民社会养老保险基础养老金最低标准由每人每月100元调整为120元。出台《常山县被征地农民基本生活保障实施办法》（常政发〔2015〕13号），规范被征地农民基本生活保障参保工作，做好被征地农民基本生活保障制度与职工基本养老保险制度的衔接工作，截至年底，全县共办理衔接手续9137人。

县人力资源和社会保障局（以下简称“县人社局”）累计向上争取资金14312万元，其中政策性资金11439万元、非政策性资金2873万元。

县人社局开展紧缺工种培训2606人；进城务工农民工培训1772人；高技能人才培养新增取证数668人，其中培养新技师73人；职业技能鉴定5451人。全县受理劳动监察举报投诉109件，办结109件，结案率100%，涉及人数699人，涉及金额655万元；主动巡查用人单位704家，处罚案件4件，劳动保障书面审查入库数1924家；推进“双爱”活动，规模以上企业参与率100%。全县受理各类劳动争议案件297件，结案297件，结案率100%，其中裁决结案79件，调解结案208件，撤诉结案10件，调解结案率81.96%。

县人社局加强与企业联系，建立企业用工网上监测系统，完善企业用工空岗报告制度，掌握企业用工信息，拓宽信息发布渠道，引导民工回乡创业，返乡就业。举办春、夏两季人力资源交流大会，吸引企业255家，推出岗位6606个，进场人数达2万余人，达成初步意向人数3634人。举办小型招聘会10次，推出岗位1560个，达成初步意向624人。围绕提质扩量的要求，实现“双爱”活动在全县规上企业开展率达100%。指导各企业完善劳动用工规章制度，规范用工行为；联合工会、安监等部门对已建工会企业进行重点指导，完善企业安全生产制度从而降低安全事故发生率；同时，联合社保部门、房管处对企业进行社保、公积金政策法规的宣传，提高社保参保率及公积金缴存比例。常山县和谐劳动关系构建情况获得省劳动厅测评组的肯定。

县人社局牵头建立由县法院、检察院、人社局、公安局四部门共同参与的拒不支付劳动报酬案件查处工作联席会议，出台《关于进一步做好拒不支付劳动报酬案件查处移送工作的实施意见》。深化行政审批制度改革，做好“四张清单一张网”工作，推进阳光政务工作，确定13项社保事项、11项就业事项下放基层，让群众享受到“家门口”的便捷服务。全年接待来访群众4000多人次，登记来访6件、来信28件；其中，省“三个文件”涉及不同利益群体上访件18件，工伤认定3件，其他遗属补贴、医疗保险、个人身份待遇问题13件。合并重复信访件，实际办理信访件29件。处理“12345”市长热线和县长信箱交办单87件，答复各类网上咨询投诉件71件。

**【实施就业援助帮扶工程】** 2015年，县人社局以未就业高校毕业生、城乡就业困难人员为重点，探索由政府购买服务，通过开发农村公共卫生公益性岗位、增配大学毕业生公益性岗位、建立就业援助基地、提供社会保险补贴等措施，加大对就业困难人员和困难企业的帮扶力度。全县办理职工失业保险金1765人次，发放失业金644.26万元、基本医疗保险42.26万元；享受“4050”失业职工社保补贴599人，发放金额175万元；高校毕业生从事就业和社会保障岗位和社保补贴支出193万元；农村保洁公益性岗位支出142万元。

**【机关事业单位养老保险制度改革】** 2015年4—5月，县人社局对全县机关事业单位工作人员的基础信息数据进行汇总；9月，对全县约200家单位经办人员进行信息采集培训；12月初，完成全县机关事业单位工作人员2014年、2015年两年的缴费基数审核工作，并根据缴费基数计算出改革对象的养老保险和职业年金应缴金额。

**【全民参保登记工作全面完成】** 2015年，县人社局及时制定实施方案，采取先在天马街道北屏山村试点，全面开展进村入户调查登记工作。6月底，全县各乡镇（街道）入户调查和参保登记工作全面完成。全县总户籍人数342022人（省全民参保登记库305779人），入库率100%，需入户调查人数121027人（省库101345人，市追加19682人），完成入户调查率100%。

**【高技能人才培养】** 2015年，县人社局以高技能人才培养为重点，从企业自主评价、举办全县技能竞赛、举办高级工培训班等方面入手开展工作。举办企业培训师（三级）培训班，全县46家企业的73名培训工作相关负责人参加培训。举办美发师和餐厅服务员的高级工培训班，培养高级工91人。举办两期月嫂高级专项能力班，培养高级月嫂115人。组织常山县第二届职工职业技能竞赛，由县政府主办，县人社局、人才办、总工会、商务局、妇联等多家单位共同承办，竞赛工种为维修电工、汽车修理工、计算机操作员、电子商务师、中式面点师、美容师、美发师和育婴师，有161名选手参赛；47位选手分获一、二、三等奖，24人获“常山县技术能手”称号，5人取得技师资格证书，44人获高级工证书。选派优秀技能人才参与省、市组织的技能竞赛，余家富获市技能大赛电子商务组第一名。浙江云泰纺织等12家企业开展技能人才自主评价，802人获得国家职业资格证书，其中高级工411人、中级工100人、初级工191人。

**【机关事业单位工作人员调标增资的工作】** 2015年，县人社局对全县机关事业单位工作人员的工资情况进行全面摸底调查，并对调标增资情况进行测算；同时，配合软件公司对工资系统进行模块开发，于10月份正式实施。此次增资涉及机关事业单位在职人员6300余人，机关工作人员人均增加617元/月，事业人员人均增资918元/月。配合县委组织部做好县级以下公务员职务与职级并行实施工作。推进实施在乡镇工作的机关事业人员实施乡镇工作补贴工作。

**【事业单位绩效工资再调整】** 2015年，县人社局会同财政、卫生部门对乡镇卫生院绩效工资调整及收支结余绩效分配实施意见进行再调整，加大乡镇卫生院内部分配激励力度，调动基层医护人员工作积极性。会同县财政局对全县事业单位2010年以来的绩效工资实施情况进行清查，摸清全县事业单位2010年以来绩效工资的实施情况及“多退少补”情况，并于10月初清理到位。

**【机关事业单位退休人员增资工作】** 2015年6月，县人社局根据国办发〔2015〕3号、浙人社发〔2015〕55号、常人社〔2015〕73号等文件为全县3283名机关事业单位离退休人员增加离退休费，人均357元/月，涉及财政资金每年约1406万元，7月资金发放到位。11月，为全县3475名机关事业单位离退休人员调整生活补贴，人均约260元，涉及财政资金每年1084万元，12月资金发放到位。

（胡志良）

# 教　育

## 综　述

2015年，常山县各项教育工作提速前行，顺利通过国家义务教育发展基本均衡县验收；创办常山育才小学、育才幼儿园，打响“常山育才”品牌。

学前教育快速发展。探索“公建民办公助”的乡镇中心幼儿园建设经营管理模式，引入衢州“手牵手”幼教集团投入900万元，经营4所乡镇中心幼儿园；抓无证幼儿园整治，通过“改造提升一批、引导合并一批、坚决取缔一批”等多种形式，完成16所无证幼儿园整治任务；金川街道、芳村镇成功创建衢州市学前教育示范乡镇，学前教育示范乡镇占比达28.57%，居全市第一位。

义务教育稳步发展。全县新创建育才中学、城关中学、湖东小学、何家小学、新桥小学等5所省义务教育标准化学校，义务教育标准化学校占比75.68%。常山县通过全国义务教育基本均衡县国家级督导评估；完成3所学校标准化校舍建设工程、11所中小学校舍设施维修改造、6所中小学校田径场改造提升、12所学校食堂内部改造和14所农村学校饮用水改造，薄弱学校办学条件明显改善；初中段教育质量快速提升，育才中学综合排名跻身全市前四；2015年中考进入全市前10%的学生人数大幅增加，合计166人。

高中教育蓬勃发展。常山一中综合改革持续深化，制定出台《常山一中优秀教师奖励办法》，健全、完善绩效考核和分配机制；常山一中2015年高考上一类线97人，与历史最高水平基本持平，上本科线584人，上线率83.7%，创历史新高。2015年9月，常山一中被省教育厅核准为“省二级普通高中特色示范学校”，实现常山县特色示范高中“零”的突破。紫港中学2015年高考升学率达96.37%，文理科第一批上线人数实现零的突破，第二批（二类）上线181人，比上年增长42.5%，在全市同类学校中遥遥领先。

是年，金川街道、紫港街道、球川镇成功创建省标准化乡镇成人文化技术学校，常山县职业中专、辉埠镇成人教育学校被评为市企业职工培训示范基地，东案乡成人教育学校被评为市新型农民培训示范基地。全县累计脱盲5660人，其中劳动力文盲2547人。自学考试报名人数415人，其中新生147人；课程总数716门，其中实践课18门。

## 教育行政

**【常山6位教师入选市115人才工程】** 2015年1月，经个人申报、单位审核、专家评审、市“115人才工程”联席会议审定通过，常山县有6位教师入选市“115人才工程”。其中，实验小学蒋晓燕老师被列为第二层次培养人才，天马一小王玲丽、天马二小张国华及实验小学陈正、项珍、周晓敏等5位老师被列为第三层次培养人才。

【省教育厅领导到常山检查春季开学工作】2015年3月11日，省教育厅副厅长丁天乐一行到常山检查春季开学工作，先后深入阁底初中、阁底中心幼儿园、芳村中心幼儿园和芳村小学，通过进课堂听课、进学生宿舍查看、进食堂进餐和听取工作人员介绍相结合的形式，对春季开学、深化教育改革和加强学校管理等多方面工作情况进行检查。随后召开座谈会，听取县教育局关于春季开学工作情况的汇报并作讲话。市政府教育督导室主任吕汶、副县长揭政东陪同。

【全县学前教育工作现场会】 2015年4月24日，常山县学前教育工作现场会在芳村镇召开。副县长揭政东出席并讲话；各乡镇（街道）、部门负责人，县公办幼儿园园长，各乡镇（街道）省二级以上幼儿园园长共60多人出席会议。会议传达学习《常山县2015年无证幼儿园专项整治工作方案》和《常山县发展学前教育第二轮三年行动计划（2014—2016年）》等文件精神，部署全县学前教育工作。与会人员参观芳村镇中心幼儿园，详细了解其办学规模、硬件、师资、管理等方面情况。

【政协对口协商“千万学生饮食放心工程”】2015年4月30日，县政协召开对口协商会议，专题协商常山“千万学生饮食放心工程”实施情况，县政协副主席陈国珠、黄法云，县政府办、食安办、市场监督管理局、教育局、住建局、水利局、商务局、卫生局、城管大队等部门负责人参加会议。与会人员深入韵达食品配送中心、城关中学、常山一小，察看学校食品配送、食堂管理等工作情况。县教育局等部门汇报常山县“千万学生饮食放心工程”实施情况。会议提出，要进一步加强学校食品安全工作领导，相关部门要进一步加强协作，加大“千万学生饮食放心工程”工作力度；要加强校园商店食品安全监管，严把“源头关”，规范商品进货渠道；要加校园饮用水安全监管，将更多学校供水纳入城镇自来水管网，并定期开展饮用水卫生监督监测；要加强学校周边食品摊点监管，相关部门要联合开展校园周边食品安全专项整治和综合治理活动，加大对违法行为的处罚力度，建立治理长效机制，净化学校及其周边食品安全环境。

【省教育厅厅长刘希平到常山调研】 2015年10月8日，省委教育工委书记、省教育厅厅长刘希平率团到常山调研教育工作。衢州市教育局局长徐朝金，县委副书记、县长毛建国，副县长揭政东陪同调研。刘希平一行深入芳村镇中心幼儿园、芳村中心小学、湖东中心小学、育才中学、常山一中等地，详细了解学校基础设施建设、学生生源、校园安全、功能教室设置、课程改革等方面情况。并召开座谈会，听取常山县有关工作情况汇报，从注重理念、保障公平、深化改革、强化管理等四个方面对常山教育工作提出殷切期望，希望常山教育负重前行、闯关破障，破解出“以‘改革之匙’开‘强教之门’”的完美密码。

【常山县教育系统“祖国颂”大合唱比赛】2015年10月11日晚上，由县教育局、县教育工会举办的全县教职工“祖国颂”汇报演出暨颁奖仪式在县青少年宫举行。县委常委、宣传部部长苏新祥，副县长揭政东，县政协副主席胡震云出席观看并颁奖。全县32支代表队的1400多名教职工参加，比赛中，共演唱《保卫黄河》《我和我的祖国》等64支歌唱祖国、歌唱中国共产党、歌唱改革开放的革命歌曲。经过一天的比赛，评出金奖6个、银奖11个、铜奖15个；另评选出最佳服装奖、最佳演唱奖、最佳指挥奖等6个单项奖。常山一小、城关中学、育才中学摘得甲组金奖，天马一小、教育局机关、阁底小学获得乙组金奖。

**【省督查组到常山督查基础教育重点县工作】** 2015年11月12—13日，省教育厅副巡视员、省督学方天禄率省督查组到常山督查基础教育重点县工作进展情况。市政府教育督导室主任吕汶、副县长揭政东等陪同。省督查组深入县培智学校、城东中学、芳村中心幼儿园、常山一中迁建工地实地检查，详细了解特殊教育提升工程、薄弱学校改造工程、学前教育提升工程的实施建设情况。在工作情况汇报及反馈会上，督查组听取常山县关于基础教育重点县工作情况汇报，并查阅相关台账资料，在肯定常山县工作同时，提出了相关工作建议。

**【市“婺剧进校园”活动现场会在常山召开】** 2015年11月17日，衢州市“婺剧进校园”活动现场会在常山召开。市人大常委会副主任童建中、市政协副主席王建华、市委副秘书长季根寿、市教育局局长徐朝金、市婺促会会长吴金花等领导出席；常山县委书记王良春致辞，县领导王小平、揭政东等参加。衢州市各县（市、区）主要负责人，教育局、文广新局负责人及试点学校的代表共135人参加。与会人员先后观摩了五里小学、常山职业中专的婺剧进校园文化成就，观看常山县婺剧进校园现场展演。

**【县政协召开教育综合改革对口协商会议】** 2015年11月20日，县政协召开对口协商会议，专题协商全县教育综合改革情况。县政协副主席陈国珠参加会议。与会人员深入到县育才中学、第一小学，察看学校教育改革情况。县育才中学、第一小学校长以及县教育局局长在会上汇报了全县教育综合改革的相关情况。

**【县教育局召开育才经验推广现场会】** 2015年11月26日，县教育局召开学校精致管理暨育才经验推广现场会，学习推广育才中学先进管理经验，促进全县学校教育教学质量全面提升。县教育局中层以上干部，各学校校长、分管副校长等120余人参加。副县长揭政东到会并讲话。

**【常山县“这教育”专家工作站研修班开班】** 2015年11月23日，常山县教育人才培养工程“这教育”专家工作站研修班开班仪式暨第一次研修活动在青石小学开班。目的是加强全县教育人才的培养，提升校级领导管理水平和专业素养。

**【“教育衢州行”新闻采风团到常山采风】** 2015年12月4日，由《浙江教育报》和衢州市教育局联合组织的“教育衢州行”新闻采风活动走进常山，中央驻浙和省、市级16家新闻媒体的记者聚焦常山教育。市教育局副局长蓝水高、常山县教育局机关中层以上干部参加采风活动。采风团先后到常山育才中学、常山县第一小学、常山县芳村中心幼儿园进行现场采风。

## 学前教育

**【概况】** 2015年，全县有持证幼儿园101所，计328个班，在园幼儿10626人；新人园幼儿2691人，离园幼儿2948人。除教工幼儿园公办、8所其他部门（集体）办幼儿园之外，民办幼儿园92所，幼儿园数比上年减少13所。出台常山县发展学前教育第二轮三年行动计划及其配套政策，明确今后一个时期常山学前教育发展方向；制定《常山县普惠性民办幼儿园的认定及其管理办法》，建立和完善政府主导、社会参与、公办民办并举的办园体制，鼓励、引导民办幼儿园面向社会提供公益性、普惠性的学前教育。对全县36所年检合格的幼儿园实施以奖代补，发放省奖补资金391.39万元；同时发放县学前教育专项资金181.60万元。全县幼儿园的办学条件明显改善，非在编教师的待遇得到有效保障，全县学前教育办学水平进一步提升。

**【实验幼儿园举行展示观摩活动】** 2015年1月17日，实验幼儿园举行集体教学、区域活动展示观摩活动，全县各幼儿园园长、骨干教师100余人参加。此次活动对进一步深化幼教课堂教学改革，提高幼儿保教质量发挥了很好的指导作用。

**【教工幼儿园创新家长会形式】** 2015年3月26日，教工幼儿园以班级为单位召开游戏体验式家长会。会上，老师们打破传统的“我讲你听”的形式，组织家长玩起“爱的抱抱、大风吹、风雨中的小沙子、开火车、传纸”等寓教于乐的游戏。游戏体验式家长会缩短了教师与家长间的距离，让家长们亲身体验游戏带来的快乐情绪，有效促进了家园沟通和合作。

**【教工幼儿园举办首届涂鸦节活动】** 2015年“六一”儿童节前，教工幼儿园举办首届涂鸦节——“童心童画·美丽家园”亲子伞画活动，200多个幼儿家庭参与活动。此类活动既能开发孩子的艺术潜能，又能增强亲子之间的交流和合作。

**【天马幼教站召开辖区幼儿园园务管理工作交流会】** 2015年7月2日，天马幼教工作站召集辖区内各幼儿园园长“2014学年第二学期园务管理工作交流会”。会上，大风车幼儿园、解放街幼儿园、盼盼幼儿园、乐乐幼儿园的园长结合各自幼儿园的工作亮点及经验进行了分享。天马街道、紫港街道的教育专干到会，并就幼儿园安全管理工作进行指导，天马幼教站站长及其他工作人员分别就自己的工作内容作了总结。

**【教工幼儿园举行第三届“老爸互动营”活动】** 2015年年末，县教工幼儿园举行第三届“老爸互动营”活动——玩爸爸儿时的游戏，全园约260个幼儿家庭参与活动。此次活动分灯笼、滚铁环、跳皮筋、打四角包、抓石子等7个民俗游戏专场，并特别邀请民间艺人现场为孩子们表演糖画、棉花糖、糖葫芦、魔术气球等各种手工艺品的制作，让孩子们在民间游戏情境体验中迎接2016年元旦。

## 义务教育

**【概况】** 2015年，全县义务教育阶段学校教学改革扎实推进。出台《常山县关于推进义务教育课程改革的实施意见》，推进义务教育阶段课程改革，全县累计开设三类拓展课程313门；以“互看互学”活动为载体，开展课改系列业务评比，推动课改工作向纵深方向发展；紧盯教学质量目标，兼顾“减负”，总结提升常山式课堂教学改革经验；探索以“学为中心”的课堂教学改革，打造12所课改品牌学校。全年接待外地26批次1000余人次到常山学习取经，常山课改品牌进一步打响。全县义务教育阶段学校德育工作、体艺工作、学生资助、校园文化建设等成效显著。开发德育微课程，将社会主义核心价值观、优秀传统文化等融入中小学德育全过程，提升德育的实效性；开展“阳光体育运动”，举办第48届全县中小学生田径运动会和市中小学乒乓球联赛等；实施“一校一品”战略，新增球川小学田径、新昌小学猷铬拳、何家初中诚信教育3个“一校一品”项目，打造出常山一小、五里小学、招贤小学等一批独具个性的文化品牌学校；承办衢州市“婺剧进校园”现场会，拓展婺剧文化的传承广度和深度；参加衢州市运动会初中男子篮球赛、衢州市首届青少年运动会小学女子足球比赛，均获得第一名的好成绩；开展“节俭养德，我在行动”“四边三化”、学雷锋等主题教学实践活动，丰富学生精神视野，促进学生全面健康成长。全县享受营养餐11100人次，资助金额555万元，获教育券资助670人次，资助金额60.54万元。

**【常山县首个数字图书馆建成】** 2015年3月，常山县首个学校数字图书馆在天马二小建成。该馆以数字图书终端一体机为主要设备，内含文学艺术、人文科学、科普百科等18大类3000余册图书。系统采用全屏触摸式操作，简单实用，方便师生网上查询，网下阅读。

**【天马二小老师获市现场赛诗会桂冠】** 2015年3月23日，以“共圆春天梦，同筑江山情”——“走进新塘边”为主题的衢州市现场赛诗会在江山市新塘边镇日月村举行。常山县天马二小的徐雪清老师代表县文联，在短短的两个小时里，现场参观，即兴作诗，动人吟诵，最终摘得一等奖。据悉，此次现场赛会特邀国家一级作家陈继光、著名诗人李浔担任评委，吸引100余名文人骚客。

**【常山县首个“红领巾气象站”建成】** 2015年3月26日，常山县第一个“红领巾气象站”在招贤小学建成。县科协、县气象局、县教育局和招贤小学等相关领导为“红领巾气象站”揭牌。县气象局工作人员向招贤小学赠送气象科普宣传手册，并为学生们讲解气象观测仪器的使用及数据记录方法等知识。

**【招贤小学获赠100支竹笛】** 2015年5月28日，由市教育局和市文广新局联合主办的“千支竹笛奏响中国梦”捐赠仪式在招贤小学举行。市委常委、宣传部部长诸葛慧艳，市人大常委会副主任童建中，市教育局局长徐朝金，县人大常委会主任徐建华等参加。仪式上，主办方向招贤小学捐赠100支竹笛。

**【东案小学500学生戴上“安全小黄帽”】** 2015年3月17日，东案小学“头戴小黄帽，让我看见你”活动启动，全校500余名小学生戴上“安全小黄帽”。此次活动可促进学生自觉遵守交通安全法规，提高自身安全防范意识。

**【天马一小表彰“十佳家长”】** 2015年6月2日，天马一小表彰第三届“感动一小十佳家长”，架好家校沟通桥。此次“十佳家长”评选的主要条件是：言传身教、科学教子、热爱教育、家庭和睦等。候选人由班级推荐产生，他们的事迹材料都被制成精美的宣传海报。然后，学校组织教师、学生、家长代表进行评选，最终评选出“感动一小十佳家长”、8位“感动一小优秀家长”。

**【龙绕小学女足全市青少年足球赛上夺冠】** 2015年6月17—19日，由衢州市人民政府主办、柯城区人民政府承办的2015年衢州市首届青少年运动会小学组足球比赛在柯城区白云学校举行；代表常山出征的龙绕小学女子足球队获得女子组冠军。

**【城关中学男篮获全市初中男子篮球赛冠军】** 2015年7月10日，衢州市运动会初中男子篮球赛落下帷幕，常山县城关中学男子篮球队在加时赛中力克劲敌柯城区代表队、并获冠军。

**【市第18届“全国推普周”启动仪式在常山举行】** 2015年9月17日，衢州市第18届全国推广普通话宣传周启动仪式在常山县天马二小举行。市语委副主任、市教育局副局长朱云福，市语委办副主任徐秀芬，县政府副县长方荣，各县（市、区）语委领导、语委办主任，常山县语委各成员单位负责人和联络员以及市直各学校分管领导等出席参加。常山城区4所小学的师生以“依法推广普通话，提升国家软实力”为主题，表演了精彩的节目；先后朗诵了《大堰河——我的保姆》《我们都是阳光老师》等经典诗文，彰显普通话在传承优秀文化，弘扬名族精神的重要价值观。

**【常山县首个“妈咪暖心小屋”投入使用】** “妈咪暖心小屋”建设是衢州市总工会2015年开展“关爱女职工行动”中接地气的实事项目之一。9月17日，常山第一个专门为备孕期、孕期、哺乳期女职工设立的“妈咪暖心小屋”，在东案乡中心小学正式投人使用。据悉，“妈咪暖心小屋”还具有一室多用、一室多能的特点。不仅为哺乳期女性提供相对独立的哺乳、休息场所，还为学校正在孕期的准妈妈们、女职工们提供一个休息的场所。同时，学校将定期在这里举办“妈咪课堂”，帮助准妈妈和新妈妈们交流育婴心得，让女职工放松心情、调节情绪。

**【“非遗”进校园传承民间艺术】** 2015年11月4日，中国收藏协会理事、第四批国家级非物质文化遗产项目常山喝彩歌谣第六代传承人曾令兵协同其父亲、第五代传承人曾祥泰老先生一同走进常山县招贤小学，向孩子们传授民间艺术。83岁的曾祥泰老先生为孩子们讲授了常山境内民间自古流行在结婚、新屋上梁时的喝彩词。曾令兵先生带领孩子们一起“喝彩”，一道高唱民间喝彩歌谣。喝彩词押韵、前后句字数相同、节奏感强，孩子们现场学习气氛非常热烈。

**【“1818黄金眼”栏目组走进东案关爱留守儿童】** 2015年11月16日，浙江电视台6频道“1818黄金眼”栏目组一行三人，深入东案小学走访贫困留守儿童。走访中，记者从班主任、同学与家长处详细了解该校赖佳琪、郑秦等同学的学习和生活情况。采访中，栏目组全程拍摄了她们的课堂学习、课间活动、午间就餐活动，现场与她们亲切交谈，并深入孩子们的家中了解其生活状况，为开展帮扶助学活动提供资料。据悉，赖佳琪自小父亲因车祸意外，妈妈为补贴家用常年在外做保姆，很久才能回家一次，所以一直跟着外婆相依为命。她们虽然家庭贫困，但是性格开朗乐观，平时乐于助人，吃苦耐劳，学习勤奋，成绩优秀。

## 普通高中教育

**【概况】** 2015年，全县有高级中学3所（常山一中、紫港中学、三衢中学），完全中学1所（天马中学）。普高毕业生1361人，招收新生1583人；全县高中计97个班，在校生4180人。是年，常山一中综合改革持续推进，绩效考核和分配机制进一步健全完善，《常山一中优秀教师奖励办法》出台，教师内驱动力得到有效激发。县教育部门推进高中特色教育工作，有关学校努力探索迎合学生不同需求的特色办学模式，以常山一中“绿色”教育、紫港中学艺体教育为代表的高中多样特色发展格局渐趋形成。是年，全县参加高考1596人，其中普通高校考生1489人、高职单考单招107人。全县第一批上线（即上重点线）人数228人，其中文科

4 人、理科 94 人、体艺类 130 人；高职单考单招上线 96 人，上线率为 86.5%。常山一中男子篮球队参加“ZSBL”省第九届中学生篮球联赛（衢州赛区）高中男子篮球赛，获得第一名。

**【常山一中第三届青年教师基本功比赛】** 2015 年 1 月 13—14 日，常山一中举办第三届青年教师基本功比赛，比赛设硬笔书法和课堂教学两个部分。韩培正、范丽霞、张路红、王佩佩、江蒙等 5 位教师获比赛一等奖。

**【浙江五地市高三数学教学研讨会在常山举行】** 2015 年 3 月 19—20 日，嘉兴、绍兴、湖州、衢州、舟山五地市高三数学教学研讨会在常山一中报告厅举行，五地市的数学教研员及高三数学教师约 240 人参加此次研讨会。

**【常山一中通过“省二级特色示范高中”评估验收】** 2015 年 3 月 25 日，受浙江省教育厅委托，以衢州市人民政府教育督导室吕汶主任为组长的专家组一行 8 人，通过听、看、查、访等多种形式，对常山一中创建“浙江省二级特色示范高中”相关工作进行全方位的评估考核与综合评议，最终认定常山一中通过省二级特色示范高中评估验收。

**【常山一中举行第二届德育论坛活动】** 2015 年 6 月 1 日，常山一中举行以“小组合作，助推成长”为主题的第二届德育论坛活动。此次论坛先由骨干教师刘三文和优秀班主任熊爱珍上主题班会课，知名班主任吴天亮和骨干教师吴新炎作主题发言，交流经验，校长翁胜华作题为《小组合作学习的理论与实践》的讲座。

**【浙江省全民阅读《读者·校园版》专家公益巡讲走进常山】** 2015 年 10 月 16 日晚上，“阅读与成长”浙江省全民阅读《读者·校园版》专家公益巡讲活动在常山一中报告厅举行，《读者》杂志主编卢建洪出席活动。卢建洪结合自己多年的写作经验、阅读经验，为常山一中师生作了一场近一个半小时的精彩讲座，向师生们分享了阅读带给自己的趣事，以及阅读、写作的技巧。

**【紫港中学开展秋假社会实践活动】** 2015 年 11 月 2—8 日，常山县紫港中学组织高一、二学生开展为期一周的社会实践活动。每位学生结合自身的兴趣爱好和特长，按照就近就便的原则开展各项社会实践活动。美术、体育特长生到各大社区、乡镇开展艺体专项活动，收到较好的实践效果。

**【葛兰妮女士访问常山一中】** 2015 年 11 月 16 日，澳大利亚堪培拉大学国际事务总监葛兰妮女士访问常山一中。葛兰妮代表堪培拉大学与常山一中举行合作办学见面会。通过此次交流，常山一中师生加深了对国外大学对学生的要求、期待，以及不同国际课程的特点和差别的了解。

**【衢州金华 8 所学校联谊会在常山一中举行】** 2015 年 11 月 24 日，衢州、金华 8 所学校 2015 级期中联考质量分析联谊会在常山一中举行。与会校长、各分管教学副校长、教务主任和高一年级组长就联考各项数据、新高考学考选考、教育教学管理等内容进行了深入交流。

## 职业高中教育

**【概况】** 2015 年，全县有职业高中 1 所（县职业中专），在校生计 42 个班 1779 人。是年，常山县中职课程改革亮点频闪，县职业中专中意合作汽修实训基地被评为省级实训基地，汽修专业“学习单元”教学模式研究被评为浙江省中职课改精品化项目，被省教科院向全省推广；选送的F1电动赛车获浙江省第七届中等职业学校学生创新创业大赛发明类一等奖，这是常山县首次获此殊荣；县职业中专与美国凯斯纽荷兰工业集团开展合作办学，成立全球第56家、中国第一家凯斯纽中国汽车培训中心，标志着常山职业教育国际化办学迈上新的台阶；县职业中专首次荣获浙江省中等职业教育发展挂钩考核一等奖，获得750万元的奖补资金。

**2015年常山教育概况一览**

表30

| 类别 | | 学校（个） | 班级（个） | 毕业生数（人） | 招生（人） | 在校生（人） | 毕业班学生（人） | 升学率（%） | 巩固率（%） | 流生 | |
|---|---|---|---|---|---|---|---|---|---|---|---|
| | | | | | | | | | | 人数（人） | 流生率（%） |
| 普通高中 | | 4 | 97 | 1361 | 1583 | 4180 | 1316 | 86.5 | 98.54 | 61 | 1.46 |
| 初中 | | 9 | 199 | 2974 | 2789 | 8701 | 3066 | 96.44 | 100 | — | — |
| 职业高中 | | 1 | 42 | 447 | 701 | 1779 | 483 | — | 95.6 | 79 | 4.4 |
| 小学 | | 27 | 473 | 2955 | 2847 | 17747 | 3172 | 100 | 100 | — | — |
| 培智学校 | | 1 | 4 | 14 | 26 | 144 | 44 | — | — | — | — |
| 社会力量办学 | 小计 | 3 | 58 | 1093 | 828 | 2854 | 1071 | — | — | — | — |
| | 普通高中 | 2 | 14 | 774 | 575 | 2082 | 787 | — | 94.91 | 106 | 5.09 |
| | 初中 | 1 | 44 | 319 | 253 | 772 | 284 | — | 100 | — | — |
| 幼儿园 | | 101 | 328 | 2940 | 2686 | 8861 | 3224 | — | — | — | — |

**2015年大中专（技）、普高、职高招生录取情况**

表31

单位：人

| 类别 | 普通高校 | 高等职校 | 小计 | 中专 | 中技 | 普通高中 | 职业高中 | 小计 | 合计 |
|---|---|---|---|---|---|---|---|---|---|
| 报考人数 | 1489 | 107 | 1596 | — | | | | 2952 | 4548 |
| 录取人数 | 1284 | 96 | 1380 | 258 | 213 | 1627 | 781 | 2879 | 4259 |

**2015年常山县民办中学情况**

表32

| 项目 | | 班级（个） | 招生数（人） | 在校生数（人） | 毕业班人数（人） | 教职工数（人） | 专任教师（人） | 学校占地（平方米） | 校舍建筑（平方米） | 计算机（台） | 学校藏书（册） | 仪器设备（万元） |
|---|---|---|---|---|---|---|---|---|---|---|---|---|
| 天马中学 | 初中 | 7 | 68 | 323 | 161 | 52 | 16 | 41930 | 8700 | 150 | 15200 | 20 |
| | 高中 | 8 | 169 | 460 | 177 | | 18 | | | | | |
| 育才中学（初中） | | 37 | 507 | 1759 | 626 | 129 | 107 | 100050 | 28676 | 296 | 54002 | 200 |
| 三衢中学（高中） | | 6 | 84 | 312 | 107 | 17 | 17 | 18509 | 5586 | 46 | 6102 | 23 |

（陈少钢）

## 浙江广播电视大学常山学院

**【概况】** 2014年，浙江广播电视大学常山学院（以下简称“常山电大”）共招收各类开放教育新生410人，其中本科203人、专科166人、“一村一名大学生”41人；奥鹏学习中心共招生49人，其中大连理工大学29人、中国医科大学20人。至年底，各类在校生共计1415人；有491人取得毕业生证书，其中开放教育本科188人、专科259人、“一村一名大学生”28人，中国医科大学奥鹏网络教育有16人。面向定阳、渡口、金川、紫港等社区，举办面点、烹饪、插花、急救、新生儿护理等技能短期培训班12期，累计培训812人次。通过面向社会公开招考，新招录教师1人。

是年，常山电大被浙江广播电视大学评为“全省电大2013年度招生工作先进单位”和“2013年度全省电大教材发行管理先进单位”。常山电大多位教师分别荣获全省电大系统先进教育工作者、全省电大2013年度招生工作先进个人、全省电大2013年度教材发信管理工作先进个人；两位教师获得省电大奖教金，5位学员被省电大授予优秀毕业生称号，34名学员被市电大授予优秀毕业生称号。

（郑肖福、叶　冰）

# 科学技术·气象

## 科学技术

【概况】 2015年，常山县科技局围绕实施创新驱动发展战略，以科技项目建设、创新平台建设、创新主体培育和完善创新体系、推动协同创新等为工作重点，着力推进大众创业、万众创新，发挥科技对社会发展的“先导、引导和推动催化”作用，推动科技与经济紧密结合，促进产业创新转型升级。全县申报市级以上各类科技项目51项，其中国家级项目2项、省级项目29项、市级项目20项，共争取到上级科技补助经费890.2万元。列入市级以上各类科技项目27项，其中省级13项、市级14项。新增国家高新技术企业5家，组织捷姆轴承集团有限公司等4家企业通过国家高新技术企业复审。新增省科技型中小企业10家、省高新技术企业研发中心1家。新增市级高新技术企业3家，市级创新型企业2家，市级科技型中小企业2家，市级工程技术研发中心1家。完成常山县首家省级企业研究院建设。申请专利628件，授权专利428件。开展省级新产品、科技进步奖申报工作，全县获省级新产品立项5项，鼓励参与省级新产品成果鉴定3项；组织工业、农业、卫生等领域科技成果推荐申报衢州市科技进步奖5项，获奖3项。借助网上技术市场平台，征集发布技术难题和需求20项，技术合作项目10项。组织企业参加成果竞价拍卖，申报网上技术市场产业化项目1项。完成2014年度省、市科技特派员考核评优和2015年度科技特派员轮换交接工作。出台《常山县科技创新券实施管理办法》，鼓励和支持企业和创业者用足用好科技创新券政策。配合县委组织部、县人才办抓好“千人计划”工作；开展7个市级科技特派员和15个省级科技特派员科技扶贫专项项目申报工作，获上级专项资金107万元；建成常山县科技特派员示范基地5个，示范面积4000多亩。通过举办科技活动周、培训班、专家咨询、科普下乡等活动，宣传党和国家有关科技方面的法律、法规，普及防震减灾、应急救险等科技常识和实用技术。在“科技活动周”、防灾减灾电影季和“5·12”等防灾减灾日期间，进社区、农村、学校，开展《中华人民共和国防震减灾法》及防震减灾知识的宣传，开展地震应急演练，发放《防震减灾法》及地震宣传资料2000多份。

【开展科技经费监督检查】 县科技局开展2015年到期的各级各类科技项目中期检查和项目验收工作。出台《常山县科技局关于开展涉企科技经费监督检查的通知》，对2011—2013年承担的省级未验收项目、12个省级以上项目、2011—2014年财政资助的各级科技项目科技经费使用情况进行检查指导。

【推进创新载体培育工作】 2015年，县科技局大力推进企业研发平台和高新技术企业培育工作，新增国家高新技术企业5家，分别是常山县双明轴承有限公司、浙江永合化工有限公司、浙江时代计量科技有限公司、浙江环宇轴承有限公司和浙江鑫茂轴承有限公司新增省科技型中小企业10家；新增市高新技术企业3家，市创新型企业2家，市科技型中小企业2家。帮助捷姆轴承集团有限公司完成省级企业研究院建设工作，实现常山县省级企业研究院零的突破。完成浙江雪峰碳酸钙有限公司省高新技术企业研发中心认定工作；完成浙江常山德讯达电子科技有限公司市工程技术研发中心认定工作。

**【知识产权工作】** 2015年，县科技局做好知识产权宣传和普及工作，抓好专利申报服务工作。全县申请专利628件，其中发明专利42件、实用新型229件、外观专利357件；授权专利428件，其中发明专利18件、实用新型156件、外观专利254件。申请量和授权量分别比上年增长109%和71%，超额完成“八倍增”发明专利授权量任务，比上年增长157%。新增市级专利示范企业2家，分别是浙江常山科润化学有限公司、浙江迈特电子有限公司。联系金华科技情报所，为威斯朗照明有限公司知识产权贯标开展服务工作，辅导该公司通过省级专利示范企业认定工作。

**【出台科技创新券实施管理办法】** 2015年，县科技局加大政府购买服务力度，推进科技资源开放共享，降低中小微企业和创业团队科研创新的投入成本，激发中小微企业科技创新活力，出台《常山县科技创新券实施管理办法》。做好宣传、培训工作，鼓励、支持企业和创业者用足用好科技创新券政策。共向企业发放科技创新券36次，总额75.26万元、确认使用33.95万元、补助资金27.89万元。

**【科技进步和人才工作目标责任制考核】** 2015年，县科技局认真做好县党政领导班子2014年度科技进步和人才工作目标责任制考核工作。按照省委、市委的要求，对照各项考核指标，牵头组织县人才办、县财政局、县国税局、县统计局协同开展考核的自查工作，完成常山县党政领导班子2014年科技进步和人才工作目标责任制考核工作。

**【推动产学研合作】** 2015年，县科技局借助网上技术市场平台，推动科企技术交流合作。征集技术难题及需求项目20项，征集科技合作项目10项。组织企业对接科研院校，寻求技术合作，组织6批次科企对接活动。组织企业参与浙江省网上技术市场成果竞价拍卖2项。

**【防震减灾工作】** 2015年，县地震局完成强震测震台建设，抓好地震监测台网运行质量，监测数据在全省质量评比中名列前茅。开展防震减灾示范社区创建，加强防灾公园（地震应急避难场所）建设，组织学校和县级部门进行防震应急演练。地震应急预案、地震桌面演习、地震应急装备、志愿者队伍培训等应急基础能力进一步提升。常山县防震减灾工作获全省县（市、区）防震减灾工作先进单位。

（叶　琴）

## 气　象

**【概况】** 2015年，常山县气象部门围绕实施“实力工业、休闲城市、美丽乡村”三大战略，深化基层气象业务、服务、管理体制改革，加快推进常山气象现代化建设，全力做好气象防灾减灾和公共气象服务。通过深化防雷安全和气象灾害防御管理、健全基层气象防灾减灾体系、启动县域精细化暴雨预警工程建设、联合环保部门加强雾霾等重污染天气的监测预警，全面完成上级平安考核、美丽乡村、“五水共治”、生态建设考核气象工作任务，有效地推动气象工作与防灾减灾、防汛抗旱、农业生产、地质灾害防范、森林防火、大气污染防治等工作的衔接、融合。

全县阶段性气象灾害发生频繁，总降水量2608.4毫米，破历史最多纪录。县气象部门按照“防灾就是维稳、减灾就是增效”的理念，滚动预报、及时预警、广泛服务，全力做好雨雪冰冻、寒潮、暴雨、雷电等灾害性天气监测预警和重要节假日、重大社会活动的气象服务。全年发布重要天气报告8期、专题气象服务信息14期、气象呈阅件3期、气象信息内参96期、农业气象信息50期，发布气象预警信号58次，通过短信平台发布气象服务短信42万条。加强部门间合作与联动，先后与县农业、水利、国土、林业、民政、环保等部门建立合作机制。在县鹭岫胡柚基地建立气象服务站，会同农业部门开展胡柚气候品质研究。实现气象26座中尺度气象站，水利部门59座雨量站、4条（座）江河水库水位的数据共享。会同县林业部门先后5次开展森林防火增雨作业。会同县国土部门加强地质灾害防范技术研究，联合发布地质灾害风险等级预警15次。配合县民政部门开展城乡综合减灾示范区建设，合作提升基层灾害防御能力。会同县环保部门开展数据共享和雾霾等重污染天气的监测预警服务。

**【实施气象现代化项目】** 2015年，县气象局统筹推进“中央三农”专项、省级气象灾害监测预警全覆盖县、常山县域暴雨精细化预警工程等气象现代化项目的实施，完成气象现代化建设投资150余万元。推进全县气象监测设施的统筹规划和资源共享，新建区域气象自动站7套，农业小气候站1套，大气电场仪1套，建成野外气象视频监控系统5套，常山县气象监测站网间距密度达6.9千米，有效提升了常山气象监测预警能力。提升基层气象信息覆盖面，建成气象预警显示屏及大喇叭60余套，共享广电部门应急大喇叭300余套，开通常山气象官方微博和微信，在全县推广使用“智慧气象”手机客户端。加强气象预报预警的科技支撑，常山县气象信息“一键式”发布系统、常山县乡镇天气预报交互订正平台相继投入业务运行，气象信息的分发能力、数据分析处理能力、预报的精细化程度明显提升。

**【基层气象灾害防御工作管理】** 2015年，县气象局根据《常山县人民政府办公室关于进一步加强气象灾害防御工作通知》要求，健全基层气象防灾减灾体系。召开全县气象工作会议和气象协理员培训会，提升基层气象协理员开展气象灾害防御工作管理的水平。全县2个社区、8个村通过省级气象防灾减灾标准化村创建验收，东案乡通过国家气象防灾减灾标准化乡镇创建验收，15个重点单位通过气象灾害应急认证。加强气象灾害防御知识普及，利用各种传播手段，宣传气象防灾知识，在“3·23”世界气象日、气象防灾减灾日和安全生产宣传日，开展气象科普宣传工作，提升社会防御气象灾害的能力。

**【防雷安全管理工作】** 2015年，县防雷中心公布防雷重点单位68家，发布雷电监测报告2期；完成全县148家单位、1006栋建筑单体的防雷安全年检。联合县安监、消防等部门对30余家危化企业、易燃易爆场所等防雷安全重点单位进行专项检查，约谈防雷安全重点企业28家。

（何　超）

# 文化·旅游

## 文化广电新闻出版

【概况】 2015年，常山县文化广电新闻出版局（简称“县文广新局”）机关内设办公室、文化艺术科、广播影视管理科、新闻出版科（行政许可科）、文物监管科5个职能科室，下辖文化市场行政执法（文物监察）大队、非遗保护中心、文化馆、图书馆、文物办、影剧院6个事业单位。至年末，实有人员51人，其中局机关13人、直属单位38人；具有高级技术职务资格3人、中级技术职务资格11人。

年初，县文广新局组织召开全县文化市场“扫黄打非”工作领导小组会议，深入部署和开展“扫黄打非”专项整治工作。对招贤镇古县畈村废旧破损佛经书籍等15吨多非法出版物，依法采取销毁处理。在世界知识产权日，县文广新局将历史遗留的11.7万张非法音像制品送至市文广新局进行集中销毁。采取定期和不定期相结合的方式，做好室外LED大屏幕安全播出的检查指导工作。支持县广电总台开展农村应急广播集中安装工作；督促县广电总台进一步完善和落实应急处置预案、重要保障期值班制度、重大事项报告制度等安全播出工作措施，确保全县广播电视的安全播出。做好重大节假日期间文化市场的稳定工作，促进广电、新闻出版和文化市场发展。

规范文化市场管理和审批工作。对全县23家印刷经营企业的经营情况，有否违法违规行为等进行年度核验。进一步规范文化审批，完善和减少行政审批科工作程序，协助行政服务中心做好县政府门户网站文化审批录入工作；全年受理行政许可事项43件，办结43件，办结率100%。县文广新局窗口有11个月份被评为“模范红旗窗口”，有1个月份被评为优秀工作窗口。严格按照有关规定，做好网吧游戏机室审批放开工作，做到公开、公平、公正。

加强文化市场执法检查力度。围绕“扫黄打非”、娱乐场所、广电传媒、版权保护、文化场所安全五个重点领域，组织开展各类专项集中整治活动和多部门联合执法活动，检查经营单位432家次，出动检查人员229人次，受理电话举报4次。

推动文化产品“走出去”。县文广新局牵头组织县内4家文化企业参加“第十届中国（义乌）文化产品交易会”，参展商品涉及文化创意设计、生产性非物质文化遗产等两大门类。参展期间，常山县参展企业接待游客约2000人，发放企业宣传册300多册。

【弘扬常山创业文化】 2015年，县文广新局撰写的《常山自古好创业》《明代常山四大创业才俊》等多篇考证性文章，先后在《今日常山》等报刊上发表。开展常山创业“招贤现象”的调研工作，形成《常山创业“招贤现象”及其品质特征》的调研报告，并在《今日常山》刊登《招贤：乡贤泽被桑梓 古镇华丽转身》《关于常山创业“招贤现象”的几点思考》等专版专题宣传文章；在《衢州日报》刊登《常山复兴招贤商帮文化创新业》《招贤“贤商”精神聚民心》《千年官渡商风兴，贤良贤商德为首》等专题专版宣传文章；通过县级层面召开多次研讨会、座谈会，提炼出“贤良贤商、德业共树”贤商文化核心精神，以及“一船当先、从流弄潮、逆水撑篙、众人划浆、厚德载舟”贤商文化基本内涵，得到上级领导和社会各界的高度肯定。

**【公共文化服务体系示范项目建设】** 2015年，县文广新局做好“三唱三红”提升宣传工作，主动申报第三批国家公共文化服务体系示范项目，将常山县创新开展的“群众文化活动‘三唱三红’模式”即“常山之歌天天唱”“越剧专场周周唱”“激情广场月月唱”“春节元宵开门红”“主题活动年年红”“一乡一节处处红”这些群众文化活动品牌，申报国家公共文化服务体系示范项目；常山县申报的专题片得到省文化厅领导和省级专家的高度评价。同时，加大“三唱三红”品牌宣传力度，通过组织策划与对接，先后在《今日常山》开展专版宣传；在常山电视台开展“三唱三红”专题片每周定时播放；在《衢州日报》开设《常山“三唱三红”受百姓点赞》《大型原创越剧＜琼奴与苕郎＞在衢首演》等主题文章宣传；在《中国文化报》开设《浙江常山创立“三唱三红”群文品牌》《浙江常山：政企联动以戏剧传承非遗》等专版宣传；《光明日报》记者到常山实地采访，并编发《浙江常山县：这样购买公共文化服务，值!》的报道文章。

**【深入开展“三唱三红”活动】** 2015年，县文广新局举办2015年“吉羊闹春·唱响常山”春节元宵系列文化活动，重点开展第九届社区文化艺术节、常山十大歌手联袂演唱会、挂灯笼和迎春书画摄影展等活动。采取政府购买服务方式，组织浙江泓影·常山越剧团，送“迎新春经典折子戏”进农村文化礼堂巡回演出15场。推进常山优秀原创歌曲天天唱，创作、编排《常山胡柚》《常山三宝》《沿着溪水到我家》《常山谣》等凸显常山元素的文艺节目充实文化馆节目库；筛选新近创作与常山密切相关的15首歌曲，制作成《“柚都石城·美丽常山”常山歌选（二）》光碟片（包括歌谱和歌词口袋书），赠送到常山各相关领域；利用“流动文化馆”“流动大篷车”等形式，将优秀原创节目送到基层群众身边。开展“常山艺苑周末越剧免费专场”演出活动，创作、编排越剧节目，每周五晚上向广大戏迷票友免费演出，在泓影剧场免费演出越剧50余场。在农村文化礼堂中心广场开展“激情广场月月唱”活动，指导各乡镇（街道）相关村开展活动近20场，东案乡田蓬村、紫港街道狮子口村、辉埠镇彭川村等，先后把农村春晚办成“月月唱”示范活动。开展“我们都是常山人”全县排舞大赛，先后举办初赛、复赛、决赛22场，参赛队伍47支，参赛人员1000多人，经决赛评选出金奖5个、银奖10个、优秀组织奖4个。协助各乡镇（街道）开展“一乡一节”节庆文化活动，如同弓乡的柚花飘香文化旅游节、新昌乡的滑草漂流文化旅游节、大桥头乡的蒙桥竹漂文化节、东案乡的首届帐篷节文艺晚会等。

大桥头乡蒙桥溪

**【开展“流动文化”惠民活动】** 2015年，

全县开展送戏下乡106场，送书下乡1.33万册，送电影下乡3200场，送展览讲座下乡12场，廉政越剧《清简樊莹》大戏派送下乡演出42场，接待观众30万余人次。投入80.91万元采购资金，为全县68家重点农家书屋补充更新图书9792册、杂志816本，配备电脑68台、打复印一体机68台、书桌68张、书柜136张、椅子272张。为基层文化站、业余文化队伍采购、赠送投影仪28套、照相机95台、拉杆式音响和各类乐器300余件。是年，外县文艺团队到常山开展文化走亲1场，观众达5000人次；常山县组织到县外“文化走亲”6场，观众达1.5万人次。

**【指导相关文艺演出活动】** 2015年，县文广新局配合完成月亮湾寻俗踏春之旅——2015常山县“春漫常山·金花飘香”金花节活动开幕式文艺演出工作。配合完成常山县企业团拜会文艺演出活动、县妇联举办的女企业家企业团拜会文艺演出活动。协助完成全县“三八”妇女节“最美女性”颁奖晚会演出活动。协助开展庆祝第25个“全国助残日”暨“爱心助残”颁奖典礼活动。配合开展第四届教育系统艺术节综艺表演节目展演活动。完成“常山三宝”杭州推介会文艺演出活动；助力浙江省首届油茶文化节节目编排展演活动。助力“绿色中国行·走进常山”暨常山胡柚采摘节文艺演出活动。配合、指导县公安局参加衢州军区抗战七十周年文艺会演，表演情景诗朗诵《念奴娇·戊戌抗洪》荣获一等奖。

**【创新推动全民阅读活动】** 2015年，县图书馆开展“引领夜读·走进书香”夜读活动，每天晚上6：30~9：30为读者敞开大门，将每周免费开放49个小时增加至63个小时。举办“五水共治·两美常山”城区五所小学生朗诵比赛活动。会同县新华书店推出“你淘书、我买单”活动，即读者在新华书店举办的书展中看中喜欢的书籍可以凭县图书馆借书卡选阅3册图书，经县图书馆确认编目后，读者即可借回阅读。此举既满足了读者需求，又有效提高了图书馆图书借阅率。

**【创作打造文艺精品】** 2015年，县文广新局围绕“美丽徐村我的家”主题，邀请省文艺专家团队参与“学士故里·乡愁情韵”徐村实景文艺专场演出策划编排工作，并于7月6日在县青少年宫首演，获得县领导和广大观众的一致好评。推进“常山三宝”和“我们都是常山人”歌曲创作征集活动。开展越剧《琼奴与苕郎》二度创作工作。完成《金川浪花文化丛书》之《常山传统民居》《常山记忆·常山老照片集》书籍编辑校对出版工作；邀请中国音乐家协会会员、浙江省知名词曲作家组成创作团队，开展乡歌村歌集中创作打造活动，为14个乡镇（街道）各创作一首歌曲，歌曲成品全部达到音响制品出版标准。全县荣获省级比赛金奖4个、银奖1个、铜奖3个；荣获市级比赛金奖7个、银奖8个。舞蹈《常山三宝》以总分第一名的成绩获得全省第九届排舞大赛金奖。

**【开展文化培训活动】** 2015年，县文广新局加强与大学院校和省级培训咨询机构联系，于4月、6月分三期，组织120多名县、乡、村宣传文化骨干赴杭州等地参加常山县公共文化骨干培训班。组织参加市级文化产业专题研修班等培训15人次，参加省级公共文化服务培训班18人次，参加上挂顶岗培训5人次。选配下属单位人员到县文广新局机关顶岗培训4人次。举办各类免费文艺培训，重点开展以“常山三宝”为主题曲目的全县排舞大赛骨干培训活动，培训排舞骨干700多人。开展“流动文化馆”培训，以文化馆业务干部和文化志愿者为主要师资力量，采取深入辅导和归口辅导的方式，开展传统榨油技艺、排舞、合唱、摄影、二胡器乐、文化礼堂图书管理、非遗申报项目的辅导培训。同时，每月固定为职校文艺队、三农艺术团等文艺队伍进行集体基础训练，培训人数约500人。结合各阶段农村工作重点，创作反映全县新农村和新农民形象的文艺作品20余个。

**【非物质文化遗产保护与传承】** 2015年，县文广新局加强常山县国家级非物质文化遗产代表性项目“常山喝彩歌谣”的保护、传承和发展，开展“为企业家喝彩”主题原创彩词作品征集活动，征集各类相关彩词100余篇，评出一、二、三等奖42篇；开展“为常山喝彩”采访撰编工作，编辑出版《为常山喝彩》报告文学集；指导县实验小学做好创建常山喝彩歌谣传习基地的相关筹备工作。加强“戏剧传承非遗”的研究、创编和宣传推广工作，完成省级物质文化遗产项目大型原创越剧《琼奴与苕郎》在衢州学院的首演；在《中国文化报》开展“戏剧传承非遗”的专版宣传；开展廉政越剧《清简樊莹》这部“戏剧传承非遗”大戏派送活动，在14个乡镇（街道）举行大戏派送演出42场。做好浙江省非物质文化遗产旅游景区和非遗主题小镇的申报工作，重点做好同弓乡彤弓山村民俗文化旅游景区（民俗文化村）和新昌乡非物质文化遗产主题小镇申报材料的组织工作；开展第五批市级非物质文化遗产项目名录申报工作，组织编印《常山越剧》《洪氏斋公拳》等16套申报市级非物质文化遗产项目的文本和视频材料。以图文并茂方式，编辑出版《武当太乙拳（宋氏门）》套路书，26.7万字。成立常山婺剧（戏剧）促进会，首批会员68人；具体承办2015年衢州市“婺剧进校园”活动现场会。

**【开展全国第一次可移动文物普查及古籍整理工作】** 2015年，县文物普查办公室（简称“县普查办”）根据省普查办的工作要求和常山可移动文物工作的具体情况，组织普查队员进行可移动文物信息采集，完成全部藏品的信息采集工作，计1500件（套）。11月中旬，省普查办对常山县上报的1500件（套）藏品信息进行全面初审，并提出修改反馈意见。此后，县普查办及时进行藏品信息修改和报审，并将审核通过的藏品数据上传至全国可移动文物信息登录平台，至12月中旬，常山县实现已登录藏品完成进度和在线上传藏品完成进度两项100%，全面完成第一次全国可移动文物普查第二阶段工作。同时，按照上级要求，县图书馆及时组织古籍库房改造和古籍普查工作。至年底，县图书馆馆藏的3365册古籍已基本完成普查工作（尚待省专家组审核通过）。

**【实施文物维修工程】** 2015年，县文物办做好省保单位底角王氏宗祠（含世美坊）维修工程收官工作。年初完成该项工程维修任务之后，及时开展修补完善、工程决算、验收材料准备等工作；12月份通过省文物局组织验收后，即准备工程决算审计的材料。实施省保单位“徐氏旧宅”维修一期工程建设，组织维修施工图方案报批、宅内住户基础调查与涉及住户搬迁，开展维修工程的招投标、如期开工和日常监管等工作；整个一期投资招投标额为165万元，该项维修工程正在井然有序的施工中。按期完成县保单位阁底“虹桥”竣工验收、决算审核等工作；完成县保单位芳村镇“徐王庙”工程的维修工作；完成11处县保单位的现场勘查和38处文物保护标志碑的竖立工作。

**【开展重点文保单位平安工程建设】** 2015年，县文物办完成县级以上重点文保单位

（古建筑、古民居、祠堂类）安全消防器材的配送，确保重点文保单位安全。与24处古建筑类文保单位签订“文物保护单位安全责任书”。完成全县16处古桥梁类文保单位的摸底调查，并做好各项专项检查工作。根据省文物局专家的修改意见，完成省保单位即底角王氏宗祠（含世美坊）和尚书坊“四有”档案的修改工作。完成常山县第七批省级文保单位的申报工作，通过组织专家、实地调研，筛选出文峰塔、方文彬故居、招贤古渡等7个项目（含10多个子项）进行挖掘编报。

**【扶持浙江泓影·常山越剧团发展】** 2015年，县文广新局大力扶持泓影公司筹划泓影大剧院项目和“新三版”上市、融资，打造国内一流民营文化企业。投入100余万元，开展政府向浙江泓影常山越剧团购买公共文化服务。其中，向泓影剧团购买周末越剧专场服务50场；春节送戏下乡购买越剧折子戏15场；开展“越剧传承非遗”大戏派送活动，购买大戏42场；支持剧团开展越剧大戏《琼奴与苕郎》二度创作和集中编排大戏6部，开展“文化走亲”演出活动两场。同时，鼓励剧团大胆送戏出县，剧团受邀到东阳横店送戏3天6场，受到当地市民的高度评价。

**【文化元素融入石博览园项目】** 2015年，县文广新局配合青石创建“赏石小镇”及其核心项目石博园，融入文化示范项目，指导观赏石博览园成立龙腾观赏石研究院；实现县地质博物馆地质展品有机融入观赏石博览园的协议签订，并一次性划给100万元补助资金交由县旅委监管；设立观赏石专题图书馆（县图书馆青石分馆），落实书籍、设施购置资金130万元，完成观赏石图书馆的内部装修、设施设备采购和图书采购的招投标工作；启动石博园创建常山喝彩歌谣传承基地的前期工作。同时，帮助石博园做好国家级文化发展专项资金的申报对接工作；协助做好重要促销宣传活动的相关文化工作。

（徐　洋）

## 广播电视

**【概况】** 2015年，县广播电视总台（简称“县广电总台”）紧扣中心，服务大局，以“美丽启航、传播精彩”为宣传主线，开拓创新，舆论引导力、社会感召力、品牌影响力和传播竞争力得到加强，各项工作取得新成绩。《常山新闻》开设专栏34个，播出新闻2923条。外宣工作成绩斐然，县广电总台投稿被中央级媒体采用8篇，被浙江卫视采用43篇，被浙江之声采用32篇，被衢州电视台采用539篇，被衢州电台采用382篇，综合用稿数名列全市第一，并连续三年获得全市广播电视业务合作工作一等奖，创历史最好成绩。同时，新闻宣传质量有了全面提升，30件作品获得国家、省、市好新闻奖，特别是对农节目《深山众筹创业》荣获浙江省广播电视政府奖一等奖，成为县广电总台在全省广电新闻行业荣获的最高政府奖项，实现历史突破；电视专题片《拾荒妈妈的心愿》在全国电视纪录片、专题片推选评比活动中荣获三等奖。县广电总台在共青团组织建设、青年志愿者服务活动等方面取得较大成绩，总台团委被共青团浙江省委授予“2014年度省级先进团委”荣誉称号。

**【完成台网分离】** 随着“一省一网”整合发展的有序推进，2015年1月1日，县广电总台台网正式分离，完成网络公司组织结构和部门职能的设置，建立健全公司薪酬体系及考核办法，推行统一的公司内部管理制度，各项业务有序开展。

**【师徒结对帮教活动】** 2015年1月，县广电总台开展师徒结对帮教活动，按照“以老带新，优化配对，互帮互学，共同提高”的原则，安排9名老师帮教9名徒弟，促使刚步入新闻行列的青年记者、编辑和播音、主持人能尽快适应新的工作环境，熟练掌握采、编、播技能和采访方法与艺术，促进年轻人成长成才。

**【“心中的母亲河”大型新闻采访】** 2015年6月，县广电总台开展“心中的母亲河”大型新闻采访活动，内容有溯源母亲河、拥抱母亲河和最美母亲河三个部分。历经一个月采制，于7月中旬与观众见面，节目以融合电视、广播、网络、新媒体的多种报道形式，在三个频道同时播出。

**【举办首届胡柚宝贝选拔赛】** 2015年6月15日，县广电总台主办的县首届“东方广场”杯“胡柚宝贝”选拔大赛启动。选拔大赛参赛对象为5至12岁的少年儿童。大赛设少儿组和儿童组，分初赛、复赛、决赛三个环节进行，全县400多名少年儿童报名参赛。经过一个多月的激烈角逐，傅诗逸、刘杏语等20位小朋友分获常山县首届“胡柚宝贝”荣誉称号。

**【纪念抗战胜利70周年主题报道】** 县广电总台从2015年7月7日开始，在《常山新闻》栏目中推出《铭记历史 展望未来 寻找常山抗战记忆》纪念抗战胜利70周年主题报道。通过《日军在常山的暴行》《寻找抗战记忆》《追寻热血儿女》《追忆峥嵘岁月感怀幸福生活》四个子栏目，从不同侧面反映常山抗战历史，引发市民对这段历史的关注，感恩革命先辈的英勇奉献，珍惜眼前来之不易的幸福生活。

**【举办县首届电视诗歌朗诵大赛】** 2015年6月至8月18日，常山县举办“国土杯”2015年首届电视诗歌大赛，100多名诗歌爱好者报名参与。经过初赛、复赛等多个环节，产生10名优秀选手，进入决赛。获得一、二、三等奖的选手还成为县广电总台的特邀主持人。

**【“一杯水”公益活动】** 自2015年7月31日起，县广电总台与浙江之声联合举办“一杯水”公益活动，向社会各界征集“爱心休息点”，为酷暑下的高温户外工作者提供一杯水、一块点心和短暂的休息场所。爱心休息站累计建成47个，1000多人次享获得爱心服务。

**【“一路一镇”整治大型新闻行动】** 2015年8月29日，县广电总台开启“一路一镇”大型新闻行动，为整治行动营造强大舆论声势。广电30名采编播人员，放弃周末休息，分成10组，每组3人，分赴青石镇、招贤镇采访。主要报道整治行动中的新举措、新亮点、新经验、新成就，群众对整治工作的的意见、建议，对整治后建立长效机制的想法，以及工作人员在整治中的想法和决心等。《常山新闻》、“常山信息港”“常山广电”微信平台设立主题栏目和板块，全面报道此次采访活动，并在活动结束后对作品进行展播。

**【完成首部农村淘宝“微电影”】** 2015年8月22日，由县广电工作人员自编自导的第一部关于常山县农村淘宝发展经验的“微电影”——《村淘梦想的延伸线》在淘宝大学全国县长班中播出，并获得一致好评。该片以常山县农村淘宝合伙人魏慧回乡创业为主线，演绎返乡青年如何通过县委、县政府牵线搭桥加入村淘事业平台，帮助村民解决产品买难和卖难的问题，同时推广“常山经验”，延续了自己的创业梦想的故事。

（鲁晓飞）

## 新华书店

【概况】 2015年，常山县新华书店有限公司完成教材发行征订工作，开展多种形式的营销活动，巩固数码产品、文化用品的销售，拓展团购业务；以馆藏订货会为主线，巩固老客户，发展新客户。开展名家进校园活动，邀请儿童文学作家杨鹏到常山县4所农村学校签名售书；邀请柳樣老师给常山育才幼儿园做绘本讲座；邀请著名特级教师、全国劳动模范王崧舟校长到常山送教讲学，全县400多位教师参加此次活动。4月，在芳村镇新开一家小连锁书店，年内销售额40.6万元。5月29日至6月1日，与县图书馆共同举办常山县首届“全民读书节·常山书展”，销售全省通用的集团购书卡300多万元。全年实现销售2376万元，比上年增长9.7%；实现利润172万元，增长34.3%，人均创利8.19万元。

（徐忠孝）

## 旅　　游

【概况】 2015年，全县有A级以上旅游景区（点）6家，其中AAAA级景区1家、AAA级景区2家；星级宾馆酒店3家，其中四星级酒店1家、三星级酒店2家；旅行社10家，其中四星级旅行社1家。全县接待旅游总人数576.63万人次，比上年增长16.98%；实现旅游总收入32.43亿元，增长17.48%。

【旅游项目建设】 2015年，省政府批复同意设立“三衢湖省级旅游度假区”。青石镇赏石小镇成功列入浙江省第一批特色小镇创建名单，中国观赏石博览园被国家旅游局评为2015年全国500强优选旅游项目。黄冈山片区成功创建国家AAA景区，白菊花景区、彤弓山历史文化古村落分别通过AAAA、AAA景区景观质量评审。编制完成《常山三衢湖省级旅游度假区总体规划》《常山白菊花旅游景区总体规划》和《常山乡村休闲旅游精品线规划》。推进三衢石林配套项目建设，引进景区索桥项目，全长152米，宽1.5米，项目总投资100多万元。

【旅游市场促销】 2015年，县旅游委先后举办首届“胡柚宝贝”评选大赛、衢州市首届大学生网络旅游节暨“千人游常山”欢迎仪式、2015首届“常山三宝”杯千人环游骑行大会等活动。拓展“常山旅游”微信公众平台，开发常来常往、旅游热线及旅游活动三大功能，为游客提供便捷咨询及最新资讯等，粉丝关注量11593人；同时，开展有奖转发、“刮刮有礼”幸运抽奖等系列活动；与“同程”合作，开展“一元游石林”等活动；与腾讯公司签订战略合作协议，启动常山县智慧旅游县级运营及体验中心平台建设。开展常山旅游进高校系列活动，在浙江工业大学、浙江师范大学、中国计量学院举行专场推介活动，发放宣传资料2万份；开展常山旅游进上海社区专场推介会，重点推介常山乡村旅游精品点、“常山三宝”等特色旅游产品。

【乡村旅游】 2015年，常山县开展乡村旅游品牌创建，发展民宿床位1242张，三星级以上农家乐107家，农家乐综合体3个，乡村休闲旅游特色村9个，AAA景区村点2个，特色旅游风情小镇1个，四条乡村美丽风景线基本建成。先后举办首届“春漫常山·金花飘香”金花节、2015年常山柚花飘香文化旅游节、常山新昌滑草漂流文化旅游节、2015常山金川“稻香”文化旅游节、大桥头乡“一乡一节”暨“泛轻舟 忘尘忧”濠桥竹漂开漂庆典等。

**【旅游安全】** 2015年，县旅游委与各旅游企业，与三衢石林景区滑道、5D影院等经营单位签订安全生产目标管理责任书，明确安全生产责任。先后下发常假日办〔2015〕1号、2号、3号、4号、5号、6号，常旅〔2015〕1号、7号、13号有关旅游安全生产的文件。重大节庆前夕，联合市场监督管理、消防、卫生、交通运输、安全生产监督管理等部门对全县星级酒店、旅游景点、旅行社等进行全面检查，及时排除安全隐患。定期召开旅游系统安全生产工作会议，督促旅游企业建立健全安全生产管理制度、完善应急预案。全年无重大旅游安全事故发生。

智慧旅游触摸一体机

**【旅游行业管理】** 2015年，县旅游委在贴心服务、塑造形象等方面做文章，以“岗位大练兵”服务竞赛为抓手，推行“微笑服务”，开展“十大碗”系列评选；启动建立旅游协会，加强行业自律和合作；强化对旅游诚信经营、旅行社接待等规范化管理。

**A级旅游景区（点）一览**

**表33**

| 名　　称 | 地　　址 | 星　　级 |
|---|---|---|
| 三衢石林 | 常山县辉埠镇路里坑村 | AAAA |
| 奇石馆 | 常山县金川街道竹亭路1号 | AAA |
| 黄冈山 | 常山县何家乡黄冈村 | AAA |
| 砚瓦山景区 | 常山县青石镇砚瓦山村 | AA |
| 东明湖公园 | 常山县城东南1公里处（320国道旁） | AA |
| 石崆寺景区 | 常山县天马街道西峰村 | AA |

**旅游星级酒店一览**

**表34**

| 名　　称 | 地　　址 | 星　　级 |
|---|---|---|
| 东方大酒店 | 常山县天马街道金石东路1号 | ★★★★ |
| 华府大酒店 | 常山县天马街道定阳南路169号 | ★★★ |
| 常山国际大酒店 | 常山县天马街道白马路168号 | ★★★ |

## 旅行社一览

表 35

| 名　　称 | 地　　址 | 星　级 |
| --- | --- | --- |
| 天马旅行社有限公司 | 常山县人民路 34—38 号 | ★★★★ |
| 华夏旅行社有限公司 | 常山县人民路 277 号 | ★★★ |
| 青年旅行社有限公司 | 常山县天马街道健康弄 19 号 | ★★★ |
| 春秋旅行社有限公司 | 常山县文峰东路 46 号 | |
| 衢州中国旅行社常山分社 | 常山县定阳北路 42 号 | |
| 江山绿业旅游有限公司常山分社 | 常山县天马街道大桥路 20 号 | |
| 衢州都市假日旅行社常山门市部 | 常山县人民路 62 号 | |
| 衢州飞扬旅行社常山门市部 | 常山县天马街道大街 9 号 | |
| 文峰旅行社 | 常山县竹园路 1 号 | |
| 天天假期旅行社 | 常山县紫港小区 367 幢 105 号 | |

（余晓芬）

# 卫生 · 体育

## 卫生 · 计划生育

【概况】 2015年，常山卫生计生工作围绕深化医药卫生体制和人口计生体制改革要求，以最大力度增强群众医疗卫生和计生服务获得感为目标，推进卫生计生各项工作，有效保障群众身体健康。6月30日，县委、县政府召开“常山县卫生计生机构整合人事方案宣布会”，宣布县卫生局、县人口计生局机构和职能整合，组建常山县卫生和计划生育局。常山县出生医学证明档案数字化管理工作全省领先。通过省级慢性病示范县考核。开发再生育审批及办证系统，在全省率先进驻“浙江政务服务平台”。全面推进基层医疗卫生机构绩效分配机制改革，设立责任医师考核奖。重设县中医医院并与天马中心卫生院合署。对原县妇保院和原县计生指导站实行合并、整合，设立县妇幼保健和计划生育服务中心。常山县首家二级民营专科医院——第三医院（精神康复医院）动工建设；以高端医养结合为主的赛得益嘉医院也正在积极建设中。实施好乡镇卫生院基本建设项目，完成东案乡卫生院整体迁建和大桥头乡卫生院主体建设工作；启动县公共卫生服务中心（县妇保院）建设项目前期工作。推进人口健康信息化建设，完成电子健康档案系统由2.0版向3.0版升级；建成县级影像会诊诊断中心，提升乡镇卫生院放射影像诊断服务水平。

全县医疗行业行风作风建设全面推进，开展基本药物配送商遴选、药品、医疗耗材的集中网上采购监督，规范药品、医用耗材采购流程。全年开展医药回扣专项治理督查6次，查找问题21项，专项督办50件（次），党纪政纪处理3人，问责8人。开展“责任心 · 满意度”主题优质服务活动，制定温馨服务“五十条”，推行医疗机构满意度评价体系建设，在人民医院设置满意度评价器，其他医疗机构设置满意度测评意见箱，动态开展群众满意度问卷调查，引导医务人员提升服务质量，提升群众对卫生计生工作的满意率。

是年，县人民医院与浙江大学附属第一医院建立紧密协作关系；建立郑树森院士专家工作站、周建英主任医师工作站；县人民医院泌尿外科多项新技术填补常山县多项技术空白；县人民医院成功创建全国“爱婴医院”。县人民医院新增托管新昌、同弓两家卫生院，重点发展中医药业务。常山县成功入围衢州市分级诊疗实施“试点县”。县政府出台卫生人才队伍建设意见，设立卫生人才专项资金。创建国家级基层名中医工作室1家（徐宝秋名老中医药专家传承工作室），衢州市重点建设学科2个，基层特色专科6个；开展县级医学重点学科和乡镇卫生院特色专科评选活动，评选县级医学重点学科4个，乡镇卫生院特色专科3个。新桥卫生院张建平获省“十大最美天使”；县妇保院陈江被纳入省级“医坛新秀”培养工程，实现常山县“零”突破；3人入选市级名医，2

人入选市级名中医，1人入选市级专家，入选总量位居市内各县（市、区）第2位。

截至年底，全县有各级各类医疗卫生机构272家，其中公立县级医疗卫生机构5家、乡镇（中心）卫生院14家，民营医院2家（贞元医院、民康医院），其他医疗机构1家（省三监医院），村卫生室（社区卫生服务站、卫生院分院）203家，个体诊所32家（其中7家中医诊所），厂矿医务室17家。局属卫生计生系统在编职工1114人，其中研究生学历11人，本科学历628人，大专学历287人，中专及以下学历188人；有各类专业技术人员1039人，其中高级职称99人、中级职称327人、初级职称613人。全年收治门（急）诊104.87万人次，住院30075人次。

**【出生医学证明档案数字化全省领先】** 至2015年1月，完成全县自1999年实行出生医学证明制度起共3万多条出生医学证明档案的移交和信息化录入工作，并提供居民免费查询。1月28日，全省出生医学证明档案数字化管理现场会在常山县召开，常山县出生医学证明档案数字化管理经验向全省推广。

**【开发再生育审批及办证系统】** 2015年，常山县人口计生部门创新“互联网+政务”模式，开发“常山县人口计生再生育审批及办证系统”并率先进驻“浙江政务服务平台”，群众可在网上全程申报、查询、评价办证情况，实现“足不出户即可办证领证”的便捷模式。2015年9月，衢州市政府在常山县召开生育服务证制度改革现场会，此项工作在全省推开，并在全国现场会作书面交流。

**【通过省级慢性病示范县考核】** 2015年，常山县开展全民健康生活方式暨千人健步走活动、绘制墙面健康宣传栏、打造健康主题公园和健康游步道等，推进全民健康生活方式养成，已建成健康主题公园1个（东明湖公园），健康游步道、自行车慢道10.9千米，绘制健康知识墙绘120米，发放宣传资料16万多份，全县群众健康知识知晓率达83.9%。11月，常山县通过考核，获得“浙江省慢性病综合示范县”称号。

**【基层医疗卫生机构绩效分配机制改革】** 2015年，常山县在基层医疗卫生机构创新实施收支结余奖，将单位收支结余80%列入奖励性绩效予以发放，单位收支情况与每位职工收入相挂钩，发挥基层医疗卫生机构和医务人员创收潜力，做到“多劳多得、优绩优酬”。设立责任医师考核奖，用于责任医师工作开展的奖励，2015年，发放责任医师考核奖132万元，责任医师人均达3800元，调动了职工积极性。

**【重设常山县中医医院】** 2015年5月，重设县中医医院并与天马中心卫生院合署，重点加快中医科、康复理疗科、手外科、皮肤科、五官科等学科建设。县中医院单设后，新引进医疗技术人员30人，添置医疗设备500余万元。

**【组建县妇幼保健和计划生育服务中心】** 2015年12月，常山县妇保院和常山县计生指导站完成机构合并、职能整合，设立常山县妇幼保健和计划生育服务中心。在整合的基础上，顺应国家“全面两孩”政策实施以后妇幼保健和产科服务需要增加的趋势，开设产科临床业务。

**【县人民医院与省级医疗单位协作结硕果】** 2015年，在巩固与省妇保院紧密型协助关系的基础上，常山县人民医院与浙江大学附属第一医院建立紧密协作关系，建立郑树森院士专家工作站、周建英主任医师工作站，呼吸内科、泌尿外科、肝胆外科、消化内科等专家定期到常山坐诊、查房、手术、带教等。

通过协作，县人民医院泌尿外科多项新技术填补常山县多项技术空白，并成功创建全国“爱婴医院”。

【县级医院托管乡镇卫生院】 2015年，县人民医院在2014年重点托管4家卫生院基础上，又托管了新昌乡、同弓乡卫生院，重点发展中医药业务。各乡镇卫生院全年合计门诊量达52.23万人次，住院3009人次，业务总收入5831.9万元，分别比2014年增长8.35%、81.48%和40.04%。

【入围衢州市实施分级诊疗试点县】 2015年，常山县成功入围衢州市实施分级诊疗试点县。全县加大政策宣传、发挥医保报销政策杠杆作用，采取“金字塔”模式，拉开医保对不同级别医疗机构的报销比例，引导患者有序流动。是年，县内就诊率提高5.1个百分点，基层首诊率门诊提高3.15个百分点，住院提高4.04个百分点；医疗机构开展新项目(技术)72项，比上年增长132.7%。

【常山县卫生人才队伍建设意见出台】 2015年，县政府出台常山县卫生人才队伍建设意见，设立县卫生人才专项资金，每年由县财政安排120万元专项资金用于卫生人才和科研专项激励、乡镇偏远山区工作特岗扶持以及基层中高级职称人才补贴等。

【完成人口健康信息化建设项目】 2015年，以“电子健康提升工程”为主要内容的人口健康信息化建设工作被列为县政府为民办实事项目，投入资金500万元，完成区域医院管理系统、检验系统、体检系统、电子病历系统、县级数据中心平台、信息安全等级测评、防统方软件等项目实施，完成电子健康档案系统由2.0向3.0版本升级，打通卫生专网与县人民医院内网，医疗与公共卫生业务系统，育龄妇女与再生育审批等系统的互通，并实现诊间随访功能。利用“互联网+”信息技术，建成县级影像会诊诊断中心，通过“卫生专网”实现乡镇卫生院影像检查由人民医院诊断并实时下转结果，提升卫生院放射影像诊断服务能力。是年，县影像诊断中心开展各类检查诊断2000多人次。

## ·疾病预防控制与监测

【疫情概况】 2015年，县疾病预防控制中心实行每月定期疫情网络报告情况督导检查。全县共报告法定传染病14种1185例，发病率490.95/10万。其中，报告乙类传染病9种681例，发病率82.15/10万；丙类5种504例，发病率为208.81/10万；无甲类传染病报告。全县无传染病暴发病情。

【人感染H7N9禽流感防控】 2015年，县疾控中心组织开展外环境人感染H7N9禽流感检测11次，采样182份，甲通阳性64份，其中H7阳性15份，H9阳性15份，N9阳性14份，H7N9阳性10份。通过电视、报纸、网站等新闻媒体向市民提供防控知识的核心内容，正确引导社会舆论。

【霍乱等肠道传染病防控】 2015年，县人民医院严格按照《腹泻病门诊工作规范》要求，全年开设肠道门诊。全县医疗机构共检测腹泻病人570例，粪便标本采集570人份，采便率100.00%；“三线”培养570例，“三线”培养率100.00%；开展伤寒、副伤寒及细菌性痢疾等感染性腹泻病例监测及环境危险因素监测工作，检测到阳性菌株14例。

【手足口病监测与防控】 2015年，全县共报告手足口病124例，报告发病率51.27/10万，无重症和死亡病例报告。对64例临床诊断病例采集标本进行实验室诊断，COXA16型肠道病毒阳性3例、EV71阳性6例、其他肠道病毒阳性31例。报告2起手足口病聚集性疫情。

【麻风病防控】 2015年，全县有麻风病现症病人2例，1例判愈仍处于监测期。县疾控中心定期对2例麻风病人服药情况、检查情况进行随访，2例病人均出现Ⅱ型麻风反应，其中一例经抗麻风反应治疗麻风反应已消失。全县各医疗机构转诊可疑麻风病症状者21例，未出现漏转诊现象。

【艾滋病防治】 2015年，全县共检测35373人次，新发现HIV阳性者11例（其中已死亡2例），在管HIV感染者及病人43人。

【肺结核防治】 2015年，全县结防门诊初诊病人814例，确诊肺结核病人267例。其中，新发涂阳病人91例，复治涂阳病人10例，涂阴病人148例，发现的病例均已纳入常规管理。开展耐多药项目，共筛查耐多药肺结核可疑者120例，发现耐多药病人3例。

【规划免疫】 2015年，全县卡介苗接种率99.71%，脊灰接种率99.90%，百白破接种率99.77%，麻风接种率99.91%，乙肝接种率99.84%，甲肝接种率99.85%，A流脑接种率99.80%，A+C流脑接种率99.77%，乙脑接种率99.68%。1.5岁~2岁儿童加强免疫麻腮风接种率99.91%，2周岁百白破接种率99.70%，4岁加强脊灰接种率99.85%，6岁儿童白破接种率99.78%，6周岁A+C流脑接种率99.84%。

【消除麻疹工作】 2015年，全县共报告疑似麻疹7例，疑似风疹2例，9例均排除为其他疾病，麻疹排除病例报告发病率2.90/10万。完成2014—2015年第二轮麻疹疫苗集中式查漏补种，麻疹第1、2剂接种率分别为98.22%、98.68%。完成2015—2016年第一轮麻疹疫苗集中式查漏补种，麻疹第1、2剂接种率分别为95.73%、95.97%；脊灰第1、2、3剂接种率分别为96.34%、98.49%、100.00%。

【血吸虫病防治】 2015年，全县共计查螺投工9652个，查螺面积454.744万平方米，查出有螺乡镇11个，有螺村34个，螺点78个，捕获并解剖活螺5792只，全部阴性。全年灭螺投工3227个，灭螺面积4.906万平方米，反复扩大灭螺面积153.73万平方米，其中土埋灭螺面积2000平方米。血吸虫病综合治理环境改造工程5个（天马街道南前坊村），投资3566万元，环改面积104.62万平方米，环境改造治理灭螺面积104.62万平方米，其中历史有螺面积103.712万平方米。全县各医疗卫生单位开展血吸虫病血清学查病5606人，IHA阳性123人，阳性率2.19%，其中流动人口监测667人，阳性7人，阳性率1.05%。血吸虫病血清学查病304人，流动人口检测200人，未检出阳性。开展风险监测野粪监测，共监测野粪21份，未发现血吸虫感染家畜。

【食品安全风险监测】 2015年，全县完成省级特定病原体食源性疾病病例监测373例，检测到阳性菌株16例，其中沙门氏菌12株、副溶血性弧菌4例。检测149份食品样品，其中理化类100份、微生物类49份。常规监测95份，专项监测54份。其中，常规监测包括理化50份，微生物45份；专项监测包括理化50份，微生物4份。

【碘缺乏病监测】 2015年，县疾控中心随机抽取5个乡镇20个行政村300户居民家中食盐样品，定量检测盐碘含量，结果非碘盐7份，不合格碘盐57份，合格碘盐271份，碘盐合格率90.33%，碘盐覆盖率98%，碘盐中位数22.2毫克/千克。随机抽取学生新鲜尿样200份，测定尿碘中位数136微克/升，<506微克/升有12份，占6%，506～1006微克/升的有52份，占26%，并进行甲状腺肿大触诊法检查，未发现有肿大情况；随机抽检孕妇尿样100份、孕妇家中食盐样品100份，定量检测孕妇尿碘中位数为67.5（6微克/升），碘盐中位数23毫克/千克。

**【疟疾监测】** 2015年，全县监测“三热”病人687人，未发现可疑病人。

**【地氟病监测】** 2015年，县疾控中心对16名8岁～12岁儿童，检查氟斑牙患病情况与尿氟水平，发现可凝氟斑牙病人2例，氟斑牙患病率、氟斑牙指数均为0，尿氟水平中位数为1.22毫克/升，均值为1.281.22毫克/升，最高尿氟水平达2.02 1.22毫克/升。

**【病媒生物监测】** 2015年，县疾控中心通过监测，显示室外鼠密度平均为0.125处/100米，室内鼠密度平均阳性率0.027只/张（粘鼠板法）。居民区及单位院内积水蚊幼虫及蛹平均阳性率4.60%（目测法），河流、水渠及湖泊取水监测蚊幼虫及蛹平均阳性率3.70%（目测法）。公厕、垃圾中转站等外环境平均每视野成蝇0.68只（目测法），农贸市场、单位食堂等室内环境平均每条成蝇数量0.33只（粘蝇条法）。宾馆、饭店、医院、商场等重点行业平均蟑螂密度0.44只/张（粘蟑纸法）。2015年6—10月对四个社区开展登革热监测，白纹伊蚊平均BI为17.70，埃及伊蚊BI为0。

**【死因、慢病监测】** 2015年，县疾控中心共报告县外出生儿童366例，本县户籍死亡个案1956例，估算全人群年粗死亡率为5.73‰。报告4种慢性病5543例，其中糖尿病2577例，恶性肿瘤1674例，心脑血管疾病1272例；常山县户籍当年发病数3929例，其中糖尿病1988例，肿瘤930例，心脑血管疾病1011例。估算当年报告发病率分别为：糖尿病585.84/10万，恶性肿瘤273.59/10万，脑卒中与冠心病急性事件297.42/10万。

**【适龄儿童窝沟封闭】** 2015年，全县应封闭2513人，实际封闭2510人，封闭率99.58%；复查2194人，复查率87.41%；封闭完好6763颗，完好率99.41%。

**【职业卫生监测】** 2015年，全县报告农药中毒病例57例，其中男性28例，女性29例，死亡1例，病死率1.75%。尘肺病报告卡年内新病例38例，其中Ⅰ期14人、Ⅱ期16人、Ⅲ期8人；年终患病数245例。无职业病急性中毒事故发生。

**【慢性病社区综合防治】** 2015年，全县累计发现高血压病人22159人，管理病人19751人，发现率8.18%，规范管理12250人，规范管理率62.20%，血压控制数12246人，血压控制率62.00%。累计发现糖尿病病人5129人，管理病人4557人，发现率2.12%，规范管理2887人，规范管理率63.13%；血糖控制数2846人，血糖控制率62.48%。重症精神病897人，管理率39.36%，规范管理率52.84%。

## ·卫生监督

**【概况】** 2015年，全县公共场所477家，监督覆盖率100%，处罚19家；学校41家，年度监督41家，监督覆盖率100%，处罚3家；全县医疗机构274家，年度监督274家，监督覆盖率100%，处罚19家；职业病危害企业

30家，年度监督30家，监督覆盖率100%，处罚0家；全县集中式供水单位2家，年度监督2家，监督覆盖率100%。全县有两家餐饮具集中消毒单位，共抽检餐具80份，合格80份，合格率100%。从业人员体检，全县有公共场所从业人员1807人，共体检1735人，体检率96%，其中培训1735人，培训率96%，未查出“五病”患者。集中式供水单位从业人员13人，体检13人，体检率100%，其中培训13人，培训率100%，未查出“五病”患者。实施公共场所许可新发证68件、不予许可6件、变更8件、延续4件；护士注册28件、变更39件、延续31件；医师注册44件、变更66件；医疗机构换发证128件、变更17件、机构设置3件。作出卫生处罚决定案件44件，其中一般程序案件26件，简易程序案件18件；医疗卫生（含传染病管理）案件22件，公共场所卫生（含饮用水卫生）案件22件，共处罚没款7.21万元。开展集中消毒餐饮具的消毒效果监测，共采样120份，经检验全部合格。

**【卫生行政许可清理】** 2015年，县卫生行政部门对涉及行政许可8类20项，按照上级要求，完成每一项权利的基本信息、外部流程图、内部流程图、业务申报材料、收费项目表、办理岗位信息、办理环节信息、办理流程、常见问题解答等9项内容的清理、制作，并及时在浙江政务服务网公布。

**【集中式供水卫生监督检测】** 2015年，县卫生行政监督机构对2家生活饮用水供水单位开展监督检查，同时开展饮用水监督采样工作。共对2家水厂采集水样108份，其中水源水6份、出厂水6份、末梢水96份；经检测，千家排水厂有2份水源水不合格，其他检测指标均合格。

**【非法行医打击】** 2015年，县卫生行政监督机构共检查医疗机构274家（次），查处违法医疗机构19家，立案处罚19家。通过排查，发现未取得《医疗机构执业许可证》擅自开展诊疗活动的“黑诊所”3家，均进行立案查处；查处4家医疗机构聘用非卫生技术人员从事医疗活动。

## ·妇幼保健

**【概况】** 2015年，县妇保院开展门诊26663人次。免费婚前医学检查3636人，婚检率98.11%。全县产妇活产数3084人。其中，进入孕产妇系统管理2914人，管理率94.49%；剖宫产率44.42%；县级高危筛查率96.4%，高危产妇住院分娩率100%；产前筛查率83.61%；抢救重症高危孕产妇45例。农村孕产妇住院分娩补助1901人，金额95.05万元，发放叶酸1898人。完成“两癌”筛查工作。其中，乳腺癌筛查400例，查出乳腺良性疾病6例；宫颈癌筛查2904例，查出异常人数529例。3岁以下儿童系统管理率92.26%，7岁以下儿童保健覆盖率96.58%，5岁以下儿童死亡率3.89‰，婴儿死亡率3.24‰，新生儿死亡率2.59‰。

## ·爱国卫生

**【概况】** 2015年，县爱卫办在全县深入开展城乡医疗卫生单位整洁行动和“卫生系统环境优美单位”创建、城乡饮用水安全保障、病媒生物防制、城乡卫生创建、省级卫生县城成果巩固等工作。2家医疗机构成功创建“环境优美单位”，为群众营造干净、整洁、文明、有序的就医环境。结合“灭鼠灭蟑先进城区”复查，在全县投放鼠药3065千克、灭蟑烟剂13895袋、灭蟑毒饵48405包、灭蟑药笔25045盒，城区鼠密度、蟑密度分别由灭前 4.55%、25% 降至灭后 0.91% 和 2.5%，达到全国爱卫会标准。做好省级卫生县城成果巩固，对社区、城郊结合部存在的 12 个重点突出问题进行督促整改；对城区 35 座公共厕所环境卫生和管护状况进行督查；结合“爱国卫生月”和“联创行动日”等活动，开展城乡环境卫生整治 12 次，出动干部群众 10 万多人次，清理卫生死角 500 多处，清除垃圾、杂物 1300 多吨。结合农村生活污水治理和农村生活垃圾治理为主要内容的农村“双治”工程，加快推进农村改厕工作，全县农村卫生厕所普及率 97.83%、无害化卫生厕所普及率 91.98%。全县农村自来水普及率 85.49%。

是年，全县创建浙江省卫生乡镇 1 个、衢州市卫生乡镇 1 个，衢州市卫生村 5 个；浙江省卫生先进单位 1 家，衢州市卫生先进单位 3 家；浙江省无烟单位 1 家，衢州市无烟单位 4 家；“浙江省健康促进医院” 1 家、浙江省健康促进学校（铜牌）2 家。

**【生活饮用水保障】** 2015 年 4 月、8 月，县卫生部门分别开展丰水期和枯水期生活饮用水质监测，采集水样 94 份，其中合格水样 52 份，水质检测合格率为 55.32%，比上年上升 13 个百分点。实施常山县农村饮用水安全工程水质检测中心建设项目，争取资金 150 万元，完成实验室改造、部分水质监测仪器更新添置和检测项目扩项，举办 1 期技术人员业务培训班。

**【虹桥溪水域治理】** 2015 年，制发《常山县虹桥溪水环境综合整治工作方案》，建立虹桥溪水环境综合整治工作例会制度，对水环境治理工作中疑难问题进行共同磋商；建立巡查制度，开展定期检查和随机抽查。通过巡查及时发现问题，对涉及部门、单位的问题以“河长制”等工作问题建议单的形式进行交办，共向相关责任部门（街道）交办 25 个重点突出问题。开通投诉举报电话，接受群众举报流域内水环境整治工作问题。

（江　东）

## 体　育

**【概况】** 2015 年，县体育局主动将体育产业发展融入“实力工业、休闲城市、美丽乡村”的发展战略中，积极组织和协办体育赛事，并获得良好成绩。主办常山县迎“五一”职工男子篮球锦标赛、2015 年“体彩杯”浙江省太极拳公开赛暨浙江省太级拳段位考试、2015 年浙江省青少年（儿童）乒乓球冠军赛、常山县第五届全民运动会。承办或协办 2015 年衢州市老年人男子气排球比赛、第二套婺韵健身操大型展示活动、首届“常山三宝”杯千人环游骑行大会。积极开展全民健身活动，组队参加浙江省第二届海洋运动会、衢州市首届青少年运动会；常山县登山队组织开展纪念抗日战争胜利 70 周年系列登山活动。

是年，常山县招贤镇大溪沿村、芳村镇芳村村、芳村镇上猷阁村被省体育局命名为省村级体育俱乐部，招贤镇成为浙江省第三批体育特色乡镇，芳村镇被评为浙江省 2015 年体育强镇。截至 2015 年，全县累计创建省级体育强乡镇 10 个、省级体育小康村 180 个（行政村合并）、省级农村体育俱乐部 20 个、省级体育先进社区 7 个、省级青少年体育俱乐部 5 个。

**【常山县第五届全运会】** 常山县第五届全民运动会从 2015 年 8 月 30 日开始，历时 100 天，于 12 月 8 日闭幕。全县各个乡（镇、街道）、各个行业的 621 支代表队计 10154 名运动员参赛。此届全运会设田径、男子篮球、羽毛球、乒乓球、中国象棋、围棋、拔河、武术、游泳、信鸽、山地自行车越野、气排球、登山、钓鱼、五人制足球、排舞16个大项，共215个小项的比赛。

**常山县第五届全民运动会各项比赛情况一览**

**表36**

| 比赛日期 | 项目名称 | 参赛人数 | 备　　注 |
|---|---|---|---|
| 9月18—26日 | 五人制足球 | 112人 | 县公安局队、县国土局队、县卫计局队获前三名 |
| 9月24—30日 | 篮球 | 300人 | 天马街道代表队、县信用联社代表队、县检察院代表队获前三名 |
| 11月25—28日 | 乒乓球 | 317人 | 县第一小学、县经济开发区管委会、县金融联队三支代表队获混合团体前三名。张卫博、王峰、孙勤获男子中青年组前三名；胡刘芳子、徐君华、华丹获女子中青年组前三名；袁一力、王顺发、罗贤光获男子老年组前三名；吕雅丽、崔光玉、徐秀云获女子老年组前三名 |
| 11月18—20日 | 羽毛球 | 360人 | 徐骏、黄芳芳分获青年组男女单打冠军；陈平生、詹霞分获中老年组男女单打冠军。张俊岳、焦明兴获青年组男子双打冠军；胡炜、潘黎获青年组混合双打冠军；陈平生、程有福获中老年组男子双打冠军；楼军海、詹霞获中老年组混合双打冠军 |
| 11月25—27日 | 田径 | 425人 | 县教育局揽获青年男子组、女子组4×100米冠军；施文杰、胡倩倩分获男女青年100米冠军；徐丹亚、曹香玉分获中年男女100米冠军；徐文田、李文杰分获中青年男子1500米冠军；徐小红、江沐乐分获中青年女子800米冠军；周峰、江雪梅分获男女中年组铅球冠军；张玉林、张莹分获男女青年组铅球冠军 |
| 8月30日 | 游泳 | 73人 | 徐晓勤获男子50米、400米双料冠军；余立芳获女子50米、200米双料冠军 |
| 9月26日 | 山地自行车越野 | 128人 | 顾志坚、汪前、占美华获男子组前三名；童慧君、华丹、吴淑萍获女子组前三名 |
| 10月17日 | 登山 | 1095人 | 经抽签，按男、女分别产生6名参赛奖 |
| 9月26—27日 | 钓鱼 | 272人 | 县邮政局一队、县移动公司二队、县电信公司队获团体前三名；王勇军、徐国辉、徐金标获个人前三名 |
| 10月16—20日 | 气排球 | 400人 | 文峰社区、屏山社区、县退教协会获老年组前三；县教育局、常山泰隆银行、常山建设银行获中青组前三 |
| 10月24—25日 | 中国象棋 | 232人 | 汪康胜、徐裕芳、徐启雄获男子中青组前三名；丁莉、宁歆、于姗姗获女子中青组前三名；张友贵、詹树生、华坤生获老年组前三名 |
| 11月27—28日 | 拔河 | 1275人 | 金雄有限公司、县人民医院、南方水泥公司获团体前三名 |
| 11月14—15日 | 围棋 | 52人 | 肖青、符建兰、张荔获女子成年组前三名；朱璋、周毅、徐忠孝获男子成年组前三名 |
| 10月24—25日 | 信鸽 | 300千米 | 祝建宏、郑同新、孙争鸣的信鸽获前三名 |
| 11月2日 | 排舞 | 126人 | 县信用联社代表队、县老年大学代表队、东明社区英山红舞蹈队获前三名 |
| 10月10日 | 武术 | 45人 | 按老年男子、女子，青年男子、女子，拳术、器械进行分组，共分8个组别，包括陈式太极拳、杨式太极拳、武当拳、佛门长拳、洪家拳等 |

**【常山县足球协会成立】** 2015年4月12日在常山华府大酒店召开成立大会。会议表决通过《常山县足球协会章程》《常山县足球协会选举办法》《常山县足球协会第一届理事会候选人名单》，选举产生常山县足球协会第一届理事会组成人员，何华平当选为主席，邱旗任秘书长。

**【常山县游泳协会成立】** 2015年5月9日，常山县游泳协会成立大会暨第一次会员大会在县城泓影酒店举行。县人大常委会原副主任戴老虎、县体育局、民政局民间组织管理科等负责人应邀出席成立大会。会议审议通过《常山县游泳协会章程》《常山县游泳协会选举办法》等社会团体规章制度，选举产生协会第一届理事会组成人员，浙江常山化工有限公司董事长沈志良当选为常山县游泳协会首届理事会会长。

**【县老年人体育协会第六次代表大会召开】** 2015年5月11日，常山县老年人体育协会第六次代表大会召开。各乡（镇、街道）分管领导、老年体协主席，县直各部门单位分管领导，县老年体协各活动站点负责人和老年体育工作者代表，共50余人参加会议。市人大常委会副主任、市老体协主席童建中应邀参加会议，副县长揭政东出席并主持会议。会议听取县老年体协第五届委员会主席严文刚做的工作报告，选举产生县老年体协第六届委员会主席、副主席和秘书长，王小平当选为县老年体协第六届委员会主席。

**【招贤添乐幼儿园参加全省幼儿足球赛获佳绩】** 2015年5月15—16日，浙江省第四届幼儿体育大会暨幼儿足球表演大赛在宁波市镇海区镇海实验艺术幼儿园举行。全省29所幼儿园组队参赛，其中16支为非体育特色幼儿园。招贤添乐幼儿园代表常山首次参赛，并取得非体育特色幼儿园组团体总分一等奖、五人制足球比赛第三名的好成绩。

**【省乒球队送体育到常山】** 2015年6月25日，浙江省乒乓球队“送体育下基层”活动在常山县体育馆开启。浙江省小球运动管理中心副主任郑丹丹带队，主要成员为浙江省乒乓球队22名一线队员和教练员，其间举行乒乓球表演、技术辅导，以及赠送乒乓球器材等活动。从下午到晚上，大批“粉丝”到场参与互动。

**【参加市首届青少年运动会总成绩名列第四】** 2015年，衢州市改每年举办一次青少年传统项目运动会为每两年举行一届全市青少年运动会。首届市青少年运动会在柯城区举行，共有全市6个县（市、区）和8所重点中学的2500多名运动员和工作人员参加。县（市、区）组设乒乓球、羽毛球、足球、篮球、健美操、田径、围棋、举重8个大项，共309个小项；高中组设篮球、足球、田径、健美操4个大项，共76个小项；全部比赛于7月24日结束。常山县代表队共派出400名运动员参加7个大项目的比赛，共获得金牌34枚、银牌20枚、铜牌19.5枚，总成绩名列全市第四。

**【举办浙江省太极拳公开赛暨浙江省太级拳段位考试】** 2015年9月5—6日，2015年“体彩杯”浙江省太极拳公开赛暨浙江省太级拳段位考试在常山县体育馆举行。全省各市（地）的27支代表队共300多名运动员参加公开赛。此次公开赛由浙江省体育总会、常山县人民政府主办，浙江省武术协会、常山县体育局承办，常山县武术协会协办；分单练、对练和集体三个大项，涵盖吴式、陈式、杨式、武式等太极拳、器械，13式太极刀，32式太极拳，42式太极剑等小项。省体育局副巡视员杨平原，省武术协会会长李期华，市体育局局长汪晖，县人民政府副县长方荣，省武术协会副会长陈顺安，省武术协会副会长丁培勇，省武术协会副会长、市武术协会副会长吕沂，仲裁委主任凌耀华，总裁判长方平等出席了开幕式。

**【承办市老年人男子气排球比赛】** 2015 年 4 月 14—15 日，由衢州市体育总会、衢州市老年人体育协会主办，常山县体育总会、常山县老年人体育协会承办的 2015 年衢州市老年人男子气排球比赛在常山一中体育馆举行。全市各县（市、区）、巨化公司的 8 支代表队共 80 多名运动员参赛。柯城区、江山市、衢江区代表队分获第一、二、三名。

**【举办迎“五一”职工男子篮球锦标赛】** 2015 年 4 月 22—29 日，常山县迎“五一”职工男子篮球锦标赛在县体育馆举行。此次比赛由县体育局、县总工会、县篮球协会共同主办，全县 13 支代表队参赛。县篮球协会代表队、县公安局代表队、天马街道代表队分获第一、二、三名。

**【举办首届“常山三宝”杯千人环常山游骑行大会】** 2015 年 11 月 1 日，首届“常山三宝”杯千人环游骑行大会在常山文峰广场启幕。省内外 37 支车队共 624 名运动员参加此次环常山活动。其中，衢州市 15 支车队（含常山 3 支），省内市外其他地区参赛车队 19 支，省外参赛车队 3 支（共 56 名队员）。此次骑行活动分全程、半程两个组别，全程约 90 千米，半程约 60 千米，路面情况主要以水泥、柏油路面为主，小部分为泥路。沿线先后经过天马街道（文峰广场）、金川街道（徐村）、何家乡（黄冈村）、球川镇（芙蓉旺胡柚基地）、同弓乡（大宝山胡柚基地、彤弓山古村落、太公山胡柚基地）、天马街道（东明湖）；经过的重要景区有：徐村文化礼堂、黄岗山景区、大宝山胡柚基地、芙蓉旺胡柚基地、彤弓山古村落、太公山胡柚基地、东明湖公园。

**【承办 2015 年浙江省青少年（儿童）乒乓球冠军赛】** 2015 年 11 月 13—15 日，由浙江省体育局、教育厅主办，常山县体育局承办的 2015 年浙江省青少年（儿童）乒乓球冠军赛在常山县体育馆举行。此次比赛设 6 个组别男子单打、女子单打，采用中国乒乓球协会编译的《国际乒联乒乓球竞赛规则（2011）》。各组别比赛分两个阶段，每场比赛均采用 5 局 3 胜制。杭州、宁波、温州等 11 支代表队的 385 名运动员参赛。

**【芳村镇被评为 2015 年省级体育创强乡镇】** 2015 年，芳村镇党委、镇政府以创建体育强镇为契机，把体育事业与新农村建设有机地结合起来，投入 40 多万元，修建篮球场 6 个、乒乓球桌 12 张、健身器材 100 件，推动全民健身活动蓬勃发展。省体育创强乡镇检查组通过听取工作汇报，查阅台账资料，深入行政村、学校实地检查验收，同意芳村镇通过省级体育强镇验收。12 月，芳村镇被省体育局公布为浙江省 2015 年体育强镇。

（刘　春）

# 社会生活

## 人民生活

【概况】 2015年，全县城镇居民人均可支配收入28126元，比上年增长8.6%；农村居民人均可支配收入15333元，增长10.0%。据抽样调查显示，城镇居民人均住房面积48.6平方米，农村居民人均住房面积87.5平方米。

全县职工基本养老保险和城乡居民社会养老保险参保人数206678人，新增5210人；职工基本医疗保险和城乡居民基本医疗保险参保人数311124人，新增1239人；工伤保险参保人数36787人，新增869人；生育保险参保人数26732人，新增852人；被征地人员参保人数27591人；社会保障卡持卡人数310659人。全县城镇新增就业4225人，城镇失业人员实现再就业1770人，帮助就业困难人员实现再就业541人，参加创业培训120人，新参保失业保险净增1069人，公益性岗位进村率达100%，城镇登记失业率控制在2.99%以内。

全县有10009人纳入城乡最低生活保障，年支出低保金约2660万元。城镇低保由原来540元/人·月提高到612元/人·月，农村低保由原来389元/人·月提高到459元/人·月。低保占比达3.0%。救助困难群众1895户，救助金额306万元。城乡困难居民医疗救助共救助2135人，支出救助资金896万元。资助13650名城乡低保、“五保”、重度残疾人参加城乡居民医疗保险，资助金额314万元。已建县级层面的避灾场所3个；乡镇级避灾场所15个，覆盖率达107%；村（社区）级避灾场所183个，覆盖率97.3%。办理结婚登记2400对，离婚登记833对，补发结婚证件933件，补发离婚证件20件，办理收养登记20件，出具无婚姻登记记录证明4124件。

**2015年全部从业人员和工资情况**

**表37**

| 指 标 名 称 | 年末总人数（人） | 年末在岗职工人数（人） | 在岗职工工资总额（万元） | 在岗职工年平均工资（含劳务派遣）（元） |
|---|---|---|---|---|
| **总计（含私营企业）** | **50103** | **37812** | **190674** | **49092** |
| 按国民经济行业分组 | — | — | — | — |
| 1. 农林牧渔业 | — | — | — | — |
| 2. 采矿业 | 8 | 8 | 24 | 30000 |
| 3. 制造业 | 13753 | 13194 | 52706 | 40407 |

续表37

| 指　标　名　称 | 年末总人数（人） | 年末在岗职工人数（人） | 在岗职工工资总额（万元） | 在岗职工年平均工资（含劳务派遣）（元） |
|---|---|---|---|---|
| 4. 电力、热力、燃气及水生产和供应业 | 548 | 507 | 7154 | 129785 |
| 5. 建筑业 | 22722 | 12283 | 36612 | 29713 |
| 6. 批发和零售业 | 1024 | 937 | 3084 | 33445 |
| 7. 交通运输、仓储和邮政业 | 720 | 686 | 4041 | 58267 |
| 8. 住宿和餐饮业 | 723 | 689 | 2365 | 34122 |
| 9. 信息传输、软件和信息技术服务业 | 134 | 121 | 928 | 72672 |
| 10. 金融业 | 416 | 349 | 5133 | 131825 |
| 11. 房地产业 | 357 | 317 | 2025 | 63887 |
| 12. 租赁和商务服务业 | 592 | 590 | 2203 | 38252 |
| 13. 科学研究、技术服务业 | 184 | 163 | 1273 | 77132 |
| 14. 水利、环境和公共设施管理业 | 230 | 195 | 1540 | 85066 |
| 15. 居民服务、修理和其他服务业 | 31 | 31 | 228 | 73581 |
| 16. 教育 | 2657 | 2422 | 23885 | 94798 |
| 17. 卫生和社会工作 | 1473 | 1393 | 11951 | 85916 |
| 18. 文化、体育和娱乐业 | 214 | 202 | 1576 | 79181 |
| 19. 公共管理、社会保障和社会组织 | 4317 | 3725 | 33946 | 90315 |

## 2015年单位从业人员和工资（不含私营）情况

表38

| 指　标　名　称 | 年末职工（人） | 在岗职工（人） | 女　性（人） | 在岗职工年平均工资（含劳务派遣）（元） |
|---|---|---|---|---|
| **总计** | **15594** | **13723** | **5544** | **78962** |
| 一、按企业、事业、机关分组 | — | — | — | — |
| 1. 企业 | 6499 | 5627 | 1782 | 60946 |
| 2. 事业 | 5240 | 4811 | 2665 | 92947 |
| 3. 机关 | 3719 | 3217 | 1016 | 91399 |
| 二、按国民经济行业分组 | — | — | — | — |
| 1. 农林牧渔业 | — | — | — | — |
| 2. 采矿业 | — | — | — | — |
| 3. 制造业 | 1808 | 1769 | 555 | 53858 |
| 4. 电力、热力、燃气及水生产和供应业 | 511 | 470 | 127 | 135274 |
| 5. 建筑业 | 2493 | 1860 | 189 | 42350 |

续表 38

| 指标名称 | 年末职工（人） | 在岗职工（人） | 女性（人） | 在岗职工年平均工资（含劳务派遣）（元） |
|---|---|---|---|---|
| 6. 批发和零售业 | 203 | 159 | 107 | 50760 |
| 7. 交通运输、仓储和邮政业 | 239 | 234 | 62 | 85880 |
| 8. 住宿和餐饮业 | 723 | 689 | 470 | 34122 |
| 9. 信息传输、软件和信息技术服务业 | 134 | 121 | 63 | 72672 |
| 10. 金融业 | 318 | 263 | 139 | 140758 |
| 11. 房地产业 | 132 | 101 | 64 | 88636 |
| 12. 租赁和商务服务业 | 97 | 96 | 32 | 86928 |
| 13. 科学研究、技术服务业 | 184 | 163 | 61 | 77132 |
| 14. 水利、环境和公共设施管理业 | 230 | 195 | 67 | 85066 |
| 15. 居民服务、修理和其他服务业 | 31 | 31 | 9 | 73581 |
| 16. 教育 | 2587 | 2352 | 1373 | 96002 |
| 17. 卫生和社会工作 | 1373 | 1293 | 891 | 88114 |
| 18. 文化、体育和娱乐业 | 214 | 202 | 90 | 79181 |
| 19. 公共管理、社会保障和社会组织 | 4317 | 3725 | 1245 | 90315 |

## 2015 年规模以上私营企业从业人员和工资情况

表 39

| 指标名称 | 年末职工（人） | 在岗职工（人） | 女性（人） | 在岗职工年平均工资（含劳务派遣）（元） |
|---|---|---|---|---|
| **规模以上私营企业合计** | **34509** | **24089** | **7700** | **33453** |
| 一、按国民经济行业分组 | — | — | — | — |
| 1. 采矿业 | 8 | 8 | 0 | 30000 |
| 2. 制造业 | 11945 | 11425 | 5167 | 38389 |
| 3. 电力、热力、燃气及水生产和供应业 | 37 | 37 | 10 | 44324 |
| 4. 建筑业 | 20229 | 10423 | 1569 | 27855 |
| 5. 批发和零售业 | 821 | 778 | 521 | 29675 |
| 6. 交通运输、仓储和邮政业 | 481 | 452 | 100 | 44490 |
| 7. 金融业 | 98 | 86 | 54 | 102674 |
| 8. 房地产业 | 225 | 216 | 121 | 51396 |
| 9. 租赁和商务服务业 | 495 | 494 | 50 | 28395 |
| 10. 教育 | 70 | 70 | 49 | 51261 |
| 11. 卫生和社会工作 | 100 | 100 | 59 | 57190 |

## 2015 年全县职工素质情况

**表 40** 单位：人

| 指标名称 | 单位从业人员中专业技术人员 | 按职称分 | | | 按文化程度分 | | | |
|---|---|---|---|---|---|---|---|---|
| | | 高级 | 中级 | 初级 | 本科及以上 | 大专 | 中专技及高中 | 初中及以下 |
| **总计（含规上私营企业）** | **11846** | **645** | **2681** | **4447** | **6815** | **5663** | **13085** | **24540** |
| 一、按国民经济行业分组 | — | — | — | — | — | — | — | — |
| 1. 农林牧渔业 | — | — | — | — | — | — | — | — |
| 2. 采矿业 | 0 | 0 | 0 | 0 | 5 | 0 | 3 | 0 |
| 3. 制造业 | 2222 | 77 | 232 | 594 | 377 | 1100 | 4623 | 7653 |
| 4. 电力、热力、燃气及水生产和供应业 | 132 | 6 | 50 | 59 | 272 | 156 | 94 | 26 |
| 5. 建筑业 | 4646 | 80 | 638 | 1802 | 563 | 1581 | 5898 | 14680 |
| 6. 批发和零售业 | 110 | 5 | 32 | 38 | 47 | 190 | 302 | 485 |
| 7. 交通运输、仓储和邮政业 | 77 | 9 | 23 | 18 | 75 | 127 | 238 | 280 |
| 8. 住宿和餐饮业 | 31 | 0 | 4 | 5 | 6 | 55 | 264 | 398 |
| 9. 信息传输、软件和信息技术服务业 | 19 | 0 | 9 | 10 | 59 | 38 | 31 | 6 |
| 10. 金融业 | 183 | 0 | 3 | 34 | 258 | 130 | 23 | 5 |
| 11. 房地产业 | 100 | 12 | 41 | 22 | 57 | 124 | 149 | 27 |
| 12. 租赁和商务服务业 | 56 | 8 | 19 | 20 | 50 | 49 | 197 | 296 |
| 13. 科学研究、技术服务业 | 113 | 12 | 27 | 55 | 82 | 68 | 24 | 10 |
| 14. 水利、环境和公共设施管理业 | 55 | 10 | 22 | 19 | 62 | 41 | 44 | 83 |
| 15. 居民服务、修理和其他服务业 | 2 | 0 | 1 | 1 | 5 | 8 | 10 | 8 |
| 16. 教育 | 2171 | 279 | 993 | 809 | 1936 | 411 | 146 | 164 |
| 17. 卫生和社会工作 | 1174 | 110 | 318 | 648 | 612 | 443 | 275 | 143 |
| 18. 文化、体育和娱乐业 | 120 | 3 | 26 | 68 | 103 | 56 | 41 | 14 |
| 19. 公共管理、社会保障和社会组织 | 635 | 34 | 243 | 245 | 2246 | 1086 | 723 | 262 |

## 2015 年城乡劳动力资源配置情况

**表 41** 单位：万人

| | 城乡合计 | 城镇 | 乡村 | | 城乡合计 | 城镇 | 乡村 |
|---|---|---|---|---|---|---|---|
| **一、年末人口数** | **24.35** | **10.42** | **13.93** | 按国民经济行业分组 | — | — | — |
| 年末16岁以上全部人口数 | 19.72 | 8.44 | 11.29 | 1. 农、林、牧、渔业 | 3.47 | 1.01 | 2.46 |
| 其中:不计入劳动力资源的人数 | 3.16 | 1.35 | 1.81 | 2. 采矿业 | 0.12 | 0.03 | 0.09 |
| **二、年末劳动力资源总数** | **16.56** | **7.09** | **9.48** | 3. 制造业 | 3.17 | 1.01 | 2.16 |

续表 41

| | 城乡合计 | 城镇 | 乡村 | | 城乡合计 | 城镇 | 乡村 |
|---|---|---|---|---|---|---|---|
| **三、经济活动人口** | **16.14** | **6.20** | **9.94** | 4. 电力、煤气及水的生产和供应业 | 0.10 | 0.05 | 0.05 |
| 从业人员 | 15.80 | 5.86 | 9.94 | 5. 建筑业 | 3.92 | 0.60 | 3.32 |
| **按就业身份分组** | — | — | — | 6. 批发和零售业 | 1.70 | 0.88 | 0.82 |
| 城镇单位从业人员 | 1.55 | 1.55 | 0.00 | 7. 交通运输、仓储及邮电通讯业 | 0.41 | 0.27 | 0.14 |
| 私营业主 | 0.54 | 0.32 | 0.22 | 8. 住宿和餐饮业 | 0.50 | 0.34 | 0.16 |
| 个体户主 | 1.12 | 0.60 | 0.52 | 9. 信息传输、计算机服务和软件业 | 0.01 | 0.01 | 0.00 |
| 私营企业和个体从业人员 | 6.10 | 3.06 | 3.04 | 10. 金融业 | 0.01 | 0.01 | 0.00 |
| 其他非私营单位从业人员 | — | — | — | 11. 房地产业 | 0.04 | 0.04 | 0.00 |
| 其他 | 6.49 | 0.33 | 6.16 | 12. 租赁和商务服务业 | 0.22 | 0.11 | 0.11 |
| | — | — | — | 13. 科研、技术服务和地质勘查业 | 0.10 | 0.05 | 0.05 |
| **按登记注册类型分组** | — | — | — | 14. 水利、环境和公共设施管理业 | 0.03 | 0.03 | 0.00 |
| 国有单位 | 0.95 | 0.95 | 0.01 | 15. 居民服务和其它服务业 | 0.27 | 0.14 | 0.13 |
| 集体单位 | 4.24 | 0.07 | 4.17 | 16. 教育 | 0.45 | 0.36 | 0.09 |
| 股份合作单位 | — | — | — | 17. 卫生、社会保障和社会福利业 | 0.21 | 0.18 | 0.03 |
| 联营单位 | — | — | — | 18. 文化、体育和娱乐业 | 0.12 | 0.06 | 0.06 |
| 有限责任公司 | 2.76 | 0.76 | 2.00 | 19. 公共管理和社会组织 | 0.95 | 0.68 | 0.27 |
| 股份有限公司 | — | — | — | 20. 国际组织 | — | — | — |
| 私营企业 | 5.20 | 2.70 | 2.50 | 城镇失业人员 | 0.34 | 0.34 | 0.00 |
| 其他 | — | — | — | 城镇登记失业人员 | 0.10 | 0.10 | 0.00 |
| 港、澳、台商投资单位 | 0.06 | 0.05 | 0.01 | **四、非经济活动人口** | **3.58** | **2.24** | **1.35** |
| 外商投资单位 | 0.05 | 0.05 | 0.00 | 其中：16 岁以上在校学生 | 1.30 | 1.30 | 0.00 |
| 个体 | 2.54 | 1.28 | 1.26 | 家务劳动者 | 0.89 | 0.30 | 0.59 |

## 2015 年常山县农村住户、城镇住户调查基本情况

表 42

| 指标 | 单位 | 农村住户 | 城镇住户 |
|---|---|---|---|
| 调查样本户数 | 户 | 150 | 101 |
| 期内常住人员数 | 人 | 415 | 297 |
| 人均现住房建筑面积 | 平方米 | 87.54 | 48.63 |
| 可支配收入 | 元 | 15333 | 28126 |
| 一、工资性收入 | 元 | 7599 | 17086 |

**续表 42**

| 指　　标 | 单　位 | 农村住户 | 城镇住户 |
|---|---|---|---|
| （一）工资 | 元 | — | — |
| （二）实物福利 | 元 | — | — |
| （三）其他 | 元 | — | — |
| 二、经营净收入 | 元 | 4539 | 3408 |
| （一）第一产业经营净收入 | 元 | — | — |
| （二）第二产业经营净收入 | 元 | — | — |
| （三）第三产业经营净收入 | 元 | — | — |
| 三、财产净收入 | 元 | 567 | 2382 |
| （一）利息净收入 | 元 | — | — |
| （二）红利收入 | 元 | — | — |
| （三）储蓄性保险净收益 | 元 | — | — |
| （四）转让承包土地经营权租金净收入 | 元 | — | — |
| （五）出租房屋财产性收入 | 元 | — | — |
| （六）出租机械、专利、版权等资产的收入 | 元 | — | — |
| （七）其他财产净收入 | 元 | — | — |
| （八）房屋虚拟租金 | 元 | — | — |
| 四、转移净收入 | 元 | 2628 | 5350 |
| （一）转移性收入 | 元 | — | — |
| （二）转移性支出 | 元 | — | — |
| 消费支出 | 元 | 7503 | 16886 |
| （一）食品烟酒 | 元 | 2874 | 5842 |
| （二）衣着 | 元 | 572 | 1360 |
| （三）居住 | 元 | 1430 | 3408 |
| （四）生活用品及服务 | 元 | 538 | 1097 |
| （五）交通通信 | 元 | 698 | 2153 |
| （六）教育文化娱乐 | 元 | 734 | 1771 |
| （七）医疗保健 | 元 | 575 | 944 |
| （八）其他用品和服务 | 元 | 82 | 311 |
| 耐用消费品拥有情况（每百户） | — | — | — |
| 1. 家用汽车 | 辆 | 10.7 | 29.7 |
| 2. 摩托车 | 辆 | 22.0 | 12.1 |
| 3. 助力车 | 台 | 89.3 | 91.1 |

续表 42

| 指　　标 | 单　位 | 农村住户 | 城镇住户 |
|---|---|---|---|
| 4. 洗衣机 | 台 | 56.7 | 88.1 |
| 5. 电冰箱（柜） | 台 | 94.0 | 99.0 |
| 6. 微波炉 | 台 | 30.0 | 66.3 |
| 7. 彩色电视机 | 台 | 152.7 | 161.4 |
| 其中接入有线电视 | 台 | 141.3 | 151.5 |
| 8. 空调 | 台 | 63.3 | 159.4 |
| 9. 热水器 | 台 | 86.7 | 100.0 |
| 其中太阳能热水器 | 台 | 75.3 | 67.3 |
| 10. 消毒碗柜 | 台 | 2.7 | 12.9 |
| 11. 洗碗机 | 台 | 0.0 | 1.0 |
| 12. 排油烟机 | 台 | 36.7 | 86.1 |
| 13. 固定电话 | 线 | 43.3 | 43.6 |
| 14. 移动电话 | 部 | 226.7 | 243.6 |
| 其中接入互联网 | 部 | 74.0 | 153.5 |
| 15. 计算机 | 台 | 32.7 | 80.2 |
| 其中接入互联网 | 台 | 24.0 | 73.3 |
| 16. 摄像机 | 台 | 0.0 | 3.0 |
| 17. 照相机 | 台 | 8.0 | 24.8 |
| 18. 中高档乐器 | 架 | 0.0 | 3.0 |
| 19. 健身器材 | 台 | 0.0 | 3.0 |
| 20. 组合音响 | 套 | 8.7 | 5.0 |

（占慧臻）

## 民政事业

【概述】 2015 年，县民政部门注重“贴心民政、阳光民政、法治民政、数字民政”建设，以“民政工作项目化”为抓手，推进常山民政事业城乡一体化建设。全年共向上争取资金 11024.97 万元。抓好社会救助信息系统平台建设，全县低保、重残、“五保”集中供养等专项社会救助管理实施信息化审批，社会救助资金实行按月发放，做到动态管理。做好 2015 年度城乡低保、重度残疾人基本生活补助对象年度复核工作。全县 10009 人纳入城乡最低生活保障，年支出低保金约 2660 万元，3275 名重度残疾人纳入低保和重度残疾人基本生活补助，年支出重度残疾人基本生活补助金 1737 万元。低保、重残救助对象名单全部在《今日常山》和常山县民政局门户网站上进行公示。低保对象在动态管理的基础上做到应保尽保、应补尽补、应退尽退。按照低保标准自然增长机制要求，做好低保标准调整，自11月1日开始，城镇低保由原540元/人·月提高到612元/人·月，农村低保由原389元/人·月提高到459元/人·月。根据浙民福〔2015〕28号文件要求，开展省级养老服务业综合改革试点工作。按照《常山县低收入家庭收入核定实施细则》等文件要求，组织全县各相关部门、县域10家银行和乡镇（街道）民政助理员、8个城市社区工作人员参加“申请救助家庭经济状况核对信息系统”培训，完成申请救助家庭的经济状况信息的核对工作。

4月23日，县民政局组织干部进村入户开展低保核查工作 （江宏伟 摄）

2015年，全县城乡困难居民医疗救助2135人，支出救助资金896万元。资助全县城乡低保、“五保”、重度残疾人13650人参加城乡居民医疗保险，资助金额314万元。按照《常山县人民政府办公室关于印发常山县困难群众临时救助实施办法的通知》要求，实施分类救助，切实帮助困难群众解决突发性、临时性生活困难。救助困难群众1895户，救助金额306万元，解决困难群众突发性、临时性困难。做好全县311名（其中孤儿55人、困境儿童256人）孤儿及困境儿童基本生活保障工作，支出资金260万元。

贯彻落实各项优抚政策，解决重点优抚对象生活难、医疗难等实际问题。为281名复退军人解决生活补助20.72万元；为120名优抚对象解决医疗补助51.8万元；新认定11名带病回乡退伍军人，并落实了相应的生活补助政策。及时调整了现役义务兵家属优待金和伤残军人、复员军人、无工作参战退役人员、“三属”等重点优抚对象抚恤补助标准，足额发放各类抚恤补助经费。为572名重点优抚对象发放抚恤金及生活补助657万元；为1274名符合享受60周岁以上农村籍老年生活补贴的退伍军人发放生活补贴146万元；为73名重点优抚对象落实了短期疗养工作。县民政局做好退役士兵（复员和转业士官）的接收和安置工作，接收2014年冬季退役士兵133人（含符合按城镇退役士兵安置的9人）。根据现行国家退伍安置法律法规及上级退伍安置改革精神，对133名退役士兵全部实行发放一次性经济补助的安置对策；同时，做好2014年春季接收的6名转业士官的安置工作。多渠道促进退役士兵实现就业，与县锦绣职业技术学校，与新兴、华驰等驾校联合推出中级机算机维修和操作、淘宝网店营运、汽车驾驶等职业技能培训，保障退役士兵人人享有一次免费职业技能培训机会，全县有135人名退役士兵参加培训。经推荐，有80名退役士兵在中国石油天然气股份有限公司、上海嘉来绿化工程有限公司、杭州市铁路局、县城市管理综合执法大队等单位实现岗位就业。对照《浙江省双拥模范城考核目标》，做好新一轮“省级双拥模范县”创建各项工作。春节期间，走访慰问15名生活困难现役军人家庭及21名部队立功受奖现役军人家属；召开全县双拥领导小组成员单位会议，与38个双拥领导小组成员单位签订“常山县2014年省级双拥模范县工作目标责任书”。严格按照复退军人“信访包案”制度和维稳“12345”联动工作机制要求，抓好优抚对象的思想转化工作，强化部门协作，形成涉军人员稳控合力，切实维护社会和谐稳定。

全县办理结婚登记2400对，离婚登记833对，补发结婚证件933件，补发离婚证件20件，办理收养登记20件，出具无婚姻登记记录证明4124件。实施婚姻家庭辅导323对，实现服务新人“零距离”、服务结果“零差错”、服务对象“零投诉”。完成1950年以来历史婚姻数据补录和核对工作。

县民政局组织、举办集中缅怀和“网上祭奠”革命先烈和常山县庆祝“抗日战争胜利70周年”系列活动。抓好敬老院事业单位法人登记、养老机构设立许可登记。做好福利彩票发行工作。2015年“中福在线常山县大街销售厅”销售额达2300万元。协助配合市福彩中心做好相关公益宣传救助工作。

开展第四次全国城乡老年人生活状况抽样调查，全面完成天马、金川、紫港、辉埠4个乡镇（街道）计16个村的抽样调查工作。建立“敬老文明号”创建长效机制，宣传、推广第一届“敬老文明号”集体的创建经验，动员基层窗口单位和为老服务组织参与第二届“敬老文明号”创建工作。

是年，常山县老龄办被市老龄办评为2015年度老年人意外伤害保险试点工作先进集体。常山县民政局福利彩票发行站获组织管理一等奖，被衢州市民政局评为高效型团队；常山县天马街道大街销售厅被评为中福在线销量二等奖。

**【革命烈士纪念设施建设】** 2015年，县民政局做好全县革命烈士纪念设施的建设、保护和修复工作。向上争取资金959万元，基本完成球川镇后弄村“血泪坑”、青石镇“火烧虹桥”、大桥头乡“浮河抗日”和何家乡“璞石惨案”4处抗日烈士纪念设施建设；县烈士纪念馆项目正在实施。

**【自然灾害救济】** 2015年，县民政局成立民政应急救灾工作领导小组和相关保障小组，做到职责明确、任务到人。开展“5·12”防灾减灾和国际减灾日主题宣传活动。完善县自然灾害救灾应急预案，组织乡镇（街道）和村（居）进行救灾应急演练。推进综合减灾示范社区建设，谋划乡镇（街道）避灾中心及综合减灾项目，开展避灾安置场所建设。全县已建县级层面的避灾场所3个；乡镇级避灾场所15个，覆盖率达107%；村（社区）级避灾场所183个，覆盖率为97.3%。抓好乡镇（街道）、村（居）灾害信息员队伍建设。及时查核灾情，做好受灾困难群众基本生活保障工作。

**【创新低保收入核算办法】** 2015年，县民政局创新低保收入核算办法，把不具备劳动能力、生活能力、无法通过开发性扶贫政策实现脱贫的低收入农户纳入低保对象，全县低保户占比为2.975%。

**【社会福利设施建设】** 2015年，县民政局争取省民政厅的支持，全面完成辉埠镇宋畈、同弓乡、东案乡3个中心敬老院改造提升项目；启动白石镇、青石镇、芳村镇、金川街道4个乡镇敬老院改造提升项目。县社会福利中心项目（一期工程）开工建设，完成投资额800万元。鼓励社会力量兴办民办养老服务机构，新建1家民办养老机构（常山县五里养老院）。此外，浙江赛得健康产业园完成投资7000万元。

**【移民直补人口核减工作】** 2015年，县移民办开展全县移民直补人口的信息调查核对工作，核减直补人口155人，恢复补助2人。发放全年移民直补资金1125.795万元，发放率达100%。

**【移民扶持项目建设】** 2015年，县移民办实施移民项目81个，投入移民资金2067.94万元。建立移民项目“三项”制度，与项目实施主体签订“项目责任书”。抓好移民扶持重点项目建设，县水库移民创业园精品基地和辉埠移民创业园项目建设有序推进；新安江移民民俗博物馆项目正在实施。

**【殡葬管理】** 2015年，县民政局贯彻落实《县委办公室、县政府办公室关于一步深化殡葬改革加强殡葬管理工作的意见》和《常山县人民政府办公室关于印发〈2015年殡葬专项整治工作实施方案〉的通知》精神，抓好公益性公墓建设，全县应建公益性公墓163个，建成并经验收40个，在建103个，准备启动实施20个。抓好违规坟墓整治，完成637座“三沿五区”“四边三化”可视范围内裸露坟墓的整治，其中通过坟墓“绿化”改造验收621座、迁移13座、平毁1座、深埋2座。部门协作，抓好骨灰跟踪管理制度落实，未发生顶风违规建大坟等典型案例。对县域内符合条件的1542名对象实行殡葬基本服务项目免费计103万元。全县完成1556具遗体火化，遗体火化率达100%。协助县城投公司完成城东新区等地块14穴坟墓迁移任务。做好清明、冬至期间文明祭扫服务保障工作，落实殡葬服务收费管理规定，倡导文明低碳祭扫。

**【民间组织管理】** 2015年，全县新培育社会组织82个，累计有社会组织226个，除3个县民族宗教事务局作为业务主管单位的宗教类社会组织实施党的工作覆盖外，其余223个新社会组织，通过不同组建方式实现党建工作全覆盖。推进政府购买服务工作，支付21.06万元购买社会组织服务。

**【地名管理】** 2015年，县地名办完成常山—江山线联合检查工作。完成国家地名数库3.0/5.0系统升级。完成第二次地名普查成果表（3500份）入档和地名档案3000套。做好全县千年古县（古村落）的认定申报工作，招贤镇（古镇）、球川村（古村）等申报材料按期上报省地名办。牵头做好大型纪录片《大地有名·常山篇》的拍摄工作。完成数字常山·地名地址系统维护和常山交通旅游图制作。安装门牌5526块，发放门牌证2757本，审批各类地名设置证明35份，出具相关地名标志证明3556份。按照民政部和省有关行政区域界桩管理办法要求，管理好由相关单位分工管理的界桩，落实经费1.56万元。开展地名文化理论研究，做好地名文化遗产保护、挖掘和宣传等活动。

**【基层组织建设】** 2015年，县民政局以“金钉子”工程建设为抓手，规范村务公开的形式、内容、程序、时间，统一印制“村务公开记录簿”，对列入创建“金钉子”工程的村推行“季度督查”制。发挥“96345”社会公共服务平台作用，为居民提供各种服务；在各城市社区设立便民服务大厅，推行“一站式”服务；印发《农村社区服务中心手册》，指导农村社区建设。新建农村社区示范点30个，农村社区服务水平不断提升。

**【建立社区助老服务机制】** 2015年，县老龄办深入开展“银龄互助”和“关爱困境老人”活动，鼓励城乡健康、低龄老年人采取形式多样的志愿服务帮助空巢、高龄、病残、失能的老年人，在8个城市社区建立“社会组织+社区+义工”助老服务机制，为行动不便的老人发放家政服务券，组织党员进社区认领微心愿，为老年人开展形式多样的服务。其中，紫港社区通过“爱心敲门行动”、“邻里互助站”等形式，为663名60周岁以上老人和困难家庭提供医疗保健、法律援助、娱乐休闲、爱心理发、体检等服务项目。

**【开展老年人意外伤害保险】** 2015年，县民政局印发《关于开展2015年老年人意外伤害保险试点工作的通知》，开展老年人意外伤害保险工作。由福彩公益金等出资16.36万元，资助全县8184位80周岁以上老人参保，80周岁及以上高龄老人参保率达100%，60周岁至未满80周岁老人参保率达20%。

**【规范福利企业劳动用工制度】** 2015年，常山县福利企业管理办公室开展福利企业月度资格认定。全县8家福利企业均安装指纹、头像考勤系统，规范福利企业的劳动用工制度。8家福利企业职工总人数658人，安置残疾职工226人，残疾职工平均占比34.3%；残疾职工月人均工资收人2032元，增长17%，约为健全职工月人均工资收入的80%；残疾职工“五项保险”参保率达100%。

**【慈善事业健康发展】** 2015年，县慈善总会通过企业留本捐息冠名慈善基金、小额冠名慈善基金、造血型慈善扶贫基地等活动平台募集善款286.73万元，以及通过“助医、助困、助残、助学、公益事业帮扶”等活动，拨付救助资金483.01万元。

（江宏伟）

# 乡镇（街道）

## 天马街道

【概况】 天马街道位于常山县境内中南部，是常山县政府驻地。总面积75.49平方公里，辖区东连青石镇，南接江山市，西、西北交白石镇、金川街道，北界常山港和紫港街道。下辖12个行政村、6个社区。截至2015年年末，天马街道总户数21597户，总人口59592人，其中农业人口15086人。党组织96个，其中党委1个、党总支7个、党支部88个，党员2016人。工业总产值6.18亿元；财政总收入1136.44万元，财政税收总收入753.56万元；全社会固定资产投资21.3亿元；城镇居民人均可支配收入28126元。

辖域耕地8826.6亩，其中水田7554亩、旱地1272.6亩。粮食播种面积9897亩，总产量3953.3吨；蔬菜种植面积3661亩，总产量5480.9吨；食用菌总产量1400吨；生猪饲养量4560头，生猪出栏3591头；柑橘种植面积3680亩，产量4116吨；胡柚种植面积2851亩，产量3574吨。专业合作社52个，农村合作社成员2837户。林地面积87613亩，其中公益林48294亩，森林覆盖率73.8%；村级森林防火指挥部3个，扑火队员40人，护林员19人。天马街道是省级生态街道，有省级绿色社区1个（东明）、市级绿色社区2个（金川、屏山），省级生态示范村1个（天马）。

2015年，天马街道招商引资落地项目3个，总投资2亿元；在谈项目3个，总投资4.5亿元。新培育网络零售重点企业、农产品网上销售龙头企业各2家，完成7个电子商务村级服务点的布局目标，开展电商培训20多次，培训人数300多人，取得市级以上发证的农村电子商务实用人才26人，开通认证电商153家。来料加工集中点30个，来料加工专业社区1个（金川社区），项目30个，参加来料加工人员1462人，发放来料加工费1626万元，实现来料加工全覆盖。

天马街道有卫生机构1个，执业（助理）医师73人。新型农村社会养老保险参保2521人，新型农村合作医疗参保18499人，农村居民最低生活保障1146人。小学2所，在校生2068人，教师148人；幼儿园14所，其中省级幼儿园5所。

2015年，天马街道荣获浙江省第三次经济普查省级先进集体、衢州市文明街道、衢州市征兵工作先进集体、衢州市无烟单位等荣誉称号；金川社区荣获“浙江省示范社区家长学校”“省级无邪教社区”“衢州市反邪教警示教育基地”“衢州市无邪教创建示范基地”“衢州市特色科普馆”等荣誉称号；东明社区荣获“省级民主法制社区”“衢州市示范型城市社区”等荣誉称号；屏山社区荣获“浙江省文化示范社区”称号；定阳社区荣获“衢州市示范型城市社区”称号。

【天马街道城市建设管理工作】 2015年，天马街道通过整合资源、部门联动，完成东淤一期74户的征收任务（进度为92.5%），完成香樟嘉苑对面（城市森林公园）入口处土地政策处理，周塘片服务业项目浙西食品（日用百货）物流配送中心建设工程等服务业用地征迁工作。加强天马农贸市场、农批市场大排档、城南菜市场的管理。完成144辆黄标车淘汰任务。配合县住建局完成兰桂苑小区、背街小巷（大埠头、柳泽塘、马车弄等）改造工作；配合开展城市交通秩序、占道经营、市场周边环境整治工作。加强街道城市管理综合执法中队硬件建设，配备6名工作人员和1辆专用执法车，办结数字城管交办件196件，办结率97%。

**【推进环境整治】** 2015年，天马街道推进违法建筑整治，拆除违法建筑81处，拆除面积45890平方米，收缴罚没折价款1130户、275.9万元，完成5个村、5个社区的无违建达标村（社区）创建验收工作。推进市场化运作、精细化管理、常态化考核“五水共治”新机制，专业保洁人员116人。开展生猪养殖整规工作，关停拆除养殖场30家，拆除养殖房面积7512.9平方米，退养生猪3574头，发放退养补助资金98.3万元。加强殡葬专项整治，完成违规坟墓整治任务，高标准规划新（扩）建村级公墓6处。对除西峰外的11个行政村开展“墙院”整治工作，完成312户计97508.9平方米的整治面积。做好龙潭溪全流域生态治理的前期工作，打造龙潭溪乡村休闲旅游风景线，打响“龙潭仙境·休闲天马”品牌，天马、周塘村沿线景观节点建设初见成效。

**【天马街道“金钉子”党组织创建】** 2015年，天马街道以“大抓基层组织年”活动为契机，开展农村“金钉子”党组织创建活动，采取平时督查（占40%）和年终考核（占60%）的方式进行创建评分。对成功创建“金钉子”党组织的村，在年度工作目标考核、村级运转经费、村主职领导明确予以相应的奖励。年内评选出2个街道级党组织（天马村、北屏山村）和3个街道级提名“金钉子”党组织（东方红村、周塘村、蒲塘村），其中天马村成功创建县级“金钉子”党组织。做好村级组织规范化建设，打造村级便民服务中心升级版。

天马街道文峰社区民情导航图

（方均良　摄）

**【天马街道社区党建创新竞赛】** 2015年，天马街道以党员志愿服务、在职党员进社区、先进党员典型树立为重点，围绕党员服务社区、服务居民，以项目化要求开展社区党建创新竞赛活动，打造百花齐放的社区党建品牌。文峰社区“智慧党建”、屏山社区“小巷红色驿站”、东明社区“金色镰刀行动”、定阳社区“雷锋超市”、金川社区“红色家园”、渡口社区“特色党小组”的党建创新项目都取得明显成效。同时，全面开展社区党组织规范化建设，落实“党建任务清单”，辖区内的6个社区均建立“一站式”党群服务大厅、“五到位”党员活动室、“微党校”、党员创客园及党员创业示范街。

**【天马街道“互联网+”服务】** 2015年，天马街道通过建网站、微信群、民情通系统等渠道，搭建与党员群众互动交流平台，使服务体系更趋完善，沟通渠道更趋多样，民生保障更趋完备。已开辟2个网站、7个微信群、4个QQ群。特别是文峰社区探索基层智慧党建，通过开通“135”民情导航图、智慧文峰微信公众号，百姓线上“点单”，党组织与党员线下服务。以创业创新为动力，以电子商务百强县创建为契机，开展网店开设、网购采购、电商培训等工作，开辟“梦想基地+梦想空间+梦想导师”版块。年内，建立“创客”培训基地1家，党员创客园1个。

**【与电商“联姻”注册淘宝店】** 2015年，天马街道专门成立电子商务百强县创建办公室，将电子商务百强县创建工作纳入各村（居）年度综合目标考核内容，落实机制建设，明确分管领导、专门机构和工作人员，对区域内创业大学生、企业主、个体工商户、种养大户、来料加工户等群体开展电商系统培训；对从事“常山三宝”等特色农产品销售的合作社、企业等主体，开展有针对性的农产品电商销售培训。与浙江仨宝网络科技有限公司（以下简称“仨宝公司”）“联姻”合作，由仨宝公司对300多位有意向从事电子商务的市民进行专业培训。全年注册淘宝店153家，提前完成在淘宝等阿里系平台上的网店注册任务。

**【天马街道党风廉政建设】** 2015年，天马街道党工委开展村（居）主职干部履职“回头看”述职述廉、后备干部排摸、“百名好支书”学习宣传等工作。狠抓干部作风建设，开展以“弘扬张辉良同志治水老黄牛精神典范，争做新常态下‘勤政廉洁’干部楷模”为主题的党风廉政宣传月活动。加大监督执纪问责力度，全年受理反映党员干部问题的来信46件、来访170余人次，查处群众身边腐败案件9起，处置违纪违法党员28人，其中警告处分12人、严重警告1人、留党察看2人、开除党籍12人、移送检察机关1人。不合格党员党内除名3人。

**【天马街道精神文明建设】** 2015年，天马街道组织“最美干部”“榜样人物”系列推荐评选活动，深入发掘身边榜样人物，选出各类榜样人物30余人。文峰社区王雪园获选第四届“浙江省道德模范”，成为常山县获此殊荣的第一人；王雪园先后荣登“浙江好人榜”和“中国好人榜”。天马街道水利员张辉良入选“浙江好人榜”、获第四届“最美衢州人”十大年度人物特别荣誉奖，其先进事迹得到省、市、县领导的批示。王建军、甘泉、吴立群、祝建辉4人入选常山首届“乡贤才俊”，严华安、邱丽娟、曾水兰3人入选常山县2015年度榜样人物。同时，开展“最美婆媳”“和谐楼道”“小巷雷锋”、清洁社区“小区之星”“绿地之星”评选活动，以典型示范带动面上精神文明建设的全面开展。

**2015年天马街道各社区基本情况一览**

**表43**

| 社区名称 | 共建单位（个） | 楼幢（幢） | 户数（户） | 人数（人） | 低保对象（人） | 外来人口（人） | 外出人口（人） | 育龄妇女（人） | 环检对象（人） | 归正对象（人） |
|---|---|---|---|---|---|---|---|---|---|---|
| 屏山社区 | 20 | 112 | 2405 | 5195 | 100 | 782 | 382 | 1660 | 673 | 13 |
| 金川社区 | 20 | 402 | 2839 | 8363 | 59 | 205 | 81 | 1626 | 633 | 11 |
| 东明社区 | 20 | 299 | 3269 | 9056 | 130 | 1481 | 1500 | 3251 | 931 | 16 |

续表 43

| 社区名称 | 共建单位（个） | 楼幢（幢） | 户数（户） | 人数（人） | 低保对象（人） | 外来人口（人） | 外出人口（人） | 育龄妇女（人） | 环检对象（人） | 归正对象（人） |
|---|---|---|---|---|---|---|---|---|---|---|
| 定阳社区 | 20 | 597 | 2239 | 8705 | 60 | 2032 | 599 | 1827 | 590 | 8 |
| 文峰社区 | 21 | 460 | 3050 | 7763 | 57 | 1628 | 721 | 1543 | 790 | 6 |
| 渡口社区 | 20 | 91 | 2293 | 5424 | 91 | 203 | 107 | 1623 | 687 | 10 |
| **合计** | **121** | **1961** | **16095** | **44506** | **497** | **6331** | **3390** | **11530** | **4304** | **64** |

**2015 年天马街道各行政村基本情况**

表 44

| 村名 | 支书 | 主任 | 户数（户） | 人口（人） | 党员（人） | 劳力（人） | 柑橘面积（亩） | 柑橘产量（吨） | 胡柚面积（亩） | 胡柚产量（吨） |
|---|---|---|---|---|---|---|---|---|---|---|
| 东方红 | 焦瑞生 | 江常青 | 330 | 964 | 36 | 620 | 23 | 25 | 21 | 25 |
| 南前坊 | 周正良 | 郑荣良 | 472 | 1003 | 35 | 679 | 95 | 95 | 85 | 95 |
| 西峰 | 吴慈祥 | 胡军 | 262 | 563 | 26 | 381 | 36 | 51 | 26 | 46 |
| 北屏山 | 马土祥 | 马土标 | 334 | 672 | 22 | 430 | 10 | 10 | 10 | 10 |
| 常年青 | 徐晓俊 | 徐红军 | 332 | 756 | 43 | 487 | 30 | 25 | 10 | 10 |
| 蒲塘 | 李培荣 | 吴建军 | 268 | 729 | 25 | 510 | 137 | 363 | 120 | 308 |
| 周塘 | 刘国华 | 姜新华 | 469 | 1506 | 35 | 1003 | 550 | 480 | 454 | 454 |
| 五联 | 徐子远 | 段金水 | 287 | 887 | 48 | 597 | 400 | 198 | 150 | 190 |
| 东港 | 谢鑫欣 | 谢晓华 | 707 | 2208 | 50 | 1787 | 545 | 500 | 410 | 398 |
| 天马 | 邱有青 | 鲍金荣 | 727 | 1673 | 63 | 1149 | 450 | 689 | 375 | 599 |
| 天安 | 李涌泉 | 廖书良 | 659 | 2045 | 77 | 1310 | 760 | 850 | 680 | 759 |
| 和平 | 邓兴华 | 吴立冬 | 655 | 2080 | 88 | 1460 | 644 | 830 | 510 | 680 |
| **合计** | | | **5502** | **15086** | **548** | **10413** | **3680** | **4116** | **2851** | **3574** |

说明：谢鑫欣、邓兴华为所在村党支部负责人　　（郑星星）

**小资料：**

**“干工作就要追求最好”**

——追记天马街道水利员张辉良

“他那么拼命地工作，操那么多心，有时候还得罪人，我却从来没见他喊累过、抱怨过。”天马街道办事处水利员张辉良的妻子陈水英说起丈夫时，不住地叹息。

2 月 9 日上午 11 时 33 分，张辉良在制作一份项目经费预算表时，因突发心肌梗塞，离开了他心爱的水利员岗位。这一天，离他 52 岁生日还有 5 个月，离他从事基层水利工作已经 34 年。

在 2 月 11 日上午 8 时的告别仪式上，数百干部、同事、群众自发前来送行。“张辉良同志一路走好”等挽联，迎着凛冽的寒风飞舞，人们的眼眶饱含着泪水……

**心脏骤停，抢救无效辞世**

“我来到办公室时，他已经打扫好了卫生、烧好了开水。”与张辉良同一个办公室的同事仇富强回忆，2 月 9 日早上 8 时 20 分左右，他来到办公室时，张辉良已经开始工作了，正忙着整理水利项目审批的材料。寒暄两句，他俩便各做各的事情了。

临近中午，仇富强接了一个群众打来的咨询电话，当仇富强挂断电话时，突然“嘭”地一声，对面张辉良的头重重地撞到了办公桌上。

“老张，你怎么了？”发现情况不对，仇富强一边大叫，一边与办事群众一起将张辉良扶起来，此时，张辉良已经毫无知觉。

听到动静，隔壁办公室的同事纷纷前来帮忙。人工呼吸、拨打120、报告领导、通知家属……11时40分，120救护车赶到现场，张辉良被送往县人民医院紧急抢救。

但是，几小时后，人们等来的仍然是噩耗——因心脏骤停，张辉良已经辞世了！

“我真的应该逼他去住院的。”消息传来，陈水英失声痛哭。原来，1月初时，张辉良感觉身体不适，陈水英曾陪他去医院做了检查，医生建议他立即住院，并安排了床位。然而，张辉良却打电话推掉了床位，他想忙完手头的工作，再去住院。

这个手头的工作就是要做好工程款的预决算工作，“马上要过年了，让农民工早一点拿到工资。”

“谁知道会这样呢。”如今，没有逼张辉良去住院，成了陈水英最后悔的事情。

**做工作，就要做好**

9月29日（去年）上午：提取和平村和天马村污水治理材料；下午：蒲塘村污水治理工程开标；晚上：集中学习。

……

张辉良有记工作日志的习惯，记者打开一本日记本，看到了以上记录。

“他就是个工作狂。”这是同事对他的评价。就在刚过去的周六和周日，张辉良都在办公室里加班，其中一项内容便是挨个打电话催促施工单位把工程款发票开过来。“谁知这个礼拜一，他把签过字的发票给财务后，却走了。”仇富强哽咽着说。

“要做工作，就要把它做好。”这是平常不善言辞的张辉良说得最多的一句话。

本来这个周六大家约好去乡下看望父母的，可因为惦记着工作，张辉良没去成。“我也没少责怪他，问他干嘛这么拼命？”谈起姐夫，张辉良的小舅子一脸无奈。姐夫是这样回答他的：常山是钱塘江的源头，“污水处理”“清三河”等工作又是重点工作，这些事情不做好，不仅仅是我的脸上挂不住，街道也没面子，县里、市里也没有面子。干工作就要追求最好，拿不到第一，那就拿第二，也是好的。

“你看这防洪堤的断面多么平整，浆砌也很到位。”在街道周塘村一段由张辉良负责监督施工质量的防洪堤前，同事宋斌告诉记者，张辉良无论做什么工作都很认真，街道在全县“清三河”工作评比中名列前茅，“他是出了大力的”。

下班时间到了，工作没做完，就回家接着做。“好多次，夜里十一二点钟，我一觉醒来，看见他还在忙着制表、绘图。”陈水英说，在工作上，张辉良一直是这股子狠劲。

“姐夫很好钻研业务。”小舅子说，“姐夫非常注重学习，1999年9月还到浙江水利水电专科学校学习一年半，拿到了水工建筑专业大专毕业证书。平时，还经常自己掏钱去买诸如《现代水利水电工程建设与管理》等专业书籍来看。”

因为专业技术强，县里很多村造个桥修个路什么的，都会想到张辉良。天安村几年前修桥，就是因为张辉良的免费帮忙设计，减少了几万元的开支。东港村一条村道需要扩建，张辉良利用周六休息时间，到现场勘察，绘制施工图纸。

同事宋斌说，张辉良很早就评上了工程师，凭着他的专业能力，评个高级工程师根本没问题，但这两年因为线上工作特别多，没有时间准备材料，自己主动把这事先放一边。

不过，常山人民会永远记得这个默默奉献的朴实汉子。常山县“清三河”模式被省水利厅当作典型推广，所有制度要上墙这一项内容就是张辉良首创的。

**防汛抗灾，他最较真**

“叮铃铃……”去年6月11日清晨4点多，街道天马村党支部书记邱有青的电话响了起来，在静谧的清晨，显得格外响亮。“喂，邱书记，今天的降雨量有80毫米，可能会有险情。请你安排村干部值班巡查，及时关注防洪堤、山塘水库是否有险情，马上通知重点危房户转移到临时避灾点……”

“这是张辉良打给我的电话。”邱有青回忆说，“从头一天下午开始，张辉良已经第三次打电话来，叮嘱、指导村里如何开展防洪防灾的工作了”。

张辉良工作时的“较真”是出了名的。去年3月9日，这天是周末，张辉良又来到龙潭溪督查“清三河”工作。当时，一位村干部说，村里刚刚检查清理过河道，让他放心，不用检查了。但是，张辉良坚持要再去看一遍。一圈走下来，还真被他发现了问题。途中，一村民将一袋胡柚倒进河里，正巧被张辉良遇上，他立即走上前去劝说，讲了一大通道理，说得村民怪不好意思的，当面向张辉良保证，以后，再也不会乱倒垃圾了。

街道五联村党支部书记徐子远告诉记者，他们村里，还因为张辉良的“认真”，换了一名山塘水库巡查员呢。有一次，张辉良到五联村大弄水库检查时，发现坝内坝外的野草疯长，他就找到徐子远，要求村里更换巡查员。张辉良说：“草都不去除，其他的管理工作肯定做不到位。”因此，徐子远重新找了一位认真负责的村民，接手那位山塘水库巡查员的工作。

还有一件事情，让徐子远记忆犹新。2011年6月19日，暴雨如注。村里的水库水满得很快，马上要接近警界线了，徐子远赶紧打电话张辉良求助。张辉良立即给出了专业的应急措施，建议村民在坝上铺上塑料皮。当洪水满过坝顶时，因措施得当及时，避免了水库因洪水冲刷泥土而决堤的危险，保护了良田，保护了村民的房屋。到现在，每当谈起这件事，许多村民还不停地感激张辉良呢。

“一到汛期下雨天，家里就找不到我爸的人。”今年念大三的女儿张辰佩回忆道，几年前的一场暴雨，爸爸连着3天没回家。

**恪尽职守，严把质量关**

2002年，张辉良调入原天马镇从事农田水利工作时，镇里恰好全面开展病险水库除险加固工作。因镇里的病险水库比较多，所以担子重，任务重。

张辉良经过实地调查，抓住重点，科学规划，独立完成镇里45座病险水库的测量、设计、施工、工程预决算和招投标，这些工程已全部完工并通过竣工验收。其中，五里塘水库、大塘弄水库被县政府列入示范工程。

张辉良去世后，同事们在整理他的遗物时，在办公室所能找到的，是满满两柜子装订得整整齐齐的项目材料和几本工作笔记。学习体会、技术分析、工作思考……点点滴滴，清晰记录着他34年来埋头水利工作的足迹。

“五水共治”工作中，街道辖区内河道流域面广、线长、点多，涉及的水利项目也比较多。接手相关工作后，张辉良经常是起早贪黑，8点钟到达工地现场，19点多才回家。

因工程建设项目较多，找上门的包工头也多。但是，在严把工程质量关方面，张辉良毫不留情，该让返工的坚决返工，直到达标为止。更没有人能在项目建设中偷工减料，因为他太懂了。

靠着一股苦学钻研的劲儿，张辉良的实干精神获得回报：编制的《天马街道防御特大洪水抢险预案》《桃园小区和城南小区防洪避洪预案》等方案沿用至今。

**爱，是一种无声的表达**

“对待工作有进取心，对待群众有公仆心，对待生活有平常心。”这是张辉良写在工作小结里的一句话，也是他一生的印证。

记者在向张辉良的家人和朋友了解生活中他是个什么样的人时，大家说得最多的一句话是，他是个不善言辞的人，喜欢用实际行动表达爱。

朋友王医师说，这些天张辉良的岳父岳母整天以泪洗脸。是啊，他们怎么不心疼呢。两位老人身体不好，张辉良工作忙没时间，就嘱咐妻子经常去看望和照顾。

“虽然我爸不经常打电话给我，但他心里其实老惦记着我呢。”张辰佩告诉记者，自己一两天没有打电话给爸爸，爸爸就在妈妈身边嘀咕，怎么女儿不打个电话来。“自己舍不得买新衣服，但给我钱花却是很大方。”

“虽然张辉良平时沉默寡言，但看到我们老人，还是会很客气很热乎地和我们打招呼。看到我们搬运重物，都会主动搭一把手。”记者在采访时碰巧遇上张辉良的一位邻居，他如是说。

街道常年青村党支部书记徐晓俊谈起张辉良，也是连连称赞。“一个好干部，就这样走了，真可惜啊。”2月3日，他还陪同张辉良去看望过村里的五保老人陈保忠。

张辉良与今年94岁的陈保忠已经结对多年，几乎每个月，张辉良都要去看望老人一次。每次去，张辉良都会给老人送去二三百元钱，还有油、米等生活用品。

“我无儿无女，但是辉良比我的亲儿子还亲啊。”陈保忠老人得知张辉良已经辞世的消息时，悲伤欲绝，禁不住老泪纵横。

## 紫港街道

**【概况】** 紫港街道位于县城常山港以北，东与青石镇接壤，南邻常山港、天马街道，西接金川街道，北连辉埠镇、大桥头乡。区域面积41.3平方公里。2015年，紫港街道下辖10个行政村、1个社区、1个渔业大队，总户数5473户，人口15441人，其中男7656人、女7685人。总人口中，18岁以下2885人，18～60岁10532人，60岁以上2024人，非农人口2481人。人口出生率9.15‰，人口自然增长率5.07‰，计划生育率91.60%。耕地面积7111亩，林地面积26279亩，园地面积3511亩。农民合作社组织51个，参社户数3357户。种植大户15个，畜禽养殖大户5个。农业总产值6320万元，农民人均纯收入13671元。辖区内企业62家，其中工业企业60家；工业企业从业人数1101人；实现工业总产值50568万元；规模以上工业企业6家。来料加工集中点7个，发放加工费600万元；来料加工专业村（居）6个。辖内有中小学校3所，教师114人；幼儿园11所，其中省级幼儿园1所（大风车幼儿园）。各村（居）全部实现通电、通话、通车、通有线电视。村村实现垃圾集中处理。紫港街道党组织42个，党员790人。其中，党工委1个，党总支2个（分别为社区党总支和企业党总支）；农村党支部11个，渔业大队党支部1个，社区党支部8个，街道办事处机关党支部1个，老干部党支部1个，创业党支部1个，整转党支部1个，企业党支部16个。紫港街道通过2015年度省级无邪教街道验收，获评2015年度全市科协工作先进单位、2014年度市级平安街道、2014年度全市征兵工作先进单位、2014年度集体三等功等荣誉。

**【强势推进项目】** 2015年，紫港街道集中时间、人员、要素开展项目“清零”专项行动，明确目标任务、完成时限、牵头领导和责任人员，街村干部“白+黑”“晴+雨”合力拔钉破难，对项目推进过程中的“难缠户”，敢于坚持政策底线，实施集中行动48次，如集中一天时间完成富足山村独流入海项目209亩集体土地的清表工作。建立项目推进“旬督查”机制，督查情况及时通过电子屏幕、项目推进作战图予以公开，并纳入年终考核范畴，形成项目推进“互看互学互比”的浓厚氛围。实施项目推进“一日一碰头、一周一例会、一月一点评”制度，项目攻坚小组每日召开碰头会，项目牵头领导每周参加工作例会，共同分析项目推进存在问题，研究攻坚举措和办法。街道党政班子每月召开一次项目推进专题会议，对项目推进情况进行点评，加快项目推进步伐。全年完成土地征用1860余亩，征收房屋1.8万平方米；完成外港大道、048省道二标、保障房、安置房、九景衢铁路、火车站站前广场、长淤大桥—朱家渡大桥段独流入海、绿核区块项目的政策处理工作，保障项目建设需求。

**【“五水共治”常抓不懈】** 2015年，紫港街道实施农村生活污水治理工程，基本完成孔家弄、富足山、狮东、姜家堡四个村的污水治理工程建设。开展生猪整治，关停养殖场51户，退养生猪1.02万头，拆除养殖场3.05万平方米。建立村庄卫生保洁长效机制，开展农村垃圾整治，推广垃圾“二分”法，集中开展“清三河”治理，将“五水共治”工作纳入“村规民约”，街村环境持续改善。

**【“四边三化”强势推进】** 2015年，紫港街道围绕常芳线、朱富线、苦狮线、常辉线等四条主干道进行“四边三化”整治行动，完成整治96处，拆除没收广告牌126块，清理杂物40余车，基本消除道路两侧乱堆乱放、乱搭乱建行为。

**【“三改一拆”持续推进】** 2015年，紫港街道按照“应拆尽拆、应处尽处”的原则，对违法建筑坚持“三个高”原则，即高频巡查，严格违法建筑日常巡查，强化提高节假日等时间段的巡查频次，发现问题，及时处置；高压防控，采取多种形式加大对违法建筑政策的宣传力度，强化批后监管，杜绝新增违法建筑发生；高调拆除，对新增违法建筑“零容忍”，营造违法建筑防控的高压态势。全年拆除违法建筑94处，计8.9万平方米。

**【开展社会综合治理“两网融合”试点工作】** 2015年4月，紫港街道在全县率先开展社会治理“一张网”工程试点工作，将民情沟通、安全生产、流动人口管理等“七网八网”整合为“一张网”。按照“网格化管理、组团式服务”要求，将全街道划分为27个网格，配备网格员，发放“平安通”手机；网格员对问题实行边发现边处理边上报，确保问题能及时得到处置。全年上报问题信息278条，完成处理276条，处理率99.3%。做好矛盾纠纷的排查调处和重要时间节点的信访稳控工作，确保重点时间节点无赴省进京越级访的发生。紫港街道的社会基层治理模式作为常山“两网融合”工作的创新，已在全县铺开；全县500多名网格员安装手机“平安通”，90%的矛盾纠纷和安全隐患通过移动终端得到及时处理。

**【发展民生事业】** 2015年，紫港街道开展农村家庭人均纯收入4600元以下贫困户的救助工作，206户计415人贫困人口已全部消除。推进文化礼堂建设，完成孔家弄、姜家堡村文化礼堂建设并投入使用。加强农业基础设施建设，投资100余万元，完成两座山塘水库的除险加固，启动实施湖田畈区块的农田整治提升工程。狠抓计划生育工作，全年计划生育主要指标完成情况均名列全县前茅。开展夏秋季征兵工作，14名“双合格”青年应征入伍，超额完成目标任务。做好企业安全生产巡查，发现问题，立即要求企业整改到位。加强农村公共安全管理，做好汛期危旧房屋、地质灾害点人员的转移避险工作，确保社会和谐稳定。同时，做好企业欠薪帮扶工作，协调解决骏马橡胶等企业的农民工欠薪问题。

**【推进“学习型”党组织建设】** 2015 年，紫港街道坚持党工委理论中心组学习和机关干部“周一集中夜学”制度，提高干部理论水平。依托网络教育学院、农村党员远程教育平台、党员固定活动日等平台，组织党员干部学习党的政治理论知识和涉农惠农政策，提高农村党员的政治理论素养。开展村干部冬训，组织村主职干部培训 6 次，提高村干部的“双带”能力。

**【村干部队伍建设加强】** 2015 年，紫港街道党工委针对村干部“干和不干一个样，干好干坏一个样”的问题，出台《村主职干部“积分制”绩效考核办法》，通过量化积分考核，提升村干部的工作积极性和主动性。严格规范村干部履职，开展两次村级组织履职评议会，通过会议述职、群众点评，督促村干部对照竞职承诺，抓好工作落实。制定《紫港街道党员问责办法》，成立整转党支部，对在项目建设、“五水共治”等重点工作推进中，不配合、不作为的党员进行问责；全年问责党员干部 39 人，其中调整村支书 1 人、免职村文书 3 人、村团支部书记 1 人，警示谈话村两委干部 8 人。

**【基层组织建设不断深化】** 2015 年，紫港街道党工委严格落实党建工作责任制，与各村、社区签订党建工作目标责任书，明确党建目标任务，严格落实基层党建“三张单”制度，增强抓党建工作合力。建立村社会管理服务员队伍，社管员每日在村坐班，做好群众来信来访、便民服务代办等工作，方便群众办事，全年为民代办事项 1260 余件。对照《村级组织活动场所规范化建设八项标准》，完成所有村（居）组织活动场所的标准化建设。推广使用“三民工程”手机版，手机版使用频率排名全县前列。严格落实开门办公、“三会一课”“三务公开”、党员公开承诺制度，深化基层服务型党组织建设。

**【紫港街道廉政建设不断推进】** 2015 年，紫港街道通过业务培训、干部会议等形式，组织机关干部学习新《中国共产党廉洁自律准则》《中国共产党纪律处分条例》以及中央“八项规定”等制度，提高党员干部廉政意识。制定完善街道干部值班、后勤管理等规章制度，规范干部工作行为。加强惩防体系建设，开展机关干部廉政风险点排查以及廉政知识测试。开展“村监会履职能力提升年”活动，制定村务监督委员会绩效考核办法和工作规则，确保重大事务决策村务监督委员会成员全程参与。坚持“五议两公开”“三重一大”等决策程序，确保决策科学化、民主化。

**2015 年紫港街道各行政村基本情况**

**表 45**

| 村名 | 支书 | 主任 | 户数（户） | 人口（人） | 党员（人） | 劳力（人） | 外出劳力（人） | 柑橘面积（亩） | 柑橘产量（吨） | 胡柚面积（亩） |
|---|---|---|---|---|---|---|---|---|---|---|
| 枧头 | 张小平 | 何林芳 | 386 | 1147 | 37 | 660 | 156 | — | — | 30 |
| 后坊 | 吕卫军 | 方伟国 | 289 | 788 | 27 | 406 | 153 | — | — | 10 |
| 外港 | 樊泉水 | 王俊 | 529 | 1405 | 60 | 773 | 317 | 52 | 75 | 260 |

续表 45

| 村　名 | 支　书 | 主　任 | 户数（户） | 人口（人） | 党员（人） | 劳力（人） | 外出劳力（人） | 柑橘面积（亩） | 柑橘产量（吨） | 胡柚面积（亩） |
|---|---|---|---|---|---|---|---|---|---|---|
| 富足山 | 刘卫军 | 占德红 | 581 | 1609 | 55 | 900 | 268 | 35 | 50 | 330 |
| 大弄口 | 裴军民 | 张顺良 | 560 | 1743 | 51 | 1086 | 255 | 10 | 14 | 130 |
| 狮子口 | 叶海有 | 吴国准 | 445 | 1276 | 54 | 830 | 200 | 76 | 101 | 753 |
| 狮　东 | 黄盖民 | 叶光福 | 511 | 1559 | 69 | 922 | 195 | 223 | 290 | 678 |
| 孔家弄 | 李明良 | 付先国 | 365 | 1111 | 30 | 708 | 130 | 50 | 70 | 405 |
| 姜家堡 | 江国诚 | 方国昌 | 423 | 1224 | 43 | 700 | 180 | 155 | 205 | 630 |
| 渣濑湾 | 吴忠良 | 包水清 | 406 | 1165 | 33 | 650 | 380 | 65 | 90 | 500 |
| 合　计 | | | 4495 | 13027 | 455 | 7635 | 2234 | 666 | 895 | 3726 |

（方玄机）

## 金川街道

**【概况】** 2015 年，金川街道位于县城西北、常山港南岸，东接天马街道和紫港街道，南连天马街道，西与白石镇、同弓乡何家乡接壤，北邻辉埠镇、何家乡，总面积 57.51 平方公里，下辖 14 个行政村、1 个社区。常住人口 27530 人，其中农业户籍人口 24128 人。耕地面积 10906 亩，林地面积 13461 亩，园地面积 4204 亩；家庭农场 48 个，专业合作社 49 户，畜禽养殖大户 23 户。全年粮食播种面积 15620 亩，粮食总产量 5925 吨；蔬菜种植面积 5253 亩，产量 9382 吨；果园种植面 4208 亩，产量 7250 吨，果用瓜种植面积 1433 亩，产量 2615 吨。生猪饲养量 9025 头，羊饲养量 877 只，牛饲养量 62 头，家禽饲养量 617105 万羽。辖区内工业企业 226 家，其中规模以上企业 48 家，工业企业从业人数 14500 人，实现工业企业总产值 64 亿元；来料加工集中点 14 个，累计加工费 4298.3 万元；来料加工专业村（居）1 个。财政总收入 1221 万元，财政总支出 1221 万元。

辖内有中小学校 4 所，教师 180 人；幼儿园 8 所，其中，省级幼儿园 3 所（钳口中心幼儿园、二都桥幼儿园、湖东幼儿园）。各村（居）全部通电、通话、通车、通有线电视，垃圾集中处理，14 个行政村实现污水集中处理。全年审核确定低保户 431 户，发放补助金 191 万元，困境儿童 15 人，发放救助金 11.6 万元，医疗救助 70 户，发放救助金约 35 万元，发放救灾救济款 15 万元；大学生助学 14 人，发放补助金 5.6 万元；环孕检率 99%，新型农村合作医疗参合人数 14794 人，参保率 98%。

是年，金川街道荣获市级学前教育示范乡镇（街道）、县先进基层武装部、第三次经济普查市级先进集体等荣誉称号；徐村村被命名为省级无邪教村，“五水共治”先进集体，十里山村获评省级文明村。

**【“三大行动”推进项目工作】** 2015 年，金川街道开展政策处理“清零行动”、项目服务“提质行动”、重大项目“谋划行动”，全力推进项目工作。围绕园区平台扩容、县级以上重点建设项目等，坚持街道班子挂帅，倒排时间，组织专项攻坚组推进项目遗留政策处理，保障独流入海、产业集聚区、G320 国道改造、九景衢铁路等重点项目顺利推进。针对街道所辖的工业企业项目，分门别类，组织干部分组指导，为企业帮扶解困。围绕民生实事项目，启动4个农民新区建设，推进农业基础设施改造、湖东小学教学楼、新都中心幼儿园主题工程、农村“双治”等项目36个。组织干部加强对重大项目的研究与谋划，围绕城郊村改造、园村融合、江南风情村庄等谋划一批重大项目。

**【休闲城市对标塑形】** 2015年，金川街道探索建立长效管理机制，着力改善城乡环境面貌。做好辖区内环境卫生、池塘、沟渠、河道整治保洁工作。积极服务赵家坪区块和工业园区商住区块的业主单位和建设单位，确保项目开发施工无障碍。加强休闲城市的承载、功能区延伸地带，推进五里亭庭院经济村、徐村城郊休闲村、上埠森林公园村、十里山荷塘苗木村、十五里花卉苗木村、新都生态垂钓村、金川弄稻鱼共生村等休闲村庄的建设。完成社区用房装修，探索居民生活和社区配套的整合模式，建立社区党组织、社区居委会、业主委员会和物业管理公司的“四位一体”发展模式，实现居民生活环境、生活品质提升，让动迁安置小区变成“明星小区”。

**【专项整治强势推进】** 2015年，金川街道强势推进“五水共治”“四边三化”“三改一拆”中心工作。全面推行市场化管护、生态家园协会管护及保洁员管护三种农村生活垃圾长效管理模式，农村生活污水治理项目探索总设计、总承包制，河道采砂整治一拆到底，生猪养殖整规实行村主职干部“包户认领”机制，“一港两溪”完成全域性、造景式治理，“美丽乡村”建设转型升级。以“乱搭建、乱堆放、乱占道、乱排污、乱放养”等“五乱”行为为突破口，整治120余处，拆除各类建筑52处，清理各类垃圾土方460余立方米。做好拆后绿化、美化、洁化工作，统一规格、统一风格重新制作沿线广告牌。以“两区、两道、两线”为违法建筑的整治重点，实行任务量化到村、责任分解到人，对影响“美丽乡村”、重点项目的违法建筑实行必拆。探索宅基地银行政策，破除旧村庄改造难题。

**【乡村休闲旅游彰显特色】** 2015年，金川街道重点打造“千里钱塘第一村”“最美江南田野风光”“荷塘好摄”三张金名片，成功举办“美丽徐村我的家”实景演出，“爸妈的乡愁·我的水稻田”体验种植、收割，2015常山·金川“稻香”文化旅游节等活动。徐村村争创AAA景区，先后建成环村自行车绿道、30亩荷花池、沿江栈道、停车坪等20余个项目；凸显“水岸风情”，婚礼产业、亲水游乐、美术创作、农家休闲四大基地加快建设。十五里村四都畈2000多亩水稻统一品种、统一耕种，组构“富美金川”和“胡柚娃”等彩稻图案，打造“江南最美田野风光”。十里山村以原生态河道改造为依托，以民间资本为动力，建成百亩荷塘、千米绿堤、万株苗木，南门溪两岸金川段长达3千米的市民生态休闲长廊重要节点基本贯通，实现水清、岸绿、景美的生态河道景观。此外，沿主要通道众多花卉苗木基地、观光农场等资源，串点成线，形成具有金川特色的“乡村休闲一日游”精品景区框架。

徐村江边绿道

**【基层组织建设示范引领】** 2015年，金川街道实施“三大行动”，引领基层组织建设。一是实施村“两委”干部作风提升行动，打造一支作风过硬的村级干部队伍。严明村“两委”会议制度，每月至少召开2次村“两委”碰头会议，针对项目多、阶段性工作任务重的村，酌情增加会议次数；对本届内连续3次、累计5次不参加会议的干部进行问责。二是实施“守规矩、聚合力”行动。定期开展相互“号脉会诊”活动，每月确定两个村，列出“问题清单”，牵头各村支书坐诊会商，研判村队伍建设、重点工作、信访维稳等工作。三是实施争创“金钉子”工程行动。开展“争创金钉子、争当追梦人”活动，村党组织层面按照乡村旅游、美丽乡村、项目推进、旧村改造四大重点任务开展“比、学、赶、超”，打造县级层面“金钉子”党支部1个、特色性“金钉子”党支部4个。同时，推进招商引资、计划生育、信访维稳、安全生产、美丽乡村建设、社会保障、文化宣传等重点工作。

**2015年金川街道社区基本情况**

**表46**

| 社区名称 | 社区主任 | 专职工作人员 | 楼幢数 | 户数 | 总人口 | 非农业人口 | 农业人口 |
|---|---|---|---|---|---|---|---|
| 赵家坪 | 郑小云 | 6人 | 327幢 | 3402户 | 8505人 | 3402人 | 5103人 |
| 低保对象 | 重残对象 | 外来人口 | 外出人口 | 治安巡逻员 | 计生联系员 | 育龄妇女 | |
| 3人 | 5人 | 62人 | 90人 | 15人 | 3人 | 2551人 | |

**2015年金川街道社区基本情况**

**表47**

| 村名 | 支书 | 主任 | 村民小组（个） | 农户（户） | 人口（人） | 劳力（人） | 党员（人） | 播种面积（亩） | 柑橘面积（亩） | 胡柚面积（亩） | 农林用地面积（亩） | | | |
|---|---|---|---|---|---|---|---|---|---|---|---|---|---|---|
| | | | | | | | | | | | 合计 | 耕地 | 园地 | 山林 |
| 五里亭 | 徐秀禄 | 陈松贵 | 9 | 462 | 1299 | 888 | 46 | 1319 | 220 | 150 | 2269 | 614 | 255 | 1400 |
| 新建 | 徐新华 | 徐高翔 | 12 | 344 | 1016 | 589 | 41 | 1400 | 26 | 26 | 1026 | 496 | 30 | 500 |
| 常桥 | 徐小忠 | 徐康宁 | 7 | 290 | 730 | 476 | 35 | 350 | 100 | 100 | 1102 | 189 | 193 | 720 |
| 十里山 | 陈明富 | 刘昌其 | 10 | 393 | 1161 | 715 | 43 | 652 | 70 | 60 | 1680 | 430 | 250 | 1000 |
| 十五里 | 刘启忠 | 余金山 | 18 | 603 | 1933 | 1247 | 96 | 6014 | 440 | 270 | 6781 | 1918 | 1393 | 3470 |
| 蒋家 | 蒋文斌 | 蒋泽阳 | 4 | 226 | 625 | 427 | 28 | 548 | 45 | 40 | 887 | 84 | 203 | 600 |
| 新都 | 缪进水 | 占水清 | 13 | 483 | 1518 | 950 | 87 | 1830 | 120 | 117 | 4105 | 488 | 778 | 2839 |
| 金川弄 | 林小良 | 陈忠平 | 20 | 602 | 1920 | 940 | 65 | 3928 | 772 | 772 | 2873 | 1950 | 636 | 287 |
| 胡家淤 | 胡伟星 | 陈军华 | 32 | 844 | 2986 | 2031 | 90 | 6204 | 775 | 700 | 2463 | 1987 | 226 | 250 |
| 朱家坞 | 朱小华 | 朱华贵 | 4 | 267 | 859 | 568 | 26 | 956 | 118 | 118 | 380 | 360 | 20 | 0 |
| 湖东 | 樊水林 | 陈雪锋 | 10 | 530 | 1396 | 920 | 64 | 3053 | 310 | 292 | 2364 | 894 | 150 | 1320 |
| 徐村 | 叶继强 | 徐有德 | 8 | 355 | 1073 | 546 | 41 | 1180 | 150 | 130 | 435 | 395 | 40 | 0 |
| 上埠 | 郑光华 | 郑国庆 | 17 | 699 | 1942 | 1014 | 66 | 2866 | 300 | 300 | 1642 | 887 | 30 | 725 |
| 上蒋 | 蒋尔炎 | 蒋念荣 | 4 | 220 | 567 | 287 | 25 | 459 | 50 | 50 | 564 | 214 | 0 | 350 |
| **合计** | | | **168** | **6318** | **19025** | **11598** | **753** | **30759** | **3496** | **3125** | **28571** | **10906** | **4204** | **13461** |

（林慧萍）

# 辉 埠 镇

【概况】 辉埠镇地处县城北郊，系衢州市经济强镇之一、浙江省千万吨水泥熟料生产基地、全国钙产品生产基地，拥有浙江省储量最丰富、品位最优的石灰石资源，先后被授予全国文明镇、省级教育强镇、省级体育强镇，东乡村、鸭坞村分别被评为省、市全面小康示范村。辖区东连芳村镇、大桥头乡，南接紫港街道、金川街道，西交何家乡、开化县，北界开化县、新昌乡。镇人民政府驻地辉埠新区，距县治直线距离约3.6千米，公路里程5千米。全镇区域面积127.1平方公里，辖17个行政村，1个居委会，常住人口3.4万人。镇域范围内交通纵横便捷，九景衢铁路、杭金衢高速公路、黄衢南高速公路纵贯境内，常辉公路与320国道、205国道交会贯通；国家AAAA级景区三衢石林位于境内。辉埠新区规划面积22.3平方公里，建成10平方公里，有工业企业200余家，规模以上企业46家，其中产值超亿元企业10家，十亿元以上企业1家，已形成建材、轴承、纺织、装备制造和新型材料等主导产业。

2015年，辉埠镇贯彻落实县委、县政府的战略部署，坚持“两山”引领，抓住“三镇”建设机遇，牢牢锁定新型工业化、新型城镇化两大目标，大力培育“2+1”工业主导产业，围绕建设衢州市经济强镇目标，深入实施“蓝天三衢”“产业招商”“腾笼换鸟”“四换三名”工程，创建“江南钙谷”特色小镇，加快非金属矿产资源行业整合发展，大力推进钙产业循环经济、装备制造、新材料三大主导产业集聚，推进产业集聚发展，加快产城融合步伐，不断提升绿色辉埠品位。全年实现工业总产值70.5亿元，比上年增长13.5%；完成税收3.5亿元，增长9.3%；农民人均收入15581元。

辉埠新区作为常山县“实力工业”的主战场，通过开展“腾笼换鸟”“产业招商”“兼并重组”等转型升级组合拳，优化产业布局，推进新材料、钙产业循环经济、装备制造三大主导产业集聚。按照“大项目—产业链—产业基地”的思路，开展精准招商，构筑横向成群、纵向成链的优势产业集群。引进哲丰新材料、英鸿建材、蓝科建材等新型材料项目，总投资35亿元；引进新华环保为主的钙产业循环经济项目，投资10亿元；通过盘活闲置厂房15万平方米，引进汇巨生物科技，上马“雪村制冷”二期、“欧恒制冷”等装备制造项目，总投资20亿元。实施园区“北拓东延”战略，开展征迁攻坚行动，新增工业熟地1000亩。累计投入10亿元实施基础设施建设，“七通一平”、道路绿化、节点景观化改造、职工公寓、供气、供热、供水、污水处理等基本建成。引进安能物流加强转运能力；实施二号路商业化改造，商贸综合体完工；开通园区公交专线，银行等金融服务机构相继入驻；人才公寓、5万平方米项目孵化器等正在建设。深化全程代理服务，推行干部挂联项目和驻点企业制度，选聘10名招商员服务项目建设和解决企业生产经营中存在的问题。设立全市首个政府性产业发展基金，建立钛和常山产业基金，并战略投资金雄公司。完成幸福电器进入股权交易市场，通过产能、能耗、环境容量市场化交易，控制产能，提升企业质量。与浙江大学等高校共建轴承、轻钙等研究中心5家。

【“蓝天三衢”生态治理工程】 2015年，辉埠镇强势推进“蓝天三衢”生态治理工程，全面淘汰落后产能。完成83孔石灰立窑、142条石灰钙生产线淘汰关停工作，拆除厂棚厂房1.5万平方米；完成7家石灰钙加工企业收购；提前开展54条大型石灰磨机集中关停整治工作。削减排放二氧化硫1.1万吨、粉尘1.2万吨，腾出能耗空间37万吨标煤，建设用地500亩。开展水泥行业清洁化生产，完成4家水泥企业脱硫脱硝治理工程；开展18家轻钙企业环境整治工作，着力解决“冒白烟”难题；启动赵公岩和草坪坑区域环境治理工作，打造绿色矿山14家；会同公安、交通部门整合监控系统严格开展“跑冒滴漏”道路运输整治工作，完成全部80辆黄标车淘汰工作。完成国有矿业公司泰安公司市场化改造，开展到期矿山政策处理及矿石定向定量综合调控工作，通过矿石吨产税收、万度电税收与石灰石价格联动降低优势企业用矿成本。引入新华环保项目，计划投资10亿元建设年产80万吨新型环保麦尔兹石灰立窑。筹备上马两家年产30万吨石灰钙生产企业。新型纳米钙、石头纸等项目达成初步意向。

**【“江南钙谷”小镇规划与申报】** 2015年，辉埠镇“江南钙谷”小镇成功申报衢州市第一批市级特色小镇。“江南钙谷”小镇是一个以“钙”为核心，以钙产业提升、钙文化展示、钙景观旅游为特色的综合经济区，旨在打造华东地区高端钙产业基地、循环经济示范区和国内知名钙特色旅游景区，力争创建成为资源型产业可持续发展转型升级示范点。“江南钙谷”小镇规划面积3.9平方公里，核心区面积1.01平方公里，主要投资建设14个项目，总投资额53.23亿元。截至年底，“江南钙谷”小镇完成投资9.32亿元。其中，钙产业整治提升和纳米钙生产项目完成部分投产，投资1.55亿元；常林纸业、哲丰热电联产进展迅速，完成投资2.73亿元；绿色矿山、矿区旅游开发、国家矿山公园项目启动实施，完成投资3.9亿元；哲丰特种纸、石头纸项目、三衢文化园等7个项目完成前期筹建。

**【彭川村创建“零违建”样板村】** 2015年，彭川村以“三改一拆”“无违建村”创建为抓手，在“拆旧立新”上求得突破，成功打造“零违建”样板村；以拆后利用为重点，试点农村宅基地改革，打造美丽乡村新样板；成立乡贤基金，鼓励农民入股，通过抱团发展反哺家乡建设，实现“留住乡愁”。在“无违建县”创建中，全村131名党员干部率先签订《“无违建”创建公开承诺书》，引导群众从“要我拆”转变为“我要拆”，仅两个月就拆除全部二万平方米违法建筑，涉及农户465户，完成“零违建”村创建。试点农村宅基地改革，对拆除的一户多宅土地进行科学规划，盘活存量建设用地26亩，增加有效耕地面积8亩，腾出用地指标在园区发展3家冷柜生产企业，吸纳农村闲散劳动力500余人。总投资1000万元的浙江中涛生态园酒店和浙江中涛婚庆摄影基地两个项目在谈。邀请浙江大学设计院，紧扣“留住乡愁”主线，设计美丽乡村建设方案，打造富有特色的田园风光。投入300余万元完善公共设施建设，在村中绘制15面以彭川农民画为特色的文化墙，沿村中主干道路设置70个农民画灯箱，打造出自然协调的空间形态和乡土生态的独特风貌。建立乡贤基金助发展。村寓外企业家20多人，注资成立“彭川村乡贤基金”，村集体资产折价入股，鼓励村民以资金或土地等形式入股，共同助力村庄建设。投资140万元修建居家养老一体化中心、创业者事迹展临中心，修建村道1600米。

**【水库移民村以资入股成立投资公司】** 辉埠镇原35个水库移民扶持村于2013年获得上级资金补助1200万元；同年10月，该35个村调整合并为16个村。2014年3月，16个村以资金入股的形式成立“常山县辉埠镇新辉投资管理有限责任公司”，由辉埠镇政府负责监管。2015年，该公司的标准厂房项目开工建设，项目占地12亩，计划总投资1565万元，建设期为二年。项目建成后，标准厂房将整体出租，所得租金分红给入股村村集体，实现“化整为零”盘活集体资产，壮大集体经济的目的。

**【邱家蓬安置区入选省首批“坡地村镇”】** 2015年，辉埠镇邱家蓬安置区入选全省首批33个“坡地村镇”建设用地试点项目。该项目总面积61亩，建设占地面积38亩，用于安置灰山底自然村的房屋改造农户，其中迁建安置60户，公寓4幢共80户。纳入全省“坡地村镇”建设用地试点项目后，省国土资源厅将核拨专项土地指标用于保障项目建设。

**【基层党建工作创新】** 2015年，辉埠镇党委开展党员教育“七一”工程和干群通“三民工程”升级版两个党建项目。投入100万元打造集党员干部教育培训、党员服务、“两新”党建等为一体的“辉埠镇党群服务中心”；借助该平台，以镇党代会上通过《辉埠镇党员教育管理制度》为指导，到位一笔10万元培训基金，组建一支宣讲队，完成一次党员轮训，开展一次全镇党员“七一”纪念活动，建立党员管理教育电子档案，提升辉埠镇党员教育管理水平。率先开发“干群通”应用平台和智能手机APP系统，打造“五心”级“三民工程”，让“三民工程”从后台走向前台，静态转为动态，线上线下互动，应用更加灵活广泛。系统试用后，已及时更新农户档案2300余户，线上为民代办200余件，完成任务交办81件，并及时完成值班记录、“三务”公开等信息上传。在领衔完成“书记项目清单”的同时，督促镇班子成员完成“任务清单”6件，重点解决服务企业、村“两委”班子管理等方面的突出问题。

**2015年辉埠镇规模以上工业企业部分经济指标**

**表48** 单位：千元

| 企业名称 | 年份 \ 经济指标 | 工业总产值（当年价） | 国家、省级新产品产值 | 工业销售产值 | 出口交货值 | 资产合计 | 利税总额 |
|---|---|---|---|---|---|---|---|
| 四通 | 2014 | 243850 | 158502 | 149448 | 90440 | 236421 | 7194 |
| | 2015 | 190128 | 123582 | 120990 | 57626 | 245230 | 1318 |
| 星球 | 2014 | 29587 | — | 27233 | — | 52186 | 697 |
| | 2015 | 21898 | — | 21428 | — | 54766 | -29 |
| 双明 | 2014 | 77361 | — | 75181 | — | 52049 | 5793 |
| | 2015 | 90820 | — | 84971 | — | 46410 | 6718 |
| 文庆 | 2014 | 67994 | — | 65890 | — | 38654 | 3244 |
| | 2015 | 98853 | — | 93561 | — | 41568 | 6396 |
| 盈特 | 2014 | 49826 | 32386 | 33647 | 19316 | 36110 | -901 |
| | 2015 | 32468 | 21101 | 14534 | 12716 | 34330 | -2651 |
| 康乐 | 2014 | 60575 | — | 53111 | — | 35946 | 650 |
| | 2015 | 63576 | — | 55624 | — | 35614 | 578 |
| 捷姆 | 2014 | 168503 | 29371 | 135972 | 62258 | 206935 | 15729 |
| | 2015 | 119757 | 26471 | 124056 | 66103 | 169891 | 17417 |

**续表 48**　　单位：千元

| 企业名称 | 年份 | 工业总产值（当年价） | 国家、省级新产品产值 | 工业销售产值 | 出口交货值 | 资产合计 | 利税总额 |
|---|---|---|---|---|---|---|---|
| 精辗 | 2014 | 46812 | 30426 | 42590 | — | 32170 | -8141 |
| | 2015 | 28154 | 18300 | 20013 | — | 30270 | -2973 |
| 盛宇 | 2014 | 59321 | — | 59321 | — | 35122 | 1115 |
| | 2015 | 61591 | — | 61591 | — | 41171 | -97 |
| 南方水泥 | 2014 | 900097 | — | 895278 | — | 1537208 | 257072 |
| | 2015 | 828897 | — | 840163 | — | 1681600 | 105539 |
| 虎跃 | 2014 | 214952 | — | 217171 | — | 71199 | 10458 |
| | 2015 | 168688 | — | 167684 | — | 87903 | 5256 |
| 江山虎 | 2014 | 515331 | — | 519976 | — | 545891 | 132732 |
| | 2015 | 447116 | — | 440397 | — | 506726 | 19481 |
| 雪峰 | 2014 | 181915 | 158122 | 182012 | — | 80464 | 12208 |
| | 2015 | 215789 | 172650 | 214930 | — | 85627 | 17084 |
| 龙山 | 2014 | 155615 | — | 142756 | — | 28836 | 3115 |
| | 2015 | 173438 | — | 142322 | — | 30758 | 3593 |
| 雪字 | 2014 | 70553 | — | 68899 | — | 37685 | 847 |
| | 2015 | 76086 | — | 73729 | — | 38815 | 715 |
| 亚鑫 | 2014 | 49900 | — | 49596 | — | 19154 | 3920 |
| | 2015 | 67103 | — | 65760 | — | 22987 | 4224 |
| 金雄 | 2014 | 93820 | 93820 | 93870 | — | 43597 | 3273 |
| | 2015 | 124065 | 124065 | 123981 | — | 43920 | 5279 |
| 南方碳酸钙 | 2014 | 59606 | — | 59606 | — | 37958 | 6100 |
| | 2015 | 75173 | — | 72192 | — | 33360 | 3248 |
| 常纺 | 2014 | 295365 | 139333 | 224778 | 46600 | 201370 | -7872 |
| | 2015 | 242472 | 121236 | 152821 | 33770 | 188809 | -1007 |
| 神龙水泥 | 2014 | 123797 | — | 122551 | — | 15217 | 565 |
| | 2015 | 118918 | — | 118893 | — | 13933 | 111 |
| 永建混凝土 | 2014 | 27804 | — | 27804 | — | 18424 | 1775 |
| | 2015 | 37092 | — | 37092 | — | 18089 | 2445 |
| 永金金属 | 2014 | 19164 | — | 18117 | — | 28644 | 83 |
| | 2015 | 26672 | — | 29100 | — | 20000 | 2274 |
| 卡罗莱纳纺织 | 2014 | 41510 | — | 37870 | 5933 | 58060 | -378 |
| | 2015 | 53415 | 25355 | 48398 | 4294 | 57970 | 767 |

**续表 48**

单位：千元

| 企业名称 | 年份 | 工业总产值（当年价） | 国家、省级新产品产值 | 工业销售产值 | 出口交货值 | 资产合计 | 利税总额 |
|---|---|---|---|---|---|---|---|
| 东晟 | 2014 | 21091 | — | 21383 | — | 43721 | 1103 |
| | 2015 | 24735 | — | 22980 | — | 43259 | 663 |
| 迈尔泰木业 | 2014 | 126522 | — | 127897 | — | 86584 | 6978 |
| | 2015 | 123006 | — | 112001 | — | 91345 | 4592 |
| 华盛 | 2014 | 86219 | 30720 | 68835 | — | 85998 | 3954 |
| | 2015 | 86557 | 38190 | 83297 | — | 91411 | 3547 |
| 华硕钙业 | 2014 | 52152 | — | 52082 | — | 28459 | 1075 |
| | 2015 | 16648 | — | 17020 | — | 22078 | 85 |
| 航翔纺织 | 2014 | 28500 | — | 27200 | — | 23200 | 750 |
| | 2015 | 36700 | — | 36000 | — | 23100 | 850 |
| 幸福电器 | 2014 | 65223 | 65223 | 56473 | — | 50454 | 6262 |
| | 2015 | 87537 | 74977 | 76609 | — | 56890 | 3663 |
| 成鑫轴承 | 2014 | 37759 | — | 33833 | — | 53908 | -1951 |
| | 2015 | 36452 | — | 34511 | — | 50409 | -2720 |
| 鑫茂轴承 | 2014 | 37477 | 37477 | 37274 | — | 53492 | -518 |
| | 2015 | 28109 | 28109 | 25529 | — | 44557 | -899 |
| 中润钙业 | 2014 | 24594 | — | 24177 | — | 23499 | 1205 |
| | 2015 | 24834 | — | 27796 | — | 25708 | 952 |
| 雄狮工贸 | 2014 | 52016 | — | 41065 | — | 108418 | 3366 |
| | 2015 | 66435 | — | 46814 | — | 129987 | 4550 |
| 玛莉莎工贸 | 2014 | 87580 | 87580 | 85805 | 78482 | 44564 | 5138 |
| | 2015 | 95259 | 95259 | 95259 | 89351 | 41021 | 2860 |
| 亨达铝业 | 2014 | 41001 | — | 40761 | — | 29211 | 564 |
| | 2015 | 129009 | — | 123966 | — | 31242 | 1576 |
| 凯康 | 2014 | 84600 | — | 87366 | — | 47540 | 1092 |
| | 2015 | 124042 | — | 112412 | — | 38198 | 1115 |
| 民盛纺织 | 2014 | 200533 | — | 140558 | — | 131740 | -869 |
| | 2015 | 196597 | — | 147306 | — | 90668 | 997 |
| 瑞金钙业 | 2014 | 27610 | — | 27610 | — | 29109 | 299 |
| | 2015 | 28633 | — | 28633 | — | 27779 | 53 |
| 百邦花式 | 2014 | — | — | — | — | — | — |
| | 2015 | 62605 | — | 49632 | — | 38124 | 4514 |

**续表 48**

单位：千元

| 企业名称＼年份＼经济指标 | | 工业总产值（当年价） | 国家、省级新产品产值 | 工业销售产值 | 出口交货值 | 资产合计 | 利税总额 |
|---|---|---|---|---|---|---|---|
| 创建厨具 | 2014 | 22554 | 22554 | 22354 | 12424 | 24576 | 102 |
| | 2015 | 45279 | 45279 | 42272 | 15488 | 30956 | 175 |
| 鸿宇生物 | 2014 | 25077 | — | 25077 | — | 16243 | -2235 |
| | 2015 | 42203 | — | 42203 | — | 20863 | -973 |
| **合计** | **2014** | **4573766** | **848037** | **4222540** | **315453** | **4330016** | **487354** |
| | **2015** | **4616809** | **886465** | **4250684** | **279348** | **4427342** | **221286** |
| | % | **0.94** | **4.53** | **0.67** | **-11.45** | **2.25** | **-54.59** |

## 2015 年辉埠镇各行政村基本情况

**表 49**

| 村名 | 人口（人） | 村民小组（个） | 农户（户） | 劳力（人） | 外出劳力（人） | 耕地面积（亩） | 胡柚面积（亩） | 柑橘产量（吨） | 胡柚产量（吨） | 人均纯收入（元） |
|---|---|---|---|---|---|---|---|---|---|---|
| 大埂 | 2987 | 20 | 984 | 1964 | 260 | 1579 | 180 | — | 440 | 14062 |
| 山背 | 1682 | 11 | 535 | 1042 | 295 | 873 | 510 | 26 | 570 | 12656 |
| 鸭坞 | 1652 | 8 | 481 | 1094 | 106 | 1073 | 240 | 10 | 690 | 15000 |
| 石姆岭 | 1666 | 13 | 554 | 1051 | 81 | 350 | 80 | 3 | 50 | 17187 |
| 辉埠 | 1797 | 14 | 581 | 1226 | 77 | 1114 | 25 | — | 30 | 14843 |
| 东乡 | 2992 | 16 | 938 | 2086 | 139 | 2171 | 460 | — | 520 | 17187 |
| 童家 | 1072 | 10 | 366 | 710 | 70 | 380 | 90 | 10 | 180 | 17187 |
| 久泰弄 | 2143 | 23 | 680 | 1441 | 287 | 2426 | 1100 | 20 | 1200 | 12343 |
| 宋畈 | 1403 | 12 | 426 | 838 | 362 | 747 | 159 | 15 | 170 | 12500 |
| 达坞 | 1905 | 18 | 595 | 1165 | 383 | 876 | 450 | 7 | 480 | 9843 |
| 路里坑 | 1814 | 14 | 521 | 1066 | 527 | 874 | 300 | 30 | 280 | 13437 |
| 彭川 | 3205 | 21 | 938 | 1812 | 1125 | 1572 | 453 | 70 | 480 | 8906 |
| 双溪口 | 2296 | 20 | 684 | 1368 | 572 | 1366 | 265 | 73 | 280 | 12187 |
| 桐村 | 1042 | 11 | 304 | 610 | 307 | 366 | 300 | 5 | 320 | 7343 |
| 黄坞岭 | 1832 | 29 | 492 | 1044 | 441 | 755 | 210 | 15 | 290 | 8750 |
| 才里 | 2072 | 27 | 571 | 1220 | 539 | 1056 | 400 | 54 | 385 | 7812 |
| 东鲁 | 2980 | 44 | 842 | 1726 | 870 | 1663 | 300 | 10 | 305 | 8125 |
| 辉埠居委会 | 312 | — | 155 | 265 | — | — | — | — | — | — |
| **合计** | **34852** | **311** | **10647** | **21728** | **6441** | **19241** | **5522** | **348** | **6670** | **—** |

（邱　玮）

# 何 家 乡

【概况】 何家乡位于常山县西北部。东连天马镇，东北部与辉埠镇接壤，南接同弓乡，西与球川镇交界，北与开化县毗邻。境内交通便捷，乡政府驻地樊家村尚书路，距县城7.5千米，距杭金衢高速公路常山出口6千米，常山江由西向东穿境而过，205国道由东向西纵贯全境，乡村公路总里程23千米；古迹众多，山川多姿，风景秀丽，有长风休闲旅游长廊景观带、石门佳气、黄岗山（万寿寺）、尚书坊、湖澄祖等自然人文景观，其中黄岗山省级国家森林公园面积达1万多亩。现代特色农业发展迅猛，何家乡生态农业示范园主要种植食用竹、青大豆、食用菌、茶叶、蚕桑等特色经济作物；建有娃娃鱼养殖基地1个、育秧基地1万多亩；大豆复种面积1万多亩，食用竹种植基地2000多亩、香大蒜种植基地1000亩、甘蔗种植基地500亩、竹荪种植基地100亩。

何家乡历史悠久，东汉建安二十三年(218年)，常山始建县治，县城在定阳三冈(今据家、金家一带)。2015年，何家乡区域总面积56.9平方公里，辖8个行政村，145个村民小组；有63个自然村，4113户，13281人。农村劳动力7632人，其中外出务工4748人。山林总面积83274亩，林地59775亩，森林覆盖率75%。耕地总面积11940亩，粮食总产量5155.6吨，油菜籽总产量668吨，食用菌总产量3970吨；桑园总面积220亩，蚕茧总产量13.8吨；茶园总面积686亩，茶叶总产量9.4吨；果园总面积1833亩，柑橘、胡柚总产量1792吨。年生猪饲养量2562头，年出栏生猪1839头；家禽年出栏136823羽。绿色食品加公园占地10多亩，绿色食品加工企业7家，主要加工小果蔬、茶叶等绿色食品。全乡企业总数99家，其中工业企业6家；实现生产总值1.23亿元，乡财政总收入1085万元，全社会固定资产投资2.69亿元。新型农村合作医疗参保率达96%，完成县外就医报销全程代办服务工作600余件；全乡享受低保农户305户计362人，发放低保金725856元，实现应保尽保。严格落实计划生育政策，两次环孕检工作顺利完成，环孕检率达99.5%，计生率为90.12%，综合节育率为88.14%，继续保持低生育水平。成功举办何家娘娘庙会及万寿寺观音法会；完成樊家村的文化礼堂创建工作。制定并完善信访维稳领导包案和信访督查等制度，采取下访、接访、包案等形式，加强矛盾纠纷排查，定期开展不稳定因素排查，化解初信初访，集中破解重复访，全年化解矛盾纠纷281起。

2015年度，何家乡长风村获评常山县第二批美丽乡村，长风村党支部获评常山县2015年度“金钉子”党组织，黄冈村获评“五美”乡村、钱塘村获评“四美”乡村；黄岗山景区通过AAA景区创建命名；常山县谷舞仁生农业发展有限公司被县委、县政府授予“振兴‘常山三宝’发展现代农业优秀新兴创业主体”称号。

【开展“走亲连心、连心解忧”活动】 2015年，何家乡深化“走村不漏户、户户见干部”活动，组织乡机关党员干部开展“走亲连心、连心解忧”活动。乡主要领导带头到村蹲点调研，走遍8个行政村的困难党员和困难户，听取群众的意见建议，查找问题。每名机关干部结对1户困难群众，发放连心卡3100余张，听取征集基层党员群众关于“五水共治”“无违建”创建、乡村休闲旅游等工作意见、建议50余条，解决实际困难问题20余件。

【打造“三民工程”升级版】 2015年，何家乡抓好“三民工程”电子档案的更新完善，8个行政村全部达标。投资5万元对辖区各行政村便民服务中心进行统一布置，严格落实村两委干部轮流坐班制度。打造便民服务中心升级版，创建市级示范服务中心3个，创建标准型服务中心3个，创建普通型服务中心2个。

**【完成九景衢铁路征迁】** 2015年，何家乡成立九景衢铁路征迁工作小组，分专人负责各项工作，保障工作落实到人、到位。完成红线内土地丈量179亩，完成红线外丈量土地100多亩。红线内和部分红线外土地征用补偿款兑现到位。16户征迁户签订协议，15户征迁房已拆除；完成公墓选址、丈量工作。成功处置何家村名贵茶花基地，保证九景衢铁路项目顺利施工。

**【“五水共治”常态化】** 2015年，何家乡全面落实“河长制”，投资65万元用于河道整治清理和日常保洁，“一港三溪”河道水环境明显改善。投资170万元建成乡垃圾中转站和农家乐厨余垃圾的有机堆肥设施处理站。投资1000多万元，集中力量开展生猪整规工作，率先在全县提前完成“村中场”关停任务，规范保留猪场排泄物治理。长风、黄冈、钱塘、江源、何家、樊家6个村全部通过“贺田模式”复制工作，钱塘村和樊家村被评为市级“百万妇女学贺田”先进村。

**【“四边三化”强推进】** 2015年，何家乡对205国道沿线涉及的6个村共48个点分段整治，拆除违章棚21个，清理乱堆乱放14处，清理广告牌、灯箱28块，沿线环境得到有效改善。建立公路段长制的长效管理机制，相关村党支部书记担任段长，做好沿线日常巡查和治理，防止反弹。

**【“三改一拆”持续推进】** 2015年，何家乡制定“无违建”创建工作方案和治理违章集中攻坚方案，完成5个“无违建村”创建。开展“无违建乡”“无违建村”创建工作。坚持“堵疏结合”，提升审批速度，全乡审批农民建房165户。在违章建筑分类处置中，坚持先党员干部后群众的工作原则，63户党员违章户全部处置到位。截至12月底，拆除违章建筑3.03万平方米。

**【创建AAA级旅游风景区】** 2015年，何家乡投入资金2000多万元，用于黄冈山景区游憩设施、景观凉亭、公厕及景区标识标牌、交通导向设施建设。黄冈山景区成功通过AAA级旅游风景区考核验收。

**【举办首届金花节活动】** 2015年3月22日，何家乡长风村举办“春漫常山·金花飘香”首届金花节活动，宣传、推广何家乡美食美景，展示民俗婚庆喝彩、民间工艺品、民间手艺等。开展“品（评）十大清水鱼”、“寻佛朝宗，觅春踏青”登山、与“衢州之声”合作“随手拍”群众摄影评比等系列活动，吸引各地游客5000余人前来观光休闲。该活动同日在浙江卫视新闻中有报道，报道时间长达35秒，有效提升了何家乡村旅游形象。

**【打造何家乡休闲旅游金名片】** 2015年，何家乡培育创建三星级农（渔）家乐40个；引入社会化投资1000万元，完成长风村农家乐综合体创建。新增★★★级农家乐经营户6家，新发展民宿床位128张，新建石门坑休闲长廊、智慧小屋、智慧停车场、公厕等设施，完成投资247万元。完成石门坑口农户庭院整治工作及坑口道路提升改造工程；新增旅游导示牌及标识牌20块；种植花卉30亩。投资额3000万元，引进集餐饮、休闲、民宿为一体的“一号生态园农业旅游项目”，落户于黄冈村。

（张　虹）

**2015 年何家乡各行政村基本情况**

**表 50**

| 村名 | 支书 | 主任 | 村民小组（个） | 党员（人） | 农户（户） | 人口（人） | 劳力（人） | 面积（亩） | | 村集体总收入（万元） |
|---|---|---|---|---|---|---|---|---|---|---|
| | | | | | | | | 耕地 | 柑橘胡柚 | |
| 何家 | 何其红 | 何中于 | 24 | 74 | 569 | 1869 | 978 | 1684 | 605 | 5.86 |
| 樊家 | 方永德 | 樊嘉云 | 16 | 43 | 401 | 1318 | 726 | 920 | 283 | 4.86 |
| 江源 | 洪春良 | 江峰 | 23 | 71 | 688 | 1981 | 1288 | 1179 | 280 | 5.12 |
| 江湾 | 蒋建常(代) | 江泉 | 16 | 47 | 452 | 1339 | 877 | 872 | 157 | 4.58 |
| 钱塘 | 琚正堂 | 琚建兵 | 22 | 66 | 701 | 2280 | 1456 | 2007 | 362 | 4.83 |
| 长风 | 裴军荣 | 何水平 | 16 | 72 | 533 | 1688 | 768 | 425 | 268 | 6 |
| 黄冈 | 王水清 | — | 21 | 72 | 547 | 1824 | 1001 | 1245 | 618 | 28.34 |
| 双安 | 鲍承文 | 蒋荣华 | 7 | 43 | 284 | 945 | 536 | 825 | 66 | 5.06 |
| **合计** | | | **145** | **488** | **4175** | **13243** | **7632** | **9157** | **2639** | **64.65** |

（占一成）

## 招贤镇

【**概况**】 招贤镇位于常山县境东部。辖区东交衢州市柯城区航埠镇、沟溪乡，南界江山市大陈镇，西连青石镇，北接大桥头乡和东案乡。地处金衢盆地西缘，属低山区和丘陵平原交错分布区，地势南、北两翼高，中部低，南部为低山丘陵山区，北部为丘陵岗地，中部为沿江冲积平原区。最高点湖山，位于境南；最低点大溪沿村东侧河滩地，位于境东。常山港自西向东流贯境中，境内流程 8 千米；芳村溪西北从大桥头乡入境，向东南流至境中注入常山港。另有官塘溪、大坑溪、大弄溪 3 条季节性河流。矿藏资源有石灰石、石煤、石英砂等。320 国道、杭金衢高速公路、黄衢南高速公路、衢常铁路、九景衢铁路穿境而过，素有常山“东大门”之称。全镇总面积 69.8 平方公里，耕地面积 14332 亩，林地面积 41893 亩，下辖 18 个行政村。有农户 10314 户 33741 人。镇党委下辖 25 个党支部，1279 名党员。自古以来，招贤人杰地灵、商贾云集，更有“千年古镇”之美誉。境内有“樊氏大宗祠”“古县遗址”“箬溪泉水”“招贤古渡”等名胜古迹。

2015 年，招贤镇深入贯彻“实力工业、休闲城市、美丽乡村”发展战略，扎实推进“五水共治”“四边三化”“无违建”创建等工作，经济社会实现平稳健康发展。全镇实现固定资产投资 15240 万元，比上年增长 37.3%；财政收入 2029 万元，增长 9.5%；农民人均收入 14384 元，增长 10%。坚持招商引资提质增效，成功引进常山县“音乐鱼”基地建设项目，协议总投资 5300 万元。加快续建的赛得健康产业园建设，浙江赛得健康产业投资管理集团总部经济落户招贤，德源养老公寓项目完成投资 2.5 亿元。

推进实施“一村一品”工程。鼓励发展农家乐、农业休闲旅游等第三产业，建设特色产业基地，发展特色产业。在由浙江省农业厅、浙江日报社联合举办的浙江省首届现代生态循环农业创新大赛决赛中，招贤镇泉目山村大公生态养殖场报送的“大公无私”生态循环农业（即养殖场排泄物就地就近资源化利用模式）获优秀奖。推进家庭农场提升发展，培育家庭农场11家。

全面完成吴山寺、桐树坞、牛犁坞、安弄4座山塘整治；完成东坑口水库除险加固工程主体工程建设。农民饮用水管网延伸工程进入扫尾阶段，其中汪家淤、鲁士、象湖、樊村、古县、渔溪口、纱帽山、招贤、高埂、古县畈、官庄、大溪沿12个村实现通水。完成采砂整治工作，全面拆除砂场遗留违法建筑。有序推进农村确权赋权改革，完成土地承包经营权确权发证和村经济合作社股份制改革。完成油茶改造提升650亩，油茶抚育493亩，林区道路建设6千米。完成土地开发项目295亩、低收入农户奔小康扶贫项目6个。完成集镇污水处理终端提升改造，建设污水管网1.3千米。完成游林村5户16人异地搬迁，古县畈村道路硬化1000米。对符合条件的504户低保人员、404个重残对象名单进行公示并建立电子档案，发放低保金额约162万元、重残金约183万元。严格把关失土农民保障的审核、办理工作，稳妥推进被征地农民基本生活保障工作。完成499户年人均收入4600元以下低收入农户脱贫工作，并将数据采集信息全部按时录入扶贫系统。发动村民参与县农办牵头举办的各类培训班；与培训机构合作开办电子商务、农村会计员、面点制作3期培训班。培训的实用人才信息全部录入浙江省“千万农村劳动力素质工程”培训信息库。在11个行政村建立农村淘宝村级服务站，9个村建立村邮站，开设网店200家以上。完成全镇范围内72辆黄标车淘汰整治工作。

全面开展“大抓基层组织年”活动，把加大阵地建设列为强化基层党建工作保障的“一号工程”，严格落实村级办公场所面积不少于100平方米标准的要求，加大村级活动场所建设改造力度，改善村级办公和党员活动阵地条件。全面开展行政村主职干部“届中回头看”，实施农村后备干部“梯队培养工程”；引导村干部重规范、守规矩，落实村班子分析研判制度，及时调整不适宜干部，免去一名村支部书记职务。

制定《招贤镇领导干部信访工作“一岗双责”责任制》《招贤镇社会服务管理中心工作制度》制度，完善信访听证和调处反馈机制；开展“走进矛盾排查整治，强基促稳共创平安”专项活动，设立“警调对接”调解大厅，成立“老娘舅”调解团，及时处置矛盾，将纠纷消灭在萌芽状态。2015年，全镇化解矛盾纠纷178余起，办结信访件62余件。在“一路一镇”集中整治期间，没有引发一起涉稳事件，实现“市级社会治安挂牌整治重点乡镇”“衢州市信访维稳重点镇”摘帽，社会大局保持和谐稳定。

“5·29”计生协会集中活动日期间举行一系列计生宣传活动。开展育龄妇女知识讲座4场，发放计生宣传手册1000余份，引导群众树立科学、文明、进步的婚育观念。全镇环检率、孕检率达99%，征收社会抚养费274万元。开展公路护路分队和重要目标防卫分队拉动和点验，到点率达100%。从84名应征青年中精心选出高素质新兵，完成2015年度征兵工作。严格落实安全生产责任制，由镇工业办公室牵头对全镇重点骨干企业定期开展安全生产隐患排查和整改行动。做好防汛防旱防地质灾害、森林消防、食品药品安全、消防安全工作，确保群众生命财产安全。

开展文化礼堂建设工作，新建溪上、渔溪口村2处文化礼堂。完成溪上历史文化保护一般实施村建设，完成溪上、渔溪口村文化礼堂建设。同时，以文化礼堂建设为平台，举办“古镇新风·活力招贤”排舞大赛，农民精神文化生活不断丰富。

全面加强党风廉政建设。严格执行公务接待各项规定，2015年公务接待支出41.53万元，低于接待总额控制数16.47万元。加强公车管理，严格执行“三统一、两定点”管理办法，在节假日期间公车按指定地点停放，公车费用减幅明显。开展办公用房清理整顿工作，完成办公用房清理15间，面积331平方米。出台《招贤镇公共资源交易中心管理办法》，对项目招投标、项目建设、项目竣工验收等环节进行规范，有效防止违法违纪行为的发生。建立健全纪检监察信访网络，在全镇18个行政村成立了以监委会主任为负责人的信访举报领导机构。

是年，招贤镇成功创建衢州市首批市级特色小镇——健康养生小镇，获评浙江省基层征兵工作先进单位、2014年度衢州市美丽乡村建设示范乡镇。

**【重点项目建设扎实推进】** 2015年，招贤镇完成九景衢铁路招贤段红线范围内房屋征迁任务。启动11万伏农村电网改造工程。针对重点项目推进过程中存在政策处理工作量多、历史遗留问题难度大的问题，开展“重点项目集中攻坚月”行动，对铁路征迁、园区平整、生猪整规、“赤膊墙”粉刷、赛得健康产业园征地等重点工作实行网格化管理，确保项目顺利推进。

**【“五水共治”全面推进】** 2015年，招贤镇组织开展“清三河”行动，严格落实“河长制”，分段配备各级河长联动治水和志愿者治水公示牌。基本完成8个村农村生活污水治理工程，官庄、高埂等9个垃圾分类实施村全部达标。全面关停生猪养殖场31户，削减生猪存栏4165头，拆除养殖场1.13万平方米；禁养区、村中场、山塘水库周边全面实现禁养，15个猪场完成排泄物治理设施改造提升。

**【“一路一镇一带”整治成效突出】** 2015年8月20日起，招贤镇开展为期一个月的“一路一镇”及常河线沿线集中整治行动。整治期间，拆除户外移动式灯箱、固定广告牌432个，拆除违法建筑、乱搭工棚、围墙等655处，清理各类堆积物1100多处，清理搬运货物3400多件，处理占道经营行为225起。整治成效得到省、市、县各级领导的高度评价和省市级媒体的密切关注，省政协副主席吴晶，市委书记陈新、市长杜世源、市委副书记江汛波等分别带队到招贤镇调研集镇建设管理工作，由副市长毛建民带队的全市集镇建设管理现场会在招贤镇召开。《浙江日报》刊发报道《常山招贤镇多管齐下治脏乱——20年旧貌换新颜》《常山：决胜“一路一镇”攻坚战》；《衢州日报》头版头条刊发报道《招贤集镇焕发“新颜值”》《常山招贤打造“创业一条街”》。在完成“一路一镇一带”整治的基础上，又进行节点改造、庭院美化，建成大小花坛8000多米。投资1700多万元，实施集镇改造建设提升工程，全面开展集镇道路“白改黑”、线缆“上改下”、雨污水管道铺设、广告牌规范制作和沿街外立面改造，彻底扭转“镇不如村”的局面。全面完成辖区内的“四边三化”和“两路两侧”整治工作任务，整治“赤膊墙”34万平方米。

**【“无违建镇”创建持续推进】** 2015年，招贤镇围绕“无违建镇”创建目标，开展“三改一拆”和无违建镇、村创建工作。拆除违法建筑284户，拆除违法建筑面积80900平方米；以非法“一户多宅”处置为抓手，处置农民违法建房134户。

**2015 年招贤镇各行政村基本情况**

**表 51**

| 村名 | 支书 | 主任 | 村民小组（个） | 农户（户） | 人口（人） | 党员（人） | 劳力（人） | 外出劳力（人） | 耕地面积（亩） | 林地面积（亩） | 柑橘面积（亩） | 柑橘产量（吨） |
|---|---|---|---|---|---|---|---|---|---|---|---|---|
| 官庄村 | 张志新 | 徐毛良 | 5 | 272 | 821 | 39 | 460 | 240 | 592 | 0 | 670 | 759 |
| 高埂村 | 兰冬生 | 曾云祥 | 10 | 601 | 1903 | 61 | 1160 | 420 | 287 | 1499 | 1350 | 2700 |
| 大溪沿 | 张明生 | 季云仙 | 10 | 422 | 1386 | 40 | 948 | 480 | 320 | 400 | 703 | 500 |
| 游林村 | 张小光 | 曾嘉明 | 10 | 326 | 1162 | 32 | 670 | 282 | 530 | 465 | 740 | 745 |
| 古县畈 | 韩志平 | 张利平 | 10 | 398 | 1250 | 77 | 790 | 385 | 535 | 3429 | 1217 | 1483 |
| 古县村 | 李小林 | 邓土新 | 15 | 562 | 1960 | 83 | 1274 | 563 | 368 | 682 | 1450 | 1760 |
| 招贤村 | 周建平 | 徐金海 | 14 | 457 | 1416 | 57 | 960 | 260 | 413 | 342 | 930 | 800 |
| 汪家淤 | 陈冬香 | 邹根生 | 7 | 310 | 1050 | 43 | 729 | 268 | 186 | 325 | 500 | 630 |
| 渔溪口 | 邓江华 | 兰如荣 | 14 | 495 | 1577 | 53 | 937 | 330 | 483 | 2494 | 1115 | 880 |
| 纱帽山 | 魏雨生 | 徐朝斌 | 16 | 488 | 1527 | 65 | 845 | 345 | 385 | 4178 | 1305 | 1540 |
| 溪上村 | 廖林福 | 徐博文 | 24 | 695 | 2239 | 80 | 1460 | 805 | 376 | 802 | 1982 | 2130 |
| 泉目山 | 曾金生 | 黄鸿良 | 9 | 752 | 2516 | 79 | 1330 | 690 | 250 | 290 | 1505 | 1380 |
| 大弄村 | 黄国新 | 刘樟木 | 8 | 530 | 1679 | 40 | 1073 | 443 | 314 | 688 | 952 | 1100 |
| 五里村 | 刘美龙 | 刘月富 | 15 | 807 | 2643 | 73 | 1820 | 982 | 235 | 0 | 700 | 1160 |
| 樊村村 | 樊智敏 | 樊利红 | 8 | 542 | 1757 | 51 | 973 | 473 | 176 | 414 | 800 | 1100 |
| 鲁士村 | 徐忠产 | —— | 8 | 655 | 2120 | 63 | 1185 | 510 | 367 | 1826 | 835 | 700 |
| 山底村 | 徐建忠 | 郑仕民 | 14 | 663 | 2176 | 58 | 1355 | 555 | 311 | 218 | 1350 | 1260 |
| 象湖村 | 郑水清 | 郑云英 | 24 | 1339 | 4559 | 110 | 2420 | 1100 | 236 | 500 | 1735 | 2530 |
| 合计 | | | 221 | 10314 | 33741 | 1279 | 20389 | 9131 | 14332 | 41893 | 19839 | 23157 |

（祝雅斌、徐　珍）

# 青　石　镇

【概况】 青石镇位于县城东郊、县境南部。镇政府驻地溪口距县城直线距离 7.8 千米。辖区东连招贤镇，西接天马、紫港街道，南与江山市大陈镇交界，北邻大桥头乡。320 国道、S221 省道分别贯穿 5 个行政村，杭金衢高速公路和九景衢铁路穿镇而过，在虹桥村设有高速公路出入口。全镇总面积 78.7 平方公里，耕地面积 16155 亩，林地面积 54099 亩。辖 18 个行政村，1 个溪口渔业大队。全镇有 114 个自然村，农村住户 10434 户，34512 人。2015 年，青石镇实现地区生产总值 11.54 亿元，地方财政收入 775 万元。农民人均可支配收入 15173 元，增长 11%。

项目建设规模宏大。以抓项目为核心，全面应对特色小镇投资额度、项目进度、环境形象等一系列重大考验，工程建设不断推进。加快推进石博园项目，完成安置区基础建设并交付建房，石交易市场顺利结顶；协调开展独流入海项目建设，完成内外堤6.2千米政策处理工作；完成九景衢铁路征迁工作任务，进入铺轨施工阶段；完成十里柚香街路面铺设。

招商选资步伐加快。以创建赏石小镇为契机，立足现有优势、特色产业基础，开启“一个项目、一支队伍、一盯到底”精准式招商。引进柚香谷度假区、博艺石文化有限公司等招商项目，实际投资2.76亿元。

环境整治强力推进。执行上级决策部署，打好环境整治倒逼经济转型升级“组合拳”。推进“五水共治”，落实三级“河长制”，分段配备联动治水公示牌。实施垃圾分类处置，关停畜禽养殖场170余家，完成9个村的生活污水治理设施建设和集镇雨污管网建设。建立长效机制，强化工业企业污染治理，提升改造废水处理池，确保排放达标。定期开展巡查，巩固整治成果，通过省级“清三河”验收。开展“四边三化”，结合青石镇整治难题，谋划新的招式招法，提出“1+3”工作思路，把集镇环境、十里柚香街、赏石长廊纳入“一路一镇”整治工作范畴，实施跨江作战、联合整治，完成整治任务3143处，其中拆除违建、雨棚、工棚、广告牌等1414处，面积3.1万平方米，清理生产生活垃圾等杂物1118处，退让石材、器具、杂物91处，规范石材等摆放467处，开展节点绿化美化53处，沿线环境明显提升，整体面貌焕然一新。推进全镇“五四三”工程、“一路一镇”等各项重点工作，完成省、市下达的“两路两侧”整治任务。攻坚“无违建”创建，2015年累计拆除违法建筑309宗，建筑面积7.55万平方米，完成砚瓦山、河上弄2个村“无违建”达标村创建验收。集镇提升工程，投资1500余万元，完成集镇主街和农贸市场整治，广告牌规范制作上墙；汽车站景观、污水处理站项目基本完工，集镇主道路“白改黑”“上改下”、外墙立面统一美化有序推进。

社会民生建设加强。民生保障日益健全，城乡居民基本医疗保险参保率为98%，失土农民参保、城乡居民基本医疗保险收缴、农村低保、住房救助、人口计生工作顺利开展。“两网融合”平安建设信息化工作全面推进。建立全市首家乡镇级社会管理服务中心，完善镇村两级防控体系，调处矛盾纠纷948起，镇域范围内未出现群体性事件和非法赴京上访等现象。开展“种文化”“送文化”“文化走亲”等活动，砚瓦山、水南等村文化礼堂建设顺利推进；柚石文化节成功举办；群众文化生活不断丰富。

基层组织建设不断加强。推进服务型党组织建设，推行班子成员住夜值班制度。签订基层党建责任书，明确目标任务，定期督查，不定期暗访，年终考核，层层传导压力。全面推进18个行政村村级办公场所规范化建设；完善基层党组织堡垒指数星级管理机制；开展软弱涣散基层党组织整转工作，完成2个软弱涣散支部的整转工作。全面推行发展党员工作全程票决制，严把党员发展“入口关”，年度党员发展11人，培训入党积极分子19人，迁转不配合党委政府中心工作的农村党员关系3人次；对涉及酒驾、赌博、违反计划生育的10名农村党员进行严肃处理，其中开除党籍1人。开展“两新”组织规范化建设，将石博园和恒寿堂2家企业纳入编组共建，建立健全团支部、工会等群团组织。加强农村基层党风廉政建设，严格执行村级“三资”管理制度，从严把好“三资”管理财务审核关。实施主职暗访和纪委抽查制度，加强干部履职不力、作风不实、效能不高、纪律不严等问题的治理。全年进行谈心谈话47人次，撤销1名村支书和1名村监会主任职务，问责3名村主职干部，切实解决镇村干部队伍中存在的大局意识弱化、理想信念淡薄、担当意识不强等问题。

是年，常山中国观赏石艺术长廊线获衢州市十大最美乡村休闲旅游精品线路；青石镇砚瓦山村获评衢州市乡村休闲旅游特色村；青石镇被评为全县新农村建设优秀单位。

**【创建赏石小镇】** 2015年，常山赏石小镇成功列入全省首批特色小镇创建名单。赏石小镇项目规划占地约3平方公里，建设用地约1平方公里，计划总投资40.65亿元，主要建设中国观赏石博览园、奇石加工园区、石林公园等13个产业类项目，艺石时空、赏石集镇提升等4个环境提升类项目。该项目紧扣“线明点亮”的创建思路，把青石镇全域作为一个有机整体，以常山港为轴，打造集航道与水景为一体的黄金水道，沿两岸辐射。北岸以恒寿堂公司为中心、十里柚香街为线彰显柚乡风貌；南岸以石博园为中心、赏石艺术长廊为线展示石镇魅力，形成“一江两岸”鲜明发展布局，打造成为产业、文化、旅游、社区功能叠加的赏石特色小镇，形成新的经济增长点。

**【中国观赏石博览园项目建设扎实推进】** 2015年，常山县中国观赏石博览园入选2015年全国休闲农业与乡村旅游星级示范创建企业（园区）。该项目以世纪龙腾控股集团公司为投资主体，规划用地面积1053亩，总投资30亿元，是常山赏石小镇创建的核心项目。年内，一期市场交易区建成6.8万平方米，博物馆正在抢抓主体施工；第二功能区（景观区）政策处理，采取区块式推进的方式，打通2号、3号路，完成政策兑现116户计600余万元。

**【独流入海常山青石段防洪堤工程】** 2015年，常山港治理一期工程暨独流入海常山青石段防洪堤工程由朱家渡大桥沿常山港右岸而下，至马车溪出口上游约400米处，全长3.01千米，总投资3000万元。整个项目涉及600余户农户，征用土地528亩。青石镇坚持班子领衔项目，镇村干部联动，组成“店小二”式项目服务组，发扬“白+黑”“5+2”工作作风，积极上门宣传，仔细丈量清点，逐户做思想工作，严格执行“日碰头、周交流、月通报”制度，解决项目推进中遇到的难点问题，确保每项任务、每个环节责任到岗到人。针对少数农户不配合而影响工程进度的问题，工作人员耐心疏导，有效化解纠纷。年内，项目涉及的土地征用政策问题基本解决。12月30日，青石镇组织30余名干部职工，利用3台挖机同时作业，完成常山港治理一期工程防洪堤全线（内外线）6.02千米的清表任务，内外线全线贯通，并进入全面施工阶段。

**【艺石时空风景线建设】** 2015年，青石镇艺石时空风景线（观赏石艺术长廊）项目全长8.6千米，完成投资500余万元；完成朱家渡大桥、化工园区等8个节点建设，按照“浙派”建筑风格粉刷房屋80多幢，景墙3000多米。

**【“十里柚香”街项目启动】** 2015年，青石镇以“十里柚香”为主题，打造柚旅融合、独具特色的十里柚香街。该项目位于常山县青石镇境内，整条道路东起杭金衢高速公路连接线，西到新站村村尾，南临常山港，途经湖头、山溪边、阁底、江家、新站5个村，全长约5000米。年内，完成沿线500余户政策处理工作，道路“白改黑”工程全线贯通，排水沟建设、村口节点以及墙院整治工作有序推进。

**2015年青石镇各行政村基本情况**

表52

| 村名 | 支书 | 主任 | 村民小组（个） | 农户（户） | 人口（人） | 党员（人） | 总面积（平方公里） | 耕地面积（亩） | 山林面积（亩） | 固定资产总额（元） | 农民人均收入（元） |
|---|---|---|---|---|---|---|---|---|---|---|---|
| 塘边 | 陈先平 | 汪小良 | 8 | 288 | 1042 | 30 | 2.2 | 435 | 42 | 658425 | 13751 |
| 山头 | 胡建平 | 王庆祝 | 8 | 479 | 1612 | 46 | 1.2 | 468 | 14 | 1304503 | 14528 |
| 虹桥 | 王老四 | 胡卫群 | 12 | 525 | 1827 | 60 | 2.4 | 727 | 1149 | 813789 | 15438 |
| 湖头 | 王祥春 | 毛卫生 | 21 | 982 | 3278 | 88 | 5.2 | 1503 | 1396 | 3239660 | 13399 |
| 山溪边 | 郑英春 | 郑英文 | 12 | 628 | 1973 | 51 | 4.5 | 1329 | 354 | 666220 | 15985 |
| 阁底 | 郑松泉 | 汪优青 | 15 | 744 | 2350 | 74 | 3.3 | 1190 | 1551 | 725313 | 13409 |
| 江家 | 江巨光 | 胡建明 | 21 | 976 | 3158 | 109 | 3.8 | 2156 | 735 | 1093677 | 14649 |
| 新站 | 江政宏 | 江军良 | 6 | 339 | 1129 | 30 | 2.9 | 794 | 852 | 290654 | 14195 |
| 砚瓦山 | — | 徐卫国 | 17 | 603 | 2175 | 82 | 12.7 | 598 | 12788 | 2700000 | 17117 |
| 马车 | 张财有 | 邓行华 | 8 | 361 | 1223 | 49 | 9.8 | 668 | 6479 | 1041134 | 17105 |
| 和尚弄 | 林德良 | 邓有勋 | 7 | 275 | 968 | 38 | 5.6 | 429 | 1500 | 103700 | 17839 |
| 溪口 | 鲁正峰 | 吴土金 | 8 | 318 | 1015 | 48 | 2.5 | 442 | 2957 | 583720 | 14884 |
| 水南 | 章淑荣 | 黄建军 | 22 | 1003 | 3100 | 98 | 6.4 | 1544 | 6369 | 1079096 | 16759 |
| 大塘后 | — | 秦定福 | 12 | 560 | 1788 | 55 | 3.1 | 883 | 485 | 1659002 | 16437 |
| 澄潭 | 徐立伟 | 曹金全 | 17 | 781 | 2514 | 65 | 3.8 | 1042 | 55 | 542632 | 14096 |
| 九龙山 | 官小华 | 杨金国 | 7 | 348 | 1114 | 37 | 2.3 | 535 | 2800 | 99575 | 15099 |
| 飞碓 | 廖家和 | 刘达生 | 8 | 406 | 1456 | 40 | 4.8 | 520 | 5163 | 150867 | 14005 |
| 桥亭 | 朱金生 | 祝亚平 | 28 | 818 | 2790 | 94 | 2.2 | 892 | 9410 | 771045 | 14419 |
| **合计** | | | **237** | **10434** | **34512** | **1094** | **78.7** | **16155** | **54099** | **17523012** | **平均15173** |

（余楚楚）

# 东案乡

【概况】 东案乡位于常山县城东北面，东邻柯城区石梁镇、沟溪乡，南连招贤镇，西接大桥头乡，北与芳村镇相连。乡政府机关座落在东案村，距常山县城、衢州市区各20千米。境内交通便利，主要交通干线有狮东线（5.3千米）、芳大线（1.3千米）、东龙线（15.6千米），黄衢南高速公路穿境并在东案设出口，常东衢公路穿境而过。

东案乡地处金衢盆地西缘，属中山、低山丘陵区，地势东北高，西南低。境内有海拔1000米以上山峰8座，最高点为梅树底村白菊花尖，海拔1395米，是常山县最高峰，位于境东北；最低点在墅口村樟树底河滩处，海拔93米，位于境西南。最大河流为上源溪，发源于白菊花尖，自北而南蜿蜒穿流境中，至西南经墅口村人大桥头乡，境内流程23.1千米。林地面积6.6万亩，森林覆盖率78.5%。耕地面积6821亩，其中水田6210亩；园地面积12210亩。境内物产丰富，矿产资源有叶蜡石、铀、辉钼、石英等，叶蜡石等非金属矿存储量达 200 万吨以上；盛产冬笋、白毛尖茶叶、高山蔬菜、小西瓜、油茶、常山胡柚、柑橘等。系“省级生态示范乡”。

2015 年，东案乡地域面积 68.81 平方公里，辖 10 个行政村，83 个自然村，农户 4346 户，农村户口 13897 人，农村劳动力 9269 人。人均可支配收入 12952 元。乡党委下辖 11 个党支部，有 702 名党员。全乡社会固定资产投资 0.35 亿元，实现工业产值 4026 万元，比上年增长 5%。农作物播种面积 10082 亩，粮食总产量 834 吨，水果总产量 21406 吨，其中柑橘产量 7805 吨、常山胡柚产量 13601 吨（种植面积 7695 亩）、其他水果 289 吨；油料作物种植面积 1378 亩，总产量 137 吨；蔬菜种植面积 3832 亩，总产量 7047 吨。毛竹种植面积 2 万多亩，年产量 15 万多株。生猪年末存栏 1910 头，年饲养量 5670 头；家禽年末存栏 14550 只，其中肉禽 7920 只、蛋禽 6630 只。

全乡有文化站 1 个、广播站 1 个、电管站 1 个、信用社 1 个、移动公司营业厅 1 个、卫生院 1 所、中心小学 1 所、幼儿园 4 所。乡政府机关内设经济发展、社会事业、党政综合办公室办公室及便民服务中心，配有在职干部 37 人，其中公务员 19 人、事业单位人员 18 人；编外人员 4 人，其中驾驶员 2 人、炊事员 2 人。

民生平安不断改善。东案卫生院建成、投入使用；衢州手拉手幼教集团东案园区建成开园。加强村级财务规范化建设，村级财务实现公开化透明化。严格执行信访工作责任制和责任追究制。全年排查矛盾纠纷 304 起，调处 304 起，调处成功 301 起，成功率 98%；受理信访件 11 件，其中结案 9 件、在办 2 件。全年未发生重特大安全事故。

乡村休闲旅游业发展提速。东案乡结合胡柚景观大道建设、金源历史文化古村落保护与开发和王氏贤良宗祠修缮，因村制宜开展农村生活污水处理，实施治水造景工程，深化特色墙院整治，提升环境优势。重点发展梅树底林家乐，启动白菊花 AAAA 景区创建、蛇头山休闲山庄等项目开发建设，引导胡柚大道沿线发展农家乐，乡村休闲旅游发展初具规模，具有一定的知名度和美誉度。白菊花 AAAA 景区创建通过省级资源评估和创 A 景观质量评审，完成田蓬、弄坞 AAA 景区标准的规划设计，白菊花笑山景区笑山通景公路梅树底至大方埂段开始施工。启动高峰七彩峡谷景区开发工作。举办“美丽田蓬梦幻水乡”帐篷节、“千里钱塘江 最美在常山”赛水赛歌晚会活动，开展乡村文艺晚会、篝火狂欢、山野露营、趣味烧烤、亲子游戏、登山等活动。组织乡村干部和农户外出考察，制定政策扶持农家乐发展。2015 年，东案乡新增农（林）家乐 16 家，累计有农（林）家乐 22 家、标间 130 间、床位 220 张；接待游客 4 万多人次，实现收入 480 余万元，增长 60% 以上。其中，梅树底农（林）家乐（民宿）17 家，标间 58 间，床位 117 张，是东案乡乡村休闲旅游的精品区块。

东案乡树立“党建 +”的工作理念，结合胡柚大道、美丽乡村、乡村休闲旅游等中心工作，严格落实党建项目、发展项目和为民服务“三张清单”，田蓬村、弄坞村、高峰村成为全县有一定知名度的美丽乡村、休闲旅游精品村和示范村；田蓬村、弄坞村获评 2015 年度县级“金钉子党组织”。实施书记领衔基层党建项目清单。严格落实“走村不漏户、户户见干部”、结对帮扶制度，走亲连心，掌握实情，全面消除人均收入 4600 元以下贫困人口。深化党风廉政建设，强化对干部作风的日常督查和监管。乡纪委立案查处案件 11 件，问责、处理党员干部 13 人，其中开除党籍 2 人、留党察看 3 人。创新推行“一会一法”暨“1 + 4”干群月光协调会、“235”工作推进法，共梳理问题 89 个，帮助解决实际问题36个。实施“领头雁”工程，表彰推选“为民服务好支书”“村两委好搭档”“创业村官、攻坚能手”等先进典型。设立乡级党内关爱基金，2015年筹集党内关爱基金10万元，帮扶困难党员16人。依托QQ群、微信群等建立“网络e支部”，拓展党组织网上阵地。创新“党建+”工作方式，在梅树底等林家乐集聚地，建成一批“红管家”服务驿站，促进行业自律，打造民宿名牌。

是年，东案乡获评2014年浙江省“五水共治”先进集体、市级平安示范乡镇、浙江省三星级生态休闲健身点；田蓬村党支部、弄坞村党支部获评常山县首批金钉子党组织；高峰村获评浙江省农家乐集中村；田蓬村获评市第十批市级农家乐特色村、市级乡村休闲旅游特色村。常山胡柚景观大道获评市十大最美乡村休闲旅游精品线路，蛇头山休闲山庄获评中国乡村旅游金牌农家乐、第六批浙江省四星级农家乐经营点。

东案乡田蓬村

**【打好“五四三”组合拳】** 2015年，东案乡打好“五水共治”拳，全面落实“河长制”，县、乡、村三级河长联动治水。金源溪获评衢州市十条最美生态治理河道之一。推行垃圾可烂、不可烂的二分模式，实现全乡垃圾分类户户全覆盖；10个行政村全部实施污水治理工程，实现污水处理全覆盖；抓实生猪养殖污染专项整治，全乡关停拆除猪场26户，拆除养殖建筑近1.8万平方米，建立生猪污水处理池11个，沼气池3个，全部通过县级验收。打好“四边三化”拳，围绕15千米胡柚大道主线，对全乡10个行政村全域进行绿化、彩化、美化。投资460万元，完成田蓬、弄坞、白马、高峰四个村的公共设施维护和墙院整治。金源历史文化古村落建设有序推进，高峰村通过市级美丽乡村精品村验收。打好“三改一拆”拳，拆除违章建筑251余处，4万多平方米；高峰村、金源村、呈东村、弄坞村、朝阳村、田蓬村成功创建县“无违建”创建达标村。投资100多万元新建集镇农贸市场，集镇脏乱差得到明显改善。

**【发展农林特色产业】** 2015年，东案乡因地制宜抓项目，农林特色产业实现新发展。实施常山胡柚精品工程，创建优质示范精品园2个。强化对小西瓜产业发展的对接服务工作，做优做强常山胡柚和小西瓜两大特色产业。新培育发展家庭农场14家，累计有34家。稳步推进毛竹、油茶等传统农业产业的改造提升，完成油茶造林56亩，油茶抚育145亩，油茶低改800亩。开展高峰村1.2余万亩生态公益林扩面申报工作。

**【引进社会资本建设新农村】** 2015年，东案乡深化“河道保姆”等工作机制，实现河道保洁常态化运行。弄坞村探索公司化“以水养水”模式，村集体以基础设施、山水资源等折价入股，分红用于污水治理、垃圾整治，推动长效化保洁。高峰村以集体山水资源入股，投入10万元发展漂流项目，开展无忧谷水上乐园项目建设；田蓬村采用招投标方式出让村水域，为村集体经济增收4.1万元。

**2015 年东案乡各行政村基本情况**

**表 53**

| 村名 | 支书 | 主任 | 村民小组（个） | 农户（户） | 人口（人） | 劳动力（人） | 外出劳力（人） | 柑橘产量（吨） | 胡柚产量（吨） | 粮食产量（吨） |
|---|---|---|---|---|---|---|---|---|---|---|
| 万安 | 聂日伍 | 聂水福 | 11 | 395 | 1207 | 841 | 405 | 740 | 1380 | 78.2 |
| 白马 | 李林财 | 徐金祥 | 13 | 377 | 1150 | 748 | 301 | 685 | 1310 | 89.7 |
| 东案 | 戴小平 | 胡志妹 | 9 | 366 | 1178 | 820 | 300 | 760 | 1250 | 64 |
| 前库 | 徐先明 | 徐光俊 | 13 | 416 | 1274 | 879 | 414 | 590 | 1090 | 76.5 |
| 田蓬 | 郑富红 | 詹伟军 | 11 | 358 | 1133 | 736 | 410 | 640 | 1044 | 55.2 |
| 朝阳 | 邹京军 | 彭国方 | 16 | 509 | 1662 | 1109 | 495 | 1120 | 1900 | 81.2 |
| 弄坞 | 江土有 | 程建华 | 9 | 324 | 1117 | 737 | 400 | 620 | 1052 | 52.5 |
| 呈东 | 王牛古 | 谢志飞 | 22 | 577 | 1901 | 1236 | 477 | 1090 | 2050 | 102 |
| 金源 | 王人法 | 王毓五 | 42 | 675 | 2117 | 1376 | 551 | 1060 | 1730 | 180.8 |
| 高峰 | 王才田 | 张胜建 | 20 | 349 | 1158 | 787 | 273 | 500 | 795 | 53.7 |
| **合计** | | | **166** | **4346** | **13897** | **9269** | **4026** | **7805** | **13601** | **833.8** |

（郑凯敏、吴丽娟）

## 大桥头乡

【概况】 大桥头乡位于县境中部，乡政府驻地距县城直线距离 14 千米，公路里程 16 千米。东邻东案乡，南接招贤镇、青石镇，西交辉埠镇、紫港街道，北界芳村镇。区域总面积 50.35 平方公里。2015 年，辖樟山（原古塘、水牛坞合并）、浮河（原花厅、詹家、大楼底、上新屋合并）、濛桥（原濛淤、桥坑合并）、友好（原永旺、石村合并）、大桥、新村、客弄、莲塘 8 个行政村，常住户 4853 户，户籍人口 15231 人，其中男性 8051、女性 7180 人，劳动力 9790 人；全年出生 176 人，死亡 85 人，人口出生率 1.12%，计划生育率 90%。境内有黄衢南高速公路出口，乡政府驻地距离杭金衢高速公路出口和 320 国道均约 10 千米。

大桥头乡地处黄土丘陵区，地势西北高，东南低，向东倾斜。东、西、北三面以丘陵为主，南部属河谷平原。最高点皇子山，海拔 517.4 米，位于境西北；最低点大桥村田基南侧河滩地，海拔 84 米，位于境东南。芳村溪自东北向东南流贯，境内流程 14.9 千米。境内矿藏资源丰富，有叶蜡石、次生石英石、石煤、铀、辉钼、石英等，叶蜡石探明储量约 7000 万吨。全乡耕地面积 7694 亩，其中水田 5956 亩。

2015 年，大桥头乡有企业 162 家，其中工业企业 76 家，全乡实现工业总产值 1.8 亿元，营业总收入 2.05 亿元，从业人数 958 人。乡公共财政总收入 831.86 万元，农民人均收入 12927 元。引进招商引资项目 2 个，实际到位资金 1.1 亿元。生态农业休闲旅游项目建设总投资达 1.6 亿元。基础设施建设完成投资 400 万元，乡第一中心幼儿园建设项目按省二级标准招标建设，总投资 250 万元；完成乡卫生院移址新建项目主体工程建设；投资 80 万元的集镇路面改造工程启动。新型农村合作医疗参保率达 98%。完成危房救助 20 户，发放住房救济保障金 15 万元。

384名农民享受低保补助；全乡月均发放低保救助金71985元，年发放低保金863820元；44人申请临时救助，全年发放临时救助金6.6万元。培训劳动力291人，转移农村富余劳动力就业22人次。

2015年，大桥头乡党委、政府切实加强干部作风建设。严格落实党风廉政建设责任制，强化党风廉政建设。组织党员干部开展示范和警示教育，构筑预防和惩治腐败体系。深化公开招投标体系建设，严格规范招投标程序。规范政府工作，深化政府信息公开工作，自觉接受群众监督和舆论监督。出台规范干部行为的具体意见，推行《大桥头乡干部管理准则》，加强干部日常教育管理；严格执行住夜值班制度，引导干部利用值班住夜时间入村走访；强化干部考勤制度，干部下村、开会、出差必须说明事由和去向；注重在一线培养锻炼干部，“以老带新”“驻村工作小组”等方式，敦促年轻干部在实践中成长进步。多渠道推进政务公开、村务公开，全面整改办公用房、公务公车、超标接待。加强矛盾纠纷的调处，全年排查矛盾纠纷155件，调处154件，调处率99.3%。做好重大节日及全国、省、市、县“两会”敏感时期的社会稳定工作，重大矛盾纠纷、重大不定因素及时上报并落实动态掌控人，严防群体事件和集体上访事件的发生。

**【农田水利建设工程有序推进】** 2015年，大桥头乡8个行政村的山塘水库加固工程有序推进，青燕塘、马家塘、大子坞、毛坑坞山塘、外脚塘山塘、椏叉坞山塘、大塘水库通过完工验收，牛塘水库开工建设。浮河段防洪堤工程进展顺利，二期防洪堤左右岸通过完工验收；三期防洪堤三标段通过完工验收，四标段完成90%，五标段完成70%。芳村溪生态治理工程浮河段被评委市优秀示范工程。

**【引进招商引资项目2个】** 2015年，大桥头乡坚持主要领导亲自挂帅，赴杭州、上海等地开展主动招商，引进客弄田园居休闲观光农业园项目和常山县浮河物流仓储综合服务中心建设项目，总投资1.1亿元人民币。发挥“店小二”精神，主动为企业提供代办服务，两家企业完成“个转企”任务。

**【美丽乡村建设】** 2015年，大桥头乡友好村“寨回首”休闲观光生态园林建设项目作为全县重点建设项目，总投资额约为1.12亿元，其中休闲度假娱乐区投资额为5189万元。客弄村“园田居”作为集休闲、娱乐、旅游为一体的综合性生态农业园区，占地1576亩，计划总投资5105万元。濛桥竹筏漂流项目成功启动，自2015年9月30日开漂仪式以来，日接待游客量最多达360人次，已经接待游客约2000多人次，实现门票收入11.2万元，并直接带动当地农家乐和民宿发展。

**【拆违攻坚和集镇整治行动】** 2015年，大桥头乡拆除违法建筑223处，总面积47972.6平方米；拆后处置156户，计33600平方米。对辖区内8个行政村违法建筑存量进行地毯式排摸，确定1456户违建户，违建总占地面积17584.64平方米；对1203户违法建筑进行处置，处置违建面积1.52万余平方米，收缴罚没款50.56万元。制止建设违法行为7起，发放停建通知书9次，没有发生新增违法用地行为。推进集镇改造工作，完成集镇绿化、亮化配套工程项目建设；加大集镇文明创建力度，开展每周“清洁家园”行动，实行垃圾外包清运，提升整体形象，打造特色品位集镇。

**【推进“五水共治”工作】** 2015年，大桥头乡以“清三河”、农民饮用水工程、农村生活污水收集处理为重点，扎实推进“五水共治”

工作。全面落实河长制，实施分块建立段长制，划分党员治水责任区；通过在各行政村的范围内统一划分溪流、渠道、山塘等，形成网格化管理；设置“党员责任区”，成立“党员治水先锋队”，组织党员认领治水宣传、义务巡查、护水节水、排污监管等“五水治水”志愿服务岗，为确保境内虹桥溪、芳村溪、金源溪3条河道水源质量安全作奉献。

**2015年大桥头乡各行政村基本情况**

**表54**

| 村名 | 支书 | 主任 | 村民小组（个） | 户数（户） | 人口（人） | 男性（人） | 女性（人） | 党员（人） | 劳力（人） | 胡柚面积（亩） | 柑橘产量（吨） | 胡柚产量（吨） |
|---|---|---|---|---|---|---|---|---|---|---|---|---|
| 客弄村 | 陈国良 | 宁金全 | 7 | 242 | 667 | 330 | 327 | 26 | 432 | 661 | 925 | 876 |
| 莲塘村 | 汪夏根 | 吴建明 | 6 | 387 | 1246 | 647 | 599 | 36 | 801 | 975 | 1142 | 858 |
| 樟山村 | 曾海河 | 曾有红 | 12 | 632 | 1939 | 1017 | 922 | 83 | 1236 | 1774 | 2277 | 1484 |
| 大桥村 | 陈　群 | 韩国强 | 14 | 608 | 2134 | 1153 | 981 | 44 | 1363 | 1513 | 1531 | 1146 |
| 浮河村 | 郑建平 | 郑开福 | 22 | 1043 | 3194 | 1685 | 1509 | 124 | 2081 | 2709 | 4318 | 2937 |
| 新村村 | 曾明良 | 熊淑全 | 6 | 276 | 883 | 448 | 435 | 23 | 519 | 500 | 926 | 841 |
| 友好村 | 张舍土 | 程正基 | 22 | 633 | 2003 | 1101 | 902 | 76 | 1319 | 1551 | 2130 | 1475 |
| 濠桥村 | 刘志福 | 张小利 | 27 | 1032 | 3165 | 1660 | 1505 | 83 | 2039 | 2399 | 2521 | 1582 |
| **合计** | | | **116** | **4853** | **15231** | **8051** | **7180** | **495** | **9790** | **12082** | **15770** | **11199** |

（余亚仙）

## 芳村镇

**【概况】** 芳村镇地处常山县东北部，始建于北宋重和元年（1118年），有近900年的历史。镇政府驻地在芳村村，距县城21千米。芳村镇是常山县北部交通要塞和枢纽，黄衢南高速公路穿境而过，杭新景高速公路在新桥设有互通式立交，芳村（新桥）至杭州市淳安县界牌、至衢州市柯城区七里乡的公路贯穿全境。辖区东邻柯城区七里乡，南连东案乡、大桥头乡，西交辉埠镇、新昌乡，北接淳安县。镇域面积148.7平方公里，下辖20个行政村和1个居委会。全镇总户数8557户，总人口2.81万人。2015年，芳村镇实现财政总收入2890万元，比上年增长8.9%；完成全社会固定资产投入4.88亿元，增长16%；农民人均可支配收入12850元，增长10.2%。

千里岗山脉从东北延伸入境，矗立着14座1000米以上山峰。地势北、东高，由东北向西南倾斜。东北靠县内最高峰白菊花尖（海拔1395米）。全镇国家重点生态公益林面积3.58万亩，森林覆盖率达80%。提供县城10万人饮用水水源的芙蓉水库坐落在镇内，芙蓉大峡谷是浙西一大奇观，长约10千米、宽20米至40米，深达近百米。有牛脚洞群、芙蓉湖、乐丰桥、原始次森林等特色景观和国家AA级景区——桃花源农家乐。芳村溪、新昌溪两大河流在集镇交会。境内生态优美，山水如画，风景宜人，有着极佳的人居环境，空气中负氧离子普遍超过2000个/立方厘米，是休闲养生、旅游度假的理想胜地。

境内文物古迹众多，矿产资源丰富，名优特产众多。有保存较为完好的芳村明清古街、大处村清代古建筑群和炉山寺佛教圣地。

800多年历史的芳村古街有明清时建筑60多栋。大处古建筑群是县级重点文物保护单位，属清代早期古建筑。叶蜡石、萤石、石煤储量居全县之首，极具开采价值，尤其是石煤含有丰富的稀有金属钒，具有重要战略价值；磁铁矿、黄铁矿、锡、坂铍、大理石等，铅锌矿、石英砂、石灰岩等矿产资源储量大、品位高。芳村镇是纯天然绿色食用油山茶油的重要产地，种植面积4万多亩，已建成省级绿色山茶油基地1万多亩，并建有常山山茶油示范园区。芳村也是常山银毫茶叶的原产地，盛产笋干、薯干、乌桃、无核柿、板栗、高山茶叶、野生猕猴桃等名优土特产，甘蔗种植面积居全县首位；金银花、藏红花、黄花菜、养鸽、石蛙养殖等新兴农业产业发展较快，并形成一定规模。

集镇初具规模。芳村集镇自古以来商贾云集，市场繁荣，贸易活跃，是区域重要商贸中心。集镇常住人口达6000多人。集镇功能完善。新一轮集镇规划面积3.75平方公里，控制性详规已获县政府批准实施，为芳村集镇拉开框架、扩大规模，提高城镇化水平创造了新的机遇。镇工业功能区位于黄衢南高速公路芳村出口附近，基础设施完善，是常山县两个乡镇工业功能区之一，集聚了一批纺织、电子、矿产品深加工等特色工业企业。

2015年，芳村镇完成农民安置区征地170余亩；完成集聚区33号公寓建设和H区块基础建设工程，实现农民异地转移819人；开展4号楼、7号楼两幢安置房建设前期工作。完成芳村村历史文化重点保护村落建设项目规划设计方案竞标工作，并通过项目省级会审；启动古街保护开发相关政策处理工作。推进杭新景高速公路新桥段6个安置区配套设施建设，水电配套设施全部到位，道路建设完成70%左右，“大小三改”工程有序推进。完成芳村溪防洪堤三期工程建设，投资800余万元，建设防洪堤1953米。推进芙蓉峡谷旅游开发项目，项目总投资3.1亿元，在前期多次对可研报告和项目规划方案进行修改的基础上，完成项目决策等前期工作。推进镇工业功能区建设，紫晶矿业项目完成原料输送管道建设政策处理工作，共借地13.5亩；完成厂区、尾矿库土地出让114.4亩；厂房已动工建设。

开展墙院整治工作，完成599户计20.23万平方米的赤膊墙粉刷工作。加强群众精神文明建设，完成3个村文化礼堂建设；成功举办第四届千年宋镇文化节文艺演出和“激情广场月月唱”等文化活动。完成“农村应急广播体系”建设并承办县级现场会。完成大处郑氏宗祠修复工程。

推进“网格化管理、组团式服务”工作机制，完善班子成员信访接待和调处制度。2015年，芳村镇排查矛盾纠纷405起，调处成功率达97.8%。推进城乡居民医疗保险和社会养老保障全覆盖，实行低保核查清理，做好应退尽退、应保尽保，落实低保606户。抓好计划生育工作，提高计生优质服务水平。全年征收社会抚养费100余万元，办理再生育证200多本；设立两个村级再生育审批代办点。高标准完成征兵、民兵规范化建设工作；超额完成征兵任务，大学以上学历占比70.6%，确保兵源质量，未出现退兵等情况。加强民兵基层规范化建设，完成训练86人次，扭转了行政村规模调整后民兵基层建设中的薄弱局面。重视公共安全工作，严格落实安全生产责任制，做好防汛防旱防地质灾害、食品药品安全、消防安全、森林消防等工作。深入推进殡葬改革，基本完成20个行政村的公墓建设。加强镇行政服务场所建设，投资10多万元，建设标准化镇行政服务中心、规范司法所和警调服务室，方便群众办事，提升服务效能。实行“公建民营公助”模式，引导镇中心幼儿园有序招生，2015年首次招生160多名幼儿入学，成功创建“衢州市学前教育示范乡镇”。

是年，芳村镇通过“浙江省体育强镇”“市级的教育示范乡镇”创建验收，在全市百个乡镇分类争先考核中获三等奖。

**【集镇改造全面推进】** 2015年，芳村镇集镇主街道“白改黑”、杆线下地、排水及景观绿化工程全面开工，总投资1200余万元。至年底，主街路面基础建设已完成，线路“上改下”工作基本完成；集镇污水处理厂提升工程全面完成，由原来的日处理污水250吨/天，提升至500吨/天。芳村自来水厂配套建设全面完成，群众饮水条件得到有效改善。法庭、交警中队等项目建设加快推进，完成征地26亩。成立芳村城市管理综合执法中队，公开招聘4名专职协管员。开展集镇整治和“四边三化”集中行动，拆除违法建筑2000多平方米、遮阳棚250余处、移动灯箱103处，规范占道经营400余处，复垦面积2万平方米。主动对接上级政策，申报“省级中心镇”。

**【深入推进“五水共治”工作】** 2015年，芳村镇继续实施“河长制”，开展“代表委员齐治水”活动，巩固“清三河”工作成效。芳村溪和新昌溪芳村段被评为市级“最美原生态河道”。加强“农村双治”工作，全镇8个农村生活污水治理村完成总工程量的75%左右；在全镇推广垃圾分类“2分+”模式。全面完成生猪整治工作，对11户村中场予以关停，对13户规模养殖户全部进行排泄物整治。

**【17个村通过“无违建示范村”验收】** 2015年，芳村镇拆除违章建筑960余处，计17万余平方米；拆后处置671处，计12.2万平方米；补办土地证180余本。全面完成20个村“无违建示范村”的创建工作；17个村通过“无违建达标村”验收。芳村镇被推荐为省“三改一拆”办直接联系指导乡镇。

**【成功打造下畈阁村农业集体经济发展模式】** 2015年，芳村镇深化农村赋权改革，完成农村土地承包经营权证确权登记发证和农村股份合作制改革。以下畈阁村农业集体经济发展模式为试点，提炼经验，探索农村集体经济发展新路子，成功打造“下畈阁模式”，带动农民致富。

**【芳村镇村休闲旅游发展加快】** 2015年，芳村镇民宿经济加快发展，完成新桥、横山路、下畈阁村民宿工程63户计563张床位，并通过县级验收；发展乡村休闲旅游特色村2个，实现3000万元以上招商项目1个，创建三星级农家乐4家。继续创建桃花源AAA景区，推进景区规范管理，提高景区旅游品牌市场辐射力。加强与上级部门对接，积极申报芳村村、大处村为中国传统古村落。

**2015年芳村镇各行政村基本情况**

表55

| 村名 | 支书 | 主任 | 村民小组（个） | 农户（户） | 人口（人） | 党员（人） | 劳力（人） | 外出劳力（人） | 耕地面积（公顷） | | 油茶面积（公顷） | 胡柚面积（公顷） | 柑橘面积（公顷） |
|---|---|---|---|---|---|---|---|---|---|---|---|---|---|
| | | | | | | | | | 水田 | 旱地 | | | |
| 上畈阁 | 徐晓伟 | 徐安平 | 27 | 308 | 1138 | 29 | 795 | 408 | 22.2 | 3.6 | 175.0 | 100 | 360 |
| 下畈阁 | 徐志坚 | 何志英 | 14 | 253 | 853 | 23 | 580 | 260 | 17.1 | 2 | 45.7 | 160 | 240 |
| 畈阁口 | 李　峰 | 徐拥军 | 14 | 245 | 796 | 34 | 498 | 352 | 15.1 | 2.7 | 185.7 | 35 | 145 |
| 芳　村 | 黄志旺 | 伍美华 | 53 | 1295 | 4286 | 173 | 2485 | 1212 | 82.2 | 6.9 | 436.9 | 70 | 305 |

**续表55**

| 村名 | 支书 | 主任 | 村民小组（个） | 农户（户） | 人口（人） | 党员（人） | 劳力（人） | 外出劳力（人） | 耕地面积（公顷） | | 油茶面积（公顷） | 胡柚面积（公顷） | 柑橘面积（公顷） |
|---|---|---|---|---|---|---|---|---|---|---|---|---|---|
| | | | | | | | | | 水田 | 旱地 | | | |
| 园区新村 | 童土有 | 段云木 | 17 | 585 | 2038 | 74 | 1395 | 536 | 62.0 | 6.4 | 134.2 | 402 | 651 |
| 洋　坑 | 徐土福 | 黄有祥 | 16 | 610 | 2109 | 63 | 1145 | 482 | 47.3 | 9.2 | 378.0 | 90 | 921 |
| 洁　湖 | 徐文平 | 徐继和 | 36 | 673 | 2246 | 51 | 1388 | 558 | 50.4 | 7.5 | 98.7 | 20 | 370 |
| 河边山 | 甘礼荣 | 郑新龙 | 9 | 255 | 870 | 25 | 562 | 237 | 21.3 | 3.1 | 92.9 | 85 | 230 |
| 大　处 | 郑献雄 | 郑人德 | 12 | 260 | 848 | 25 | 572 | 226 | 19.8 | 1.7 | 205.6 | 204 | 312 |
| 前　进 | 许松林 | 王芳平 | 10 | 313 | 1048 | 24 | 682 | 445 | 20.4 | 2.4 | 148.1 | 593 | 803 |
| 石　塘 | 姜南明 | —— | 12 | 298 | 1032 | 23 | 681 | 220 | 24.0 | 2.0 | 270.0 | 120 | 155 |
| 修　书 | 饶雨祥 | 王志良 | 22 | 376 | 1185 | 34 | 707 | 399 | 18.3 | 1.3 | 229.2 | 130 | 180 |
| 芙蓉湖 | 张海红 | 朱家红 | 25 | 618 | 1968 | 76 | 1318 | 697 | 40.2 | 1.3 | 220.3 | 200 | 350 |
| 井　河 | 徐月亮 | 徐建民 | 6 | 283 | 859 | 24 | 507 | 242 | 16.9 | 6.7 | 154.4 | 65 | 125 |
| 前　姜 | 曾雪峰 | 卢湖南 | 23 | 502 | 1587 | 80 | 981 | 531 | 25.5 | 3.3 | 0 | 0 | 0 |
| 前　塘 | 徐木土 | —— | 17 | 326 | 932 | 46 | 605 | 312 | 27.3 | 1.3 | 0 | 0 | 0 |
| 东　岗 | 段柳发 | 丁锡亮 | 11 | 162 | 508 | 27 | 347 | 196 | 12.7 | 0.7 | 0 | 0 | 0 |
| 东　源 | 严辉根 | 徐必跃 | 11 | 212 | 597 | 45 | 377 | 206 | 4.0 | 0.5 | 0 | 0 | 0 |
| 横山路 | 王贤祥 | 魏贤标 | 6 | 301 | 907 | 40 | 622 | 307 | 5.8 | 0.9 | 13.3 | 0 | 0 |
| 新　桥 | 王致勇 | 王兴富 | 28 | 691 | 2240 | 100 | 1422 | 978 | 45.0 | 4.0 | 0 | 0 | 0 |
| 合　计 | | | **369** | **8557** | **28069** | **1047** | **17669** | **8804** | **577.5** | **67.5** | **2788** | **2274** | **5147** |

（吴欣颖）

**小资料：**

**张建平：大山里的“最美天使”**

坚守乡村一年容易，难的是三十年如一日；一个人为村民服务容易，难的是全家甘愿服务群众；拒绝一次诱惑容易，难的是面对一次次进城与高薪的诱惑而不动心……有一个人做到了这一点，他就是新桥卫生院主治医师张建平。

说起来，张建平确实“不容易”。张建平现年50岁，自18岁参加医疗工作以来，一直默默坚守在山区卫生院工作。三十多年，他用青春和汗水赢得了山区群众的尊重；三十多年，他的努力与付出换来了一个个厚重的荣誉：2014年第八届“浙江省十佳优秀医师奖”候选人、2015年浙江省第三届十大“最美天使”……

2015年11月23日上午，笔者在新桥卫生院见到了张建平，他准备下午动身，去省城参加“最美天使”的颁奖典礼。笔者忍不住为他点起赞来，憨厚的张建平脸上居然露出几分羞涩，他坐下来，朴实地说：“奖杯不如口碑，认认真真为群众服务，是我一直追求的目标。”

**扎根山区三十年如一日**

张建平父母去世得早，自小在福利院长大。

张建平的父亲，受到许多群众的爱戴与尊敬，从他们的口中，张建平了解到父亲的生平。张建平的父亲年轻时就在乡下开中药店，后来到公社联合诊所当了一名坐堂中医师，一生为无数百姓看病抓药、解除病痛。父亲的事迹，在张建平幼小的心灵扎下了根，他立志学习父亲，为基层百姓服务，做一名好医生。

18岁那年，当政府给福利院的孩子安排工作时，张建平被安排到县城血防站，但张建平却主动要求到偏远山区金源卫生院工作，开始了他的从医生涯。1998年，张建平被调到新桥卫生院，这以后，再也没调动过。

张建平已经和当地群众建立了深厚的感情。在这里，他是村民最信任的“老医生”。“我们平时身体有什么不舒服，就来找张医师检查一下，张医师经验比较老道，服务态度好，我们都相信他。”新桥村民王正通说，这些话是村民共同的心声。

除了上班接诊，出诊也是他平时一项重要的工作。只要接到群众的一个电话，无论刮风下雨，还是寒冬酷暑，无论是忙碌的白天，还是寂静的夜晚，他都会毫不犹豫地上路。在那些弯弯曲曲的山间小道上，经常会看到张建平背着药箱，行走在晨曦晚霞中的身影。

2011年3月的一个晚上，22时许，芳村镇詹村詹诗位家人打来电话要求出诊。张建平立即赶到病人家里，发现患者病情严重，意识模糊，右侧肢体偏瘫。经初步诊断为脑梗塞，应尽快转县级医院进一步治疗。但病人因家里经济困难，膝下只有一个精神病儿子，不愿去医院，要求在家中治疗。在征得病人家属同意后，张建平给出了一个居家治疗方案。此后半个月，他每天爬山涉水，来回奔波十公里，既不耽误医院工作，又把自己当作病人的“儿子”，经细心治疗，患者病情恢复良好，当撤离居家治疗方案时，病人家属含着泪紧紧握着他的手，连声道谢。

2012年1月，临近除夕的一个晚上9时许，张建平接到了岩背自然村王如旺打来的电话。此时，外面正下着瓢泼大雨。张建平放下电话，立即准备急救药品、雨具，骑着自行车赶往病人家中。发现病人痛苦难忍，经初步诊断为肾结石、肾绞痛，他马上采取止痛、解痉消炎等对症处理。3小时后，患者疼痛缓解，病情稳定。张建平离开病人家中时，已经是次日凌晨1点多了。在返回卫生院的途中，要翻过一个小山坡，因夜深天黑雨后路滑，张建平不慎跌倒，弄得满身泥泞，右手背还擦破了一块皮。在寒冷的冬夜里，浑身湿透的张建平又冷又痛，但一想到病人那刚刚舒展的眉头，他便什么都忘掉了，心中仿佛充满了暖流与力量。

一只小小的药箱，承载着张建平医生对山区群众的款款深情，一次次出诊，一路留下的足迹，是他对山区群众健康的责任。

**妻女成了他的“助手”**

张建平老家在县城西门，按照道理，更有理由调到城里工作。其实，这么多年来，也有多次进城工作的机会，但张建平每次都放弃了。

1991年，因县城关卫生院扩建，需要新调一批医务人员充实临床医疗力量，当时县卫生局了解到张建平的情况，就决定选调他进城，可张建平却婉拒了局里的好意，说他和山区老百姓有多年的感情，了解山区老百姓的看病习惯，更适合山区卫生院工作；2004年，县城有一家新建民营医院找到张建平，想让他去当主诊医师，待遇从优，张建平果断谢绝高薪聘请，留在了新桥卫生院……

10多年前，为了方便生活，安心山区工作，张建平动员妻子王人芝放弃城市生活，一起把家安在卫生院，过着以院为家的生活。

“王奶奶，你家较远，等会吊针打完回去吃饭就晚了，就在我这吃吧。”“张师母，你家里成了我们病人食堂了。”在新桥卫生院门诊大厅，常常会听到这样的对话。王人芝受张建平的影响，从开始单纯照顾丈夫生活，到后来也主动做些服务山区患者的事。平时家务活干完了，她就到门诊来，为患者端茶送水，碰到离家远的患者，都会让他们留下来吃饭，有患者医药费不够时，她二话不说就给先垫付了。

耳濡目染下，女儿张秀娟对这些山区群

众不仅尊敬有加，也特别愿意为他们服务。参加工作以后，每个月的休息时间，都雷打不动地回到卫生院，为父母打下手，也为来卫生院看病的村民做些服务工作。因为她在城里上班，一些村民便经常托她买东西，她不仅有求必应，还常常自己垫钱。

2014年，卫生院隔壁一位大爷，想买个老年机，可大爷行动不便，儿女都在外地，就试着找到张秀娟，让她到城里给带一个回来。她不仅垫了几百块钱给老大爷买回手机，钱还让他欠着，一直等到半年以后，老大爷儿子回来才还给她。

（王海福、徐 楠）

## 新 昌 乡

【概况】 新昌乡位于浙江省西部，县境北部，是全国油茶之乡，省级民间文化艺术之乡，省级紫番薯之乡。辖区东连芳村镇，南接辉埠镇，西界开化县，北邻淳安县。乡政府驻地距县城直线距离22.5千米，公路里程27千米。属山地丘陵地区，山地面积8270公顷。最高点八面山，海拔1012米，为常山县第二高峰。植被以油茶为主，兼有松杉林，落叶、阔叶和常绿叶树混交林。新昌乡气候温和湿润，四季分明，雨量充沛，年平均气温16.5℃～17.1℃。主要矿产资源：煤、钨、锰、锡、铜、萤石、白石英、花岗岩、白岗岩、铅、锌、石灰石等。萤石矿储量达1700万吨，氟化钙达745万吨。

2015年，新昌乡总面积110.6平方公里；耕地面积6378亩，其中水田5856亩、旱地522亩，主栽水稻、小麦、玉米、豆、番薯等。山林面积60908亩，其中，油茶林53761亩，年产山茶油50万公斤左右；毛竹林7147亩，拓展发展毛竹深加工业。种植厚朴等中药材831亩；引进发展紫番薯、小水果450亩。下辖新昌、对坑、黄塘、岩前、辂辂、郭塘、达塘、茶源、泰安、西源10个行政村。基层党支部12个，党员588人。常住户5616户，17486人，其中出生191人，死亡105人，人口自然增长率4.4‰。实现全社会固定资产投资累计达1.547亿元，财政收入达1180万元，农民人均纯收入11158元，属于全省欠发达乡镇。

新昌乡有中心小学1所，教学点3个，在校学生508人，专任教师37人；幼儿园8所；基本医疗保险参保人数13910人。

2015年，新昌乡完成为民办实事项目10件：（1）全面启动农民饮用水提升工程；（2）开展土地流转促进农业招商，完成1个农业观光项目建设；（3）完成1个省级美丽宜居示范村项目建设；（4）启动6个行政村农村生活污水治理项目；（5）完成新昌溪—洞门口延伸段防洪堤建设；（6）完成油茶丰产精品园及木榨油茶展示馆项目建设；（7）巩固“无违建乡”创建成果，实施安置小区建设；（8）完成两个村文化礼堂建设；（9）全面启动乡村道路两侧绿化、美化、洁化风景线建设；（10）推进乡村旅游配套服务设施建设，建成农家乐7家，新增民宿床位100张。推进“无违建乡创建”，拆除违法建筑240多户，面积4万多平方米，7个村通过县级“无违建示范村”验收。成立农民建房审批攻坚小组，开展为期一个月的集中审批攻坚活动，加快农民建房审批速度。集中开展集镇集中整治行动，拆除室外雨棚45个、广告牌30处，清理占道经营22处，处置乱堆乱放65处，拆除违章建筑2处，完成集镇广告牌、雨棚的统一改造，集镇面貌大为改善。严格落实“三张清单”，重构党建责任、目标、重心、力量，合力大抓基层。全面推进“金钉子”基层党组织创建，狠抓村干部队伍建设，激发村级发展活力。

是年，新昌乡获评“市级卫生乡镇”

“市级文明乡镇”“市级平安乡镇”；黄塘村廖红俊被国家旅游局评为“中国乡村旅游致富带头人”称号。

**【社会民生项目建设扎实推进】** 2015年，新昌乡启动对坞村整村异地搬迁工程；实施农民饮用水工程，解决近7000名群众的饮用水问题；解决农民住房刚性需求，为180户群众办理住房审批。完成“一事一议”项目5个。完成谢家等村病险水库除险加固工程，完成新昌等地防洪堤建设项目，完成10个村公墓建设。全面实施乡村道路拓宽工程。推进6个村生活污水处理项目建设。加快推进赤膊墙整治、农房改造等民生项目的建设。

**【环境治理成效显著】** 2015年，新昌乡以“清三河”达标县创建为契机，全面深化“五水共治”工作，严格落实“河长制”，对全乡范围内的河道进行深度整治。建立村庄卫生长效保洁制度，加快垃圾处理设施提升改造，乡垃圾中转站建成并投入使用。全面推广农村垃圾分类处理，探索农村垃圾资源化。强势推进生猪整规工作，6个村生活污水处理项目建设加快推进。全乡生态环境质量进一步得到提升，乡镇交接断面水质考核全年保持优秀。

**【村庄建设富有特色】** 2015年，新昌乡主打“生态牌”，成功创建两个市级森林村庄——郭塘村与黄塘村。创建美丽乡村精品村1个、美丽乡村培育村2个、省级美丽宜居示范村1个。借力“文化名乡”，新建1个省级农村文化礼堂，提升1个农村文化礼堂。围绕“一点成一线、一季成四季”乡村休闲旅游发展目标，以“五个一”为主线，打造旅游村，初步形成“乡镇有品牌、村庄有特色、沿线有景观”的旅游发展雏形。

**【打造成功“黄塘模式”美丽经济】** 2015年，新昌乡大力发展乡村休闲旅游，加快旅游基础设施建设，提升旅游环境品位。黄塘景区精品休闲项目、重点休闲区块集聚效应显现，民宿经济全面兴起；启动国家AAA旅游景区创建工作，打造“浙西香格里拉”。推广土地折价和资金入股等公司化运作模式，推动农村资产资源效益化，涌现出“黄塘模式”美丽经济发展新样本。2015年7月22日省长李强到黄塘村调研，对“黄塘模式”给予充分的肯定。11月10日“绿色中国行走进美丽常山”，公益明星走进黄塘村开展推介旅游，极大地提高了新昌乡的知名度。

黄塘休闲小木屋

（黄红霞　摄）

**【油茶特色产业发展势头好】** 2015年，新昌乡做好振兴“常山三宝”这篇文章，依靠全乡5.3万余亩、总面积位居全县首位的油茶生产基地，完成油茶低改1200亩，完成15千米林区道路建设，实施油茶低改、技术培训、技术推广，探索实施30亩红花油茶新品种造林，新增培育发展家庭农场5家，家庭农场农产品质量年度抽检合格率达100%。建成1个油茶主题公园和1个传统榨油技艺展示馆。10月21日，成功举办浙江省首届油茶文化节，山茶油产业龙头地位全面确立。

**【新昌乡农村淘宝交易量名列全县前茅】** 2015年，新昌乡以争创“电子商务百强县”为契机，鼓励辖区内行政村开设农村淘宝服务站点，完成电子商务村级服务点7家，农村淘宝交易量在全县名列前茅。新培育农产品网上销售龙头企业（年销售额100万元以上）1家。培育农村电商创业带头人，新取得市级以上发证的技能评定人数20人。8月21日，淘宝大学县长电商研修班在常山县举办，53名来自全国各地的县委书记、县长及其他县领导莅临新昌乡交流学习农村淘宝发展经验。之后，全国各省、市、县20多批次领导先后到新昌乡学习考察农村电子商务。

**【新昌乡社会保障体系不断健全】** 2015年，新昌乡落实好农民就业培训工作，组织培训农民800多人。抓好结对帮扶、来料加工工作，推进旅游、电商等新兴产业促进扶贫，全面消除4600元以下贫困现象。完善以城乡低保、农村“五保”为主的社会救助保障体系，城乡居民基本医疗保险参保率达95%，民政各类救助惠及500多人，发放救助资金100多万元。

**2015年新昌乡各行政村基本情况**

**表56**

| 类别 \ 村名 | | 新昌 | 对坑 | 黄塘 | 岩前 | 辂辂 | 郭塘 | 达塘 | 茶源 | 泰安 | 西源 | 合计 |
|---|---|---|---|---|---|---|---|---|---|---|---|---|
| 村民小组（个） | | 27 | 8 | 8 | 21 | 29 | 21 | 14 | 20 | 10 | 30 | 188 |
| 农户（户） | | 856 | 371 | 324 | 457 | 938 | 715 | 533 | 608 | 325 | 489 | 5616 |
| 人口（人） | | 2665 | 1154 | 972 | 1439 | 2677 | 2394 | 1572 | 1869 | 1014 | 1740 | 17486 |
| 党员（人） | | 124 | 40 | 30 | 51 | 71 | 71 | 63 | 53 | 22 | 63 | 588 |
| 劳力（人） | | 1549 | 673 | 567 | 840 | 1562 | 1397 | 917 | 1091 | 592 | 1015 | 10205 |
| 外出劳力（人） | | 600 | 261 | 220 | 325 | 605 | 541 | 355 | 422 | 229 | 393 | 3949 |
| 劳务收入（万元） | | 1319 | 573 | 483 | 715 | 1330 | 1190 | 781 | 929 | 504 | 865 | 8688 |
| 耕地面积（亩） | 水田 | 1706 | 553 | 235 | 414 | 950 | 738 | 655 | 490 | 239 | 367 | 5718 |
| | 旱地 | 86 | 45 | 21 | 61 | 61 | 74 | 44 | 76 | 32 | 22 | 522 |
| | 合计 | 1162 | 598 | 256 | 475 | 1011 | 812 | 699 | 566 | 271 | 389 | 6240 |
| 山林面积（亩） | 竹林 | — | — | — | — | — | — | — | — | 908 | 6239 | 7147 |
| | 油茶林 | 5630 | 1880 | 4587 | 4290 | 8859 | 4469 | 4936 | 7629 | 7467 | 4013 | 53761 |
| | 合计 | 5630 | 1880 | 4587 | 4290 | 8859 | 4469 | 4936 | 7629 | 8375 | 10252 | 60908 |
| 油茶籽产量（吨） | | 73 | 10 | 4 | 4 | 16 | 12 | 16 | 14 | 6 | 11 | 166 |
| 中药材面积（亩） | | 300 | — | 50 | — | 200 | 400 | 50 | — | — | — | 1000 |
| 柑橘面积（亩） | | 607 | 286 | 357 | 1370 | 625 | 637 | 402 | 241 | 416 | 0 | 4940 |
| 柑橘产量（吨） | | 693 | 327 | 408 | 1566 | 714 | 728 | 460 | 275 | 475 | 0 | 5646 |
| 其中胡柚 | 面积（亩） | 380 | 95 | 90 | 420 | 330 | 400 | 190 | 5 | 210 | 0 | 2120 |
| | 产量（吨） | 390 | 100 | 90 | 440 | 340 | 410 | 200 | 5 | 230 | 0 | 2205 |
| 村级经济（万元） | | 100 | 2 | 15 | 2 | 10 | 6 | 6 | 6 | 4 | 7 | 158 |
| 人均收入（元） | | 11810 | 10135 | 9685 | 11958 | 10636 | 10721 | 10894 | 9505 | 9878 | 10481 | 10692 |
| 区域面积（平方公里） | | 11 | 3 | 5 | 9 | 8 | 9 | 13 | 11 | 13 | 30 | 111 |

（盛颖洁）

小资料：

## 廖红俊："浙西香格里拉"的追梦者

一

黄塘村距县城约25公里，坐落于新昌乡西北方向深山老林中。或许你并不知道，如今被誉为"浙西的香格里拉"的黄塘村，在二十年前，还是一个与现代文明搭不上边的穷乡村。

让这个普通山村实现美丽"蝶变"的人，是在这里土生土长的一位普通山里汉子——现年52岁的廖红俊。他，也是一个不普通的人——浙江省"双带好党员"，省、市劳动模范，市人大代表，衢州市、常山县科技示范户，县"十佳农村乡土人才"……众多荣誉，让许多人刮目相看！

从新昌乡乡政府所在地出发，10余分钟后，道路便渐渐曲折起来。车窗外的山，也是险峻巍峨。然而，道路两边，各种花儿开得正艳，黄的波斯菊、紫的雪花丹、白的百日草，五颜六色，煞是好看。

到了村口，几块巨石组成的村牌，别具一格，灵气闪现，几个鲜红的大字跃入眼帘：黄塘村欢迎你！

初次相见，廖红俊给人的第一印象就是朴实，完全是一个地道的农民：中等身材，皮肤黝黑，一头精神利索的短发，一件普通的靛青色T恤衫，一条洗得发白的牛仔裤……

1981年，高中毕业后，廖红俊就在乡小学里代课，连续当了8年老师。1988年10月，经亲戚介绍，他成了省林业厅林业勘测院的一名职工。1989年1月，他与朋友合作，经营矿石生意。次年，他又外出务工、开饭店。1993年，他回到了村里，做起了茶叶贩销生意。1997年，廖红俊当选为村委会主任；2002年，他又被选为村党支部书记。在担任村干部的18年间，廖红俊为村里、为村民办的实事，不胜枚举。但让村民与外人最佩服的，是廖红俊把青山绿水变为"美丽经济"的本领。

二

俗话说："靠山吃山。"要怎样才能发展山区经济，带领村民脱贫致富呢？当上村干部后，廖红俊就一直思考这个问题。但是，当时村集体经济只有1500元，"不是开玩笑，村里要买张红纸都困难。"廖红俊说。

廖红俊虽然有心为村里做更多的事情，却一直没有找到好的项目。

有一天，廖红俊到县农业局办事，听到这样一个消息：常山油茶被认定为中国绿色食品，还被评为省优质农产品。

这个消息让廖红俊的精神为之一振：村里有那么多的油茶山，为何不带领村民发展山茶油呢？

说干就干，廖红俊立即到相关部门咨询，与村两委干部到外地考察，参加油茶栽培管理培训班等。然而，村干部们高涨的热情遇到了村民的冷水："种下去以后要管理五六年才会有收入，太慢。""家里没有劳动力，茶籽都挑不下来。"

但是，廖红俊却对发展山茶油充满信心。他与村两委干部分头走访群众，连续几夜与村民谈心，还多次召开村民代表大会征求意见。

"是的，我们现在油茶的产量低，那是因为没管理好，我们可以请专家来指导，进行油茶低改；山上的茶籽挑不下来，我们可以建设林间道路；茶油的价格低，我们可以打造品牌……"在一次村民代表大会上，廖红俊说的一番话，句句朴实、诚恳、在理，打动了在场的村民。

最后，廖红俊决定采用"合作社+村集体+农户"的模式发展油茶产业，并创办了常山绿玲珑茶业专业合作社。

第二年，他与农业局等有关部门对接，着手实施低产油茶林改造，项目面积4000余亩；接着又实施油茶精品园等项目，提高单位亩产和茶油品质。

"现在大家都注重食品卫生，讲究健康，

油茶的特性就是没啥虫害，不用打农药，施的也是有机肥，而且油茶籽要除去外面那层厚厚的果壳再进行提炼，绝对生态。”廖红俊非常看好油茶的市场前景，在做好油茶产量与品质提升的同时，他又对茶油实行统一加工、统一包装、统一价格、统一销售，建立品牌扩大影响。

“产量与价格都提高了很多。”杨土富也是多年的村干部，他深有体会地说，十几年前1亩能出4公斤多点油，售价一般是每公斤20元；这几年，产量大大提高，亩产量有11公斤，经过包装，售价达每公斤70元，农民增收非常明显。

2003年，经过市场调查，廖红俊又在新昌乡葛畈畈建立了黄塘村下山脱贫食用菌栽培基地。这一年，廖红俊还尝试种植紫心番薯，并在试种成功的基础上向乡亲们推广。

廖红俊为村民做了一系列的实事，得到了大家的信任与拥护。2013年11月，黄塘村党支部换届选举时，廖红俊以满票连任，一时被当地群众传为佳话。

三

“廖书记办事最公平公正，他从不欺负老实人，也不让圆滑的人占便宜。”在外黄塘自然村村民方美芳的家门口，她连连称赞廖红俊。2010年，她家建新房，隔壁几个邻居联合起来，借口说她家新房挡了村民的出路，阻挠她家造房子。

她向廖红俊述说家里的事时，都委屈得哭了。

“你安心做事就好了，也不要跟邻居发生口角，其他的事，我去找他们谈谈。”廖红俊安慰道。

当天下午，廖红俊就找到那几位邻居。“方美芳家的新房是审批过的，过道的问题，往外移了一点，也没什么大碍。都是抬头不见低头见的邻居，人家造房子也不容易，我们没帮上忙，还要去刁难，这样会好吗？”几句话，说得邻居们怪难为情的。

“后来，再也没有人来找我们家的麻烦了。”方美芳充满感激。

“光这条路，我们就得好好感谢廖书记呢。”谈到门前的路，村民程东根感慨不已。

2007年，村里有一个康庄工程项目，要修一条从自然村到村主干道的路，而且全部由政府出钱。

村民听说要修路，顿时炸开了锅，许多村民跑到村里去要求，希望将自己村（自然村）里的路先修起来。里黄塘与外黄塘两个自然村的村民也相互争论不休，互不相让，相持不下。

“说实话，当时我们外黄塘村民都觉得这个项目不可能放在这边。”程东根解释，一方面是里黄塘自然村的人口要多得多；另一方面，从里黄塘到村主道是580多米，而外黄塘离村主道有1030余米，而且都是石壁，如果要修路的话比较麻烦，需要爆破。

在召开村民代表大会讨论此事时，廖红俊提出将项目放在外黄塘。

“为什么啊？外黄塘才那几户人家。”

“外黄塘山高路远，修路的成本要高出几倍呢。”

大家七嘴八舌地议论着，甚至还有人说这样的“狠话”：“廖书记，你一个里黄塘人，怎么胳膊肘往外弯啊？”

“你这话就说得不对了，什么叫胳膊肘往外弯啊？我们都是一个村子里的人！”廖红俊清清嗓子，大声说：“大家静一静，听我把话讲完。”

“正是因为外黄塘修路工程量更大，困难更多，所以要趁这个机会把这条路先修起来。请大家想想，以后即使没有这种项目，里黄塘这条路我们村里自己修，也会容易些。但是，错过这个机会，外黄塘农户又不知要爬多少年的山路了……”

话音未落，村民便鼓起掌来。

四

事实上，黄塘村的发展也走过弯路。早些

年，黄塘村开有花岗岩矿，虽然对农民收入和村集体经济都有益，但造成的水土流失、山林破坏却让廖红俊心痛，在他的努力奔走下，石矿最终被关停。后来，村里又发现了萤石矿，许多客商慕名而来想要投资，都被廖红俊一一谢绝。廖红俊劝说村民，牺牲环境换来眼前的一点小利太不值得，既愧对祖宗，也没法向后人交待，而且青山绿水是比地下矿藏更宝贵的资源。

话虽在理，但仍流言四起。大家不能理解，地处偏僻、山多地少的黄塘村，有客商来投资是求之不得的事，怎么能闭门谢客？廖红俊心中十分清楚，必须让家乡的好山好水生出真金白银，才能服人心。

只要听说哪个村的美丽乡村建设有亮点、哪个村的乡村休闲旅游项目有特点、哪个村的民宿经济有特色，廖红俊就会约上一二个村两委干部，自己开车过去学习。像柯城七里、江山浮盖山、开化钱江源等地，廖红俊都去过了。

“附近的景点与村庄建设，因有相似性，更有可借鉴的地方。”廖红俊说，发达地区的经验虽然成熟，但不一定适合黄塘村发展。

油茶林重获生机，每到冬季，油茶花开满山野，香飘村庄，这让廖红俊萌发了新的想法：冬季能赏的花不多，为什么不借机发展观光旅游？

很快，黄塘村在油茶山上建起游步道、仿古观花凉亭等。

有一次，廖红俊到乡里开会，间隙，听到几位年轻乡干部聚在一起谈话。

“我见过一种红花油茶，开起来的花又大朵又鲜艳！”

“是啊，如果成片成片地开起来，比杜鹃花好看多了！”

说者无心，听者有意。廖红俊立即四处打听哪里有红花油茶苗出售。当他了解到江西有树苗买时，立马购回800株红花油茶苗，栽种在油茶精品园内。“2015年下半年就能开花，到时候，村里又多了一个赏花景点。”廖红俊开心地说。

实践证明，廖红俊与村两委干部们的发展思路是正确的，天然的山水、优美的环境，确实可以给村民创造财富。

“我烤的是玉米饼，城里人可喜欢吃了，平均每天能卖三四十个呢。”一位60多岁的阿姨在漂流景区摆了一个煎饼摊，谈到自己的小生意，她可开心啦。“现在，慕名而来的游客一拔又一拔，我的生意也好了。玉米饼一个能卖3元，还有山上挖来的野百合、笋干，也能卖十几块钱一斤。”

来到村里一家小百货店门前，女主人廖香你正在宽敞亮堂的两层半小洋房里打扫卫生。她一脸幸福地说，“现在村民基本都建起了新房，大家的生活条件好了，我的生意也更好了。”

据了解，2014年，黄塘村集体经济收入达到200多万元，村民的人均收入达到了9400元。

然而，廖红俊在城里开的绿玲珑茶业门市部，现如今生意却差了许多。“城里的店我请了一个人守着，因为村里事务多，自己都半年没去过了。”廖红俊说。

## 五

沿着村口往前数百米，就是八面山漂流基地。

“漂流这个项目，费了一番周折才得以建成，但却为黄塘村项目建设开了一个好头，摸索出一条全民动员、全民共建、全民共享的好路子。”新昌乡组织委员王志渊介绍。

2012年，廖红俊到柯城区七里乡去了一趟，看到那里的漂流办得风生水起。他认真观察，发现七里的环境、溪流、水量等情况，跟村里非常相似，当时他就觉得：黄塘村也应该能搞得好漂流啊。

回来以后，廖红俊就把自己的想法跟新昌乡乡长魏斌汇报，乡里也非常支持廖红俊的想法。但是，一个现实的问题，难住了廖红俊：招商招不来，村集体又拿不出钱，个人投资更不可能……奔波了一段时间后，因为未能筹到资金，项目只好搁浅。

许多人觉得，漂流的事儿肯定就这么黄了。

然而，并没有人知道，事实上廖红俊从未放弃过。他开始思考：能不能找到一条新路子，或者创新一个新模式呢？

“怎么办？我也没经验，只能四处请教。”廖红俊放低身姿当起“学生”，找村里的经营能人讨教、请村民出点子、邀旅游专业人士出谋划策……慢慢地，一种经营模式在廖红俊头脑里成型。

2014年4月，在一次村民代表大会上，廖红俊再一次提出建设漂流项目的话题，并建议通过“集体+个体”的方式来筹资、“公司+农户”的方式来经营、“资源+资金”的方式来分红的思路。

话题一出，立即引起了村民的强烈兴趣。经过多次讨论，村里决定采用集体与个体共同入股的办法筹资，并成立“浙江常山黄塘旅游景区开发有限公司”来负责运营。

主意已定，立即行动。按照预算，漂流项目投资需要300余万元。村里的8名乡贤带头出资，“投资最多的达40万元，最少的也有10万元。”

“这样，项目所需资金就筹集起一半多了。”廖红俊说，当时村集体还有40多万元，经过大家讨论，决定拿出30万元入股。余下部分，村民自愿入股，最少的3000元即可，一共吸引了32户村民入股。分红时，从每张门票中抽出5元，均分给每个村民。

资金到位，项目上马。2014年4月22日，黄塘村“八面山漂流”项目开工建设，谁也没有想到，经过短短100天左右时间的建设，8月7日，漂流项目就正式对外营业了。

“他创造了‘黄塘速度’，如果没有坚定的理想、信念，是不可能完成的。”乡组织委员王志渊动情地说，这是廖红俊带着党员干部一帮人，不等、不靠、不拖，抢晴天、战雨天的结果。

干在实处永无止境。“仅仅靠油茶花和漂流肯定不行！油茶花只在冬天盛开，漂流枯水期也开不了漂。”2015年4月，廖红俊与村两委干部专程去杭州、嵊州等地考察，寻找适合村里开发的旅游项目。

一圈跑下来，收获还真不少，他们从外地景区的发展中，受到了启发。

回村后，一系列项目上马了：滑草场、油茶博览园、稻草文化园……

“滑草场投资120万元，面积有4800多平方米。”廖红俊说，建设滑草场时，排水、坡度等，他都请了相关专业人员来设计。选购滑草车时，也颇费了一番心思，车身的轻重、操纵杆、方向盘……他都仔仔细细考虑过，一共试了六七种车型，最后才选定一款车型。

果然，滑草项目受到许多游客的关注。7月18日，2015衢州亲水节之常山新昌滑草漂流文化旅游节前几天，廖红俊就不断接到游客打来的电话，咨询滑草场的票价、开放时间等。

为了给游客带来更多的体验和观赏项目，村里又兴建了一条花果长廊。这条1000余米的长廊被打造得浪漫温馨，仰头所见满是各种花卉和观赏瓜果，仿佛置身于一个缤纷的童话世界。

时值盛夏，对岸的梯田里，20多亩苜蓿花开得正闹，红艳艳一片。花丛中，布满形态各异的稻草人：相依亲密的恋人、憨态可掬的牛羊、威武欲飞的长龙……

## 六

七月是流火的季节。但行走在村子里，到处可见顶着烈日在施工的村民。每到一处，廖红俊总会停下脚步，上前察看一番：“挖出来的砂石，不要压坏别人地里的树苗哦。”

“这段包坎，明天能完工吗？”“做事情的时候，大家要注意安全哦。”……

听到村支书的暖心话语，有些村民干得更

起劲了。

村民正在修建的是环村主干道拓宽工程。该干道全长3000米，从3.5米拓宽到5.5米，计划用半个月时间拓宽、夯实路基，8月底全部铺成柏油路。

“这么快能完工吗?”

“能。”一个响亮的声音回答道。但这并不是廖红俊的声音，而是路旁一位正在拌水泥的老伯的声音。

老伯自我介绍说，他叫黄民根，曾是本村的老书记。

谈起修路的事，黄民根的话匣子一下子打开了。

“我记得很清楚，这条路第一次修的时间是1998年。”黄民根说，当时，是采用投工投劳的方式的，每个村民派了13.5个工，工程也是廖红俊负责的。

“那时修路，也在七八月份，天气正热着呢。”黄民根拉起衣襟擦了擦额头上的汗珠，接着说，廖红俊每天都会去买一批西瓜回来，送到工地上给大家降温消暑，上午、下午各送一次。当时，大家真的很感动。后来，没有上工地的妇女们，也行动了起来，她们自己动手做豆腐，烧好后送到工地上，每人一碗地分着吃。工匠在廖红俊家吃中饭时，就把自家地里种的黄瓜、丝瓜、豇豆，一篮篮地送到他家中去……

前后两次修路，不同的是时间，相同的是群众的支持。当我们问起，是什么原因使得大家如此支持村里的工作时，许多村民直言不讳地说，是因为村支书廖红俊带头带得好，村两委干部做得好。

每个项目从申报到动工，需要跑多个部门沟通、协调，耗费时间、精力不说，个人开销也不是一笔小数目。“村两委干部一共7人，一年下来，没有一个人到村里报销过一分钱的油费，更不要说是招待费了，我们全部都是自理的。”方菊丹是村里唯一的女村委，在谈到村两委班子的工作时，欣慰地说，大家都很团结，并且在廖红俊的感染下，每个人都甘为项目作奉献。

一直以来，只要村里有在建项目，廖红俊每天都早早来到工地上。“最早到工地上的肯定是廖书记。”“有时6点不到，他就来了，特别是冬天，天还没大亮呢。”旁边的几位村民也纷纷插话，“廖书记为了村里的事，受苦受累不说，还情愿吃亏，我们再不支持哪还说得过去。”

## 七

其实，村民支持村里的工作还跟廖红俊始终把村民家的事当成自己家的事有关。

2012年夏季的一天，对于村民黄云水来说，是痛苦而又不能忘却的。

那天早上，是他送女儿去上学的。

到了学校，他跟女儿说：“爸爸今天要去外村帮工，傍晚放学奶奶会来接你，一定要听话哦。”

“爸爸放心，我会听话的。”进校门前，10岁的女儿还乖巧地回头甜甜地说了一声：“爸爸，再见!”

“想不到，这是女儿跟我说的最后一句话……”说到这儿，黄云水的眼眶瞬时湿润了。“傍晚，我突然接到廖书记的电话，说我女儿出事了，要我立即赶到县人民医院去。”

医院的情景让黄云水目瞪口呆：奶奶哭得死去活来，她怀里紧紧抱着的孙女，身体已经冰冷……

在廖红俊的叙述中，黄云水模模糊糊地听出了个大概：放学时，奶奶牵着孙女的手往家里走，走了仅仅1000多米，在横穿马路时，不幸发生了——一辆飞驰而来的农用车，迎面撞飞了他的女儿……

廖红俊得到消息时，第一时间赶到现场，一边报警，一边组织抢救，然而很遗憾，小女孩还是没有抢救过来。在医院，为防止发生意外，廖红俊安排了两名村干部专门陪伴悲痛的家属。当晚，廖红俊垫付了所有医药费用，便着手安排后事。

几日后，廖红俊组织双方协商赔偿办法，他建议农用车主赔偿黄云水22万元，因农用车主只能拿出18万元现金，廖红俊提出余款延期一年给付，并主动出面担保，双方都同意接受了。

“当时的处理意见，我还是蛮满意的。”黄云水回忆起这件伤感的事时，既痛心又感动。

“廖红俊真心有良心。”村民陈舍根也说了一件发生在他家的事。

十几年前，陈舍根花了9000元买下村里一座废弃的榨油厂，准备用作建新房的地基。然而，那些年家中一直不顺，让他怀疑是因为买来的榨油厂的原因。抱着试试看的心理，陈舍根想到要将榨油厂退还给村里。找到了村委会主任后，主任答应可以考虑以12000元的价格回购。没等主任跟书记商定，陈舍根又单独找到了廖红俊。廖红俊按照9000元存银行的方式粗粗算了一下，可以合到17000元左右。

第二天，村两委干部一起讨论回购榨油厂的事情时，村委会主任等人反对廖红俊的意见，认为以这种价格回购的话，村里太亏了。

“既然大家都不同意，我也不会让村里吃亏，还是我个人出钱买下榨油厂吧。”会议结束，廖红俊就找到陈舍根协商，两人谈好以17500元成交。

“我真的没想到廖书记会这么爽快。”陈舍根说，当时，他也觉得很为难。陈舍根就对廖红俊说：“要不再跟村里的几个干部谈谈，重新定个价格吧。”

“就这么定吧。”廖红俊宽慰他，“别说出钱买榨油厂，村民有困难，我出点钱帮忙也是应该的。”

“廖书记的一番话，感动得我差点流泪。现在，我家条件也好转了，村里有什么事，我一定会全力支持的。”陈舍根的话，是那么诚恳、那么自然……

## 八

村民说，廖红俊一心为公，所以大家支持他。

廖红俊说，他感恩于大家的支持，所以要更卖力地为村民办实事，办好事。在他的口中，我们听到了这样一个故事。

时间倒流到2015年2月18日，那天是农历大年三十。每年的这天，廖红俊必然要为给付村民的工钱忙碌。

5点不到，廖红俊就起床了。他披上一件大衣，坐在明亮的日光灯下，翻开一本记录本，拿出一个计算器，边写边算。可算了一会儿，他犯难了，因为项目多，资金缺口较大。

吃过早饭，正要出门到村民那借钱发工资的廖红俊，碰巧遇上了回家过年的陈新国。在广州做灯具生意的他，看见村里发生如此巨大的变化，非常开心，当即“拦下”廖红俊，要与他好好聊聊，当了解到村里正缺资金给付工钱时，当场就答应借给村里80万元。

“80万元，可不是个小数目。”廖红俊回忆起当时的情景还是感慨不已。

“你说村民这么支持我，我不努力干，行吗？”说这句话时，廖红俊是一脸的认真。

事实为廖红俊的“努力干”加了注解。从2014年4月到2015年7月，短短一年多时间里，黄塘村完工或正在实施的各种项目有20多个，包括污水处理、绿化亮化等，总投资1000多万元。

认真劲，使得他能把样样事都完成得很好。7月18日，彩旗飘扬，锣鼓喧天。在黄塘村的文化礼堂广场上，人头攒动，热闹非凡，2015衢州亲水节之常山新昌滑草漂流文化旅游节在这里隆重举办。

“廖红俊这个人，完全符合习总书记提倡的‘四人’要求，是政治的明白人、发展的开路人、群众的贴心人、班子的带头人。”新昌乡党委书记朱开明夸赞道，村里“五水共治”“三改一拆”等工作，都走在全县的前列。

娇翠欲滴的群山，清新甘甜的空气，山村独有的宁静，错落有致的楼房……绿水青山就是金山银山。在“点金”山水的路上，怀揣梦想的廖红俊与村民一起，把黄塘村变成了——“浙西的香格里拉”！

（徐功富、廖志良）

## 白石镇

【概况】 白石镇位于县境西南，地处浙赣两省三县市交界处，素有“两浙首站”“八省通衢”之称，镇政府驻地白石街距县城公路里程13.5千米。辖区东交常山天马、金川街道，南界江山市大桥镇，西邻江西省玉山县岩瑞镇，西北接壤球川镇。区域总面积46.2平方公里，辖7个行政村、99个村民小组，有90个自然村。常住户3225户，总人口10382人。杭金衢高速公路与320国道在白石镇境内交会，320国道自东向西贯穿5个村。境内有中坊至球川、白石至江山市大桥两条县级公路。7个行政村均通水泥路，总里程18千米。全镇有学校1所，专职教师27人，义务教育普及率100%。有文化站、图书室8个（其中村文化站、图书室7个），藏书6120册。镇中心卫生院1所，卫生技术人员28人，其中医生4人，病床11张。计生服务站1个，服务人员2人，负责妇幼保健、防疫及地方病防治等。邮政储蓄所、信用社各1个。集贸市场1个。7个行政村通电、通邮、通电话、通有线电视。2015年，全镇实现工农业生产总值39322万元，比上年下降16.07%；地方财政收入221.4万元，下降5.38%；农民人均可支配收入13082元，增长10.1%。

2015年，白石镇加大企业扶持力度，围绕“规划一批、实施一批、储备一批、洽谈一批”的工作思路，紧抓项目不放松。博文合众、阿哈伞业、向阳轴承、合利金属、不老泉养生养老5个项目先后开工。鑫龙轴承与沃尔沃公司达成长期供货协议。全镇粮田面积8050亩，粮食产量4098吨，完成订单任务1600多吨，其中种粮面积100亩以上的种粮大户13户。全面推广胡柚栽培新技术，胡柚种植面积2800亩，建成常山胡柚精品示范基地4个。推行地力培肥工作，完成低丘缓坡地力培肥项目2个，面积240亩。引导发展高效农业，建成绿禾农业、大义葡萄、安吉中草药等一批精品农业基地，新培育家庭农场5家。打造农业品牌，芳良家庭农场“莲子”品牌通过有机农产品质量认证。发展花卉苗木，花卉栽培面积3000多亩。推进农村土地综合整治，完成曹会关等6个村农房整治项目，面积达7万平方米。

2015年，白石镇抓好城乡居民基本医疗保险征缴工作，参保人数7515人，参保率96.5%。发放补助资金285.7万元，其中落实农村低保132户，发放保障金80.5万元；落实农村医疗救助40户，发放农村医疗救助款26.3万元；发放残疾人补贴122.6万元；落实“五保户”集中供养和60周岁以上失能失智老人生活补助，发放经费42.2万元；落实临时救助、冬令救助、春节慰问等，发放救助金14.1万元。完成困难群众住房救助15户，帮助下山脱贫90户计281人。开展扶贫攻坚，完成全镇168户4600元以下低收入农户的排查、帮扶、脱贫工作。开展计划生育百日攻坚行动，计划生育率91.2%，环孕检率99%，长效节育率72%，征收社会抚养费72万元。加大文化基础设施投入，完成十八里村和聚宝村的文化礼堂和“义工家园”建设。注重农民素质培训，举办乡村旅游、农村大厨等培训班5期，服务农民转移就业。重视做好老干部、老龄、民宗、慈善、关心下一代等工作。国防后备力量建设、征兵和双拥工作得到进一步加强。

是年，白石镇先后获得“衢州市卫生乡镇”“衢州市药品安全示范乡镇”“衢州市食品安全工作示范乡镇”“血防联防先进集体”“县信访工作目标管理考核优秀乡镇”等荣誉称号。《衢州日报》头版先后报道白石镇“三改一拆”工作、白石镇“村务成绩单”工作、白石镇人大代表联络站建设；白石镇村村联合物业经济宣丰农建投工作也被《衢州日报》报道。

**【规划布局国道经济】** 2015年，白石镇修编完善镇域总体规划和土地利用总体规划，引导企业向国道沿线集聚，打造国道工业带，已有十几家企业沿国道落地。打破要素制约，保障企业发展空间，完成博文合众、鑫龙轴承两宗工业企业建设用地出让。推动来料加工转型升级，有6家个体加工点完成向一般纳税人转型，其中年加工费发放超百万转型升级企业有4家。

**【白石镇全域景区化加快推进】** 2015年，白石镇完成乡村休闲旅游风情小镇和养生养老特色小镇规划编制，指导全镇乡村旅游发展。启动“一村一景”工作，7个村因村制宜，挖掘文化、自然资源，分别谋划若干项目，实现串点成线成面。新塘岭村不老泉养生养老基地年接待游客7万人次，被评为衢州市精品民宿点，农家乐特色点和乡村休闲旅游特色酒店；聚宝村百亩荷塘、戏水池、文化广场建成，民宿和农家乐加快发展，赏荷景区基本建成；曹会关村天师井、古城墙、白石墟日市场、草坪古驿站古军营相继开建，常玉古道文化旅游线初步成型。长生湖风情园项目已完成前期规划设计，启动项目建设。

**【经济发展方式创新】** 2015年，白石镇联合7个村，抱团入股组建“常山县宣丰农村建设投资公司”，开展农特产品销售、物业经济等业务，探索村级集体经济发展新模式，被列入常山县农村改革六大模式案例，受到市委、市政府高度关注和肯定。白石镇农村电子商务发展态势良好，新增网店165家，布点农村淘宝代购服务站2家。

**【“五水共治”全面推进】** 2015年，白石镇全面实行河道挂牌责任制，落实“河长制”，推进洁水养鱼，铁腕整治生猪养殖，关停养猪场7家，督促9家养殖场整改污染直排行为。开展“洁美星级户”评选和“五水共治、代表先行”活动，提高群众保洁意识。3个村的污水管网铺设和终端建设工程通过或已达到上级验收标准，4个村污水处理工程正常推进。保障群众饮水安全，完成新塘岭、草坪、小白石等村农民饮用水安全提升工程。

**【“四边三化”】** 2015年，白石镇提早部署，镇村合力，对320国道白石境内8.4公里沿线加水点、乱堆乱放、乱搭乱建等进行全面整治、清除。同时把整治与造景结合起来，完成十八里国道沿线17户庭院改造。

**【“无违建”创建名列全县首位】** 2015年，白石镇拆除违法建设142处，面积35493平方米，审批新建179户，发证100户。严格“四到场”制度，严控新违建。白石镇有6个行政村通过“无违建示范村”验收，“无违建”创建工作排在全县首位。“一网多格、一格多员、全员参与、责任捆绑”的网格管理新模式，实现全方位监督管理，及时制止违法建设的苗头和倾向，形成常态化管理机制，巩固拆违成果。

**【集镇建设展新貌】** 2015年，白石镇坚持建管并重，开展集镇整治行动。拆除乱搭乱建17处，整治面积500余平方米。完成白大线集镇段主干道改造和绿化带设置。集镇人行道、沿街商铺广告牌改造基本完成。实施集镇亮化工程，新安装路灯20余盏。实施集镇河道生态修复整治，疏浚清淤河道2.8千米，修筑堤坝1.2千米，集镇截污纳管率达80%以上，建设完成800平方米文化广场。完成墟日市场搬迁，墟日拥挤无序局面得到较大改观。探索集镇管护一体化机制，推行管护市场化运作。集镇“六个一”建设有序推进，基本达到洁美要求，全市集镇建设现场会把白石镇列为观摩点。

**【注重阳光政务建设】** 2015年，白石镇切实加强干部作风建设，严肃查处干部“不作为、慢作为、乱作为”行为。深入推行“阳光政务”，实行财政预决算、“三公”经费及镇务、村务定期公开，主动接受群众和社会监督。自觉接受镇人大主席团的法律监督和社会民主监督，坚持重大项目和资金安排集体决策制度。对照中央“八项规定”，严控“三公”经费支出。规范村级财务管理，实现村级公务零招待。引入第三方代理公司，完善镇级招投标平台建设。推行“民情茶馆”，探索干群零距离无约束沟通模式，这一模式受到省、市信访部门的一致肯定。

**【社会管理水平不断提升】** 2015年，白石镇强化信访维稳源头治理，化解各类矛盾纠纷209起，其中上级转办的信访案件25件全部办结，信访案件办结率、结案率均达100%，无一例去省赴京。抓好安全生产，开展食药品、来料加工、交通等重点行业领域的隐患排查整治，把各类隐患消灭在萌芽状态。全年无重特大事故发生，群众安全感和满意度进一步提升。重视社区矫正和反邪教工作，全年接受社区矫正对象4人，解除矫正9人，在册社区矫正对象8人中未发生一例矫正对象再违法情况。

**2015年白石镇各行政村基本情况**

表57

| 村名 | 支书 | 主任 | 村民小组（个） | 农户（户） | 人口（人） | 党员（人） | 劳力（人） | 外出劳力（人） | 耕地面积（亩） | | 山林面积（亩） | 柑橘面积（亩） |
|---|---|---|---|---|---|---|---|---|---|---|---|---|
| | | | | | | | | | 水田 | 旱地 | | |
| 十八里 | 吴国明 | 许金水 | 12 | 415 | 1276 | 78 | 797 | 469 | 986 | 215 | 6023 | 620 |
| 白石 | 胡红旗 | 胡长水 | 24 | 639 | 2453 | 108 | 1452 | 676 | 1451 | 312 | 6273 | 991 |
| 小白石 | 吴先水 | 胡长军 | 8 | 385 | 1149 | 43 | 725 | 375 | 1058 | 57 | 3690 | 350 |
| 曹会关 | 廖海富 | 陈用浙 | 8 | 248 | 836 | 38 | 519 | 270 | 631 | 228 | 3562 | 301 |
| 草坪 | 林芳良 | 廖礼红 | 19 | 675 | 2032 | 102 | 1222 | 602 | 1659 | 217 | 11085 | 745 |
| 新塘岭 | 郑小军 | 董献忠 | 16 | 470 | 1493 | 68 | 894 | 551 | 1273 | 184 | 5467 | 410 |
| 聚宝 | 黄杰伟 | 黄财富 | 12 | 393 | 1143 | 59 | 610 | 316 | 989 | 138 | 9405 | 120 |
| **合计** | | | **99** | **3225** | **10382** | **496** | **6219** | **3259** | **8047** | **1351** | **45505** | **3537** |

（胡小芳、刘抒妍）

# 球川镇

**【概况】** 球川镇位于常山县西部，是浙赣两省三县（常山、玉山、开化）交界处的千年边陲古镇、省级中心镇、市级经济强镇。辖区东连同弓乡、何家乡，东南交白石镇，西、西南部与江西省玉山县毗邻，北与开化县接壤。镇政府驻地红旗岗距县城16.5千米。

人文历史源远流长。唐肃宗乾元年间，玉常分界，球川归常山管辖。黄巢起义，亦曾屯兵球川，北宋太平兴国六年（981）设君子乡，1929年设七都乡，1935年置球川镇，1947年改为球川乡，至1984年9月改为建制镇，球川二字源于朱熹“山环成球、水流成川”之句。

文化旅游资源丰富。境内有建于明万历末年的兴贤塔、北宋991年的九都桐门福田寺、清末同治九年的三十六天井屋、东坑古道等历史古迹；越剧、杨柳青调、道情说唱、狮子舞、舞龙等民俗艺术传承至今；拥有国家级生态保护区——塘岭，原始次森林总面积达20平方公里，千家排水库、红旗岗水库、王家南绿休闲山庄、棋盘山古树群等生态旅游资源丰富。球川豆腐、贡面、雪片等特产美名在外。

区位交通优势明显。地处浙、赣两省三县（常山、玉山、开化）交界，杭金衢高速公路斜贯境东南，在境南接江西省梨温高速公路，在后弄村窑上设互通立交进出口、停车区及管理服务中心，出口处距镇政府所在地500米；320国道穿境而过；球川至三清山的通境公路即将开工建设。另有3条县级公路在境内交会；20个行政村通公路，公路总里程48千米。

土地和人口资源丰富。镇域面积129.5平方公里；森林覆盖率72.3%。辖20个行政村、1个居民委员会，334个村民小组。常住户10103户，其中农村常住户10812户；户籍人口39267人，其中常住人口35657人、外来人口620人；农村劳动力24021人，其中外出务工人员12611人。从业人员23003人，其中外来从业320人；从事第一产业7032人，第二产业7669人，第三产业7982人。

集镇基础设施日趋完善。镇区规划面积12.5平方公里，建有利川北路、利川南路、建安东路、建安南路、红军北路、红军南路、红杉北路、红杉南路、红旗路、丽蓉路、崇文路、青梅路等12条主干道；建成日供水1万吨水厂1个，垃圾分类处理厂1座，街道垃圾桶300多只；建成集镇排水污水管网总长37千米，污水净化处理终端1个；有集贸市场3个，各种商业设施齐备，市场繁盛。

集镇品位稳步提升。卫生院、中心小学、中心幼儿园、汽车站、农贸市场、派出所、法庭、专职消防队、综合执法分局、相关金融机构均落户集镇。省三星级综合农贸市场投入使用。集酒店、住宅、超市为一体的商贸综合体项目已主体结顶。全县首个乡镇商品房项目——“蓝庭苑”完成一期开发。

2015年，球川镇财政总收入1982万元，财政总支出1263万元，农村居民年人均纯收入15333元。辖区耕地面积1974公顷，其中旱涝保收面积1610公顷、林地面积12423公顷、园地面积535.6公顷。农业机械总动力13499.62千瓦。农业科技与服务单位1个，农技人员25人。全镇生产粮食1.07万吨；水果产量9207.5吨，其中胡柚产量4569.5吨；蔬菜产量12852.7吨；水产品600吨；肉类产量2522.9吨。农林牧渔业总产值0.14亿元。拥有工业企业72家，工业产值6.18亿元。有初中1所、中心小学2所，专任教师148人，其中初中教师55人；在校学生2716人；其中初中学生800人；义务教育普及率100%；幼儿园7所。文化站1个。卫生机构16个，其中村卫生室13个、村卫生服务站2个、镇中心卫生院1个；有职称的卫生技术人员31人，其中医生10人；床位30张。20个行政村均通电、通邮、通电话、通自来水，拥有有线电视8300户，有线电视入户率75.3%；自来水普及率100%。敬老院3个，床位260张，共收养老人140人；基本医疗保险参保28184人，享受居民最低生活保障1343人。

**【球川镇入围全国百个中心镇建设示范试点】** 2015年4月，球川镇成功入围全国百个中心镇建设示范试点单位，为球川提速发展迎来新的历史性机遇。球川镇制定出中心镇示范试点三年行动计划（2015—2017 年）建设方案，描绘出球川镇的未来发展蓝图。未来三年，球川镇将抢抓中心镇示范试点建设机遇，紧扣省际协作、功能配套、区域辐射、产业发展、体制创新等重点，打造产业有实力、形象有魅力、特色有张力、机制有活动的“浙西第一镇”。

**【球川镇规划建设 15 个乡村休闲旅游项目】** 2015 年，球川镇为提升生态农业示范长廊品位，加快发展乡村休闲旅游，积极引进社会资本，发挥当地资源优势，加大对三十六天井、棋盘山古树群等生态人文节点的开发建设力度。同时，在生态农业种植和休闲观光农业结合上做文章，培育示范性家庭农场，依托“上红线”沿线生态农业基地，谋划推进沿美丽乡村风景线布点的乡村休闲旅游项目。“谷舞仁生”农业观光园、花园黄泥畈等 15 个乡村休闲旅游项目正在规划、建设中，投资概算 3.9 亿元，其中社会性投资项目 11 个。

**【“同景光伏”一期通过验收】** 2015 年 8 月 6 日，省、市、县各级相关部门代表及专家会同项目设计、施工单位对常山县同景新能源有限公司 30 兆瓦农光互补地面光伏电站项目一期 10.89 兆瓦工程进行验收。验收会上，3 位与会专家对同景项目给予高度评价，认为该项目符合当前农光互补、生态发展的典型案例，一致同意通过验收。

**【球川镇率先推出“民情通”手机 APP】** 2015 年 5 月底，球川镇率先推出“民情通”手机 APP，开通信息发布、消息推送、互动交流等多种功能，设有党建动态、球川发布、驻村随访等 8 个板块。

**【三十六天井第一期修缮工程启动】** 2015 年 10 月 21 日，球川镇三十六天井修缮工程正式启动。旧宅分期修缮，一期主要是西厢房和大门的修缮工程，总投资 160 多万元。此次修缮基本原则就是“修旧如旧”，由台州专业古建筑修缮工程队承接该修复工程。

**【球川镇与慈溪市周巷镇签约结对】** 2015 年 9 月 11 日，球川镇与慈溪市周巷镇友好结对仪式在球川镇政府举行。慈溪市委常委、周巷镇党委书记傅贵荣，副市长汪有土率党政代表团参加；县委常委、宣传部部长苏新祥讲话，县委常委、常山—慈溪山海协作产业园管委会主任马焕勇参加仪式。

**【红旗岗农贸市场正式运营】** 2015 年 9 月 20 日，耗资 700 余万元的红旗岗农贸市场正式投入运营，100 多家经营户入驻。红旗岗农贸市场占地面积 4500 多平方米，配备监控摄像头、电子显示屏、消防栓等设备。此农贸市场已通过省文明市场验收。

**【球川镇综合执法中队成立】** 2015 年，球川镇借力“四边三化”“三改一拆”等中心工作，通过规范经营户店面招牌、零担菜进市场等举措，全力改善集镇面容面貌，一改以往“脏、乱、差”的负面印象。根据全国中心镇建设示范试点建设相关要求，需建立一级消防站，其中队员人数要达到 16 人，原球川镇消防站虽于 2013 年就已配备专业的消防车、消防摩托车、灭火器材以及专线接警平台等专业设备，而人员短缺、素质不高却一直是开展工作的“拦路虎”。2015 年 10 月，球川镇成立综合执法中队，并与消防站整合，主要负责集镇规范经营、违法建筑巡查、镇容镇貌维护，应急救援等管理职能，建立集镇长效管理机制。此次共招聘 8 名综合执法队员。

**【球川镇红色纪念馆建成】** 2015 年 12 月，球川红色纪念馆在球川镇后弄村建成。该纪念馆采用图文介绍、实物展示等形式，真实记录常山县大革命时期、土地革命时期、抗日战争时期、解放战争时期的历史事件、代表人物、革命故事，生动形象地展现军民英勇顽强、不屈不挠的革命精神。该馆成为常山激励后人追寻革命遗迹、开展红色文化旅游的爱国主义教育基地。

**2015 年球川镇 2000 万元以上非国有工业企业情况一览**

**表 58**

| 企业名称 | 法人代表 | 职工（人） | 年产值（万元） | 销售额（万元） | 税收（万元） | 利润（万元） | 工资总额（万元） | 人均工资（万元） |
|---|---|---|---|---|---|---|---|---|
| 司比轴承 | 徐志军 | 40 | 260.1 | 260.1 | 0 | -624 | 152 | 3.8 |
| 瑞宝亚克力 | 徐卫红 | 22 | 3675 | 3675 | 70.2 | 159.6 | 149.1 | 6.8 |
| 亚瑞轴承 | 姚晓晓 | 50 | 2093.2 | 2093.2 | 15.5 | -39.3 | 279.1 | 5.6 |
| 海蕴服装 | 闻伟钦 | 99 | 2073.2 | 2073.2 | 178.5 | -152.3 | 449.7 | 4.5 |
| 鸿腾铝业 | 舒国多 | 32 | 2271.3 | 2271.3 | 51.4 | -27.4 | 123.8 | 3.9 |
| 恒嘉轴承 | 张汉民 | 90 | 3757.3 | 3757.3 | 110 | -85 | 420 | 4.7 |
| 赛赛轴承 | 毛赛赛 | 294 | 7917.4 | 7917.4 | 358.7 | 23.4 | 1041.6 | 3.5 |
| 三禾工艺品 | 李延龄 | 36 | 3213.1 | 3213.1 | 115.4 | -30 | 95.2 | 2.6 |
| 宏毅轴承 | 华木水 | 130 | 4092.9 | 4051.4 | 149.9 | -20.3 | 482.3 | 3.7 |

**2015 年球川镇各行政村基本情况**

**表 59**

| 村名 | 村支书 | 村主任 | 村民小组（个） | 农户（户） | 人口（人） | 党员（人） | 劳力（人） | 外出劳力（人） | 耕地面积（公顷） | 山林面积（公顷） | 胡柚面积（公顷） | 胡柚产量（吨） |
|---|---|---|---|---|---|---|---|---|---|---|---|---|
| 后弄 | 钟金良 | 林学忠 | 15 | 465 | 1478 | 48 | 980 | 480 | 26 | 303 | 7 | 200 |
| 芙蓉 | 王金发 | 王忠 | 41 | 1140 | 4057 | 153 | 2758 | 1212 | 72 | 3315 | — | — |
| 红旗岗 | 刘堂林 | 鲁周国 | 40 | 721 | 2349 | 124 | 1594 | 1010 | 51 | 2569 | 16 | 245 |
| 杨家 | 杨著兴 | 黄龙泉 | 8 | 290 | 1134 | 22 | 771 | 275 | 56 | 190 | 15 | 430 |
| 西村 | 方高生 | 廖伟成 | 20 | 515 | 1907 | 59 | 1334 | 810 | 90 | 112 | 8 | 195 |
| 东山 | 华盛平 | 林国堂 | 26 | 730 | 2605 | 124 | 1823 | 863 | 128 | 298 | 15 | 405 |
| 球川 | 徐永禄 | 徐文新 | 43 | 1368 | 4685 | 214 | 3168 | 1430 | 136 | 1019 | 31 | 940 |
| 东坑 | 廖端泉 | 吴剑锋 | 18 | 356 | 1166 | 45 | 782 | 430 | 43 | 1317 | 2 | 45 |
| 王家 | 王瑞泉 | 王瑞科 | 10 | 316 | 1094 | 31 | 733 | 456 | 61 | 419 | 1 | 23 |
| 三溪 | 刘文荣 | 罗平平 | 17 | 570 | 2013 | 66 | 1361 | 938 | 99 | 418 | 1 | 22 |
| 吴家 | 廖学政 | 林国华 | 7 | 236 | 788 | 42 | 522 | 320 | 53 | 422 | 1 | 40 |
| 上安 | 占志建 | 章益民 | 7 | 291 | 1083 | 36 | 730 | 336 | 78 | 78 | 15 | 360 |
| 馒头山 | 许水平 | 李大春 | 14 | 435 | 1585 | 63 | 1108 | 665 | 116 | 211 | 13 | 295 |
| 沙安 | 史华平 | 严可发 | 9 | 342 | 1119 | 40 | 749 | 460 | 58 | 186 | 13 | 300 |
| 黄泥畈 | 周水刚 | 周燕清 | 7 | 305 | 1082 | 48 | 704 | 280 | 59 | 152 | 2 | 25 |

**续表 59**

| 村　名 | 村支书 | 村主任 | 村民小组（个） | 农户（户） | 人口（人） | 党员（人） | 劳力（人） | 外出劳力（人） | 耕地面积（公顷） | 山林面积（公顷） | 胡柚面积（公顷） | 胡柚产量（吨） |
|---|---|---|---|---|---|---|---|---|---|---|---|---|
| 九　都 | 邵文木 | 李建锋 | 9 | 310 | 1035 | 41 | 710 | 382 | 56 | 194 | 8 | 120 |
| 棋盘山 | 徐富来 | 汪伟国 | 8 | 345 | 1208 | 44 | 823 | 586 | 108 | 37 | 10 | 225 |
| 常　周 | 程其虎 | 廖跃明 | 4 | 240 | 890 | 31 | 662 | 292 | 59 | 475 | 13 | 300 |
| 龙　绕 | 舒国民 | 陈根红 | 14 | 659 | 2276 | 98 | 1559 | 800 | 130 | 295 | 7 | 140 |
| 新　店 | 黄在机 | 姜壮荣 | 17 | 469 | 1585 | 56 | 1150 | 586 | 132 | 413 | 9 | 260 |
| **合　　计** | | | **334** | **10103** | **35139** | **1385** | **24021** | **12611** | **1610** | **12423** | **187** | **4570** |

（程慧娟、洪玲玲）

## 同弓乡

【概况】　同弓乡位于常山县城西郊，乡政府驻地距县城8千米。辖区东连金川街道和浙江常山工业园区，南接白石镇，西交球川镇，北界何家乡。G60（沪昆高速公路）贯穿境内；320国道和205国道在同弓乡集镇相交构成“十”字形交通枢纽，常红公路和钳何公路从乡政府驻地交叉而过。境内有省级自然保护区——太公山鹭鸟自然保护区和国家AAA级景区——彤弓山文化古村落，有鸡公桥和关帝庙等建造于清康熙年间的人文景观。每月农历逢“四”“九”为同弓乡的传统墟日。生态环境宜人，文化底蕴浓厚，是“全国环境优美乡”“浙江省生态示范乡”“浙江省旅游强乡”“浙江省体育强乡”。

2015年，同弓乡区划总面积38.50平方公里，下辖8个行政村，92个村民小组；有61个自然村，农户3260户，总人口10651人（其中农业人口6505人）。全乡有11个党支部，436名党员。实现财政总收入920.6万元，比上年增长2.8%；全社会固定资产投资完成3.19亿元，增长36%；农民人均可支配收入14302元，增长12%。参加城乡居民基本医疗保险8137人。计划生育率80%，社会抚养费征收率达80%，环孕检率98.32%。实现农业总产值4471万元，林业总产值1210万元，牧渔业总产值3575万元。粮食作物种植面积9514亩，亩产量364千克；油料作物种植面积4771亩，亩产量146千克。花卉种植面积1050亩；水果种植面积8331亩，年总产量7671吨。造林面积879亩。全乡来料加工点19个，全年累计加工费2380万元。开展农村妇女面点制作培训70人，农村电脑技术人才培训30人，来料加工培训100人。排查民事纠纷185起，信访报结率100%。

全乡新增加土地流转面积1000多亩，现代农业园区面积拓展到4000多亩，园区全年接纳800多村民长年务工，月平均工资约2500元。投入350万元推进现代农业园区主入口景观化改造。农产品质量建设成效显著，检测农产品229批次，合格率达97.82%。粮食生产订单任务全面落实，完成粮食收购232.1万公斤。注册成功有机石榴和有机油茶2个有机农产品品牌。

实施招商引资“一号工程”，做好“回归工程”文章。同弓乡党委、政府通过举办“寓外能人”座谈会、同乡会等形式，动员寓外人士回乡投资创业，2015年引进常山果滋然果业有限公司、常山新地农业科技有限公司、江西柳林农业发展有限公司3家企业，引进资金8700万元。

同弓乡休闲旅游发展迅猛，2015年接待游客4万余人次。做好彤弓山村村歌创作推广工作，唱响《心醉彤弓山》村歌。

开展“清三河”行动，严格落实“河长制”，分段配置各级河长联动治水和志愿者治水公示牌。全乡推行垃圾“二分+”模式，改造村庄垃圾分类池20多个，新配垃圾分类大桶184只、小桶2400只、景观桶20只。投资324万元建设垃圾中转站、生活垃圾资源化利用、有机垃圾产沼气综合利用处理设施项目。投入1280万元，推进生活污水治理工程，铺设纳污管道33699米，建成单户分散式污水处理设施1984个，集中式污水处理终端设施12个，受益农户2571户，覆盖率87.4%。完成禁养区15家生猪养殖场的关停和猪舍拆除，退养生猪940多头，拆除养殖房面积1700多平方米。完成农民饮用水提升工程总工程量70%。启动集镇整治工作，新铺设彩砖人行道、停车场2500多平方米，改造集镇危旧围墙300多米，清理沿线棚架设施102个，改造集镇临街店铺广告牌127块，整治废弃物堆放点22处，建设公路沿线绿化景观点7处，新增绿化景观面积4000多平方米。依法拆除“一户多宅”、未批先建、乱搭乱建农房172宗，面积44585平方米；处罚超面积建设等57宗，收缴罚没款67988.9元；做到一户一档台账清晰，5个村通过县级验收。

是年，同弓乡被评为衢州市2014年度粮食生产先进乡镇、常山县2013—2014年度禁毒工作先进集体、常山县党管武装工作先进单位、常山县文明乡镇、常山县新农村建设优秀单位。

**【同弓乡休闲旅游发展迅猛】** 2015年，同弓乡先后举办2015常山同弓鲜果采摘节，承办2015常山柚花飘香文化旅游节、首届“常山三宝”杯千人环游骑行大会和“绿色中国行走进美丽常山”暨2015中国常山胡柚开采启动仪式等县级重大活动，采摘游、生态游、古村落游等乡村休闲旅游发展迅猛。新增怡丰农庄、梦云山庄、田美农家、古桥农家、白鹭鱼岛等三星级农家乐经营户8家，其中3家被评为省级示范型家庭农场。大宝山家庭农场参加杭州农博会，常山绿润家庭农场参加2015浙江精品果蔬展销会，绿润葡萄产品获农博会金奖。浙江每日会农业开发有限公司被中国旅游协会休闲农业与乡村旅游分会评为全国休闲农业与乡村休闲旅游星级示范创建企业，浙西现代农业观光园入选中国乡村旅游金牌农家乐。培育乡村特色酒店1家、空心房民宿12家，创建省级农家乐特色村、特色点各1个。

**【彤弓山村创建国家AAA级景区】** 2015年，同弓乡财政投资2000多万元，完成彤弓山村仿古立面改造二期工程、彤弓山村文昌阁建设工程等项目建设。仿古改造古街边民居外立面26幢，粉刷整治农户“赤膊墙”56幢，整治农户庭院50余户，完成入村口标识景观、滨水生态步道、掬水古街修复等项目。启动骑行漫道，谋划文昌阁、古树群、游客接待中心及琼苕爱情文化广场、村庄旅游标识标牌、旅游合作开发等市场化运维经营项目；发展村庄农家乐、空心房民宿等乡村休闲旅游服务设施。彤弓山文化古村落通过国家AAA级景区创建景区质量评估。

**【建设“两美”示范乡镇】** 2015年，同弓乡依托生态农业示范长廊建设规划，对境内的长廊沿线进行洁化、序化、绿化和景观节点等项目建设，拆除长廊沿线临时搭建物、构筑物等各类有碍观瞻物6000多平方米，清理各类建筑垃圾、生活垃圾和杂物等50多吨，建成金川源村入口、现代农业园区入口、关庄桥集镇入口等景观节点7个，改造提升通至现代农业园区的危桥1座；长廊沿线金川源村段、山边村段和彤弓山村段的农户庭院整治提升工程进入招标施工阶段。创建中和、同心、彤弓山3个“美丽乡村”精品村，推进关庄桥“美丽乡村”培育村建设。启动村内小公园、农户庭院整治等项目，新增绿化面积8000多平方米；整治农户庭院100多户，面积2300多平方米；整治“赤膊墙”113户，38737平方米。

**【发展“互联网+”农业】** 2015年，同弓乡通过全方位保障、多元化销售、抱团式发展，推动互联网与农业领域融合，助推农产品走进“电商时代”。在阿里系平台发展网店150家，培育年网络零售额重点300万元以上网商企业2家、农产品网上销售龙头企业2家。实施农村电子商务实用人才培训工程，全乡22人取得市级以上技能证书。首次试水淘宝众筹模式，联合园区内绿润、嘉沃、发英3家较大的家庭农场，推荐销售葡萄、提子、火龙果等鲜果，完成订单320份计54981元，推介销售新鲜水果2000多千克。

**【举办常山同弓提子（鲜果）采摘节】** 2015年，同弓乡有专业葡萄、提子、火龙果、猕猴桃、杨梅等种植户40户，种植面积3700多亩，亩产量2吨左右，总产值3000多万元。8月7日，由同弓乡政府主办的常山同弓提子（鲜果）采摘节启动仪式暨激情广场月月唱活动在县城文峰广场举行，6000多名观众到场观展。为期两个月的提子（鲜果）采摘游活动期间，县现代农业园区共接待游客1万多人次，日均接待量160余人，销售葡萄、提子5.5万多千克，销售额90万多元。

**【中和村创建“金钉子”基层党组织】** 2015年，在全县大抓基层组织年活动中，同弓乡中和村围绕打造“金钉子”基层党组织，村“两委”班子带头，引导群众唱主角，大力实施农村清洁工程，使村容村貌焕然一新；规范村“两委”干部工作职责、工作开展内容，提升村“两委”干部以及党员群众干事创业热情；坚持每月组织一次党员活动，安排党员、群众外出学习“五水共治”经验；借助“三民工程”，为村民代办建房审批、独生子女证办理等事项，打通服务群众“最后一公里”。年底，县委授予中和村“2015年度‘金钉子’党组织”称号。

（章小燕）

**2015年同弓乡各行政村基本情况**

**表60**

| 村名 | 支部书记 | 村民主任 | 常住户数（户） | 常住人口（人） | 党员（户） | 劳力（人） | 外出劳力（人） | 耕地面积（亩） | | 山林面积（亩） | 胡柚面积（亩） | 柑橘产量（吨） | 胡柚产量（吨） | 人均收入（元） |
|---|---|---|---|---|---|---|---|---|---|---|---|---|---|---|
| | | | | | | | | 水田 | 旱地 | | | | | |
| 彤弓山 | 徐成火 | 徐立闪 | 140 | 378 | 32 | 362 | 180 | 508 | 20 | 1060 | 10 | 6 | 13 | 15801 |
| 同　心 | 邹清华 | 余泽荣 | 430 | 1451 | 57 | 942 | 480 | 1460 | 120 | 4400 | 100 | 15 | 100 | 13650 |
| 关庄桥 | 章玉君 | 占新华 | 703 | 2364 | 77 | 1306 | 610 | 1843 | 468 | 1653 | 210 | 3 | 630 | 13962 |
| 金川源 | 刘小兵 | 袁小花 | 532 | 1619 | 49 | 1045 | 360 | 1725 | 60 | 2500 | 500 | 20 | 1610 | 14520 |
| 中　和 | 潘广丰 | 占廿九 | 465 | 1535 | 51 | 998 | 748 | 1525 | 180 | 15200 | 650 | 30 | 1625 | 15400 |
| 湖石头 | 洪治国 | 洪金民 | 311 | 954 | 29 | 483 | 403 | 928 | 120 | 2676 | 400 | 18 | 530 | 13938 |
| 山　边 | 洪永录 | 张忠 | 456 | 1473 | 37 | 930 | 360 | 1400 | 800 | 300 | 200 | 5 | 50 | 14506 |
| 胡　村 | 胡水禄 | — | 365 | 1344 | 30 | 822 | 485 | 1346 | 46 | 6880 | 148 | 10 | 620 | 12629 |
| **合　计** | | | **3402** | **11118** | **362** | **6888** | **3626** | **10735** | **1814** | **34669** | **2218** | **107** | **5178** | **14302** |

（周　颖）

# 组织机构及负责人名录

## 新增副处以上领导干部简介

**方　荣**　男，汉族，1976 年 10 月生，广东普宁人，2002 年 6 月入党，1998 年 8 月参加工作，研究生学历。现任常山县人民政府副县长、党组成员（省下派）。

## 县级领导机构及负责人名录

**中共常山县委员会：**

书　　记：王良春
副 书 记：毛建国
　　　　　王郁松
常　　委：苏新祥
　　　　　夏建军
　　　　　甘土木
　　　　　吴利平
　　　　　马焕勇
　　　　　余　风
　　　　　吴福贵
　　　　　周群丽
　　　　　毛献明
　　　　　郑建华（2015. 07—　　）

**常山县人民代表大会常务委员会：**

主　　任：徐建华
副 主 任：王文达
　　　　　王小平
　　　　　熊雨土
　　　　　俞宝根
　　　　　徐　柯
党组书记：徐建华

**常山县人民政府：**

县　长：毛建国
副县长：夏建军
　　　　郑建华（2015. 01—2015. 07）
　　　　顾建华
　　　　揭政东
　　　　郑金仙（女）
　　　　何健（女）
　　　　何喜萍
　　　　姜苏州（2015. 06—　　）
　　　　方　荣（2015. 07—　　）
党组书记：毛建国

**中国人民政治协商会议常山县委员会：**

主　　席：林红汉
副 主 席：谢雨生（兼）
　　　　　陈国珠（女）
　　　　　胡震云
　　　　　黄法云
　　　　　罗诚剑（兼）
党组书记：林红汉

**中共常山县纪律检查委员会：**

书　　记：周群丽（女）
副 书 记：范东英（女）
　　　　　郑顺满

**常山县人民武装部：**

党委第一书记：王良春
党委书记：吴福贵

政　　委：吴福贵
部　　长：宋明亮
常山县人民法院：
院　　长：王小红
党组书记：王小红
常山县人民检察院：
检 察 长：郑慧胜
党组书记：郑慧胜

## 县级机关部门及责任人名录

### 一、县委工作机构

县委办公室：
主　　任：王生智
县委县政府信访局：
局　　长：徐朝威（2015.01—2015.05）
陈　芳（2015.06—　　）
县委政策研究室：
主　　任：陈　岗（2015.01—2015.02）
朱　璋（2015.08—　　）
县委保密委员会办公室（县人民政府保密局）：
主　　任：廖小兵
县委机要局（县密码管理局）：
局　　长：许　赟
县委报道组：
组　　长：汪　峻
县委县政府督查（考核）办公室：
主　　任：汪启红
县委台湾工作办公室（县政府台湾事务办公室）：
主　　任：徐志标
县档案局（馆）：
局（馆）长：黄仙寿
党 组 书 记：黄仙寿
县委党史研究室：
主　　任：黄仙寿（兼）
县农业和农村工作办公室：
主　　任：胡姣良
党组书记：胡姣良
县委组织部：
部　　长：吴利平
县委人才工作领导小组办公室：
主　　任：刘裕良
县委新经济与新社会组织工作委员会：
书　　记：傅昌华（2015.01—2015.02）
黄国华（2015.02—　　）
县委老干部局：
局　　长：姚国清
县关心下一代工作委员会：
主　　任：吴利平
县委宣传部：
部　　长：苏新祥
县精神文明建设委员会办公室：
主　　任：奉　琼
县委对外宣传办公室（县政府新闻办公室）：
主　　任：付小丽（女）
县社会科学界联合会：
主　　席：王有军
县互联网信息办公室：
主　　任：付小丽（女）
常山县新闻中心：
主　　任：徐良其
党组书记：徐良其
县委统战部：
部　　长：甘土木（2015.01—2015.07）
郑建华（2015.07—　　）
县政府侨务办公室：
主　　任：余金荣
县委政法委员会：
书　　记：张少华（2015.01—2015.07）
甘土木（2015.07—　　）
县社会管理综合治理委员会：
主　　任：张少华（2015.01—2015.07）
甘土木（2015.07—　　）
县社会管理综合治理委员会办公室：
主　　任：徐平平（兼）

**县委610办公室：**
主　　任：徐平平
**县维护稳定工作领导小组办公室：**
主　　任：缪小明
**县机构编制委员会办公室：**
主　　任：江万荣
**县直属机关工作委员会：**
书　　记：徐士平
**县委党校：**
校　　长：吴利平（兼）
常务副校长：赵豪清
县社会主义学院：
院　　长：甘土木(兼,2015.01—2015.07)
郑建华(2015.07—　　)
**二、县人大常委会工作机构**
**县人大常委会办公室：**
主　　任：孙　勤
**县人大常委会教育科技文化卫生民族华侨工作委员会：**
主　　任：赵新华
**县人大常委会政策研究室：**
主　　任：章大勇
**县人大常委会财政金融工作委员会：**
主　　任：李堤庆
**县人大常委会农业与农村工作委员会：**
主　　任：陈淑娟（女）
**县人大常委会代表与选举任免工作委员会：**
主　　任：王玉姣（女）
**县人大常委会经济工作委员会：**
主　　任：余国义
**县人大常委会法制工作委员会：**
主　　任：何小平
**县人大常委会建设与资源环境保护工作委员会：**
主　　任：张震海
**三、县人民政府工作机构**
**（一）县政府工作部门**
**县政府办公室：**
主　　任：李德勇
党组书记：李德勇
**县政府法制办公室：**
主　　任：周建军
**县政府外事办公室：**
主　　任：黄廉科
县政府应急管理办公室：
主　　任：王　俊
县直机关人武部：
部　　长：黄水堂（2015.01—2015.04）
县金融工作办公室：
主　　任：方建平
**县人民政府咨询委员会：**
主　　任：余鹤樑
**县人民政府咨询委员会办公室：**
主　　任：洪文达（兼）
**县发展和改革局：**
局　　长：鲁周清
党委书记：鲁周清
县能源办公室：
主　　任：（空缺）
**县粮食局：**（2015年7月常委〔2015〕21号文件《常山县人民政府职能转变和机构改革方案》，将县商务局更名为县商务和粮食局，仍与县经济和信息化局合署办公，同时划入县粮食局的职责。不再保留县粮食局）
局　　长：杨易海（2015.01—2015.06）
党委书记：杨易海（2015.01—2015.06）
**县统计局：**
局　　长：胡思连（2015.01—2015.06）
陈齐礼（2015.06—　　）
党组书记：胡思连（2015.01—2015.06）
陈齐礼（2015.06—　　）
**县物价局：**
局　　长：邓永平
党组书记：邓永平
**县经济和信息化局：**
局　　长：段为斌
党委书记：段为斌

**县中小企业局：**

局　　长：樊根祥

**县商务局：**（2015年7月常委〔2015〕21号文件《常山县人民政府职能转变和机构改革方案》，将县商务局更名为县商务和粮食局，仍与县经济和信息化局合署办公，同时划入县粮食局的职责。不再保留县粮食局）

局　　长：蒋绍青

党组书记：蒋绍青

**县教育局：**

局　　长：姜光明

党委书记：姜光明

常山县第一中学：

校　　长：翁胜华

党总支书记：翁胜华

**县科学技术局：**

局　　长：李启发

党组书记：李启发

**县民族宗教事务局：**

局　　长：卢志土

**县公安局：**

局　　长：毛献明

党委书记：毛献明

政　　委：钱青平

交通警察大队：

大 队 长：吴水良

教 导 员：姜作水

刑事侦查大队：

大 队 长：王国芳

教 导 员：廖惜金

治安大队：

大 队 长：余国标

教 导 员：徐　瑾（女）

经济犯罪侦查大队：

大 队 长：陈　勇

教 导 员：龚志光

110指挥中心：

主　　任：叶青青

法制大队：

大 队 长：陈　誉

国内安全保卫大队：

大 队 长：黄发林

特巡警大队：

大 队 长：徐启亮

看守所：

所　　长：鲁祖宾

城关派出所：

所　　长：方志忠

**县监察局：**

局　　长：范东英（女）

**县民政局：**

局　　长：魏国强

党组书记：魏国强

县老龄工作委员会办公室：

主　　任：（空缺）

县水库移民管理办公室：

主　　任：徐红权

**县司法局：**

局　　长：胡水林

党组书记：胡水林

**县财政（地税）局：**

局　　长：戴根林

党委书记：戴根林

县财政国库支付中心：

主　　任：计华丁（兼）

县财政预算局：

局　　长：叶晓春（兼）

县财政预算执行局：

局　　长：计华丁

县财政监督局：

局　　长：陈一芳（女）

县政府投资项目评审中心（县财政项目预算审核中心）：

主　　任：（空缺）

**县人力资源和社会保障局：**

局　　长：缪春祥

党组书记：缪春祥

县社会保险事业管理局：

局　　长：江水生

**县住房和城乡规划建设局：**（2015年7月常委〔2015〕21号文件《常山县人民政府职能转变和机构改革方案》，将县住房和城乡规划建设局更名为县住房和城乡建设局、县规划局，县规划局与县住房和城乡建设局合署办公，挂县测绘与地理信息局牌子）

局　　长：叶剑明

党委书记：叶剑明

**县城市管理综合执法大队：**（2015年7月常委〔2015〕21号文件，组建县综合行政执法局）

**县综合行政执法局：**

局　　长：徐　敏

**县城乡规划中心：**

主　　任：黄晓东

**县人民防空办公室：**

主　　任：程良寿

党组书记：程良寿

**县民防局：**

局　　长：程良寿（兼）

县交通运输局：

局　　长：吴直丰

党委书记：吴直丰

县公路稽征运输管理所：

所　　长：（空缺）

县公路管理局：

局　　长：王曙祥

县路政管理大队：

大 队 长：王曙祥

**县铁路工作办公室：**

主　　任：沈文兵

党组书记：沈文兵

**县水利局：**

局　　长：郑　汉

党委书记：郑　汉

县中型水库管理局：

局　　长：汪金祥（2015.05—　　　）

**县农业局：**

**局　　长：洪顺根**

**党委书记：洪顺根**

县畜牧兽医局：

局　　长：林少卫

**县林业局：**

局　　长：吴秀方

党委书记：吴秀方

**县文化广电新闻出版局：**

局　　长：毕建国

党组书记：毕建国

**县卫生局：**（2015年7月常委〔2015〕21号文件《常山县人民政府职能转变和机构改革方案》，组建县卫生和计划生育局。将县卫生局除用人单位职业卫生监督检查等相关职责以外的职责、县人口和计划生育局的计划生育管理和服务职责，整合划入县卫生和计划生育局。将县卫生局的用人单位职业卫生监督检查等相关职责划入县安全生产监督管理局；将县人口和计划生育局的研究拟订人口发展战略、规划及人口政策职责划入县发展和改革局。不再保留县卫生局、县人口和计划生育局）

局　　长：朱建红（2015.01—2015.06）

党委书记：朱建红（2015.01—2015.06）

**县人口和计划生育局：**

局　　长：张国富（2015.01—2015.06）

党组书记：张国富（2015.01—2015.06）

**县卫生和计划生育局**

局　　长：朱建红（2015.06—　　　）

党委书记：朱建红（2015.06—　　　）

县人民医院：

院　　　长：饶祖华

党总支书记：饶祖华

**县审计局：**

局　　长：李克难

党组书记：李克难

**县环境保护局：**

局　　长：廖伟明

党组书记：廖伟明

**县安全生产监督管理局：**
局　　长：姜雪峰
党组书记：姜雪峰
**县食品药品监督管理局：**
局　　长：吴建良
党委书记：吴建良（2015.01—2015.06）
汪益华（2015.06—　　　）
**县食品安全委员会办公室：**
主　　任：吴建良
**县质量技术监督局：**
局　　长：汪益华（2015.01—2015.06）
党委书记：汪益华（2015.01—2015.06）

**（二）县政府直属单位**

**县机关事务管理局：**
局　　长：朱万洪
党组书记：朱万洪
**县体育局：**
局　　长：樊金国
党组书记：樊金国
**县广播电视总台：**
台　　长：胡乾平
党组书记：胡乾平
**县旅游局：**（2015年8月常编〔2015〕15号文件《关于县旅游局更名的通知》，根据工作需要，经研究，决定将“常山县旅游局”更名为“常山县旅游委员会”，更名后县旅游委员会主要职能、机构级别、编制数、领导职数不变）
**常山县旅游委员会：**
主　　任：郑忠东
党组书记：郑忠东
**县招商局：**
局　　长：祝慧虹（女）
党委书记：祝慧虹（女）
**县政府经济技术协作办公室：**
主　　任：祝慧虹（女）
**县现代农业园区管理委员会：**
主　　任：洪顺根
**县公共资源市场化配置监督管理办公室：**
主　　任：唐锡军
党组书记：唐锡军
**县公共资源交易中心：**
主　　任：陈冬海
**浙江广播电视大学常山学院：**
院　　长：叶树良
党总支书记：叶树良
**县农业综合开发办公室：**
主　　任：李炳根
**县服务业办公室：**
主　　任：姜利成
党组书记：姜利成
**县供销合作社联合社：**
主　　任：江樟生
党委书记：江樟生
**县住房制度改革委员会办公室：**
主　　任：阮水红
**县行政服务中心：**
主　　任：郑龙龙
党组书记：郑龙龙
**县城东新区管理委员会：**
主　　任：林红汉
党工委书记：林红汉
**县政府投资项目建设中心：**
主　　任：（空缺）
**县经济技术开发区党工委：**
书　　记：夏建军（兼，2015.01—2015.08）
姜苏州（2015.08—　　　）
**县经济技术开发区管委会：**
主　　任：姜苏州

**（三）垂直管理单位**

**县工商行政管理局：**
局　　长：吴建良
党委书记：吴建良
**县国土资源局**
局　　长：杨春柳
党委书记：杨春柳
**县质量技术监督局：**
局　　长：汪益华（2015.01—2015.06）

党委书记：汪益华（2015.01—2015.06）

县国税局：

局　　长：张　帆

党组书记：张　帆

县烟草专卖局：

局　　长：周叶青（2015.01—2015.10）

陈日明（2015.10—　　）

党组书记：周叶青（2015.01—2015.10）

陈日明（2015.10—　　）

中国电信股份有限公司常山分公司：

总 经 理：潘　锋

党委书记：潘　锋

县邮政局：

局　　长：郑伟民

党委书记：郑伟民

县供电公司：

总经理：郑怀华

党委书记：季孝共

县气象局：

局　　长：方革新

党组书记：方革新

县农村信用合作社联合社：

理 事 长：余荣华

主　　任：洪辉发

党委书记：余荣华

中国人民银行常山县支行：

行　　长：何日贵

党组书记：何日贵

衢州银监分局常山办事处：

主　　任：李　骏

中国工商银行常山县支行：

行　　长：钱伟明

中国建设银行常山县支行：

行　　长：孙晖波（女）

党总支书记：孙晖波（女）

中国银行常山县支行：

行　　长：朱峻峰

中国农业银行常山县支行：

行　　长：周国宾

党委书记：周国宾

中国农业发展银行常山县信贷组：

主　　任：吴　进

中国人民财产保险股份有限公司常山支公司：

经　　理：王荣良

党组书记：王荣良

中国人寿保险股份有限公司常山支公司：

经　　理：（空缺）

党组书记：周鸿鑫

四、政协常山县委员会工作机构

县政协委员会：

秘 书 长：徐光裕

县政协办公室：

主　　任：王春国

县政协委员工作委员会：

主　　任：杨春玫（女）

县政协社会法制和民族宗教委员会：

主　　任：邵卫国

县政协农业农村和人口资源环境委员会：

主　　任：吴润荣

县政协提案委员会：

主　　任：饶力勤（女）

县政协经济科技委员会：

主　　任：胡明祥

县政协教育文化卫生体育委员会：

主　　任：周吾定（2015.01—2015.07）

徐爱荣（2015.08—　　）

县政协文史资料委员会：

主　　任：王晓华

县政协港澳台侨委员会：

主　　任：姚礼元（2015.01—2015.04）

张国富（2015.06—　　）

# 县级群众团体及负责人名录

常山县总工会：

主　　席：王文达（兼）

党组书记：程鸿星

**共青团常山县委员会：**

书　　记：邹　赛（女）

党组书记：邹　赛（女）

**常山县妇女联合会：**

主　　席：李　珍（女）

党组书记：李　珍（女）

**常山县科学技术协会：**

主　　席：徐高禄

党组书记：徐高禄

**常山县文学艺术界联合会：**

主　　席：姚肖忆（女）

**常山县残疾人联合会：**

理 事 长：李　军

党组书记：李　军

**常山县工商业联合会：**

主　　席：毛松林（2015.01—2015.10）

党组书记：毛松林（2015.01—2015.10）

**常山县红十字会：**

会　　　长：揭政东（兼）

常务副会长：郑定裕

## 乡镇领导机构及负责人名录

**天马街道：**

党工委书记：黄洁平(2015.01—2015.02)

　　　　　　陈　岗(2015.02—　　　)

人大工委主任：周幸富

办事处主任：何小建

政协工作联络员：戴勇明

**紫港街道：**

党工委书记：周丽兵

人大工委主任：毛国芳

办事处主任：周丽兵(2015.01—2015.05)

　　　　　　黄小兵(2015.05—　　　)

政协工作联络员：谢雨根

**金川街道：**

党工委书记：洪永海

人大工委主任：杨光龙

办事处主任：杨力军

政协工作联络员：

饶贤福（2015.01—2015.05）

**辉埠镇：**

党委书记：陈　东

人大主席：江小平

镇　　长：汪卫东

政协工作联络员：罗诚剑

**何家乡：**

党委书记：刘石青

人大主席：刘石青

乡　　长：叶琴仙（女）

　　　　　（双百行动下派挂职锻炼）

**招贤镇：**

党委书记：李德生

人大主席：张禄杰

镇　　长：刘　忻（女）

政协工作联络员：

徐安平（2015.01—2015.08）

**青石镇：**

党委书记：刘　升

人大主席：严忠华

镇　　长：陈雪良

政协工作联络员：

黄歆怡（女，2015.01—2015.05）

**东案乡：**

党委书记：曾修明

人大主席：曾修明（2015.01—2015.08）

　　　　　徐德法（2015.08—　　　）

乡　　长：何　菊（女）

**大桥头乡：**

党委书记：樊有卫

人大主席：樊有卫（2015.01—2015.11）

　　　　　傅良寿（2015.11—　　　）

乡　　长：王建坤

**芳村镇：**

党委书记：陈贤民

人大主席：方金海
镇　　长：金雪白
政协工作联络员：
傅良寿（2015.01—2015.08）

**新昌乡：**

党委书记：朱开明
人大主席：李　珍（女，2015.01—2015.04）
朱开明（2015.04—2015.09）
符厚荣（2015.09—　　）
乡　　长：魏　斌（2015.01—2015.12）
曲红娟（女，2015.12—　　）
（双百行动下派挂职锻炼）

**白石镇：**

党委书记：王　军
人大主席：汪春发
镇　　长：刘新龙

**球川镇：**

党委书记：李　莉
人大主席：徐　亮
镇　　长：谢志宏
政协工作联络员：
郑　兵（2015.01—2015.08）

**同弓乡：**

党委书记：饶祖根
人大主席：李　莉（女，2015.01—2015.03）
饶祖根（2015.03—　　）
乡　　长：胡志彬

# 荣 誉 录

（各级别均按颁奖表彰时间顺序排列；先进个人姓名后括号加注所属单位简称）

## 省部级以上表彰（命名）的荣誉

表61

| 荣誉名称 | 获奖单位或个人 | 颁发单位/文号 | 颁发时间 |
|---|---|---|---|
| 浙江省2014年度优秀团员 | 程　婷（县市场监管局） | 共青团浙江省委 | 2015－01 |
| 浙江省中小学示范性图书馆（室） | 天马二小 | 浙江省教育技术中心 | 2015－01 |
| 2012—2014年度全国农产品成本调查工作优秀个人 | 郑书明（县物价局） | 国家发展和改革委员会/发改价格〔2015〕13号 | 2015－01－06 |
| 2013—2014年度全省政法系统先进个人 | 曾智盛（县公安局） | 省委政法委/浙人社发〔2015〕8号 | 2015－01－06 |
| 入围2015年1月"浙江好人"（孝老爱亲） | 罗菊仙（县公路局） | 浙江省委宣传部<br>文明办 | 2015－01－10 |
| 入围2015年1月"浙江好人"（诚实守信） | 徐　莹（县公路局） | 浙江省委宣传部<br>文明办 | 2015－01－10 |
| 省级无邪教县 | 常山县 | 浙委处〔2015〕2号 | 2015－01－16 |
| 第二批省级无邪教乡镇（街道） | 紫港街道 | 浙委处〔2015〕3号 | 2015－01－16 |
| 2014年度全省地税网络与信息安全信息报送工作优秀单位 | 县地税局 | 省地方税务局/浙地税函〔2015〕16号 | 2015－01－20 |
| 2014年度全省地税网络与信息安全信息报送工作优秀个人 | 王　剑（县地税局） | 省地方税务局/浙地税函〔2015〕16号 | 2015－01－20 |
| 浙江省第九批省级农村科技示范户 | 陈清明（金川街道），樊利卿（利卿果业专业合作社），毛荣良（球川镇），谢小军（青石镇），琚建辉（何家乡），郑贤平（天马街道），徐春根（天马街道），储辉祥（芳村镇），詹伟军（东案乡） | 省科协/浙科协发〔2015〕4号 | 2015－01－23 |
| 2013—2014年度浙江省防范处理邪教工作先进集体 | 常山县委610办 | 浙人社发〔2015〕7号 | 2015－01－26 |
| 2014年度全省企业科协工作先进单位 | 浙江省常山纺织有限责任公司科协 | 浙科协发〔2015〕5号 | 2015－01－27 |
| 2014年度工商银行浙江省分行青年岗位明星 | 吴　燕（工行常山支行） | 工银浙团委〔2015〕3号 | 2015－01－27 |
| 浙江省绿化模范单位 | 县林业局 | 省绿化与湿地保护委员会 | 2015－01－28 |

**续表 61**

| 荣 誉 名 称 | 获奖单位或个人 | 颁发单位/文号 | 颁发时间 |
|---|---|---|---|
| 全省优秀科技特派员 | 浙江大学沈建福，中国农科院茶叶研究所曾建民(常山芳村镇) | 省科技厅等/浙科发农〔2015〕16 号 | 2015－01－28 |
| 农户金融先进个人 | 万黎琴（农行常山支行） | 农银浙办发〔2015〕68 号 | 2015－01－28 |
| 全省农行百优客户经理 | 郑　菲（农行常山支行） | 农银浙发〔2015〕16 号 | 2015－01－28 |
| 省级旅游度假区 | 三衢湖省级旅游度假区 | 省政府/浙政函〔2015〕8 号 | 2015－01－28 |
| 全省“温暖警营” | 城关派出所 | 省公安厅/浙公网传〔2015〕82 号 | 2015－01－29 |
| 省级文明村镇 | 芳村镇，招贤镇古县村，何家乡黄冈村 大桥头乡新村村，天马街道常年青村，金川街道十里山村，辉埠镇辉埠村 | 浙文明〔2015〕3 号 | 2015－02 |
| 省级文明单位 | 县气象局，浙江银田化纤有限公司，浙江威诗朗照明有限公司 | 浙文明〔2015〕3 号 | 2015－02 |
| 2014 年度全省电视新闻协作县级电视三等奖 | 县广电总台 | 浙江广播电视集团 | 2015－02 |
| 2014 年度全省广播新闻协作县级广播三等奖 | 县广电总台 | 浙江广播电视集团 | 2015－02 |
| 2014 年度会计管理工作优秀单位 | 县财政局 | 省财政厅/浙财办发〔2015〕12 号 | 2015－02－03 |
| 浙江省商品交易市场党建征文获三等奖 | 徐炳善（县市场监管局） | 省工商行政管理局 浙江省工商行政管理学会 | 2015－02－05 |
| 中国华东农机产业园 | 县政府（衢州绿色产业集聚区常山片区） | 中国机械工业联合会/中机联质〔2015〕40 号 | 2015－02－05 |
| 第一批国家环境监测“三五”人才（第一批国家环境监测技术骨干） | 袁　佳（县环保局） | 环境保护部/环发〔2015〕21 号 | 2015－02－06 |
| 商品交易市场党建工作征文三等奖 | 徐炳善（县市场监管局） | 省工商局、省工商行政管理学会 | 2015－02－07 |
| 2014 年度全省检察机关“三个效果”有机统一优秀案例 | 县检察院 | 浙检发研字〔2015〕1 号 | 2015－02－10 |
| 全省优秀舆情监测员 | 许辰玺（县市场监管局） | 省工商局办公室 | 2015－02－11 |
| 2014 年度全省纳税服务工作优秀单位 | 县地税局 | 省地方税务局/浙地税函〔2015〕37 号 | 2015－02－11 |
| 浙江省三八红旗手 | 李　莉（球川镇） | 省妇联/浙妇〔2015〕10 号 | 2015－02－12 |
| 浙江省第三次经济普查省级先进集体 | 县政府第三次经济普查领导小组办公室，天马街道办事处 县统计局 | 省政府第三次经济普查领导小组/浙经普组〔2015〕1 号 | 2015－02－13 |
| 县级局专项工作业绩（强化商场秩序维护）突出优胜单位 | 县市场监管局 | 省工商局 | 2015－02－13 |
| 2014 年度全省工商系统创先争优绩效评价优胜单位 | 县市场监管局 | 省工商局 | 2015－02－13 |
| 浙江省巾帼文明岗 | 工行常山支行营业场 | 浙巾双协〔2015〕1 号 | 2015－02－16 |

**续表 61**

| 荣誉名称 | 获奖单位或个人 | 颁发单位/文号 | 颁发时间 |
|---|---|---|---|
| 浙江省巾帼建功标兵 | 温三英（县妇联） | 浙巾双协〔2015〕1号 | 2015－02－16 |
| 全国巾帼文明岗 | 县住房公积金管理中心 | 中华全国妇联/妇字〔2015〕17号 | 2015－02－25 |
| 公安部首届“三微大赛”微电影类二等奖 | 县公安局 | 公安部/公政治〔2015〕93号 | 2015－02－26 |
| 第四届全国文明镇 | 辉埠镇 | 中央文明委〔2015〕3号 | 2015－02－28 |
| 浙江省巾帼文明岗 | 工行常山支行营业场 | 浙巾双协〔2015〕1号 | 2015－02－28 |
| 浙江省市县区域报好新闻奖一等奖 | 余国荣（县新闻中心） | 省记协县市区域报工作委员会 | 2015－03 |
| 浙江省市县区域报好新闻奖二等奖 | 周洁梅、揭雨兴、汪舒宁<br>汪　芳、方　冬（3篇）<br>童　旭（县新闻中心） | 省记协县市区域报工作委员会 | 2015－03 |
| 浙江省市县区域报好新闻奖三等奖 | 廖志良、方均良(2篇)、方　冬<br>黄马强（县新闻中心） | 省记协县市区域报工作委员会 | 2015－03 |
| 第二届浙江交通文学艺术“梅花奖”纪实类三等奖 | 徐　莹（县公路局） | 浙江交通作家协会浙江交通作家协会 | 2015－03 |
| 浙江省2014年度课外阅读先进集体 | 实验小学 | 浙江省教育报刊总社 | 2015－03 |
| 事业家庭兼顾型先进个人 | 王保昌（五里小学） | 浙江省教育工会 | 2015－03 |
| 2014年度全省地税系统税政综合管理工作优秀单位 | 县地税局 | 省地方税务局/浙地税函〔2015〕53号 | 2015－03－03 |
| 2014年度地税服务窗口省级纳税服务之星 | 陈利芳（县地税局） | 省地方税务局/浙地税函〔2015〕56号 | 2014－03－04 |
| 2014年度全省禁种铲毒工作先进个人 | 曾　铮（县公安局） | 省公安厅/浙禁毒办〔2015〕20号 | 2015－03－06 |
| 2014年度浙江省麻风病性病防治工作先进集体 | 县疾控中心 | 省皮肤病防治研究所/浙皮〔2015〕19号 | 2015－03－06 |
| 2014年度全省公路系统宣传报道工作先进个人 | 徐　莹（县公路局） | 省公路管理局<br>浙公路〔2015〕31号 | 2015－03－06 |
| 浙江省第六批院士专家工作站 | 浙江环宇轴承有限公司院士专家工作站 | 省委人才领导小组办公室/浙委人办〔2015〕1号 | 2015－03－06 |
| 2014年度全省交通管理重点工作成绩突出单位 | 县公安局交警大队 | 省公安厅/浙公办〔2015〕41号 | 2015－03－09 |
| 2015年2月份“省分行级青年服务明星” | 徐　剑（建行常山支行） | 建行浙江省分行个人金融部/建浙个〔2015〕38号 | 2015－03－12 |
| 全省农行专项先进个人 | 严大辉、潘广生(农行常山支行) | 农银浙发〔2015〕43号 | 2015－03－16 |
| 2014年度《浙江税务》通联宣传工作优秀通讯员 | 冯　琳（县财政地税局） | 省地方税务局/浙地税函〔2015〕68号 | 2015－03－16 |
| 2014年度全省司法行政系统执法工作先进个人 | 李　青（县司法局） | 省司法厅/浙司〔2015〕29号 | 2015－03－17 |
| 2014年全省整顿卷烟市场经营蓝天1号专项联合行动有功个人 | 程金木（县市场监管局） | 浙江省烟草专卖局 | 2015－03－18 |

**续表 61**

| 荣 誉 名 称 | 获奖单位或个人 | 颁发单位/文号 | 颁发时间 |
|---|---|---|---|
| 浙江省全球基金结核病项目工作先进集体 | 县卫生局 | 项目办便函〔2015〕1 号 | 2015 - 03 - 25 |
| 2014 年度浙江省卫生监督所工作考核优秀县 | 县卫生监督所 | 省卫计委办公室/浙卫办监督〔2015〕7 号 | 2015 - 03 - 26 |
| 省平安县 | 常山县 | 浙委发〔2015〕7 号 | 2015 - 03 - 27 |
| 浙江省五一劳动奖章 | 林木青（县人民医院） | 省总工会 | 2015 - 04 |
| 2014 学年全省教育宣传工作先进集体 | 常山县通讯站 | 省教育厅新闻办 浙江教育报刊总社 | 2015 - 04 |
| 教育宣传工作先进集体 | 县教育局 | 省教育厅新闻办 | 2015 - 04 |
| 2014 年度中国交通新闻网《浙江交通杂志》优秀通讯员 | 徐　莹（县公路局） | 中国交通新闻网浙江编辑部 浙江交通杂志社 | 2015 - 04 |
| 2014 年度《中国交通报 》优秀优秀通讯员 | 徐　莹（县公路局） | 中国交通报驻浙江记者站 | 2015 - 04 |
| 2014 年度全省易制毒化学品管理工作先进个人 | 陈和权（县公安局） | 省公安厅/浙禁毒办〔2015〕30 号 | 2015 - 04 - 06 |
| 全省公安机关“网上打假”专项行动成绩突出单位 | 县公安局经侦大队 | 省公安厅/浙公网传〔2015〕338 号 | 2015 - 04 - 09 |
| 2014 年度浙江省严重精神障碍管理治疗工作进步奖 | 县精神卫生工作办公室 | 省精神卫生工作办公室 | 2015 - 04 - 09 |
| 2014 年度全省经济建设财务管理工作优秀单位 | 县财政局 | 省财政厅/浙财办发〔2015〕32 号 | 2015 - 04 - 20 |
| 旺季业务竞赛先进县支行一等奖 | 工行常山支行 | 工银浙办发〔2015〕82 号 | 2015 - 04 - 30 |
| 2015 年开门红先进个人 | 罗　玮（建行常山支行） | 建行浙江省分行/建浙发〔2015〕25 号 | 2015 - 04 - 30 |
| 2015 年中国建设银行浙江省分行模范职工之家 | 常山支行工会 | 建行浙江省分行工会/建浙工〔2015〕7 号 | 2015 - 04 - 30 |
| “无违建县（市、区）”创建工作先进个人 | 徐　敏（县综合行政执法局） | 省政府 | 2015 - 05 |
| 2014 年《浙江烟草》优秀记者 | 吴　菁（县烟草专卖局） | 省烟草协会 | 2015 - 05 - 07 |
| 2015 年省分行反假币暨点钞技能竞赛手工速度点钞、人民币识假技能项目三等奖（各一） | 罗志红（建行常山支行） | 建行浙江省分行/建浙函〔2015〕188 号 | 2015 - 05 - 11 |
| 2015 全国优选旅游项目 | 中国观赏石博览园项目 | 国家旅游局/旅办发〔2015〕116 号 | 2015 - 05 - 12 |
| 2015 年度中国建设银行浙江省分行“青年服务明星” | 王　怡（建行常山支行） | 建行浙江省分行团委/建浙团〔2015〕5 号 | 2015 - 05 - 12 |
| 2015 年代发工资业务营销活动突出贡献个人 | 徐建兵（建行常山支行） | 建行浙江省分行公司业务部/建浙公〔2015〕58 号 | 2015 - 05 - 15 |
| 2014 年度浙江网络新闻评选一等奖 | 余国荣、周洁梅、钱　俊<br>汪　杰、鲁致远(县新闻中心) | 省新闻工作者协会网络工作委员会 | 2015 - 05 - 18 |
| 2014 年度省重点建设立功竞赛先进个人 | 沈文兵（铁路办） | 省人民政府办公厅/浙政办发〔2015〕56 号 | 2015 - 05 - 27 |

**续表 61**

| 荣誉名称 | 获奖单位或个人 | 颁发单位/文号 | 颁发时间 |
|---|---|---|---|
| 浙江省科学技术进步三等奖 | 徐剑武、王培霞（县水文站） | 省水文局 | 2015－06 |
| 2014年度《人民公安报》宣传工作先进个人 | 叶晓舟（县公安局） | 公安部 | 2015－06 |
| 浙江省《小学生时代》英语读刊知识竞赛优秀组织奖 | 天马二小 | 浙江省教育报刊总社 | 2015－06 |
| 省级特色小镇 | 常山赏石小镇（青石镇） | 省特色小镇规划建设工作联席会议办公室/浙特镇办〔2015〕2号 | 2015－06－01 |
| 2014年度全省基层财政管理工作先进单位 | 县财政局 | 省财政厅/浙财办发〔2015〕69号 | 2015－06－12 |
| 2015年5月份“省分行级青年服务明星” | 吴晴明（建行常山支行） | 建行浙江省分行个人金融部/建浙个〔2015〕83号 | 2015－06－18 |
| 2015年住房金融业务“开门红”营销活动先进个人 | 樊国军（建行常山支行） | 建行浙江省分行住房金融业务部/建浙房〔2015〕26号 | 2015－07－02 |
| 优秀共产党员 | 柴小燕（工行常山支行） | 工银浙党〔2015〕43号 | 2015－07－07 |
| 浙江省无烟单位 | 何家乡中心卫生院 | 省爱卫会/浙爱卫〔2015〕2号 | 2015－07－13 |
| 浙江省控烟积极分子 | 徐串联（县卫生局），林启海（县妇保院） | 省爱卫会/浙爱卫〔2015〕2号 | 2015－07－13 |
| 浙江省农业丰收二等奖 | 农业局特产站，同弓乡事业综合服务中心 | 浙农科发〔2015〕20号 | 2015－07－30 |
| 中国乡村旅游致富带头人 | 廖红俊（新昌乡黄塘村），叶继强（金川街道徐村村），谢小军（同弓乡每日会），曾修明（东案乡），刘　升（青石镇），郑忠东（县旅委），朱月高（辉埠镇路里坑村），王水清（何家乡黄冈村），周建明（天马旅行社） | 国家旅游局 | 2015－08 |
| 中国乡村旅游金牌农家乐 | 育贤山庄，浙西现代农业观光园，万金滩休闲农庄，蛇头山农庄，天池山庄 | 国家旅游局 | 2015－08 |
| 省卫生计生监督技能竞赛“放射诊疗和职业卫生监督专业”三等奖 | 张雪峰（县卫生监督所） | 省卫计委、省总工会 | 2015－08 |
| 优秀成果三等奖 | 余国荣（县新闻中心） | 中华传媒智库、今传媒杂志社学术委员会 | 2015－08 |
| 中国卫生政促会疾控分会2015年主题征文一等奖 | 段家福（县疾控中心） | 中国卫生思想政治工作促进会疾病预防控制分会 | 2015－08 |
| 中国卫生政促会疾控分会2015年主题征文一等奖 | 段家福（县疾控中心） | 中国卫生思想政治工作促进会疾病预防控制分会 | 2015－08 |
| 中国卫生政促会疾控分会2015年主题征文三等奖 | 段家福、韩小芳（县疾控中心） | 中国卫生思想政治工作促进会疾病预防控制分会 | 2015－08 |
| 作品入选第三届“希望·圆梦”杯全国书法展 | 王庆芳（县公路局） | 第三届“希望·圆梦”全国书法展 | 2015－08 |

**续表 61**

| 荣誉名称 | 获奖单位或个人 | 颁发单位/文号 | 颁发时间 |
|---|---|---|---|
| 2015 年浙江省精品果蔬展销会金奖产品 | 常山县蔬菜瓜果协会（小西瓜“新田一号”） | 浙江省精品果蔬展销会组委会/浙果蔬展〔2015〕1 号 | 2015-08-04 |
| 全国关心下一代工作先进个人 | 江凯成（天马街道关工委） | 中国关工委、中央精神文明办/中关工委（2015）14 号文件 | 2015-08-12 |
| 2014 年度县级财政管理绩效综合评价前 200 名（176 名） | 县财政局 | 财政部/财办预〔2015〕44 号 | 2015-08-18 |
| 省级劳动关系和谐企业复评考核合格 | 国网常山供电公司，县长途汽车运输有限公司，县烟草专卖局 | 市构建和谐劳动关系工作领导小组/衢市构建发〔2015〕1 号 | 2015-08-20 |
| 浙江省医坛新秀（培养对象公示） | 陈　江（县人民医院） | 省卫生高层次人才培训工程领导小组办公室 | 2015-08-24 |
| 作品入选“感恩杯·第三届全国孝道文化书法展” | 王庆芳（县公路局） | 广东省孝文化研究会 | 2015-08-30 |
| 浙江省教坛新秀 | 王宏芳（实验小学） | 浙江省教育厅 | 2015-09 |
| 《平安时报》公安新闻宣传工作先进单位三等奖 | 县公安局 | 省公安厅/浙公办〔2015〕167 号 | 2015-09-08 |
| 2014 年度全省电大财务先进单位 | 电大常山学院 | 浙电大办〔2015〕35 号 | 2015-09-15 |
| 2014 年浙江省分行优秀支行行长 | 孙晖波（建行常山支行） | 建行省分行/建浙函〔2015〕496 号 | 2015-09-15 |
| 全省人力资源社会保障宣传工作先进集体 | 县人力社保局 | 省人力资源和社会保障厅/浙人社发〔2015〕102 号 | 2015-09-17 |
| 全省人力资源社会保障宣传工作先进个人 | 吴小青（县人力社保局） | 省人力资源和社会保障厅/浙人社发〔2015〕102 号 | 2015-09-17 |
| 2015 年省级绿色家庭 | 陈荣莲家庭（东案弄坞村），刘梅英家庭（金川社区），吴连福家庭（大桥头乡莲塘村） | 省妇联、省环保厅/浙妇〔2015〕38 号 | 2015-09-28 |
| 全国基层名老中医药专家传承工作室 | 县人民医院（以常山县中医医院名义申报） | 国家中医药管理局/国中医药人教函〔2015〕174 号 | 2015-09-30 |
| 全国基层名老中医药专家传承工作室建设项目专家 | 徐宝秋（常山县中医医院） | 国家中医药管理局/国中医药人教函〔2015〕174 号 | 2015-09-30 |
| 好新闻作品二等奖 | 朱爱良（县新闻中心） | 全国农民报协会 | 2015-09-30 |
| “人文中国第四季——城市纪实”全国电视记录片、专题片推选三等奖 | 县广播电视台《拾荒妈妈的心愿》 | 中国电视艺术家协会 | 2015-10 |
| 2014 年度《小学生时代》小记者团优秀小记者站 | 天马二小 | 浙江省教育报刊总社 | 2015-10 |
| 全国百强村镇银行 | 常山联合村镇银行 | | 2015-10 |
| 服务三农与小微企业优秀单位 | 常山联合村镇银行 | | 2015-10 |
| 第三批省级卫生监督协管服务示范点 | 青石镇卫生院，何家乡中心卫生院，同弓乡卫生院 | 省卫计委/浙卫办监督〔2015〕18 号 | 2015-10-08 |
| 浙江省疾病预防控制系统思想政治工作先进集体 | 县疾控中心（段家福） | 省卫生系统政促会疾病防制专业委员会/浙疾政促〔2015〕11 号 | 2015-10-10 |

**续表 61**

| 荣 誉 名 称 | 获奖单位或个人 | 颁发单位/文号 | 颁发时间 |
|---|---|---|---|
| 浙江省疾病预防控制系统思想政治工作优秀论文一等奖 | 段家福（县疾控中心） | 省卫生系统政促会疾病防制专业委员会/浙疾政促〔2015〕12 号 | 2015－10－10 |
| 浙江省疾病预防控制系统思想政治工作优秀论文三等奖 | 段家福、韩小芳（县疾控中心） | 省卫生系统政促会疾病防制专业委员会/浙疾政促〔2015〕12 号 | 2015－10－10 |
| “中国梦 劳动梦”网络征文活动三等奖 | 郑夏红（建行常山支行） | 建行浙江省分行工会/建浙工函〔2015〕16 号 | 2015－10－10 |
| 2015 年 9 月份“省分行级青年服务明星” | 郑夏红（建行常山支行） | 建行浙江省分行个人金融部/建浙个〔2015〕132 号 | 2015－10－19 |
| 全省党校系统后勤管理研讨会优秀组织奖 | 常山县委党校 | 浙党校办〔2015〕17 号 | 2015－10－22 |
| 2015 年度浙江省美丽乡村创建先进县 | 常山县 | 省“千村示范万村整治”工作协调小组/浙村整建组〔2015〕2 号 | 2015－10－30 |
| 2015 年度地税科研成果优秀组织单位 | 县地税局 | 省地方税务局/浙地税科便函〔2015〕11 号 | 2015－10－30 |
| 浙江省第九届“教改之星” | 占振华（实验小学） | 浙江省教育学会 | 2015－11 |
| 十大“最美天使” | 张建平（新桥卫生院） | 省卫生和计生委 | 2015－11 |
| 2014 年度全省财政预算执行综合工作质量优秀单位 | 县财政局 | 省财政厅/浙财办发〔2015〕106 号 | 2015－11－06 |
| 2015 年浙江省基层科普行动计划项目入库 | 常山县山哥粉葛产销专业合作社（农村科普示范基地） | 省科协/浙科协发〔2015〕22 号 | 2015－11－09 |
| 2015 年浙江省基层科普行动计划项目入库 | 樊利卿（农村科普带头人） | 省科协/浙科协发〔2015〕22 号 | 2015－11－09 |
| 2015 年农民高级技术职称（农民高级技师） | 徐中华（金川街道），江初一（紫港街道），李志清（辉埠镇），聂志明（青石镇），封建平（白石镇），傅三良（芳村镇），徐小生、刘猪盆（东案乡），熊卓军（大桥头乡），陈小华、卢普兴（球川镇），江枝川（何家乡），徐春根（天马街道），季　斌（招贤镇） | 浙农职评办〔2015〕2 号 | 2015－11－12 |
| 2011—2014 年度浙江省森林消防工作先进单位 | 县林业局 | 浙森防指〔2015〕9 号 | 2015－11－16 |
| 2011—2014 年度浙江省森林消防工作先进个人 | 徐小祥（县森防办） | 浙森防指〔2015〕9 号 | 2015－11－16 |
| 《浙江财政年鉴(2015 卷)》组稿工作先进单位 | 县财政局 | 省财政厅/浙财办〔2015〕12 号 | 2015－11－17 |
| 全国爱婴医院 | 县人民医院 | 国家卫生计生委 | 2015－11－18 |
| 2015 年度浙江省防治艾滋病性病优秀志愿者 | 邵　琦（县疾控中心） | 省性病艾滋病防治协会/浙艾防办〔2015〕39 号 | 2015－11－21 |

**续表61**

| 荣誉名称 | 获奖单位或个人 | 颁发单位/文号 | 颁发时间 |
| --- | --- | --- | --- |
| 2015年10月份“省分行级青年服务明星” | 吴　能（建行常山支行） | 建行浙江省分行营运管理部/建浙运〔2015〕59号 | 2015－11－23 |
| 2015年全省“心防工程”建设工作成绩突出个人 | 徐卫国（县公安局） | 省公安厅/浙公通字〔2015〕104号 | 2015－11－24 |
| 全国模范司法所长 | 徐志成（青石镇） | 司发通〔2015〕106号 | 2015－11－30 |
| 2014—2015年度植保技术推广先进会员 | 季卫东（农业局） | 省植物保护学会/浙植保学会〔2015〕13号 | 2015－11－30 |
| 全省电大系统2014—2015年学生思想政治工作先进单位 | 电大常山学院 | 浙电大党办〔2015〕12号 | 2015－12 |
| 省级无邪教村 | 金川街道徐村村 | 浙江省人民政府防范和处理邪教问题办公室 | 2015－12 |
| 共青团帮扶农村青年电商创业工作示范县（市、区） | 团常山县委 | 共青团浙江省委 | 2015－12 |
| 浙江省标准化学校 | 育才中学，城关中学，湖东小学，何家小学，新桥小学 | 浙江省教育厅 | 2015－12 |
| 浙江省健康促进医院 | 常山县人民医院 | 省爱卫办、卫计委/浙爱卫办〔2015〕20号 | 2015－12－01 |
| 2015年度全省财政金融工作先进单位 | 县财政局 | 省财政厅/浙财办发〔2015〕124号 | 2015－12－07 |
| 省党校系统2015年度优秀调研成果县市区组三等奖 | 罗丽君、张冬洁（县委党校） | 省党校系统中国特色社会主义理论研究中心（奖状） | 2015－12－08 |
| 浙江省机关干部百条好家训 | 曾令华（县教育局） | 省妇联等/浙妇〔2015〕58号 | 2015－12－08 |
| 全省财政系统先进工作者 | 程其光（县财政局） | 省人力资源和社会保障厅、财政厅/浙人社发〔2015〕137号 | 2015－12－09 |
| 2015年全国科普日活动优秀组织单位 | 常山县科协 | 浙科协发〔2015〕24号 | 2015－12－14 |
| 防震减灾工作先进单位 | 县地震局 | 省地震局/浙震发〔2015〕51号 | 2015－12－15 |
| 浙江省甲等乡镇卫生院 | 球川镇中心卫生院，芳村中心卫生院 | 省卫计办/浙卫基办〔2015〕5号 | 2015－12－16 |
| 2014—2015群众满意乡镇卫生院 | 天马中心卫生院，招贤中心卫生院 | 国家卫计委办公厅/国卫办基层发〔2015〕60号 | 2015－12－17 |
| 2015年风险防范金点子评选三等奖 | 徐昕煜（建行常山支行） | 建行浙江省分行/建浙函〔2015〕717号 | 2015－12－18 |
| 全省党校系统科研进步奖 | 常山县委党校 | 浙党校发〔2015〕62号 | 2015－12－18 |
| 基层征兵先进工作者 | 朱剑锋（青石镇）、林木青（县人民医院）、连宪法（县公安局） | 省政府征兵办公室/浙征〔2015〕46号 | 2015－12－21 |
| 浙江省卷烟打假工作成绩突出个人 | 龚志光（县公安局） | 省卷烟打假工作办公室 | 2015－12－21 |
| 2015年11月份“省分行级青年服务明星” | 严　璐、吴晴明（建行常山支行） | 建行浙江省分行营运管理部/建浙运〔2015〕66号 | 2015－12－23 |

续表 61

| 荣誉名称 | 获奖单位或个人 | 颁发单位/文号 | 颁发时间 |
| --- | --- | --- | --- |
| 浙江省慢性非传染性疾病综合防控示范区 | 常山县 | 浙卫发〔2015〕84 号 | 2015－12－23 |
| 浙江省 2014 年度水文资料优秀 | 县水文站 | 省水文局 | 2015－12－24 |
| 2015 年度县级科协工作先进单位 | 常山县科协 | 省科协/浙科协发〔2015〕25 号 | 2015－12－24 |
| 浙江在线 2015 支站优秀新闻专题最佳创新奖 | 常山支站 | 浙江在线新闻网站 | 2015－12－25 |
| 2015 年度全省智慧（数字）城管优秀工作者 | 徐　敏（县综合行政执法局） | 省城建城管协会/浙城管协〔2015〕12 号 | 2015－12－29 |
| 浙江省卫生镇（乡） | 球川镇 | 省爱卫会/浙爱卫〔2015〕4 号 | 2015－12－29 |
| 全省“1818”平原绿化行动先进单位 | 县林业局 | 省委、省政府办公厅/厅字〔2015〕26 号 | 2015－12－29 |
| 2015 年度浙江农民信箱工作考核优秀单位 | 县农业局 | 省农业厅/浙农专发〔2015〕76 号 | 2015－12－30 |
| 2015 年全省农业系统先进集体 | 县农业局植保植检站 | 省人力资源和社会保障厅、农业厅/浙人社发〔2015〕146 号 | 2015－12－30 |
| 2015 年全省农业系统先进个人 | 季卫东（农业局） | 省人力资源和社会保障厅、农业厅/浙人社发〔2015〕146 号 | 2015－12－30 |
| 闽浙赣毗连护林联防先进单位 | 白石镇人民政府 | 护联字〔2015〕3 号 | 2015－12－30 |
| 2015 年度全省劳动人事争议案件处理工作优秀个人 | 黄爱武（县人力社保局） | 浙劳人仲〔2015〕6 号 | 2015－12－31 |

## 衢州市表彰（命名）的荣誉

表 62

| 荣誉名称 | 获奖单位或个人 | 颁发单位/文号 | 颁发时间 |
| --- | --- | --- | --- |
| 2014 年度治理城市交通拥堵工作考核优秀单位 | 县公安局 | 市治堵办 | 2015 |
| 2014 年度贸促服务创新争优活动二等奖 | 衢州市贸促会常山联络处（县商务局） | 中国国际贸易促进委员会衢州市支会 | 2015－01 |
| “走进中东欧”产业对接系列活动优秀组织奖 | 衢州市贸促会常山联络处（县商务局） | 中国国际贸易促进委员会衢州市支会 | 2015－01 |
| “争创一流贸促机构”征文演讲比赛优秀组织奖 | 衢州市贸促会常山联络处（县商务局） | 中国国际贸易促进委员会衢州市支会 | 2015－01 |
| 2014 洁美巾帼带头人 | 吴金兰（金川街道） | 市农业和农村办公室/市妇联 | 2015－01 |
| 书法作品在“秀水之韵·美丽衢州”全市书法展评为入展作品 | 王庆芳（县公路局） | 市文学艺术联合会 | 2015－01 |
| 衢州市出租汽车行业知识竞赛第三名 | 常山县汽车出租公司代表队 | 市道路运输管理局 | 2015－01 |
| 阳光婺剧优秀社团 | 五里小学 | 衢州市教育局 | 2015－01 |

**续表 62**

| 荣 誉 名 称 | 获奖单位或个人 | 颁发单位/文号 | 颁发时间 |
|---|---|---|---|
| 个人三等功 | 封文根（县公安局） | 市公安局/衢公办〔2015〕1号 | 2015-01-05 |
| 2014年度农机安全生产目标管理责任制考核优秀单位 | 农业局 | 市农业局/衢农专〔2015〕1号 | 2015-01-08 |
| 南孔奖 | 连中福（县文联） | 市委宣传部/衢市宣〔2015〕4号 | 2015-01-09 |
| 市预防医学会先进个人 | 徐青华（县卫计局） | 衢州市预防医学会 | 2015-01-13 |
| 2013—2014年度衢州市防范处理邪教工作先进集体 | 常山县委610办 | 衢市人社公〔2015〕7号 | 2015-01-12 |
| 市美丽乡村建设示范镇 | 东案乡 招贤镇 | 市委办、市府办/衢委办发〔2015〕2号 | 2015-01-15 |
| 市美丽乡村建设精品村 | 招贤镇古县村、高埂村，芳村镇下猷阁村，球川镇红旗岗村，金川街道徐村村 十里山村 | 市委办、市府办/衢委办发〔2015〕2号 | 2015-01-15 |
| 市美丽集镇示范社区 | 球川镇芙蓉村、辉埠镇石姆岭村 | 市委办、市府办/衢委办发〔2015〕2号 | 2015-01-15 |
| 市发展有机农产品实施“一村一品”行动特色镇 | 何家乡 | 市委办、市府办/衢委办发〔2015〕2号 | 2015-01-15 |
| 市发展有机农产品实施“一村一品”行动最佳村 | 何家乡江源村，球川镇黄泥畈村 | 市委办、市府办/衢委办发〔2015〕2号 | 2015-01-15 |
| 2014年度市级优秀发票管理员 | 金爱青（县地税局） | 市地税局/衢地税发〔2015〕1号 | 2015-01-16 |
| 2014年度市级优秀质量管理员 | 方文进（县地税局） | 市地税局/衢地税发〔2015〕5号 | 2015-01-20 |
| 2014年度全市检察机关“精品案例” | 县检察院 | 衢市检发研字〔2015〕2号 | 2015-01-20 |
| 2014年度全市检察机关“服务保障全面深化改革”典型事例 | 县检察院 | 衢市检发办字〔2015〕1号 | 2015-01-21 |
| 2013年度衢州市青年文明号 | 城关派出所 | 团市委/衢青文〔2015〕1号 | 2015-01-22 |
| 青年岗位能手 | 周　谊（县市场监管局） | 市“号手”活动指导委员会 | 2015-01-22 |
| 2013年度衢州市青年岗位能手 | 马月佳（县公安局） | 团市委/衢青文〔2015〕1号 | 2015-01-22 |
| 市级院士专家工作站 | 常山县人民医院院士专家工作站 | 衢州市院士专家工作站建协办/衢院协办〔2015〕2号 | 2015-01-26 |
| 综合工作一等奖 | 县统计局 | 衢统〔2015〕4号 | 2015-01-26 |
| 2014年度全市检察宣传工作先进个人 | 刘润华（县检察院） | 衢市检政〔2015〕2号 | 2015-01-27 |
| 2014年度市级纳税服务之星 | 樊　帆、茅凌微（县地税局） | 市地税局/衢地税发〔2015〕7号 | 2015-01-27 |
| 衢州市出租汽车行业“最美的哥” | 徐志平（常山汽车出租公司） | 市道路运输管理局/衢市运〔2015〕9号 | 2015-01-27 |
| 衢州市出租汽车行业“服务明星” | 胡志清（常山汽车出租公司） | 市道路运输管理局/衢市运〔2015〕9号 | 2015-01-27 |
| “衢州市文明出租车队” | 县汽车出租公司三衢车队 | 市道路运输管理局/衢市运〔2015〕9号 | 2015-01-27 |
| 2014年度全市检察信息工作先进集体 | 县检察院 | 衢市检发办字〔2015〕2号 | 2015-01-29 |

**续表 62**

| 荣 誉 名 称 | 获奖单位或个人 | 颁发单位/文号 | 颁发时间 |
|---|---|---|---|
| 2014 年度全市检察信息工作先进个人 | 陈利东（县检察院） | 衢市检发办字〔2015〕2 号 | 2015 - 01 - 29 |
| 2014 年度卫生管理创新奖 | 县卫生局 | 市卫生局/衢市卫发〔2015〕12 号 | 2015 - 01 - 30 |
| 2014 年度卫生工作先进集体 | 县卫生局 | 市卫生局/衢市卫发〔2015〕13 号 | 2015 - 01 - 30 |
| 先进职工小家 | 县市场监管局人事教育科工会小组 | 市总工会办公室 | 2015 - 01 - 30 |
| 县（市、区）委党校 2014 年度工作考核一等奖 | 常山县委党校 | 衢党校〔2015〕2 号 | 2015 - 01 - 30 |
| 全市百个乡镇分类争先考核三等奖 | 芳村镇 | 市委 市政府 | 2015 - 02 |
| 2014 年度广播电视通联工作优秀单位 | 县广电总台 | 衢州广电传媒集团 | 2015 - 02 |
| 2014 年度广播电视业务合作工作一等奖 | 县广电总台 | 衢州广电传媒集团 | 2015 - 02 |
| 优秀管理服务单位 | 县机关事务管理局保卫科 | 市机关事务管理局/衢机事〔2015〕2 号 | 2015 - 02 |
| 优秀管理服务工作者 | 徐坚兵、洪日良（县机关事务管理局） | 市机关事务管理局/ 衢机事〔2015〕2 号 | 2015 - 02 |
| 衢州市中小学示范性家长学校 | 新昌小学 | 市妇联、市教育局 | 2015 - 02 |
| 2014 年度衢州市“巾帼建功标兵” | 黄志娟（芳村镇政府），高玲娟（县人民医院妇产科） | 市妇女儿童工作委员会/衢妇儿工委办〔2015〕2 号 | 2015 - 02 - 02 |
| 2014 年度市级平安示范乡镇（街道） | 金川街道（经济型）东案乡（生态型）紫港街道（复合型） | 市委建设“平安衢州”领导小组/衢平安〔2015〕1 号 | 2015 - 02 - 02 |
| 2014 年度衢州市“巾帼文明岗” | 县人民医院西药房，重症医学科 | 市妇女儿童工作委员会/衢妇儿工委办〔2015〕2 号 | 2015 - 02 - 02 |
| 衢州市三八红旗集体 | 县住房公积金管理中心，县民政局婚姻登记处 | 市妇联/衢妇〔2015〕8 号 | 2015 - 02 - 03 |
| 衢州市三八红旗手 | 邱雪芳（县妇联）、徐俊芳（县公安局）、徐桂芳（正丽机电有限公司） | 市妇联/衢妇〔2015〕8 号 | 2015 - 02 - 03 |
| 2015 年度市级先进集体 | 农工党常山支部 | 农工党衢州市委/农工衢〔2016〕2 号 | 2016 - 02 - 03 |
| 2015 年度参政议政先进个人 | 陈　江（县妇保院） | 农工党衢州市委/农工衢〔2016〕2 号 | 2016 - 02 - 03 |
| 2014 年度全市侨联系统先进集体 | 县侨联 | 市归国华侨联合会 /衢侨联〔2015〕4 号 | 2015 - 02 - 03 |
| 2014 年度全市侨联系统先进个人 | 余金荣（常山县侨联） | 市归国华侨联合会/ 衢侨联〔2015〕4 号 | 2015 - 02 - 03 |
| 2014 年度“最美国税人——十佳国税标兵” | 聂建明（县国税局） | 市国税局 | 2015 - 02 - 03 |

**续表 62**

| 荣誉名称 | 获奖单位或个人 | 颁发单位/文号 | 颁发时间 |
|---|---|---|---|
| 2014 年度税务稽查(评估)嘉奖 | 毕江根（县国税局） | 市国税局 | 2015－02－03 |
| “纳税服务之星”三等功 | 鲍倩钰（县国税局） | 市国税局 | 2015－02－03 |
| 2014 年度群众路线教育实践活动嘉奖 | 汪水忠、占光荣（县国税局） | 市国税局 | 2015－02－03 |
| 规范津贴补贴三等功 | 廖壮清（县国税局） | 市国税局 | 2015－02－03 |
| 规范津贴补贴嘉奖 | 陈姜燕（县国税局） | 市国税局 | 2015－02－03 |
| 2014 年度衢州市药品不良反应监测工作先进单位 | 常山县药品不良反应监测中心 | 衢州市药品不良反应监测中心 | 2015－02－04 |
| 全市农行先进个人 | 胡文军 潘广生(农行常山支行) | 农银衢发〔2015〕12 号 | 2015－02－04 |
| 集体三等功 | 县公安局“10－24”赌博案专案组，交警大队 | 市公安局/衢公令〔2015〕1 号 | 2015－02－04 |
| 个人三等功 | 危小明、丁　伟、郑慧明（县公安局） | 市公安局/衢公令〔2015〕1 号 | 2015－02－04 |
| 全市“十大最美警察” | 苏锡泉（县公安局） | 市公安局/衢公政治〔2015〕5 号 | 2015－02－05 |
| 全市公安机关“十佳”执法先进单位 | 外港派出所 | 市公安局/衢公通字〔2015〕7 号 | 2015－02－05 |
| 衢州市人民检察院集体三等功 | 县检察院政治处、公诉科、监所科 | 衢市检发政字〔2015〕2 号 | 2015－02－05 |
| 2014 年度司法行政综合考评优胜单位 | 县司法局 | 市司法局/衢市司〔2015〕6 号 | 2015－02－05 |
| 2014 年度司法行政工作创新项目 | 县司法局/社区矫正劳动教育中心建设 | 市司法局/衢市司〔2015〕6 号 | 2015－02－05 |
| 2014 年度司法行政工作推进项目 | 县司法局/“警调衔接”创新工作模式 | 市司法局/衢市司〔2015〕6 号 | 2015－02－05 |
| 2014 年度市广播宣传协作“优秀通讯员” | 徐　莹（县公路局） | 市广播电视总台广播新闻频道 | 2015－02－06 |
| 先进主管 | 杜凌云（泰隆银行常山支行） | 泰隆银行衢州分行/泰银衢发〔2015〕26 号 | 2015－02－06 |
| 先进员工 | 胡赐福（泰隆银行常山支行） | 泰隆银行衢州分行/泰银衢发〔2015〕26 号 | 2015－02－06 |
| 资产保全先进个人 | 席　琪（泰隆银行常山支行） | 泰隆银行衢州分行/泰银衢发〔2015〕26 号 | 2015－02－06 |
| “全面深化改革与检察工作”研讨会优秀作品三等奖 | 徐华仙（县检察院） | 衢市检发研字〔2015〕3 号 | 2015－02－09 |
| 内控管理和案防工作先进个人 | 周　欣（常山工行） | 工银衢办发〔2015〕13 号 | 2015－02－11 |
| 最放心网点 | 常山工行小东门分理处 | 工银衢办发〔2015〕13 号 | 2015－02－11 |
| 最放心员工 | 黄　莹、李晶晶、詹建明（常山工行） | 工银衢办发〔2015〕13 号 | 2015－02－11 |

**续表 62**

| 荣誉名称 | 获奖单位或个人 | 颁发单位/文号 | 颁发时间 |
|---|---|---|---|
| 2014 年度治安安全先进单位 | 工行常山支行，建行常山支行，中行常山支行，县农信联社，邮储常山支行，泰隆行常山支行，常山联合村镇银行，温州银行常山支行，县邮政局，中石化常山支公司，县民用爆破器材有限公司，移动常山分公司，县水务公司，县长途汽车运输有限公司，常山天然气发电有限公司 | 衢公通字〔2015〕9 号 | 2015-02-11 |
| 2014 年度市级创建治安安全先进个人 | 连宪法（县公安局） | 市公安局/衢公通字〔2015〕9 号 | 2015-02-11 |
| 全市公安机关“十佳”执法先进个人 | 曾彬彬（县公安局） | 衢公通字〔2015〕7 号 | 2015-02-15 |
| 2014 年度全市“五水共治”工作先进集体 | 县住建局，县农业局，辉埠镇人民政府 | 市委办、市政办/衢委办发〔2015〕11 号 | 2015-02-16 |
| 2014 年度全市“五水共治”工作先进个人 | 占文军（县环保局）、陈贤忠（县水利局）、郑开祥（县公安局）、叶继强（金川街道徐村村）、张辉良（天马街道） | 市委办、市政办/衢委办发〔2015〕11 号 | 2015-02-16 |
| 2014 年度创新型项目 | 县民政局/彤弓山休闲养老中心 | 市民政局/衢市民〔2015〕30 号 | 2015-02-16 |
| 2014 年度全市民政系统高效型团队 | 县民政局 | 市民政局/衢市民〔2015〕30 号 | 2015-02-16 |
| 2014 年度衢州市民政系统服务型标兵 | 姚水国（县民政局） | 市民政局/衢市民〔2015〕30 号 | 2015-02-16 |
| 2014 年度全市民政工作考核优秀奖 | 县民政局 | 市民政局/衢市民〔2015〕31 号 | 2015-02-16 |
| 2014 年度全市“五水共治”工作先进集体 | 农业局 | 市委 市政府 | 2015-02-16 |
| 衢州市五四红旗团支部（总支） | 常山县新闻中心团支部 | 团市委/团衢发〔2015〕10 号 | 2015-02-25 |
| 2014 年度市级先进团委 | 金川街道团工委，县公安局团委，县卫生局团工委，常山县酷普电子商务有限公司团委 | 团市委/团衢发〔2015〕10 号 | 2015-02-25 |
| 2014 年度市级先进团支部（总支） | 县烟草专卖局团总支，金川社区团支部，常山县巨立商贸有限责任公司团支部 | 团市委/团衢发〔2015〕10 号 | 2015-02-25 |
| 2014 年度市级优秀团干部 | 胡　蕾（团县委）、陈梦洁（天马街道）、吴　婷（青石镇）、谢润华（县育才中学）、李　洋（县供电公司） | 团市委/团衢发〔2015〕10 号 | 2015-02-25 |
| 2014 年度市级优秀团员 | 王水君（威斯朗照明有限公司）、符小峰（紫港中学）、鲍倩钰（国税局）、申亚星（白石镇）、卢　晨（芳村镇） | 团市委/团衢发〔2015〕10 号 | 2015-02-25 |

**续表62**

| 荣誉名称 | 获奖单位或个人 | 颁发单位/文号 | 颁发时间 |
|---|---|---|---|
| 衢州市基层先进党校（2011—2014） | 金川街道党工委党校，青石镇党委党校，县检察院党组党校，国网常山供电公司党委党校，电大常山学院党总支党校 | 衢市宣〔2015〕12号 | 2015-02-27 |
| 衢州市基层党校优秀教员（2011—2014） | 卢敏偈（县委宣传部）、徐志斌（东案乡党委）、陈小红（县委党校）、姜　苏（电大常山学院） | 衢市宣〔2015〕12号 | 2015-02-27 |
| 衢州市工会先进女职工工作者 | 徐坚兵（县机关事务管理局） | 市总工会/衢总工字〔2015〕7号 | 2015-03 |
| 衢州市第二批校本课程开发与实施先进学校 | 五里小学 | 衢州市教育局 | 2015-03 |
| 衢州市教育学会2013—2014年度先进集体 | 常山一小 | 衢州市教育学会 | 2015-03 |
| 2014年度衢州新闻奖评选二等奖 | 余国荣(2篇)、周洁梅(2篇)、钱　俊、汪　杰、鲁致远、方　冬、叶晓舟、金蕾丽、揭雨兴、黄马强(县新闻中心) | 市新闻工作者协会 | 2015-03 |
| 2014年度衢州新闻奖评选三等奖 | 徐功富、方　冬(3篇)、周洁梅、汪舒宁(2篇)(县新闻中心) | 市新闻工作者协会 | 2015-03 |
| 衢州市烟草系统2014年度安全保卫工作先进个人 | 姜　勇（县烟草专卖局） | 市烟草专卖局（公司） | 2015-03 |
| 衢州市烟草系统2014年度安全文明驾驶员 | 傅安庆（县烟草专卖局） | 市烟草专卖局（公司） | 2015-03 |
| 衢州市烟草系统2014年度安全保卫工作先进集体 | 县烟草专卖局（分公司）办公室 | 市烟草专卖局（公司） | 2015-03 |
| 衢州市首席技师 | 徐剑武（县水文站） | 市委人才工作领导小组 | 2015-03 |
| 2014年度全市安全生产先进集体 | 县安监局，芳村镇政府，县交通运输局 | 市人民政府/衢政发〔2015〕10号 | 2015-03-04 |
| 2014年度全市安全生产先进个人 | 邱志毅（县安监局）；朱忠诚（芳村镇政府）；陈荣海（县住建局） | 市人民政府/衢政发〔2015〕10号 | 2015-03-04 |
| 2014年度共青团工作先进单位 | 工行常山支行团支部 | 工银衢团委〔2015〕1号 | 2015-03-05 |
| 集体三等功 | 城关派出所 | 市公安局/衢公令〔2015〕2号 | 2015-03-06 |
| 2014年度现代农业园区和粮食生产功能区建设工作考核二等奖 | 常山县 | 市两区建设工作领导小组办公室 | 2015-03-07 |
| 2014年全市流动人口管理服务工作先进单位 | 外港派出所 | 市流动人口服务管理工作领导小组/衢流口〔2015〕1号 | 2015-03-09 |
| 2014年度全市流动人口服务管理先进个人 | 段银发、周文振（县公安局） | 市流动人口服务管理工作领导小组/衢流口〔2015〕1号 | 2015-03-09 |
| 2014年度综合考评优秀 | 县交通运输局 | 市交通运输局/衢市交〔2015〕32号 | 2015-03-16 |

**续表 62**

| 荣 誉 名 称 | 获奖单位或个人 | 颁发单位/文号 | 颁发时间 |
|---|---|---|---|
| 2014 年度安全保卫工作先进集体 | 县烟草专卖局（分公司）办公室 | 衢烟办联〔2015〕12 号 | 2015－03－16 |
| 2014 年度安全保卫工作先进个人 | 姜　勇（县烟草专卖局） | 衢烟办联〔2015〕12 号 | 2015－03－16 |
| 2014 年度安全文明驾驶员 | 傅安庆（县烟草专卖局） | 衢烟办联〔2015〕12 号 | 2015－03－16 |
| 2014 年全市维护医疗机构治安秩序工作成绩突出集体 | 城关派出所 | 市公安局/市局内部网络传真 | 2015－03－17 |
| 2014 年全市公交客运车辆安全防范工作成绩突出集体 | 城郊派出所 | 市公安局/市局内部网络传真 | 2015－03－17 |
| 2014 年度先进集体 | 县财税学会 | 市财政税务协会/衢财税学〔2015〕5 号 | 2015－03－17 |
| 2014 年度优秀会员 | 陈新会、舒慧华、叶力安（县财政地税局） | 市财政税务协会/衢财税学〔2015〕5 号 | 2015－03－17 |
| 2014 年全市管线保护工作成绩突出集体 | 县公安局治安大队，球川派出所 | 市公安局/市局内部网络传真 | 2015－03－18 |
| 2014 年全市护校安园专项行动成绩突出集体 | 招贤派出所 | 市公安局/市局内部网络传真 | 2015－03－18 |
| 衢州市疾控系统第四届卫技人员学术报告比赛一等奖 | 刘文峰（县疾控中心） | 市预防医学会/衢市预医会〔2015〕12 号 | 2015－03－19 |
| 衢州市疾控系统第四届卫技人员学术报告比赛三等奖 | 万　圣（县疾控中心） | 市预防医学会/衢市预医会〔2015〕12 号 | 2015－03－19 |
| 重点建设立功竞赛先进集体 | 常山县水利发展投资有限责任公司 | 衢政办发〔2015〕9 号 | 2015－03－19 |
| 重点建设立功竞赛先进个人 | 程鸿星（县总工会） | 衢政办发〔2015〕9 号 | 2015－03－19 |
| 市第三次经济普查市级先进集体 | 紫港街道，金川街道，青石镇，球川镇，同弓乡 | 市府第三次经济普领导小组/衢经普组〔2015〕1 号 | 2015－03－20 |
| 衢州市第三次经济普查先进个人（常山 25 名） | 张莉丽、占慧臻、陈文雅、郑寻宝、詹土根、王怡露、王　婧、江必红、郑月光、宁小娟、陈　颖、江静静、李胜利、徐　静、邱　俊、陈伟俊、官　鹿（大桥头乡）、胡玉良、揭　超、江　涛、赵　磊（开发区管委会）、李　栋、徐素英、汪雪梅、江燕飞 | 市府第三次经济普领导小组/衢经普组〔2015〕1 号 | 2015－03－20 |
| 2014 年度纳税服务工作绩效考核先进单位 | 县地税局 | 市地方税务局/衢地税发〔2015〕22 号 | 2015－03－25 |
| 2014 年度纳税服务工作绩效考核先进个人 | 舒慧华、江旭峰、方文进（县地税局） | 市地方税务局/衢地税发〔2015〕22 号 | 2015－03－25 |
| 全市“惠农通”提质增效先进集体 | 农行常山支行 | 农银衢办发〔2015〕28 号 | 2015－03－27 |
| 全市“惠农通”提质增效先进个人 | 吴慧琪、高建平、姜明华（常山农行） | 农银衢办发〔2015〕28 号 | 2015－03－27 |
| 2014 年度全市平安建设暨综治维稳工作先进集体 | 县市场监督管理局 | 衢州市人民政府 | 2015－04 |

**续表 62**

| 荣誉名称 | 获奖单位或个人 | 颁发单位/文号 | 颁发时间 |
| --- | --- | --- | --- |
| 衢州市 2014 年度粮食生产先进乡镇 | 同弓乡 | 市政府/衢政办发〔2015〕13 号 | 2015-04-01 |
| 衢州市 2014 年度优秀乡镇农技员 | 季学前（紫港街道），张燕木（金川街道） | 市政府/衢政办发〔2015〕13 号 | 2015-04-01 |
| 衢州市 2014 年度优秀种粮大户 | 周太仁（同弓乡），游水根（球川镇），林　刚（金川街道） | 市政府/衢政办发〔2015〕13 号 | 2015-04-01 |
| 2014 年度“平安交通”建设优秀单位 | 县交通运输局 | 市交通运输局/衢市交〔2015〕43 号 | 2015-04-01 |
| 2014 年度培育发展家庭农产工作考核优秀单位 | 常山县 | 市培育发展家庭农产工作领导小组/衢农场组〔2015〕1 号 | 2015-04-09 |
| 2014 年度全市公路系统宣传报道先进单位 | 县公路局 | 市公路管理局/衢市公路〔2015〕64 号 | 2015-04-14 |
| 2014 年度全市公路系统宣传报道先进个人 | 徐慧杰、徐　莹（县公路局） | 市公路管理局/衢市公路〔2015〕64 号 | 2015-04-14 |
| 2014 年度全市平安建设暨综治维稳工作先进集体 | 县委维稳办 | 市委市政府 | 2015-04-17 |
| 集体三等功 | 县公安局“打四黑除四害”专项行动办公室 | 市公安局/衢公令〔2015〕5 号 | 2015-04-23 |
| 集体三等功 | 县公安局警务保障室 | 市公安局/衢公令〔2015〕5 号 | 2015-04-23 |
| 集体三等功 | 县公安局“7·10”信访维稳专案组 | 市公安局/衢公令〔2015〕5 号 | 2015-04-23 |
| 个人三等功 | 施文杰、黄慧岗、姜文华、孙慧健、王　力、吴兵兵、苏锡泉、汪有祥、叶岐巍、鲁　钢、徐一飞、张金良（县公安局） | 市公安局/衢公令〔2015〕5 号 | 2015-04-23 |
| 2014 年度全市福利彩票发行工作考核组织管理一等奖 | 县民政局 | 市民政局/衢市民〔2015〕46 号 | 2015-04-23 |
| 2014 年度全市福利彩票中福在线销量二等奖 | 天马街道大街销售厅 | 市民政局/衢市民〔2015〕46 号 | 2015-04-23 |
| 2015 年度衢州市五一劳动奖章 | 王曙祥（县公路局），刘　羽（白石镇） | 市总工会/衢总工字〔2015〕29 号 | 2015-04-27 |
| 2015 年衢州市“预防接种妈妈课堂”演讲比赛团体二等奖 | 县疾控中心 | 市预防医学会/衢市预医会〔2015〕19 号 | 2015-04-27 |
| 2015 年衢州市“预防接种妈妈课堂”演讲比赛个人三等奖 | 谢小华（青石镇卫生院） | 市预防医学会/衢市预医会〔2015〕19 号 | 2015-04-27 |
| 2015 年衢州市“预防接种妈妈课堂”演讲比赛个人优秀奖 | 宋　昀（芳村中心卫生院），马金玲（同弓卫生院） | 市预防医学会/衢市预医会〔2015〕19 号 | 2015-04-27 |
| 2015 年衢州市“预防接种妈妈课堂”演讲比赛最佳 PPT 制作奖 | 宋　昀（芳村中心卫生院） | 市预防医学会/衢市预医会〔2015〕19 号 | 2015-04-27 |
| 2014 年度全市政法宣传工作先进单位 | 常山县委政法委 | 衢政法〔2015〕18 号 | 2015-04-29 |
| 2014 年度全市政法宣传工作优秀通讯员 | 丁远进（县委政法委） | 衢政法〔2015〕18 号 | 2015-04-29 |

**续表 62**

| 荣誉名称 | 获奖单位或个人 | 颁发单位/文号 | 颁发时间 |
|---|---|---|---|
| 衢州市优秀护士 | 胡美军（县人民医院） | 市护理学会/衢市护发〔2015〕4号 | 2015-04-30 |
| 嘉奖 | 刘晓敏（县司法局矫正科） | 市司法局/衢市司〔2015〕20号 | 2015-04-30 |
| 衢州市无烟单位 | 宋畈卫生院 | 市爱国卫生运动委员会 | 2015-05 |
| 2013—2014年度全市信访工作先进集体 | 县人力资源和社会保障局 | 衢委办发〔2015〕29号 | 2015-05 |
| 个人三等功 | 李　青（县司法局） | 市司法局/衢市司〔2015〕22号 | 2015-05-07 |
| 第四届青少年“法在心中”主题教育活动优秀组织奖 | 县司法局 | 衢依法治市办〔2015〕10号 | 2015-05-25 |
| 2013—2014年度衢州市信访工作先进集体 | 县公安局，县人社局，球川镇政府，芳村镇政府 | 市委/衢委办发〔2015〕29号 | 2015-05-26 |
| 2013—2014年度衢州市信访工作先进个人 | 徐谟清（县住建局）、徐德成（县信访局）、季金全（球川镇）、余亚仙（大桥头乡）、姜立新（芳村镇）、詹金锋（白石镇） | 市委/衢委办发〔2015〕29号 | 2015-05-26 |
| 2013—2014年度市直机关优秀共产党员 | 陈华丰（金华银行常山支行） | 中共金华市直机关工作委员会 | 2015-06 |
| 全市公安机关百城禁毒会战成绩突出个人并荣记个人三等功 | 曾　铮（县公安局） | 市公安局/衢公令〔2015〕16号 | 2015-06-02 |
| “FM97-5交通音乐广播公路微新闻播报竞赛”三等奖 | 杨晓军（县公路局） | 市公路管理局<br>市广播交通音乐频道 | 2015-06-30 |
| 衢州市卫生计生监督技能竞赛“放射诊疗和职业卫生监督专业”一等奖 | 张雪峰（县卫生监督所） | 市卫计委、市总工会 | 2015-07 |
| 衢州市第五届中华经典诵读大赛一等奖 | 天马二小 | 市教育局、市语委 | 2015-07 |
| 衢州市2013—2014年教育科研先进集体 | 常山一中 | 衢州市教育局教科所 | 2015-07 |
| 衢州市2013—2014年度教育科研先进个人 | 鲍一枚（常山一小） | 衢州市教育研究所 | 2015-07 |
| 全市十大“老黄牛式“民警 | 陈云河（县公安局） | 市公安局/衢公政治〔2015〕2号 | 2015-07-01 |
| 2014年衢州市征兵工作先进单位 | 天马街道办事处，紫港街道办事处 | 市政府、衢州军分区/衢政发〔2015〕25号 | 2015-07-01 |
| 2015年度全市第一次“网上作战”比武活动劳资第二名 | 县公安局 | 市公安局/市局内部网络传真 | 2015-07-03 |
| 衢州市疾控系统职工游泳比赛三等奖 | 县疾控中心 | 市疾控中心 | 2015-07-11 |
| 衢州市2015年度首届“最美安监人” | 陈荣海（县住建局） | 市委宣传部、市安全办/衢市安办〔2015〕46号 | 2015-07-15 |
| 集体三等功 | 县公安局“12·02”专案组 | 市公安局/衢公令〔2015〕17号 | 2015-07-21 |
| 2014—2015年度全市禁毒工作先进集体 | 县公安局 | 市政府/市局内部网络传真 | 2015-08-12 |

**续表 62**

| 荣誉名称 | 获奖单位或个人 | 颁发单位/文号 | 颁发时间 |
|---|---|---|---|
| 2014—2015 年度“最美衢州·身边好人”推荐人选 | 徐　莹（县公路局） | 衢州日报社 | 2015－08－16 |
| 市第五批劳动关系和谐企业 | 浙江金利达家俬有限公司，常山东方大酒店，浙江省常山液压机有限公司，常山万谷电子科技有限公司 | 市构建和谐劳动关系工作领导小组/衢市构建发〔2015〕1号 | 2015－08－20 |
| 市级劳动关系和谐企业复评考核合格 | 常山纺织有限公司，常山水务发展投资有限公司，电信常山分公司，常山民盛有限公司，工行常山支行，县公路局，浙江四通轴承集团有限公司，浙江常山金雄有限公司，移动常山分公司，县汽车运输有限公司，银田有限公司 | 市构建和谐劳动关系工作领导小组/衢市构建发〔2015〕1号 | 2015－08－20 |
| 2013—2014 年衢州市禁毒先进集体 | 县教育局 | 市政府/衢政办发〔2015〕69号 | 2015－09 |
| 衢州市第五届学科带头人 | 毛志伟、孙衣云（教研室）；徐塑雅、王　芳（常山一中）；郑仁飞（育才中学）；汪土根（何家初中）；王玲丽（天马一小）；江红梅（天马一小）；张国华（天马二小）；项　珍（育才小学）；周晓敏（实验小学） | 衢州市教育局 | 2015－09 |
| 衢州市中小学教坛新秀 | 张　薇（常山一中）、宋少威（紫港中学）、郑　琪（育才中学）、胡小燕（天马二小）、王宏芳（实验小学）、唐红梅（育才幼儿园） | 衢州市教育局 | 2015－09 |
| 衢州市中小学优秀班主任 | 姜宏锋（常山二中）、王丽宏（城关中学）、夏桂仙（二都桥小学）、张雪琴（城南中学）、张莉莉（芳村小学）、余燕（育才小学）、周瑾（钳口小学）、刘夏俊（阁底小学）、姚刚平（城东小学）、刘丽君（常山一小）、周素红（天马一小）、樊红雨（实验小学） | 衢州市教育局 | 2015－09 |
| 衢州市红烛奖 | 郑红全（常山一中）、洪永贵（同弓初中）、宁茂青（天马二小）、郑春英（青石小学）、洪　霞（辉埠小学）、彭兴邦（钳口小学） | 衢州市教育局 | 2015－09 |
| 衢州市第三届“最美教育人” | 朱国明（常山二中） | 衢州市教育局 | 2015－09 |
| 衢州市 2015 年科普情景剧创作大赛二等奖、三等奖 | 余丹妮获二等奖、张峻豪获三等奖（常山县天马二小） | 市科协、教育局、广电集团等/衢市科协〔2015〕31号 | 2015－09－07 |
| 2015 年度衢州市农业行政执法优秀案卷 | 农业局 | 市农业局/衢农专〔2015〕45号 | 2015－09－22 |

**续表 62**

| 荣 誉 名 称 | 获奖单位或个人 | 颁发单位/文号 | 颁发时间 |
| --- | --- | --- | --- |
| 2014 年度财政预算收支月报先进单位 | 县财政局 | 市财政局/衢财预执〔2015〕7 号 | 2015－09－28 |
| 2014 年度财政预算执行分析先进个人 | 邱正全（县财政局） | 市财政局/衢财预执〔2015〕7 号 | 2015－09－28 |
| 衢州市基层卫生综合技能竞赛团体三等奖 | 县卫计局 | 衢卫发〔2015〕28 号 | 2015－10－10 |
| 衢州市金牌职工 | 江　萍（天马中心卫生院） | 衢卫发〔2015〕28 号 | 2015－10－10 |
| 衢州市基层卫生综合技能竞赛医生组个人一等奖 | 江　萍（天马中心卫生院） | 衢卫发〔2015〕28 号 | 2015－10－10 |
| 衢州市基层卫生综合技能竞赛护士组二等奖 | 占丽娟（芳村中心卫生院） | 衢卫发〔2015〕28 号 | 2015－10－10 |
| 衢州市基层卫生综合技能竞赛护士组三等奖 | 周园丽（天马中心卫生院） | 衢卫发〔2015〕28 号 | 2015－10－10 |
| 衢州市基层卫生综合技能竞赛单项奖医生组闭卷笔试第三名 | 江　萍（天马中心卫生院） | 衢卫发〔2015〕28 号 | 2015－10－10 |
| 衢州市基层卫生综合技能竞赛单项奖医生组操作技能第二名 | 江　萍（天马中心卫生院） | 衢卫发〔2015〕28 号 | 2015－10－10 |
| 全市检察机关预防职务犯罪优秀检察建议 | 县检察院 | 衢市检发预字〔2015〕6 号 | 2015－10－20 |
| 2014 年度部门决算先进单位 | 县财政局 | 市财政局/衢财预执〔2015〕8 号 | 2015－10－21 |
| 2015 年全国科普日活动优秀组织单位和优秀特色活动 | 常山县科协 | 市科协、市教育局、市科局、市经信委/衢市科协〔2015〕33 号 | 2015－10－26 |
| 全市卷烟打假打私工作先进集体 | 县公安局 | 市公安局/市局内部网络传真 | 2015－10－28 |
| 2015 年衢州市卫生监督应急演练三等奖 | 县卫生监督所 | 市卫计委 | 2015－11 |
| 先进个人一等奖 | 郑　建（何家乡） | 衢州市老龄委办公室 | 2015－11－02 |
| 全市城市公交驾驶员职业技能竞赛三等奖 | 陈跃明（县三衢公交有限公司） | 市交通运输局、市人劳局、市总工会/衢市交〔2015〕166 号 | 2015－11－09 |
| 第十七届衢州市自然科学优秀论文评选三等奖 | 刘晓政、施堂红、占元毅、严晓丽撰写的《常山胡柚皮中柠檬苦素提取工艺的研究》；滕跃云撰写的《常山县小水库鱼鳖混养模式与技术》 | 衢州市科协、市人力社保局、市科技科局/衢市科协〔2015〕35 号 | 2015－11－09 |
| 2015 年衢州市基层科普示范单位 | 金川街道赵家坪社区，辉埠镇桐村 | 衢市科协〔2015〕37 号 | 2015－11－17 |
| 2015 年衢州市基层科普惠农单位 | 县西瓜产业协会，县豪锋农业发展公司 | 衢市科协〔2015〕38 号 | 2015－11－17 |
| 2015 年衢州市科普惠农带头人 | 姜翔鹤（县特色水果产业技术协会） | 衢市科协〔2015〕38 号 | 2015－11－17 |
| 2015 年衢州市科普教育基地 | 常山龙腾石博园县第一小学科技馆 | 衢市科协〔2015〕36 号 | 2015－11－18 |

**续表 62**

| 荣誉名称 | 获奖单位或个人 | 颁发单位/文号 | 颁发时间 |
|---|---|---|---|
| 市交通运输局第三届“十大最美交通人” | 胡　滨（县农村公路管理中心） | 衢市交〔2015〕179号 | 2015-11-23 |
| 市交通运输局第三届“十大最美交通人”提名奖 | 舒志鸿（县公路局）、邱雄军（县道路运输管理所） | 衢市交〔2015〕179号 | 2015-11-23 |
| 市农函大2015年优秀培训项目 | 县特色水果产业协会高效果树栽培 | 衢市科协〔2015〕40号 | 2015-11-24 |
| 市农函大2015年优秀培训项目 | 县西瓜产业协会西瓜栽培 | 衢市科协〔2015〕40号 | 2015-11-24 |
| 市农函大2015年优秀培训项目 | 县绿美稻鸭共生技术推广协会稻鸭轮作 | 衢市科协〔2015〕40号 | 2015-11-24 |
| 国家AAA级旅游景区 | 常山黄岗山景区 | 市旅游景区质量等级评定委员会/衢旅质评〔2015〕6号 | 2015-11-25 |
| 全市公安机关综合情报部门综合研判比武三等奖 | 县公安局 | 市公安局/市局内部网络传真 | 2015-11-25 |
| 市首届菊花展优秀组织奖 | 县林业局 | 市林业局 | 2015-11-26 |
| 衢州市十大女杰 | 徐良英（天马二小） | 衢州市妇联 | 2015-12 |
| 衢州市首届微信内容大赛优秀奖 | 常山新闻网 | 中共衢州市委宣传部 | 2015-12 |
| 全省电大系统2014年—2015年学生思想政治工作先进单位 | 电大常山学院 | 浙电大党办〔2015〕12号 | 2015-12 |
| 衢州市第四届十大最美卫生计生人 | 张文棋（芳村中心卫生院） | 市委宣传部、市卫计委 | 2015-12 |
| 全市“百日维稳攻坚大会战”先进个人 | 李宏疆（县人力社保局） | 衢信联〔2015〕6号 | 2015-12 |
| 保留“衢州市文明单位”称号 | 常山县新闻中心 | 衢州市文明委 | 2015-12 |
| 衢州市疾控系统突发公共卫生事件应急处置比武团体一等奖 | 县疾控中心 | 市疾控中心/衢市疾控〔2015〕71号 | 2015-12-01 |
| 衢州市文明单位 | 常山县新闻中心 | 衢州市精神文明建设委员会 | 2015-12 |
| 2015年衢州市疾控系统突发公共卫生事件处置技术比武二、三等奖 | 樊海笑（二等奖）、孔锐洁（三等奖）（县疾控中心） | 市疾控中心/衢市疾控〔2015〕71号 | 2015-12-01 |
| 衢州市“无森林火灾县” | 县林业局 | 市森防指挥部/衢森防指〔2015〕7号 | 2015-12-02 |
| 2015年度市森林消防工作先进个人 | 吴秀方（县林业局）、郑曙光（县森力公安局）、徐小祥（县森防办） | 市森防指挥部/衢森防指〔2015〕7号 | 2015-12-02 |
| 全市公安机关清理打击“三非“专项行动成绩突出个人 | 徐丹亚（县公安局） | 市公安局/市局内部网络传真 | 2015-12-02 |
| 全市学校卫生监督工作先进集体 | 县卫生监督所 | 市卫计委/衢卫通〔2015〕49号 | 2015-12-08 |
| 2015年衢州市科技进步奖获奖项目一等奖 | 农业局特产站，同弓乡事业综合服务中心 | 市政府/衢政发〔2015〕45号 | 2015-12-09 |
| 2015年衢州市科技进步奖获奖项目三等奖 | 农科所 | 市政府/衢政发〔2015〕45号 | 2015-12-09 |

**续表 62**

| 荣 誉 名 称 | 获奖单位或个人 | 颁发单位/文号 | 颁发时间 |
|---|---|---|---|
| 衢州市第四届十佳医生 | 祝 震（县中医院） | 市卫计委/衢卫党发〔2015〕15 号 | 2015-12-10 |
| 衢州市第四届十佳护士 | 毛金兰（县人民医院） | 市卫计委/衢卫党发〔2015〕15 号 | 2015-12-10 |
| 衢州市第四届十佳乡村医师 | 邱金有（球川镇三溪村卫生室），张文棋(芳村镇园区新村卫生室) | 市卫计委/衢卫党发〔2015〕15 号 | 2015-12-10 |
| 衢州市第四届十佳公卫工作者 | 郑剑红（县妇保院） | 市卫计委/衢卫党发〔2015〕15 号 | 2015-12-10 |
| 衢州市第四届十佳计生专干 | 严秀英（天马街道办事处） | 市卫计委/衢卫党发〔2015〕15 号 | 2015-12-10 |
| 第五批市级院士专家工作站 | 常山纺织有限公司院士专家工作站 | 市院士专家工作站建设协调小组 | 2015-12-10 |
| 2015 年度基层医疗机构消毒隔离管理先进县 | 县卫生监督所 | 市卫计委/衢卫通〔2015〕46 号 | 2015-12-12 |
| 衢州市乡镇特色科普馆 | 球川镇，辉埠镇反邪教科普馆 | 衢市科协〔2015〕46 号 | 2015-12-14 |
| 衢州市基层特色科普馆企业特色科普馆 | 县森力家庭农场，浙江环宇轴承有限公司 | 衢市科协〔2015〕46 号 | 2015-12-14 |
| 衢州市社区（村）特色科普馆 | 天马街道金川社区 | 衢市科协〔2015〕46 号 | 2015-12-14 |
| 衢州市校园特色科普馆 | 县第一小学，招贤小学 | 衢市科协〔2015〕46 号 | 2015-12-14 |
| 衢州市中小学生“五水共治”科普知识竞赛优秀奖 | 王 茵、裴宇凡、叶鸿涛、王怡珊、朱佩琪、张瑜欢（县第一小学）；史迪威、段旭彦（天马二小）；徐哲淏、李瑞琪、徐淑雯、王 燕、陈奇棋（三衢中学）；鲍承阳（天马二小）；胡雪君、洪乐旭（同弓小学）；方英明（狮子口小学）；翁思妍（东案小学）；王毅杰（金源完小）；俞银萍（蒲塘完小） | 衢州市科协、市治水办、市教育局/衢市科协〔2015〕43 号 | 2015-12-14 |
| “五水共治科普小达人”一等奖 | 朱佩琪（县第一小学） | 衢州市科协、市治水办、市教育局/衢市科协〔2015〕43 号 | 2015-12-14 |
| “五水共治科普小达人”二等奖 | 徐哲淏（三衢中学）；王茵（县第一小学） | 衢州市科协、市治水办、市教育局/衢市科协〔2015〕43 号 | 2015-12-14 |
| 衢州市中小学生“五水共治”科普知识竞赛优秀组织奖 | 县第一小学 | 衢州市科协、市治水办、市教育局/衢市科协〔2015〕43 号 | 2015-12-14 |
| 第一批衢州市乡镇卫生院特色科室（专科） | 天马中心卫生院小针刀疼痛专科、心脑血管病专科、中西医肝病专科 何家乡中心卫生院口腔科 招贤中心卫生院慢病专科门诊 新昌乡卫生院中医科 | 市卫计委 5/衢卫发〔2015〕57 号 | 2015-12-15 |

**续表 62**

| 荣 誉 名 称 | 获奖单位或个人 | 颁发单位/文号 | 颁发时间 |
|---|---|---|---|
| 2015 年衢州市疾控系统青年业务水平测试二等奖 | 万　圣（县疾控中心） | 市预防医学会/衢市预医会〔2015〕56 号 | 2015－12－17 |
| 2015 年衢州市疾控系统青年业务水平测试三等奖 | 杨　涛、于姗姗（县疾控中心） | 市预防医学会/衢市预医会〔2015〕56 号 | 2015－12－17 |
| 综合工作先进单位 | 县农业综合开发办 | 市农业综合开发办/衢农综办〔2015〕22 号 | 2015－12－17 |
| 市级学前教育示范乡镇（街道） | 金川街道 | 衢市教督〔2015〕147 号 | 2015－12－17 |
| 2015 年度农业综合开发工作先进单位 | 县农业综合开发办公室 | 市农业综合开发办公室/衢农综办〔2015〕22 号 | 2015－12－17 |
| 2015 年度安全生产宣传工作先进单位 | 县安监局 | 衢安监〔2015〕129 号 | 2015－12－17 |
| 2015 年度全市检察宣传工作先进个人 | 曾榴榴（县检察院） | 衢市检政〔2015〕17 号 | 2015－12－18 |
| 市级卫生先进单位 | 县疾控中心，辉埠镇卫生院，白石镇中心卫生院 | 市爱卫会/衢市爱卫发〔2015〕17 号 | 2015－12－21 |
| 市级卫生乡镇 | 新昌乡 | 市爱卫会/衢市爱卫发〔2015〕17 号 | 2015－12－21 |
| 市级卫生村 | 球川镇芙蓉村、黄泥畈村；新昌乡辅轿村、西源村、黄塘村 | 市爱卫会/衢市爱卫发〔2015〕17 号 | 2015－12－21 |
| 先进单位 | 县开发区管委会 | 衢集党〔2015〕116 号 | 2015－12－21 |
| 2015 年水稻高产创建获奖单位（早稻高产示范方） | 常山永文家庭农场，常山游胜家庭农场 | 市农业局/衢农专〔2015〕66 号 | 2015－12－21 |
| 2015 年水稻高产创建获奖单位（再生稻高产示范方） | 常山金仙家庭农场，常山郑敏粮食专业合作社 | 市农业局/衢农专〔2015〕66 号 | 2015－12－21 |
| 衢州市最美工业人 | 何富苗（县经信局） | 衢经信政〔2015〕289 号 | 2015－12－22 |
| 十佳公正执法基层政法单位 | 县公安局治安大队，县司法局社区矫正工作管理科 | 衢政法〔2015〕46 号 | 2015－12－23 |
| 十佳执法为民基层政法单位 | 县检察院民事行政检察科，县法院立案庭 | 衢政法〔2015〕46 号 | 2015－12－23 |
| 十佳带兵执法一线指挥员 | 李　青（县司法局） | 衢政法〔2015〕46 号 | 2015－12－23 |
| 十佳公正执法基层政法干警 | 陈松根（县公安局交警大队） | 衢政法〔2015〕46 号 | 2015－12－23 |
| 十佳服务群众“雷锋式”政法干警 | 吴　兵（县公安局新都派出所），徐华仙（县检察院），李恋红（县法律援助中心），甘全明（县综治办） | 衢政法〔2015〕46 号 | 2015－12－23 |
| 十佳勤勉敬业“老黄牛式”政法干警 | 张文香（县法院），王　瑛（县司法局） | 衢政法〔2015〕46 号 | 2015－12－23 |

**续表 62**

| 荣 誉 名 称 | 获奖单位或个人 | 颁发单位/文号 | 颁发时间 |
|---|---|---|---|
| 十佳执法司法辅助人员 | 琚哲麟（县公安局政治处），郑岚岚（县法院执行庭） | 衢政法〔2015〕46 号 | 2015－12－23 |
| 集体三等功 | 县公安局“3·30”打击工程建设领域违法犯罪专案组、“4·11”打黑除恶专案组 | 市公安局/衢公令〔2015〕20 号 | 2015－12－24 |
| 统计工作先进个人 | 郑　敏（县开发区管委会） | 衢集管〔2015〕97 号 | 2015－12－24 |
| 衢州市 2014 年度水文资料一等奖 | 县水文站 | 市水文勘测站 | 2015－12－24 |
| 衢州市 2014 年度水文资料整汇编工作突出 | 王培霞（县水文站） | 市水文勘测站 | 2015－12－24 |
| 全市农行廉洁从业先进个人 | 胡文军（农行常山支行） | 农银衢党办发〔2015〕17 号 | 2015－12－24 |
| 市电大 2014—2015 年度先进办学单位 | 电大常山学院 | 衢电大〔2015〕43 号 | 2015－12－14 |
| 市电大 2014—2015 年度教务管理先进单位 | 电大常山学院 | 衢电大〔2015〕47 号 | 2015－12－14 |
| 市电大 2014—2015 年度社区教育工作先进单位 | 电大常山学院 | 衢电大〔2015〕51 号 | 2015－12－14 |
| 2015 年度全市科协工作先进单位 | 同弓乡科协，紫港街道科协 | 衢市科协〔2015〕49 号 | 2015－12－28 |
| 市级文明单位 | 县图书馆、天马一小、县交警大队、常山南方水泥有限公司、县档案局、常山县万谷电子科技有限公司 | 市精神文明建设委员会/衢文明〔2015〕3 号 | 2015－12－29 |
| 市级文明街道 | 天马街道、金川街道 | 衢文明〔2015〕3 号 | 2015－12－29 |
| 市级文明乡镇 | 球川镇、招贤镇、新昌乡 | 衢文明〔2015〕3 号 | 2015－12－29 |
| 市级文明村 | 天马街道周塘村、辉埠镇东乡村、招贤镇招贤村、球川镇球川村、白石镇草坪村、大桥头乡新村村 | 市精神文明建设委员会/衢文明〔2015〕3 号 | 2015－12－29 |
| 2015 年度公共资源配置工作综合考核先进奖 | 县监管办 | 衢监管办发〔2015〕17 号 | 2015－12－30 |
| 2014 年度衢州市国有资产统计工作先进个人 | 高素娟（县国资办） | 市国有资产监督管理委员会/衢国资发〔2015〕51 号 | 2015－12－30 |
| 2015 年度信息报送和新闻报道工作先进集体一等奖 | 县住房公积金管理中心 | 市住房公积金管理中心/衢公积金〔2015〕31 号 | 2015－12－31 |
| 2015 年度信息报送和新闻报道工作先进个人一等奖 | 黄海彤（县住房公积金管理中心） | 市住房公积金管理中心/衢公积金〔2015〕31 号 | 2015－12－31 |
| 全市“百日维稳攻坚大会战”先进个人 | 黄　建（县委政法委） | 衢信联〔2015〕6 号 | 2015－12－31 |

## 县委、县政府表彰（命名）的荣誉

**表63**

| 荣誉名称 | 获奖单位或个人 | 颁发单位/文号 | 颁发时间 |
| --- | --- | --- | --- |
| 2014年度先进基层武装部 | 金川街道人武部、芳村镇人武部、球川镇人武部、同弓乡人武部 | 县委、县政府/常委〔2015〕3号 | 2015－01－29 |
| 2014年度优秀专武干部 | 黄水堂（县直机关）、汪建文（天马街道）、董　峰（何家乡）、吴月良（招贤镇）、朱剑锋（青石镇） | 县委、县政府/常委〔2015〕3号 | 2015－01－29 |
| 2014年度优秀职工 | 叶良金、刘有福（县人武部） | 县委、县政府/常委〔2015〕3号 | 2015－01－29 |
| 县综合目标考核一等奖 | 芳村镇 | 县委、县政府 | 2015－02 |
| 优秀共产党员（追授） | 张辉良（大桥头乡） | 县委/常委〔2015〕6号 | 2015－02－13 |
| 2014年度县政府质量奖（企业） | 浙江富丽新材料公司、常山县良友酒家有限责任公司（初审）、南方水泥有限公司（复评）、浙江雪峰碳酸钙有限公司（复评） | 县政府/常政发〔2015〕10号 | 2015－02－16 |
| 2014年度县政府质量奖（个人） | 陈志红、王水斌 | 县政府/常政发〔2015〕10号 | 2015－02－16 |
| 集体三等功（15家） | 发改局、教育局、服务业办、农办、住建局（城管大队）、审计局、国土资源局、经济开发区管委会、城东新区管委会、消防大队、紫港街道、金川街道、辉埠镇、青石镇、芳村镇 | 县政府/常政发〔2015〕11号 | 2015－02－17 |
| 2014年度安全生产工作先进集体 | 县商务局 | 县政府/奖牌 | 2015－03 |
| 2014年度安全生产工作先进集体 | 天马街道办事处 | 县政府/奖牌 | 2015－03 |
| 个人三等功 | 陈国俊（县环保局） | 县政府/常政发〔2015〕25号 | 2015－05－18 |
| 党管武装工作先进单位 | 紫港街道、金川街道、球川镇、同弓乡 | 县委、县政府/常委〔2015〕20号 | 2015－06－23 |
| 武装工作先进个人 | 陈　东（辉埠镇）、李德生（招贤镇）、陈贤民（芳村镇） | 县委、县政府/常委〔2015〕20号 | 2015－06－23 |

**续表 63**

| 荣誉称号 | 获奖单位或个人 | 颁发单位/文号 | 颁发时间 |
|---|---|---|---|
| 国防动员工作先进单位 | 县发展和改革局、县交通运输局、县科学技术局 | 县委 县政府/常委〔2015〕20 号 | 2015－06－23 |
| 国防动员工作先进个人 | 刘利忠（县府办）、郭永平（县委宣传部）、叶剑明（住建局）、程良寿（县人防办民防局）、姜光明（县教育局）、朱建红（县卫生局） | 县委、县政府/常委〔2015〕20 号 | 2015－06－23 |
| 2014 年度征兵先进个人 | 徐　霞（县人民医院） | 县人民政府、常山县武部 | 2015－07 |
| 2014 年度征兵工作先进单位 | 金川街道人武部 | 县政府、县人民武装部 | 2015－07 |
| 2015 年常山县科技进步奖一等奖 | 栾国俊、叶立军、钟卫平、蔡新焱、郑　飞、张翼翔、叶　辰、付良福、郑俊俊（浙江富丽新材料有限公司）；何水清、王建军、陈向阳、陈建明、周明火、徐炳林、王玉猛、林加财、李建华、党洪阳（县农科所） | 县政府/常政发〔2015〕51 号 | 2015－07－22 |
| 2015 年常山县科技进步奖二等奖 | 房　雷、黄荣春、何建明、洪建军、姜永健（浙江华盛钙业有限公司）；王志根、杨海丽、江　丰、余姗姗、杨　眉、占兰凤（威斯朗照明有限公司）；吕茂俭、高双双、白雪林、戚　剑、余兴田（常山双明轴承有限公司）；刘晓政、施堂红、占元毅、严晓丽、戴水凤、李永仙、郑志有（常山质检所）；徐青华、韩小芳、应华锋、姜友华、刘建华、余泽前（县疾控中心、地方病防治办，何家中心卫生院） | 县政府 /常政发〔2015〕51 号 | 2015－07－22 |
| 2015 年常山县科技进步奖三等奖 | 徐耀良、叶　泳、栾柏松、徐振拔（浙江四通轴承有限公司）；祝洪刚、蒋炎阳、陈建红、肖　发、于张颖、李玫璐（常发粮油食品有限公司）；章正红、张　毅、樊勇军、林志坚、许孟华、袁华燕、陈小贞、 | 县政府 /常政发〔2015〕51 号 | 2015－07－22 |

**续表63**

| 荣誉称号 | 获奖单位或个人 | 颁发单位/文号 | 颁发时间 |
| --- | --- | --- | --- |
| 2015年常山县科技进步奖三等奖 | 曾火土（常山纺织有限责任公司）；罗怀山、罗　庆、周建良、程水良、吴兴冉（浙江环宇轴承有限公司）；陈建新、郭和全、高文军、陈向磊（浙江时代计量科技有限公司）；孙剑红、徐串联、严宇仙、徐宝秋、胡建军（县人民医院）；王谦信、陈兆俊、陆　英、柳正卫、胡建军、姜阳兴（县人民医院）；徐小忠、汪丽霞、童金、徐砚琛（浙江柚都生物科技有限公司）；姜翔鹤、裴祖旺、张发根（常山科星葡萄专业合作社）；严宇仙、何晓燕、陈水芳（县人民医院 疾控中心）；樊宇荣、李小青、杨绮红、徐志军（县人民医院）；陈　红、陈兆俊、徐　兴、朱玲香、徐玉发（县人民医院） | 县政府/常政发〔2015〕51号 | 2015-07-22 |
| 2015年常山县名校长 | 季志辉（天马一小）、李传法（湖东小学）、吴水良（二都桥小学） | 县政府/常政发〔2015〕65号 | 2015-08-31 |
| 2015年常山县教学学科带头人（36人） | 罗丽仙、黄雪刚、王立平、熊爱珍、吴宝山、徐塑雅（常山一中）；琚美娟（紫港中学）；韩淑群（职业中专）；王亚君、刘有福、王丽宏（城关中学）；陈伟明、江　毅、金秀成（育才中学）；朱国明（常山二中）；汪土根（何家初中）；林国芳、蔡水华、陈体英（实验小学）；占洪良、郑秀枫（常山一小）；王玲丽、鲁丽华、琚淑娟、何良平（天马一小）；程晓霞、徐文君、唐金平、曾文华、樊美君、余苏平（天马二小）；陈　正、项　珍（育才小学）；琚冬仙（二都桥小学）；樊小平（同弓小学）；王连飞（新桥小学） | 县政府/常政发〔2015〕65号 | 2015-08-31 |

**续表63**

| 荣誉称号 | 获奖单位或个人 | 颁发单位/文号 | 颁发时间 |
| --- | --- | --- | --- |
| 2015年常山县教学质量标兵（119人） | 孟礼召、熊水英、罗丽仙、黄雪刚、饶春雅、徐立忠、鄢红、詹飞鸣、王小云、汪土根、吴宝山、孙冬梅、莫飞军、叶水爱、傅辉根、苏　武、徐琼霞、陈洪友（常山　中）；左琬青、刘　辉、汪　耿、胡鸽平、钟慧华、符小峰、龚瑞莹、黄德淦（紫港中学）；李国飞（职业中专）；张晓冬（三衢中学）；杜一雄、周阳敏、郑凤秀（天马中学）；王丽宏、周元仙、徐力弦（城关中学）；江春妹、谢林芳、朱友红、戴金仙、周耀良、姜　峰、范谋兵（城南中学）；姚义汉、吴银娟、罗文昌、许小妹、朱元英、杨　焕、陈一兵、洪国华、洪　琳 刘宏伟、郑　琪、余土英、王绍章、毛金锋、王晓红、胡盛春、金秀成、朱瑶萍（育才中学）；戴云芝（城东中学）；朱国明（常山二中）；刘小暑、汪晓晓、徐　莹（常山三中）；王霞霞、汪土根（何家初中）；郑爱英（阁底初中）；宁丽丽、汪良清、樊红雨、李　丹、周晓敏（实验小学）；樊牡丹、郑秀枫、刘雄涛（常山一小）；徐玲灵、徐春亚、刘　星、胡苏军（天马一小）；刘碧英、徐俊敏、金小燕、陈建民、程玲仙、胡箭慧（天马二小）；黄秀英、汪清芬、胡岳娟、吴正全（二都桥小学）；徐冬仙、汪水娇（湖东小学）；陈芳英、方丽井、余文敏（城东小学）；蒋尔云（何家小学）；鲁周科、凌　佳（招贤小学）；王保昌（五里小学）；徐利国（东案小学）；刘晓燕、叶瑞娟（青石小学）；郑玲玲、王芳丽、余福军、姜土华、姜美福、王　琴、邱梅芬、曾文妹（芳村小学）；何绍叶、徐雪萍（钳口小学）；陈丽丽（同弓小学）；江　浩（龙绕小学）；洪　弘、廖素琴、毛昌斌、汪国凤、洪　敏（球川小学）；郑琦慧（育才幼儿园） | 县政府/常政发〔2015〕65号 | 2015-08-31 |

# 重要文件目录

## 中共常山县委、常山县人民政府联发文件

**表 64**

| 序号 | 文　　号 | 文　件　标　题 |
| --- | --- | --- |
| 1 | 常委〔2015〕10 号 | 关于印发《2015 年县委、县政府重点工作分工抓落实安排》的通知 |
| 2 | 常委〔2015〕11 号 | 关于印发《常山县 2015 年度乡镇（街道）部门工作目标考核办法》的通知 |
| 3 | 常委〔2015〕12 号 | 关于进一步加快红十字事业发展的实施意见 |
| 4 | 常委〔2015〕21 号 | 关于印发《常山县人民政府职能转变和机构改革方案》的通知 |
| 5 | 常委〔2015〕23 号 | 常山县 2014 年度落实党风廉政建设责任制和惩防体系建设检查考核反馈意见整改方案 |

（县委办公室）

## 中共常山县委文件

**表 65**

| 序号 | 文　　号 | 文　件　标　题 |
| --- | --- | --- |
| 1 | 常委〔2015〕6 号 | 关于追授张辉良同志为常山县优秀共产党员的决定 |
| 2 | 常委〔2015〕7 号 | 关于开展向张辉良同志学习活动的通知 |
| 3 | 常委〔2015〕8 号 | 关于在大抓基层组织年活动中实施“金钉子”工程的意见 |
| 4 | 常委〔2015〕9 号 | 中共常山县委常委会 2015 年工作要点 |
| 5 | 常委〔2015〕15 号 | 关于进一步规范机关事业单位工作人员调配管理工作的意见 |
| 6 | 常委〔2015〕18 号 | 关于进一步加强人大工作和建设充分发挥人大作用的意见 |
| 7 | 常委〔2015〕19 号 | 关于印发《加强和改进政协常山县委员会政治协商、民主监督、参政议政的意见》的通知 |
| 8 | 常委〔2015〕29 号 | 关于制定常山县国民经济和社会发展第十三个五年规划的建议 |

（县委办公室）

## 常山县人民政府文件

**表66**

| 序号 | 文　　号 | 文　件　标　题 |
|---|---|---|
| 1 | 常政发〔2015〕3号 | 关于同意公开出让中国观赏石博览园市场B地块国有建设用地使用权的批复 |
| 2 | 常政发〔2015〕8号 | 关于禁止非法生产销售燃放孔明灯的通知 |
| 3 | 常政发〔2015〕9号 | 关于进一步加强殡葬管理的通告 |
| 4 | 常政发〔2015〕10号 | 关于2014年度县政府质量奖获奖企业和获奖个人的通报 |
| 5 | 常政发〔2015〕11号 | 关于授予县发改局等15个单位集体三等功的决定 |
| 6 | 常政发〔2015〕12号 | 关于暂时关闭全县活禽交易市场的通告 |
| 7 | 常政发〔2015〕13号 | 关于印发《常山县被征地农民基本生活保障实施办法》的通知 |
| 8 | 常政发〔2015〕14号 | 关于《常山县城镇低效用地再开发专项规划（2014—2017年）》的批复 |
| 9 | 常政发〔2015〕15号 | 关于对杭新景高速公路第11标段“1·25”一般物体打击事故调查报告的批复 |
| 10 | 常政发〔2015〕17号 | 关于同意公开常山县球川红旗岗集镇移民安置区留存国有土地二号等六幅地块国有建设用地使用权的批复 |
| 11 | 常政发〔2015〕18号 | 关于同意县安全生产监督管理局2015年度安全生产监督检查计划的批复 |
| 12 | 常政发〔2015〕19号 | 关于确认常山猴头菇地理标志保护申请人资格的批复 |
| 13 | 常政发〔2015〕20号 | 关于下达2015年常山县重点建设项目和重大前期项目计划的通知 |
| 14 | 常政发〔2015〕22号 | 关于加快推进“数字常山”地理信息公共服务平台推广应用的实施意见 |
| 15 | 常政发〔2015〕24号 | 关于印发《常山县农民异地转移赵家坪示范区第二期安置方案》的通知 |
| 16 | 常政发〔2015〕26号 | 关于对常山县安全生产监督管理局市级重大安全隐患整改点320国道招贤官庄村路整改方案的批复 |
| 17 | 常政发〔2015〕27号 | 关于对常山县安全生产监督管理局市级重大安全隐患整改点朱富线徐村村路整改方案的批复 |
| 18 | 常政发〔2015〕28号 | 关于优化高考中考环境维护考试秩序的通告 |
| 19 | 常政发〔2015〕30号 | 关于印发《关于加快民宿产业发展的若干意见》的通知 |
| 20 | 常政发〔2015〕31号 | 关于进一步规范土地出让管理工作的意见 |
| 21 | 常政发〔2015〕33号 | 关于加快推进企业上市挂牌工作的意见 |
| 22 | 常政发〔2015〕35号 | 关于全面禁止河道采砂的公告 |
| 23 | 常政发〔2015〕38号 | 关于新昌乡营石矿矿区局部地块控制性详细规划的批复 |
| 24 | 常政发〔2015〕39号 | 关于推进财政支农体制机制改革的实施意见 |
| 25 | 常政发〔2015〕43号 | 关于同意常山县水土保持规划的批复 |
| 26 | 常政发〔2015〕44号 | 关于表彰2014年夏秋季征兵工作先进单位和个人的通报 |
| 27 | 常政发〔2015〕46号 | 关于对金华市金维广告有限公司“2010”一般高处坠落事故调查报告的批复 |
| 28 | 常政发〔2015〕48号 | 关于授权县财政局签署常山县东於片棚户区改造项目相关文件的决定 |
| 29 | 常政发〔2015〕49号 | 关于提请批准常山县东於片棚户区改造项目资本金及委托代建资金并列入年度财政预算的报告 |
| 30 | 常政发〔2015〕50号 | 关于授权县城投公司签署常山县东淤片棚户区改造项目转委托协议的决定 |
| 31 | 常政发〔2015〕51号 | 关于公布2015年常山县科技进步获奖项目的通知 |

**续表 66**

| 序号 | 文　　号 | 文　件　标　题 |
| --- | --- | --- |
| 32 | 常政发〔2015〕52 号 | 关于同意常山县小型农田水利项目建设项目资金整合方案（2015—2017 年）的批复 |
| 32 | 常政发〔2015〕53 号 | 关于同意浙江省常山县芳村镇芳村村历史文化村落保护与利用规划的批复 |
| 34 | 常政发〔2015〕54 号 | 关于调整县人民政府领导班子成员工作分工的通知 |
| 35 | 常政发〔2015〕55 号 | 关于同意公开出让常山县大桥乡 2015－1 号地块国有建设用地使用权的批复 |
| 36 | 常政发〔2015〕56 号 | 关于球川镇九都村山坪建筑石料用辉绿岩采矿权公开出让事项的批复 |
| 37 | 常政发〔2015〕57 号 | 关于全面开展内部审计工作的通知 |
| 38 | 常政发〔2015〕58 号 | 关于鼓励投资发展现代农业的若干政策意见 |
| 39 | 常政发〔2015〕59 号 | 关于公开出让金川街道徐村村 1#地块国有建设用地使用权的批复 |
| 40 | 常政发〔2015〕60 号 | 关于开展 320 国道沿线暨招贤集镇集中整治行动的通知 |
| 41 | 常政发〔2015〕61 号 | 2015 年征兵令 |
| 42 | 常政发〔2015〕62 号 | 关于落实 48 省道延伸线常山溪口至宋畈公路工程项目建设资金有关事宜的通知 |
| 43 | 常政发〔2015〕66 号 | 关于公开出让球川镇城镇综合体地块国有建设用地使用权的批复 |
| 44 | 常政发〔2015〕69 号 | 关于印发农业补贴综合改革试点工作实施方案的通知 |
| 45 | 常政发〔2015〕72 号 | 关于同意设立钛和常山产业基金有关事项的批复 |
| 45 | 常政发〔2015〕73 号 | 关于同意《常山县美丽乡村建设总体规划（2015—2020 年）》的批复 |
| 47 | 常政发〔2015〕76 号 | 关于同意长风灌区节水配套改造工程规划的批复 |
| 48 | 常政发〔2015〕77 号 | 关于同意将我县机关事业单位纳入生育保险范围的批复 |
| 49 | 常政发〔2015〕78 号 | 关于对常山县紫港街道外港村麦坞自然村“7·23”一般坍塌事故调查报告的批复 |
| 50 | 常政发〔2015〕79 号 | 关于同意《常山县湿地保护规划》的批复 |
| 51 | 常政发〔2015〕80 号 | 关于同意处置民政局等 12 家单位部分固定资产的批复 |
| 52 | 常政发〔2015〕82 号 | 关于同意县国投公司将部分资产投资给县城投公司的批复 |
| 53 | 常政发〔2015〕84 号 | 关于球川经济开发公司融资贷款有关事项的批复 |
| 54 | 常政发〔2015〕85 号 | 关于辉投公司融资贷款有关事项的批复 |
| 55 | 常政发〔2015〕87 号 | 关于富山纺织、富丽新材料公司已收购企业资产办理土地房屋过户涉及税费交纳有关事项的批复 |
| 56 | 常政发〔2015〕88 号 | 关于公布常山县第五批物质文化遗产名录的通知 |
| 57 | 常政发〔2015〕89 号 | 关于同意常山县高效节水灌溉工程（坡耕地雨水集蓄旱粮喷灌工程和水稻区管道灌溉工程）总体建设方案的批复 |
| 58 | 常政发〔2015〕90 号 | 关于进一步加强卫生人才队伍建设的若干意见 |
| 59 | 常政发〔2015〕91 号 | 关于同意录用吴民等十一位同志为卫生计生系统事业编制工作人员的批复 |
| 60 | 常政发〔2015〕92 号 | 关于调整全县最低工资标准的通知 |
| 61 | 常政发〔2015〕93 号 | 关于公开出让新 205 国道与常文线交叉口东侧等四幅地块国有建设用地使用权的批复 |
| 62 | 常政发〔2015〕94 号 | 关于促进电子商务产业发展若干政策的意见 |

（县政府办公室）

## 县委办公室、县政府办公室联发文件

表 67

| 序号 | 文　　号 | 文　件　标　题 |
|---|---|---|
| 1 | 常委办〔2015〕2 号 | 关于印发《常山县公务用车制度改革工作方案》的通知 |
| 2 | 常委办〔2015〕3 号 | 关于表彰 2014 年度美丽乡村建设各项先进的通报 |
| 3 | 常委办〔2015〕5 号 | 关于 2015 年春节期间访民情送温暖活动安排的通知 |
| 4 | 常委办〔2015〕6 号 | 关于转发县委宣传部、县文明办、县红十字会《关于开展“关爱常山好人·博爱一日捐”活动的通知》的通知 |
| 5 | 常委办〔2015〕7 号 | 关于印发《省“无违建县”考核验收组反馈意见整改方案》的通知 |
| 6 | 常委办〔2015〕9 号 | 关于印发《常山县乡村休闲旅游发展三年行动计划（2015—2017 年）》的通知 |
| 7 | 常委办〔2015〕10 号 | 关于 2014 年度县级机关满意不满意单位评选结果的通报 |
| 8 | 常委办〔2015〕11 号 | 关于 2014 年度乡镇（街道）和部门工作目标考核情况的通报 |
| 9 | 常委办〔2015〕13 号 | 关于表彰常山县第二届“招商能手、项目功臣、攻坚干将”的通知 |
| 10 | 常委办〔2015〕14 号 | 关于公布 2014 年度招商引资特别贡献奖获奖单位的通知 |
| 11 | 常委办〔2015〕15 号 | 关于一步深化殡葬改革加强殡葬管理工作的意见 |
| 12 | 常委办〔2015〕20 号 | 关于开展“部门包村共建美丽乡村”活动的实施意见 |
| 13 | 常委办〔2015〕24 号 | 关于印发《常山县“实力工业”转型增效工程十大专项工作方案》的通知 |
| 14 | 常委办〔2015〕25 号 | 关于印发《常山县 2015 年深化“百名局长帮百企”活动实施方案》的通知 |
| 15 | 常委办〔2015〕27 号 | 关于印发《2015 年常山县支持浙商创业创新工作暨招商引资考核办法》的通知 |
| 16 | 常委办〔2015〕29 号 | 关于认真做好基本消除农村家庭人均纯收入 4600 元以下贫困现象的实施意见 |
| 17 | 常委办〔2015〕30 号 | 关于加快推进农村淘宝项目的实施意见 |
| 18 | 常委办〔2015〕32 号 | 关于完善考核机制确保争先进位的通知 |
| 19 | 常委办〔2015〕33 号 | 关于印发《常山县 2015 年度乡镇（街道）工作目标考核细则》的通知 |
| 20 | 常委办〔2015〕34 号 | 关于印发《常山县 2015 年度部门工作目标考核细则》的通知 |
| 21 | 常委办〔2015〕37 号 | 关于印发《常山县创建省级科普示范县工作实施方案》的通知 |
| 22 | 常委办〔2015〕38 号 | 关于印发《常山县机关单位及其工作人员问责办法》的通知 |
| 23 | 常委办〔2015〕39 号 | 关于印发《常山县乡镇(街道)部门一把手“七不直接分管”实施办法》的通知 |
| 24 | 常委办〔2015〕40 号 | 关于印发《常山县城市投资运营有限责任公司改革实施方案》的通知 |
| 25 | 常委办〔2015〕42 号 | 关于印发《常山县泰安矿产经营有限责任公司改革实施方案》的通知 |
| 26 | 常委办〔2015〕44 号 | 关于在全县开展“学党章、守纪律、讲规矩”教育活动的通知 |
| 27 | 常委办〔2015〕46 号 | 关于加强和改进新形势下档案工作的实施意见 |
| 28 | 常委办〔2015〕49 号 | 关于 2014 年度落实党风廉政建设责任制和惩防体系建设检查考核情况的通报 |
| 29 | 常委办〔2015〕51 号 | 关于印发《辉埠经济强镇发展三年行动计划（2015—2017 年）》的通知 |
| 30 | 常委办〔2015〕52 号 | 关于印发《球川中心镇建设示范试点三年行动计划（2015—2017 年）》的通知 |
| 31 | 常委办〔2015〕53 号 | 关于印发《常山赏石小镇创建三年行动计划（2015—2017 年）》的通知 |

**续表 67**

| 序号 | 文　　号 | 文　　件　　标　　题 |
|---|---|---|
| 32 | 常委办〔2015〕54号 | 关于加快三镇发展的若干政策意见 |
| 33 | 常委办〔2015〕56号 | 关于印发《常山县2015年重点突破改革项目清单》的通知 |
| 34 | 常委办〔2015〕60号 | 关于进一步强化新时期计划生育综合治理工作的意见 |
| 35 | 常委办〔2015〕61号 | 关于印发《2015年度市对县综合考核具体目标和计分办法》的通知 |
| 36 | 常委办〔2015〕65号 | 关于印发《320国道沿线暨招贤集镇集中整治行动实施方案》的通知 |
| 37 | 常委办〔2015〕68号 | 关于印发《常山县深化"四边三化"行动方案（2015—2020年)》的通知 |
| 38 | 常委办〔2015〕70号 | 关于成立常山三衢湖省级旅游度假区管委会的通知 |
| 39 | 常委办〔2015〕72号 | 关于举办常山县第五届全民运动会的通知 |
| 40 | 常委办〔2015〕73号 | 关于打造村级（社区）便民服务中心升级版的通知 |
| 41 | 常委办〔2015〕78号 | 关于进一步明确县级公务接待费报销票据清单的通知 |
| 42 | 常委办〔2015〕79号 | 关于进一步促进工业经济发展的若干意见 |
| 43 | 常委办〔2015〕80号 | 关于印发《常山县电子商务百强县创建实施方案》的通知 |
| 44 | 常委办〔2015〕90号 | 关于完善我县党政机关公务接待工作的补充通知 |
| 45 | 常委办〔2015〕91号 | 关于印发《关于加强县纪委派驻机构建设的实施方案》的通知 |
| 46 | 常委办〔2015〕92号 | 关于印发《常山县农村生活污水长效管理办法（试行)》的通知 |

（县政府办公室）

## 县委办公室文件

**表 68**

| 序号 | 文　　号 | 文　　件　　标　　题 |
|---|---|---|
| 1 | 常委办〔2015〕4号 | 关于认真学习贯彻习近平总书记重要讲话和十八届中央纪委五次全会精神的通知 |
| 2 | 常委办〔2015〕19号 | 关于印发《县委财经领导小组工作规则》的通知 |
| 3 | 常委办〔2015〕22号 | 关于开展全县领导干部"大抓基层"集中蹲点调研活动的通知 |
| 4 | 常委办〔2015〕44号 | 关于在全县开展"学党章、守纪律、讲规矩"教育活动的通知 |
| 5 | 常委办〔2015〕45号 | 印发《关于在县处级以上领导干部中开展"三严三实"专题教育的实施方案》的通知 |
| 6 | 常委办〔2015〕50号 | 关于印发《关于落实党风廉政建设党委主体责任和纪委监督责任的实施意见（试行)》的通知 |
| 7 | 常委办〔2015〕66号 | 转发县委统战部《关于进一步完善县委领导与党外代表人士谈心交友制度的意见》的通知 |
| 8 | 常委办〔2015〕83号 | 关于印发《乡镇（街道）纪（工）委书记、副书记提名考察办法（试行)》《县纪委派驻纪检组组长提名考察办法（试行)》的通知 |

（县委办公室）

## 常山县人民政府办公室文件

表 69

| 序号 | 文　　号 | 文　件　标　题 |
|---|---|---|
| 1 | 常政办发〔2015〕4 号 | 关于开展机关事业单位“吃空饷”问题调查工作才通知 |
| 2 | 常政办发〔2015〕5 号 | 关于开展岁末年初安全生产大检查活动的通知 |
| 3 | 常政办发〔2015〕6 号 | 关于转发《衢州市人民政府关于进一步完善城乡居民基本养老保险政策的通知》的通知 |
| 4 | 常政办发〔2015〕7 号 | 关于成立国有土地使用权和采矿权出让价格审查委员会的通知 |
| 5 | 常政办发〔2015〕8 号 | 关于印发《常山县 2015 年春运工作方案》的通知 |
| 6 | 常政办发〔2015〕9 号 | 关于同意《2015 年常山县定向培养基层卫生人才计划》的批复 |
| 7 | 常政办发〔2015〕10 号 | 关于开展塘库外源养殖污染整治工作的通知 |
| 8 | 常政办发〔2015〕11 号 | 关于印发《2015 年殡葬专项整治工作实施方案》的通知 |
| 9 | 常政办发〔2015〕12 号 | 关于要求同意《常山县公共租赁住房发展专项规划（2014—2020）》的批复 |
| 10 | 常政办发〔2015〕13 号 | 关于进一步促进房地产市场平稳健康发展的若干意见 |
| 11 | 常政办发〔2015〕14 号 | 关于对常山军祺线业有限公司等两家单位列为重大火灾隐患挂牌督办的批复 |
| 12 | 常政办发〔2015〕15 号 | 关于进一步加强 H7N9 防控工作的紧急通知 |
| 13 | 常政办发〔2015〕16 号 | 关于印发《常山县基层教育提升计划（2015—2016 年）》的通知 |
| 14 | 常政办发〔2015〕17 号 | 关于表彰 2014 年度县长特别奖等奖项的通报 |
| 15 | 常政办发〔2015〕18 号 | 关于印发《常山县政府投资工程建设项目建设单位合同履约管理职责规定》的通知 |
| 16 | 常政办发〔2015〕19 号 | 关于表彰 2014 年度全县政务信息工作先进单位和先进个人的通报 |
| 17 | 常政办发〔2015〕20 号 | 关于调整县禁毒委员会组成人员的通知 |
| 18 | 常政办发〔2015〕21 号 | 关于进一步完善常山县统计工作联席会议制度的通知 |
| 19 | 常政办发〔2015〕22 号 | 关于同意常山县辉埠镇总体规划的批复 |
| 20 | 常政办发〔2015〕23 号 | 关于表彰 2014 年度全县安全生产工作先进集体和先进个人的通报 |
| 21 | 常政办发〔2015〕24 号 | 关于批转《常山县 2015 年审计项目计划》的通知 |
| 22 | 常政办发〔2015〕25 号 | 关于印发《2015 年县政府为民办实事项目》的通知 |
| 23 | 常政办发〔2015〕26 号 | 关于印发《常山县政务信息工作考核办法》的通知 |
| 24 | 常政办发〔2015〕27 号 | 关于印发《常山县分级诊疗工作实施方案（试行）》的通知 |
| 25 | 常政办发〔2015〕28 号 | 关于印发《2015 年县“两会”议案建议和提案分办表》的通知 |
| 26 | 常政办发〔2015〕29 号 | 关于印发《常山县 2015 年农村清洁工程实施方案》的通知 |
| 27 | 常政办发〔2015〕30 号 | 关于转发《县水利局关于常山县 2015 年防汛检查整改意见及措施》的通知 |
| 28 | 常政办发〔2015〕31 号 | 关于印发《2015 年度常山县政府投资项目支出计划》的通知 |
| 29 | 常政办发〔2015〕32 号 | 关于深入开展“周一夜学”活动的通知 |

**续表 69**

| 序号 | 文　　号 | 文　　件　　标　　题 |
|---|---|---|
| 30 | 常政办发〔2015〕33 号 | 关于印发《常山县数字化城市管理系统运行工作实施意见》的通知 |
| 31 | 常政办发〔2015〕34 号 | 关于印发《常山县人民政府办公室 2015 年内部政务信息工作考核办法》的通知 |
| 32 | 常政办发〔2015〕35 号 | 关于开展 2015 年重大项目谋划活动的通知 |
| 32 | 常政办发〔2015〕36 号 | 关于印发《2015 年政府工作报告重点工作责任分解》的通知 |
| 34 | 常政办发〔2015〕37 号 | 关于成立常山县畜禽屠宰管理工作领导小组的通知 |
| 35 | 常政办发〔2015〕38 号 | 关于成立常山县企业兼并重组工作领导小组的通知 |
| 36 | 常政办发〔2015〕39 号 | 关于批转《常山县 2015 年地质灾害防治方案》的通知 |
| 37 | 常政办发〔2015〕40 号 | 关于印发《常山县事业单位"吃空饷"等问题处理意见》的通知 |
| 38 | 常政办发〔2015〕41 号 | 关于同意 2015 年县财政预算执行和其他财政收支审计总体方案的批复 |
| 39 | 常政办发〔2015〕42 号 | 关于印发《常山县 2015 年无证幼儿园专项整治工作方案》的通知 |
| 40 | 常政办发〔2015〕43 号 | 关于印发《常山县发展学前教育第二轮三年行动计划(2014—2016 年)》的通知 |
| 41 | 常政办发〔2015〕44 号 | 关于开展绩效工资执行情况专项清查的通知 |
| 42 | 常政办发〔2015〕45 号 | 关于进一步加强计量工作的实施意见 |
| 43 | 常政办发〔2015〕46 号 | 关于印发《常山县向社会力量购买服务实施办法》的通知 |
| 44 | 常政办发〔2015〕47 号 | 关于印发《常山县黄标车淘汰工作实施方案》的通知 |
| 45 | 常政办发〔2015〕48 号 | 关于同意常山县金川街道办事处徐村村 1 号地块控制性详细规划的批复 |
| 46 | 常政办发〔2015〕49 号 | 关于同意回购常山县鼎鑫矿业有限公司等两家企业工业用地土地使用权的批复 |
| 47 | 常政办发〔2015〕50 号 | 关于转发《衢州市人民政府关于发布衢州市企业投资项目核准目录（2014 年本）》的通知 |
| 48 | 常政办发〔2015〕51 号 | 关于成立常山县推进企业上市挂牌工作领导小组的通知 |
| 49 | 常政办发〔2015〕52 号 | 关于开展 2015 年 1% 人口抽样调查的通知 |
| 50 | 常政办发〔2015〕53 号 | 关于常山县中心粮库内国有土地划拨事项的批复 |
| 51 | 常政办发〔2015〕54 号 | 关于进一步加强气象灾害防御工作的通知 |
| 52 | 常政办发〔2015〕55 号 | 关于印发《常山县产业投资引导基金管理办法》的通知 |
| 53 | 常政办发〔2015〕56 号 | 关于印发《常山县小型水利工程建设与管理体制改革实施方案》的通知 |
| 54 | 常政办发〔2015〕57 号 | 关于同意调整常山县青石镇江家村柚果加工基地控制性详细规划的批复 |
| 55 | 常政办发〔2015〕58 号 | 关于未批先征失地农民参加基本生活保障等有关问题的批复 |
| 56 | 常政办发〔2015〕59 号 | 关于回购浙江常林纸业有限公司国有土地使用权的批复 |
| 57 | 常政办发〔2015〕60 号 | 关于下达 2015 年度森林采伐限额的通知 |
| 58 | 常政办发〔2015〕61 号 | 关于常山县顺达化工污水处理有限公司资产处置及地下污水委托处理费有关事项的批复 |
| 59 | 常政办发〔2015〕62 号 | 关于交办"四边三化"排查问题清单的通知 |

**续表 69**

| 序号 | 文　号 | 文　件　标　题 |
|---|---|---|
| 60 | 常政办发〔2015〕63 号 | 关于同意常山县滨江一期西区块和外港大道北段项目房屋征收补偿实施方案的批复 |
| 61 | 常政办发〔2015〕64 号 | 关于常山港治理一期工程补充耕地项目质量提升的批复 |
| 62 | 常政办发〔2015〕65 号 | 关于调整县防汛防旱指挥部成员单位名单的通知 |
| 63 | 常政办发〔2015〕66 号 | 关于同意 2014 年度小型水库移民扶助基金项目计划的批复 |
| 64 | 常政办发〔2015〕67 号 | 关于调减基本养老保险基金项目的批复 |
| 65 | 常政办发〔2015〕68 号 | 关于 2015 年垦造耕地外调项目改造提升的批复 |
| 66 | 常政办发〔2015〕69 号 | 关于同意常山县大桥头乡黄衢南高速公路东案出口南侧一号地块控制性详细规划的批复 |
| 67 | 常政办发〔2015〕70 号 | 关于下达 2015 年度国有建设用地供应计划的通知 |
| 68 | 常政办发〔2015〕71 号 | 关于银田化纤兼并重组涉及税费缴纳有关事项的批复 |
| 69 | 常政办发〔2015〕72 号 | 关于加强农产品质量安全监管工作的意见 |
| 70 | 常政办发〔2015〕73 号 | 关于印发《常山县创建省级农产品质量安全放心示范县工作方案》的通知 |
| 71 | 常政办发〔2015〕74 号 | 关于印发《常山县 2015 年农作物病虫害整建制统防统治与绿色防控融合试点方案》的通知 |
| 72 | 常政办发〔2015〕75 号 | 关于浙江天子股份有限公司要求给予果葡糖浆项目和污水处理厂建设中土地出让金和污水处理指标费用政策支持的批复 |
| 73 | 常政办发〔2015〕76 号 | 关于我县“一省一网”变现资金使用方案的批复 |
| 74 | 常政办发〔2015〕77 号 | 关于印发《常山县政府机构改革“三定”工作实施意见》的通知 |
| 75 | 常政办发〔2015〕78 号 | 关于同意公布兴贤搭等 3 处省级文物保护单位保护范围及建设控制地带的批复 |
| 76 | 常政办发〔2015〕79 号 | 关于印发《进一步促进企业兼并重组实施意见》的通知 |
| 77 | 常政办发〔2015〕80 号 | 关于印发《美丽集镇建设三年（2015—2017）行动计划实施方案》的通知 |
| 78 | 常政办发〔2015〕81 号 | 关于促进农机产业化发展的若干政策意见 |
| 79 | 常政办发〔2015〕82 号 | 关于做好 2015 年城乡居民基本养老保险和 2016 年城乡居民基本医疗保险扩面征缴工作的通知 |
| 80 | 常政办发〔2015〕83 号 | 关于印发《常山县行政事业单位房地产集中管理工作方案》的通知 |
| 81 | 常政办发〔2015〕84 号 | 关于印发《常山县市场主体“五证合一”登记管理办法》的通知 |
| 82 | 常政办发〔2015〕86 号 | 关于印发《常山县 2015 年度部分垂直部门工作目标考核办法》的通知 |
| 83 | 常政办发〔2015〕87 号 | 关于印发《常山县城市禁建区范围农民住房困难户安置办法（试行）》的通知 |
| 84 | 常政办发〔2015〕88 号 | 关于加强办公规范化建设的实施意见 |
| 85 | 常政办发〔2015〕89 号 | 关于印发《常山县石灰石矿破碎企业（生产线）专项整治工作实施方案》的通知 |

**续表 69**

| 序号 | 文　　号 | 文　件　标　题 |
|---|---|---|
| 86 | 常政办发〔2015〕90 号 | 关于进一步做好农民建房用地审批工作的通知 |
| 87 | 常政办发〔2015〕91 号 | 关于印发《常山县工业企业资源要素市场化配置改革总体方案（试行）》的通知 |
| 88 | 常政办发〔2015〕92 号 | 关于印发《2015 年常山县完成“五个一批”工作考核实施方案》的通知 |
| 89 | 常政办发〔2015〕93 号 | 关于印发《常山县企业用能权有偿使用和交易实施细则（试行）》的通知 |
| 90 | 常政办发〔2015〕94 号 | 关于印发《常山县整建制推进现代生态循环农业实施方案》的通知 |
| 91 | 常政办发〔2015〕95 号 | 关于调整县政府办班子及科级领导工作分工的通知 |
| 92 | 常政办发〔2015〕96 号 | 关于印发《常山县餐桌安全治理行动三年计划（2015—2017 年）》的通知 |
| 93 | 常政办发〔2015〕97 号 | 关于同意常山县白石镇镇区控制性详细规划的批复 |
| 94 | 常政办发〔2015〕98 号 | 关于提升发展来料加工业的补充意见 |
| 95 | 常政办发〔2015〕99 号 | 关于印发《常山县 2015 年大气污染防治实施计划》的通知 |
| 96 | 常政办发〔2015〕100 号 | 关于印发《常山县淘汰改造分散高污染燃料锅（窑）炉实施方案（2015—2017 年）》的通知 |
| 97 | 常政办发〔2015〕101 号 | 关于印发《常山县“两路两侧”“四边三化”总体整治方案》的通知 |
| 98 | 常政办发〔2015〕102 号 | 关于调整完善土地整治有关政策的通知 |
| 99 | 常政办发〔2015〕103 号 | 关于成立常山县 PPP 模式项目推进工作领导小组的通知 |
| 100 | 常政办发〔2015〕104 号 | 关于印发《常山县推广运用政府和社会资本合作（PPP）模式实施办法（试行）》的通知 |
| 101 | 常政办发〔2015〕105 号 | 关于印发《常山县政府向社会力量购买服务实施细则（试行）》的通知 |
| 102 | 常政办发〔2015〕106 号 | 关于印发《常山县开展工业企业单位要素综合经济效益排序加快转型发展的实施意见》（试行）的通知 |
| 103 | 常政办发〔2015〕107 号 | 关于印发《常山县国有企业外派监管人员管理办法》的通知 |
| 104 | 常政办发〔2015〕108 号 | 关于推进农村应急广播体系建设的实施方案 |
| 105 | 常政办发〔2015〕111 号 | 关于建立输油气管道建设和保护工作领导小组及明确相关单位职责的通知 |
| 106 | 常政办发〔2015〕113 号 | 关于同意常山县辉埠新区枧头区块控制性详细规划的批复 |
| 107 | 常政办发〔2015〕114 号 | 关于下达 2015 年县属国有公司经营预算收支计划的通知 |
| 108 | 常政办发〔2015〕115 号 | 关于球川镇后弄村太平采石场废弃矿山生态治理工程的批复 |
| 109 | 常政办发〔2015〕116 号 | 关于印发《常山县温室气体清单编制工作方案》的通知 |
| 110 | 常政办发〔2015〕117 号 | 关于同意《常山县 2015 年度公共租赁住房申请受理及分配工作实施方案》的批复 |
| 111 | 常政办发〔2015〕119 号 | 关于同意启动《常山县中心城区及高速公路沿线户外广告专项规划》修编的批复 |
| 112 | 常政办发〔2015〕121 号 | 关于印发《常山县淘汰改造分散高污染燃料锅（窑）炉财政补助资金实施细则》的通知 |

**续表69**

| 序号 | 文　　号 | 文　件　标　题 |
|---|---|---|
| 113 | 常政办发〔2015〕122号 | 关于印发《常山县推进消除4600元以下贫困现象工作任务分工安排》的通知 |
| 114 | 常政办发〔2015〕123号 | 关于印发《常山县行政事业单位公款竞争性存放管理暂行办法》的通知 |
| 115 | 常政办发〔2015〕124号 | 关于印发《常山县农村生活污水治理工程第三方竣工验收办法》的通知 |
| 116 | 常政办发〔2015〕125号 | 关于常山县公共卫生服务中心用地予以划拨的批复 |
| 117 | 常政办发〔2015〕126号 | 关于成立常山县防震减灾工作领导小组的通知 |
| 118 | 常政办发〔2015〕127号 | 关于下达淘汰改造分散高污染燃料锅（窑）炉年度推进目标任务的通知 |
| 119 | 常政办发〔2015〕128号 | 关于印发《常山县"大干项目"百日攻坚活动方案》的通知 |
| 120 | 常政办发〔2015〕129号 | 关于印发《常山县大型招商引资活动安全应急预案》的通知 |
| 121 | 常政办发〔2015〕130号 | 关于同意新增县级储备粮规模落实计划及2015年储备轮换计划的批复 |
| 122 | 常政办发〔2015〕131号 | 关于印发《全县批而未供和闲置低效土地处置"百日攻坚"专项行动实施方案》的通知 |
| 123 | 常政办发〔2015〕132号 | 关于印发《常山县供销合作社联合社社有资产监督管理实施办法》的通知 |
| 124 | 常政办发〔2015〕133号 | 关于百合大酒店改造项目补交土地出让金的批复 |
| 125 | 常政办发〔2015〕134号 | 关于调整常山县人民防空指挥部成员及编组分工的通知 |
| 126 | 常政办发〔2015〕135号 | 关于表彰2013－2014年度全县禁毒工作先进集体和先进个人的通报 |
| 127 | 常政办发〔2015〕136号 | 关于常山县粮食局要求对白石粮贸大楼等资产进行处置的批复 |
| 128 | 常政办发〔2015〕137号 | 关于同意常山县通信基础设施专项规划的批复 |
| 129 | 常政办发〔2015〕138号 | 关于成立永久基本农田划定和保护工作领导小组的通知 |
| 130 | 常政办发〔2015〕139号 | 关于开展全县人口计生信息清理清查工作的通知 |
| 131 | 常政办发〔2015〕140号 | 关于批转常山县重大洪涝旱台灾害和水利工程险情应急处置预案等防汛预案的通知 |
| 132 | 常政办发〔2015〕141号 | 关于进一步促进房地产市场平稳健康发展的通知 |
| 133 | 常政办发〔2015〕142号 | 关于印发《常山县2014年冬季退役士兵安置方案》的通知 |
| 134 | 常政办发〔2015〕143号 | 关于进一步加强严重精神病障碍患者招式肇祸行动预防处置工作的补充意见 |
| 135 | 常政办发〔2015〕144号 | 关于印发《常山县卫生和计划生育局主要职能内设机构和人员编制规定》的通知 |
| 136 | 常政办发〔2015〕145号 | 关于印发《常山县市场监督管理局主要职能内设机构和人员编制规定》的通知 |
| 137 | 常政办发〔2015〕147号 | 关于转发县金融办《关于开展农村小额人身意外保险工作的实施方案》的通知 |
| 138 | 常政办发〔2015〕148号 | 关于同意调整《常山县招贤镇健康产业园控制性详细规划（调整）》的批复 |
| 139 | 常政办发〔2015〕149号 | 关于同意《常山县金川街道办事处十五里村夹江水库地块控制性详细规划》的批复 |
| 140 | 常政办发〔2015〕150号 | 关于常山县政府职能转变任务分工方案的通知 |
| 141 | 常政办发〔2015〕151号 | 关于全面实施环境监管网格化管理的通知 |

**续表 69**

| 序号 | 文　　号 | 文　件　标　题 |
|---|---|---|
| 142 | 常政办发〔2015〕152 号 | 关于成立常山县湿地保护委员会的通知 |
| 143 | 常政办发〔2015〕153 号 | 关于公布常山县县级湿地保护名录的通知 |
| 144 | 常政办发〔2015〕154 号 | 关于建立常山县疾病应急救助制度的实施意见 |
| 145 | 常政办发〔2015〕155 号 | 关于同意部分国有企业公开招聘工作人员的通知 |
| 146 | 常政办发〔2015〕156 号 | 关于印发《常山县突发公共事件预警信息发布管理办法（试行）》的通知 |
| 147 | 常政办发〔2015〕157 号 | 关于印发《常山县不动产统一登记工作实施方案》的通知 |
| 148 | 常政办发〔2015〕158 号 | 关于切实做好第二届互联网大会期间禁止农作物秸秆露天焚烧工作的通知 |
| 149 | 常政办发〔2015〕159 号 | 关于印发《常山县城市供水价格综合改革方案》的通知 |
| 150 | 常政办发〔2015〕160 号 | 关于推进责任医生签约服务工作的实施意见 |
| 151 | 常政办发〔2015〕161 号 | 关于印发《常山县推进石灰钙加工生产线整治淘汰意见》的通知 |
| 152 | 常政办发〔2015〕162 号 | 关于确定常山县 2015 年城乡最低生活保障标准的通知 |
| 153 | 常政办发〔2015〕163 号 | 关于废止部分规范性文件的通知 |
| 154 | 常政办发〔2015〕164 号 | 关于印发《投资项目在线审批监管平台建设工作方案》的通知 |
| 155 | 常政办发〔2015〕165 号 | 关于成立常山县地理空间信息协调委员会的通知 |
| 156 | 常政办发〔2015〕166 号 | 关于落实城东新区一期配套设施建设工程项目建设资金有关事宜的通知 |
| 157 | 常政办发〔2015〕167 号 | 关于公布 2015 年度新认定县级农业龙头企业名单的通知 |
| 158 | 常政办发〔2015〕168 号 | 关于球川镇西村村等二个“旱改水”耕地质量提升项目项目立项的批复 |
| 159 | 常政办发〔2015〕169 号 | 关于印发《常山县特殊教育三年提升计划（2014—2016 年）》的通知 |
| 160 | 常政办发〔2015〕170 号 | 关于印发《宋畈片环境整治工作计划》的通知 |
| 161 | 常政办发〔2015〕171 号 | 关于印发《常山县化工园区环境污染事故应急预案》的通知 |
| 162 | 常政办发〔2015〕172 号 | 关于印发《常山县环境污染与生态破坏事故应急预案》的通知 |
| 163 | 常政办发〔2015〕173 号 | 关于印发《常山县工业企业欠薪垫付专项周转金管理使用办法》的通知 |
| 164 | 常政办发〔2015〕174 号 | 关于深入推进收费清理改革的通知 |
| 165 | 常政办发〔2015〕175 号 | 关于同意公布文峰塔等 7 处历史文化遗产保护范围及建设控制地带的批复 |
| 166 | 常政办发〔2015〕176 号 | 关于印发《常山县突发公共事件总体应急预案》的通知 |
| 167 | 常政办发〔2015〕177 号 | 关于印发《常山县城乡困难居民医疗救助实施办法》的通知 |
| 168 | 常政办发〔2015〕178 号 | 关于印发《县视联网平台建设实施方案》的通知 |
| 169 | 常政办发〔2015〕179 号 | 关于印发《常山县“小微企业三年成长计划”实施方案（2015—2017 年）》的通知 |
| 170 | 常政办发〔2015〕180 号 | 关于调整城东新区滨江区块、狮子口区块“退二进三”工程项目有关事项的通知 |

（县政府办公室）

# 国民经济若干统计资料

## 2015年常山县经济与社会发展主要指标

表70

| 指　　标 | 单　位 | 2015年 | 指　　标 | 单　位 | 2015年 |
|---|---|---|---|---|---|
| 一、基本情况 | — | — | 林业 | 万元 | 18560 |
| 年末总人口 | 人 | 342038 | 牧业 | 万元 | 24270 |
| 其中：乡村人口 | 人 | 236486 | 渔业 | 万元 | 5850 |
| 年平均人口 | 人 | 341537 | 农林牧渔服务业 | 万元 | 3038 |
| 年出生人口(人口和计划生育局数) | 人 | 3546 | 年末常用耕地面积 | 公顷 | 15835.5 |
| 年死亡人口 | 人 | 1834 | 主要农产品播种面积 | — | — |
| 人口出生率 | ‰ | 10.4 | 农作物总播种面积 | 公顷 | 20542 |
| 人口死亡率 | ‰ | 5.4 | 粮食播种面积 | 公顷 | 11105 |
| 人口自然增长率 | ‰ | 5.0 | 棉花播种面积 | 公顷 | 58 |
| 年末总户数 | 户 | 111497 | 油料作物播种面积 | 公顷 | 4005 |
| 年末国有、集体单位从业人员数 | 人 | 10127 | 柑橘面积 | 公顷 | 7380 |
| 城镇私营和个体从业人员数 | 人 | 40128 | 常山胡柚面积 | 公顷 | — |
| 年末城镇登记失业人员 | 人 | 984 | 茶园面积 | 公顷 | 417 |
| 城镇登记失业率 | % | 3.0 | 桑园面积 | 公顷 | 29 |
| 土地面积 | 平方公里 | 1097.3 | 主要农产品产量 | — | — |
| 其中：建成区面积 | 平方公里 | 14.2 | 粮食 | 吨 | 69756 |
| 街道 | 个 | 3 | 油料 | 吨 | 7503 |
| 建制镇 | 个 | 6 | 水果 | 吨 | 171677 |
| 乡 | 个 | 5 | 其中：油菜籽 | 吨 | 7140 |
| 城市社区 | 个 | 8 | 花生 | 吨 | 199 |
| 行政村 | 个 | 180 | 其中：柑橘 | 吨 | 36218 |
| 居委会 | 个 | 4 | 胡柚 | 吨 | 110261 |
| 全县城镇化水平 | % | — | 猪　肉 | 吨 | 9149 |
| 二、农业 | — | — | 牛羊肉 | 吨 | 208 |
| 农林牧渔总产值（现价） | 万元 | 123984 | 禽　肉 | 吨 | 3460 |
| 其中：农业 | 万元 | 72266 | 油茶籽 | 吨 | 5005 |

**续表 70**

| 指　　标 | 单　位 | 2015 年 | 指　　标 | 单　位 | 2015 年 |
|---|---|---|---|---|---|
| 水产品 | 吨 | 5612 | 邮政业务收入 | 万元 | 1647 |
| 蔬　菜 | 吨 | 90474 | 电信业务收入 | 万元 | 17920 |
| 茶　叶 | 吨 | 207 | 年末固定电话用户数 | 万户 | 3.7 |
| 蚕　茧 | 吨 | 41 | 年末移动电话用户数 | 户 | 296230 |
| 食用菌 | 吨 | 18435 | 互联网宽带接入用户数 | 户 | 54980 |
| 其中：金针菇 | 吨 | 12507 | 全年用电量 | 万千瓦时 | 118488 |
| 造林面积 | 公顷 | 27.4 | 其中：工业用电 | 万千瓦时 | 91984 |
| 果园面积 | 公顷 | — | 城乡居民生活用电 | 万千瓦时 | 14102 |
| 三、工业 | — | — | 五、批发零售贸易与外经 | — | — |
| 国有及2000万元以上销售收入企业数 | 个 | 118 | 社会消费品零售总额 | 万元 | 547736 |
| 其中：内资企业 | 个 | 111 | 限额以上批发零售贸易业销售总额 | 万元 | 156850 |
| 港、澳、台商投资企业 | 个 | 4 | 外商直接投资合同项目 | 个 | 1 |
| 外商投资企业 | 个 | 3 | 当年实际利用外资金额 | 万美元 | 560 |
| 企业总产值（当年价） | 万元 | 1036043 | 外贸进出口额 | 万美元 | 21319 |
| 其中：内资企业 | 万元 | 1003640 | 其中：出口额 | 万美元 | 21217 |
| 港、澳、台商投资企业 | 万元 | 18661 | 个体工商户 | 户 | 11192 |
| 外商投资企业 | 万元 | 13743 | 个体工商户从业人员 | 人 | 25411 |
| 从业人员年平均人数 | 人 | 14460 | 个体工商户资金数额 | 万元 | 129109 |
| 流动资产合计 | 万元 | 449848 | 私营企业户数 | 户 | 3152 |
| 固定资产合计 | 万元 | 500532 | 私营企业从业人员 | 人 | 52192 |
| 主营业务收入 | 万元 | 928193 | 私营企业注册资金 | 万元 | 1003035 |
| 其中：主营业务年税金及附加 | 万元 | 3829 | 六、固定资产投资 | — | — |
| 本年应交增值税 | 万元 | 26401 | 固定资产投资 | 万元 | 1175637 |
| 利润总额 | 万元 | 16524 | 基础设施投资 | 万元 | 395064 |
| 年销售收入2000万元以下工业企业数 | 个 | 719 | 第一产业投资 | 万元 | 112565 |
| 工业个体户数 | 个 | 1776 | 第二产业投资 | | 508015 |
| 规下产值（当年价） | 万元 | 433500 | 其中：工业技改投资 | | 239625 |
| 四、交通、邮电 | — | — | 第三产业投资 | | 555057 |
| 境内公路里程 | 公里 | 1018 | 其中：房地产开发投资 | 万元 | 92131 |
| 民有汽车拥有量 | 辆 | 26386 | 全年新增固定资产 | 万元 | 867351 |
| 公路客运量 | 万人 | 482 | 房屋施工面积 | 万平方米 | 692078 |
| 公路货运量 | 万吨 | 946 | 房屋竣工面积 | 万平方米 | 139953 |
| 年末邮电局（所）数 | 所 | 15 | 商品房销售面积 | 平方米 | 137319 |

续表 70

| 指　　标 | 单 位 | 2015 年 | 指　　标 | 单 位 | 2015 年 |
|---|---|---|---|---|---|
| 商品房销售额 | 万元 | 94497 | 普通中学 | 所 | 14 |
| **七、财政、金融** | — | — | 普通小学 | 所 | 27 |
| 财政总收入 | 万元 | 124550 | 成人高等教育学校 | 所 | 1 |
| 公共财政预算收入 | 万元 | 86833 | 专任教师数 | — | — |
| 其中：税收收入 | 万元 | 71485 | 其中：中等职业教育学校 | 人 | 102 |
| 公共财政预算支出 | 万元 | 284053 | 普通中学 | 人 | 942 |
| 其中：农林水事务支出 | 万元 | 57843 | 普通小学 | 人 | 1069 |
| 科学技术支出 | 万元 | 9109 | 成人高等教育学校 | 人 | 8 |
| 教育支出 | 万元 | 48640 | 在校学生数： | — | — |
| 年末金融机构人民币存款余额 | 万元 | 1640656 | 其中：中等职业教育学校 | 人 | 1779 |
| 其中：住户存款余额 | 万元 | 872302 | 普通中学 | 人 | 12881 |
| 年末金融机构人民币贷款余额 | 万元 | 1433318 | 普通小学 | 人 | 17700 |
| 其中：住户贷款 | 万元 | 646863 | 成人高等教育学校 | 人 | 1173 |
| 保险费收入 | 万元 | 27419 | 初中毕业升学率 | % | 96.4 |
| 其中：财产险 | 万元 | 12754 | 各类专业技术人员数 | 人 | 11846 |
| 人身险 | 万元 | 14665 | 其中：农业技术人员 | 人 | 117 |
| 赔款、给付 | 万元 | 8882 | 医院、卫生院数 | 所 | 19 |
| 其中：财产险 | 万元 | 6695 | 医院、卫生院床位数 | 张 | 925 |
| 人身险 | 万元 | 2187 | 医生数（执业医师+执业助理医师） | 人 | 665 |
| **八、人民生活** | — | — | 注册护士 | 人 | 470 |
| 在岗职工平均人数(不含私营企业) | 万人 | 1.36 | **十、平衡统计** | — | — |
| 在岗职工工资总额(不含私营企业) | 万元 | 109726 | 国内生产总值（当年价） | 万元 | 1088038 |
| 在岗职工平均工资(不含私营企业) | 元 | 80681 | 第一产业 | 万元 | 79306 |
| 社会福利院数 | 个 | 21 | 第二产业 | 万元 | 532195 |
| 社会福利院床位数 | 张 | 3365 | 工业 | 万元 | 424722 |
| 农村居民人均可支配收入 | 元 | 15333 | 建筑业 | 万元 | 107473 |
| 农村居民人均生活消费支出 | 元 | 7503 | 第三产业 | 万元 | 476536 |
| 城镇居民人均可支配收入 | 元 | 28126 | 人均地区生产总值（户籍） | 元/人 | 31857 |
| 城镇居民人均消费支出 | 元 | 16886 | 人均地区生产总值增长率 | % | 7.1 |
| 城镇居民人均住宅面积 | 平方米 | 39 | 地区生产总值(按 2010 年不变价) | 万元 | 1100382 |
| 农村人均住宅建筑面积 | 平方米 | 88 | 第一产业 | 万元 | 67737 |
| **九、教育、科技、文化、卫生** | — | — | 第二产业 | 万元 | 575055 |
| 学校数 | — | — | 其中：工业 | 万元 | 462737 |
| 其中：中等职业教育学校 | 所 | 1 | 第三产业 | 万元 | 457589 |

## 2015年常山县社会消费品零售总额

表71

| 统　计　指　标 | 计量单位 | 2014年 | 2015年 |
|---|---|---|---|
| 社会消费品零售总额 | 万元 | 492745 | 547736 |
| 一、按销售单位所在地分 | — | — | — |
| 1. 城镇 | 万元 | 366124 | 406053 |
| 2. 乡村 | 万元 | 126621 | 141683 |
| 二、按消费形态分 | — | — | — |
| 1. 餐饮收入 | 万元 | 98565 | 107762 |
| 2. 商品零售 | 万元 | 394180 | 439974 |

## 2015年常山县固定资产投资完成情况

表72

| 统　计　指　标 | 计量单位 | 2014年完成投　资　额 | 2015年完成投　资　额 |
|---|---|---|---|
| 一、固定资产投资合计 | 万元 | 1030091 | 1175637 |
| 1. 投资项目 | 万元 | 926299 | 1083506 |
| 2. 房地产开发项目 | 万元 | 103792 | 92131 |
| 二、工业固定资产投资合计 | 万元 | 462239 | 508015 |
| 三、固定资产投资项目按构成分 | — | — | — |
| 1. 建筑工程 | 万元 | 541383 | 653315 |
| 2. 安装工程 | 万元 | 61897 | 71411 |
| 3. 设备工器具购置 | 万元 | 295526 | 351986 |
| 4. 其他费用 | 万元 | 131285 | 98925 |
| 四、固定资产投资项目按国民经济行业分 | — | — | — |
| 1. 农林牧渔业 | 万元 | 72531 | 112565 |
| 2. 工业 | 万元 | 462239 | 508015 |
| 3. 交通运输、仓储和邮政业 | 万元 | 25165 | 35277 |
| 4. 水利、环境和公共设施管理业 | 万元 | 244793 | 266416 |
| 5. 教育、文化、体育和娱乐业 | 万元 | 37211 | 35141 |
| 6. 其他 | 万元 | 188152 | 218223 |
| 五、固定资产投资项目本年新增固定资产 | 万元 | 455092 | 867351 |
| 六、固定资产投资项目全年施工房屋面积 | 平方米 | 2522519 | 2718668 |
| 其中：住宅 | 平方米 | 521967 | 474108 |
| 七、固定资产投资项目全年房屋竣工面积 | 平方米 | 449091 | 559914 |
| 八、固定资产投资项目全年房屋竣工价值 | 万元 | 36414 | 33091 |
| 九、基础设施投资 | 万元 | 386391 | 395064 |

（据《常山统计年鉴（2016）》摘要汇总）

## 2015 年常山县私营企业户数、从业人数一览

**表 73**

| 指标名称 | 私营企业户数（户） | | | 私营企业从业人数（人） | | |
|---|---|---|---|---|---|---|
| | 2015 年 | 2014 年 | 增长(%) | 2015 年 | 2014 年 | 增长(%) |
| **合　计** | **3152** | **2720** | **15.88%** | **46789** | **43833** | **6.74%** |
| 1.农、林、牧、渔业 | 500 | 469 | 6.61% | 5439 | 5088 | 6.90% |
| 2.采矿业 | 26 | 28 | -7.14% | 637 | 647 | -1.55% |
| 3.制造业 | 859 | 830 | 3.49% | 28182 | 27624 | 2.02% |
| 4.电力、燃气及水的生产和供应业 | 23 | 19 | 21.05% | 324 | 287 | 12.89% |
| 5.建筑业 | 126 | 111 | 13.51% | 1172 | 1094 | 7.13% |
| 6.交通运输、仓储业和邮政业 | 142 | 89 | 59.55% | 1088 | 850 | 28.00% |
| 7.信息传输、计算机服务和软件业 | 21 | 44 | -52.27% | 85 | 191 | -55.50% |
| 8.批发和零售业 | 929 | 766 | 21.28% | 5526 | 4767 | 15.92% |
| 9.住宿和餐饮业 | 21 | 19 | 10.53% | 237 | 222 | 6.76% |
| 10.房地产业 | 54 | 46 | 17.39% | 430 | 368 | 16.85% |
| 11.租赁和商务服务业 | 201 | 156 | 28.85% | 1251 | 1064 | 17.58% |
| 12.居民服务和其他服务业 | 44 | 32 | 37.50% | 635 | 410 | 54.88% |
| 13.卫生、社会保障和社会福利业 | 1 | 0 | — | 42 | 0 | — |
| 14.文化、体育和娱乐业 | 61 | 8 | 662.50% | 305 | 70 | 335.71% |
| 15.其他行业 | 144 | 103 | 39.81% | 1436 | 1151 | 24.76% |

## 2015 年常山县个体工商业户数、从业人数一览

**表 74**

| 指标名称 | 个体工商业户数（户） | | | 个体工商业从业人数（人） | | |
|---|---|---|---|---|---|---|
| | 2015 年 | 2014 年 | 增长(%) | 2015 年 | 2014 年 | 增长(%) |
| **合　计** | **11192** | **10029** | **11.60%** | **25411** | **21646** | **17.39%** |
| 1.农、林、牧、渔业 | 354 | 228 | 55.26% | 2077 | 1297 | 60.14% |
| 2.采矿业 | 10 | 11 | -9.09% | 45 | 51 | -11.76% |
| 3.制造业 | 388 | 370 | 4.86% | 2872 | 2183 | 31.56% |
| 4.电力、燃气及水的生产和供应业 | 2 | 2 | 0.00% | 4 | 4 | 0.00% |
| 5.建筑业 | 18 | 12 | 50.00% | 66 | 54 | 22.22% |
| 6.交通运输、仓储业和邮政业 | 27 | 18 | 50.00% | 77 | 48 | 60.42% |
| 7.信息传输、计算机服务和软件业 | 20 | 14 | 42.86% | 40 | 25 | 60.00% |
| 8.批发和零售业 | 8152 | 7459 | 9.29% | 14624 | 13219 | 10.63% |
| 9.住宿和餐饮业 | 944 | 786 | 20.10% | 2636 | 2127 | 23.93% |
| 10.房地产业 | 31 | 25 | 24.00% | 55 | 49 | 12.24% |
| 11.租赁和商务服务业 | 317 | 264 | 20.08% | 611 | 507 | 20.51% |
| 12.居民服务和其他服务业 | 843 | 764 | 10.34% | 1926 | 1720 | 11.98% |
| 13.卫生、社会保障和社会福利业 | 14 | 10 | 40.00% | 40 | 28 | 42.86% |
| 14.文化、体育和娱乐业 | 35 | 35 | 0.00% | 245 | 255 | -3.92% |
| 15.其他行业 | 37 | 31 | 19.35% | 93 | 79 | 17.72% |

（李　翔）

# 艺　文

## 范冲：翰林侍读·两朝帝师

南宋伊始，定都临安，大批贤达名士跟随宋高宗渡江南下，移居江浙一带。这期间，辗转移居常山者众多，有樊清、胡正、赵鼎、范冲、魏矼、徐大兴、赵希琯等，其中，范冲是迁居常山时间较早的一批。

范冲（1066—1141），字元长，原籍四川华阳，登绍圣元年甲戌（1094）毕渐榜进士，出身名门，父亲范祖禹是《资治通鉴》的参编者之一。南宋初期，范冲迁居常山叠石（今金川街道徐村）。

纵观范冲的一生，初为小吏，后当史官，再任帝师，最终回归山野，隐居乡里，一个个鲜明的身份标签，犹如一朵朵绚烂的烟花，璀灿夺目，又归于平淡，这既见证着范冲色彩斑斓的一生，更彰显着他谦恭淡泊的一生。

### 奉命修史传佳话

华阳范氏一门，家学渊源颇深，范冲从小耳濡目染，在史学研究上有着极高的天份。

历史上有个著名的“三范修史”典故，说的就是宋代时期，范氏家族成员范镇、范祖禹、范冲，先后奉命编修史书，因考究严谨，论证科学，评价中肯，被传为史学佳话。其中，范镇参加纂修了《仁宗实录》《起居注》《新唐书》《类编》等；范祖禹是范镇侄孙，纂修了《神宗实录》《唐鉴》，协助司马光修撰《资治通鉴》唐代史和五代十国史部分；范冲是范祖禹长子，是范氏族人中第三代史学家，曾主持重修宋神宗、宋哲宗两朝实录，尤以重修《神宗实录》而著称于世。

其实，在范冲之前，由于朝中党派纷争，对王安石变法褒贬不一，《神宗实录》已经纂修过两回。第一次纂修是元佑年间，吕大防、范祖禹、黄庭坚等人修成了《神宗实录》，书中极力诋毁王安石倡导的熙丰新法，因该书全为墨字，史称“墨本”；第二次修撰是绍圣年间，王安石女婿蔡卞重修《神宗实录》，书中论述大多引用王安石的《日录》，极力颂扬王安石改革变法，书中凡删除修改皆用朱笔，史称“朱本”。

到了绍兴四年（1134），宋高宗认为蔡卞所修《神宗实录》与史实多有违背，不足以采信传世，他指名道姓地让范冲予以重修。据《宋史·宋高宗》记载，高宗对宰辅朱胜非说：“神宗、哲宗两朝史录，事多失实，非所以传信后世，当重别修定，著《唐鉴》范祖禹有子名冲者，已有召命，可促来，令兼史事。”任命范冲为宗正少卿兼直史馆，负责删修神宗、哲宗两朝实录。

范冲一开始推辞不就，认为“墨本”是父亲范祖禹所修，后来蔡卞等人推翻“墨本”，重修了“朱本”，并把父亲贬至岭南而死。倘若自己再次重修，肯定免不了要删改蔡卞不当言论，只恐怕这又会引来误会和纷争。

宋高宗再三说明，重修史书是自己的本意，也是昭慈太后的遗愿，“纷纷浮论，不足恤也”“两朝大典，皆为奸臣所坏，故以属卿”，再次明确宰相赵鼎为监修，范冲为修撰，并提出将自己要求修史的“圣语”记录下来，附于篇尾，以正视听。

范冲在修《神宗实录》时，为体现客观公正，专门撰著了《神宗实录考异》5卷，“旧文以墨书，删去者以黄书，新修者以朱书”，这样一来，删改增添的内容，皆可查证对比，世人皆服，称其为“朱墨史”。

范冲还善于总结提炼，创新方法和技巧，提高工作效率。据《南宋馆阁录·续录》载，修史期间，范冲与秘书少监吴表臣还共同参定了图书校勘条例——校雠式，创立了我国古代文献学史上最早确定的、较为完整的校勘条例。

在赵鼎、范冲的主持下，重修的神宗、哲宗等两部史书“是非各得其正”。宋高宗非常满意，亲书“忠正德文”四字及《尚书》一帙赐予了赵鼎，并提拔范冲为起居郎，专门负责记录皇帝日常行动与国家大事。

**两度侍读成帝师**

宋高宗比较注重学习，绍兴五年（1135）闰二月，开设讲筵，范冲又兼任侍读一职，负责陪侍皇帝读书论学。高宗十分喜欢《左氏春秋》一书，范冲在讲述史实典故之际，经常铺陈发挥，借古喻今，针对时局问题进行剖析，规劝高宗从善纳谏，勤政爱民，高宗每次都听得津津有味、兴致盎然。

侍读过程中，范冲经常与高宗交流谈论对政事的观点。一次，高宗询问范冲对王安石的看法，范冲说：“以前程颐（北宋理学家）曾经问我，王安石危害天下的主要是什么问题？我回答说是‘新法’。程颐否定了，他说：‘不是这样。新法并没什么大不了，只要皇上愿意纠正就了结了。王安石心术不正才是最大的危害。’我一开始不以为然，后来逐渐明白了：王安石利用人们的利欲之心，作为推行变法的原动力，这使人迷失了本性，沉迷于贪名逐利，久而久之不以为耻。一人心术不正，坏了天下人的心术，这才是最具危害的。”高宗听了，深以为然，赞许有加。

宋高宗独子元懿太子早夭，此后一直未能生育。绍兴三年（1133），宋高宗从太祖后裔中选出年仅9岁的赵伯琮，调入皇宫，以备储君。赵伯琮被封为建国公，就学于专门为其建造的资善堂。选谁来当建国公的老师呢？宋高宗一下子就想到了范冲，于是，绍兴五年（1135）五月，下诏任命范冲为徽猷阁待制兼史馆修撰兼侍讲、资善堂翊善（即皇子的老师），全权负责建国公的教学培育。诏词曰：

“朕为宗庙社稷大计，不敢私于一身，选于属籍，得艺祖七世孙鞠之宫中。兹择刚辰，出就外傅，宜有端良之士以充辅导之官，博观在廷，无以易汝冲，德行文学，为时正人。乃祖发议嘉祐之初，乃父纳忠元祐之际，敷求是似；尚有典刑。顾资善之开，史馆经筵，姑仍厥旧。朕方求多闻之益，尔实兼数器之长，施及童蒙，绰有余裕。蔽自朕志，宜即安之。”

当时，张浚等朝中大臣也极力推荐范冲，

认为范冲为“一时名德老成，极天下之选”，真正的名至实归。宋高宗要求建国公每次见到范冲，必须低头拜见，以示敬重。

对于新的职务，范冲也是恪尽职守，勤勉有加，表现相当出色。绍兴六年（1136）四月，宋高宗再次下诏，提拔范冲为翰林学士兼侍读。考虑到姻亲赵鼎位居宰相，范冲坚决推辞不受以“避嫌”。9天后，宋高宗无奈准许，但出于对范冲的信任与关爱，不仅恢复了早先废除的“翰林侍读学士”职位，“特以命冲”，还于绍兴六年（1136）五月下诏强调“侍读学士班翰林学士之下，恩数依学士例”。由此，范冲与范祖禹二人，成为宋代时期唯一的父子“翰林侍读学士”。

在范冲等人教导下，建国公学有所成，继位后即为孝宗，成为南宋时期最有作为的皇帝。晚年的范冲被秦桧之流诬陷迫害，含冤而死，孝宗即位后，立即为其平反，恢复名誉。师生情谊之深，不言而喻。

### 淡泊超然居常山

以世俗的眼光看来，说范冲家世显赫，丝毫也不过份：父亲范祖禹，高宗皇帝侍读、著名史学家，母亲为宰相吕公著之女；弟弟范温，文学家，著有《潜溪诗眼》，弟媳为秦观（苏门四学士之一）之女；妹妹范氏为司马光之孙司马植妻子；儿子范仲熊，曾任吏部员外郎，著有《北记》，媳妇为宰相赵鼎之女。然而，范冲从未因名门出身，而自觉高人一等，他性情十分恬淡，凡事随遇而安，处处低调守拙。

公元1127年，赵构称帝。随后宋室南迁，范冲在第一时间渡江南下，被授予虞部员外郎之职，不久又调任两淮转运副使，出任地方官员。然而何处居家安眷？经过慎重的遴选，范冲放弃了繁华热闹的京城临安，一眼相中了地偏一隅、山深谷幽的常山作为栖身之地，举家迁居常山叠石。据光绪版《常山县志》载：“范冲于南宋建炎元年（1127）因金乱南渡来常，奉祀，居邑之叠石”“叠石，在县北七里，石突出溪中，层叠如堆，常孕龙，龙出石裂，崖上有窝，宋学士范冲居之。”同时，重情重义的范冲，还把司马光的亲属家眷一并携带至叠石新家，组成一个大家庭，加以赡养和抚育。《宋史·卷四百三十五》记载：“冲性好义乐善，司马光家属皆依冲所，冲抚育之。”

三年后，范冲改任衢州知州一职，据《衢州古城志》记载：“宋建炎四年（1130），史学家范冲知衢州。”此地距离常山叠石的“家”又近了一步，这无疑是范冲内心所渴望的。当年十一月，时任“除签书枢密院事兼权御营副使”的姻亲赵鼎，因反对提拔军功微薄的辛企宗，触犯龙颜，被贬为提举临安府洞宵宫。范冲借此机会，索性提出辞呈，赋闲在家，修心养性。明崇祯《衢州府志》记载：“（范冲）建炎中，知衢州，因请祠与赵鼎有连，夺职。”

在辞职后的两年时间里，范冲与隐居黄冈山的赵鼎，以及好友魏矼、永年寺了空和尚等人，吟诗唱和，游历山川，过着“采菊东篱下，悠然见南山”的悠闲生活，著有《三贤唱和诗》传世，可惜现已散佚不寻。

**如赵鼎曾写有《相思一首呈范》**：清楼钟断钻长廊，谁共萧斋一篆香。书册自能留久主，灯花还解劝余觞。风回绝壑沉灵籁，雨入幽林送嫩凉。老懒由来贪睡美，秋衾不怕夜偏长。

**范冲和诗《次韵元镇相思》**：陨叶铮铮

夜响廊，飘来桂子得余香。生涯何日成三径，世味而今作一觞。时雨不妨惊梦断，秋风又喜著新凉。期公剩费七百斛，且乐人间意味长。

可是，南宋初期内忧外患，诗情画意的日子，终究不是范冲等人内心所能坦然受之的。绍兴二年（1132）十月起，赵鼎、范冲陆续被启用，屡有重任（如宗正少卿、史馆修撰、翰林侍读、资善堂翊善等），担负起南宋中兴的历史使命。

直到绍兴八年（1138）正月，朝廷委任范冲为婺州知州，范冲因姻亲赵鼎位居宰相，再度避嫌谦让，“力辞不赴”，不久仍为龙图阁直学士提举江州太平观，挂了一个虚职头衔。绍兴十一年(1141)十一月卒于婺州(金华),后葬于何家乡黄岗山永年寺旁容车山。

死于婺州而葬于常山，由此可见范冲内心早已把常山作为真正的故乡。名贤之士魂归旧地，常山士民为之荣耀万分，将其奉人乡贤祠，供县人祭祀和景仰。后来，赵鼎、魏矼也效其做法，逝于外地归葬常山，“三贤”英灵相伴，长眠于三衢大地。

2012 年，何家乡黄冈村发现有范冲墓碑一块，碑高 1.42 米，宽 0.56 米，厚 0.1 米，碑面有“宋龙图阁直学士范公之墓”阴刻字样，为清雍正八年（1730）立。时至今日，后人对范冲的缅怀思念，始终都没停歇过。

（文/王有军、图/曾令兵）

## 情深意长的银丝贡面

“洁白似银美亦香，纤细如丝意悠长”，这是人们对常山传统名产——常山贡面的形象概括。千百年来，常山贡面以其独特的“色、形、香、味”深受广大消费者喜爱。

常山贡面又名常山索面、银丝贡面，是一种以面粉掺以山茶油，配加盐水调和拉制晾干而成的手工面。

### 一、历史渊源

据史料记载，常山索面早在唐咸亨时期就开始生产，北宋时期大大小小的索面制作场坊就已经遍及城乡，因其形似丝索，俗称索面。

常山索面缘何成为“贡面”？相传这与明朝宰相严嵩有关。传说严嵩发迹前上京赶考途经常山，因饥寒交加，感染风寒，受困于县城文峰塔下，幸得占家太公太婆救助，喂之以索面，赠之以银两，严嵩遂拜占家太公太婆为干爹干妈。后来严嵩高中皇榜，位居高官，每次回江西分宜老家或去京城路过常山，都要到占家停留，并对鲜美的索面念念不忘。一次，严嵩一干人马从江西老家回京，刚踏进常山，突然下起雨来，赶到占家时早已被淋得如同落汤鸡。占家太婆遂以生姜、辣椒、香葱等为佐料，精心烧煮了一锅索面。严嵩等人食后感到浑身舒畅，疲乏顿消，便带上一些索面回到京城。一日，嘉靖皇帝御驾亲临相府，严嵩以索面招待皇上，皇帝品尝后赞不绝口，当即下旨列为贡品，赐名“银丝贡面”。以后常山每年都要进贡索面数百担，外包装盒上都盖有专门制作的“银丝贡面”印章。从此，“银丝贡面”名声大噪，美名远扬。

常山索面在明朝被列为“贡品”，《常山县志》对此有明确记载：明嘉靖年间，索面取名“银丝贡面”进贡朝廷，每年达数百担之多；民间也有物据可查。2005 年在广州发现标有“银丝贡面”字样的明代嘉靖年间木刻印章，就是一个有力的佐证。这枚珍贵的木刻印章，外表呈现古铜色，长 20.3 厘米，宽 8.8 厘米，厚 2.8 厘米，正面刻有“银丝贡面”繁体楷书，四周刻有形似太阳光芒的网状纹饰图案，整个印章制作十分精细。据收藏该木印的颜先生介绍，这枚木印正是明朝浙江常山地方官进贡索面时，在包装盒上所盖的印章。

**二、工艺程序**

经过长期的加工实践，常山贡面形成了一整套独特而复杂讲究的手工制作工艺。

贡面制作用料讲究，工艺精细。常山地处钱塘江上游的山区半山区，水源清洁甘冽，农村历来盛产山地小麦、山地蕃薯和山茶油，这都为贡面制作提供了最佳原料。为了确保贡面细白柔韧、营养丰富，作坊一般都用上等山地麦子磨成的上好面粉作为主原料，同时糅合常山农特产——山茶油，具有清爽香醇、久煮不烂的特点。在工艺流程上，共有和面、醒面、压片、切条、打条、上筷、上架、拉面、晒面、盘面等10多道工序。每道工序必须一丝不苟，精工细作，方能做出洁白似银、细匀如丝的上佳贡面。

贡面制作的第一道工序是和面。取一定量的优质面粉，逐步倒入预先配好的食盐水溶液，手工搅拌揉和1小时左右，形成吸水均匀的面团，面粉、水、食盐比例为25∶15∶2左右，具体比例随气温及空气湿度高低而适当变化；面团揉好后，静置于案板，加盖干净湿润的纱布进行醒面，时间20～30分钟，促使面团发酵成熟，更具韧性和弹性；压片和开条即把面团压制成厚度约2厘米左右的面片，并涂抹适量山茶油，然后将面片切成宽约3厘米的长条，进行第二次静置醒面；打条是指以番薯（米）粉作粉扑，将熟化的长条打细打匀，连接制成一条直径约6毫米的细长面条，这是一个至关重要的环节，既要保证细面条均匀如一，又要保证细面条不粘、不断，技术功底高低由此可见一斑，细面条打好后，进行第三次静置醒面；上筷的时候，把细面条一圈一圈地卷到两根筷子上，一般每筷32～40卷，然后放入醒面箱，进行第四次静置醒面，时间3小时左右；接下来是上架、拉面，将一根筷子插入晒架上孔中，拉面时5筷一拉，分2～5次把面条拉细拉长，并将另一根筷子插入晒架下孔，如何做到细而不断，关键看手的劲道把握；晒面时，丝丝缕缕、晶莹剔透的贡面迎风飘荡，简直是一幅妙不可言的艺术画卷；晒至八九分干，就可进行盘面，捋去筷子上的面头，用红纸头包扎成束，挽捆成8字形叠放在一起，含有人旺财发的美好祈愿。

贡面制作环节繁琐，技术严谨，全过程需要十八九个小时，是一项劳心费力的手工艺。“辛苦不过贡面匠，半夜起来把天望”，是制面工人生活的真实写照，起早摸黑是家常事，半夜观察云头风向、预测天气，更是一门必修课。阴雨天制作贡面容易受潮，风力过大贡面容易折断，太阳过烈贡面容易干裂，天气突变则经常让面粉完全报废。

常山贡面之所以风味独特，除工艺精细外，与那些不成文的传统行规也是分不开的，如所有主料和辅料必须是当地当时最优质的，加工作坊和晒面场所必须保持十分清洁卫生，不得添加任何食品添加剂等等，真可谓“贡面长长情更长”。

**三、饮食风俗**

千百年的贡面加工制作历史，形成了丰富的饮食风俗和饮食文化。

贡面的汤面先分后合，有效解决了众口难调的问题，适应各地不同的口味和特点。一般来说，先备好肉汤（或鸡汤）于碗内，佐以肉油或茶油、酱油、味精、姜蒜、辣椒、葱花，待锅水煮沸后放入贡面，待面条变软呈玉色，即可捞出盛入汤碗内，喜醋者加点香醋，然后调匀食用，滑爽柔软，味道鲜美，富有营养，老弱妇孺尤爱食用。据《常山县志》载："贡面用盐水调和拉制晾干而成，吃时调以辣油、香葱，有子鳖（氽鸡蛋）、火腿作浇头更佳。"

不同的场合吃贡面，寓意各有不同。一般来说，逢年过节、重大传统节日时要吃贡面，如正月初一早晨，家家户户每人都要吃上一碗贡面，称作"新年面"，寓意福气长长，好运连连；男女老少做生日寿诞时要吃贡面，叫"长寿面"，第一碗贡面给寿星先吃，寓意健康长寿，幸福圆满；婚庆、乔迁时要吃贡面，叫"喜庆面"，寓意喜气满屋，顺心如意；新女婿第一次上丈母娘家，也要吃贡面，丈母娘会在贡面下掩藏四个荷包蛋，俗称"子鳖面"，人们戏称为"猪栏草铺芋子"，寓意婚姻长长美美，早生贵子。后来，热情好客的常山人将这种礼遇加以延展，亲朋好友一上门，总会端上一碗热辣辣、油汪汪的贡面加以款待。夹上一筷，犹如水帘垂挂，丝丝清爽，淡淡清香扑鼻而来，令人垂涎欲滴，入口时柔中带韧，回味无穷。不用说远方客人，在外游子闻之无不牵肠挂肚，思绪如面万千缕。

从饮食营养角度看，贡面以上等面粉为主料，以山茶油、姜末、葱花等为佐料，属于绿色健康食品，其烹调方法也大有讲究，可以因人而异，烧煮成各种各样的口味来。比如，用水氽鸡蛋铺底，俗称"子鳖面"，是待客的佳点；以菠菜煮面，称"菠菜面"，吃起来鲜嫩清口，滑而不腻，是老年人的最爱；用肉丝、笋丝（或韭菜）、豆干丝做浇头，称为"三丝贡面"，面鲜味浓，最适合年青人口味；还有一种"表伤风"面，即偶患风寒，煮面时多加生姜、葱头、干辣椒末，然后连汤带面趁热吃下，盖上棉被蒙头睡下，待闷出汗来即神清气爽，感冒全消。民间还有产妇吃贡面催乳、桔皮面开胃等烹调方法和习俗。

**四、传承发展**

常山贡面源于传统农耕社会，自明代成为"贡品"以后，一部分加盖"银丝贡面"印章进贡朝廷，一部分又逐步投放市场，成为浙、沪、赣、闽、皖等地的走俏商品。然而由于种种原因，贡面制作几度衰退，但幸运的是，历经千百年兴衰考验，贡面制作至今仍广泛分布于常山县各乡镇，球川、青石、招贤等乡镇尤为兴盛。全县 14 个乡镇（街道）有贡面加工作坊 160 余家，年产量达 40 多万公斤，大多以家庭为单位，其中从事专业加工的有 40 余家。

2005 年以来，县委、县政府专门成立常山贡面产业发展工作领导小组，出台了常山贡面产业发展的扶持政策，把扩大贡面生产规模、做大做强产业和加强制作工艺传承保护等工作摆上了重要议事日程。对内按照"万名农民素质工程"培训规划，组织培育贡面手工艺者 100 余名；高度重视品牌效应，鼓励加工户打造贡面精品；成立全县贡面销售合作社，实现生产、收购、销售一条龙。对外组织开展常山贡面推介会，设立贡面销售网点 20 多处，把贡面推介到杭州、宁波、上海、深圳、北京等大都市，依托中央电视台四套、七

套节目制作播放《昔日贡面依然受宠》专题片，在《浙江日报》、《致富天地》等报刊开展《常山贡面好劲道》专题宣传，让更多的人认识了解常山贡面。同时，组织开展摄影、书画、歌舞、诗词和文学作品等系列创作比赛，创作了歌舞《贡面情长》、摄影《丝丝索面悠悠情》等一批优秀作品，推进了常山贡面制作工艺的传承和保护，扩大了常山贡面的知名度和影响力。

为了更好地规范和传承常山贡面制作技术，促使贡面提升品质、拓展市场，县质量技术监督局、浙江省果品质量检验中心和县粮食局，精心组织编制了常山贡面地方标准——《常山贡面生产加工技术规程》和《常山贡面质量安全要求》，于2007年12月1日正式发布实施。展望未来，走上规模化、产业化发展道路的常山贡面定会焕发出更旺的生机，为推进地方经济发展、建设社会主义新农村贡献力量。

（毕建国、王有军）

## 王介生平事略析疑

王介（1015—1076），字中甫、中父，北宋诗人，常山县芙蓉章舍人。由于年代久远，史料遗缺，关于王介及其家族众说纷纭，版本多样，但不同程度地存在一些谬误差错。现将王介的一些生平事略辨析如下，供大家交流探讨。

### 一、王介家族究竟一门几进士？

提起章舍王氏，人们往往称其“一门七进士”“一门九进士”“父子四进士”等，提法不一而足。那么，事实究竟如何呢？章舍王氏，源于北宋年间盛夏之际，大理寺评事王伟巡视常山时，不幸患疾病逝，其子王言在附近为其择地卜葬，见芙蓉章舍山川秀丽，景色宜人，便扶柩来葬。王言在墓旁结庐守制三年，从此定居了下来，并尊称王伟为章舍王氏始迁祖。正所谓地灵人杰，章舍王氏一脉人才辈出，经查证对照，王氏历代进士名录如下：

芙蓉章舍王氏一门十进士人物关系表

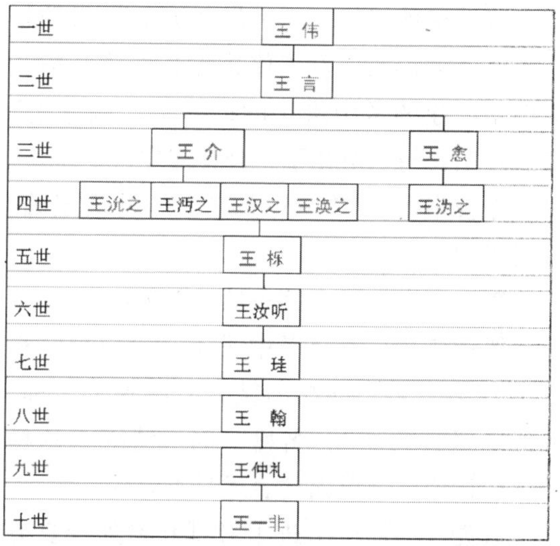


一世王伟是宋咸平二年己亥（999）孙暨榜进士。

二世王言是天禧三年己未（1019）王整榜进士。

三世王介是庆历六年丙戌（1046）贾黯榜进士。

三世王悆是嘉祐四年己亥（1059）刘辉榜进士。

四世王汉之是熙宁六年癸丑（1073）余中榜进士。

四世王涣之是元丰二年己未（1079）时彦榜进士。

四世王沩之是元丰二年己未（1079）时

彦榜进士。

四世王沆之是元丰五年壬戌（1082）黄裳榜进士。

五世王栎是重和元年戊戌（1118）王昂榜进士。

十世王一非是庆元五年己未（1199）曾从龙榜进士。

可见，王氏实际上应该是“一门十进士”，只是前九位进士出自芙蓉章舍王氏，而王一非是从芙蓉章舍迁往东案上源后，考中的进士，但追本溯源，还是芙蓉章舍王氏一脉。

当然，七进士、十进士、四进士的提法都有其出处的，如“一门七进士”指的是二世至四世祖孙三代；“一门九进士”指的是二世至十世，把一世王伟排除在外了，毕竟王伟是在建德考中进士的；“父子四进士”指的是王介与三个儿子，合计四位进士。

综合来讲，“一门十进士”是最正确、最妥当的提法。

**二、王介的贤良第一是否属实？**

民间传言，王介考中进士时，位列贤良方正科第一名，排在苏轼、苏辙等人之前，人称“贤良第一”，名盛一时。情况是这样吗？应该说，这里面的表述是不对的。

首先，参加科举进士考试和参加贤良方正科考试是两回事。通俗地来讲，科举考试相当于现在的公务员考试，而贤良方正考试相当于现在的领导干部竞争选拔考试，后者必须在前者通过的基础上进行的。只有德才兼备、年轻有为并且受到朝中重臣推荐的进士，才有资格参加贤良方正考试的。正因为如此，王介考中进士是在庆历六年（1046），而参加贤良方正考试是在嘉佑六年（1061），前后整整相差了15年。

其次，王介在贤良方正考试中也没取得第一名。据清代毕沅《续资治通鉴》记载：“乙亥，御崇政殿，策试贤良方正能直言极谏著作佐郎王介、福昌县主簿苏轼、渑池县主簿苏辙。轼所对入第三等，介第四等，辙第四等次。以轼为大理评事、签署凤翔府判官事；介为秘书丞、知静海县；辙为商州军事推官。”文中记得明明白白，1061年8月，皇帝亲自监考，选拔“贤良方正能直言极谏”官员，这次考试只有三人入选，苏轼获第一名（第三等），王介获第二名（第四等），苏辙获第三名（第四等次）。按照惯例，第一等、第二等往往都是空缺的，所以第三等实际上就是代表最优秀了。苏轼、苏辙兄弟二人在朝中名望极盛，与父亲苏洵合称“三苏”，在唐宋八大家中占居三席，加之其家族渊源深厚，人脉关系非同一般，不是王介可以比拟的。所以王介能在此番策试中脱颖而出，取得了第二名，名列苏辙之前，已属相当不易。

也正因为这次贤良方正考试，王介与苏轼、苏辙成了同年（同学），彼此交好。多年后，王介去世，苏轼作《同年王中甫挽词》、苏辙作《过王介同年墓》，以示纪念和哀挽，其中的“先帝亲收十五人，四方争看击鹏鹍。如君才业真堪用，顾我衰迟不足

论”等诗句，高度赞赏了王介的过人才华和渊博学识。

的确，贤良方正科策试是王介一生中浓墨重彩的一笔。因此，王氏后人将上源宗祠命名为“贤良宗祠”，妥贴而荣耀。《常山县志》记载，常山人为纪念王介的贤良之名，将其早年结庐读书的绣溪山，改名为贤良峰，招贤渡也由此得名。

**三、王介是狂傲不羁的学士吗？**

民间传言，王介风采斐然，博闻强记，但是为人性格刚直，恃才傲物，遇到看不惯的事就大加讥讽，经常得罪人，属于“有才就任性”的那一类人。这一点，可以在多处史料上得到印证。

宋代张耒《明道杂志》记载：（王介）“性聪悟绝人，所尝读书皆成诵，而任气多忤物。”宋代叶梦得《石林诗话》记载：“王介，字中甫，衢州人，博学善讥谑。”《衢州府志》也有类似记载：王介“学识渊博，善于文辞，生性负气，喜直言、善讥谑，专交贤豪名士”。从时间上来看，王介与张耒、叶梦得相差几十年，算得上是同一时代的人，同时，张耒还是“苏门四学士”之一，叶梦得曾迁居衢州市开化县，他们所经历的人与事，与王介多有交集，因此记载的真实性很高。更重要的是，苏辙在《过同年王介墓》也有类似的描述：“平生使气坐生风，徐叩方知学有功。应奉读书无复忘，虞翻忤物自甘穷。”这可以说是铁证。

王介博览群书，见多识广，凡遇疑事，必与人争个痛快，而且争辩时擅用典故，骂人也很讲艺术。如王安石与王介在南京读书时，曾是同窗好友，经常一起吟诗唱和，后因政见不同，渐行渐远，两人多次借助诗句来辩论是非，哪怕是王安石高居相位时，王介也不肯低头屈服。王介因反对王安石变法，被贬至湖州时，王安石曾作诗《送王介学士知湖州》，为其送行。诗曰：“吴兴太守美如何，柳恽诗才未足多。遥想郡人迎下担，白苹洲渚正沧波。”王安石本以南朝诗人柳恽作比，赞誉王介诗才高绝，借此缓解安抚一下旧日同窗。可王介根本不吃这一套，情绪激昂，当即和诗十首，盛气朗诵于王安石面前。其中一首云：“吴兴太守美如何，太守从来恶祝鮀。生若不为上柱国，死时犹合作阎罗。”诗中王介以春秋佞人祝鮀借喻，直指王安石虚情假意的伪善面目，搞得他无言以对，只得苦笑“阎罗见缺，请速赴任”。

宋神宗赵顼时期，王介为开封府试官，负责审阅科考试卷。有考生多次用“小畜”一词，王介认为“畜”字与皇帝名字“顼”音，未能避讳，因而较真的脾气又上来了，要将该生淘汰。同僚刘放坚决反对，两人各持一词，不顾书生斯文，彼此破口大骂。结果两人因为礼仪失当而被礼部罚款，并丧失了审卷官的资格。狂放不羁的真性情让王介吃尽苦头，他却无怨无悔，带着满身的书卷气，依然“虞翻忤物自甘穷”。

当然，对于好学上进的晚辈后生，王介也有情真意切、款语温言的一面。在送人应举时，他赠诗“上林春色好，携手去来兮”，充满了激情和期盼；遇人落第时，他劝言“命也岂终否，时乎不暂留。勉哉藏素业，以待岁之秋”，充满了温情和勉励。

**四、王介安息之地在芙蓉山坳？**

据《浙江省志》和上源《王氏宗谱》记载，王介于北宋元祐二年（1087）病故，终年72岁，葬于常山县芙蓉下庵，家谱中绘有墓地图，与祖父王伟、父王言葬于一处。每逢过年过节，上源王氏都要奔赴芙蓉去扫墓祭拜。

家谱记载是否确切呢？答案是否定的。在苏轼、王安石撰写的挽辞中，关于王介去世时间和安息之地，都有较为详细的记载。

关于去世时间。苏轼在《王中甫哀辞》的序文中写道：“仁宗朝以制策登科者十五人，轼忝冒时，尚有富彦国、张安道、钱子飞、吴长文、夏公西、陈令举、钱醇老、王中父并轼与家弟辙，九人存焉。其后十有五年，哭中父于密州，作诗吊之……”这就说明，苏轼、王介、苏辙等三人考中贤良方正科后的第十五年，王介即已去世，彼时苏轼正在密州（今山东省诸城）担任知州。而他们那一届的贤良方正策试在嘉佑六年（1061），如此算来，王介去世的实际时间应该是北宋熙宁九年（1076）。这一点，王安石撰写的《王中甫学士挽辞》也可佐证，王安石病逝于元祐元年（1086年），如果王介在元祐二年（1087）才去世，那王安石是不可能写挽辞的。

关于安息之地。苏轼在《同年王中甫挽词》中写道：“他时京口寻遗迹，宿草犹应有泪痕。”王安石的《王中甫学士挽辞》则点得更为明确：“蒜山东路春风绿，埋没谁知太守阡。”另据宋代嘉定《镇江志·卷十一》记载：“祠部员外郎、秘阁校理赠少师王介墓在蒜山东。”综上可以得知，王介应该是葬于江苏省京口（今镇江市）的蒜山东路。常山芙蓉下庵的王介墓，极有可能是个衣冠冢。

**五、上源贤良宗祠是千年宋祠?**

贤良宗祠是东案上源的王氏宗祠的名号。上源《王氏宗谱》记载，贤良宗祠始建于宋，至今已有千年。上源村里甚至有传言，贤良宗祠就是王介自己手上建造的，取名贤良是为了彰显家世，纪念“贤良方正”策试脱颖而出的殊荣。

应当说，“贤良宗祠”中的“贤良”一词的确是为纪念王介的那次策试荣耀的。王介去世时，儿子王汉之才19岁；而上源王氏的始迁祖王翰，是王介的六世孙，也是王汉之的五世孙，因此上源贤良宗祠不可能是王介亲手所建。同时，王介的贤良方正策试是在嘉佑六年（1061），距今只有954年。因此，贤良宗祠是千年古祠的说法肯定是不合情理的。

贤良宗祠究竟是什么时候建的，由于没有明确的史料记载，不得而知。上源《王氏宗谱》中，最早提及“贤良宗祠”的是清雍正时期常山知县王玮的序文，他说自己“己酉之秋曾入贤良之祠”，己酉年即1729年，至今已有286年，可以明确，在此之前，贤良宗祠即已建成。翻遍历代版本的《常山县志》，基本没有找到“贤良宗祠”的痕迹，只有1989年版《常山县志》第一次提到“贤良宗祠”，认为该宗祠于北宋宣和七年（1125）始建，但无史料佐证。

关于贤良宗祠的始建时间，我们大概可以作个粗算：历史上通常以25年为一代，以王介（1015—1076）为参照，那么王翰出生时间大概为1140年左右，如果在25岁左右迁至上源，即1165年。古语云：“君子将营宫室，以宗庙为先，居室为后。”考虑到宋人对宗祠祭祀仪式极为重视，地方名门望族更加如此。乐观估计，上源最早可能在1165年建造了简易的王氏宗祠，距今850年。

建造祠堂是一项浩大工程，需要大量的财力、物力积累，很多家族的宗祠都采取先局部动工、后拓展修缮的办法。王翰迁移至上源，是兵灾所逼，生活困顿，最起码需要两代人50年的积累。如此算来，贤良宗祠真正竣工最快也要在1215年左右。况且王一非在庆元五年（1199）考中进士，载誉还乡，重振门庭，上源王氏家族极有可能在这段时间建造了贤良宗祠的主体工程，借以告慰王氏先人。

综上所述，上源贤良宗祠虽谈不上千年历史，但800余年的现实可能性还是非常大的。

（王有军）

# 明代常山的四大创业才俊

常山自古好创业，常山自古能人多。一代又一代的常山人，经过长期的摸索与积累，逐步形成了一系列独具特色的经营模式和商业传奇。这里让我们感受一下明代时期常山四位创业才俊的故事。

**詹斯：贱买兼贵卖，诚义亦生财**

詹斯（1464—1535），字宗理，县城西门人，即常山民间传说中的“詹家太公”。

詹斯颇有商业头脑，十分关注市场行情，哪个行业赚钱，资金就往哪投。他先后从事过田地租赁、经营米行、贩销布匹、开设客栈等生意。经过多年的摸爬滚打，他形成了自己的一套生意经，那就是密切关注农业生产和市场供需情况，当丰收之年或粮食大量上市的季节，粮价下跌，布匹涨价，他会毫不含糊地把粮食收购进来，把布匹抛售出去。每逢歉年或青黄不接之际，粮价上涨，而布匹大量上市，价格下跌，他就迅速把粮食销售出去，把织物等收购进来。他做生意，大多能获取丰厚利润，羡煞旁人。

詹斯为人敦厚实诚，好义忘利。“以义为利”成为他的另一个致富法宝。詹斯认为，义利相生，德兴财昌。如果舍义取利，无异于杀鸡取卵，自断财路。例如，当时客栈有位叫李仁的客人患了传染性疾病，连仆人都不敢靠近服侍，詹斯却亲自换帖喂药，无微不至地予以照料，直到李仁病体痊愈。驻常歙商汪兰前来买粮，多付了四十筹，他发现后，及时叫回汪兰，把多收的价银归还。有一年年底，詹斯上门收债清账时，发现东门王高四饥寒交加，他不但免去其债务，还送上鱼肉米粮慰问。乡人陈真因为负债累累，要卖妻还债，詹斯直接焚毁债券加以劝阻。至于做过的嫁孤嫠、敛遗骨、调讼狱、修桥梁等公益善事，不计其数，常山古十景之一的回龙桥就是詹斯出资修建的。

詹斯是一位土生土长的本地商人。他的成功一方面得益于他对市场行情的精准判断和当机立断，另一方面还得益于他在经营中始终恪守诚义之道，长此以往，演化成一种无形的“商业品牌”。积善之家，必有余庆。詹斯七十多岁时无疾而终，孙詹莱、曾孙詹在泮皆为进士，家族兴盛，长久不衰。

**毛良明：借鸡来生蛋，合作求共赢**

毛良明，球川镇人，因家财万贯、乐善好施，乡亲们恭称他为“毛百万”。

毛良明从小就是一个“孩子王”，在同龄人中出类拔萃，头脑灵活，精明能干。无奈年少时家境贫寒，缺少门路和本钱，一直依靠卖柴度日。一次，球川后山桃树坞开办了个银矿，投资客商人生地不熟，一下子难以招到足够的人手。毛良明闻讯后，主动自荐，拉了一群伙伴进入银矿干活。客商见他做事井井有条，颇有号召力，就让他做了小工头。

在银矿中，毛良明靠着自己的悟性和勤奋，练就了一手高超的炼银技术，备受客商器重。不久，客商干脆与他合股经营银矿，由毛良明全权负责球川银矿事宜。几年下来，投资客商赚了个钵满盆溢，毛良明也借鸡生蛋，赚到了一大笔财富。

后来，考虑到球川银矿的矿质不佳、资源枯竭等问题，毛良明转变方向，大胆地“走出去”，奔赴京都另辟门路，从事货物贸易，生意越做越大，眼界也进一步提升。万历四十三年（1615），山东大旱，饿殍遍野，毛良明捐资十万银两赈济灾民，万历皇帝亲题匾额“志切救民”，予以嘉奖。此外，球川兴贤塔也是由毛良明等人于万历末捐资兴建的。

毛良明是一位白手起家的农民，逐步过渡为商人，从“在家里打底”到“走出去打拼”，这在农民务工者群体中具有很强的代表性和示范性。他踏实肯干，穷则思变，具有非凡的忍耐力，善于发现和利用一切可能的机会，借鸡生蛋，借力共赢，实现新一轮的突破发展。

**郑九皋：择良地经营，抱成团发展**

郑九皋，徽州（新安）歙县人。明代万历年间，郑九皋瞅准了常山得天独厚的区位优势——地处皖浙赣闽四省边际、南北货运往来频繁、水路交通尤其便利，便移居常山以贩销食盐为业。由于信息灵通，经营有方，“善识低昂时取予”，他的产业逐渐壮大，名盛一时。

郑九皋素有雄才伟略，特别擅长聚集人气，抱团作战。在自身经商成功的基础上，陆续带动了数十家新安老乡加入队伍，在常山形成了一个辐射衢州、严州两地的盐业交易市场。同时，他在常山县城之东，开辟村居，名曰“新安里”，凡是侨居常山的新安人氏，皆聚居于此处。据说此地“闾楗敞，房舍参差”，“居拟丰邑，乐操南音”，俨然就是新安故里。一时间，新安人凝心聚力，众志成城，创造了抱团经营的“新安”经商模式，时任宰辅叶向高对此高度赞赏，并于天启四年（1624）七月专门写下了《新安里记》，以示褒奖。

在叶向高的指点下，天启七年（1627），郑九皋借助朱熹在新安人心目中的地位，在小东门朝京坊建造了徽国文公祠，后又将其作为徽州会馆馆址，为徽州商会的发展注入新活力。

郑九皋作为一名外来创业者，善于寻找和发现交通便利之处、居民集中之点、物产丰赢之地作为经商地盘，借助常山水陆货运的先天优势，广泛辐射周边省市。同时，郑九皋注重官商合作（叶向高），追求人文信仰（朱熹），强调抱团作战（新安里），以规模化、合作化的姿态开辟了广阔的商业市场空间。

**徐生：产业规模化，管理专业化**

徐生（1369—1443），彤弓山人，是彤弓山始迁祖徐国镇的玄孙（第五代），从小好读书、善谈咏，在家业管理上能力很强。

徐生的祖辈是地方大户，家中良田众多，财产丰厚，但他身上没有丝毫的纨绔子弟风气，而是勤于耕作，精于经营，屡屡有新奇之举，被地方大户称道和效仿。他“顺乎自然，以处当世”，一改父辈置田收租的单一模式，变为置田收租和自种自收等多种形式并存。除了把部分田地出租给当地贫农，年底收取租金之外，还自留大量的田地，雇佣长工，自己种植粮食作物，统一管理和收割。具体种植哪一类粮食物种，则根据往年的农作物收成情况和市场供需情况，进行统筹考虑，主要有大米、小麦、玉米、棉花等。

不仅如此，徐生还专门挑选一批精干之人，外出学习粮食作物的栽培和管理技能，遴选收购高产高效的农作物优质种子，在自己的田地里搞规模化种植、专业化管理，形成了集生产、销售、放贷、收租于一体的“农场”。几年下来，徐生仓库充盈，富甲一方。

明正统六年（1441），全国各地发生了大饥荒，浙江尤为严重，徐生慷慨地拿出一千零五十石（相当于现在的62160千克）稻谷，用于赈济乡里的贫饥者，同时放弃外借的钱物不计其数，当时彤弓一带百姓基本上都受到恩惠。朝廷赐予徐生“义民”称号，并为其建立了“旌义坊”，以示嘉奖。

徐生很像如今的“种植大户”，他扎根于土地，却不囿于传统耕作之法，敏于思考，大胆实践，善作善成，走出了一条“产业规模化、管理专业化”的农业发展路子，这在封建时代是非常难能可贵的。这种创新精神，值得当代常山人深入学习和借鉴。

（毕建国、王有军/文　王顺利/图）

## 常山自古好创业

常山自古以来适宜百姓创业，这里的居民始终为创业作出不懈努力。

**常山古代造纸业名扬全国**

常山古代造纸业名扬全国。早在唐宋时期，常山手工生产的纸类就很多，有绵纸、棉纸、藤纸、案纸、科举纸等。当时的造纸原料，主要是本地及开化山区的山棉皮、楮树、花树皮、三桠皮等。明代学者、浙江右参政陆容（1436—1494）在《寂园杂谈》记载：“衢之常山、开化等县人，以造纸为业。其制法采楮皮蒸过，劈去初质，掺石灰浸渍三日，蹂之使熟。去灰又浸七日，复蒸之。

擢去泥沙，曝晒经旬，舂烂，水漂，入胡桃藤等药，以竹丝帘承之，俟其凝结，掀之白上，以火干之。白者以砖版制成案桌状，圬以石灰，而厝火其下也。”后来，常山人又学会用竹料造纸，前些年还在常山生产土纸的山区保留着。宋元时期常山造纸技术已比较成熟，元代造纸之特异者，有白鹿纸、铅山纸、常山纸、英山纸、清江纸、上虞纸。

到了明代，常山造纸业有了很大发展和质的飞跃。白寿彝《中国通史》载：当时，政府在各主要纸产地设局造纸，抄造宝钞、票据和公文以及各种精美的官笺都需要用纸，民营槽坊也大为增加，尤以江西铅山、永丰，福建建阳、顺昌，浙江常山、开化、余杭，安徽歙县、休宁、贵池等地的纸业兴旺发达。明万历版《常山县志》载：“每数岁大造官纸，发价数千万两。”明代文学家胡应麟（1551—1602）《少室山房笔丛》载：“凡印书，永丰绵纸为上，常山柬纸次之，顺昌书纸又次之，福建竹纸为下。”另有史料载，明代纸张的品种有一百多种，用于印刷的只有一部分，建阳的书籍纸，永丰的棉纸，常山的柬纸、历日纸、宝钞纸等都是印书的上等纸。

明末清初，常山造纸业进入鼎盛时期。除部分成为贡品，大量销往京城、直隶、河南、山东等地。康熙版《常山县志》记载：“（造纸）名色不可枚数，凡南直隶河南等处赋罚（用纸）及湖广福建大派官纸，俱来本县及玉山买纳。”《中国实业志》载：明清时期浙江纸业极为兴盛，其中常山、仙居所产的奏本纸，余杭、龙游所出产的竹烧纸，桐庐、常山的历日纸，均闻名于当时。清朝纸张的生产分工也得到了发展，造纸的生产过程可分为原料的生产与储备、制纸料（或纸浆）、抄纸、焙干、成纸再加工等环节，逐步形成专业性生产。雍正版《常山县志》载，常山县生产楮皮纸，“其料（楮皮）不产于常山，惟球川人善为之。”另据《衢州简史》等载，常山球川镇素有“纸都”之誉，当时球川纸槽作坊多达500多家，从业3000余人，盛产棉纸、贡纸、历日纸、科举纸、册纸、花笺纸、三色纸、十九色纸等，特别是榜纸，加工精细，洁白似雪，远销北京和东南各省，有“球川官纸”的美誉。

**常山负贩行商长期兴盛**

常山负贩行商长期兴盛并影响周边。宋元两代，凡定居的人户（包括坐贾），都须挂在官府名籍之上。《真文忠公文集》载，“终其身以至子孙，无由得脱”，目的是为了让这些人户服役纳赋，承担封建义务。在这种背景下，出现了大量丁口虚报现象，正如明万历版《常山县志》所云：“丁口有虚报，有实差，盖朝廷之额，籍不敢缺，而差不以实，则民力不支也。”与此同时，一部分疲于谋生又不甘消沉的常山百姓，开始奔波于周边集市、墟市和土特产区，成为行踪不定的负贩商人。与负贩行商相对，同期还有一些本地居民，他们在常山县城或某一中心集镇拥有固定经营场所（包括店面、摊位等），坐地经营买卖，这部分居民通常称为坐贾，坐贾比较集中的有县城、招贤、球川、白石、芳村等集镇。坐贾商人一般无需从事长途贩运，但为了获得更大利益并躲避官府横索，不少坐贾假冒负贩行商身份，不畏艰难，跑南闯北。

明朝中叶前期，常山负贩行商分离出一支新生力量——称为行商或客商。这部分商人一般拥有较大资本，专门从事大宗货物的买卖运输，活动范围也比较广阔，过着江湖不定、来去无常的从商生涯，为“龙游商帮”的兴盛作出了重大贡献。正如《衢州简史》所云：“龙游商帮虽以龙游命名，但实际上是衢州府所属五县（含江山、常山、开化）的商人集团。”当时主要外运商品有木头、山货、纸张、食盐、棉麻、茶叶、药材等。雍正版《浙江通志》载：“江西广信府七县俱分销常山县引盐”，当时浙产海盐行销四省，江西上饶地区七个县的食盐，都是通过钱塘江到常山起岸，转陆路运到玉山县分销。

负贩行商的兴盛，极大地促进了边界贸易和当地经济的发展。清朝著名诗人朱彝尊（1629 年—1709 年）在康熙三十七年（1698 年）经过常玉古道时留下《常山山行》一诗，诗曰：“常山玉山相去百里许，山行十人九商贾。肩舆步担走不休，四月温风汗如雨。劝客何不安坐湖口船，船容万斛稳昼眠。答云此间甘亦乐，且免关吏横索钱。”真实记录了常山至玉山大路上负贩行商来去匆匆、不辞辛苦以及物流不止的景象。

**徽商择居常山**

据许敏《明代商业与社会变迁》等分析，明中叶之后，随着移民政策逐渐放宽，贩运商人也改变着经营和生活方式，他们一方面想方设法进一步扩展长途贩运的既有成果，另一方面又适应市场需求，住定一地，出现了行商侨寓和定居经营的趋向。由于衢州、严州两地与徽州府相邻，一些地方早已成为徽商货殖之地。常山具有四省边际以及水陆运输交接地的得天独厚的地域优势，成为衢州府徽商迁居就贾的首选之地。光绪版《常山县志》载，自明万历年间至清康熙年间，徽商、江右商、闽商以及龙游、宁波等地客商举家迁居常山就贾的达九十多户，其中，徽商举家迁居就贾的高达三十多户。

在这有记载的三十多户迁居常山就贾的徽商当中，迁居业盐的有十来户。列前五位的分别是：郑九皋，徽州府歙县人，明万历中因业盐侨寓常山县城东大门。金浩，原籍休宁，明万历间业鹾来常，卜居于观澜桥。许邦荣，安徽歙县人，明万历间业鹾，遂家于邑东隅新街。王季光，安徽歙县人，明万历间以业鹾迁居邑城二十里江家村，九世孙（清代）桂芳入籍。吴国列，徽州歙县人，明崇祯间以业鹾居邑，后迁于季村。

最引人注目的当属郑九皋（郑子）及其所创辟的“新安里”。天启时大学士首辅叶向高（1559—1627），福建福清人，曾亲去观瞻过，并写下《新安里记》一文，文曰：“定阳之有新安里也，盖鹤旸郑子创也。郑子，新安名族，以业鹾侨寓定阳，因携家卜筑焉。其址在邑城之东，环数十家，皆其产也。凡新安人氏流寓兹土者，郑子悉聚而居之，既洽比其邻，又念里族邱垅皆在新安，因于其地创辟一里，颜曰‘新安里’，示不忘本也。”这说明徽商、徽人已经在常山成为一大群体，“新安里”可谓是具有鲜明特色的徽人社区。

光绪版《婺源县志》等载，徽商王恒带家丁随行十余人居常山贩杉木，一次拼买丁氏山林即“用价银一千五百两”。汪道昆《太函集》载，汪玄棕次子良楷，“居三衢，职交易”，“独就常山为市”。光绪版《常山县志》载，常山“球川纸擅利一方”，“每数岁大造官纸，发价数千万两，下变货获财，沾溉膏润，亦土人一利孔也……徽商亦得为之买办”。徽商来常，不仅业盐，而且在贩运木头、山货、纸张等方面，都有了更大作为。

同治版《黟县三志》载：“姚嘉全，黟县人，贾于衢之常山……捐银三百助赈，浙江巡抚奏给九品”；光绪版《常山县志·寓贤》载：“吴暲，休宁人，幼从父在杭，及长以盐筴来常，喜土风淳朴，遂入籍，性慷慨，好行其德，饥则施粥，冬尝给棉，设姜茶济贫乏。”以上记载说明，徽商来常后不仅用功经商，而且用心助人，与常山土著融于一体。

（毕建国）

# 索　　引

## A



## B



## C

## D



## E



## F

## G



## H

## J

## M



## N



## P



## Q

## R



## S

## T

## W